DICIONÁRIO
DE
MAGIA
E
ESOTERISMO

Nevill Drury

DICIONÁRIO
DE
MAGIA
E
ESOTERISMO

Mais de 3.000 Verbetes sobre
Tradições Místicas e Ocultas

Tradução
DENISE DE C. ROCHA DELELA

EDITORA PENSAMENTO
São Paulo

Título do original: *The Dictionary of the Esoteric*.

Copyright © 2002 Nevill Drury.

Todos os direitos reservados. Nenhuma parte deste livro pode ser reproduzida ou usada de qualquer forma ou por qualquer meio, eletrônico ou mecânico, inclusive fotocópias, gravações ou sistema de armazenamento em banco de dados, sem permissão por escrito, exceto nos casos de trechos curtos citados em resenhas críticas ou artigos de revistas.

O primeiro número à esquerda indica a edição, ou reedição, desta obra. A primeira dezena à direita indica o ano em que esta edição, ou reedição, foi publicada.

Edição	Ano
1-2-3-4-5-6-7-8-9-10-11	04-05-06-07-08-09-10-11

Direitos de tradução para o Brasil
adquiridos com exclusividade pela
EDITORA PENSAMENTO-CULTRIX LTDA.
Rua Dr. Mário Vicente, 368 — 04270-000 — São Paulo, SP
Fone: 6166-9000 — Fax: 6166-9008
E-mail: pensamento@cultrix.com.br
http://www.pensamento-cultrix.com.br
que se reserva a propriedade literária desta tradução.

Impresso em nossas oficinas gráficas.

AGRADECIMENTOS

Eu gostaria de agradecer a Lewis Spence pelo seu trabalho pioneiro. Ele publicou, em 1920, a primeira grande enciclopédia de ocultismo. Sem ele, e muitos outros escritores ocultistas que documentaram o mundo da magia e da paranormalidade desde sua época, a tarefa de elaborar um dicionário desta envergadura teria sido praticamente impossível. Eu também estou em débito com Annie Wilson, da Watkins Books, pelo seu trabalho de edição e leitura das provas revisadas.

*Este livro é dedicado à memória do
místico e escritor galês Arthur Machen
(1863-1947)*

Nevill Drury é autor de mais de quarenta livros, publicados em quinze línguas. Seu trabalho abrange textos sobre xamanismo e tradições mágicas ocidentais, assim como arte contemporânea, saúde holística e música ambiente.

    Nevill nasceu na Inglaterra em 1947, mas viveu a maior parte da vida na Austrália. Fez mestrado em antropologia na Macquarie University, em Sydney, e atua no ramo editorial desde 1976. Ex-gerente editorial da Harper & Row, em Doubleday, Austrália, Nevill ajudou a fundar, em 1981, a Craftsman House, uma agência publicitária especializada em artes visuais, da qual foi diretor até janeiro de 2000. Depois de um breve período como consultor de arte independente, Nevill assumiu a gerência da Adyar Bookshop, em Sydney, a maior livraria metafísica do hemisfério sul, de propriedade da Sociedade Teosófica.

PREFÁCIO

Quando comecei a pesquisar as tradições filosóficas "ocultas", no final da década de 60, não era nada fácil conseguir informações concisas e atualizadas sobre os vários símbolos, terminologias esotéricas e personalidades que fizeram do mundo do misticismo e da magia algo tão intrigante. A principal fonte que havia na época era uma obra intitulada *Encyclopaedia of Occultism*, de autoria de Lewis Spence. Esse trabalho, cujo subtítulo era "Compêndio de Informações sobre Ciências Ocultas, Personalidades do Ocultismo, Ciências Psíquicas, Magia, Demonologia, Espiritismo, Misticismo e Metafísica", era uma compilação excelente e continua sendo até hoje. No entanto, ele foi publicado pela primeira vez em Londres, em 1920 e, embora reeditado sem alterações em 1960, não poderia oferecer informações sobre o reflorescimento místico e ocultista contemporâneo que, naquela altura, já estava em curso.

Foi apenas no final dos anos 60 que o Movimento do Potencial Humano ganhou impulso e termos como "psicologia transpessoal" e "saúde holística" passaram a fazer parte do nosso dia-a-dia. Mais recentemente, reavivou-se o interesse pela Wicca e pelo culto à Deusa, assim como pelos aspectos femininos da espiritualidade esotérica. Sem dúvida há um longo caminho a percorrer desde a época de Lewis Spence.

O *Dicionário de Magia e Esoterismo* foi elaborado com o objetivo de proporcionar uma visão contemporânea das tradições esotéricas do Ocidente e do Oriente. Muitos dos verbetes – e eles são mais de 3 mil – têm referência cruzada: as palavras em negrito são explicadas com mais detalhes em outra parte do Dicionário.

Esta obra foi publicada originalmente pela Harper & Row em 1985, com o título de *Dictionary of Mysticism and the Occult* e voltou a ser publicado, numa edição revisada, em 1992, pela ABC-Clio, nos Estados Unidos, e pela Prism Press, na Grã-Bretanha. Esta nova edição foi revisada do começo ao fim – principalmente no que se refere à atualização dos dados biográficos de figuras proeminentes que vieram a falecer no intervalo entre uma edição e outra –, além de sofrer várias correções e o acréscimo de novos verbetes.

Nevill Drury
Março de 2002

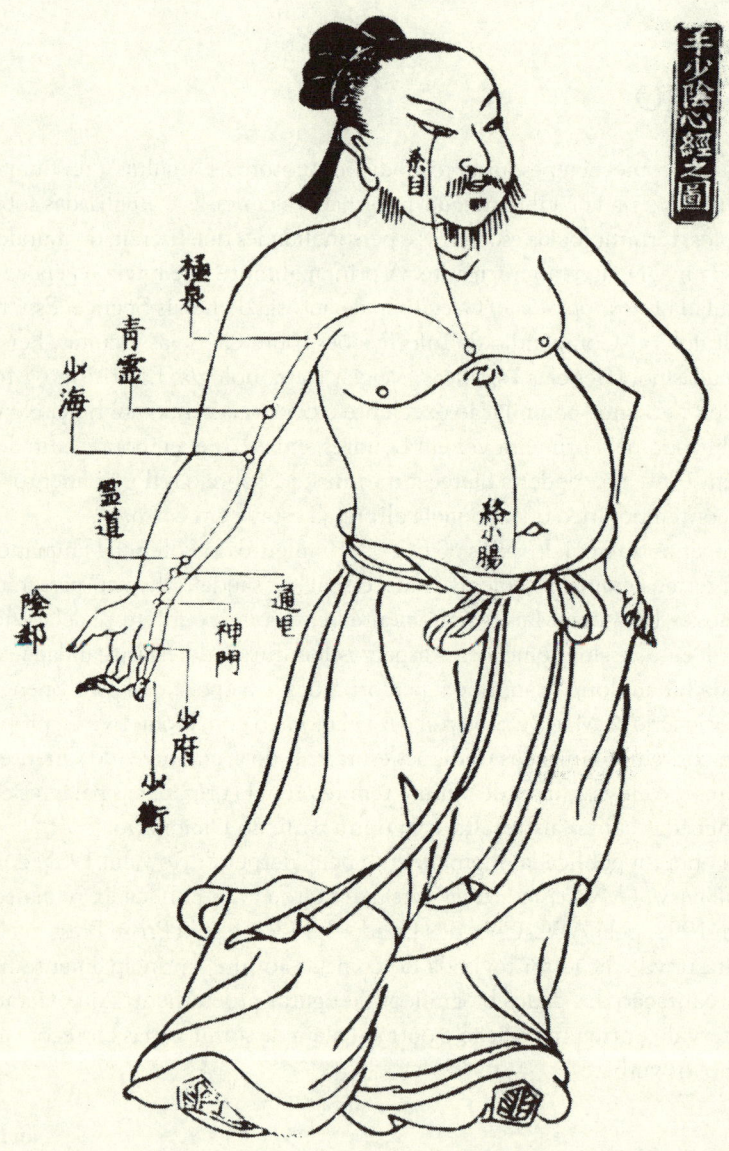

ACUPUNTURA: *Desenho tradicional chinês retratando um meridiano da acupuntura, também chamado de canal do ch'i. O corpo é animado pelo fluxo do ch'i, ou força vital.*

A

A∴A∴ Forma abreviada de Argenteum Astrum, ou Estrela Prateada, a ordem mágica fundada por **Aleister Crowley**. Crowley fundou essa ordem em 1904, depois de deixar a **Ordem Hermética da Aurora Dourada**.

Aah No antigo Egito, um dos nomes do **deus lunar**.

Ab Antigo termo egípcio que significa coração. Por ser considerado a fonte da vida e a sede da consciência, era fundamental que o coração fosse mumificado e preservado depois da morte.

Abadom No Apocalipse, nome dado por São João ao chefe dos **demônios** da sétima hierarquia. Abadom é também conhecido como o "senhor da praga dos gafanhotos" e o "anjo destruidor".

Abaris Sumo **sacerdote** setiano de **Apolo**. Abaris dizia-se capaz de cruzar os ares numa seta dourada, que fora presente do seu deus. O sacerdote previa acontecimentos futuros, erradicava doenças e confeccionava o **talismã** Paládio, que ele vendia aos troianos para proteger a cidade de assaltos.

Abayakora, Cyrus D. F. (1912-) Filho do chefe hereditário de um clã ceilonense, Abayakora aprendeu a ler **mapas astrológicos** inscritos em folhas de palmeira e se acreditava capaz de adivinhar o futuro. Em 1940, antes que Hailé Selassié ou o general Charles de Gaulle ganhassem preeminência, ele previu que ambos chegariam ao poder na maturidade. Abayakora também afirma ter previsto o assassinato de Gandhi, de Mussolini e de John F. Kennedy.

Aben-Ragel Astrólogo árabe do século XV. Nascido em Córdova, Aben-Ragel escreveu um livro sobre **mapas astrológicos** publicado posteriormente, em latim, sob o título *De judiciis seu fatis stellarum* (Veneza, 1485).

Aberdeen, Bruxas de Ver **Bruxas de Aberdeen**.

Abeto Pinheiro com muitas associações mágicas e místicas. Na Frígia, ele era consagrado a **Cibele** e, na mitologia de Roma Antiga, **Réia** transformou **Átis** num pinheiro para lhe salvar da morte. Os romanos consideravam os cones fechados dos pinheiros como um símbolo da virgindade, o que os levou a serem consagrados a **Diana**. O pinheiro também era consagrado a **Dioniso**, cujos devotos em geral usavam folhagens de abeto.

O abeto às vezes também simboliza o "eixo do mundo" e, para os **xamãs**, ele serve como uma ponte entre o mundo cotidiano e a dimensão **sobrenatural**. Para esses xamãs, o abeto é a "Árvore Universal" que cresce no "Centro do Mundo". Segundo uma lenda iacútia, as almas dos xamãs nasceram num abeto localizado no monte Dzokuo; segundo outra, os grandes xamãs são encontrados nos galhos mais altos do abeto e os de menor importância, nos galhos mais baixos. Ver também **Natureza, Culto à**.

Abigor Grão-duque do **Hades,** conhecedor de todas as questões pertinentes à guerra. De acordo com Wierius (**Johannes Wier**), Abigor era um vistoso cavaleiro armado que tinha sob seu comando sessenta "regiões infernais".

Abismo Na terminologia mágica e cabalista, lacuna entre a Trindade (representada, na **Árvore da Vida,** por **Kether, Chokmah** e **Binah,**) e as demais **sephiroth,** de existência manifesta. Segundo crêem os **ocultistas**, somente os **adeptos** podem atravessar o Abismo e chegar à consciência espiritual superior. O Abismo é às vezes associado à **Daath,** a chamada "décima primeira sephirah".

Abominável Homem das Neves, O Criatura lendária que, segundo o **folclore**, perambula pelas montanhas cobertas de neve do Himalaia. Visto com horror pelos xerpas, o abominável homem das neves, também conhecido como "yeti", é tido como uma criatura de pêlo avermelhado, metade homem e metade animal.

Aborígines Australianos Caçadores-coletores nômades, que vivem agora, em sua maioria, em remotas reservas tribais na região nordeste e central da Austrália. Os aborígines têm uma forte tradição mágica, que os leva a crer que possam se comunicar com os seres sagrados do **Dreamtime**, incluindo a serpente do arco-íris, os deuses celestes e os **espíritos** dos mortos. O **feiticeiro** aborígine é chamado de "kaditcha man" ou **kadaitja**.

Abraão, o Judeu (1362-1460) Abraão nasceu provavelmente em Mayence, na França, e viajou pelo mundo todo – pela Áustria, Hungria e Grécia, até chegar à Palestina e finalmente ao Egito. Em Arachi, às margens do Nilo, ele encontrou um sábio chamado Abra-Melin, que o iniciou em vários segredos da magia. Abraão voltou para Wurzburg, na Alemanha, empreendeu um estudo de alquimia e empenhou-se em aplicar as artes da magia na política e em converter os filhos à sua filosofia oculta. Ele elaborou sua famosa obra *A Magia Sagrada de Abra-Melin* quando tinha 96 anos de idade, deixando-a como legado ao filho Lamech. Abraão descreveu com detalhes a **invocação** das forças angélicas e apresentou uma série de **rituais** mágicos cuja realização se prolongava por até seis meses. O sistema mágico de Abraão exerceu grande influência sobre o ocultista **Aleister Crowley**, que, em 1976, publicou, sob o pseudônimo de "Georges Chevalier", um diário baseado nas suas experiências com as invocações cerimoniais. Ver também **Magia**.

Abracadabra Encanto ou **encantamento** mágico. Quinto Sereno Samônico, médico do imperador Severo na expedição de 208 d.C. à Bretanha, usou essa fórmula para curar febres e asma. Essa palavra, escrita várias vezes numa folha de papel, cada vez com uma letra a menos de modo a formar a figura de um triângulo, era carregada por nove dias e depois jogada em água corrente. À medida que as letras da palavra iam sumindo no papel, esperava-se que a doença também fosse desaparecendo. Essa palavra pode derivar da divindade **gnóstica Abraxas**.

Abrahadabra Fórmula mágica relacionada à conjuração medieval **Abracadabra**. Usada no ocultismo moderno de **Aleister Crowley** como o nome mágico da "Grande Obra do Éon de Hórus". Ver também **Crowley, Aleister**.

Abrams, dr. Albert (1863-1922) Ver **Radiônica**.

Abraxas Divindade **gnóstica** cujo nome, composto de letras gregas, tem valor numérico igual a 365, fazendo com que ele seja associado aos dias do ano. Divindade importante no **panteão** de **Basílides**, Abraxas tem ligações históricas com o deus grego **Aion**; com o deus iraniano do tempo, **Zurvan**; e com o deus solar indiano, **Varuna**. Sua figura é muitas vezes retratada em **talismãs**. O conceito simbólico de Abraxas como uma divindade que une o bem e o mal, foi resgatado por **Carl Jung**, em *Septem Sermones ad Mortuos*, e também pelo romancista Hermann Hesse, em *Demian*.

Absoluto, O Termo metafísico que significa a base de todo ser, aquele que não depende senão de si mesmo para existir. É geralmente usado para descrever o Grande **Deus** Único, ou Criador, o Infinito e o Eterno. Na qualidade de realidade **transcendente** suprema, o Absoluto é o ponto central de muitas tradições místicas.

Abulafia, Abraham ben Samuel (1240-1291) Místico cabalista nascido em Saragoça, Espanha, que se apresentou como o Messias tanto dos cristãos quanto dos judeus. Abulafia decidiu confrontar o papa Nicolau III, mas quando isso chegou aos ouvidos do papa, ordenou-se que o místico herético fosse preso e sentenciado à morte na fogueira, assim que pusesse os pés em Roma. O papa então morreu inexplicavelmente, assim que Abulafia chegou aos portões da cidade. O místico foi preso, mas saiu livre um mês depois, quando viajou com um grupo de discípulos para a Sicília. Abulafia abordou o misticismo de uma forma ordenada e objetiva, colocando mais ênfase na integração mental e espiritual do que nos vôos visionários da **alma**. Ele acreditava no simbolismo divino do alfabeto hebreu e foi autor de muitos textos de cunho místico, entre eles *O Livro dos Justos* e *O Livro da Vida*.

Acarya Termo hindu para mestre espiritual ou **guru**. Esse termo é geralmente associado ao grupo de teólogos do sul da Índia que sucedeu aos **alvares** no século X.

Achad, Frater (1886-1950) Nome mágico de Charles Stansfeld Jones, que foi adotado por **Aleister Crowley** como seu "filho mágico". Achad, que morava em Vancouver, tornou-se uma personalidade respeitada entre os ocultistas por interpretar as chaves numéricas da obra *The Book of the Law*, da autoria de Crowley. Ele também fez interpretações extremamente originais, mas às vezes confusas, da **Cabala** e da associação do **tarô** com os caminhos da **Árvore da Vida**. Essas interpretações são descritas em seus livros *QBL: The Bride's Reception* e *The Anatomy of the Body of God*. Achad começou a demonstrar certa instabilidade mental depois de chegar ao nível mágico de **Ipsissimus**, que o fazia supor que toda ação sua tivesse um significado **cósmico**. Ver também **QBL**.

Acônito *Aconitum napellus*. Erva venenosa que, segundo uma lenda grega, originou-se da saliva que pingou da boca do monstro **Cérbero**. O acônito era usado pelas **bruxas** medievais nos **ungüentos voadores** e nos "filtros de amor", embora seja a mais venenosa e perigosa de todas as ervas mágicas, geralmente levando à morte no caso de ingestão.

Acrossemia Formação de palavras a partir das letras iniciais de grupos de palavras. Por exemplo, a palavra *laser* deriva de "Light Amplification by the Stimulated Emission of Radiation" [Amplificação da Luz por Emissão Estimulada de Radiação]. Na **Cabala**, acredita-se que os acrônimos tenham significados simbólicos. Na terminologia cristã, o acrônimo **Ichthus** (do grego, "peixe") deriva da frase grega cuja tradução é "Jesus Cristo, o Salvador, Filho de Deus", e reflete o papel simbólico de Jesus como "pescador de homens".

Acupuntura Sistema da medicina chinesa. Sua principal técnica consiste na inserção de agulhas na pele, em pontos específicos do corpo. Os relatos mais antigos sobre a acupuntura datam da Dinastia Han (202 a.C.-220 d.C.) e descrevem agulhas feitas de pedra. Posteriormente, elas foram confeccionadas em ferro e prata e hoje em dia são de aço inoxidável. O acupunturista contemporâneo precisa conhecer em torno de mil pontos de acupuntura do corpo humano, localizados ao longo de doze linhas conhecidas como **meridianos**. Seis dessas linhas são **yang** (positivas) e seis são **yin** (negativas), estando cada uma delas relacionada com um determinado órgão ou processo orgânico. A força vital, ou **ch'i**, flui pelo corpo através desses meridianos e a estimulação dos pontos de acupuntura serve justamente para aumentar esse fluxo de energia. Parece haver uma forte correlação entre os canais da acupuntura e os reflexos nervosos, e alguns pesquisadores agora estão convencidos de que a estimulação dos pontos de acupuntura pode desencadear a produção de substâncias do cérebro que combatem a dor – as endorfinas –, provocando assim o tão conhecido efeito analgésico associado a esse sistema de cura.

Acutomancia Forma de **divinação** com alfinetes ou outros objetos pontiagudos. São usados treze alfinetes, sendo dez deles tortos. Os alfinetes são sacudidos nas mãos e depois lançados sobre uma mesa coberta com uma fina película de talco. O adivinho estuda a disposição dos alfinetes e assim prevê acontecimentos futuros com base na figura formada no talco.

Adams, Evangeline (1865-1932) Pseudônimo astrológico da sra. George Jordan, descendente do presidente John Quincy Adams, a qual instituiu a prática da Astrologia em Nova York. Presa em 1914 por praticar **divinação**, ela foi absolvida pelo juiz depois de interpretar com precisão o **mapa astrológico** do filho dele, em pleno tribunal. Entre os clientes de Evangeline estavam Eduardo VII e Enrico Caruso; no auge da fama, ela recebia trezentas mil cartas por ano de pessoas que solicitavam seus serviços como astróloga. Ver também **Astrologia**.

Adão Kadmon Conceito judaico de homem arquetípico, o ser humano primordial concebido na criação do universo. Segundo se supõe, todo ser humano reflete essa forma arquetípica. Adão Kadmon também é uma metáfora do "corpo de Deus".

Adepto Iniciado ou mestre ocultista; pessoa que adquiriu conhecimentos profundos e grandes poderes mágicos por meio da **iniciação**. No sistema teosófico, os adeptos fazem parte da **Grande Loja Branca**, um grupo de líderes místicos que orienta o mundo e seus habitantes por meio de processos de evolução espiritual. Na **Ordem Hermética da Aurora Dourada**, os adeptos passavam por quatro graus cerimoniais – Zelator Adeptus Minor, Theoricus Adeptus Minus, Adeptus Major e Adeptus Exemptus –, associados com graus de experiência iniciatória da **Árvore da Vida**.

Adivinho Aquele que se diz capaz de prever o futuro por meio da **divinação**, embora as formas mais populares de previsão sejam a **astrologia**, o **tarô** e, em menor proporção, a **numerologia**.

Adjuração Comando dado por um exorcista a um **espírito** demoníaco. O exorcista pode ordenar que o espírito deixe o corpo da pessoa possuída. Ver também **Exorcismo**.

Adonai Palavra hebraica para "Senhor", usada ao se falar, ler ou escrever sobre Jeová, Deus de Israel. O impressionante e misterioso **Tetragrama** – ou nome de **Deus** – era considerado com tanto respeito que os judeus evitavam pronunciá-lo em voz alta, substituindo-o por **YHVH**. Nas cerimônias mágicas da **Ordem Hermética da Aurora Dourada**, a palavra "adonai" era usada como um **nome-de-deus** na formulação do Pentagrama da Terra.

Advaita Termo hindu para a doutrina do não-dualismo, que afirma a realidade única e suprema de **Brahman**. A escola Advaita representa o monismo hindu em sua mais pura expressão e está associada aos ensinamentos do **Sankara** vedântico (750 d.C.). Ver também **Vedanta**.

A.E. Ver **Russell, George**.

Aeromancia Divinação por meio do ar e do céu, usando o formato das nuvens, dos cometas e de outras formações aéreas.

Aesch Mezareph Expressão que significa "fogo purificador" e nome de um tratado medieval ligado à **Cabala** e à **alquimia**. Nesse processo alquímico, os metais são associados aos sephiroth da **Árvore da Vida** (por exemplo, a **prata** é associada a **Chesed**, o estanho a **Binah** e o **ferro** a **Tiphareth**). O mago francês **Éliphas Lévi** refere-se ao *Aesch Mezareph* como um dos livros herméticos mais importantes já escritos. Esse livro foi traduzido para o latim pela primeira vez por Knorr von Rosenroth, como parte da sua obra *Kabbala Denudata*, publicada em 1714.

Aesir Na **mitologia** escandinava, família de deuses que vivia na fortaleza de **Asgard**, o equivalente ao **monte Olimpo**. De acordo com o escritor Snorri Sturluson, **Odin** era o chefe da sua comunidade e **Thor** e outros deuses eram "filhos" dele. Os deuses da família Aesir viviam travando batalhas com outro grupo de divindades – os deuses **Vanir**, da fertilidade, chefiados por Njord e Freyr.

Aetherius Society Sociedade ocultista fundada por **George King,** em 1956. Esse grupo afirmava estabelecer contato com **mestres** espirituais de vários planetas, inclusive com o Mestre Jesus, que supunha viver em **Vênus**. Esses seres espirituais manteriam vigilância sobre a Terra, fazendo visitas periódicas em **discos voadores** que irradiam energia **cósmica**. Os membros dessa sociedade supostamente retribuem esse efeito "carregando" certas montanhas com energia espiritual. A primeira montanha que recebeu essa carga de energia foi Holdstone Down, em Devonshire, Inglaterra, onde o Mestre Jesus teria aparecido a George King pela primeira vez.

Afrodite Deusa grega do amor e da beleza e um dos **Doze Grandes Olímpicos**. De acordo com algumas lendas, ela nasceu da espuma do mar, perto de Cítara. Dotada de grande beleza e amante do prazer, Afrodite não era, segundo a lenda, digna de confiança. Entre seus amantes estavam Adônis e Ares. Os romanos identificavam Afrodite com **Vênus**.

Agaberte Filha do gigante escandinavo Vagnoste. Feiticeira poderosa, com grandes poderes mágicos, Agaberte podia mudar de forma, transformando-se, algumas vezes, numa anciã curvada pelos anos e, em outras, numa mulher alta e vibrante, que podia tocar o céu. Segundo a lenda, ela era capaz de revirar montanhas, arrancar árvores e secar rios com extrema facilidade.

Ágape Palavra grega que significa "amor" e nome dado às festas de amor dos cristãos, que combinavam uma refeição coletiva com **hinos** e **orações**. Como o valor numérico de ágape é 93, os discípulos de **Aleister Crowley** consideravam esse termo uma das palavras mágicas-chave do Éon de Hórus, caracterizado pela divindade **Aiwaz**, cujo valor numérico também é esse.

Agente Termo usado na pesquisa psíquica para designar a pessoa que faz o papel de "transmissor" nos experimentos de telepatia.

Agla Fórmula **mágica** cabalística usada para exorcizar **espíritos** malignos. Na **magia** moderna, trata-se de um dos **nomes de Deus** usados nos **rituais de banimento** do

Pentagrama Menor. Essa fórmula é composta das letras iniciais da frase hebraica "*Athah gabor leolam, Adonai*", que significa "Vós sois poderoso e eterno, ó Senhor".

Aglaophotis Erva árabe usada em **feitiçaria** para evocar **demônios**.

Agni Termo hindu para fogo, também personificado como um **deus**. Agni, mediador entre os seres humanos e os deuses, assume três formas diferentes; o **Sol**, o raio e o fogo. Ele destrói ou queima tudo em seu caminho, mas também é venerado com fervor; entre as divindades védicas, Agni é a mais importante.

Agnichvattas Combinação de duas palavras sânscritas: *agni*, "fogo", e *chvatta*, "provado" ou "adoçado". No sentido literal, os Agnichvattas são seres espirituais que são "adoçados" ou purificados pelo fogo e, em termos teosóficos, estão entre os mestres mais importantes da humanidade – verdadeiras personificações da busca espiritual.

Agnóstico Aquele que afirma a impossibilidade de se ter conhecimento direto de **Deus** e de se provar a existência Dele. No jargão popular, esse termo às vezes se refere àquele que não tem certeza sobre a existência da **alma**, do **céu** e do **inferno** e da **imortalidade**.

Agregação de Luz Termo usado na **astrologia** para descrever uma situação em que um planeta recebe aspectos de outros dois **significadores** que estão em posição de **dignidade**. A agregação de luz é então vista como a influência de uma terceira pessoa ou intermediário que possibilitaria a resolução de conflitos, discórdias ou processos judiciais.

Agrippa, von Nettesheim, Heinrich Cornelius (1486-1535) Famoso astrólogo e erudito ocultista, pertencente a uma família de nobres de Colônia, Alemanha. Membro da comitiva de Maximiliano I, ele entrou para o serviço secreto alemão e espionou a França, enquanto cursava a Universidade de Paris. Ali encontrou **místicos** e **rosa-cruzes** e passou a se interessar pelo estudo da **Cabala** e pelas filosofias herméticas. Em 1531, Agrippa publicou seu famoso tratado *De Occulta Philosophia*, que tratava de nomes divinos, **magia da natureza** e **cosmologia**. Segundo se dizia, Agrippa tinha um espelho mágico com o qual podia adivinhar o futuro; ele também se interessava por **necromancia**, o que o levava a crer que pudesse conjurar os **espíritos** dos mortos. Ver também **Astrologia**; **Hermética**.

Água Um dos quatro elementos alquímicos, sendo os outros a **Terra**, o **Fogo** e o **Ar**. Os espíritos aquáticos são conhecidos como **ondinas** e **sereias** ou **tritões**. Os três **signos** astrológicos associados à água são **Câncer**, **Escorpião** e **Peixes**. Ver também **Signos da Água**.

Aguadeiro Na **astrologia**, nome popular do **signo** de Aquário, o 11º signo do **zodíaco**.

Águia Pássaro com muitas associações ocultas. A águia é associada, na **astrologia**, ao signo de Escorpião, que é um dos signos "fixos" do **zodíaco**, assim como **Touro**, **Leão** e **Aquário**. Os ocultistas também identificam esses signos com as quatro letras do **Tetragrama** sagrado **YHVH**, sendo a águia relacionada ao primeiro H. Em termos gerais, a águia simboliza as alturas (e, portanto, a **transcendência**), a luz, o **espírito** e o poder da **imaginação**.

Ahad Nome islâmico de **Alá**, que faz referência à sua unicidade ou natureza única.

Ahriman No **Zoroastrismo**, personificação do **mal**. Oponente do "Sábio Senhor"

Ahura Mazda, Ahriman é encarregado de perpetrar mentiras contra o Espírito Santo. Nos **Gathas**, ele é descrito como aquele que estava condenado a viver em eterno conflito com as forças da Luz e da Verdade.

Ahura Mazda O Deus Supremo do **Zoroastrismo**. Em sintonia com o Espírito Santo, Ahura Mazda – como a personificação da Verdade – é inimigo declarado de **Ahriman**, a personificação do **mal**. No Zoroastrismo posterior, Ahura Mazda tornou-se **Ohrmazd**, uma fusão do "Senhor da Sabedoria" com o "Espírito Santo".

Aidoneus Forma grega do Senhor do **Mundo Subterrâneo,** que corresponde ao romano **Hades**. Aidoneus violou **Perséfone** e raptou-a, levando-a para o Mundo Subterrâneo, onde fez dela sua Rainha.

Ain Palavra árabe que significa "um olho", "o eu", a "Essência Divina" de **Alá**.

Ain Soph Aur Expressão hebraica cujo significado é "Luz Ilimitada". Na **Cabala**, representa a fonte de onde tudo provém.

Aires Enoquianos Ver **Trinta Aethyrs**.

Aiwaz Também Aiwass. Nome da **divindade** que transmitiu a **Aleister Crowley** sua doutrina mágica, *The Book of the Law*. Aiwaz comunicou sua doutrina à mulher de Crowley, Rose, durante um **transe**, quando o casal visitava o Cairo, em 1904.

Ajitz Entre os índios quíchuas da Guatemala, **feiticeiro** cujo poder não provém do **Diabo**, mas dos "livros de magia" descritos por alguns feiticeiros como "os livros dos judeus".

Ajna, Chakra Centro de poder oculto, conhecido como **terceiro olho** e localizado entre as sobrancelhas e um pouco acima delas.

Akasha Palavra sânscrita cujo significado é "luminoso", mas com referência ao "éter" ou "espaço". Akasha é um dos cinco elementos hindus: o ovo negro do **Espírito**.

Akáshicos, Registros Conceito teosófico que designa o arquivo astral de todos os acontecimentos, pensamentos e emoções ocorridos desde o início dos tempos. Segundo se supõe, os **psíquicos** são capazes de entrar em sintonia com essa dimensão e de receber impressões autênticas de eras passadas. Algumas descrições teosóficas da **Atlântida** provêm desses registros. Ver também **Teosofia**.

Aksakov, Alex N. (1832-1903) Estadista e pesquisador psíquico russo que se tornou Conselheiro de Estado do Czar. Seu primeiro contato com o **espiritualismo** ocorreu por intermédio de **Emmanuel Swedenborg**, de quem ele traduziu algumas obras. Aksakov levou vários **médiuns** espiritualistas à Rússia e contribuiu para a formação de um comitê de cientistas para investigar mais a fundo o espiritualismo. Posteriormente, quando esse tema deixou de receber o apoio do Estado, Aksakov foi forçado a publicar suas pesquisas psíquicas em outros países europeus. Ver também **Pesquisa Psíquica**.

Al Termo hebreu para **Deus**, o Mais Antigo. Ver também **El**; **Elohim**.

Alá Ser Supremo do **Islamismo**, reverenciado pelos árabes e proclamado, por **Maomé**, como o único deus verdadeiro. De acordo com essa doutrina, Deus é único, não existe nenhum outro além dele. Os muçulmanos não aceitam a noção trinitária da **Divindade**, assim como prega o Cristianismo. Representações pictóricas de

Alá são proibidas, mas os artistas árabes têm permissão de reproduzir em suas obras as letras do nome Dele.

Alastor Demônio cruel que, de acordo com Wierius (**Johannes Wier**), era o chefe dos executores no **Hades**. A palavra "alastor" também é usada genericamente com o significado de **espírito** malévolo e vingativo.

Alaya Termo sânscrito que significa "indissolúvel" e se refere à base ou raiz de todas as coisas, inclusive dos **deuses** e do universo.

Al Azif Suposto título original árabe da obra lendária e provavelmente fictícia *O Necronomicon*, associada a **Howard Phillips Lovecraft**.

Alberto Magno (1205-1280) Nascido na cidade de Larvigen, às margens do Danúbio, Alberto era considerado pelos seus contemporâneos como um grande teólogo e alquimista. Embora ele afirmasse receber inspirações da Virgem Maria e tenha sido um dos professores de São Tomás de Aquino, muitos suspeitam de que ele se comunicasse com o **Diabo**. Alberto de fato admitia ter poderes mágicos, inclusive a capacidade de controlar o tempo. Ele é mais conhecido como o **adepto** que afirmava ter descoberto a **Pedra Filosofal** e que fazia experimentos com ouro produzido por meio de processos alquímicos. Ver também **Alquimia**.

Albigenses Membros da seita francesa do século XII que receberam esse nome devido à cidade de Albi, no sul da França, onde ficava um dos principais centros de suas atividades. Associados aos **bogomilos**, aos **cátaros** e aos paulicianos, os albigenses eram fortes opositores da Igreja Católica Romana, que os considerava **hereges** e os perseguiu com ferocidade durante a **Inquisição**. Segundo a crença dos albigenses, Deus criara **Lúcifer**, seu primogênito, que fugiu com uma legião de anjos caídos para criar o mundo e todos os seus habitantes. Jesus Cristo era o segundo filho de **Deus** e seu papel era restabelecer a ordem espiritual num mundo absolutamente perverso. Essa doutrina era considerada totalmente inaceitável pela Igreja estabelecida, particularmente pelo fato de pressupor que a própria Igreja, e a espécie humana em geral, era essencialmente demoníaca. A Inquisição perseguiu a seita com tamanha selvageria que, depois de 1330, os albigenses haviam praticamente desaparecido.

Alcorão Ver **Corão**.

Al'Dajjal Termo árabe usado genericamente no **Islamismo** com o sentido de impostor ou mentiroso, mas também com a conotação de falso profeta ou **Anticristo**. Al'Dajjal é em geral retratado como um monstro de um olho só, com símbolos do infiel marcados a ferro na testa. De acordo com a tradição, ele será visto primeiramente no Iraque e na Síria, montando um asno, e setenta mil judeus o seguirão. Al'Dajjal destruirá o mundo e todas as cidades, com a exceção de **Meca** e de **Medina**, que são protegidas pelos **anjos**.

Aldinach Demônio egípcio dado a causar terremotos, chuvas de granizo e tempestades. Ele às vezes se disfarçava, assumindo a forma de uma mulher.

Alecrim Planta com associações míticas e mágicas. Acredita-se que o alecrim tenha o poder de afastar **espíritos** malignos, **bruxas** e **fadas**, além de proteger contra tempestades. Em funerais, ramos de alecrim simbolizam lembrança.

Alectória Pedra mágica, normalmente cristalina, mas às vezes com veios cor-derosa que lhe dão aspecto de carne. Atribuía-se a essa pedra várias propriedades ocultas, entre elas o poder de trazer fama e dinheiro a quem a possuísse.

Alectoromancia Divinação por meio da ação de pássaros, em geral galos pretos ou galos-de-briga. Na África, onde essa forma de augúrio é praticada, o adivinho espalha grãos no chão e deixa que os pássaros os debiquem. No final, o vidente interpreta os padrões formados pelos grãos remanescentes.

Alento Componente essencial da vida, associado ao elemento **Ar** e também com a **alma**. Muitos cultos defendem a crença de que o último alento de uma pessoa moribunda liberta a alma do corpo. No **Hinduísmo**, o sopro ou corrente vital é conhecido como **prana**.

Aleuromancia Divinação praticada com farinha de trigo. Entre os antigos gregos, o procedimento era o seguinte: compunham-se sentenças que eram anotadas em tirinhas de papel, enroladas em bolas de farinha e cozidas. As bolas eram então embaralhadas nove vezes e distribuídas para aqueles que queriam informações sobre o próprio destino. **Apolo** regia essa forma de **divinação**. A aleuromancia não é muito praticada hoje em dia, mas os biscoitos da fortuna modernos são uma variante desse tipo de previsão da sorte.

Alexandre de Abonótica Vidente e **oráculo** do século II que fundou um santuário no litoral sul do mar Negro. De boa aparência e dono de uma bela voz, Alexandre anunciava que **Apolo** e o deus da cura **Asclépio** manifestavam-se por meio de seu templo e que ele próprio era o profeta desses deuses. Alexandre logo conquistou seguidores e sua fama se espalhou por Roma; conta a história que o imperador Aurélio consultou o vidente de Abonótica antes de levar adiante uma operação militar.

Alexandre gostava de aparecer diante de multidões com uma cobra enorme mas inofensiva enrolada no pescoço. A cabeça verdadeira da cobra ficava presa debaixo do braço dele e outra, artificial – supostamente de Apolo –, projetava-se na direção da multidão. Alexandre, por meio de técnicas de palco baratas, tentava convencer as multidões de que a divindade em forma de serpente era capaz de dar oráculos místicos relacionados à causa de doenças, além de adivinhar o futuro. O templo e o culto de Alexandre sobreviveram por muitos anos depois da morte deste.

Alfa Ritmo característico das ondas cerebrais, associado com o relaxamento e com a **meditação**. No eletroencefalograma (EEG), é representado por amplitudes de oito a treze ciclos por segundo.

Alfabeto de Honório Ver **Runas**.

Alfarabi (870-954) Nome popular de Abu-Nasr Mohammed Ibn Tarkan, lendário músico, filósofo e mestre espiritual árabe. Nascido em Othrar, na Ásia Menor, Alfarabi era de origem turca. Ele estudou os filósofos gregos e neoplatônicos e foi influenciado principalmente por Aristóteles e **Plotino**. Também foi um célebre compositor, famoso pelas apresentações que fazia ao sultão.

Alfheim Na **mitologia** escandinava, a morada das **fadas**, dos **elfos** e de **espíritos** amistosos.

Alfitomancia Divinação por meio de uma folha de cevada, usada para identificar o suspeito de um crime. Pedaços da folha eram distribuídos a um grupo de suspeitos, que eram obrigados a comê-los. Os inocentes não sofriam nenhum mal, mas o acusado tinha um ataque de indigestão e era assim identificado.

Algol Estrela brilhante da constelação de Perseu. Conhecida de formas variadas – pelos árabes, como a Cabeça do Demônio; pelos judeus, como **Lilith**; e pelos gregos, como a Cabeça da Medusa –, ela era considerada maligna. Essa má reputação talvez se deva a uma estrela negra que gravita em torno dela, ofuscando periodicamente seu brilho e lhe dando a aparência de um olho demoníaco piscando.

Alma Dimensão eterna, imaterial e espiritual de um organismo, que anima sua forma física e lhe confere a vida. Em algumas tradições místicas, os animais, as plantas e até os objetos inanimados como as pedras podem ter alma. O filósofo grego **Platão** acreditava que a alma pudesse existir independentemente do corpo, embora ela ainda fizesse parte de **Deus**; e em muitas tradições, a projeção da alma além do corpo (como na jornada espiritual do **xamã**) é tomada como prova da imortalidade e da natureza transicional da morte. No **Hinduísmo** e na maioria das vertentes do **ocultismo**, acredita-se que a alma possa reencarnar ou transmigrar para outra forma humana ou animal. Às vezes a alma é considerada uma entidade unificada (como no pensamento platônico), enquanto outras vezes ela é dividida em várias partes. Na **Cabala**, por exemplo, a alma tem três divisões: **Neschamah**, **Ruach** e **Nephesch**. Dessas três, a primeira, ou "alma superior", tem as qualidades espirituais da Trindade (as **sephiroth** que estão acima do **Abismo**), enquanto as outras duas divisões são menos elevadas. Ver também **Eu**; **Espírito**.

Alma Antiga Na **Teosofia**, aquele que encarnou muitas vezes na Terra e adquiriu sabedoria espiritual graças às lições que aprendeu nessas várias vidas. Ver também **Reencarnação**.

Almadel Na **magia cerimonial**, **talismã** feito de cera branca, com inscrições do nome de **anjos** ou **espíritos**; era usado em **rituais**.

Alma Divina Na **Teosofia**, encarnação ou manifestação da divindade como representada pelo "Cristo interior" ("Cristo-Homem") ou "Buda interior" (Manushi-Buddha) numa pessoa de grande evolução espiritual.

Alma do Mundo Conceito teosófico da **Divindade** imanente, que estrutura e organiza o universo e lhe confere vitalidade e propósito.

Alma Grupal Na **Teosofia** e no **espiritualismo**, conceito de que um único **espírito** governa um determinado número de **almas** que encarnam em épocas diferentes e criam um **karma** coletivo. A alma grupal então orienta cada uma dessas almas na jornada espiritual, pelo processo cíclico da **reencarnação**. Ver também **Alma Suprema**.

Alma Perdida Na **Teosofia**, ser destituído de qualquer possibilidade de redenção espiritual, que mergulhou no nível da Oitava Esfera ou do chamado **Planeta da Morte**. Nesse nível, as almas perdidas desintegram-se e deixam de existir.

Alma Prótea Também Alma Plástica. No **ocultismo** e na **magia**, o **corpo astral**, que pode ser modelado pela imaginação para servir como veículo para viajar no **plano astral**. É esse o corpo que pode ser usado na feitiçaria para se empreender **ataques mágicos**. Ver também **Nagual**.

Alma Suprema Termo teosófico e místico para **alma grupal**.

Alomancia Também Halomancia. Divinação que se faz esparramando-se sal. O adivinho interpreta acontecimentos futuros analisando as figuras formadas pelo sal esparramado. A alomancia provavelmente se originou da superstição de que deixar sal cair no chão dá azar. A sorte é recuperada jogando-se um pouco de sal por sobre o ombro esquerdo.

Alongamento No **espiritualismo**, o prolongamento do corpo humano – um fenômeno associado a certos **médiuns de efeitos físicos**. Segundo relatos, Daniel Dunglas Home, um **médium** que conquistou fama graças a sua suposta capacidade de **levitar**, alongou sua estatura em mais de trinta centímetros durante uma **sessão**. Entre outros médiuns cujas pernas e braços supostamente se alongavam estão **Florence Cook**, sua irmã Katie e **Eusapia Palladino**.

Alpiel No **Talmude** – os livros da lei judaica –, **anjo** que rege as árvores frutíferas.

Alquimia Antiga ciência de transmutação de metais básicos em **ouro** e **prata**. A etimologia da palavra é incerta, mas é possível que derive do árabe *al kimiya*, que significa "arte mágica da Terra Negra", uma referência ao norte do Egito e ao Delta do Nilo (em oposição ao sul do Egito, de solo arenoso e vermelho). Os antigos egípcios eram artífices peritos em metais e acreditavam que certas fusões e combinações de metais tinham poderes mágicos. Quando os árabes conquistaram o Egito no século VII, levaram a alquimia com eles para o Marrocos e para a Espanha. Do século IX ao XI, Sevilha, Córdoba e Granada foram os principais centros da alquimia; posteriormente, essa ciência **esotérica** difundiu-se pela França, Inglaterra e Alemanha.

Os três maiores objetivos da alquimia eram a tentativa de transformar em ouro metais básicos para criar a **Pedra Filosofal**, descobrir um elixir que prolongasse a vida indefinidamente e elaborar métodos para criar a vida artificialmente. Na Idade Média, patronos abastados perderam enormes fortunas em experimentos alquímicos que não resultaram em nada. **Nicholas Flamel (1330-1418)** afirmou ter transformado **mercúrio** em prata e ouro, mas é mais provável que tenha acumulado sua fortuna com agiotagem.

Ao menos até certo ponto, a alquimia também era uma metáfora da transformação espiritual, um processo que não tinha nenhuma relação como os experimentos de laboratório. A pessoa imperfeita, morosa e sombria poderia se tornar pura e cristalina por meio dos processos gradativos que levavam à iluminação espiritual. Basil Valentine, um célebre alquimista e monge beneditino, descreveu a alquimia como "a investigação dos processos naturais com os quais Deus encobriu as coisas eternas" e **Jacob Boehme** referiu-se à Pedra Filosofal como o **espírito** de Cristo que "impregna" a alma individual. Nesse sentido, a alquimia foi tanto precursora da química moderna quanto uma complexa filosofia espiritual – uma das maiores fontes do pensamento esotérico medieval.

Alrunas Na Noruega, **demônios** e feiticeiras do sexo feminino, capazes de assumir as mais variadas formas. As estátuas dessas feiticeiras eram vestidas, recebiam oferendas de comida e bebida e eram vistas com veneração. Acreditava-se que as estátuas choravam e provocavam catástrofes se negligenciadas.

Altanor Colina mágica com um poço, ao qual se atribui o poder de amenizar a estiagem nos campos.

Althotas Ocultista misterioso que o **conde Alessandro di Cagliostro** afirmou conhecer em Messina. Althotas e Cagliostro supostamente viajaram para Alexandria e Rodes e daí para Malta, onde fizeram uma série de experimentos alquímicos com o patrocínio do grão-mestre Pinto. A existência de Althotas nunca foi provada e alguns acreditam que ele tenha sido fruto da imaginação de Cagliostro.

Alucinação Ilusão visual ou estado de percepção que não é compatível com a realidade conhecida do dia-a-dia. As alucinações são geralmente provocadas pela ação de drogas **psicodélicas** ou por condições de **privação sensorial**. Em algumas culturas, acredita-se que os alucinógenos proporcionem um acesso à **realidade mágica**. Por exemplo, entre os índios jivaro, do oeste do Equador, os **xamãs** tomam uma bebida alucinógena feita de **banisteriopse**, para estabelecer contato com o mundo **espiritual**. Em suas visões, esses índios geralmente mencionam jaguares míticos gigantes e cobras retorcidas, aos quais atribuem um caráter iniciatório. Os índios cashinahua do Peru também usam alucinógenos para entrar em contato com as entidades espirituais **nixi pae**, que são acompanhadas de cobras de cores vívidas, armadilhos e sapos coaxando.

Presume-se que o vôo mágico das **bruxas**, no **sabá das bruxas**, fosse uma alucinação causada pelos ungüentos que elas esfregavam na pele. Nesse caso, a atropina era o ingrediente que causava a sensação aérea e a experiência visionária de dissociação. Ver também **Estado Alterado de Consciência**; **Ungüentos Voadores**.

Alucinógeno Que produz alucinações. Ver também **Psicodélico**.

Aludel Na **alquimia**, condensador usado em processos de sublimação.

Alvares Grupo de santos que viveu no sul da Índia entre os séculos V e IX. Os alvares influenciaram a tradição devocional **bhakti** do misticismo indiano com a crença de que o amor de um devoto por **Deus** era a mais sublime verdade deste mundo. Os alvares criaram **orações** e poesias belíssimas que agora fazem parte dos serviços regulares dos templos.

Alvo Em **parapsicologia**, e especialmente nos experimentos que testam a **percepção extra-sensorial**, imagem mental ou informação específica que o sujeito tenta transmitir. Na **psicocinese**, essa palavra se refere ao objeto que o sujeito tenta influenciar com a força de vontade.

Amandina Pedra colorida com propriedades místicas. Segundo a crença, a pessoa que usa essa pedra tem o poder de interpretar **sonhos** e **mistérios**.

Amanita muscaria O belo cogumelo vermelho e branco dos contos de fadas, também conhecido como amanita-das-moscas; é encontrado geralmente em florestas, sob vidoeiros, pinheiros e lariços. Um dos mais antigos alucinógenos usados pelo homem, esse cogumelo foi até pouco tempo atrás o ponto central dos rituais xamânicos das tribos siberianas e urálicas. O etnomicologista **R. Gordon Wasson** associou o *Amanita muscaria* a uma planta sagrada chamada soma, mencionada no **Rig-Veda** indiano.

Amantes, Os No **tarô**, carta dos **Arcanos Maiores** que retrata duas figuras humanas nuas no Jardim do Éden – personificando a inocência recuperada. O **santo anjo guardião** paira sobre elas, abençoando-as. Essa carta simboliza a fusão gradativa das polaridades sexuais e a **transcendência** mística da dualidade. Ela também lembra o mito grego de Castor e Pólux, que foram levados por **Zeus** para o céu e receberam um destino comum como os opostos solar e lunar. O caminho da carta dos *Amantes* liga as esferas **Tiphareth** e **Binah** da **Árvore da Vida**, esferas que representam elas próprias o filho divino e a grande mãe, respectivamente. Ver também **Andrógino**; **Signos Duais**.

Amaranto Flor que simboliza a **imortalidade**. Os amarantos em geral têm folhagem colorida e flores decorativas; na tradição oculta, uma coroa de amarantos conferia poderes **sobrenaturais** a quem a usasse.

Ambrosia Na **mitologia** grega, a comida ou bebida dos **deuses**, que fazia deles seres imortais. Os deuses também usavam a ambrosia para conferir o dom da **imortalidade** aos seres humanos que protegiam.

Amdúscias De acordo com Wierius (Johannes Wier), grão-duque do **Hades** que normalmente tem a forma de um **unicórnio**, mas aparece aos **mágicos** na forma humana. Amdúscias é mais conhecido pela capacidade que tem de fazer concertos em que os músicos são invisíveis ao espectador, embora a música seja perfeitamente audível.

Amesha Spentas No **Zoroastrismo**, hoste de **espíritos** benevolentes sob o comando de **Ahura Mazda**. Esses espíritos representavam seus nobres atributos.

Amianto Tipo de pedra à prova de fogo que, segundo Plínio, serve para neutralizar **feitiços**.

Amigos Invisíveis Ver **Invisíveis, Amigos**.

Amnésia Estado temporário ou prolongado de perda de memória, pelo qual passam às vezes os **médiuns**, enquanto estão em **transe**. Nesses casos, o médium possuído esquece qualquer pronunciamento que tenha feito durante a sessão de transe.

Amoimon Em **demonologia**, rei da divisão oriental do **Hades**. Também identificado com Amaimon.

Ámon Também Ammon ou Amen. **Divindade** do Egito Antigo que personificava o sopro da vida; também **Deus** da fertilidade e da agricultura. Reverenciado principalmente em Tebas, onde fazia parte de uma tríade divina – marido de Mut e pai de Khonsu. Santuários também foram dedicados a ele em Luxor e Karnak.

Am Tuat Importante componente do *Livro Egípcio dos Mortos*, que descreve a passagem do deus solar pelos calabouços do **Mundo Subterrâneo** (as doze horas das noite). Tomando a forma de um carneiro, Afu-Rá viaja de barco pelas águas da escuridão, subjugando seus opositores com **hekaus**, ou palavras mágicas de poder. O deus solar aos poucos se transforma, tornando-se **Quépera**, e renasce das coxas da deusa celeste **Nut**, enquanto seu barco segue em frente, no oceano do Novo Dia.

Amuleto Pequeno objeto usado como proteção contra o azar ou contra o **mal**. Os tipos de amuleto variam consideravelmente e podem ser desde um pé de coelho ou uma pedra colorida até um objeto esculpido em metal precioso e ricamente ornamentado. Os egípcios tinham uma grande variedade de amuletos, entre eles alguns cujo motivo baseava-se no olho de **Ísis** e na figura de **Osíris**. Entre as seitas **gnósticas**, os amuletos de **Abraxas** eram bem populares. Atualmente, os amuletos astrológicos estão na moda já faz algum tempo. O amuleto cristão mais comum talvez seja o de São Cristóvão, o protetor dos viajantes.

Amuleto da Sorte Objeto de tamanho pequeno, usado para atrair sorte. Na Ásia e em muitas partes da África, por exemplo, a **turquesa** é considerada uma "pedra da sorte", que serve de antídoto para o mau-olhado e é usada em anéis, colares e pulseiras como proteção. O amuleto da sorte também pode ser um **encantamento** ou **feitiço** realizado para evocá-la.

Anahata, Chakra Na **Kundalini Yoga**, centro oculto de poder associado à glândula do timo e ao plexo cardíaco. É representado pelo Tattva (ou elemento) **Vayu**, símbolo da água. Ver também **Yoga**.

Analgesia Insensibilidade à dor, às vezes associada aos **yogis, médiuns psíquicos** e homens santos, capazes de entrar num **estado alterado de consciência** em virtude do fervor religioso.

Ananda Termo hindu que significa bem-aventurança, livre das considerações materiais.

Ananse Nas lendas dos achantis, aranha que deu origem ao material com que **Nyame** – deus celeste supremo – criou os primeiros seres humanos. Os ocultistas do **Ordo Templi Orientis** adaptaram a mitologia em torno de Ananse usando a teia de aranha como uma imagem da exploração, pela magia, do lado inverso e sombrio da **Árvore da Vida**.

Anátema Oferenda para uma **divindade** e que geralmente é pendurada num templo; é também a palavra usada pela Igreja Católica Romana na fórmula para excomunhão dos **hereges**.

Anatta Doutrina budista segundo a qual não existe uma alma humana permanente que reencarne de um corpo para outro. **Gautama Buda** descreveu o indivíduo não como uma alma que habite um corpo, mas como uma série de acontecimentos, idéias e sensações em estado permanente de fluxo no espectro da consciência humana.

Por isso, nenhuma entidade "fixa" poderia sobreviver à morte e passar para outro reino. Ver também **Budismo; Reencarnação**.

Andrógino Hermafrodita. Na **alquimia** e no **misticismo**, o andrógino é um símbolo sagrado, pois as polaridades masculina e feminina estão unidas num só ser, que por conseguinte representa a totalidade, a unidade e a unicidade. Ver também **Dualismo**.

Andróide Ser humano criado artificialmente. Atribui-se ao mago medieval **Alberto Magno** o mérito de criar uma entidade como essa; também existem muitos contos a respeito do **golem** na mitologia e lendas judaicas. Ver também **Homúnculo**.

Andvari Também Alberich. Na **mitologia** escandinava, anão que guardava, cheio de ciúme, o anel mágico **Draupnir** e outros pertences valiosos dos **deuses**. Quando o anel foi roubado por **Loki**, Andvari amaldiçoou o anel, causando pesar e desgraça a todos os que tinham alguma relação com o roubo.

Anel das Fadas Círculo de grama cuja cor ou textura o diferencia do resto da relva. As **fadas** realizam suas danças noturnas nesses círculos, especialmente na **Véspera do Dia de Todos os Santos** e na véspera do **Dia de Maio**.

Anel "não passa" Expressão mística relativa ao "círculo de limitações" que restringe a consciência dos **ocultistas** que ainda não atingiram os estados superiores de unidade espiritual.

Anestesia Estado em que ocorre a perda da sensibilidade do corpo. Os ocultistas acreditam que esse efeito possa ocorrer durante a **dissociação** provocada pelo **transe**, na qual a "consciência" se retira temporariamente do corpo físico.

Angra Mainyu Outro nome de **Ahriman**, que, na **mitologia** zoroastrista, personifica o **mal** e a escuridão. Angra Mainyu está permanentemente em conflito com o deus da luz e da bondade, **Ahura Mazda**.

Angurvadel Espada mágica herdada por Frithjof, herói da **mitologia** islandesa. Decorada com um punho dourado, a espada brilhava como a aurora boreal e adquiria uma luminescência ígnea durante os tempos de batalha.

Animal de Poder No **xamanismo**, criatura que aparece na **jornada espiritual** da **alma** enquanto o **xamã** está em estado de **transe**. O animal de poder geralmente se assemelha ao espécime verdadeiro, mas às vezes é uma criatura mítica ou imaginária. Ele é sempre considerado uma encarnação do poder mágico e pode ser evocado em **rituais** e cerimônias. Ver também **Familiar**.

Animal, Magnetismo Ver **Magnetismo Animal**; **Mesmer, Friedrich Anton**.

Anima Mundi Conceito cosmológico de uma **alma do mundo** ou força regente do universo pela qual o pensamento divino pode se manifestar em leis que afetam a matéria. De acordo com o místico **Marsilio Ficino**, a alma do mundo é onipresente, mas magníficos **daimons** estelares a assistem na unificação do **espírito** com a matéria. Ficino foi influenciado por **Plotino** e por outros neoplatonistas que defendiam a idéia de que a alma do mundo criava processos no céu que definiam e influenciavam o que se passava na Terra. Do ponto de vista filosófico, a alma do mundo está a meio caminho entre o espírito e a matéria, uma dimensão que confere energia e vitalidade ao mundo abaixo dela.

Animismo Crença, comum em muitas sociedades pré-literárias, de que as árvores, as montanhas, os rios e outras formações naturais são dotadas de um **espírito** que as anima. No **espiritualismo**, esse termo também se refere ao conceito de que os objetos inanimados, assim como os animados, têm uma **força vital** ou energia claramente distinguível da forma física e que é capaz de existir sem a "concha" física.

Anjo Termo derivado de uma palavra grega cujo significado é "mensageiro". No Cristianismo, no Judaísmo e no **Islamismo**, os anjos são seres imortais que servem de intermediários entre **Deus** e os seres humanos. Os anjos em geral se organizam numa hierarquia, mas o significado de cada um deles é extremamente variado. Enoch identifica os sete arcanjos principais: **Uriel**, **Rafael**, Raguel, **Miguel**, Zeraquiel, **Gabriel** e **Remiel**. Segundo Santo Ambrósio, os anjos ocupam uma posição relativamente inferior no esquema celestial, que consiste em **Serafins**, **Querubins**, Dominações, Tronos, Principados, Potestades, Virtudes, **Arcanjos** e Anjos. Os meses do ano, os **signos** astrológicos e os **planetas** têm, todos eles, correspondência com os anjos.

Anjo Caído Anjo expulso do **céu** por desrespeitar as ordens de **Deus**. Os anjos caídos são associados aos poderes das trevas e passaram a ser conhecidos como **demônios**. **Lúcifer**, o "guardião da luz", é o exemplo clássico.

Ankh Símbolo egípcio que lembra uma cruz com uma alça no topo. O ankh é um símbolo da vida e todas as grandes divindades egípcias são retratadas com ele nas mãos. Supõe-se que esse símbolo tenha uma origem de cunho sexual, pois combina a figura do pênis e a da vagina; no entanto, o egiptologista **Wallis Budge** considera essa interpretação "improvável". O ankh é também conhecido como *cruz ansata*.

Anões Homens pequenos e cabeludos que, de acordo com o folclore e as lendas escandinavas, vivem debaixo da terra, são exímios ferreiros e peritos na arte da ourivesaria. Os anões fizeram a espada mágica de **Odin** e o lindo colar de Fréia, além de serem um dos temas centrais da obra *The Ring of the Nibelung*, da autoria de Richard Wagner. O ilustrador inglês de livros fantásticos **Arthur Rackham** criou representações memoráveis de anões para a adaptação em dois volumes da obra de Wagner: *The Rhinegold and the Valkyrie* e *The Twilight of the Gods*.

Anselmo de Parma (?-1440) Astrólogo italiano e autor de *Instituições Astrológicas*. Wierius (**Johnnes Wier**) considerava-o um **feiticeiro**, possivelmente por causa de uma seita conhecida como os anselmitas, cujos membros se diziam capazes de curar chagas e feridas usando palavras mágicas. No entanto, o mais provável é que essa seita deva seu nome a Santo Anselmo de Canterbury, conhecido pelas curas espirituais que fazia. Ver também **Astrologia**.

Antão, Santo Asceta cristão, nascido no Egito em 250, aproximadamente. Ele é mais conhecido pelos relatos sobre suas visões demoníacas, que já inspiraram muitos artistas. Santo Antão viveu em isolamento e em condições que podem muito bem ter causado suas **alucinações**. Estava convencido de que era atormentado por **demônios**, pois "eles tinham inveja de toda a raça humana e especialmente dos monges, por não suportar a idéia de alguém viver uma vida celestial na Terra". Existe a hipótese de que as visões de Santo Antão podem ter sido causadas pela ingestão de pão infectado por **ergot** – o fungo a partir do qual o **LSD** é sintetizado.

Antaskarana Também Antahkarana. Termo sânscrito formado pelas palavras *antar*, "dentro", e *karana*, "órgão do sentido". Na **Teosofia**, o meio de comunicação entre o **ego** espiritual e a **alma** pessoal.

Anticristo Messias **maligno** que supostamente faria milagres, levantaria os mortos e caminharia sobre as águas na tentativa de imitar Cristo, mas que, na realidade, seria seu inimigo mortal. O conceito de demônio encarnado repete-se na história judaica e cristã, alimentado por figuras como o rei sírio pagão Antíoco IV; pela **Grande Besta** mítica do Apocalipse; e, nos tempos modernos, por Kaiser Wilhelm II e Adolf Hitler. Depois de sua iniciação com *The Book of the Law* – uma obra mística com elementos nitidamente blasfemos –, o mago ritualista **Aleister Crowley** também afirmou ser o anticristo e o Senhor do **Novo Éon**.

Antiga, Alma Ver **Alma Antiga**.

Antropomancia Forma primitiva de **divinação** pelo exame de vísceras humanas – geralmente de virgens ou crianças pequenas. De acordo com a lenda, o **mago** Juliano, o Apóstata, sacrificou muitas crianças durante trabalhos ritualísticos, para interpretação das entranhas. A antropomancia era também praticada no antigo Egito.

Antroposofia Termo associado ao místico e teosofista alemão **Rudolf Steiner**; que significa literalmente "conhecimento relativo ao homem" e refere-se especialmente ao estudo da natureza espiritual humana. Steiner fundou a Sociedade Antroposófica depois de romper com a **Sociedade Teosófica**, e esse novo grupo acabou por estabelecer muitos centros pelo mundo todo.

Anúbis Divindade egípcia com cabeça de cão ou de chacal, associada com o deserto ocidental, a morada dos mortos. Figura proeminente no **Mundo Subterrâ-**

neo osiriano, Anúbis era filho de **Néftis** e às vezes rivalizava com **Osíris** em importância. No **Salão dos Julgamentos**, o papel de Anúbis era pesar o coração dos mortos no dia do juízo final. Ele também ajudava a guiar a alma destes pelo Mundo Subterrâneo.

Anupapadaka Também Anupadaka. No **Hinduísmo** e no **Budismo**, termo que significa "aquele que não cai como os outros", e representa a fonte de onde a Hierarquia dos Budas provém na emanação mística. Também usado com o significado de "deus interior".

Aparição Imagem de uma pessoa viva ou morta que surge em condições que não podem ser explicadas por uma causa física. Embora as aparições sejam em geral associadas a **fantasmas**, o termo é também usado, na literatura oculta, para descrever formas humanas que aparecem a outra pessoa como resultado de uma **projeção astral** ou da **clarividência**. Nesse caso, a pessoa que faz a projeção "dispõe-se" a fazer com que sua consciência se apresente diante de outra, com propósitos de observação ou de comunicação direta. Na literatura ligada à **parapsicologia**, existem muitos relatos de pessoas que, no momento da **morte**, "aparecem" em **espírito**, como se quisessem comunicar o fato a um amigo ou ente querido ausente no momento.

Aparição de Crise Aparição fantasmagórica de uma pessoa que, na ocasião, está passando por algum tipo de crise (está à beira da morte, por exemplo). Exemplos desse tipo de aparição são encontrados no clássico psíquico *Phantasms of the Living*, organizado por Gurney, Myers e Podmore.

Apas No **Hinduísmo** e na **magia** ocidental, o elemento **Água**, representado por uma meia-lua prateada.

Apocalipse Desvelar de fatos ocultos, revelação **esotérica** ou profética. Termo geralmente usado em referência ao último livro do Novo Testamento, o Apocalipse de São João. Também existem muitos exemplos de apocalipse na literatura **gnóstica**, entre eles o *Apocalipse de São Paulo*, o *Primeiro e o Segundo Apocalipse de Tiago*, o *Apocalipse de Pedro* e o *Apocalipse de Adão*. Todos esses livros fazem parte da **Biblioteca de Nag Hammadi**.

Apócrifo De origem desconhecida. Termo às vezes usado com o significado de "espúrio".

Apócrifos, Os Derivado da raiz grega cujo significado é "ocultar", termo que designa os ensinamentos ocultos vedados aos não-iniciados. No Cristianismo, nome coletivo dos quatorze livros incluídos originalmente no Antigo Testamento e que ainda fazem parte da Vulgata da Igreja Católica Romana.

Apolo Deus grego do **Sol**, da fertilidade, da pureza e da verdade, e também **divindade** associada à cura, à música e à poesia. Filho de **Zeus** e de Leto e irmão gêmeo de **Ártemis**, ele é um dos **Doze Grandes Olímpicos**. Entre seus vários nomes estão Hélio, Hiperião e Febo. Apolo tinha numerosos santuários a ele consagrados e era a divindade principal dos **oráculos** de Delfos, de Delos e de Tenedos. Seu Colosso era uma das Sete Maravilhas do Mundo Antigo. Talvez a mais famosa das estátuas de Apolo que resistiram ao tempo seja o "Apolo de Belvedere", escultura feita de mármore, em exposição no Museu do Vaticano. Por ser um protótipo da luz e, portanto, da **iluminação** mística, a influência de Apolo na literatura esotérica, assim como nas artes em geral, tem sido considerável.

Apolônio de Tiana Filósofo e sábio grego a quem foram atribuídos poderes **sobrena-**

turais. Segundo a crença, Apolônio, que foi quase contemporâneo de Jesus, realizou muitos milagres, entre os quais salvar da morte uma jovem nobre em Roma, livrar uma amiga de se casar com um vampiro e testemunhar, com sua "visão espiritual", o assassinato de Domiciano em Roma, mesmo estando fisicamente em Éfeso.

Apópis Também conhecida como Apepi, enorme serpente que vivia no Nilo e tentava impedir que o deus solar **Rá** atravessasse o céu em sua barca. Apópis representa os poderes das trevas e é uma das muitas imagens da **mitologia** egípcia que foram incorporadas à **magia** do chamado **caminho da mão esquerda**.

Aporte No **espiritualismo**, objeto sólido como uma flor ou peça de joalheria que, segundo se alega, manifesta-se durante uma **sessão**, sem se materializar do **éter**, mas sendo transportado por meios não-físicos para o cômodo onde ocorre a sessão. É muito provável que a maioria dos exemplos de aporte, se não todos, seja resultado de prestidigitação.

Apoteose Ato de elevar um mortal à condição de **deus**. No Egito antigo, os faraós eram considerados reis divinos e vários imperadores romanos foram divinizados. Ver também **Divinização**.

Aprendiz Na **Franco-maçonaria**, pessoa que recebeu o primeiro grau de **iniciação**.

Apsara Na **mitologia** indiana pré-védica, **ninfa** aquática que vive num tanque de água ou num pequeno lago onde crescem flores de lótus. Às vezes associadas aos ritos de fertilidade, as apsaras também têm algumas características em comum com as **sereias** clássicas, que também são dotadas de uma beleza irresistível e seduzem os homens, levando-os à morte.

Apuleio, Lúcio Filósofo e escritor romano que viveu no século II e foi iniciado nas tradições de **mistério**. Depois de fazer uma apologia em Roma, ele se mudou para o norte da África, onde devotou sua vida à literatura. Suas obras incorporam muitas lendas antigas. Seu trabalho mais conhecido é *Metamorfoses*, um romance que descreve como um homem é transformado em asno.

Aquário Na **astrologia**, **signo** do **zodíaco** dos nascidos entre 21 de janeiro e 19 de fevereiro. Aquário é "aquele que carrega a água" e seu símbolo é um homem derramando numa corrente a água de um vaso. Aquário é um signo do **Ar**, regido por **Saturno**. O aquariano "típico" é quieto, tímido, paciente, intuitivo e confiante de que a verdade sempre prevalece. Ele pode, às vezes, parecer preguiçoso ou distante, mas esse comportamento, na verdade, é fruto da natureza cautelosa desse signo. Ver **Aguadeiro**.

Aqueronte Na **mitologia** grega, o rio da desolação, um dos cinco rios do **Hades**. As **almas** dos mortos tinham de atravessá-lo na barca de **Caronte** para chegar ao **Mundo Subterrâneo**.

Aquino, Michael Ver **Templo de Set**.

Ar Um dos quatro elementos alquímicos, sendo os outros três o **Fogo**, a **Água** e a **Terra**. Os **espíritos** do Ar são conhecidos como **silfos**. Os três signos astrológicos que pertencem ao elemento Ar são **Gêmeos**, **Libra** e **Aquário**.

Arabi, Ibn al (1164-1240) Místico espanhol que morou em Sevilha por trinta anos e dedicou-se às leis e à poesia sufi. Embora seus trabalhos pareçam simples poemas de amor, eles tratam de muitas idéias **esotéricas** complexas. Arabi acreditava que essência e existência eram uma coisa só e afirmava que a tarefa do místico era a união com o Homem Perfeito, uma emanação de **Alá** personificada por **Maomé**. No momento da união do místico com **Deus**, a imagem Dele tornava-se consciente de si mesma. Nesse sentido, Deus precisava tanto do homem quanto o homem precisava de Deus. Muitos dos contemporâneos de Arabi acusaram-no de **heresia**. Ver também **Sufismo**.

Arahat Também arhat. No **Budismo** páli, aquele que chegou ao último estágio de iniciação espiritual; o "digno" que é iluminado.

Aralu Na **mitologia** babilônica, a morada dos mortos. Considerado por alguns como uma caverna escura e proibida, cuja entrada era um buraco na terra, esse domínio era governado por **Eresquigal** e pelo seu consorte Nergal.

Ararita Na **Cabala**, nome divino formado a partir de uma sentença hebraica cuja tradução é "A Unidade é seu princípio. A Unidade é sua individualidade. Sua mudança é unidade". A palavra "ararita" é usada como uma invocação na **magia** ocidental moderna, como, por exemplo, nos rituais do **hexagrama** planetário e na cerimônia da Estrela Safira, de **Aleister Crowley**.

Aratron De acordo com o **grimório** medieval *Arbatel de Magia*, **espírito** olímpico que governa todos os aspectos do universo associados com Saturno. Segundo se diz, Aratron tem muitos atributos. Ele pode deixar as pessoas invisíveis, além de ser mestre em **magia** e **alquimia** e saber converter plantas em pedras e pedras em tesouros. Abaixo dele, estão 49 reis, 42 príncipes, 35 presidentes, 28 duques, 21 ministros, 14 familiares e 36 mil legiões de espíritos.

Arbatel de Magia Importante trabalho medieval sobre **magia** cerimonial, publicado originalmente em latim, na Basiléia (1575), e posteriormente traduzido para o inglês por Robert Turner (Londres, 1655). Esse livro menciona o nome de sete **anjos** (identificados com corpos celestes) com os quais o aspirante a mago tem de estabelecer contato: **Aratron (Saturno)**; **Bether (Júpiter)**; **Phalec (Marte)**; **Och (Sol)**; **Hagith (Vênus)**; **Ophiel (Mercúrio)**; e **Phul (Lua)**. O *Arbatel* revela os **selos** mágicos dessas entidades e também descreve os poderes e virtudes especiais de cada uma delas.

Arcanjo Na **mitologia** cristã, sete arcanjos foram designados para os sete céus. São eles **Miguel**, **Gabriel**, **Rafael**, **Uriel**, Jofiel, Zadequiel e Samuel. De acordo com o Apocalipse, pelo fato de Samael (**Satã**) pretender ser mais grandioso que **Deus**, houve uma guerra no céu e "Satã, que enganou a todos, foi lançado para o interior da Terra e seus anjos, lançados com ele".

Na tradição mística judaica representada pela **Cabala**, os arcanjos designados para as dez emanações da **Árvore da Vida** são: **Metatron (Kether)**, Ratziel (**Chokmah**), Tzaphqiel (**Binah**), Tzadqiel (**Chesed**), Camael (**Geburah**), Rafael (**Tiphareth**), Haniel (**Netzach**), Miguel (**Hod**), Gabriel (**Yesod**) e Sandalphon (**Malkuth**).

O **Islamismo** também reconhece quatro arcanjos: Gabriel, Miguel, Azrael e Israfil. O equivalente islâmico do **anjo caído** é o diabo **Eblis**, que, assim como Azazil, já estivera bem próximo de Deus, mas caiu em desgraça por não cumprir a ordem divina de prestar homenagem a Adão.

Arcano Qualquer coisa oculta ou misteriosa, especialmente aquela cuja compreensão requer uma "chave". Ver também **Clavícula**.

Arcanos Forma plural da palavra latina que significa "algo que se oculta numa caixa ou arca". Esse significado se ampliou e o termo passou a ter a conotação de segredo ou mistério. As cartas do **tarô** são divididas em **Arcanos Maiores** (os 22 trunfos) e **Arcanos Menores** (as 56 cartas remanescentes, que se dividem em quatro naipes: **taças, bastões, gládios** e **pentáculos**).

Arcanos Maiores No **tarô**, as 22 cartas "mitológicas", ou trunfos, que os ocultistas relacionam aos caminhos da **Árvore da Vida** cabalística. Começando por **Malkuth**, aos pés da Árvore, até **Kether**, no topo, a seqüência é a seguinte: *O Mundo, O Julgamento, A Lua, O Sol, A Estrela, A Torre, O Diabo, A Morte, A Temperança, O Ermitão, A Justiça, O Enforcado, A Roda da Fortuna, A Força, O Carro, Os Amantes, O Hierofante, O Imperador, A Imperatriz, A Grã-Sacerdotisa, O Mago* e *O Louco*. Para saber as atribuições simbólicas, consultar o verbete de cada uma das cartas.

Arcanos Menores No **tarô**, as 56 cartas secundárias. Essas cartas são compostas de quatro naipes: **gládios** (espadas), **bastões** (paus), **pentáculos** (ouros) e **taças** (copas). Os Arcanos Menores não servem como instrumento de meditação, mas representam um papel importante no tarô **divinatório**. Ver também **Arcanos Maiores**.

Arco Ascendente Na **Teosofia**, "corrente vital" de entidades espirituais em evolução, que passam por uma série de planos místicos cada vez mais elevados da existência. Pode ser contraposto ao chamado **arco descendente**, em que os seres descem em direção ao plano físico.

Arco Descendente Na **Teosofia**, descida de um cortejo de seres espirituais dos reinos etéricos e espirituais para o plano físico da existência. Ver também **Arco Ascendente**.

Arco Luminoso Termo teosófico usado como sinônimo de **arco ascendente**.

Arcons No **Gnosticismo**, governantes planetários que supervisionam o mundo conjuntamente e aos quais foram designadas certas "esferas". Alguns arcons devem seu nome a designações de Deus mencionadas no Antigo Testamento (por exemplo, Sabaoth, **Adonai, Elohim, Iao**) Quando uma pessoa morre, sua alma é barrada pelos arcons, que só a deixam voar para Deus se ela conhecer certas **fórmulas mágicas**. Nesse sentido, o Conhecimento Sagrado ou **Gnose** proporciona acesso direto às esferas superiores.

Arco Sombrio Ver **Arco Descendente**.

Áries Na **astrologia, signo** do **zodíaco** dos nascidos entre 21 de março e 20 de abril. Áries, o Carneiro, é um símbolo de agressividade e de dominação, especialmente em resultado da associação com o aríete romano. Esse signo costuma ser associado com políticos e líderes militares. Os arianos em geral são firmes, relativamente egocêntricos e têm dificuldade para abrir mão de seus pontos de vista. No entanto, pelas mesmas razões, eles são muitas vezes idealistas, ambiciosos e pioneiros em seus empreendimentos. Áries é um signo de **Fogo**, regido por **Marte**, e em geral é considerado o primeiro signo do zodíaco.

Aríolos Também Haríolos. **Magos** que usavam altares na prática da **divinação**. Segundo se supõe, os aríolos conjuravam **demônios** diante do altar e observavam a ocorrência de "tremores" ou qualquer outra manifestação de forças ocultas em ação. Esses magos em geral eram considerados demonólogos e idólatras.

Aristeas de Proconeus (c.675 d.C.) Místico mencionado nos escritos de Heródoto, **Plínio**, Suidas e Máximo de Tiro e ao qual se atribuem notáveis poderes ocultos. Plínio diz que Aristeas era capaz de sair do corpo e assumir a forma de um corvo e Máximo lembra que esse místico afirmava ser capaz de "voar" em estado de **transe**, observando rios, cidades e culturas distantes que ele nunca visitara em sua vida cotidiana normal. Seu poema *Arismapea* conta que ele foi possuído por **Apolo**, viajou para além de Cítia, até os issedônios, e depois encontrou os **grifos** mitológicos, que foram consagrados a Apolo e eram guardiões do ouro precioso. Aristeas pode ter sido o equivalente grego clássico de um **xamã** indígena.

Aritmancia Método grego ou caldeu de **divinação** pelos números. Os gregos analisavam o nome dos inimigos de guerra, calculando seu valor numérico, e assim prediziam o desfecho da contenda. Os caldeus dividiam o alfabeto em três seções de sete letras e ligavam simbolicamente essas seções aos sete planetas. A aritmancia é uma precursora da **numerologia**.

Arjuna Na **mitologia** hindu, filho de **Indra** e Kunti e amigo de **Krishna**. Arjuna tornou-se um grande guerreiro, mas questionava o condutor de seu carro, Krishna, sobre a validade moral da guerra. Krishna explicava-lhe sobre a natureza do dever e sobre os princípios da vida e da morte, e esse intercâmbio representa um dos temas principais do *Bhagavad-Gita*.

Armomancia Divinação por meio dos ombros. A armomancia era usada para identificar os melhores candidatos para o sacrifício aos **deuses**.

Aromaterapia Uso de óleos essenciais produzidos a partir de flores, plantas, árvores e resinas, para tratar a pele, prevenir infecções e fortalecer o corpo, aumentando a resistência contra as doenças. Esse termo foi cunhado pelo químico francês René Maurice Gattefossé. Ver também **Bach, dr. Edward**.

Arquétipo Na psicologia de **Carl Jung**, imagem primordial presente no **inconsciente coletivo**. De acordo com Jung, os arquétipos aparecem nas visões místicas como seres sagrados ou místicos e têm o poder de "assumir o controle da psique com um tipo de força primitiva". Os arquétipos são, em geral, personificações de processos e acontecimentos na Natureza (por exemplo, o herói solar ou a **deusa lunar**) ou expressões universais de papéis familiares (por exemplo, o Grande Pai e a Grande Mãe).

Na visão de Jung, as imagens míticas têm uma existência autônoma na psique. Esse conceito é importante para a religião e para o pensamento místico, pois, do ponto de vista histórico, as visões arquetípicas costumam ser consideradas pelos místicos como revelações pessoais provenientes de uma fonte divina externa. Para Jung, no entanto, essas experiências poderiam ser consideradas uma expressão dos aspectos mais profundos da psique. Ver também **Mito; Deuses Solares**.

Arquiteto do Universo, o Grande Na **Franco-maçonaria**, nome pelo qual o **Ser Supremo** é conhecido. A crença em **Deus** é um requisito para a filiação daqueles que querem se iniciar na Franco-maçonaria. Os franco-maçons costumam se referir a Deus usando o acrônimo formado com as iniciais desse título.

Ártemis Deusa grega da **Lua** e da caça, cujo equivalente romano é **Diana**. Sempre casta e virtuosa, ela protegia jovens donzelas de rapazes muito ardorosos e castigava os transgressores sem piedade com seu arco e flecha. O cervo e o cipreste eram consagrados a ela.

Como **deusa lunar**, ela é um arquétipo influente para os praticantes de **bruxaria** e nos movimentos contemporâneos de adoração à deusa. Ártemis passou a ser identificada com Luna, **Hécate** e Selene.

Artes das Trevas Termo genérico geralmente associado à **demonologia** e à **feitiçaria**, mas às vezes aplicado a todo o espectro de assuntos ocultistas. Vinculada à posição simbólica do **Demônio** como deus das trevas e inimigo da "luz" e da "verdade". Ver também **Magia Negra** e **Satanismo**.

Arundale, dr. George S. (1878-1945) Teosofista inglês associado à dra. **Annie Besant** e a **Charles Leadbeater**. Arundale passou a fazer parte da **Sociedade Teosófica** em 1895 e foi convidado por Annie Besant a visitar a Índia em 1903. Ele se tornou professor de história e, posteriormente, diretor do Central Hindu College em Benares, que depois se tornou a Benares University. Ele deixou seu posto em 1913 para ser professor particular de **Krishnamurti** e posteriormente viajou pelo mundo, ministrando aulas. Arundale voltou à Índia em 1917 e apoiou Annie Besant em sua campanha pela autonomia da Índia. Sucedeu Besant na presidência da Sociedade Teosófica em 1934.

Arúspice Na antiga Roma, sacerdote que fazia **divinações**. Os arúspices inspecionavam o fígado, o coração e as entranhas de animais e também interpretavam o movimento das chamas do fogo do altar, durante os sacrifícios ritualísticos. Ver também **Augúrio**.

Árvore Bodhi Árvore sob a qual **Gautama Buda** estava sentado quando atingiu a iluminação. Semelhante à figueira, essa árvore situava-se em Gaya, Bihar, Índia.

Árvore da Vida Na **Cabala**, símbolo multifacetado conhecido em hebraico como **Otz Chiim**. A Árvore da Vida consiste em dez esferas, ou **sephiroth**, pelas quais – de acordo com a tradição mística – ocorreu a criação do mundo. As sephiroth estão alinhadas em três colunas, encimadas pelas **supernais (Kether, Chokmah** e **Binah)**, e juntas simbolizam o processo pelo qual a Luz Infinita **Ain Soph Aur** se manifesta no universo. Abaixo das supernais estão os "sete dias da criação": **Chesed, Geburah, Tiphareth, Netzach, Hod, Yesod** e **Malkuth**. Tomada como um todo, a Árvore da Vida é também um símbolo do homem arquetípico **Adão Kadmon** e as sephiroth têm um papel que se assemelha aos **chakras** da **yoga**. O caminho místico do autoconhecimento leva à redescoberta de todos os níveis do nosso ser, partindo de Malkuth (realidade física) até a Fonte Infinita. Com isso em mente, os cabalistas medievais dividiram a Árvore da Vida em três partes, de acordo com as divisões da alma: **Nephesch** (a alma animal), que corresponde à sephirah Yesod; **Ruach** (a alma média), que corresponde às sephiroth de Hod até Chesed; e **Neschamah** (a alma espiritual), que corresponde às supernais – especialmente Binah.

Os praticantes da **magia** ocidental, que usam a Árvore da Vida como um **glifo** para a mente inconsciente, às vezes diferenciam o caminho "mágico" (que abrange todas as dez sephiroth) do caminho "místico" do **Pilar do Meio**, que é uma escalada de Malkuth, passando por Yesod e Tiphareth, até Kether, no pilar central da Árvore. Os **ocultistas** também identificam as 22 cartas dos **Arcanos Maiores** do **tarô** com os caminhos que ligam as dez sephiroth, embora esse ponto de vista não seja aceito pelos estudiosos tradicionais da Cabala.

Árvore do Mundo No **xamanismo**, eixo que une os mundos superior e inferior com a "Terra Média". Os **xamãs** entram em **transe** e empreendem uma jornada aos ramos superiores ou se aventuram pelas raízes da árvore, rumo ao mundo inferior, para entrar em contato com os **deuses** e espíritos ancestrais. O símbolo da Árvore do Mundo aparece em várias **cosmologias**. Os exemplos mais conhecidos são **Yggdrasil**, da **mitologia** escandinava, e a **Árvore da Vida**, da **Cabala** judaica. Ver também **Axis Mundi; Jornada da Alma**.

Asanas Posturas da **yoga** associadas à prática da **meditação**. Existem muitas asanas diferentes, sendo a mais conhecida a postura de **lótus**, na qual o praticante senta-se ereto, com as pernas cruzadas, os pés sobre a coxa da perna contrária e as mãos sobre os joelhos. As asanas servem para ajudar no processo de meditação, facilitando o fluxo das correntes de energia psíquica. Elas provocam, por exemplo, a subida da **kundalini** pelo canal **sushumna**, que corresponde à coluna vertebral. Entre as outras asanas estão a do "leão", a da "serpente" e a do "arco". Ver também **Yoga**.

Ascendente Na **astrologia**, grau do zodíaco que se eleva no horizonte leste no horário exato do nascimento daquele para quem se calcula o **mapa astrológico** (a representação do círculo celeste de 360 graus). O ascendente é considerado por muitos astrólogos quase tão importante quanto o signo solar.

Asceta Aquele que defende a idéia de que a verdade espiritual pode ser conhecida por meio da autodisciplina severa e da renúncia aos prazeres mundanos; eremita.

Asclépio Deus grego conhecido por seus poderes de cura espiritual. Filho de **Apolo** por Carônis, Asclépio curava os doentes por meio dos sonhos e era também venerado em templos especiais erigidos em sua homenagem.

Asgard Na **mitologia** escandinava, cidadela celeste de **Odin** e local de morada de **Aesir**. Asgard, na qual só se podia chegar cruzando-se o arco-íris, incluía **Valhala**, a morada dos heróis mortos em batalha.

Ashcroft-Nowicki, Dolores (1929-) Sucessora de **W. E. Butler** e atual diretora da ordem mágica conhecida como **Servants of Light**, cujo sede fica em St. Helier, em Jersey, uma das ilhas anglo-normandas. Ashcroft-Nowicki é de ascendência galesa e nasceu numa família de extensa linhagem esotérica. Sua bisavó era uma legítima **cigana** e sua avó praticava a magia egípcia. Tanto seu pai quanto sua mãe eram iniciados de terceiro grau. Ashcroft-Nowicki teve como mentores C. C. Chichester e W. E. Butler e é autora de mais de doze livros, entre eles *O Ritual na Magia e no Ocultismo* (publicado pela Editora Pensamento), *The Tree of Ecstasy*, *Daughters of Eve* e *Building a Temple*.

Ashipus Sacerdotes e **feiticeiros** babilônicos que realizavam rituais mágicos para desfazer **feitiços** e controlar a natureza. Eles também exorcizavam **espíritos** malignos, devolvendo a saúde aos doentes.

Ashram Equivalente hindu de mosteiro. Lugar onde um **sadhu** ou **guru** transmite ensinamentos espirituais a um grupo de devotos.

Ashtaroth Também Ashtoreth. **Anjo caído** e grão-duque do **Inferno**, líder de quarenta legiões de **demônios**. Segundo uma descrição do **Goetia**, Ashtaroth cavalga um **dragão** e carrega na mão direita uma víbora. Seu hálito é tão repugnante que, ao invocá-lo, o **mago** precisa "proteger o rosto com seu anel mágico".

Asmodeus Em **demonologia**, **espírito** maligno, rei dos demônios, que enche o coração dos homens com paixão e luxúria. Asmodeus enraiveceu o rei **Salomão**, atormentando uma de suas mulheres; foi só quando o **arcanjo Miguel** interveio, oferecendo ao rei Salomão um anel mágico, que esse demônio poderoso pôde ser derrotado. Atribui-se a Asmodeus conhecimentos de geometria e de astronomia, além da capacidade para localizar tesouros enterrados. Asmodeus é às vezes identificado com Samael.

Aspectos Na **astrologia**, relacionamentos angulares entre a Terra e outros dois corpos celestes. Alguns ângulos são considerados "positivos" e harmoniosos; outros "negativos" e desfavoráveis.

Aspectos Mundanos Na **astrologia**, aspectos do **mapa astrológico** indicados pelos **planetas** que ocupam as **cúspides**.

Asporte Inverso de **aporte**, o asporte consiste num objeto que desaparece do cômodo onde se realiza uma **sessão**, passando através de paredes sólidas, como se elas não constituíssem nenhuma barreira. Esse objeto desaparecido às vezes se manifesta em outro local.

ASPR Iniciais da American **Society for Psychical Research.**

Assagioli, Roberto (1888-1974) Psicoterapeuta italiano que se interessava por fenômenos **psíquicos, telepatia, clarividência, precognição** e **radiestesia**. Ele foi diretor do Instituto de Psicossíntese, sediado em Roma, de 1926 a 1938, e presidente da Psychosynthesis Research Foundation, sediada em Greenville, Delaware, nos Estados Unidos, de 1958 em diante. A psicossíntese é um processo de expansão da consciência que abrange o desenvolvimento da **vontade** e da **imaginação** dirigida, e enfatiza o caráter único de cada indivíduo. Sua afinidade com o **misticismo** faz com que a psicossíntese esteja em sintonia com o pensamento junguiano. Entre os vários livros e artigos de Assagioli, os mais conhecidos são *Psicossíntese: Manual de Princípios e Técnicas* (1965) e *A Arte da Vontade* (1973) [ambos publicados pela Editora Cultrix].

Assiah Na **Cabala**, o mais "denso" dos quatro mundos de manifestação. Associado, pelos **ocultistas**, à ultima das quatro letras do **Tetragrama, YHVH**.

Assinatura Conceito místico segundo o qual algumas plantas foram criadas por **Deus** para que o homem pudesse usá-las e por isso o formato delas reflete sua função ou caráter. No **herbalismo** medieval, flores ou raízes amarelas eram usadas no tratamento da icterícia. Também se dizia que as **mandrágoras**, cujas raízes tinham formato humano, "gritavam" e brotavam do sêmen dos homens mortos no cadafalso.

Asson No **vodu**, chocalho sagrado cheio de sementes e usado em cerimônias, junto com uma sineta.

Astarte Divindade fenícia da fertilidade, adorada em Tiro e Sídon. Ela era identificada com a **Lua** e retratada com chifres em forma de meia-lua. Para os gregos, correspondia a **Afrodite**. Ver também **Deusas Lunares**.

Astragalomancia Divinação por meio de ossinhos, pedras ou pequenas peças de madeira marcadas com letras ou símbolos. O adivinho faz uma pergunta e interpreta as letras analisando a disposição desses objetos ao cair no chão. O uso do dado para divinações é uma forma de astragalomancia.

Astrologia Sistema baseado na crença de que os corpos celestes podem influenciar o caráter e a vida dos seres humanos. Convencidos de que as pessoas são afetadas pelo contexto cósmico da hora em que nascem, os astrólogos traçam um mapa que retrata o céu no momento do nascimento – o **mapa astrológico** –, para que possa ser interpretado. As pessoas sofrem a influência de doze **signos** do **zodíaco** e também podem obter informações acerca do próprio caráter e personalidade por meio da interpretação do signo **ascendente**. Existem dois tipos principais de astrologia: a **mundial**, que trata de fenômenos de larga escala (por exemplo, guerras, desastres naturais, tendências políticas e destino das nações); e a **horária**, que determina as conseqüências causadas por uma determinada ação, praticada numa determinada época. A astrologia continua sendo uma das formas mais populares de **divinação**.

Astrologia de Previsão Ramo da **astrologia** que faz previsões de eventos futuros da vida de uma pessoa, com base no seu **mapa natal**. A astrologia moderna deixou de lado a preocupação tradicional de fazer previsões e agora se concentra mais na análise dos traços de personalidade e na ligação entre a astrologia e o autodesenvolvimento pessoal.

Astrologia Eletiva Ramo da **astrologia** que calcula os dias apropriados para se empreender certos eventos como casamento, abertura de um empreendimento comercial, compra de uma propriedade ou uma grande viagem.

Astrologia Horária Pelo fato de a **astrologia** lidar com **aspectos** que regem o momento em que algo vem à existência, é possível determinar aspectos que regem o dia, a hora e o lugar em que se faz uma pergunta a respeito de acontecimentos futuros. A astrologia horária pode, portanto, ser usada para verificar a conveniência de se seguir um determinado curso de ação num dado momento.

Astrologia Inceptiva Ramo da **astrologia** que trata do resultado de um acontecimento cuja localização, data e momento de ocorrência são conhecidos.

Astrologia Médica Ramo da **astrologia** que correlaciona os **signos** do **zodíaco** e as influências planetárias com doenças e disfunções dos órgãos do corpo. Eis algumas dessas correlações astrológicas tradicionais: **Áries**: doenças na cabeça e no rosto, varíola, epilepsia, derrame cerebral, dor de cabeça, sarampo, convulsões. **Touro**: doenças no pescoço e na garganta, escrófula, amidalite, tumores. **Gêmeos**: doenças nos braços e nos ombros, aneurismas, frenesi e insanidade. **Câncer**: doenças no peito e no estômago, câncer, tuberculose, asma e edemas. **Leão**: doenças do coração, nas costas e nas vértebras do pescoço, febres, peste bubônica, icterícia e pleurite. **Virgem**: doenças nas vísceras ou órgãos internos (intestinos, por exemplo). **Libra**: doenças nos rins. **Escorpião**: doenças nos órgãos sexuais. **Sagitário**: doenças nos quadris e nos músculos, gota e reumatismo. **Capricórnio**: doenças nos joelhos e na superfície da pele. **Aquário**: doenças nas pernas e nos tornozelos, coxeadura e cãibras. **Peixes**: doenças nos pés.

Astrologia Mundial Astrologia que trata de fenômenos de larga escala como guerras, política nacional e tendências sociais, e desastres naturais. A astrologia mundial parte da premissa de que as influências cósmicas afetam grandes grupos de pessoas e também a estrutura física do planeta; mas as previsões feitas nessa escala são necessariamente menos precisas do que os cálculos individuais baseados no **mapa astrológico**. Na astrologia mundial, os **planetas** relacionam-se com diferentes papéis na sociedade: **Sol** (cargos de chefia); **Lua** (classes trabalhadoras); **Mercúrio** (a classe intelectual); **Vênus** (cargos diplomáticos); **Marte** (alto comando das forças armadas); **Júpiter** (juízes e outros oficiais da lei); **Saturno** (políticos do alto escalão); **Urano** (transportes aéreos, rodoviários e ferroviários); **Netuno** (movimentos sociais) e **Plutão** (sindicatos). Compare com **Astrologia Natal**.

Astrologia Natal Ramo da **astrologia** que enfoca o **mapa astrológico**. Ver também **Mapa Natal**.

Astromancia Antigo sistema de **divinação** pelas estrelas.

Astrometeorologia A aplicação da **astrologia** para prognosticar padrões e condições meteorológicas futuras, especialmente desastres naturais de larga escala como enchentes, terremotos e grandes tempestades.

Asvamedha Termo hindu que designa rituais de sacrifício de cavalos, associados ao período védico da Índia. Sacerdotes sacrificavam cavalos em nome de reis e soberanos, para lhes assegurar mais poder pessoal e também para aumentar a fertilidade da terra e dos rebanhos.

Asvattha Termo sânscrito que designa a Árvore do Conhecimento mística, representada com galhos que se inclinam em direção ao solo e raízes que se voltam para cima. Os galhos simbolizam o universo manifesto visível e as raízes, o mundo invisível do **espírito**.

Ataque Mágico Ver **Mágico, Ataque**.

Ataque Psíquico Ver **Mágico, Ataque**.

Atavismo Teoria segundo a qual uma força primitiva, relacionada com uma fase anterior da evolução de uma pessoa, pode reaparecer depois de várias gerações. O artista ocultista inglês **Austin Osman Spare** praticou a ressurgência atávica, uma técnica que combina visualização mágica e **magia sexual**, para manifestar aspectos animalescos da sua personalidade que, segundo ele próprio, derivavam de encarnações anteriores.

Atena Também Palas Atena. Na **mitologia** grega antiga, deusa da sabedoria que nasceu da cabeça de Zeus e é um dos **Doze Grandes Olímpicos**.

Athame Espada ou adaga ritualística usada por uma **sacerdotisa** ou **bruxa** numa cerimônia mágica. O athame em geral tem punho preto e símbolos mágicos gravados na lâmina.

Átis Deus frígio da vegetação e da fertilidade, cujo culto tornou-se popular na antiga Grécia. Átis era amante de **Cibele**, mas abandonou-a depois de se apaixonar por uma **ninfa**. Cega de ciúme, Cibele provocou em Átis um acesso de loucura furiosa, levando o deus a mutilar-se e a morrer.

Atlante Na **cosmologia** teosófica, **quarta raça-raiz** que surgiu ao longo da evolução humana (a **quinta raça-raiz** representa a fase atual).

Atlântida Continente perdido que teria submergido no mar depois de um cataclismo natural. As lendas sobre Atlântida baseiam-se nas obras de Platão *Timeu* e *Crítias*, que descrevem conversas entre sacerdotes egípcios e o político ateniense Sólon (c. 638-558 a.C.).

Alguns arqueólogos acreditam que a lenda de Atlântida possa ter decorrido da violenta erupção vulcânica que, por volta de 1470 a.C., devastou a ilha de Thira (Santorini), a 90 quilômetros de Creta.

Atman Termo sânscrito que designa o **Eu**, a essência do ser humano. Também significa o Eu universal, o estado de consciência pura que nos une ao **cosmos**. Ver também **Eu Supremo**.

Átomo de Vida Conceito teosófico da **mônada**. Ver também **Onda de Vida**.

Atziluth Na **Cabala**, o mais puro dos quatro mundos de manifestação, às vezes chamado de mundo arquetípico. Os ocultistas o associam à primeira das quatro letras do **Tetragrama, YHVH**.

Aufu No Antigo Egito, termo para corpo físico, considerado um dos cinco corpos dos seres humanos. Os outros corpos eram **Ka**, o duplo; **Haidit**, a sombra; **Khu**, o corpo mágico; e **Sahu**, o corpo espiritual.

Augoeides Termo usado pelo mago cerimonial **Aleister Crowley** para descrever o **santo anjo guardião** ou eu superior. Crowley criou várias **invocações** de Augoeides.

Áugure Na Roma Antiga, **mago**-sacerdote que profetizava acontecimentos futuros por meio da interpretação do vôo dos pássaros. Se os sinais estivessem à esquerda do áugure, eram considerados favoráveis; aqueles do lado oposto eram considerados desfavoráveis. A palavra "augúrio" é agora usada para todos os tipos de **divinação**.

Augúrio Ver **Áugure**.

Aum Ver **Om**.

Aura Na terminologia ocultista, campo de energia **psíquica** que envolve tanto os corpos animados quanto os inanimados. A aura pode ser opaca ou ostentar cores vivas, e os psíquicos – aqueles que afirmam ser capazes de perceber as cores áuricas de modo direto – interpretam o caráter da pessoa ou do objeto de acordo com as vibrações energéticas que emitem. O vermelho vivo, por exemplo, indica raiva; o amarelo, uma capacidade intelectual acentuada; o roxo, espiritualidade. Os ocultistas em geral acreditam que a **auréola** que cerca a cabeça de Jesus Cristo e dos santos são exemplos de auras puras, do ponto de vista místico. Segundo os teosofistas, existem cinco tipos de aura: a aura da saúde, a aura vital, a aura kármica, a aura do caráter e a aura da natureza espiritual. Ver também **Fotografia Kirlian**.

Aura da Saúde No **espiritualismo** e na **cura pela fé**, **emanação** do **corpo etérico** percebida psiquicamente como um padrão de linhas retas (saúde) ou onduladas (doença). Ver também **Aura**.

Auréola Halo circular ou oblongo que, segundo a crença, circunda o corpo de místicos e santos. O simbolismo das auréolas está vinculado ao do **Sol**, como força que propicia a vida – representação da energia espiritual. A auréola oblonga, especialmente, era associada a Cristo. Ver também **Aura**.

Aurobindo, Sri (1872-1950) Místico, filósofo e poeta indiano cujo nome de batismo era Aurobindo Ghose. Educado no King's College, em Cambridge, onde estudou letras clássicas, ele voltou à Índia e tornou-se ativista nas revoltas nacionalistas. Foi preso e passou por uma experiência mística que mudou radicalmente seu modo de ver a vida. Ao sair da prisão, ele seguiu para Pondicherry, onde estudou as formas tradicionais da **yoga**. Sintetizou esse sistema tradicional criando uma nova filosofia de purna (integral) yoga e fundou uma comunidade de discípulos para colocar essas novas idéias em prática. Depois da sua morte, o grupo fundou na baía de Bengala uma nova cidade chamada Auroville, fundamentada nos ensinamentos espirituais de Aurobindo.

Aurora Dourada Ver **Ordem Hermética da Aurora Dourada**.

Austromancia Divinação por meio da interpretação do vento.

Automática, Escrita Ver **Escrita Automática**.

Automática, Fala Ver **Fala Automática**.

Automáticos, Pintura e Desenho Ver **Pintura e Desenhos Automáticos**.

Automatismo Termo genérico usado no **espiritualismo** e na **parapsicologia** para designar a **pintura, o desenho, a escrita e a fala automática**, realizados em **transe**, sem a percepção consciente do **médium**.

Auto-Realização Conhecimento do **eu** interior verdadeiro; **iluminação** espiritual. Ver também **Ego**.

Avalon, Arthur Ver **Woodroffe,** *sir* **John George**.

Avatar No **Hinduísmo**, encarnação de **Vishnu**. Usado mais genericamente pelos ocultistas e teosofistas para designar qualquer encarnação divina.

Aveleira Árvore com fortes associações míticas. Na **mitologia** romana, Apolo deu um cajado de aveleira para **Mercúrio**, com o propósito de aumentar as "virtudes" humanas; os cajados de Moisés e de seu irmão mais velho, Aarão também eram feitos de aveleira. Na Idade Média, os cajados de aveleira eram usados para espantar **demônios** e **fadas** maléficas, por isso os **magos** brancos costumavam usar, por tradição, o galho de aveleira para confeccionar suas varinhas mágicas. Os galhos de aveleira bifurcados também são usados pelos praticantes de **rabdomancia**. Ver também **Magia Branca**.

Avesta Livro sagrado do **Zoroastrismo**, que teria sido escrito em ouro, em doze mil peles curtidas de boi. A obra foi destruída por Alexandre em 330 a.C., mas um terço dela foi memorizada pelos sacerdotes e posteriormente transcrita. Essa parte do texto é composta de 21 livros e inclui uma coletânea de hinos conhecidos como **Gathas** e atribuídos ao próprio **Zaratustra**.

Avicena Filósofo alquimista, nascido em Bacara, na Pérsia, por volta de 980 d.C. Versado em matemática e medicina, ele foi nomeado grão-vizir pelo sultão Magdal Doulet, mas caiu em desgraça e morreu relativamente cedo, aos 56 anos de idade. Há rumores de que Avicena era auxiliado por **espíritos** conhecidos como *djins* e conhecia **fórmulas mágicas** e **encantamentos** de grande poder. Ele foi autor de vários tratados sobre filosofia hermética, entre eles *Porta Elementorum* e *Tractatulus de Alchimia*. Esse último descreve o **mercúrio** como um espírito universal que permeia a Natureza, e combina conhecimentos, emprestados de Geber, com especulação metafísica.

Avidya Termo hindu para ignorância. Existem dois tipos principais de avidya: a ausência de conhecimento e o conhecimento incorreto. A ignorância obscurece a busca pessoal pela verdade, mas termina com a conquista da **iluminação**.

Aviso No **ocultismo**, advertência que uma pessoa recebe por meio da **percepção extra-sensorial**. Ver também **Premonição**.

Axioma Incomunicável Ver **Nome Inefável**.

Axis Mundi Na **mitologia** e no **xamanismo**, o eixo do mundo, freqüentemente simbolizado pela **Árvore do Mundo**, elo de ligação entre os diferentes mundos, que permite o acesso **místico** entre os diferentes planos da realidade.

Azael No misticismo hebraico, um dos anjos que se rebelaram contra **Deus**. Segundo a tradição, Azael foi acorrentado a escarpas no deserto, para ali permanecer até o dia do Juízo Final.

Azoth Na **alquimia**, o Remédio Universal que, de acordo com *The Book of the Wood of Life*, "contém em si todos os outros remédios, assim como os princípios básicos de todas as outras substâncias..." Análogo, do ponto de vista simbólico, a **Deus** na natureza.

Azul Cor com várias atribuições simbólicas no **misticismo** e na naturopatia. **C. W. Leadbeater** acreditava que o azul, quando presente na **aura** humana, indicava sensibilidade e devoção religiosa, enquanto outros místicos associam essa cor ao **chakra** da garganta. Na opinião de alguns naturopatas e agentes de cura espiritual, a luz azul pode ser usada para tratar queimaduras, desarranjos intestinais, cólicas, problemas respiratórios e reumatismo.

B

Ba Na antiga religião egípcia, a **alma**, representada por um pássaro com cabeça de homem. O ba voaria para os **deuses** depois da morte, mas poderia voltar ao corpo, caso este não fosse destruído.

Baal Na **mitologia** fenícia, deus da fertilidade e da vegetação, associado especialmente às chuvas de inverno. Retratado como um guerreiro ornado com um capacete de chifres e portando uma lança, ele só estava abaixo de **El**. A palavra "Baal" significa "senhor", um título atribuído pelos povos semitas às divindades padroeiras das cidades.

Baalberith Na **demonologia**, guardião dos arquivos do **inferno** e oficial de segunda ordem.

Ba'al Shem Termo hebreu que significa "Mestre do Nome Divino"; foi usado a partir da Idade Média pelos hassides e pelos cabalistas para descrever aqueles que estavam a par do conhecimento secreto do **Tetragrama** e de outros nomes sagrados. A personalidade mais famosa que ostentou esse título foi Eliezer Ba'al Shem Tov (morto por volta de 1760 d.C.), fundador do **Hassidismo**. Ver também **Cabala**.

Baalzephon Na **demonologia**, capitão da guarda e das sentinelas do **inferno**.

Babau No **folclore** francês, ogre mítico que devora crianças cruéis.

Babilônia Cidade magnífica construída pelo rei Nabucodonosor II, sede dos famosos Jardins Suspensos. Passou a simbolizar a existência mundana, no extremo oposto do espectro que culmina na **transcendência** mística. Do ponto de vista místico, portanto, sua conotação passou a ser negativa, talvez injustamente.

Bacanálias Também Bacanais. Festivais romanos celebrados em homenagem a **Baco**, deus do vinho. A princípio, os rituais eram realizados somente por mulheres, mas posteriormente os homens passaram a tomar parte deles. Com o tempo, as cerimônias começaram a pecar pelo exagero e foram finalmente proibidas pelo Senado Romano, em 186 a.C.

Bacantes Mulheres adoradoras de **Baco**. Eurípedes as descreveu em *As Bacantes* como mulheres que celebravam as festas desse deus mitológico, vestindo peles e vagando pelas florestas e montanhas, tomadas pelo **espírito** divino desse deus.

Bach, dr. Edward (1886-1936) Médico britânico que se formou na Birmingham University e trabalhou no University College Hospital, em Londres, mas acabou abandonando a medicina ortodoxa em favor da **homeopatia**. Em 1930, ele deu por encerrada sua carreira de bacteriologista e patologista do London Homeopathic Hospital e partiu para o campo, em busca de flores silvestres que tivessem propriedades terapêuticas. Durante sete anos, dr. Bach selecionou 38 flores cuja essência, segundo ele, podia ser usada para tratar problemas emocionais e afetivos como medo, solidão, esgotamento, intolerância e melancolia. Esses tratamentos ficaram conhecidos como os Remédios Florais de Bach e incluem *rock rose* e *aspen* (para o medo), *water violet* (para a solidão) e *crab apple* (para a melancolia). Escreveu, entre outros livros, *Remédios Florais do Dr. Bach* (publicado pela Editora Pensamento).

Baco Deus romano do vinho, associado ao deus grego **Dioniso**. Filho de **Zeus** e Sêmele, era marido de Ariadne.

Bacon, Roger (1214-1294) Alquimista da Idade Média, nascido nas proximidades de Ilchester, Somerset, na Inglaterra. Estudou teologia e ciência em Oxford e lia textos em latim, grego e hebraico. Atribui-se a ele a descoberta da pólvora, provavelmente em conseqüência de seus experimentos com nitro. Ele também estudou **alquimia** e passou a crer na **Pedra Filosofal**, por meio da qual se poderia purificar o **ouro**, transformar metais básicos e aumentar a longevidade do corpo humano. Entre seus trabalhos estão *Opus Maius* e *The Mirror of Alchemy*.

Bad Na **mitologia** persa, **djim** com poderes sobre os ventos e tempestades, que podia ser evocado no vigésimo segundo dia do mês.

Bahaísmo Fé e doutrina religiosa estabelecida em 1863 por Mirza Husayan Ali (Bahá'u'lláh), nascido no Teerã, em 1817. Ele pregava a unidade de todas as raças, credos e religiões e acreditava num processo de revelação contínua. O Bahaísmo não tem clero ou culto formal e considera os membros da igreja como uma grande família. Existem numerosos centros bahaístas espalhados pelo mundo.

Bahir Mais precisamente, *Sefer Ha-Bahir*. Uma das mais antigas obras cabalísticas, datada do século XII d.C. Escrito em linguagem simbólica, este livro descreve os dez **sephiroth** da **Árvore da Vida**, em termos de atributos divinos.

Baiame Entre os **aborígines** wiradjeri de Nova Gales do Sul, deus solar que aparece aos homens nos sonhos e realiza a iniciação destes, ajudando-os a se tornar grandes **xamãs**. Baiame é descrito como um ancião de barbas longas. Dois grandes cristais de quartzo se estendem dos seus ombros até o céu acima dele. Quando Baiame aparece em sonho ao aborígine, ele provoca uma cascata sagrada de quartzo líqüido que engolfa seu corpo. Então, ele cria asas e aprende a voar. Posteriormente, uma chama interior e um cordão celestial passam a fazer parte do corpo do novo xamã.

Bailey, Alice (1880-1949) Mística inglesa que se supunha em contato com "Mestres" dos planos interiores, incluindo **Koot Hoomi** e uma entidade chamada "o Tibetano". Fundou a Escola Arcano e publicou vários livros e artigos, alguns dos quais, segundo ela, inspirados diretamente pelos Mestres. Entre seus livros, figuram A *Treatise on Cosmic Fire, Unfinished Autobiography, O Reaparecimento de Cristo* e *Cartas sobre Meditação Ocultista* (os dois últimos publicados pela Editora Pensamento).

Balam Na obra de magia conhecida como *Chave de Salomão*, poderoso rei de três cabeças – a primeira de touro, a segunda de homem e a terceira de carneiro. Ele tinha rabo de serpente, olhos de fogo e montava um urso. Balam tinha o poder de tornar as pessoas invisíveis e podia pressagiar eventos futuros.

Balança Ver **Libra**.

Balder Também Baldur. Na **mitologia** escandinava, **deus** do **Sol** e personificação da sabedoria, da bondade e da beleza. Era filho de **Odin** e um dos **Aesir**.

Balfour, Arthur J. (1848-1930) Estadista britânico do partido conservador que se tornou ministro das Relações Exteriores e sucedeu Lorde Salisbury no cargo de primeiro-ministro. Foi um dos primeiros membros da **Sociedade para a Pesquisa Psíquica**.

Bali Na **mitologia** indiana, **demônio** que se tornou rei do **Céu** e da Terra, mas que foi sobrepujado por **Vishnu**, encarnado como um anão chamado Vamana. Bali concedeu a Vamana o direito de fazer um pedido e este pediu toda terra que pudesse obter em três etapas. Vamana cobriu o universo em duas etapas e, com a terceira, exilou Bali no **Mundo Subterrâneo**.

Ballechin, Casa Casa mal-assombrada em Perthshire, Escócia, que foi tema de muitas controvérsias na década de 1890. Barulhos estranhos, incluindo vozes, passos e sons de batidas e pancadas, foram relatados pelos dois pesquisadores, o coronel Lemesurier Taylor e a senhorita A. Goodrich-Freer, que investigaram o fenômeno. A Ballechin House é considerada um dos casos clássicos de casas mal-assombradas. Ver também **Mal-assombrado**.

Bangs, Irmãs Médiuns de Chicago, Lizzie e May Bangs, que produziram textos e desenhos mediúnicos. Elas foram investigadas pelo almirante William Usborne Moore e pelo prestigiado parapsicólogo **dr. Hereward Carrington**, que as consideraram uma fraude.

Banimento, Ritual de Na **magia cerimonial**, ritual realizado com o propósito de expulsar influências negativas ou maléficas. O Ritual de Banimento do Pentagrama Menor é feito num **círculo mágico** e inicia-se no Leste. O mago usa uma espada para desenhar **pentagramas** no ar e invoca os **arcanjos Rafael, Gabriel, Miguel** e **Uriel**, nos quatro quadrantes. O banimento também inclui uma **oração** ritual conhecida como a "Cruz Cabalística".

Banisteriopse Ingrediente comum em vários sacramentos **psicodélicos**, usado pelos **xamãs** na América do Sul para estabelecer contato com o mundo sobrenatural. Yajé, Caapi e Ayahuasca, todos contêm banisteriopse e produzem efeitos notáveis, entre eles a separação da "alma" do corpo, visões de animais predatórios e de lugares distantes, a experiência do **céu** e do **inferno** e visões explanatórias de roubos e homicídios. Os ingredientes ativos do banisteriope são os alcalóides harmina, harmalina e tetra-hidro-harmalina.

Banshee Na Irlanda e na Escócia, **espírito** da natureza que assume a forma de uma anciã e geme lastimosamente sob a janela de uma casa onde uma pessoa morrerá em breve.

Baphomet Divindade demoníaca representada por **Éliphas Lévi** como um deus com cabeça de bode, asas e seios, e uma tocha acesa entre os chifres. A **Ordem** medieval **dos Cavaleiros Templários** foi acusada, em 1307, por Felipe IV, rei da França, de prestar culto a esse deus, mas só alguns dos 231 cavaleiros interrogados admitiram essa prática. O nome Baphomet pode ser uma corruptela de Mahomet (**Maomé**). Éliphas Lévi identificou Baphomet com a carta *O Diabo* do **tarô**.

Baquet Ver **Magnetismo Animal**.

Barakah No **Islamismo**, bênção concedida por um santo.

Barbanell, Maurice (1902-1981) Principal autoridade inglesa em **fenômenos psíquicos**. Barbanell fundou o jornal *Psychic News*, que editou até 1946 e depois novamente a partir de 1960; também foi editor do semanário *Two Worlds*. Ele era fascinado por **parapsicologia** e pela **cura pela fé**, e deu à **pesquisa psíquica** considerável respeitabilidade. Entre seus vários livros, figuram *The Case of Helen Duncan*, *Harry Edwards and His Healing* e *This Is Spiritualism*.

Bardo No **Budismo** tibetano, estado entre a **morte** e o **renascimento**. De acordo com o *Livro Tibetano dos Mortos*, a consciência da pessoa falecida passa através de várias visões do Bardo, que são manifestações simbólicas do **karma** – ações boas e ruins – e da personalidade. Os lamas tibetanos ensinam uma técnica para que a pessoa, ao morrer, passe por essas visões do Bardo, livre-se do ciclo kármico de renascimento e entre no **nirvana**.

Bardon, Franz (1909-1958) Influente **mago** ritualístico, Franz Bardon nasceu em Katherein, perto de Opava, na atual República Tcheca. Bardon era o mais velho de uma família de treze filhos e o único filho do sexo masculino de um **místico** cristão devoto, Viktor Bardon. De acordo com uma amiga íntima da família, Viktor orava fervorosamente para que o filho recebesse algum tipo de **iniciação** espiritual e afirmou que, em 1924, o **espírito** de um grande iniciado encarnou em Franz, aos 14 anos, para realizar essa iniciação.

Nas décadas de 1920 e 1930, Bardon ganhou a vida como mágico de palco, tornando-se muito conhecido na Alemanha, sob o nome mágico de "Frabato". Porém, ele também estudava as formas autênticas de **magia** e desenvolvia, secretamente, um modelo de universo mágico que derivou, em parte, do **Taoísmo** e da **cosmologia** hindu, assim como dos conceitos herméticos dos cinco **elementos**. Existem algumas evidências de que Bardon fosse membro da Fraternidade de Saturno, uma loja ocultista que floresceu na Alemanha no início do século XX.

A obra mais importante de Bardon, *Prática de Evocação Mágica*, descreve os 360 "**espíritos**" do **zodíaco** e também revela seus **selos** mágicos. Entre suas outras obras figuram *Iniciação ao Hermetismo*, *A Chave da Verdadeira Cabala* e um "romance ocultista" intitulado *Frabato, o Mago*, supostamente baseado em fatos reais. Nos últimos anos da Segunda Guerra Mundial, Bardon passou quase quatro anos num campo de concentração. Depois da guerra, ele trabalhou como naturopata e grafologista, ao mesmo tempo em que pesquisava as tradições **herméticas** e escrevia sobre elas. Sua carreira foi interrompida com a prisão, durante uma campanha de extermínio nazista. Ele morreu em circunstâncias insólitas, num hospital penitenciário em Brno, na antiga Tchecoslováquia, em julho de 1958.

Barrett, Francis Mais conhecido como o autor ocultista de *The Magus*, publicado em Londres em 1801. Essa obra inclui seções de ervas e pedras mágicas, **alquimia**, **numerologia** e **magia cerimonial**, e inclui imagens de demônios como Theulus e **Asmodeus**. Barrett pode ter influenciado os romances mágicos de **Bulwer Lytton**, que se autoproclamava adepto ocultista.

Barrett, *sir* **William F.** (1844-1925) Pioneiro da pesquisa psíquica, Barrett nasceu na Jamaica e tornou-se professor de física na Dublin University, em 1873. Ele estudou uma série de fenômenos paranormais, incluindo **divinação**, **telepatia** e **espiritualismo**, e acreditava que a telepatia fosse um fato demonstrável. Ele ajudou a fundar, ao lado de Edward Dawson, a **Sociedade para a Pesquisa Psíquica** (SPR, em inglês) na Grã-Bretanha, e posteriormente tornou-se seu presidente. Barrett também contribuiu para a fundação da **Sociedade Americana para a Pesquisa Psíquica**. No final da vida, ele descartou a teoria de que todos os **médiuns** espiritualistas eram necessariamente uma fraude. Num documento enviado à SPR, em 1924, ele conclui que existem provas da vida depois da morte e da comunicação com o mundo espiritual.

Baseado Gíria para cigarro de **maconha**.

Bashir, Mir (1907-) Lendário quiromante indiano que reside na Grã-Bretanha desde 1948. Ele trabalhou com médicos e criminologistas, descrevendo doenças e características pessoais relevantes para a identificação clínica, e tem uma biblioteca com mais de 50 mil impressões de mãos. Autor de *The Art of Hand Analysis*. Ver também **Quiromancia**.

Basílides Filósofo gnóstico que viveu e lecionou em Alexandria por volta de 125-140 d.C. Discípulo de Glauco – que conhecera o apóstolo Pedro –, Basílides escreveu 24 comentários a respeito dos Evangelhos, além de desenvolver ele mesmo uma **cosmologia** complexa que classificava 365 **céus**, cada um dos quais com sua própria população angélica. Somente o último desses céus, que abarca a Terra, era imediatamente acessível às pessoas comuns. De acordo com Basílides, o último céu era regido pelo "Deus dos Judeus"; mas o chefe supremo de todas as 365 divisões era **Abraxas**. Basílides foi acusado de heresia e condenado pelo bispo Irineu.

Basilisco Animal legendário tido como uma pequena serpente venenosa, nascida de um ovo de galo ou galinha e chocada por um sapo, num leito de estrume. Foi muitas vezes representado com cabeça de galo, corpo com penas e quatro pernas. Nas lendas, o basilisco tinha um bafo mortal que o tornava muito temido. Na Idade Média, acreditava-se que, se um cavaleiro montado tentasse laçar a criatura, seu veneno passaria por meio do laço e mataria o cavaleiro e o cavalo. A única maneira infalível de vencer o basilisco era confrontá-lo com um espelho: a criatura morreria assim que fitasse o próprio reflexo.

Bastão Também varinha. Na **magia cerimonial** moderna, um dos quatro instrumentos usados pelo **mago**, sendo os outros três a adaga ou gládio, a taça ou copa e o pentáculo. O bastão geralmente é feito de freixo ou aveleira e tem a inscrição do **nome de deus YHVH** e do nome do **arcanjo**

Rafael. Esse instrumento representa o elemento **Ar** nos trabalhos cerimoniais. Ver também **Magia Cerimonial**.

Bastão Trovejante Na **magia cerimonial**, varinha mágica do **feiticeiro**. A varinha, atribuída à **sephirah Hod** da **Árvore da Vida** cabalística, é uma das várias "armas mágicas" usadas na **magia** ocidental. O bastão trovejante é associado a **Mercúrio** e ao elemento **Ar**.

Bastet Deusa egípcia com cabeça de gato, filha de **Ísis**. Ela era adorada em Bubastis, no Delta do Nilo, e considerada a deusa da fertilidade. Como tal, ela é uma das divindades egípcias mais populares na **bruxaria** contemporânea e nos cultos de **magia sexual**.

Bastões Também Paus. Um dos quatro naipes dos **Arcanos Menores** do **tarô**, Bastões é um dos dois naipes masculinos (sendo o outro Gládios), ao qual se atribui o elemento **Ar**.

Batidas No **espiritualismo**, barulhos provocados por **espíritos** na tentativa de se comunicar com os vivos. Ver também **Poltergeists**.

Batismo Ritual de imersão na água, pautado no antigo conceito de que a água é a fonte da vida. No Cristianismo, o batismo simboliza a afiliação à Igreja e o arrependimento dos pecados. Foi parodiado na **bruxaria** medieval, em que crianças e sapos eram supostamente batizados em nome do **Diabo**, durante o **sabá das bruxas**.

Bealing, Sinos Caso clássico de sinos que, segundo se dizia, tocavam sem a intervenção humana, como que por meio de atividade **poltergeist**. Os incidentes aconteceram entre 2 de fevereiro e 27 de março de 1834 e envolveram nove sinos da cozinha da casa Bealing, em Suffolk, Inglaterra. Em diferentes ocasiões, vários moradores observaram os sinos tocando espontaneamente. Nunca se encontrou nenhuma explicação satisfatória.

Bechard Descrito na obra de magia *Grimorium Verum* como um **espírito** com poderes sobre ventos, tempestades, granizos e chuvas. Os **magos** podiam evocá-lo com um **amuleto** mágico que contivesse seu **selo**.

Behemoth Descrito no evangelho apócrifo *O Livro de Enoch* como um grande monstro e contraparte do **Leviatã**. Na **mitologia** hebraica, as duas bestas – a primeira delas masculina e a segunda, feminina – matam uma à outra no Dia do Juízo Final.

Beijo da Vergonha Também *Osculum Infame*. No **satanismo**, o ato ritualístico de beijar o **Diabo** nas nádegas.

Bel Na **mitologia** babilônica, um deus da tríade suprema dos deuses, sendo os outros dois Anu, o senhor dos céus, e Ea, o senhor das águas. Bel foi o deus que fundou e comandou o império babilônico – seu nome significa literalmente "Rei". A grafia "Bel" é uma forma acadiana; seu equivalente semítico é **Baal**. Bel deriva do deus sumeriano **Enlil**.

Belfegor Demônio que aparece em forma de mulher e cujo nome deriva de uma forma de **Baal**, cultuado pelos moabitas, no monte Fegor. Belfegor era o demônio das descobertas e das invenções.

Belial Também Beliar, o demônio das mentiras, também descrito nos **Manuscritos do Mar Morto** como "o anjo da hostilidade", cujo "domínio é a escuridão". Belial é um dos demônios evocados pelo célebre **mago** negro e assassino **Gilles de Rais**. É possível que o nome Belial derive da expressão hebraica *beli yaal*, que significa "sem valor", aplicada genericamente a alguém perverso e sem escrúpulos.

Belomancia Divinação pela análise do trajeto das flechas em pleno vôo.

Beltane Grande sabá wiccaniano celebrado na noite de 30 de abril no hemisfério Norte, o Beltane é uma celebração **celta** da fertilidade. O nome desse sábá pode derivar da divindade céltica Bel ou Balor – deus da luz e do fogo –, pois em tempos antigos acendiam-se fogueiras rituais (*belfires*, em inglês) no topo das colinas para celebrar o retorno da vida e da fertilidade ao mundo. Os wiccanianos geralmente celebram Beltane dançando em volta do **Mastro de Maio** e celebrando o amor entre homens e mulheres. Do ponto de vista mitológico, Beltane comemora o casamento do Deus Sol com a fértil Deusa Terra. Beltane também é conhecido como Dia de Maio.

Belzebu Segundo a tradição, um demônio dos mais poderosos, cuja importância se equipara à de **Lúcifer, Ashtaroth, Satã** e Beherit. Belzebu era originalmente Baal-Zebub, deus de Acaron, no século IX a.C., e é mencionado em 2 Rs 1:2. Os cananeus adoravam-no num templo repleto de moscas, daí sua designação popular como "O Senhor das Moscas". As moscas eram consideradas criaturas imundas que vicejavam sobre cadáveres e Belzebu, nesse sentido, era visto como o demônio da podridão. Lucas 11:15 o descreve como "o príncipe dos demônios".

Bender, dr. Hans (1907-1991) Professor alemão de psicologia da Universidade de Friburgo, que se dedicou por muitos anos à **pesquisa psíquica** e ao estudo das áreas fronteiriças da Psicologia. O dr. Bender foi correspondente da **Sociedade para a Pesquisa Psíquica** em Londres e autor de vários livros e artigos sobre **parapsicologia, médiuns psíquicos, poltergeists** e **percepção extra-sensorial**. Seus livros principais incluem *Automatismos Mentais* (1936) e *Parapsicologia: Resultados e Problemas* (1953). O dr. Bender traduziu do inglês para o alemão muitos clássicos da parapsicologia, incluindo *Personalidade do Homem*, de G. N. M. Tyrrel.

Bendit, Lawrence J. Nascido na França, Bendit estudou psiquiatria na Cambridge University e foi o primeiro aluno de uma universidade britânica a receber um diploma de doutorado em medicina com uma tese em **parapsicologia**. Extremamente interessado pelos fenômenos psíquicos e pela ligação entre **percepção extra-sensorial** e psiquiatria, ele se tornou membro da **Sociedade Teosófica** e da **Sociedade para a Pesquisa Psíquica**, em Londres. Bendit publicou *Paranormal Cognition* em 1944 e escreveu com a mulher, Phoebe, a obra clássica *O Senso Psíquico* (publicado em 1942 e republicado em 1957) e *O Corpo Etérico do Homem* (publicado pela Editora Pensamento). O casal se mudou posteriormente da Inglaterra para Ojai, na Califórnia.

"Bendito Sejas" Frase usada pelos **bruxos** tanto como forma de cumprimento como de despedida.

Bennett, Allan (1872-1923) Figura eminente da **Ordem Hermética da Aurora Dourada**, Bennett foi instrutor de **Aleister Crowley** e, posteriormente, tornou-se adorador de **Shiva**, no Ceilão. O **nome mágico** de Bennett era Frater Iehi Aour ("Que se faça a luz"). Ele se dedicava à **magia cerimonial** com tamanho vigor que chegou a ser comparado a **Samuel MacGregor Mathers**, considerado uma autoridade entre os ocultistas ingleses da época. Escreveu a poderosa evocação de Taphthartharath, usada para manifestar o **espírito de Mercúrio** e torná-lo visível. Bennett também compilou uma parte do sistema de referência mágico conhecido como 777, publicado mais tarde por **Aleister Crowley**. Em 1900, deixou a Inglaterra e tornou-se monge budista. Assumiu o título Bhikku Ananda Metteya e teve uma influência decisiva na fundação da British Buddhist Society, em 1908.

Bennu Na **mitologia** egípcia, pássaro legendário que, segundo a crença, era a **reencarnação** da alma de **Osíris**. Assim como a **fênix**, o pássaro bennu renasceu das chamas e foi associado ao **Sol**. Em Heliópolis, onde era adorado sob a forma de **Rá**, dizia-se que o pássaro bennu alçava vôo da Ilha do Fogo, no **Mundo Subterrâneo**, anunciando o renascimento do Sol.

Bergson, Henri (1859-1941) Filósofo e escritor francês que se tornou presidente da **Sociedade para a Pesquisa Psíquica**, em 1914. Convicto de que a mente humana podia operar e viver independentemente do corpo, Bergson também se impressionou com as evidências da vida após a morte. Ganhou o prêmio Nobel de Literatura em 1927. Sua irmã, Moina, era casada com **Samuel MacGregor Mathers**, líder ocultista e co-fundador da **Ordem Hermética da Aurora Dourada**. Ver também **Mathers, Moina**.

Berith Em **demonologia**, duque malévolo que usa uma veste vermelha e uma coroa dourada e cavalga um cavalo vermelho. Evocado por meio de um anel mágico, Berith se diz capaz de transformar todos os metais em ouro, embora seja um notório mentiroso e não mereça confiança.

Bernadette, Santa (1844-1879) Associada a Lourdes, na França, Santa Bernadette era Bernadette Soubirous, uma pastora que, em 1858, afirmou ter presenciado dezoito aparições da Virgem Maria. Ela posteriormente tornou-se freira e foi canonizada em 1933. Lourdes passou a ser um famoso lugar de cura e a Igreja Católica Romana criou um departamento para autenticar os **milagres** ali ocorridos.

Bernard, Pierre Conhecido como "Oom, o Onipotente", Bernard introduziu a **magia sexual** tântrica no Ocidente, ao começar a ensinar **Hatha Yoga** no New York Sanskrit College, em 1909. Seu interesse, contudo, não era totalmente espiritual e ele foi acusado de assédio sexual, por algumas jovens sob sua tutela. Bernard depois se casou com uma dançarina de *vaudeviles*, fundou a Sacred Order of Tantriks e estabeleceu uma escola ocultista em New Jersey.

Besant, dra. Annie (1847-1933) Teosofista inglesa e reformista social que se tornou presidente da **Sociedade Teosófica** em 1891. Ao longo da vida, ela se dedicou a muitos movimentos sociais, incluindo a Fabian Society, a Indian Home Rule League e os Boy Scouts. Embora a princípio representasse uma força antes intelectual que espiritual, Besant passou por uma experiência marcante de iluminação ao estabelecer contato com o **mahatma** tibetano Mestre Moyra e tornou-se sua discípula. Em 1910, ela e **Charles Leadbeater** começaram a preparar **Jiddu Krishnamurti** para ser o novo avatar. A Order of the Star in the East foi formada para promover essa causa, mas Krishnamurti acabou por abandonar tudo, renunciando às pretensões espirituais dos tutores. Besant foi uma das líderes do movimento co-maçônico e escritora prolífica. Publicou, entre outros, *O Cristianismo Esotérico, O Homem e seus Corpos, Do Recinto Externo ao Santuário Interno, Dharma, Reencarnação, O Enigma da Vida, A Sabedoria dos Upanixades, Morte...e depois?, Sugestões para o Estudo do Bhagavad-Gita, O Enigma da Vida, Brahmavidya, Um Estudo sobre o Karma, A Vida do Homem em Três Mundos* (todos publicados pela Editora Pensamento), um relato de experimentos psíquicos com Leadbeater intitulado *O Homem: De Onde e Como Veio e Para Onde Vai* e, também com Leadbeater, *Formas de Pensamento,* (ambos publicados pela Editora Pensamento). Ver também **Co-Maçonaria**.

Bestiário Catálogo medieval de contos sobre animais, reais e imaginários, retratando um tema cristão alegórico ou moral. Os bestiários costumavam ser ricamente ilustrados.

Bether De acordo com o **grimório Arbatel de Magia**, espírito olimpiano que governa todos os aspectos do universo associados com **Júpiter**. Bether é considerado um espírito "dignificado" capaz de realizar curas milagrosas e de prolongar a vida humana em até setecentos anos. Ele também "apazigua os espíritos dos ares". Bether tem sob seu comando 42 reis, 35 príncipes, 28 duques, 21 conselheiros, 24 ministros, 7 mensageiros e 29 mil legiões de espíritos.

Bhagavad-Gita "O Canto do Senhor", principal poema religioso hindu que constitui uma parte do livro sexto do **Mahabharata**. Contém um diálogo entre **Krishna** e **Arjuna** sobre questões morais suscitadas pelas conseqüências trágicas da guerra. Krishna ensina a Arjuna que a ação positiva no mundo é necessária e que toda pessoa tem de seguir o chamado da sua natureza interior, reconhecendo que o **Eu** é eterno. (Publicado pela Editora Pensamento.)

Bhakti Termo hindu que significa total devoção ou amor a **Deus**. Na **yoga**, faz-se uma distinção entre o caminho da devoção e o caminho do conhecimento (Jnana). A Bhakti Yoga é um dos grandes caminhos da yoga (os outros incluem a Mantra Yoga, a **Raja Yoga** e a **Laya Yoga**). Entre as divindades mais reverenciadas pelos seguidores da Bhakti Yoga estão **Shiva**, **Shakti** e **Vishnu**.

Bhikku Termo páli que designa um monge budista ou seguidor secular de **Gautama**

Buda Os bhikkus têm um estilo de vida monástico, são celibatários e buscam a superação de todos os apegos mundanos. Eles usam túnicas amarelas ou açafrão e vivem de esmolas. Passam a maior parte do dia praticando **meditação**, fazendo **orações** e entoando cânticos.

Bíblia Coletânea de livros constituída pelas escrituras do Antigo e do Novo Testamento e pelos **Apócrifos**. O Antigo Testamento compreende os trabalhos considerados autênticos pelos judeus, entre eles os livros da Lei, os Profetas e as Sagradas Escrituras. Os Apócrifos compreendem os livros do Septuaginta grego, que não pertencem ao cânone hebreu, mas estão incluídos na Vulgata. Os Apócrifos, contudo, são geralmente omitidos das versões autorizadas da Bíblia. O Novo Testamento inclui os livros que, no século IV, a Igreja reconheceu como canônicos. Eles podem ser divididos em três tópicos: história (de Mateus até os Atos dos Apóstolos), epístolas (Dos Romanos até Judas) e profecia (Apocalipse). A descoberta dos **Manuscritos do Mar Morto** e da **Biblioteca de Nag Hammadi** trouxe à luz outras obras de significado vital para o Cristianismo; no entanto, sua relevância como escrituras ainda não foi determinada.

Bíblia de Kosmon Oahspe, a *Bíblia de Kosmon nas Palavras de Jeová e de seus anjos embaixadores* é uma obra notável produzida pelo **dr. John Ballou Newbrough**, por meio de "datilografia automática". Essa bíblia, que tem em torno de novecentas páginas, conta detalhes acerca dos regentes espirituais da Terra em diferentes períodos da história e condena muitos líderes religiosos por considerá-los inspiração de "**divindades falsas**". A *Bíblia de Kosmon* é mais conhecida como **Oahspe** e foi publicada pela primeira vez anonimamente em Nova York, no ano de 1882.

Bibliomancia Divinação por meio de um livro, em geral a Bíblia. O praticante abre o livro ao acaso e assinala uma linha ou passagem com o dedo, mantendo os olhos fechados. Os **muçulmanos** usam o **Corão** com essa finalidade; na Idade Média, *Eneida*, de Virgílio, e *Ilíada*, de Homero, eram obras também muito usadas.

Bicorpóreo Na **astrologia**, termo que designa signos com duas figuras simbólicas. Ver também **Astrologia; Signos Duplos ou Bicorpóreos**.

Bilocação Capacidade de aparecer em dois lugares ao mesmo tempo. Comparar com **Aparições; Viagem Astral**.

Binah Na **Cabala**, a terceira emanação mística da **Árvore da Vida**, depois de **Kheter** e **Chokmah**. Os ocultistas identificam Binah com a Grande Mãe em todas as suas formas. Ela é o útero que abriga o porvir; a fonte de todas as grandes imagens e formas que se manifestam no universo como **arquétipos**. Ela é também a dirigente suprema no processo de criação e, no processo de **correspondências mitológicas**, é associada a divindades como a Virgem Maria, **Rhea, Ísis** e **Deméter** em outros panteões.

Bioenergia Expressão usada pelo terapeuta Wilhelm Reich para descrever a energia vital do corpo. De acordo com Reich, essa força vital pode ficar estagnada nos grupos musculares quando eles se contraem em espasmo, depois de choques emocionais ou da repressão de instintos sexuais.

Biofeedback Literalmente *"feedback* do corpo", esse termo designa "procedimentos que possibilitam a monitoração das funções corporais e, posteriormente, o controle sobre elas". O *biofeedback* foi introduzido nos Estados Unidos pelo dr. Joe Kamiya, de São Francisco, Califórnia. O dr. Kamiya monitorava as ondas cerebrais alfa com um aparelho de eletroencefalograma (EEG) que produzia um som agradável somente em certos níveis de alfa. Ele descobriu que os sujeitos podiam aprender a gerar ou reprimir as ondas alfa e que, no momento em que essas ondas eram intensificadas, elas causavam uma sensação de bem-estar. O *biofeedback* é agora usado nos hospitais para controlar funções corporais irregulares (enxaquecas, por exemplo), além de também ser usado para controlar as chamadas funções corporais involuntárias ou "autônomas", como o batimento cardíaco e a pressão sanguínea.

Bioplasma Termo proposto em 1966 pelo cientista russo V. S. Grischenko para descrever o "quinto estado da matéria", além das quatro categorias já estabelecidas: sólidos, líquidos, gases e plasma. De acordo com Grischenko, o bioplasma – ou plasma biológico – está presente em todos os organismos vivos e, nesse sentido, equipara-se com o que se descreve como **força vital** universal. O campo energético, ou corona, retratado na **fotografia Kirlian,** é considerado, por muitos parapsicólogos russos, como uma prova da existência do bioplasma. Ver também **Ch'i; Prana**.

Bioplasmático, Corpo Entre os parapsicólogos russos, termo usado como sinônimo de **corpo astral**.

Biorritmo Teoria, fundamentada na pesquisa do dr. Hermann Swoboda, do dr. Wilhelm Fliess e do dr. Alfred Teltscher, de que todas as pessoas são influenciadas, ao longo da vida, por três ciclos internos – o físico, o emocional e o intelectual. O ciclo físico, que afeta a resistência às doenças, a força, a coordenação e outras funções corporais, dura 23 dias. O ciclo emocional, que inclui fatores como a sensibilidade, o humor, as percepções e o bem-estar mental, dura 28 dias. O ciclo intelectual, que inclui a memória, a prontidão e os aspectos lógicos da inteligência, dura 33 dias.

Os ciclos começam no nascimento, a partir do "zero", atingem uma fase elevada e positiva, depois da qual começam a declinar ou a se tornar negativas. O biorritmo pode servir como uma espécie de prognóstico, pois ele evidencia padrões cíclicos de comportamento. O conhecimento dos dias favoráveis ou desfavoráveis (tomando-se por base os "altos" e "baixos" dos ciclos) é uma forma de se prever um período potencial de atividade positiva ou uma fase particularmente negativa. Não seria recomendável tomar decisões importantes ou assumir riscos numa fase especialmente negativa. Em contraposição, os dias favoráveis seriam épocas de ótimo desempenho e criatividade.

Bittul Ha-Yesh No **hassidismo**, movimento carismático judeu do século XVIII, termo que designa a auto-aniquilação do *ego* – processo que levaria ao conhecimento espiritual e a estados místicos da consciência.

Blackwood, Algernon (1869-1951) Um dos mais famosos escritores ingleses de romances ocultistas, Blackwood morou toda a sua infância na Floresta Negra e, posteriormente, formou-se na Universidade de Edimburgo. Ex-membro da **Ordem Hermética da Aurora Dourada**, foi jornalista do *The New York Times* e prolífico escritor de contos místicos e sobrenaturais. Entre suas obras figuram *John Silence, The Bright Messenger* e *Pan's Garden*.

Blake, William (1757-1827) Artista, poeta e místico visionário inglês que, como o pai, foi profundamente influenciado por **Emmanuel Swedenborg**. Blake foi aprendiz de gravador, começou a fazer exposições na Royal Academy em 1780 e desenvolveu novos métodos de impressão. No entanto, seu mundo interior era povoado por **espíritos** e visões. Na infância, ele se comunicava com seres angélicos e, posteriormente, como gravador, afirmava que o espírito do irmão falecido Robert mostrara a ele novas técnicas de gravação. A poesia e a arte de Blake são profundas e extremamente simbólicas, e ele era, em grande parte, um criador de mitos. Sua **cosmologia**, embora original em muitos aspectos, lembra, até certo ponto, a da **Cabala**. Entre as obras de Blake estão *Songs of Innocence, The Marriage of Heaven and Hell, Songs of Experience* e *The Book of Urizen*.

Blavatsky, Madame Helena Petrovna (1831-1891) **Mística** e aventureira russa que fundou a **Sociedade Teosófica** em 1875. Quando criança, ela afirmava conversar com amigos invisíveis e era freqüentemente assombrada por espectros. Depois de um casamento malsucedido aos 17 anos, viajou por toda a Europa, pelas Américas e pela Ásia; e depois de excursionar pela Índia e pelo Tibete, afirmou ter sido iniciada por **mahatmas** ou **Mestres** nos segredos do **misticismo** esotérico. A seu ver, esses Mestres ajudaram-na a escrever muitas das suas principais obras que, por sua vez, propiciaram a fundação da Teosofia moderna. Seu primeiro livro foi *Ísis sem Véu* (publicado pela Editora Pensamento em quatro volumes), sucedido por *A Doutrina Secreta* (publicado pela Editora Pensamento em seis volumes), *A Chave da Teosofia, As Origens do Ritual na Igreja e na Maçonaria, Síntese da Doutrina Secreta, A Voz do Silêncio* e *Sabedoria Eterna* (todos publicados pela Editora Pensamento). Madame Blavatsky era uma **médium** talentosa, mas muitos acreditavam que alguns poderes psíquicos que ela alegava ter recebido dos Mestres não passavam de fraudes engenhosas. A maior contribuição que fez ao pensamento místico foi a maneira como procurou sintetizar a filosofia e a religião oriental e ocidental, proporcionando uma estrutura para a compreensão dos ensinamentos ocultistas universais.

Bletonismo Divinação pela análise de correntes de água.

Bocor Também Bokor. No **vodu**, praticante de **magia** que não é necessariamente um iniciado, portanto diferencia-se do **houngan** ou do sacerdote.

Bode Animal com associações ocultas. Segundo se dizia, o **Diabo**, ou **Deus Cornífero**, assumia a forma de um bode ao presidir o **sabá das bruxas**. Isso, no entanto, apenas demonstra que se costuma confundir o Diabo com o deus-bode **Pã**, o Senhor da Natureza. O bode também aparece no **zodíaco**, no signo de **Capricórnio**, cujo símbolo é uma criatura com características de bode e de peixe.

Bode Sabático Termo aplicado a **Baphomet**.

Bodhi Termo sânscrito que significa "despertar". A sabedoria ou iluminação só é conquistada quando se esvazia a mente e se percebe a Verdade pura e eterna.

Bodhidharma (470-543) Monge indiano que levou à China as formas tradicionais de **meditação** indiana e ao qual se atribui o mérito de ter introduzido nesse país o **Ch'an Budismo** – que posteriormente deu origem ao **Zen**.

Bodhisattva No **Budismo**, aquele que aspira ao estado de buda, mas que ainda não atingiu completamente a iluminação. Em termos teosóficos, aquele que toma consciência da própria divindade e que adquire o senso de imortalidade enquanto ainda está na Terra. Na sua próxima **encarnação**, essa pessoa pode se tornar um buda plenamente realizado e não ter mais necessidade de **renascer**.

Boehme, Jacob (1575-1624) Sapateiro inglês que, na idade de 25 anos, passou por uma transformação mística que surtiu um efeito profundo e duradouro em sua vida. Luterano devotado, Boehme acreditava literalmente que Deus estava muito distante, nos recônditos mais longínquos do universo – embora visões místicas trouxessem essa presença para mais perto. Contudo, a vida na Terra era uma constante batalha entre o bem e o mal. Em muitas ocasiões, achava Boehme, o mal parecia levar a melhor. Ele por isso se sentia compelido a "lutar com o amor e a misericórdia de Deus" para transpor "os umbrais do Inferno". Como um verdadeiro **místico**, Boehme achava que a vontade humana tinha de se subjugar à vontade divina, pois esta representava a verdadeira Realidade. Interessado em astronomia e **cosmologia**, Boehme associava Deus ao céu e Jesus Cristo ao **Sol**. A luz das estrelas representava o Espírito Santo. Para atingir a união verdadeira com Deus, a pessoa teria de passar por um processo de "nascimento espiritual", reconhecendo a essência divina que existe dentro dela. Assim como os cabalistas, que influenciaram seu pensamento, Boehme acreditava no conceito de **macrocosmo** e **microcosmo** – ou seja, que as pessoas espelham o universo e são um reflexo de Deus. Por isso o caminho místico seria, essencialmente, o caminho da auto-realização.

Boggart Espírito travesso, afeito a atividades **poltergeists**. O *boggart* tem uma aparência semi-humana, com certas características animalescas como pêlos ou rabo. Existem muitas lendas relativas aos *boggarts* em Yorkshire, na Inglaterra.

Bogie Na **mitologia** escocesa, **goblins** ou espectros hostis e de aparência assustadora.

Variantes desse tema podem ser encontrados em outras regiões da Grã-Bretanha (por exemplo, o *bug-a-boo*, de Yorkshire). O equivalente moderno, que tem uma conotação mais coloquial e menos sobrenatural, é o *bogeyman*, equivalente ao bicho-papão.

Bogomilos Seita búlgara do século X que professava a crença de que existem duas forças criativas no universo, o bem e o **mal**. Seus membros acreditavam que o mundo é intrinsecamente mau e que o **Diabo** auxiliou na criação de Adão. Eles também defendiam a crença de que a ressurreição de Cristo não passou de uma ilusão e que a Santa Cruz é um símbolo demoníaco, execrável aos olhos de **Deus**.

Boitatá Do tupi, *mbaé tatá*, símbolo indígena simbolizado por uma cobra de fogo. Também nome popular das luzes brilhantes e etéricas que às vezes se vêem em cemitérios e são, por tradição, associadas ao **espírito** dos mortos. Ver também **Fogo-fátuo**.

Bola de Cristal Bola feita de cristal ou vidro, usada pelos clarividentes que praticam a **cristalomancia**. Nessa técnica, o **clarividente** usa a bola como foco visual e entra num estado de **transe** que pode dar origem a visões paranormais – a base da prática da **divinação**. Popularmente associada à leitura da sorte, a consulta da bola de cristal a princípio propicia impressões enevoadas, mas, de acordo com muitos relatos, as imagens aos poucos vão ficando mais nítidas. Os ocultistas acreditam que a bola de cristal não seja a causa da aparição das imagens, mas sirva apenas como foco para a percepção psíquica do médium.

Bolen, Jean Shinoda Mais conhecida por seus livros *Goddesses in Everywoman* e *Gods in Everyman*, Bolen é analista junguiana e também professora de psiquiatria da University of California. Intrigada pelo que ela chama de "retorno global à deusa em diferentes formas", Bolen identificou-se com uma perspectiva espiritual que descarta a dominação das antigas formas patriarcais de religião. Ela defende a idéia de que tanto os homens quanto as mulheres deveriam viver a vida do ponto de vista arquetípico e acredita que o mito tem um papel central nesse processo. De acordo com Bolen, o **mito** é uma forma de metáfora a partir da qual podemos ver nossa vida cotidiana de um ponto de vista diferente. Escreveu também *O Anel do Poder – A Criança Abandonada, o Pai Autoritário e o Feminino Subjugado* (publicado pela Editora Cultrix).

Boneca de Milho Na Inglaterra, na Escócia e na Alemanha, figura humana ou de animal confeccionada não necessariamente de milho, mas com os cereais da última colheita. Segundo o **folclore**, baseado certamente nos cultos da fertilidade, a boneca de milho garante uma boa colheita no ano seguinte.

Bone, Eleanor Famosa **bruxa** que se tornou porta-voz do movimento da **bruxaria moderna**. Junto com **Patricia Crowther** e Monique Wilson, ela foi uma das herdeiras dos bens de **Gerald Garner**.

Bonewits, Isaac (1949-) Proclamado "o primeiro praticante de **magia**" do mundo com formação acadêmica na área, Bonewits nasceu em Royal Oak, Michigan. Ele se tornou bacharel em magia pela University of California, em Los Angeles, e fundou a Aquarian Anti-defamation League. Foi editor-associado do extinto jornal *Gnostica* e autor de *Real Magic*.

Borley, Paróquia de Considerada popularmente como a "casa mais assombrada da Inglaterra", a Paróquia de Borley ficava em frente à Igreja de Borley, em Essex, até o incêndio que destruiu suas dependências em 1939. O reverendo H. D. E. Bull foi reitor em Borley de 1862 a 1892 e vários membros de sua família relataram ter visto, em diferentes ocasiões, o fantasma de uma freira e também de um cocheiro e seus cavalos, que apareciam de súbito e depois se desvaneciam misteriosamente. Pegadas estranhas, sinos tocando, sussurros e luzes inexplicáveis também foram relatados, além de fatos semelhantes ocorridos depois que o reverendo Lionel Foyster tornou-se reitor, em 1930. A Paróquia de Borley foi investigada pelo famoso "caça-fantasmas" **Harry Price** e por várias testemunhas imparciais e confiáveis, incluindo membros da BBC, da Força Aérea Real britânica e do corpo diplomático; mas os resultados foram inconclusivos e questionados pela **Sociedade para a Pesquisa Psíquica**. As críticas que outros psicólogos lançaram sobre Price foram posteriormente retiradas e o lugar continuou **mal-assombrado**. Nenhuma explicação satisfatória ainda foi dada.

Boullan, Joseph-Antoine (1824-1893) Padre católico romano excomungado que se tornou líder da excêntrica Ordem de Carmelo, em Lyon, depois da morte de seu fundador, Pierre Vintras. Boullan e seus seguidores acreditavam que, desde a Queda de Adão e Eva, as pessoas só poderiam se redimir dos pecados por meio do ato sexual com seres celestiais superiores como **anjos, arcanjos** e **santos**. O modo como isso era feito nem sempre era evidente, mas houve ocasiões em que belas jovens tomavam o lugar dos arcanjos. Bouller sofreu o ataque de quatro rivais ocultistas, **Stanislas de Guaita, Oswald Wirth, Edward Dubus** e **Sar Josephin Peladan**, os quais, segundo ele, lançaram-lhe uma **maldição** para que morresse em decorrência de **magia negra**. O romancista francês **Joris-Karl Huysmans** envolveu-se com Boullan e registrou nos jornais franceses sua versão da batalha mágica travada por este. Huysmans convenceu-se da realidade do confronto dos magos quando começou, ele mesmo, a sofrer ataques astrais – "socos fluídicos" que sentia no rosto durante a noite. Os conflitos agravaram-se de ambos os lados. Huysmans escreveu que Boullan "salta como um tigre... Invoca a ajuda de São Miguel e dos eternos justiceiros e, então, diante do seu altar, grita: 'Acabe com Peladan, acabe com Peladan...'" Quando isso aconteceu, foi Boullan que sucumbiu primeiro, morrendo repentinamente em janeiro de 1893. Huysmans ficou convencido de que Boullan morrera de causas sobrenaturais. "É inegável que Guaita e Peladan praticassem magia negra diariamente", disse ele numa entrevista. "O pobre Boullan foi envolvido num conflito perpétuo com os **espíritos** malignos que eles continuavam lhe mandando de Paris... É bem possível que meu pobre amigo Boullan tenha sucumbido graças a um encantamento extremamente poderoso." As atividades de magia de Boullan são descritas no romance de Huysman *Là Bas*. Ver também **Ataque Mágico**.

Brahma Deus criador hindu que compõe a trindade formada por ele, **Vishnu** (o conservador) e **Shiva** (o destruidor). Brahma nasceu de **Narayana**, o ovo primevo, e é retratado com quatro rostos e quatro braços (representando os Vedas) e sentado num trono de lótus. O mundo cria e destrói a si mesmo no longo processo cíclico conhecido como "os dias e noites de Brahma".

Brahman No **Hinduísmo**, a Realidade Suprema, a eterna e inefável Verdade que transcende todas as fronteiras. Brahman é mais do que **Deus**, mais do que o **Espírito**, e está além de qualquer definição; o Absoluto.

Braid, dr. James (c. 1795-1860) Cirurgião escocês que cunhou o termo "hipnotismo" e investigou as teorias de **Anton Mesmer** sobre **magnetismo animal**, em 1841. Ele discordava da idéia de Mesmer de que um praticante pudesse transmitir força magnética para um paciente, e acreditava que o papel do hipnotizador era ajudar no processo de **transe** auto-induzido, estimulando a concentração mental. Apesar da influência que exerceu sobre a neurologia e a fisiologia, Braid estudou vários campos não-ortodoxos da medicina, incluindo *frenologia*. Ele também escreveu livros semi-ocultistas, incluindo *Observations on Trance* (1850), *Magic, Witchcraft, Animal Magnetism and Electro-Biology* (1852). Sua obra *Hypnotic Therapeutics*, publicado em 1853, incluía um apêndice intitulado "Mesas que Giram e Batidas provocadas por Espíritos", tópicos muito conhecidos no **espiritualismo**. Ver também **Hipnose**.

Branca, Magia Ver **Magia Branca**.

Briah Na **Cabala**, a segunda das quatro palavras de manifestação, associada ao nível espiritual dos **arcanjos**. Relacionada pelos ocultistas à segunda das quatro letras do **Tetragrama**, **YHVH**.

Britten, Emily Hardinge (1823-1899) **Médium psíquica** inglesa que fundou o jornal espiritualista *Two Worlds*. Escreveu muitos livros, incluindo *History of Modern American Spiritualism* e uma obra sobre **espiritualismo** comparado cujo título é *Nineteenth Century Miracles*.

Broceliande Floresta mística da Bretanha, na França, onde o lendário **mago Merlin** cortejou a linda Viviane.

Brown, Rosemary Médium inglesa que, em 1970, afirmou manter contato com os **espíritos** de vários compositores famosos que a usaram como um "canal" para suas composições. Entre esses compositores estavam Beethoven, Debussy, Chopin, Schubert e Stravinsky. A Philips Company lançou uma gravação dos clássicos espirituais de Rosemary Brown, mas a opinião geral é a de que as novas composições não refletem o padrão de excelência que se esperaria desses compositores.

Brujo ou Bruja No Peru e no México, **bruxo** ou **feiticeiro**. O termo passou a ser mais conhecido graças às descrições que **Carlos Castañeda** fez do xamã **Don Juan Matus**.

Bruxa Ver **Bruxo ou Bruxa.**

Bruxa, Bola de Bola de vidro que se costumava pendurar nas residências para afastar influências maléficas, especialmente aquelas atribuídas ao **Mau-olhado**. Ver **Magia Protetora; Feitiços**.

Bruxa, Cálice de Cálice usado na **bruxaria** durante a preparação de filtros especiais e também para beber vinho consagrado. Ele em geral tem a forma de uma taça com pé e é feito de metal polido ou chifre de animais.

Bruxa do Rastro, A Ver **Hag of the Dribble**.

Bruxa, Marca da Protuberâncias, seios adicionais ou pintas presentes no corpo de uma **bruxa** acusada, considerados pelos perseguidores e inquisidores como uma prova de que ela amamentava **demônios** e **familiares**.

Bruxaria Ver **Bruxaria Moderna; Bruxaria Tradicional**.

Bruxaria Moderna Movimento neopagão fortemente influenciado por personalidades como **Gerald Gardner**, **Alex San-**

ders, Doreen Valiente, Z. Budapest e Starhawk. A bruxaria consiste no culto da **Antiga Religião** e enfoca sobretudo a **Grande Deusa** em suas várias formas: **Ártemis, Astarte, Afrodite, Diana, Hécate**. Como tal, ela adotou muitos dos antigos **panteões**, diferenciando-se da **magia** ocidental moderna principalmente pelo fato de dar muito mais ênfase às **deusas lunares** do que aos **deuses solares**. Na bruxaria moderna, a mulher, muito mais do que o homem, desempenha um papel de fundamental importância; e os membros do **coven** se encontram regularmente nos **sabás** para realizar **rituais** sazonais. As bruxas realizam rituais trajando vestes cerimoniais ou nuas (**vestidas de céu**). Esses rituais sempre incluem a invocação da Deusa em uma das suas formas e a cerimônia conhecida como "puxar a Lua", na qual a energia lunar é atraída para o corpo da Suma Sacerdotisa, dentro do círculo mágico.

Bruxaria Tradicional Movimento religioso tradicional muitas vezes identificado – equivocadamente – com o **culto** ao **demônio**, ao **satanismo** e à **magia negra**. Hoje, a bruxaria tradicional é considerada pela maioria das autoridades no assunto como uma religião popular que fundiu **superstições**, a **leitura da sorte**, o **folclore** e o **herbalismo** com resquícios de várias crenças religiosas pré-cristãs (dos celtas e dos **druidas**, por exemplo). A bruxaria atualmente tem mais pontos em comum com muitas formas de **culto à Natureza** e de **rituais de fertilidade** encontrados em sociedades pré-industriais do que com práticas diabólicas e satânicas dos praticantes de magia negra, cujo maior antagonista é a Igreja Cristã. Contudo, na Idade Média, grande parte dos **hereges**, **pagãos** e ateus foi agrupada sob uma só denominação e perseguida pelos oficiais da Inquisição. O notório livro *Malleus Maleficarum* descreve as perseguições sofridas pelas bruxas medievais; e personagens como **Matthew Hopkins** e outras figuras da Inquisição que participaram dos tribunais das **bruxas de Salem** caracterizam bem a ferocidade com que elas eram perseguidas antes da era moderna.

Bruxas, Caça às A incansável perseguição às bruxas foi uma característica da **Inquisição** e é descrita no infame tratado *Malleus Maleficarum* (O Martelo das Bruxas). Caçadas às bruxas também foram empreendidas no reino de East Anglia, na Inglaterra, por **Matthew Hopkins**, que na década de 1640 se auto-intitulava caçador de bruxas; e em Salem, Massachusetts, EUA, em 1692, entre a comunidade puritana. Ver também **Bruxas, Sabás das**.

Bruxas, Caçador de Ver **Hopkins, Matthew**.

Bruxas de Aberdeen Grupo de **bruxas** do nordeste da Escócia que foram executadas nos Tribunais de Aberdeen, entre 1596 e 1597. As bruxas organizavam-se em **covens** – grupos de treze bruxos – e cada membro tinha uma tarefa específica nas artes da magia. Uma das acusadas, Helen Rogie, fazia bonecos de chumbo ou cera, que representavam suas vítimas; enquanto outra, Isobel Ogg, era supostamente capaz de atrair tempestades por meio de **feitiçaria**. Na conclusão dos julgamentos, em abril de 1597, 24 pessoas – 23 mulheres e um homem – haviam sido condenadas por **bruxaria** e executadas.

Bruxas de Salem A cidade norte-americana de Salem, Massachusetts (agora conhecida como Danvers) ficou famosa em 1692, depois de uma **caça às bruxas** que culminou num episódio dramático. Duas meninas, Elizabeth Parris e Abigail Williams, acusaram a escrava caribenha Tituba e duas outras mulheres – **Sarah Good** e Sarah Osburn – de serem **bruxas** e de lançar **feitiços** sobre elas. Tituba "confessou" seus crimes e um sentimento de histeria e pânico logo tomou conta dos puritanos da cidade. Muitos outros foram acusados de bruxaria e as pessoas passaram a evitar sair de casa, com medo que **Satã** ou forças do **mal** pudessem lhes preparar uma cilada. Duzentas pessoas chegaram a ser presas na Nova Inglaterra e 34 – incluindo Sara Good – foram para a forca. O episódio das Bruxas de Salem compara-se aos casos de histeria demoníaca de Loudun e **Aix-en-Provence**, embora hoje se acredite que ele tenha sido causado por envenenamento por **ergot**, que provoca fortes alucinações. Ver também **Grandier, Urbain**; **Histeria**; **Bruxaria**.

Bruxas, Histeria das Fenômeno medieval associado às perseguições sofridas pelas **bruxas** e aos pretensos casos de **possessão** demoníaca. Os casos clássicos de histeria incluem o episódio das **Freiras de Aix-en-Provence** e o incidente chamado os "**Diabos de Loudun**", em que **Urbain Grandier** foi injustamente condenado à morte. **Isobel Gowdie** é um exemplo de uma bruxa cujas fantasias envolvendo magia e atividades pouco convencionais levaram-na à execução. Atualmente, muitos especialistas em bruxaria medieval interpretam a histeria como um sintoma de doença mental e de repressão sexual. Algumas eclosões desse tipo de histeria também podem ter sido causadas pela ingestão de pão contaminado com o fungo **ergot**, que leva a estados visionários ainda pouco compreendidos e estudados, comparáveis aos causados pelo LSD.

Bruxas, Sabá das Encontro dos membros de um **coven**, realizado com a intenção de realizar ritos e cerimônias mágicas. O sabá das bruxas tradicional – que é muito mais um produto da imaginação do que um fato histórico – agregava um grande número de bruxas e **warlocks**, que se reuniam em volta do fogo ou do **caldeirão**, acendiam velas negras e realizavam sacrifícios. O **deus** com cabeça de bode (**Cernunos**) se fazia presente, sentava-se num trono e o sabá culminava numa orgia sexual. Atualmente, acredita-se que essas imagens fantásticas tenham se originado em parte das visões produzidas pelos **ungüentos voadores**, pela misturas **psicodélicas** que causavam a sensação de se estar voando e **alucinações** sexuais vívidas.

O sabá das bruxas moderno é realizado em datas específicas do ano, que marcam a passagem das estações. É importante ter isso em mente, pois a **bruxaria** é hoje considerada, com mais correção, como uma forma de **culto à Natureza**. Os principais sabás são **A Véspera do Dia de Todos os Santos** ou **Halloween** (31 de outubro), que representa o fim do outono e começo do inverno, no hemisfério Norte; **Imbolc** (1º de fevereiro), os primeiros sinais da primavera; **Beltane** (1º de maio), uma importante celebração da fertilidade; e **Lammas** (1º de agosto), o começo da colheita.

Bruxo ou Bruxa Praticante de bruxaria; aquele que foi iniciado como membro de um **coven**. Esse termo é mais usado para descrever praticantes do sexo feminino, embora também possa ser usado com referência aos do sexo masculino. O bruxo também é conhecido, em inglês, pelo termo *warlock*.

Bruxos, Coven de Ver **Coven**.

Bucã Fogueiras rituais acesas por praticantes do **vodu** nas vésperas do Ano Novo, para "reacender" o **Sol**.

Buda Amida O Buda da Luz Infinita, simbolizado pelo **lótus** e pelo pavão. O Buda Amida reina sobre o Paraíso Ocidental de Sukhavati. No Nepal, capital do Tibete, e na China, essa emanação do Buda ganhou mais importância do que na Índia, e no Japão passou a ser o centro de um grande culto. Ver também **Budismo**.

Budapest, Zsuzsanna Emese (1940-) Uma das praticantes mais influentes do culto à Deusa nos Estados Unidos, Z. Budapest (como é conhecida) nasceu na Hungria em 1940, filha de uma **médium psíquica**. A mãe de Zsuzsanna, Masika Szilagyi, compunha poemas e invocações enquanto estava em **transe** e afirmava pertencer a uma linhagem mística de **xamãs** do sexo feminino, a qual ela conseguia remontar até o século XIV. Aos 19 anos, depois de ter estudado línguas em Viena, Budapest emigrou para Illinois e renovou seu interesse pela literatura russa na University of Chicago. Posteriormente ela trabalhou num teatro em Nova York, onde estudou técnicas de improvisação, antes de se mudar para Los Angeles, em 1970.

Logo depois de chegar a Los Angeles, abriu no Lincoln Bulevard, em Venice Beach, a que se tornaria a lendária loja ocultista Feminist Wicca. Essa loja serviu como um "centro da espiritualidade matriarcal", onde se vendiam velas, óleos, incensos, ervas, artigos de joalheria, baralhos de tarô e outros artigos esotéricos, e que passou a ser um ponto de encontro para mulheres com interesse em praticar *rituais* em grupo. Não demorou para que surgissem grupos de mulheres neopagãs encontrando-se para cerimônias de **equinócios** e **solstícios** e para que Budapest declarasse que "a espiritualidade feminina havia renascido".

O culto de magia praticado por Budapest, que ela chamava de bruxaria diânica, não admitia a participação de homens. Ela reconhecia que havia homens que gostariam de descobrir a "mulher interior" adormecida dentro deles, mas argumentava que existiam outros grupos ocultistas que poderiam atender a essa necessidade. De acordo com Budapest, os mistérios das mulheres tinham de se manter fortes e puros, e neles não havia lugar para os homens. Como ela explicou uma vez numa entrevista: "Temos círculos de mulheres. Não se pode colocar homens em círculos de mulheres – senão esses círculos deixam de ser o que são. Nossa Deusa é a Vida, e as mulheres têm de ser livres para prestar culto a partir dos seus ovários."

Budapest agora aceita em seus círculos um grupo misto de lésbicas e mulheres heterossexuais, para "equilibrar as polaridades" em seus rituais. Ela mesma pratica o lesbianismo, embora nem sempre siga essa inclinação. Separada e mãe de dois filhos – um deles é médico e o outro, piloto da Marinha –, Budapest adotou uma posição extremamente feminista e optou por evitar deliberadamente o que chama de "dualidade" homem-mulher. A ênfase que dá aos mistérios das mulheres possibilita que se prestem homenagens a diferentes fases da condição feminina: a mulher jovem, a mulher madura e a anciã, todas elas têm muito a oferecer, e as cerimônias em grupo de Budapest são realizadas para cada uma dessas fases da vida. Z. Budapest é uma conhecida escritora de livros wiccanianos e já publicou vários deles, entre os quais *The Holy Book of Women's Mysteries* (a edição inglesa revisada é de 1989).

Budge, *sir* **E. A. Wallis** (1857-1934) Célebre tradutor de textos egípcios antigos, entre eles o *Livro Egípcio dos Mortos* (publicado pela Editora Pensamento), Budge foi encarregado das Antiguidades Egípcias do Museu Britânico de 1892 a 1924. Acredita-se que ele tivesse associação com o "Templo Egípcio" da **Ordem Hermética da Aurora Dourada**.

Budismo Uma das maiores religiões do mundo, fundada por Sidarta **Gautama**, o Buda (ou "Iluminado"), nascido no Nepal por volta de 563 a.C. e filho de um rei da tribo Sakya. Gautama foi criado em meio ao luxo, mas aos 29 anos renunciou aos bens mundanos e abandonou o lar e a esposa para buscar a **iluminação**. Depois de seis anos de uma vida austera, tornou-se iluminado enquanto meditava sob a **Árvore Bodhi**. De acordo com Buda, a iluminação consiste no reconhecimento de quatro Verdades: (1) a existência humana está indissoluvelmente ligada ao sofrimento; (2) o sofrimento é causado pelo apego às coisas mundanas, que são efêmeras; (3) é possível conquistar a felicidade desapegando-se das coisas materiais; e (4) o **nirvana**, ou bem-aventurança destituída de ego, pode ser atingido tomando-se o Nobre Caminho Óctuplo (visão correta, intenção correta, palavra correta, ação correta, meio de vida correto, esforço correto, atenção correta e concentração correta).

Os ensinamentos e a filosofia de Buda deram origem a duas escolas principais: a **Theravada** ou **Hinayana**, ramo fundado no sul da Ásia (Sri Lanka, Birmânia, Tailândia); e a **Mahayana**, ramo fundado no norte da Ásia (China, Tibete, Coréia, Japão).

O Budismo não reconhece um Deus e nega a existência de um **eu** permanente. Ele prega a doutrina do **karma**, segundo a qual todos os atos trazem conseqüências positivas e negativas para esta vida ou para outras futuras, e a de que o **renascimento** é resultado do karma. A tarefa daqueles que seguem o Nobre Caminho Óctuplo é romper a corrente do karma, com seus ciclos intermináveis de renascimentos, e assim conseguir a dissolução da consciência no nirvana.

Budismo Ch'an Uma das principais formas de **Budismo Mahayana**; no Japão, deu origem ao **Zen**. O Budismo Ch'an evita a formulação racional de conceitos e parte do pressuposto de que a verdadeira experiência da realidade só é possível quando se transcende a dualidade da percepção objetiva e subjetiva. Como no Zen, a **iluminação** é antes um acontecimento súbito que um processo gradativo. O Budismo Ch'an foi introduzido na China pelo monge indiano **Bodhidharma**.

Budismo da Terra Pura Seita do **Budismo Mahayana** que cultua o **Buda Amida** ou Buda da Luz Infinita. Entre os membros dessa seita, esse Buda é mais exaltado que **Gautama Buda**. O Budismo da Terra Pura foi introduzido na China por volta de 402 d.C. por Hui Yuan, e estabeleceu-se no Japão (onde é conhecido como Jodo) por Honen, durante o século XII. Ver também **Budismo Shin**.

Budismo Hinayana Existem duas formas principais de **Budismo**: o Hinayana (o chamado "Caminho Menor") e o **Mahayana** (o "Caminho Maior"). Essa divisão se deve a um concílio de budistas realizado em Patna, durante o reinado do rei indiano Asoka (c. 264-228 a.C.), e faz uma distinção entre o Budismo doutrinal e o esotérico, respectivamente. O Budismo Hinayana enfatiza a forte adesão ao cânone **páli** e está mais voltado para os preceitos morais de **Gautama Buda** do que para o conceito de **bodhisattva**, presente na tradição Mahayana. O Budismo Hinayana é comum na Birmânia, na Tailândia, no Vietnã, no Laos e no Camboja.

Budismo Mahayana O chamado "Grande Veículo" do **Budismo**, em contraposição ao Hinayana ou "Pequeno Veículo" – as duas escolas que representam as principais vertentes do pensamento budista. O Budismo Mahayana enfatiza a noção de que todas as pessoas podem se tornar **arahats** ou **bodhisattvas** se seguirem os preceitos de **Gautama Buda** e amarem umas às outras. Essa interpretação é muito mais ampla do que a do **Budismo Hinayana**, que focaliza o distanciamento com relação ao mundo e a conquista da iluminação, sem enfatizar a necessidade de compartilhar com todos os seres sencientes os frutos do conhecimento espiritual. Em geral, o Budismo Mahayana é mais **esotérico** e o Hinayana, mais fundamentalista.

Budismo Shin Nome japonês do **Budismo da Terra Pura**, que se baseia na devoção ao **Buda Amida** (em contraposição a **Gautama Buda**).

Budismo Theravada Ver **Budismo Hinayana**.

Bull-roarer Pedaço de madeira atada a uma corda, que, ao ser girado no ar, produz um zumbido alto. É usado em ritos cerimoniais pelos **aborígines australianos**.

Bulwer-Lytton, *sir* **Edward** Ver **Lytton,** *sir* **Edward Bulwer**.

Bunyip Na **mitologia** aborígine, criatura imaginária que, segundo a crença, assombra lagos e pântanos de juncos. Com fama de devorar homens, o *bunyip* é muito temido pelos **aborígines australianos**.

Burt, *sir* **Cyril** (1883-1971) Célebre psicólogo inglês que se interessou pelo estudo da **percepção extra-sensorial**, da **clarividência**, da **telepatia** e dos **médiuns psíquicos**. Entre seus trabalhos mais originais estão suas pesquisas experimentais sobre telepatia, com crianças em idade escolar.

Butler, W. E. (1898-1978) Ocultista e escritor inglês que recebeu treinamento esotérico e se tornou membro da **Fraternidade da Luz Interior**, de **Dion Fortune**, e também foi protegido do psíquico Robert King. Butler fundou uma ordem mágica, os **Servants of Light**, que continuou a desenvolver técnicas modernas de mágica visionária, conhecidas como **pathworkings**.

C

Caaba No **Islamismo**, local em Meca na direção do qual os **muçulmanos** têm de rezar. Situada num ponto central de Meca, a caaba é um templo sagrado que abriga em seu interior a mística "pedra negra".

Cabala Também Kabbalah ou Qabalah. Da raiz hebraica QBL, "tradição oral", divisão **esotérica** e mística do Judaísmo. A Cabala apresenta uma explicação simbólica da origem do universo, a relação dos seres humanos com a **Divindade** e uma abordagem emanacionista da Criação, na qual a Luz Infinita (**Ain Soph Aur**) manifesta-se por meio das diferentes **sephiroth** da **Árvore da Vida**. Embora o livro principal da Cabala, *o Zohar*, só tenha sido escrito por volta de 1280 – provavelmente por **Moisés de León** –, a Cabala está ligada ao **Gnosticismo** e a outras cosmologias místicas mais antigas.

Do ponto de vista da Cabala, todas as manifestações originam-se no Ain Soph Aur e as sucessivas **emanações** da Divindade revelam aspectos da sua natureza divina. O sistema é, portanto, monoteísta em sua essência, embora admita a estrutura décupla das sephiroth da Árvore da Vida. As emanações, na ordem em que precederam da Divindade até o mundo manifesto, são: **Kether** (a Coroa); **Chokmah** (Sabedoria); **Binah** (Entendimento); **Chesed** (Misericórdia); **Geburah** (Poder); **Tiphareth** (Beleza e Harmonia); **Netzach** (Vitória); **Hod** (Esplendor); **Yesod** (Alicerce) e **Malkuth** (O Reino).

Os ocultistas da **Ordem Hermética da Aurora Dourada** usavam a Árvore da Vida cabalística como uma matriz ou grade para comparar as imagens arquetípicas das diferentes mitologias que poderiam ser empregadas no cerimonial mágico. Por exemplo, o pai misericordioso (Chesed)

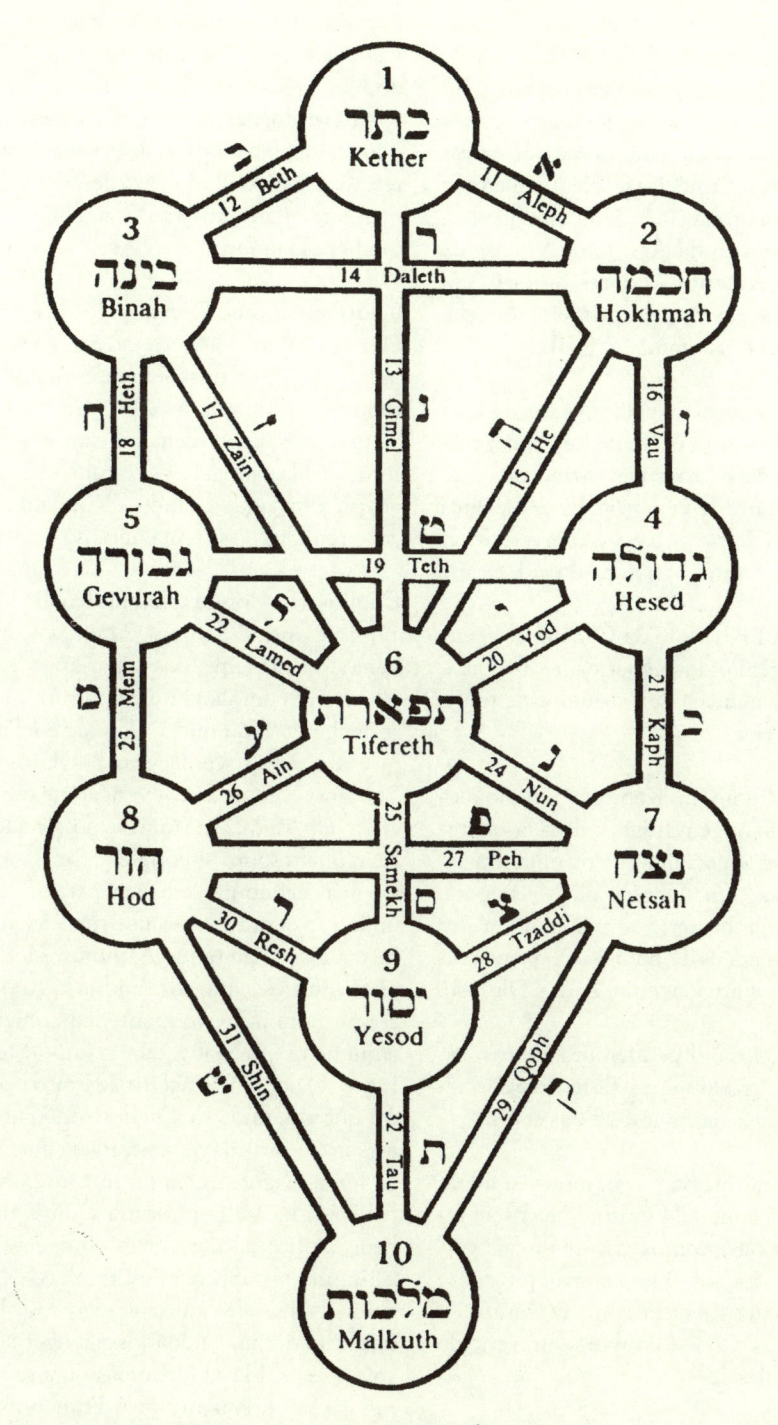

CABALA: *Tradição mística do Judaísmo. A Árvore da Vida revela os caminhos para a Divindade.*

tinha correspondentes em outros panteões, nomeadamente **Odin** (Escandinávia); **Zeus** (Grécia); Júpiter (Roma) e **Rá** (Egito). Esse sistema de comparação passou a ser conhecido pelo nome de **correspondências mitológicas**. Ele também se tornou comum na tradição oculta que liga as dez sephiroth da Árvore da Vida às 22 cartas dos **Arcanos Maiores** do tarô, um conceito proposto pela primeira vez por **Éliphas Lévi**. Ver também **QBL**.

Cabales Também Caballi. De acordo com o escritor ocultista L. W. de Laurence, **corpos astrais** das pessoas que morrem precocemente, vítimas de violência. Esses **espíritos** vagam pela Terra até a época em que deveria ocorrer o término natural da vida delas.

Cabalista Praticante da **Cabala**. Esse termo é também usado genericamente com o sentido de **ocultista** ou seguidor de tradições **esotéricas**.

Cabiros Também Kabiros. Divindades agrícolas de origem frígia, cultuadas na religião grega, especialmente na Samotrácia, em Lemnos, em Tebas e na Macedônia. Seus ritos de mistério só perdiam em importância para os de **Elêusis**. As principais divindades cultuadas eram **Zeus** e **Dioniso**.

Caboclo Nos **cultos afro-brasileiros**, espírito que "trabalha" nas florestas e conhece os segredos das plantas e das ervas.

Caco Na **mitologia** grega, monstro metade homem e metade sátiro, que cuspia fogo e vivia nas profundezas de uma caverna, longe do sol. Ele matava pessoas e adornava sua caverna com os crânios de suas vítimas. Caco foi finalmente vencido por **Hércules**.

Cacodemônio Espírito maligno capaz de mudar sua forma com tanta rapidez que é impossível identificá-lo. Na **magia** medieval, era às vezes identificado com o "**gênio do mal**" que existe dentro de cada pessoa e, na **astrologia**, era associado à **casa** doze, o **Sol**. A forma grega, *Kakodaemon*, era um termo **gnóstico** usado para descrever também um **gênio** inspirador maligno. Ver também **Daimon**.

Caduceu Bastão levado pelo deus grego **Hermes** e pelo deus romano **Mercúrio**, representado com duas serpentes que se entrelaçam, formando no alto um arco. Os ocultistas às vezes o comparavam ao simbolismo de **ida** e **pingala**, as correntes de energia psíquica que, segundo a **Kundalini Yoga**, circundam o sistema nervoso central.

Cagliostro, Conde Alessandro di (1743-1795) Considerado por Thomas Carlyle como o "Príncipe dos Charlatães", Cagliostro era um viajante e oportunista que se declarava alquimista. Nascido em Palermo, seu nome verdadeiro era Giuseppe Balsamo. Depois de convencer um ourives chamado Marano de que era possível localizar um tesouro escondido por meio da **mágica cerimonial**, ele fugiu para Messina, onde fez contato com um suposto alquimista adepto de nome **Althotas**. Eles viajaram juntos para Alexandria e Rodes e conduziram posteriormente experimentos alquímicos em Malta, com o Grão-Mestre Pinto. O apoio financeiro de Pinto permitiu que o Conde di Cagliostro, como ele mesmo se intitulava, desfrutasse uma vida de luxo. Cagliostro casou-se com Lorenza Feliciani na Itália e tornou-se uma figura bem conhecida nas cortes européias, encantando príncipes, reis e rainhas, e assegurando-lhes de que seus segredos alquímicos poderiam ajudá-los a engordar os cofres reais. Ele também passou a se interessar profundamente pela **Franco-maçonaria** e ganhou a reputação de **médium** e de **agente de cura pela fé**.

Cagliostro também se envolveu no caso do Colar da Rainha e foi acusado por madame de Lamotte de roubar a valiosa jóia. Foi posteriormente absolvido nos tribunais, mas uma acusação ainda mais grave estava por vir. O Santo Ofício ordenou sua prisão em 1789 com a alegação de que a Franco-maçonaria era uma heresia. Cagliostro passou o resto de seus dias na Fortaleza de San Leo, perto de Montefeltro. Ver também **Alquimia; Rito Maçônico Egípcio**.

Caixa Preta Ver **Radiônica**.

Caldeirão Antigo símbolo mágico de mudança e germinação. Trata-se de uma imagem que significa vida nova e que está fortemente associada, assim como a copa, ao elemento **Água**. Segundo a tradição, as bruxas medievais costumavam fazer suas poções num caldeirão, que também é usado como símbolo de uma importante carta do **tarô**, A *Temperança*, no baralho de Crowley-Harris. Nesse caso, o caldeirão representa a fusão dos opostos, a harmonia e a síntese.

Caliburnus Espada mágica do rei Artur. Ver também **Excalibur**.

Cálices Ver **Taças**.

Califa Termo árabe que significa "sucessor". Era originalmente usado para designar o primeiro dos quatro líderes espirituais que sucederam **Maomé**, embora agora seja usado com referência a qualquer líder experiente do **Islamismo**.

Caligrafia, Análise da Ver **Grafologia**.

Camelot Nome da corte lendária do rei Artur. São vários os lugares apontados como sendo Camelot, entre eles Exeter e a fortificação pré-romana conhecida como Cadbury Castle, perto de Glastonbury, na Inglaterra.

Caminho da Mão Direita No **misticismo** e no **ocultismo**, caminho esotérico associado à **iluminação** espiritual, às virtudes e às aspirações positivas. Trata-se do caminho da **Luz**, em contraposição ao chamado **caminho da mão esquerda**, ou das trevas, que vai contra a evolução espiritual e está associado ao **mal**, à bestialidade e à **magia negra**. Ver também **Magia Branca**.

Caminho da Mão Esquerda Do latim *sinister*, "esquerdo", caminho da **magia negra** e da **feitiçaria**. Os praticantes dessa tradição usam a magia com o objetivo de aumentar o poder pessoal, e não com propósitos de transcendência espiritual. Ver também **Irmãos das Sombras**.

Caminho do Meio Conhecido no **Budismo Mahayana** como Madhyamika, esse é o caminho entre a existência e a não-existência, trilhado pelo ser humano em sua busca para compreender o **Vazio** (**sunyata**). Ver também **Nagarjuna**.

Caminho, O Termo místico para a jornada rumo à iluminação e à **auto-realização**. Esse caminho também é conhecido como o Caminho da Perfeição, o Caminho da Salvação, o Caminho da Libertação ou o Caminho Espiritual. Ver também **Misticismo**.

Caminho Óctuplo, Nobre No **Budismo**, os oito atributos ou qualidades apresentadas por **Gautama Buda** como meio de atingir o **nirvana**. São eles: Compreensão Correta, Pensamento Correto, Palavra Correta, Ação Correta, Meio de Vida Correto, Esforço Correto, Plena Atenção Correta e Concentração Correta. Esse conjunto de atributos pode ser dividido da seguinte maneira: os dois primeiros representam a sabedoria; os três seguintes, a moralidade e os três últimos, a concentração.

Campbell, Joseph (1904-1987) Considerado uma das maiores autoridades mundiais em **mitologia** comparada, Campbell foi professor do Sarah Lawrence College, em Bronxville, Nova York, durante 38 anos. Profundamente influenciado pela teoria de Jung a respeito do Inconsciente Coletivo, Campbell estava convicto de que existiam paralelos universais entre os mitos, os **sonhos** e a arte. Na sua série de quatro volumes *The Masks of God*, ele apresenta seus estudos acerca das mitologias do mundo, classificando-as como primitivas, orientais, ocidentais e criativas. O interesse do público pelo trabalho de Campbell expandiu-se no mundo todo depois das entrevistas que ele deu a Bill Moyers para a minissérie de TV *The Power of Myth*, que foi ao ar entre 1985-86. Além de *Masks of God*, ele também escreveu *O Herói de Mil Faces* (publicado pela Editora Pensamento), *Para Viver os Mitos* e *As Transformações do Mito através do Tempo* (publicados pela Editora Cultrix). Foi também organizador de *A Portable Jung*. Campbell ainda exerce uma grande influência sobre o movimento de desenvolvimento pessoal, particularmente entre aqueles que exploram os aspectos míticos e arquetípicos da vida diária.

Campos das Lágrimas Na **mitologia** grega, região do **Mundo Subterrâneo** habitada pelos **espíritos** de amantes suicidas. Fedra, Dido e Laodamia, entre outras, moravam ali.

Campos Elísios Na **mitologia** grega, "a ilha dos bem-aventurados". Ver **Elísio**.

Campo Vital Na **Teosofia**, campo de energias vitais ou **pranas** que sustentam o corpo físico e o unem à fonte espiritual. O conceito de campo vital está estreitamente ligado ao de **corpo etérico**.

Canalização Prática espiritual em que a pessoa abre a percepção para receber mensagens do plano interior, transmitidas por um ser **desencarnado**, por um **espírito amparador** ou por um **guia espiritual**. A pessoa que canaliza serve de instrumento durante esse processo e fica temporariamente sob a possessão do outro ser ou entidade. As mensagens podem ser transmitidas a outras pessoas que estejam presentes, mas quem falará será a entidade, posto que o canal só toma conhecimento do que foi comunicado por meio do relato de terceiros, depois de sair do **transe** e voltar totalmente ao estado de vigília. Ver também **Oráculo**; **Médium**.

Câncer Na **astrologia**, o **signo** do **zodíaco** dos nascidos entre 22 de junho e 22 de julho. Signo da **Água**, regido pela **Lua**, Câncer é simbolizado pelo caranguejo e é o quarto signo do zodíaco. Os nativos de Câncer são supostamente pessoas sensíveis, sentimentais e impressionáveis. Assim como o caranguejo, eles "flutuam com a maré". Câncer também é considerado o mais "maternal" de todos os signos.

Candlemas Um dos principais sabás **wiccanos**, também conhecido como **Imbolc** e celebrado, no hemisfério Norte, em 2 de fevereiro. Candlemas é descrito como "o despertar do ano, os primeiros movimentos da primavera no útero da Mãe Terra". A palavra *imbolc* significa "na barriga" e esse sabá é, acima de tudo, uma celebração da fertilidade. Trata-se de uma data para reverenciar a luz e a vida nova, em oposição à escuridão do inverno que começa a se dissipar. Candlemas é às vezes conhecido como o Festival das Luzes.

Candomblé Culto afro-brasileiro associado à religião da Umbanda e originário do Estado da Bahia.

Cânhamo Também cânhamo-indiano. Nome popular da planta alucinógena *cannabis sativa*. Da resina de suas flores produz-se a maconha. O cânhamo foi associado, por algumas autoridades, ao **soma**, um sacramento indiano místico, embora o etnomicologista **R. Gordon Wasson** acredite que o soma seja, na verdade, o cogumelo *Amanita muscaria*. De acordo com a tradição budista mahayana, **Gautama Buda** comia apenas um grão de cânhamo por dia, enquanto buscava a **iluminação** espiritual. Buda é às vezes retratado com "folhas de soma" na sua vasilha de esmolas. Ver também **Alucinação; Haxixe**.

Canhotismo A diferença entre destros e canhotos tem uma conotação mágica. As pessoas canhotas em geral são consideradas "sinistras" (palavra latina para "esquerdo"); ou dotadas de características incomuns, como o poder de pôr **mau-olhado**. No ocultismo moderno, o caminho espiritual da **magia branca** é o **caminho da mão direita**, enquanto o da **magia negra** é o **caminho da mão esquerda**.

Canibalismo Ato de comer carne humana, às vezes com o propósito de incorporar qualidades e características da pessoa morta. Em algumas sociedades pré-literárias, o canibalismo era associado com a prática de "comer o deus" e fazia parte das **iniciações** mágicas. Embora esse termo aparentemente derive dos caribes, indígenas antropófagos das Índias Ocidentais, o canibalismo faz parte de culturas do mundo todo. Também conhecido como antropofagia.

Cannon, Alexander Médico e psiquiatra bem-conceituado que passou a se interessar por fenômenos **mágicos** e **psíquicos** ao viajar pela Índia e pelo Tibete. Cannon afirmava ter conhecido os "Grandes" e visto sua bagagem levitar por sobre um perigoso abismo. Essa declaração fez com que ele caísse em descrédito e quase arruinasse sua carreira como médico. Depois de se aposentar, Cannon contratou dois **médiuns** para ajudá-lo a fazer diagnósticos médicos e continuou suas pesquisas sobre **hipnose** e "doenças nervosas". Ele também inventou várias máquinas excêntricas, como o dispositivo de eletricidade estática de 400 mil volts, para "despossessão", e um equipamento que, segundo ele, podia ler pensamentos. Entre seus livros figuram *The Invisible Influence* e *Powers That Be*.

Cânone, O Título do livro místico escrito por William Stirling e publicado originalmente em Londres, no ano de 1897. O *Cânone* descreve as leis **esotéricas** que governavam as artes, as ciências, a política, a música e a astronomia nas culturas antigas. A ligação entre os **deuses** antigos, os valores numéricos e as proporções simbólicas dos tempos sagrados são também avaliados. Stirling acreditava que, nas sociedades antigas clássicas (grega, romana, egípcia), os **sacerdotes** regulavam a vida do povo por meio da interpretação de ciclos e leis cósmicas, e que essa visão metafísica da sociedade perdeu-se desde então.

Canonização Reconhecimento pela Igreja de que um homem ou uma mulher faz parte do rol dos **santos**. No catolicismo romano, o papa é o juiz supremo.

Caos Massa amorfa que existia antes da criação do universo. Como não havia luz, ele não podia ser percebido. Na **mitologia** grega, Caos era um dos **deuses** mais antigos do panteão e pai de Érebo, deus das trevas.

Capnomancia Divinação por meio de padrões interpretativos divisados na fumaça e geralmente associados a oferendas e incensos jogados sobre o carvão em brasa.

Capricórnio Na **astrologia**, **signo** do **zodíaco** dos nascidos entre 22 de dezembro e 20 de janeiro. Signo da **Terra**, regido por **Saturno**, Capricórnio é simbolizado por um animal fabuloso, metade cabra e metade delfim. A origem desse signo é o deus babilônico **Ea**, uma divindade associada aos rios e mares; mas as características que os astrólogos associam a esse signo derivam muito mais da cabra do que do peixe. O capricorniano típico olha bem onde pisa e tem a cabeça no lugar – é possível que seja sério demais –, além de estabelecer padrões pessoais elevados. Os nativos deste signo também demonstram uma economia de estilo em seus atos e realizações que às vezes os faz parecer egocêntricos.

Caranguejo Criatura que representa o quarto **signo** do **zodíaco**, **Câncer**. O caranguejo é geralmente considerado um símbolo dualista, pois vive tanto no mar quanto na terra. Ele também confere uma característica "evolucionária" à carta da *Lua* do *tarô*.

Caráter Ver **Selo**.

Carma Ver **Karma**.

Caronte Na **mitologia** grega, barqueiro encarregado de transportar as almas através dos Rios da Morte (**Aqueronte**, **Estige**). Era costume que os vivos pagassem pelos serviços de Caronte, colocando uma moeda de prata sob a língua do defunto no momento do enterro. Os gregos acreditavam que era necessário enterrar devidamente os mortos para que eles pudessem cruzar as regiões infernais no barco de Caronte. Alguns heróis gregos, no entanto, conseguiram enganar Caronte. **Orfeu**, por exemplo, encantou-o com sua lira e Enéias com seu Ramo de Ouro. **Ulisses** também passou por ele e conseguiu conversar com o **fantasma** dos heróis mortos no **Mundo Subterrâneo**.

Carpocratianos Seita **gnóstica** fundada no século II por Carpócrates. De acordo com Irineu, Carpócrates defendia a idéia de que uma pessoa só encontraria a salvação se realizasse "todos os atos considerados pecaminosos e infames" – uma filosofia libertina que, na visão de alguns estudiosos do Gnosticismo, reflete a natureza essencialmente rebelde de muitas seitas gnósticas.

Carregamento, Cultos de Crença entre ilhéus, especialmente da Melanésia, de que os navios e aviões de carga podiam ser atraídos por meio da magia, para trazer mercadorias e dinheiro. Essa prática parece se basear na crença dos nativos no poder do "homem branco" e de que os papéis deveriam ser trocados, permitindo que a riqueza e os bens materiais do Ocidente fossem redistribuídos. Por exemplo, os habitantes de uma ilha do arquipélago de Vanuatu (Novas Hébridas) acreditam que um líder "branco" chamado Jon Frum chegará, trazendo um "carregamento" num enorme avião vermelho, e levará da ilha todos os homens "brancos", ajudando assim os nativos a recuperar o comando da terra. Eles também acreditam que um exército aguarda na cratera de um vulcão, à espera do momento oportuno para ajudá-los. Nos **rituais** de magia realizados para evocar esse líder, uma imagem de Jon Frum é esculpida em madeira, ao lado de uma representação de sua aeronave.

Carrel, dr. Alexis (1873-1944) Biólogo e cirurgião francês que emigrou para os Estados Unidos e, em 1906, tornou-se membro do Rockefeller Institute for Medical Research. Ganhou o prêmio Nobel de Medicina em 1912 e publicou muitas obras científicas e médicas, embora seja mais conhecido pelo seu livro popular *Man, the Unknown* (1935). Carrel acreditava em cura espiritual e na **imposição de mãos** e fez experimentos com **hipnose** e **telepatia**.

Carrington, dr. Hereward (1880-1958) Pesquisador inglês de fenômenos psíquicos que, em 1899, mudou-se para os Estados Unidos e trabalhou com o professor **James Hyslop** na **Sociedade** Americana **para a Pesquisa Psíquica**. Ele investigou vários **médiuns**, entre eles **Eusapia Palladino** e **Eileen Garrett**, e também fez pesquisas pioneiras sobre **viagens astrais** e **experiências fora do corpo**. Carrington correspondia-se com **Sylvan Muldoon** e contribuiu com uma longa introdução para seu trabalho clássico *Projeção do Corpo Astral* (publicado pela Editora Pensamento). Carrington também é autor de vários livros sobre **pesquisas psíquicas** e desenvolvimento espiritual, incluindo *Modern Psychical Phenomena*, *Higher Psychical Development* e *Essays in the Occult*.

***Carro*, O** No **tarô**, carta dos **Arcanos Maiores** que retrata um guerreiro em sua carruagem, atravessando seu reino e inspecionando os aspectos positivos e negativos do mundo ao redor. Na visão dos ocultistas, esta carta se refere ao aspecto guerreiro do **arquétipo** masculino e à face destrutiva do Grande Pai. Ela é a antítese das qualidades pacíficas simbolizadas pela carta do *Imperador*. Na **magia** ocidental, que combina os caminhos dos Arcanos Maiores do tarô com as dez **sephiroth** da **Árvore da Vida**, o caminho do *Carro* liga **Geburah** a **Binah**.

Carruagem da Morte Superstição medieval comum em muitas partes da Inglaterra e do País de Gales, segundo a qual a morte viaja numa carruagem puxada por um cavalo, buscando a alma dos moribundos. Tanto o cavalo quanto a carruagem são pretos e às vezes o condutor é representado sem cabeça.

Cartomancia Divinação por meio de cartas, por exemplo, as cartas do **tarô** ou o baralho **Zener**, usadas pelo professor **J. B. Rhine**, para testar a precognição.

Cartopedia Técnica de **divinação**, originária da Pérsia, com a qual se descobrem características pessoais por meio do exame da sola dos pés. A cartopedia era às vezes usada para prever o futuro.

Carvalho Árvore com associações míticas e mágicas. Ela foi consagrada aos judeus porque Abraão encontrou um **anjo** de **Jeová** nos galhos dessa árvore; e os devotos do deus fenício **Baal** faziam sacrifícios "debaixo de todo carvalho frondoso" como oferenda a esse deus (Ezequiel 6:13). Havia um **oráculo** a **Zeus** num bosque de carvalhos (em Dodona, no nordeste da Grécia); e Sócrates considerava o carvalho como a "árvore oráculo". O carvalho também era consagrado ao deus romano **Júpiter**; enquanto entre os **Druidas**, nenhum rito era realizado sem que houvesse visgo e um carvalho. Entre os gaélicos, o carvalho era a árvore sagrada do **deus superior Dagda**; e na Escandinávia, onde o carvalho era considerado a "árvore do trovão", ele era dedicado a **Thor**.

Casa Na **astrologia**, uma das doze divisões do círculo que representa o céu. Essa seção – ou arco – do **mapa astrológico** abarca trinta graus e cobre um período de duas horas, à medida que a Terra gira em seu eixo. O termo "casa" é diferente de "signo", termo que se refere às doze divisões do **zodíaco**, começando com **Áries** e culminando em **Peixes**.

Casas Angulares Na **astrologia**, os **signos** cardinais – **Áries**, **Câncer**, **Libra** e **Capricórnio** – que são atribuídos à primeira, à quarta, à sétima e à décima casa, respectivamente. Ver também **Casa**.

Casas Noturnas Na **astrologia**, as primeiras seis casas, que ficam abaixo do horizonte. Ver também **Casa**.

Case, Paul Foster (1884-1954) Ocultista norte-americano que realizou um minucioso estudo sobre o **tarô** e fundou, em Los Angeles, um centro de ocultismo conhecido como Builders of the Adytum (BOTA). Case reivindicava o posto de autoridade máxima da **Ordem Hermética da Aurora Dourada** nos Estados Unidos e dizia receber ensinamentos do "plano interior", transmitidos pelos Mestres espirituais dessa ordem. Ele também acreditava na idéia fantasiosa de que o tarô originara-se por volta de 1220, quando um grupo de estudiosos do mundo todo se encontrou em Fez, no Marrocos, para sintetizar os ensinamentos universais de **mistério** numa forma pictórica de tarô. Apesar desse excêntrico ponto de vista, Case produziu um dos melhores livros sobre o simbolismo desse baralho, *The Tarot, A Key to the Wisdom of the Ages*, e também um livro de meditações com o tarô intitulado *The Book of Tokens*. Ele foi sucedido, no BOTA, pela dra. Ann Davies.

Castañeda, Carlos (1925-1998) Antropólogo e escritor peruano cujo nome verdadeiro era Carlos Araña. Castañeda estudou na University of California, em Los Angeles, e dizia ter convivido com um velho índio yaque chamado **don Juan Matus**, que o aceitou como aprendiz de **feitiçaria** e **magia**. Castañeda passou por estados alterados de consciência depois de ingerir *datura* e cogumelos alucinógenos, teve encontros visionários com o deus peiote Mescalito e passou por transformações astrais que o fizeram tomar a forma de um corvo. O primeiro livro dele, *The Teachings of don Juan*, foi publicado pela University of California Press em 1968 e tornou-se um clássico da contracultura. A este se seguiram várias obras relatando em detalhes as experiências mágicas do autor com don Juan e com outros **brujos**, como don Genero e La Catalina. O terceiro livro de Castañeda, *Journey to Ixtlan*, serviulhe como tese de doutorado.

Castañeda também recebeu muitas críticas, entre as quais as do eminente antropólogo Weston La Barre, que descreveu seus livros como "pseudoetnografia pseudoprofunda e extremamente vulgar"; e as do psicólogo Richard de Mille, segundo o qual don Juan não passava de uma personagem fictícia. Alguns críticos afirmavam que Castañeda mesclara contos de outros xamãs indígenas com seus próprios relatos. Por exemplo, existe uma grande semelhança entre os atributos mágicos imputados ao **xamã** huichol Ramon Medina Silva e os de don Genero, em *A Separate Reality*. Castañeda, no entanto, tem uma legião de admiradores; e embora ele sustente que seus livros sobre magia foram baseados em fatos reais, nunca fez questão de participar dos debates que questionavam sua autenticidade.

Castas, Sistema de Sistema hierárquico que divide a sociedade hindu em quatro classes ou varnas: os **brâmanes** (sacerdotes), os xátrias (reis, nobres e guerreiros), os vaixás (comerciantes e agricultores) e os sudras (servos e artesãos). Embora não se trate de um conceito religioso, essa divisão acha-se intimamente ligada à religião hindu, pois diferentemente dos sudras, os membros das primeiras três varnas são considerados nobres e puros, ou "duas vezes nascidos".

Castelo Interior Termo místico referente aos sete estágios de crescimento espiritual pelos quais a **alma** passa para chegar à Divindade. São eles (1) a oração e a concentração em **Deus**; (2) a oração pelo conhecimento do significado místico da realidade manifesta; (3) a renúncia de si mesmo, ou a chamada "noite escura da alma"; (4) a entrega à vontade de Deus; (5) o estado de união com a Divindade de modo que a vontade pessoal e a vontade divina passem a ser uma coisa só; (6) o estado de êxtase em que a alma fica plena de amor e alegria; e (7) o matrimônio místico com Deus, em que o ser interior entra no **céu**.

Catacumba Cemitério subterrâneo no qual os mártires eram enterrados. A maioria das catacumbas cristãs data do século III ou IV e o termo foi usado pela primeira vez para designar câmaras mortuárias localizadas sob a basílica de São Sebastião, em Roma. Os túmulos dos mártires tornaram-se locais de peregrinação e esconderijos de cristãos vítimas de perseguição. A situação melhorou com o Édito de Milão, promulgado por Constantino (313 d.C.), quando o Cristianismo passou a ser uma religião reconhecida oficialmente pelo Sacro Império Romano.

Catalepsia Na medicina, condição anormal em que a pessoa fica inconsciente e não responde a nenhum estímulo. O ritmo respiratório e o batimento cardíaco ficam lentos e os membros, rígidos. Essa condição às vezes ocorre em casos de esquizofrenia e histeria e também pode ser provocado por meio da **hipnose**. Alguns ocultistas a consideram um exemplo de **projeção astral**, em que o **corpo astral** se afasta do corpo físico.

Catarina de Siena (1347-1380) **Santa** e **mística** católica que nasceu em Siena, na Itália. Ela entrou para a Ordem Dominicana ao 16 anos e acabou se tornando uma célebre reformista da igreja, empenhada em reconciliar os florentinos e o papa e em convencer o papa Gregório XI, em 1376, a deixar Avignon e seguir para Roma. Embora fosse analfabeta, ela ditou várias cartas e produziu uma belíssima obra devocional, conhecida como *Diálogo*. Em 1375, Catarina passou pela dolorosa experiência de ter no corpo os **estigmas** de Cristo. Foi canonizada em 1461.

Cátaros Ver **Albigenses**.

Catóblepa Bizarra criatura mítica que habitava a Etiópia. De acordo com a descrição de **Plínio**, a cabeça do monstro era tão pesada que tombava para a frente. Se ele erguesse os olhos para fitar uma pessoa, esta era fulminada instantaneamente.

Catoptromancia Divinação por meio de espelhos. Os antigos gregos mergulhavam espelhos na água ou seguravam-nos dentro de uma fonte, e observavam atentamente seus reflexos, para interpretá-los.

Causa Primeira A força misteriosa – geralmente denominada **Deus** – que deu origem ao universo e sustenta todas as coisas vivas.

Cavaleiros Templários Ordem de cavaleiros medievais fundada em 1118, a princípio para proteger os peregrinos que viajavam para a Terra Santa. No início, os cavaleiros eram muito pobres, a ponto de dois homens terem de dividir a mesma montaria. No entanto, eles passaram a constituir uma ordem abastada de cavaleiros, depois que o rei Alfonso de Aragão e Navarra concedeu-lhes grandes riquezas. No final do século XII, a Ordem já amealhara trinta mil membros – a maioria franceses. Durante o reinado do papa Clemente V, a Ordem dos Templários sofreu um grande revés. Os cavaleiros foram acusados de **heresia** e, em particular, de negar Cristo, a Virgem Maria e os santos. Eles foram descritos como adoradores do **Demônio**, na figura de **Baphomet**, e acusados de assar os corpos dos templários mortos, cuspir no crucifixo e praticar atos sexuais pervertidos. Muitas confissões foram arrancadas sob tortura e vários templários foram assados em fogo brando até a morte, em execuções terríveis. Embora a verdadeira natureza dos templários talvez nunca seja esclarecida, é provável que muitos cavaleiros da Ordem tenham sido influenciados pelas tradições esotéricas do **maniqueísmo**, dos **albigenses** e dos **cátaros**. Nesse sentido, eles de fato deram continuidade à filosofia **gnóstica** mística que a Igreja ortodoxa, desde épocas mais remotas, procurou erradicar.

Cavendish, Richard (1930-) Um dos maiores expoentes contemporâneos no campo da **magia** e da **bruxaria**, Cavendish se formou na Oxford University e faz conferências pelo mundo todo. Foi organizador da enciclopédia ilustrada *Man, Myth and Magic* (1970-1971), que reuniu pela primeira vez várias autoridades internacionais em magia e **mitologia**. Entre seus livros mais conhecidos figuram *The Black Arts*, *Visions of Heaven and Hell* e *Encyclopedia of the Unexplained*.

Cayce, Edgar (1877-1945) **Médium** e agente de cura norte-americano. Embora fosse filho de um fazendeiro e tenha recebido pouca instrução, Cayce descobriu que podia entrar em **transe**, diagnosticar doenças e prescrever remédios. Ele também afirmava ser capaz de descrever encarnações passadas, o que o forçou a adotar a crença religiosa na **reencarnação**, que não fazia parte da sua educação cristã. Suas leituras, realizadas em estado de transe, foram gravadas e transcritas e, em 1931, foi fundada a Association for Research and Enlightenment para coletá-las e documentá-las. Vários livros foram escritos sobre ele, que continua sendo um dos mais famosos e populares escritores psíquicos dos Estados Unidos.

Cécrope Ser lendário da **mitologia** grega, metade homem e metade dragão. Como o mais antigo rei de Ática, Cécrope fundou Atenas e trouxe estabilidade política e práticas religiosas à Ática.

Cefalomancia Método bizarro de **divinação** entre os lombardos, no qual se despejava carvão em brasa sobre a cabeça assada de uma cabra e se falava em voz alta o nome de pessoas suspeitas de cometer um crime. Se o carvão crepitasse, supunha-se que a pessoa cujo nome havia sido pronunciado era a culpada. Essa forma de divinação também era praticada com a cabeça de um asno.

Celestial Do latim *caelum*, "céu", qualquer coisa divina, abençoada ou celeste. Esse termo é às vezes usado para descrever as "esferas superiores" da consciência e da inteligência.

Celestial, Magia Ver **Magia Celestial**.

Celtas Povo antigo que, antes do século VII a.C., espalhou-se pela Europa ocidental, estabelecendo-se na Bretanha, no sudeste da Inglaterra, em Gales, na Escócia e na Irlanda. Professavam uma religião que consistia num culto de fertilidade em que certos animais – o porco, o cavalo, o touro e o urso – e certas árvores e rios eram sagrados. O culto religioso se dava em clareiras na floresta. Os eruditos do povo celta eram os **druidas**, classe de onde provinham os líderes dos clãs, os juízes e os **magos**. Depois das conquistas romanas, as práticas religiosas celtas foram caindo no esquecimento e sendo substituídas pelo Cristianismo. As influências desse povo, no entanto, continuam presentes em certas línguas, como o gaélico, o manx e o galês, e em muitos costumes folclóricos.

Centauros Criaturas hostis, metade homem e metade cavalo, que habitavam a Tessália e adoravam **Dioniso**. O mais famoso (e pacífico) dos centauros era Quíron. Ele ensinou o povo a usar plantas e ervas medicinais, além de instruir muitos heróis gregos, incluindo Aquiles, Enéias e Jasão.

Cérbero Na **mitologia** grega, cão monstruoso de três cabeças que guardava o umbral do Hades, impedindo que ali entrasse qualquer pessoa viva. Nas lendas gregas, os heróis Enéias, **Orfeu** e **Odisseu** conseguiram passar por ele e chegar ao **Mundo Subterrâneo**. Cérbero era filho de **Tífon** e de **Equidna**.

Ceres Equivalente romano de **Deméter** e mãe de Prosérpina (**Perséfone**). Deusa da agricultura – dos grãos, da colheita e da fertilidade da terra –, Ceres/Deméter era a figura central dos ensinamentos de mistério de **Elêusis**.

Cerimonial, Magia Ver **Magia Cerimonial**.

Cernunos Nome pelo qual alguns **bruxos** modernos se referem ao **Deus Cornífero**. Cernunos era um deus celta representado com a cabeça de touro, dorso de homem, pernas de serpente e rabo de peixe. Ele é o senhor dos animais selvagens.

Ceromancia Divinação por meio do exame da cera derretida. Na Idade Média, os **magos** derretiam a cera num recipiente de bronze e depois deixavam-na pingar em outro, cheio de água fria. Os glóbulos de cera endurecida recebiam, então, uma interpretação simbólica.

Cetiya Na Índia, monte de terra venerado como sepultura de um **santo**. O cetiya acabou dando origem ao **estupa**, monumento com telhado em abóbada, característico da arquitetura budista.

Cetro Ver **Bastão**.

Céu Construção mental de imagens arquetípicas sagradas, na qual o desencarnado permanece depois da separação final do corpo físico. O céu é, portanto, uma imagem dos aspectos mais atraentes e positivos de uma cultura ou sociedade, e epitomiza as "recompensas" espirituais ganhas enquanto se está na Terra.

Chabad Sistema místico desenvolvido pelo rabino Schneur Zalman (1747-1812) e que influenciou o pensamento hassídico. O termo é um acróstico formado pelas primeiras letras das três emanações da **Árvore da Vida** cabalística; **Chokman** (sabedoria), **Binah** (entendimento) e **Daath** (conhecimento). Ver também **Hassidismo**.

Chá-chá No **vodu**, chocalho feito de cabaça e cheio de sementes, usado como instrumento de percussão durante as danças.

Chaioth Também Hayyoth. Na **Cabala**, os quatro seres angélicos da visão de Ezequiel, que carregam o Trono de Deus. Eles também são descritos como seres semelhantes a relâmpagos espirituais que partem do **Merkabah**, em quatro direções (o trono em movimento, quando ele se torna um "carro"), dando origem a redemoinhos. Os Chaioth são a fonte das **quatro direções** e dos quatro **elementos**.

Chakras Na **Kundalini Yoga**, centros nervosos espirituais dispostos ao longo da coluna vertebral, que corresponde ao nadi **sushumna**. Os **yogis** aprendem a provocar a subida da energia **kundalini** através dos chakras, desde a base da espinha até o topo da cabeça. Os chakras são: **Muladhara** (localizado perto dos genitais); **Svadhisthana** (região do sacro); **Manipura** (plexo solar); **Anahata** (peito); **Vishuddha** (pescoço); **Ajna** (entre as sobrancelhas) e **Sahasrara** (topo da cabeça). O significado da palavra hindu *chakra* é "roda", mas, em termos simbólicos, ela designa um centro espiritual do corpo humano; os chakras não correspondem literalmente a nenhum órgão, e sua natureza é antes mística que biológica. Ver também **Yoga**.

Chams Grupo indonésio da Tailândia e do Camboja, famoso por seus **feiticeiros**. Nos rituais de **iniciação** mágica, o feiticeiro corta um frango ao meio e dança com ele, enquanto lança **encantamentos** mágicos. Os *chams* acreditam que os **feitiços** podem transformar a ave morta num corvo vivo, o que confirmaria o êxito da iniciação. Os feiticeiros *chams* têm amplo conhecimento dos encantamentos ritualísticos para aplacar **espíritos** malignos. Eles também interpretam augúrios favoráveis à colheita do arroz e de outros produtos agrícolas.

Changeling No folclore britânico, criança deformada ou feia, deixada pelas **fadas** em troca de outra criança, bela e saudável. De acordo com a lenda, as bruxas só podem raptar um bebê antes que ele seja batizado. Os *changelings* são muitas vezes vistos como fadas senis disfarçadas num corpo de criança; em tempos relativamente recentes, tanto crianças quanto adultos foram assassinados sob a acusação de serem *changelings*. Em 1894, uma jovem que vivia perto de Clonmel, na Irlanda, foi queimada viva depois de ser acusada pelo marido e pela família de ser um *changeling*.

Chave No **ocultismo**, símbolo que indica o acesso a um segredo ou **mistério**: algo normalmente "oculto". O grimório medieval conhecido como a *Chave de Salomão* e *A Chave dos Grandes Mistérios* (publicado pela Editora Pensamento), de **Éliphas Lévi**, são exemplos de livros de magia que empregam esse simbolismo. Ver também **Clavícula**.

Chave de Salomão Título de um famoso **grimório** medieval publicado em dois formatos: *A Chave Maior de Salomão* e *A Chave Menor*, ou **Goetia**. *A Chave Maior* contém instruções de magia, **orações**, **conjurações** e **pentáculos** para cada um dos **planetas**. *A Chave Menor* contém comentários detalhados sobre a natureza dos **espíritos** evocados na **magia cerimonial**, incluindo aqueles usados na **bruxaria** e na **necromancia**.

Chaves do Tarô Termo usado para descrever as 22 cartas dos **Arcanos Maiores** do **tarô**, que revelam uma função iniciatória quando vistas como uma seqüência de **arquétipos** sobre os quais refletir durante a **meditação**. Ver também **Iniciação**.

Chayot Termo hebreu que designa o "relâmpago" descrito por Ezequiel. Costuma ser usado pelos místicos do Merkabah para descrever um estado de êxtase espiritual. Ver também **Chaioth**.

Chefes Interiores Na **Ordem Hermética da Aurora Dourada**, seres transcendentais dos planos interiores que supostamente proporcionam orientação espiritual. Equivalentes ocultistas dos "Mestres" teosóficos ou dos "Mahatmas", os Chefes Interiores eram considerados por **MacGregor Mathers** como a fonte de sua autoridade. O poeta **William Butler Yeats**, também um líder da Ordem, duvidava da existência desses chefes. Ver **Ataques Mágicos**; **Mestres**.

Chefes Secretos Na **magia** moderna ocidental, em especial com referência à **Ordem Hermética da Aurora Dourada**, seres espirituais superiores que, segundo se supõe, conferem orientação e inspiração aos líderes da Ordem Interior. Na Aurora Dourada, acredita-se que os Chefes Secretos habitem um plano superior ao **Abismo**, nas regiões transcendentais da **Árvore da Vida**. Eles são o equivalente mágico dos **Mestres** ou **Mahatmas** da **Teosofia**.

Cheiro Pseudônimo do conde Louis Hamon (1866-1939), famoso quiromante e ocultista. Descendente de uma família huguenote irlandesa, Hamon foi para a Índia, onde aprendeu a técnica *hastirika* de interpretação das linhas da mão; posteriormente estudou **astrologia** na biblioteca do Vaticano. Hamon ficou famoso pelas suas previsões e teve muitos clientes famosos, entre eles o rei Eduardo VII, o rei Leopoldo da Bélgica, o czar da Rússia, o papa Leão XIII, Lorde Kitchener e Mark Twain. Ele previu quando morreriam Eduardo VII e Lorde Kitchener e avisou Mark Twain, que na época da previsão estava falido, que ficaria rico novamente. Em 1931, cinco anos antes de Eduardo VIII abdicar do trono, Hamon escreveu em seu livro *Cheiro's World Predictions* que o monarca "pode ser vítima de um caso de amor devastador. Se assim for, eu predigo que o Príncipe desistirá de tudo, até mesmo da sua coroação, para não perder a mulher amada". Cheiro não chegou a presenciar a abdicação. Ele já havia se mudado para a Califórnia e morrido ali, na hora e no dia exatos que predissera. Cheiro é lembrado pelos seus numerosos livros sobre **quiromancia** e previsões, entre eles *Confessions of a Modern Seer*, *Cheiro's Guide to the Hand*, *The Language of the Hand* e *Cheiro's Book of Numbers*. Ver também **Quiromancia**.

Chela Termo hindu que designa o discípulo de um mestre espiritual ou **guru**.

Chelidônia Ver **Quelidônia**.

Chenresi Divindade nacional do Tibete, conhecida como o Senhor da Misericórdia. Chenresi costuma ser retratado como um pastor com quatro braços ou como um ser com nove cabeças, mil braços e um olho na palma da mão. De compaixão infinita, ele se apressa para ajudar os que estão em desespero. Segundo a tradição, o **dalai-lama** é uma encarnação dessa divindade.

Chesed Na **Cabala**, a quarta emanação mística da **Árvore da Vida**. Os ocultistas a identificam com o regente (mas não o criador) do universo manifesto; entre suas características estão a estabilidade, a sabedoria e a misericórdia, em contraste com seu oposto mais dinâmico e destrutivo, **Geburah**. Pelo processo de **correspondências mágicas**, Chesed é associado ao deus grego **Zeus** e ao romano **Júpiter**.

Cheval No **vodu**, o cavalo e, por extensão, a pessoa "montada" pelas divindades ou **espíritos**, durante a viagem do **transe**. O termo por isso simboliza a **possessão** vodu.

Ch'i No **misticismo** taoísta e na medicina tradicional chinesa, o fluxo de energia do corpo; também o "sopro da vida". Na visão dos praticantes de acupuntura, o ch'i flui por canais do corpo conhecidos como **meridianos** e um desequilíbrio nesse fluxo pode causar doenças. A estimulação dos pontos de acupuntura, ao longo desses meridianos, ajuda a corrigir esse desequilíbrio. No Japão, o ch'i é chamado de "ki". Ver também **Taoísmo**.

Chit Termo hindu que denota a Consciência Absoluta que transcende a mente humana e o universo manifesto. Trata-se do **Eu** Real.

Chokmah Na **Cabala**, a segunda emanação mística da **Árvore da Vida**, depois de **Kether**. Os ocultistas a identificam com o Grande Pai, o doador da centelha seminal de vida cuja potência finda ao entrar no útero da Grande Mãe, **Binah**. Da união do Grande Pai e da Grande Mãe surgem todas as imagens da criação. Pelo processo das **correspondências mágicas**, Chokmah é associado a divindades como **Crono**, **Saturno**, **Thoth**, Atum-Rá e **Ptah**, em outros panteões.

Chopra, Deepak (1947-) Nascido em Nova Délhi, filho de um cardiologista,

Chopra formou-se em medicina no All India Institute of Medical Sciences, em 1968, antes de emigrar para os Estados Unidos. Atraído pela medicina alternativa na década de 70, Chopra costumava praticar meditação transcendental para se livrar do vício de fumar e também passou a praticar a medicina ayurvédica. Desde então, ele tem combinado uma visão holística da saúde com a filosofia da **Nova Era**, a metafísica e a auto-ajuda, numa série de publicações que lhe conferiu grande popularidade. Entre os livros de Chopra, contam-se *Ageless Body, Timeless Mind; Perfect Health, How to Know God* e *The Seven Spiritual Laws of Success*.

Choronzon Na **magia** ocidental, Demônio do Caos e Guardião do Abismo. **Aleister Crowley** descreveu-o como "o primeiro e mais mortífero de todos os poderes do mal". Mesmo assim, Crowley não hesitou em evocar esse demônio quando fazia as chamadas **Trinta Aethyrs**, no ritual mágico realizado no topo de uma montanha da Argélia, em dezembro de 1909.

Christian, Paul (1811-1877) Pseudônimo de J-B Pitois, ocultista francês cujas obras combinam **astrologia**, **Cabala**, **tarô** e **espiritualismo**. Seu livro mais conhecido é *A History of Magic* (1870).

Chuang Tzu (c. 399-295 a.C) Célebre filósofo chinês considerado o principal pensador taoísta depois de **Lao-Tsé**. Chuang Tzu opunha-se radicalmente à doutrina confucionista, pois acreditava na paz e na liberdade e explorava o reino místico do "Nada Absoluto". Sua obra mais importante, *Chuang Tzu* (publicado pela Editora Cultrix), é um dos clássicos da literatura chinesa.

Churingas Entre os **aborígines australianos**, pedras ou pedaços de madeira de formato oval e com inscrições sagradas. Associados aos totens de animais, os churingas não podem ser vistos por homens não-iniciados ou por mulheres.

Cibele Deusa frígia da fertilidade, simbolicamente ligada às montanhas e aos animais selvagens; nos mitos, ela era em geral representada numa carruagem puxada por leões. Cibele foi considerada pelos gregos como uma transposição da **deusa mãe Réia**, à medida que o culto de Cibele propagava-se da Frígia e da Lídia para a Grécia. Os sacerdotes de Cibele eram conhecidos como **Coribantes**. Seus adoradores ofereciam-lhe homenagens apaixonadas e intensas, lamentando a morte do seu amante **Átis** com cerimônias, cânticos e **orações** solenes, e caindo por fim num grande frenesi, com danças e músicas que anunciavam seu **renascimento** espiritual.

Cicatrização Literalmente, produção de uma cicatriz no corpo (do latim, *cicatrix*); mas, em muitas sociedades pré-literárias, trata-se de uma forma de decoração para adornar a pele, associada a crenças mágicas e religiosas.

Ciclopes Criaturas abomináveis descritas na *Odisséia* como monstros com um único olho no meio da testa. **Odisseu** foi capturado pelo mais forte deles, Polifemo, mas escapou depois de embebedá-lo e furar-lhe o olho com uma lança de fogo.

Ciência Cristã Religião fundada por **Mary Baker Eddy**, que reinterpreta aspectos do Cristianismo ortodoxo. Os cientistas cristãos acreditam que **Deus** e o **Espírito** sejam bons, e que nem a matéria nem o mal existam de fato. A cura das doenças – que em geral são causadas pelo medo – ocorre quando a Verdade se faz presente na pessoa enferma. Aquele que vive em concordância com o Espírito Divino não deixa brechas para o mal, para o pecado e para a doença. Os membros dessa Igreja não fumam, não bebem, não usam drogas nem debatem sobre doenças, pois "pensamentos doentios deixam o corpo doente". A Igreja Matriz está sediada em Boston, mas existem ramificações praticamente no mundo todo. O texto principal da Ciência Cristã é a obra de Mary Baker Eddy *Science and Health*, publicada em 1875.

Cientologia Culto tecnológico moderno que, em alguns países, passou a ser encarado como religião. Fundada por L. Ron Hubbard, a Cientologia é uma combinação de psicologia, **ocultismo** e ficção científica. A Cientologia busca trazer à tona informações de **encarnações** passadas e usa esse conhecimento para promover a evolução espiritual. O maior objetivo da Cientologia, conhecida como "Dinâmica Divina", é "o impulso em direção à existência como Infinito".

Ciganos Grupos nômades andarilhos de origem supostamente indiana, que viajaram pelo Egito, no século XIV, entrando na Europa Ocidental pela região da Boêmia. O termo inglês para ciganos, *gypsy*, deriva da palavra "Egito", e a expressão "boêmio" (*bohemian*) tem hoje, em inglês, a conotação de indivíduo excêntrico e anticonvencional. Os ciganos se disseminaram pela península dos Bálcãs, seguindo posteriormente para a Alemanha, a França e a Itália, antes de chegar à Grã-Bretanha, em 1500. Os ciganos são tradicionalmente associados à leitura da sorte, principalmente à **quiromancia** e à **divinação** por meio das cartas do **tarô**. Alguns ciganos, especialmente os que falam romani, pretendem ser capazes de prever o tempo interpretando o vôo dos pássaros e de prever acontecimentos futuros graças aos seus poderes psíquicos.

Cinco Na **numerologia**, número associado à versatilidade, à inquietação e à aventura. As pessoas cujo nome se "reduz" a cinco (quando a cada letra é atribuído um valor numérico) são consideradas amantes da especulação, dos riscos e de um ambiente variado. Elas apreciam as viagens e evitam responsabilidades ou qualquer tipo de compromisso que lhes tire a sensação de liberdade.

Cinco Emoções Negativas, As No **Budismo**: desejo, raiva, insensatez, arrogância e dúvida.

Cinco Violações, As No **Budismo**, crimes que impedem uma pessoa de atingir a **iluminação**: parricídio, matricídio; assassínio de um **arahat** (um monge ou alguém "de valor"); tumultar uma comunidade monástica; ou golpear um Buda e feri-lo a ponto de sangrar.

Circadianos, Ritmos Funções biológicas e fisiológicas que ocorrem aproximadamente uma vez por dia (do latim, *circa diem*). Entre esses ritmos, contam-se os padrões do sono e as variações na produção de urina e na pressão sanguínea. A existência desses ritmos dá certa credibilidade à teoria do **biorritmo**.

Circe Na **mitologia** grega, **feiticeira** banida para a ilha de Eéia depois de envenenar o marido. Circe morava num palácio cercado por bosques e fazia **feitiços** para transformar homens em animais. Com suas lindas canções, ela atraía os homens para os seus domínios. Quando **Odisseu** (Ulisses) e seus homens chegaram à ilha de Circe, alguns deles, liderados por Euríloco, foram convidados para um banquete. Euríloco suspeitava de que se tratasse de uma armadilha, mas muitos dos homens aceitaram o convite e beberam vinho envenenado. Circe usou sua mágica para transformá-los em porcos e Euríloco fugiu e contou a Odisseu a aventura. **Hermes** deu a ele uma erva mágica chamada móli para contra-atacar a **magia** de Circe e Odisseu conseguiu obrigar a feiticeira a desfazer o encantamento que transformara seus homens em porcos. Circe acabou se tornando uma importante aliada de Odisseu e deu a ele sábios conselhos sobre como descer ao **Hades**, encontrar **fantasmas** e evitar o canto das **sereias**. Ver também *Odisséia*.

Círculo Na **mitologia**, símbolo da totalidade e do absoluto; e na **magia** ocidental, importante símbolo usado em trabalhos cerimoniais realizados num templo. Na **Ordem Hermética da Aurora Dourada**, o círculo é desenhado no chão do templo e representa a **Divindade** Infinita e o Autoconhecimento Divino ao qual o **mago** aspira. **Nomes de Deus** são inscritos ao redor da periferia do círculo, traçado pelo mágico com uma espada ritualística. O círculo pode ser circunscrito por uma figura geométrica com lados de igual tamanho e cujo número de lados corresponda à **sephirah** associada com o deus (por exemplo, um **hexagrama** num ritual **Tiphareth** que invoque **Osíris** – Tiphareth é a sexta sephirah da **Árvore da Vida** e está ligada aos deuses solares).

Círculo Mágico Círculo inscrito no chão de um templo com propósitos cerimoniais mágicos. Esse círculo é "ativado", ou consagrado, por meio de vários procedimentos ritualísticos.

Circum-ambulação Nas práticas de **magia** ritual, ato de andar em torno de um objeto ou pessoa por três vezes sucessivas.

Circuncisão Para o homem, retirada de todo o prepúcio ou de parte dele. Essa prática em geral faz parte dos ritos de iniciação que celebram a passagem para a vida adulta.

Cirurgia Espiritual Também Cirurgia Psíquica. Técnica de cura praticada nas Filipinas e no Brasil, em que o agente de cura faz incisões no corpo do paciente e realiza procedimentos cirúrgicos sem o uso de instrumentos ou anestesia. De acordo com os praticantes da cura espiritual, a força de **Deus** abre o corpo dos pacientes e permite que o agente de cura localize os órgãos doentes e remova tumores malignos. Existem atualmente cerca de trinta cirurgiões espirituais nas Filipinas, cujos procedimentos têm gerado controvérsias no mundo todo. Em 1974, o juiz norte-americano Daniel H. Hanscom descobriu, depois de uma profunda investigação, que alguns agentes de cura filipinos costumam usar técnicas de prestidigitação, saquinhos de sangue escondidos e matéria orgânica de animais e vegetais para simular cirurgias. A despeito do feroz criticismo da imprensa e da hostilidade das autoridades médicas ortodoxas, os cirurgiões espirituais continuam a clinicar em várias cidades das Filipinas, sendo que a maioria dos praticantes opera no vestíbulo de hotéis, em conjunto com agências de viagens internacionais. Não há dúvida de que curas extraordinárias e às vezes "milagrosas" ocorrem de tempos em tempos, mas ainda não se sabe ao certo se elas não se devam apenas a um efeito placebo.

Clariaudiência No **espiritualismo**, capacidade psíquica para ouvir vozes e sons atribuídos aos mortos. O exemplo mais famoso de clariaudiência é talvez o de Joana D'Arc (c. 1412-1431), a heroína francesa que afirmava ouvir vozes sobrenaturais instando-a a ajudar o delfim na luta contra o exército inglês. Em geral, presume-se que somente **médiuns psíquicos** e **sensitivos** tenham percepção clariaudiente.

Clarissenciência No **espiritualismo**, impressão psíquica de que algo importante está prestes a acontecer. Popularmente conhecido como "palpite" ou **pressentimento**.

Clarividência No **espiritualismo**, capacidade psíquica para ver **espíritos** e seres **desencarnados**. Às vezes, o termo é usado para descrever a visão de acontecimentos futuros. A clarividência pode estar relacionada à **viagem astral** e também se assemelha a alguns tipos de estado onírico. Alguns clarividentes acreditam que seja necessário um ambiente positivo e acolhedor para que se possa ter percepções acuradas do mundo espiritual. Luzes muito fortes e influências hostis podem interferir negativamente na comunicação clarividente.

Clavícula Do latim *clavis*, "chave", chave mística que revela um segredo oculto. Entre os exemplos de literatura ocultista está o **grimório** medieval conhecido como *As Chaves de Salomão* (*Clavicula Solomonis*) e *A Chave dos Grandes Mistérios* (publicado pela Editora Pensamento), da autoria de **Éliphas Lévi**.

Clear Na **Cientologia**, aquele que atingiu o estado de iluminação e tem total controle sobre a própria mente. A primeira pessoa a chegar a esse estado, além do próprio fundador da Cientologia – **L. Ron Hubbard** – foi John McMaster, que deixou o movimento Cientológico em novembro de 1969, depois de um desentendimento por princípios éticos.

Cledonomancia Divinação por meio da observação de comentários ou acontecimentos casuais.

Cleromancia Divinação por meio de objetos com marcas pelas quais podem ser identificados. Em Roma, esses objetos, que consistiam em feijões ou dados branco-e-pretos, eram consagrados a **Mercúrio**.

Clymer, Reuben Swinburne Ocultista norte-americano que se proclamava sucessor de **Pascal B. Randolph** como **adepto** mágico, e que liderava, nos Estados Unidos, várias organizações que se diziam **rosa-cruzes**. Entre elas, contavam-se os Sons of Isis and Osiris, o College of the Holy Grail, a Church of the Illumination e a Rosicrucian Fraternity. Entre os principais livros de Clymer estão *A Compendium of Occult Laws*, *The Rosicrucian Fraternity in América* e *Mysteries of Osiris*.

Coagulação Na **alquimia**, ato de converter ou de "cristalizar" um líqüido numa forma sólida.

Cochinada Na **bruxaria** peruana, poções feitas com vísceras de abutres ou de cobras d'água. Elas são usadas para causar má sorte ou doenças naqueles considerados inimigos.

Coelo Também Céu. Na **mitologia** romana, personificação do céu e equivalente ao **Urano** grego.

Cogumelo Sagrado Ver *Amanita muscaria*; Psilocibina; Soma.

Coincidência Dois ou mais acontecimentos ocorridos ao mesmo tempo, sem que aparentemente tenham nenhuma causa em comum. Os ocultistas tendem a afirmar que não existem coincidências, pois tudo faz parte de um plano ou "ciclo" universal. Todas as ciências ocultas de previsão (a **astrologia**, por exemplo, e muitas outras formas de **divinação**) partem dessa pressuposição. No Oriente, segundo a lei do **karma**, toda ação traz uma conseqüência – para esta vida ou para as futuras.

Coletivo, Inconsciente Ver **Inconsciente Coletivo**.

College of Psychic Studies Organização fundada em 1884 pelo reverendo

Stainton Moses e por **Alfred Russel Wallace**. Conhecido originalmente como **London Spiritualist Alliance**, ela incentiva a livre investigação no campo da **pesquisa psíquica**, sem prender seus membros a nenhum tipo de juízo ou dogma. Com seguidores em todo o mundo, essa organização atraiu muitos simpatizantes famosos como *sir* **Oliver Lodge**, o escritor de romances ocultistas **Algernon Blackwood** e *sir* George Trevelyan. A College tem uma biblioteca com um acervo de onze mil livros sobre todos os assuntos relativos à **percepção extra-sensorial**, e publica a revista trimestral *Light*.

Co-Maçonaria Também Maçonaria de Adoção. Termo usado na **Franco-Maçonaria** para designar a admissão e iniciação de mulheres. Por tradição, as mulheres não têm permissão de entrar para a Ordem dos Franco-Maçons, mas, do ponto de vista histórico, existiram algumas exceções. O **Conde de Cagliostro** admitia mulheres em seu chamado rito egípcio e a Duquesa de Bourbon presidiu o Grande Oriente da França (1775) sob o título de Grande Mestra; o Rito de Misraim estabeleceu lojas maçônicas tanto para homens quanto para mulheres já no ano de 1819. Nas ordens co-maçônicas autênticas, os ritos têm a mesma estrutura que na Franco-Maçonaria ortodoxa, e homens e mulheres são considerados em pé de igualdade.

Compactuar No **satanismo**, fazer um **pacto** em que a pessoa renuncia a Cristo, aos apóstolos, aos **santos** e a todos os valores cristãos, para seguir Lúcifer. Em contrapartida, **Lúcifer** concede aos seus seguidores bens terrenos ou poderes especiais. Num exemplo que se destaca entre todos os episódios que cercaram o caso das **freiras de Aix-en-Provence**, o padre Louis Gaufridi ofereceu sua alma ao **Demônio** e recebeu em troca a seguinte recompensa: "Eu, Lúcifer, comprometo-me a dar a você, Louis Gaufridi, sacerdote, a faculdade e o poder de enfeitiçar, com o hálito de sua boca, toda e qualquer mulher ou menina que possa desejar..." O pacto não durou muito. Gaufridi logo foi acusado de **feitiçaria** e queimado em praça pública, em Aix, no ano de 1611.

Companheiro Na **Franco-maçonaria**, aquele que atinge o segundo grau de **iniciação**.

Comunicação por Voz Independente No **espiritualismo**, fenômeno em que a voz de um **espírito** ou entidade **desencarnada** não se manifesta por meio de um **médium**, mas é ouvida a partir de um outro local. Os céticos interpretam esse fenômeno como um ato de ventriloquismo por parte do médium, mas os espiritualistas o consideram um tipo de comunicação por **voz direta**.

Comunicante No **espiritualismo**, termo usado para descrever a "personalidade" que se apresenta por meio de um **médium** numa **sessão**. Às vezes o comunicante também é chamado de **guia**.

Comunicógrafo No **espiritualismo**, aparelho usado na comunicação com os **espíritos**. Consiste numa mesinha em cuja superfície são estampadas letras do alfabeto que podem ser iluminadas com lâmpadas elétricas. Sobre a mesa fica um pequeno pêndulo que balança livremente. Quando os espíritos são invocados e o pêndulo começa a girar, o circuito elétrico é fechado e as letras se acendem sobre a mesa – formando as palavras que compõem a mensagem espiritual.

Concentração Ato de focar a atenção num ponto, imagem ou pensamento em particular. O domínio sobre a mente costuma ser um dos requisitos das disciplinas de meditação (a visualização mágica e a **yoga**, por exemplo).

Concha Astral Personalidade em fase de desintegração, depois da **morte** do corpo físico.

Cone de Poder Na **bruxaria**, ato ritualístico em que se visualiza um "cone de energia" direcionado para um determinado objetivo ou tarefa. Esse cone é visto pelos bruxos com visão psíquica como uma luz azul-prateada que se eleva do **círculo** mágico numa espiral.

Conjunção[1] Na **astrologia**, situação em que dois planetas ocupam o mesmo grau num **mapa astrológico**.

Conjunção[2] Na **magia** neoplatônica, ato de invocar vários deuses ao mesmo tempo ou "em conjunção". De acordo com o historiador Psellus, Juliano o Caldeu, invocava Aion, **Apolo** e **Hécate** simultaneamente em certos rituais mágicos. Ver também **Neoplatonismo**.

Conjuração Ato de evocar **espíritos** por meio de fórmulas ritualísticas ou **palavras de poder**. Na **magia cerimonial**, esses espíritos são incitados a se manifestar dentro de um **triângulo** traçado no chão do Templo (o triângulo é um símbolo da manifestação). Em geral, usa-se incenso, fumaça ou outro "meio de manifestação" para que os espíritos conjurados possam assumir uma aparência visível em vez de permanecer imanifestos no **plano astral**.

Conjuração, Tenda de Tenda ou cabana usada pelos índios norte-americanos para a prática de atividades mediúnicas. Equivale ao **gabinete** usado pelos espiritualistas.

Consciência Do latim *conscire*, "conhecer", faculdade que o ser humano tem de sentir, perceber e ter noção de si mesmo e do mundo exterior. Costuma ser relacionada à **Mente**. A mente consciente, que opera no mundo diário e determina, para cada um de nós, que realidade está em vigor no momento, em geral difere da mente inconsciente dos sonhos, das lembranças reprimidas, das fantasias insatisfeitas, das ilusões e das **alucinações**, que só ocorrem nos **estados alterados da consciência**. Segundo muitas tradições místicas, a verdadeira **iluminação** só é atingida quando se transcende a mente.

Consciência Cósmica Expressão usada por Richard Bucke (1837-1902) em seu livro homônimo (1901). Bucke descreve nessa obra como, em certa ocasião, um lampejo momentâneo do Esplendor brâmico proporcionou-lhe a experiência da "consciência cósmica". Afirma ele que podemos evoluir da "simples consciência" para a "autoconsciência" e finalmente chegar ao estado de "consciência cósmica", já atingido por líderes espirituais como **Gautama Buda**, Jesus Cristo e **Maomé**.

Consciência da Unidade Experiência da Unicidade com **Deus**. De acordo com as tradições místicas, isso é tudo o que de fato existe.

Constant, Alphonse Louis Ver **Lévi, Éliphas**.

Consulente Na **astrologia** ou na **divinação**, aquele que faz perguntas ao **vidente** ou cartomante.

Contagiosa, Magia Ver **Magia Contagiosa**.

Contemplação Capacidade de concentrar a mente numa idéia ou imagem, sem se deixar distrair por influências externas. Característica comum do **misticismo**. A "vida contemplativa", associada a ascetas e místicos, caracteriza-se pela **oração** e pela **meditação**.

Contrafeitiço Feitiço usado para neutralizar os efeitos de outro.

Conversão Adoção de uma nova crença religiosa que altera profundamente a visão de mundo da pessoa e traz novos valores, provocando às vezes uma mudança na personalidade.

Cook, Florence (1856-1904) **Médium** inglesa que, valendo-se do apoio financeiro de um espiritualista abastado, realizou várias **sessões** em sua própria casa. Cook dizia ouvir vozes de **espíritos** desde a infância e, na adolescência, fez demonstrações psíquicas em reuniões sociais. Durante as sessões, ela era possuída por um espírito chamado Katie King, filha de um bucaneiro. Numa ocasião, Katie "materializou-se", chegando a ser até fotografada. Cook foi alvo de numerosas investigações realizadas por *sir* **William Crookes**, que confirmou sua autenticidade; no entanto, a afeição que ele dedicava a Florence comprometeu sua imparcialidade com relação às investigações. Outros investigadores acabaram considerando-a uma ardilosa farsante que se disfarçava de espírito, mudando de aparência sob a luz difusa das sessões.

Cooper, David A. Renomado professor de meditação judaica, o rabino Cooper estudou Judaísmo místico, em Jerusalém, e as tradições místicas, por mais de trinta anos. Embora suas obras também tratem de assuntos como **Sufismo**, meditação vipassana e **Zen-budismo**, ele é mais conhecido pelo seu estudo da **Cabala**, *God is a Verb*, publicado em 1997. Ao lado de sua mulher Shoshana, ele agora dirige o Heart of Stillness Hermitage, no Colorado, Estados Unidos.

Copas Ver **Taças**.

Copela Na **alquimia**, crisol feito de barro ou cinzas lavadas e ossos calcinados; usado para testar e refinar o **ouro** e a **prata**.

Corão Também Alcorão e Qur'an. Escritura sagrada dos **muçulmanos**. O texto do Corão foi revelado pela primeira vez a Maomé numa caverna perto de **Meca** pelo arcanjo **Jibril (Gabriel)**, que trouxe os textos do Paraíso numa seda bordada com pedras preciosas. Ocorreram outras revelações ao longo de um período de 23 anos. Maomé memorizava os 114 suras, ou capítulos, à medida que lhe eram transmitidos e anotava-os em seguida. Depois da morte dele, um grupo de seguidores se reuniu e organizou esses textos da forma como se apresentam hoje. Os muçulmanos interpretam o Corão como a Palavra de Deus; e alguns sustentam que, embora Maomé tenha servido de canal para essas revelações divinas, o Corão original ainda está no **Céu**.

Cordão Usado pelos **bruxos** em torno da cintura para prender as vestes e também para medir o raio do **círculo mágico** dentro do qual as **invocações** e outros atos mágicos são realizados. O cordão é amarrado a intervalos diferentes para indicar as distâncias necessárias.

Cordão de Prata Impressão de um cordão umbilical ligando o corpo físico aos corpos astrais, vista durante **experiências fora do corpo**. Embora pesquisas pioneiras sobre a **projeção astral** indiquem que esse é um efeito comum, ele parece ser bastante raro. De acordo com a parapsicóloga britânica **Celia Green**, só 3,5% dos sujeitos dos experimentos relatam a visão do cordão de prata, enquanto o australiano Peter Bicknell, pesquisador de fenômenos psíquicos, afirma que só 2% dos sujeitos chegam a ver esse cordão.

Cordão Psíquico Termo às vezes usado pelos pesquisadores psíquicos e parapsicólogos para descrever o **cordão de prata**, que supostamente liga o corpo físico ao corpo astral. Ele às vezes consta nos relatos relacionados às **experiências fora do corpo**. Ver **Projeção Astral**; **Green, Celia**.

Cordovero, Moshe (1522-1570) Rabino cabalista espanhol que viveu em Safed e foi professor de **Isaac Luria**. Influenciado pelo **Zohar**, Cordovero afirmava que **Deus** era a Primeira Causa Transcendente e que as **sephiroth** da **Árvore da Vida** eram o instrumento pelo qual Ele deu vida ao mundo. A interpretação que Cordovero fez da **Cabala** tende para o panteísmo. Suas duas obras principais são *Pardes Rimmonium* (Cracóvia, 1592) e *Elimah Rabbati* (Lvov, 1881).

Coribantes Sacerdotes da deusa **Cibele** que celebravam os Mistérios Frígios. Os rituais eram caracterizados por orgias e pela automutilação. O culto espalhou-se pela Grécia, por Roma e por Creta.

Cornucópia Vaso em forma de corno, cheio de flores e frutas, simbolizando a prosperidade e a abundância. Seu nome se deve aos cornos da cabra Amaltéia, que cuidou de **Zeus** quando criança.

Corona, Efeito Termo usado pelos pesquisadores da **fotografia Kirlian** para descrever o campo de energia vibratória que cerca todos os seres vivos.

Corpo Anímico Ver **Corpo Astral**.

Corpo Astral "Duplo" etérico do corpo humano, geralmente considerado pelos ocultistas como a força que lhe insufla vida e lhe dá "consciência". O corpo astral tem uma aparência luminosa e radiante e é capaz de passar através da matéria física.

O ato de separar por meio da vontade o corpo astral do corpo físico é conhecido como **viagem astral**. Segundo a crença ocultista, o corpo astral deixa sua contraparte física na hora da morte e passa a viver no **plano astral**. Alguns parapsicólogos crêem que as **aparições** de fantasmas sejam comunicações astrais entre pessoas que já morreram e aqueles que lhes são caros. Na maioria das representações do corpo astral, ele aparece ligado ao corpo físico por um **cordão de prata** – um cordão umbilical etérico – e algumas pessoas que passam por **experiências fora do corpo** relatam a visão desse cordão.

Corpo Causal Na linguagem teosófica, o "deus pessoal" de um indivíduo; a força principal do seu ser interior. Também conhecido pelo termo sânscrito *Karana-sarira*. Às vezes associado à alma imortal.

Corpo de Luz Termo ocultista que designa o **corpo astral**. Os praticantes de magia acreditam que o corpo de luz tome a forma conjurada na **imaginação** e que é possível transferir a consciência para essa forma, dando-lhe vida no **plano astral**.

Corpo Denso Conceito teosófico, também presente em algumas formas de **Gnosticismo**, que considera a matéria como a mais densa das emanações do **Espírito**. De acordo com a visão mística e ocultista, o ser humano tem vários corpos – o espiritual, o etérico, o mental ou **corpo astral**, por exemplo – além do corpo físico. Esse último é visto como o mais "denso" de todos e o mais distante de **Deus** e do **Espírito**. Ver também **Corpo Etérico**; **Corpo Mental** e **Teosofia**.

Corpo de Sensações Termo usado pelos **ocultistas** para descrever o **corpo etérico**, que confere consciência por meio dos sentidos, quando ligado ao corpo físico.

Corpo do Desejo Outro termo para o corpo "astral" ou "anímico" do homem. Ver **Corpo Astral**.

Corpo do Sonho Termo teosófico e místico para **corpo astral**, assim denominado porque, na visão de muitos ocultistas, os **sonhos** são imagens que têm uma realidade independente no **plano astral**. Ver também **Teosofia**.

Corpo Emocional Termo alternativo para **corpo astral** ou **corpo do desejo**.

Corpo Etérico No **ocultismo**, a matriz que assegura a coesão do corpo físico e que, na ocasião da **morte**, separa-se completamente dele. O corpo etérico é influenciado pela natureza do **corpo astral** e do **corpo mental** e garante que o corpo físico seja um reflexo do tipo de ser que habita essa forma. Nas tradições ocultas, portanto, a forma física é um reflexo dos corpos internos mais "sutis" e o corpo etérico fica a meio caminho entre as formas físicas e astrais.

Corpo Fluido No **ocultismo** e na **Teosofia**, sinônimo de **corpo astral**.

Corpo Luminoso Termos às vezes usado pelos **ocultistas** como sinônimo de **corpo astral**.

Corpo Mental Conceito teosófico referente a um corpo interior, ou aspecto da personalidade, que consiste em pensamentos e impressões mentais. Esse corpo, que teria seu próprio grau de consciência, pode ser projetado no **plano astral**, onde ele traz consciência para o mundo imaginário da mente "subconsciente". O corpo mental é capaz tanto da conceitualização abstrata quanto da concreta. Ver também **Teosofia**.

Corpora Supercoelestia No **espiritualismo**, corpos supracelestes que só podem ser vistos, no **plano astral**, por meio da percepção psíquica.

Corpo Sutil No **ocultismo**, o corpo etérico ou a contraparte "sutil" do corpo físico.

Corrente 93 Termo usado pelos seguidores de **Aleister Crowley** para descrever as energias mágicas associadas ao Éon de Hórus, que, de acordo com Aleister, iniciou-se em 1904, quando *The Book of the Law* lhe foi revelado. Um dos principais preceitos mágicos de Crowley é "o amor é a lei, amor submetido à vontade", e as palavras gregas **ágape** (amor) e **thelema** (vontade) tinham ambas o valor numérico: 93. O mesmo acontecia com a entidade egípcia **Aiwaz**, que, segundo Crowley, foi quem inspirou *The Book of the Law*.

Correspondências Cruzadas Termo cunhado por uma praticante de **escrita automática**, a sra. Verrall, para descrever paralelos entre os textos psicografados ou as declarações feitas durante o **transe** de dois **médiuns** atuando separada e independentemente. Exemplos de textos mediúnicos desse tipo foram compilados por membros da **Sociedade para a Pesquisa Psíquica** e publicados em seus *Proceedings*.

Correspondências Mágicas Ver **Mágicas, Correspondências**.

Correspondências Mitológicas Ver **Mágicas, Correspondências.**

Corte Infernal Dignatários e oficiais que compõem uma hierarquia no reino de **Satã**, ou do **Demônio**. Nas **regiões infernais**, acredita-se que existam duques, embaixadores, ministros e outros que promulgam o **mal** na Terra.

Coruja Pássaro que, em muitas culturas, é associado aos poderes malignos, à **morte** e ao azar. Os romanos consideravam a coruja como um pássaro sinistro associado a **presságios** ruins, mas também costumavam usar sua imagem para combater os efeitos do **mau-olhado**. Na crença popular, a coruja é também considerada o pássaro da sabedoria, possivelmente por causa da sua ligação com a **deusa** da antiga Grécia, **Atena**.

Cósmico Do grego *kosmos*, diz-se do que tem as qualidades ou características do universo. Os rosa-cruzes definem o **cosmos** como a "Inteligência Divina e Infinita do Ser Supremo, que a tudo permeia – a força criativa de Deus".

Cosmogonia Do grego "*kosmos*", "o universo", teoria que descreve as origens e a criação do universo e de seus habitantes.

Cosmologia Do grego "*kosmos*", "o universo", o estudo do universo e de seus atributos, conforme são percebidos, incluindo o espaço, o tempo, a mudança e a eternidade. Na literatura mística e esotérica, esse termo é geralmente usado para designar o estudo dos **deuses** e das deusas, do processo da Criação e da natureza da Realidade. Ver também **Cosmogonia; Correspondências Mágicas; Mito**.

Cosmos O universo como um todo organizado e harmônico. Ver também **Kosmos**.

Coué, Émile (1857-1926) Psicoterapeuta e hipnotizador francês que estudou com H. Bernheim e A. A. Leibault. Ele tinha a firme convicção de que era possível eliminar doenças e desequilíbrios por meio de sugestões hipnóticas feitas à mente subconsciente. Defensor da autocura, Coué ficou famoso graças à frase, "Todos os dias, em todos os aspectos, estou cada vez melhor". Essa afirmação, e outras sentenças curtas repetidas freqüentemente de forma a deixar uma impressão mental, resume a prática desse psicoterapeuta, aclamado como o "pai da auto-hipnose". Ver também **Hipnose; Mantra**.

Council of American Witches Grupo de **bruxos** sediado em St. Paul, Minnesota, nos Estados Unidos. Seus membros praticam rituais que celebram os ritmos da vida e da Natureza e são marcados pelas fases da **Lua** e pelas quatro estações. O grupo valoriza o poder simbólico da sexualidade e o papel especial da **bruxaria** na interpretação das leis da Natureza. O presidente do conselho é Carl Weschke, editor e praticante de ocultismo que foi iniciado por Madame Sheba.

Court de Gébelin, Antoine (1725-1784) Teólogo e lingüista francês que defendia a teoria de que o **tarô** teria se originado no antigo Egito e fazia parte de um ritual de iniciação associado ao culto de **Thoth**. O conhecimento desses símbolos esotéricos fora supostamente adquirido pelos **ciganos** e disseminado por toda a Europa. A visão de Court de Gébelin, expressa em sua obra colossal em nove volumes *Le Monde Primitif* (1775-1784), é típica da obsessão romântica, corrente no século XVIII, com relação às culturas perdidas.

Coven Grupo de **bruxos** que se reúne para realizar cerimônias nos **esbás** e sabás. Por tradição, o coven é constituído no máximo por treze bruxos. A referência mais antiga ao coven é a afirmação de **Isobel Gowdie**, feita em 1662, de que as bruxas de Auldearne tinham "treze membros em cada coven". A célebre estudiosa de bruxaria **Margaret Murray** reforçou a idéia de que o coven é constituído de doze membros mais um líder, que representa o papel de **Deus Cornífero**; mas agora parece que os covens não têm mais um número específico de bruxos, pois isso varia de acordo com o ritual realizado. Ver também **Bruxas, Sabá das**.

Credo Fórmula doutrinária, especialmente no Cristianismo, em que o Credo dos Apóstolos representa um dos artigos principais da crença cristã.

Cremação Ato de destruir o cadáver pelo fogo, em vez de enterrá-lo. A cremação era praticada desde épocas remotas pelos hindus, na Índia, e também era costume em Roma, no século I d.C. Por muitos anos, essa prática foi malvista pela Igreja Católica, pois parecia contradizer a crença na ressurreição. Desde o século XIX, no entanto, ela passou a ser comum.

Crescente Fase em que a **Lua** está ficando cheia. Ligada ao simbolismo da fertilidade e do crescimento abundante, essa fase é geralmente representada como um emblema na cabeça das divindades lunares. Ver também **Deusas Lunares**.

Criptestesia Termo genérico para percepção psíquica, incluindo a **clarividência**, a premonição e a **telepatia**. Cunhado pelo **dr. Charles Richet**.

Criptomnésia Capacidade de ativar a memória durante o estado de **transe** e captar informações antes inconscientes.

Cristal Símbolo místico do **Espírito**. Suas associações decorrem do fato de que o cristal, embora sólido e palpável, também é transparente. Entre muitos grupos xamânicos, os cristais naturais são considerados objetos de poder.

Cristalomancia Divinação por meio de uma bola de cristal ou de uma superfície espelhada. Ver **Bola de Cristal**.

Croiset, Gerard (1909-1980) **Clarividente** holandês – mais conhecido como "o homem de mente de raio X" – que colaborou com a polícia na Grã-Bretanha, na Holanda e nos Estados Unidos, localizando pessoas desaparecidas e solucionando casos de homicídio. Croiset era dotado de uma faculdade oculta que lhe possibilitava ligar objetos a pessoas, embora não entrasse em estado de **transe** nem lançasse mão de nenhum artifício ocultista. Ele trabalhou por mais de vinte anos com o professor W. H. C. Tenhaeff, na Universidade de Utrecht, investigando fenômenos paranormais.

Cromaat Saudação **rosa-cruz** usada em rituais e que deriva da palavra egípcia *maat*, "verdade". No Salão de Maati, no **Mundo Subterrâneo** egípcio, a alma dos mortos passava por um julgamento presidido pela deusa **Maat**, que colocava num dos pratos de uma balança o coração do morto e no outro, "a **pena** da verdade". Se o coração fosse mais pesado que a pena, ele era condenado.

Cromlech Círculo de grandes pedras cravadas verticalmente no solo, associado com o culto solar celta. Esse círculo às vezes circunda um ou mais **dólmens**.

Cromlech Temple Grupo ocultista fundado na Grã-Bretanha em torno de 1900, cujos membros interessavam-se pelas interpretações **esotéricas** do Cristianismo. O grupo não praticava magia cerimonial e exigia que todos os membros que passassem pelo primeiro grau de **iniciação** professassem a fé cristã. Embora aqueles que buscassem técnicas de **magia** prática fossem aconselhados a se filiar à **Ordem Hermética da Aurora Dourada**, restaram no grupo cristãos em número suficiente para atrair vários padres da igreja anglo-católica.

Cromoterapia Também conhecida como Terapia das Cores, análise e uso das cores na cura espiritual. Uma das aplicações mais comuns da cromoterapia é o uso de lâmpadas coloridas para corrigir desequilíbrios no corpo. Havia muitos templos de cura pela luz e pela cor em Heliópolis, o centro egípcio para o culto de Atum-Rá; em tempos mais recentes, personalidades do ocultismo como **Rudolph Steiner** e **C. W. Leadbeater** mostraram grande interesse pela análise simbólica da cor, como aspecto da **aura** humana. O agente de cura Dinshah Ghadiali, que organizou uma obra sobre as vibrações das cores intitulada *The Spectro-Chromometry Encyclopedia*, costumava tratar seus pacientes por meio de banhos de luz, feitos através de vidros coloridos, ou pedindo que ingerissem fluidos pigmentados.

Crono Ver **Cronos**.

Cronos Também Kronos. Na antiga **mitologia** grega, deus do tempo que existiu antes da criação do mundo. Em outras versões, ele era um dos **Titãs** – o filho mais novo de **Urano** e de **Géia** e marido de **Réia**. Cronos devorou os próprios filhos, mas **Zeus** foi salvo e mais tarde resgatou os irmãos. Depois de uma guerra com os Titãs, Zeus venceu Cronos e ganhou supremacia sobre o mundo. Na mitologia romana, Cronos é identificado com **Saturno**.

Crookall, Robert (1890-1981) Geólogo britânico que, nos últimos anos de vida, devotou grande parte do seu tempo reunindo casos de **projeção astral** e de **experiências fora do corpo**. Crookall comparou casos de sujeitos saudáveis com os daqueles que estavam à beira da morte na ocasião da experiência; chegou à conclusão de que experiências fora do corpo guardavam semelhança com as informações obtidas por meio de **médiuns psíquicos**. Na visão de Crookall, o **corpo astral** se separa da sua contraparte física depois da **morte** e continua existindo em outro plano. Crookall era membro da **Sociedade para a Pesquisa Psíquica** em Londres e nos Estados Unidos, além de ser um escritor prolífero. Entre seus livros contam-se *The Study and Practice of Astral Projection* (1961), *More Astral Projections* (1964), *The Techniques of Astral Projection* (1964), *The Interpretation of Cosmic and Mystical Experiences* (1969), *Out-of-the-Body Experiences* (1970) e *What Happens When You Die?* (1978).

Crookes, *sir* William (1832-1919) Físico proeminente que descobriu o elemento tálio e inventou o radiômetro, além de se dedicar ao estudo dos fenômenos paranormais. Foi membro-fundador da **Sociedade para a Pesquisa Psíquica** e investigou **Daniel Dunglas Home**, Kate Fox e **Florence Cook**, tendo freqüentado mais **sessões** que qualquer outro pesquisador. Crookes estava convencido da realidade das "materializações" mediúnicas e também acreditava que fora testemunha da **levitação** tanto de objetos quanto de seres humanos. Seu livro mais conhecido é *Researches in the Phenomena of Spiritualism* (1874).

Croslet Termo alquímico que designa o crisol. Ver também **Alquimia**.

Crowley, Aleister (1875-1947) Provavelmente o mais famoso – e mal-afamado – ocultista do século XX, Aleister Crowley nasceu numa família rígida de membros da Plymouth Brethren, uma seita protestante fundamentalista, e de início interessou-se por atividades próprias de um jovem empreendedor: estudou em Cambridge, praticou remo e alpinismo e tornou-se um exímio jogador de xadrês. Somente depois de conhecer **Allan Bennett,** Crowley enveredou pelos caminhos da **magia** ritual e iniciou sua busca pelo poder pessoal.

Crowley foi iniciado como **Neophyte** na **Ordem Hermética da Aurora Dourada** em novembro de 1898 e, em dois meses, atingiu o grau de Practicus. Sua intenção era assumir o controle da Ordem, mas não conseguiu tomar a liderança do poeta **W. B. Yeats**. Depois de se desentender com **MacGregor Mathers**, Crowley decidiu tentar a sorte em outro lugar. Ele e a mulher Rose viajaram pelo Ceilão e pela Índia, chegaram no Cairo em março de 1904 e se instalaram perto do Museu Boulak. Foi ali que Crowley cruzou todas as fronteiras do seu conhecimento de magia.

Realizou uma cerimônia mágica invocando **Thoth**, o deus egípcio da Sabedoria, enquanto Rose parecia entrar num estado de delírio. Depois de anunciar que "**Hórus** os aguardava", ela levou o marido para o interior do Museu Boulak e mostrou-lhe uma imagem de Hórus na forma de **Ra-Hoor-Khuit**. Por acaso o número conferido pelo museu à imagem era 666 – o mesmo que, no Apocalipse, é atribuído à **Grande Besta**. Crowley ficou impressionado com a coincidência e passou a acreditar que ele próprio era o **Anticristo**. Ao voltarem para o hotel, Rose caiu em transe e começou a ditar uma obra blasfema intitulada *The Book of the Law*, segundo o qual Crowley era o Senhor do **Novo Éon**. Essa obra, que demonstrava profundo desrespeito com relação a outros líderes espirituais, continha afirmações do tipo: "Com minha cabeça de Falcão [isto é, Hórus] eu furo os olhos de Jesus... Agito minhas asas no rosto de Maomé." Mesmo assim, Crowley convenceu-se de que recebera uma grande iniciação, de uma magnitude talvez ocorrida só a cada dois mil anos.

Crowley fundou uma nova ordem, a **Argenteum Astrum**, e pretendeu ter contato exclusivo com as forças mágicas do Egito, por intermédio especialmente de uma entidade chamada **Aiwaz**. Essa ordem acabou iniciando perto de uma centena de pessoas, incluindo **Austin Spare**, Pamela Hansford-Johnson e **Victor Neuberg**. A nova Ordem de Crowley também estimulou o surgimento de outras, entre elas a Great Brotherhood of God, o ramo californiano da **Ordo Templi Orientis**, fundado por **Louis T. Culling**, e um grupo que se intitulava Fellowship of Ma Ion.

Aleister Crowley morreu em 1947 em condições lamentáveis, mas deixou atrás de si um volume considerável de trabalhos mágicos. Entre seus livros ocultistas mais importantes figuram *Magick in Theory and Practice, The Book of Thoth, Book Four, The Vision and the Voice, The Confessions* e *Qabalah of Aleister Crowley*.

Crowley, Vivianne Experiente acadêmica do departamento de Psicologia da Religião do Kings College, na University of London, a dra. Crowley é também uma sacerdotisa **wiccaniana** iniciada e **cabalista** praticante. Entre seus vários livros, estão *Wicca: the Old Religion in the New Age* e *A Cabala – Um Enfoque Feminino* (publicado pela Editora Pensamento), além de várias publicações sobre a obra de Carl Jung.

Crowther, Patrícia (1927-) **Bruxa** inglesa que, juntamente com **Eleanor Bone** e Monique Wilson, foi beneficiária do testamento de **Gerald Gardner**. Ela se autodenomina Suma Sacerdotisa do **coven** Sheffield e Rainha do Sabá e continua a atrair a atenção do público com suas idéias sobre **iniciação** mágica, folclore pagão e simbolismo cósmico. Entre seus livros estão sua autobiografia, *Witchblood* (1974), e *Lid off the Cauldron* (1981), um manual de bruxaria, rituais planetários e **feitiços**.

Crumbine, dr. Camual (1860-1959) Médico norte-americano que realizou uma extensa pesquisa sobre **hipnose**. Nessa pesquisa, pedia-se para que sujeitos em transe identificassem pessoas e eventos a distância, verificando-se os resultados por telefone. Muitos acreditam que Crumbine tenha conseguido demonstrar que, sob hipnose, os sujeitos podem se tornar telepatas.

Cruz Antigo símbolo pré-cristão, interpretado por alguns ocultistas como a união do falo masculino (barra vertical) e da vagina feminina (barra horizontal). Também é um símbolo das **quatro direções** e uma arma poderosa contra o **mal**.

Cruz Ansada O **ankh** egípcio, uma cruz com uma alça oval no lugar da barra vertical superior. Importante na religião do antigo Egito, como símbolo da vida.

Cruz Fylfot Símbolo usado na **magia cerimonial** moderna. Semelhante à **suástica**, cujos braços apontam para a esquerda, a Cruz Fylfot é dividida em quadrados que sustentam os doze signos do **zodíaco** e os símbolos dos quatro **elementos**, com a representação do Sol na parte central.

Cruz Jaina Símbolo dos jainas que lembra a **suástica**. Ver também **Jainismo**.

Cthulhu Cosmologia mítica descrita por **H. P. Lovecraft**. Cthulhu é o "Grande Velho" que dorme nas profundezas do mar, na cidade submersa de R'lyeh.

Ctonianos Do grego *cththon*, "terra", divindades ou **espíritos** da terra ou do **Mundo Subterrâneo**, geralmente associados às almas dos mortos.

Cubo Símbolo dos quatro **elementos**, identificado com a solidez e a resistência. No simbolismo oculto, o trono das divindades sagradas eram muitas vezes representados por cubos (o Ancião dos Dias, por exemplo, na carta do **tarô** *O Imperador*, está sentado num trono cúbico decorado com os símbolos de **Áries**). Nos rituais da **Ordem Hermética da Aurora Dourada**, o altar mágico consiste num cubo duplo de madeira com dez faces externas, representando as dez **sephiroth** da **Árvore da Vida**.

Culling, Louis T. Ocultista norte-americano e membro da Great Brotherhood of God, que praticava uma forma de **magia ritual** em grande parte baseada nos ensinamentos de **Aleister Crowley** e da **Ordo Templi Orientis**. Ele publicou várias obras de ocultismo, incluindo *The Complete Magickal Curriculum of the Secret Order G.B.G*, *The Incredible I Ching* e *A Manual of Sex Magick*.

Culto Sistema de crenças religiosas ou mágicas. Esse termo engloba também os praticantes dessas crenças, as cerimônias e as formas de veneração.

Culto aos Ancestrais Culto aos **espíritos** de parentes falecidos, que, segundo se supõe, testemunham e influenciam os acontecimentos terrenos mesmo depois da morte. **Orações**, súplicas e oferendas são feitas pelos descendentes para apaziguar os **espíritos** dos ancestrais e buscar sua contínua benevolência.

Cultos Afro-brasileiros Nome genérico das religiões de ascendência africana no Brasil, entre elas a Umbanda e o **Candomblé**. Os cultos afro-brasileiros sofreram influência da religião indígena anterior ao descobrimento, das crenças africanas, do catolicismo popular e do espiritismo kardecista popular. Todos os cultos afro-brasileiros são baseados na possessão dos crentes pelos "**orixás**" (**espíritos da natureza**) ou pelas "Entidades" (espíritos de mortos) e envolvem danças e cânticos ao som de atabaques. Os elementos africanos mesclados com o catolicismo criaram a identificação dos Orixás com os santos. Yemanjá, por exemplo, é associada a Nossa Senhora da Conceição e Iansã, a Santa Bárbara. Estudiosos desses cultos estimam que quase um terço da população brasileira freqüente centros de Umbanda ou terreiros de Candomblé.

Cummins, Geraldine (1890-1969) Celebrada médium irlandesa que afirmava ter contato com o **espírito** de Felipe, o Evangelista e com o pesquisador psíquico **F. W. H. Myers**, entre outros. Embora nunca tivesse visitado o Oriente Médio, Geraldine Cummins usava a mediunidade para conseguir incríveis detalhes sobre os primórdios do Cristianismo e o trabalho dos Apóstolos. Ela posteriormente alegou se comunicar com o espírito de Myers, que lhe transmitiria informações acerca do progresso da alma humana nos planos espirituais. Cummins escrevia numa velocidade prodigiosa e seus escritos tinham uma coerência e clareza que impressionou muitos investigadores psíquicos, entre eles o **dr. R. H. Thouless** e o professor C. D. Broad – ambos presidentes da **Sociedade para a Pesquisa Psíquica** em diferentes épocas. Geraldine Cummins passou a ser conhecida como a "médium com integridade". Entre seus vários livros estão *The Scripts of Cleophas*, *The Road to Immortality*, *They Survive*, *Unseen Adventures* e *Mind in Life and Death*.

Cunningham, Scott (1956-1993) Renomada autoridade em **magia natural**, **Wicca** e **herbalismo**, o norte-americano Scott Cunningham iniciou suas pesquisas sobre a Arte em 1971. Em 1974, seguindo os passos do pai – que também fora um escritor fecundo –, inscreveu-se num curso de redação criativa na San Diego State University e decidiu se tornar escritor profissional. Entre seus vários livros estão *Magical Herbalism*, *Techniques of Natural Magic*, *Wicca: A Guide for the Solitary Practitioner* e *The Truth About Witchcraft Today*.

Cupido Deus romano do amor, associado com o deus grego **Eros**. Cupido em geral é retratado como um belo menino alado, que atira flechas de fogo com seu arco. As flechas do Cupido provocam paixão naqueles que são atingidos.

Cura a Distância Forma de **cura pela fé** que se realiza sem que o paciente ou o agente de cura esteja presente. A cura a distância em geral requer a força da **oração** ou da "projeção" de pensamentos positivos de cura para a pessoa doente.

Cura Espiritual Ver **Cura pela Fé**.

Cura Magnética Ver **Mesmer, Friedrich Anton**.

Curandeiro Nas sociedades primitivas, **médico-bruxo**, **xamã** ou **sacerdote** responsável por diagnosticar doenças e preparar remédios mágicos. O curandeiro protege a comunidade da **bruxaria** e da **magia negra**; por meio do **transe** e de **encantamentos**, comunica-se regularmente com **deuses** e **espíritos**.

Curandero No México e no Peru, agente de cura de aldeia ou **xamã** que evoca **espíritos** para curar os doentes. Um dos mais famosos *curanderos* contemporâneos no Peru é Eduardo Calderon, um xamã que usa o cacto San Pedro numa cerimônia que dura a noite toda e combina rituais indígenas e cristãos, usando vários **objetos de poder**. O antropólogo **R. Gordon Wasson** documentou em vários livros a vigília de cura, ou **velada**, da xamã mazateca mexicana Maria Sabina, que usa cogumelos sagrados como sacramento para a cura.

Cura pela Fé Antiga tradição de cura em que se faz um apelo a uma fonte espiritual – geralmente um **deus** ou um **espírito** – para que ela colabore com o processo de cura. Às vezes acredita-se que o deus se manifeste na forma de uma presença divina; em outras ocasiões, a "energia" de cura é transmitida de um **médium** para o paciente e a cura é efetuada. A técnica da **imposição das mãos** é uma forma comum de cura pela fé.

O Cristianismo tem uma forte tradição de cura e se baseia justamente nos poderes espirituais de Jesus Cristo. Há registros de que, ao longo da vida, Jesus tenha efetuado em torno de quarenta milagres de cura. Na Idade Média, a Igreja passou a estimular o culto dos túmulos dos **santos**, afirmando que suas relíquias também tinham poder de cura. Várias denominações da Igreja Cristã moderna oferecem serviços de cura regulares, nos quais o doente é tratado por meio da imposição das mãos e ungido com óleo, além de receber orações.

A cura pela fé não está confinada aos domínios da tradição cristã. Os antigos egípcios acreditavam que o corpo se dividisse em 36 partes, cada qual associada a um deus que poderia ser invocado para curar uma determinada doença. Os sacerdotes babilônios de **Ea** espargiam água de um riacho sagrado sobre o corpo dos doentes e, na Grécia Antiga, de acordo com a obra *Suídas*, **Asclépio** curou o escritor Teopompos por meio da técnica da **imposição de mãos**.

Cura pelo Toque Ver **Cura pela Fé**; **Imposição de Mãos**; **Cura Psíquica**.

Cura por Contato Cura espiritual por meio da **imposição das mãos**, em contraposição à **cura a distância**, quando o sujeito e o agente de cura estão a certa distância um do outro.

Cura Psíquica Conjunto de técnicas de cura que se valem do poder **psíquico** ou espiritual. Em geral, o agente de cura é considerado um canal para a energia cósmica que entra no corpo da pessoa doente por meio da **imposição de mãos** ou da **aura**. A cura psíquica efetuada a distância é conhecida como **cura a distância**. Ver também **Cura pela Fé**.

Curupira Criatura representada no folclore brasileiro como um anão careca, de um olho só, grandes orelhas e corpo peludo. Em geral com os pés voltados para trás, ele sempre aparece cavalgando um porco.

Cúspide Na **astrologia**, linha imaginária que separa os **signos** ou **casas** do **zodíaco**.

D

Daath Na **Cabala**, "conhecimento", o resultado da união de **Chokmah** e **Binah**, na **Árvore da Vida**. É às vezes considerada a décima primeira **sephirah**, ou a "falsa sephirah", pois consiste na sede do conhecimento antes conceitual que absoluto.

Dacma No **Zoroastrismo**, a chamada "Torre do Silêncio", onde são deixados os corpos dos mortos para serem devorados pelos abutres.

Dado Pequeno cubo cujas seis faces têm pontos representando os números de um a seis. Os dados podem ser jogados aleatoriamente, como forma de **divinação**, e são às vezes usados pelos parapsicólogos em experimentos de **PES**, para testar se os sujeitos conseguem adivinhar o resultado dos dados com freqüência maior do que se poderia creditar ao acaso.

Dadouchos Termo grego que significa "portador da tocha". Um dos celebrantes dos **Mistérios de Elêusis**, Dadouchos também participa de alguns rituais da **Ordem Hermética da Aurora Dourada**, especialmente nos graus de **Neophyte** e **Zelator**.

Dafnomancia Divinação por meio de folhas de louro. Um galho de loureiro era jogado no fogo e, caso estalasse, isso era considerado sinal de que chegariam notícias boas; se o galho queimasse sem fazer barulho, isso era sinal de mau agouro.

Dágaba Santuário budista ou montículo artificial de terra contendo relíquias de Buda ou de um santo. Entre as relíquias típicas contam-se dentes, pedaços de ossos ou fragmentos da **árvore bodhi**. Exemplos de dágaba podem ser encontrados na Índia, no Sri Lanka e na Birmânia. Em alguns aspectos, os dágabas lembram os **estupas**, embora esse último não contenha relíquias. Ver também **Budismo**.

Dagda Divindade-líder das tribos **pagãs** irlandesas, entre as quais era considerado um deus da fertilidade e da terra. Conhecido como "O Senhor do Grande Conhecimento", ele controlava a vida e a morte com uma enorme clava e tinha um **caldeirão** dotado de poderes mágicos. Hábil artesão e lendário tocador de harpa, ele também era um temível guerreiro que derrotou os poderosos fomorianos numa terrível batalha.

Dágon Deus fenício da terra e, posteriormente, do mar. Também recebeu o título de **Baal**.

Daimon Termo grego que designa um **espírito**, uma entidade maligna ou um **demônio**. Também usado para designar seres intermediários entre **Deus** e a humanidade. A palavra *daimon*, por esse motivo, passou a ser associada ao conceito de inteligência inspiradora ou **gênio**.

Dakini No Tibete, **bruxa** ou demônio feminino pavoroso que aparecia aos **magos** durante os rituais. Às vezes usado na Índia como termo genérico para designar as divindades da Mãe Terra

Dalai-Lama Título do grão-lama ou supremo sacerdote do Tibete, que em geral é usado em referência ao Gyalwa Rinpoche. Os tibetanos acreditam que o dalai-lama seja uma encarnação da divindade de quatro braços **Chenresi** e que o atual dalai-lama seja sua décima quarta encarnação. Quando o dalai-lama morre, os **lamas** iniciam uma grande busca para identificar uma criança recém-nascida que tenha recebido a nobre alma do líder espiritual. O dalai-lama é tradicionalmente considerado o líder espiritual do Tibete.

Dana Também Danu. **Deusa mãe** do **panteão** celta-irlandês. Dana representa a fertilidade e a abundância e é considerada a mãe das divindades mais tardias, os **Thuatha De Danaan** (os filhos da deusa Dana), também conhecidos como **Sidi**, ou o povo das fadas do folclore e das lendas irlandesas.

Dança Movimentos rítmicos do corpo, geralmente acompanhados de música, cânticos ou palmas e que – do ponto de vista ocultista – pode resultar num **estado alterado de consciência** ou num estado de **transe**, especialmente quando realizados num ritual. A dança tem essa função em muitas formas de culto primitivo e é uma característica dos rituais de fertilidade e das cerimônias dos **dervixes**, do **vodu** e dos **bruxos**.

Dança da Morte Tema popular na Idade Média, no qual um esqueleto conduzia um homem ou uma mulher à sepultura – o estágio final da jornada da vida. Na *danza macabra* espanhola, os esqueletos eram representados carregando uma foice, um relógio e uma bandeira; enquanto no **tarô** medieval, a carta da **Morte** mostra um esqueleto empunhando uma foice em meio a um campo cheio de cadáveres, ceifando a vida de reis e pessoas comuns indiscriminadamente.

Dança dos Fantasmas, A Grande Entre certos nativos norte-americanos, um tipo de cerimônia em que os dançarinos se comunicam, em estado de **transe**, com os **espíritos** ou **fantasmas** dos mortos. A dança teve início depois que o vidente da tribo paiute Wovoka (também conhecido como Jack Wilson) adoeceu em virtude de uma febre, em 1899, no mesmo período em que o Sol passava por um eclipse. Ele foi levado a ver **Deus**, num transe, e comunicou-se com pessoas que habitavam as esferas celestes. Deus ensinou a Wovoka uma dança cerimonial que possibilitaria uma reunião com os mortos, estimulou-o a praticar o bem e a desistir das guerras. Deus também lhe concedeu músicas para controlar o tempo e avisou-o de que Jesus voltaria à Terra. Wovoka ficou conhecido entre várias tribos como um mensageiro direto do Grande Espírito. Sua influência sobre os arapaho, os cheyenne, os shoshone, os kiowa e até sobre os belicosos sioux foi considerável.

Dano Na **magia** peruana, malefício infligido por meio de **feitiçaria** e que resulta em vários tipos de doença.

Danse de Rejuissance No **vodu**, dança religiosa de celebração, geralmente precedida por uma cerimônia.

Dante Alighieri (1265-1321) Poeta italiano nascido em Florença que passou grande parte da vida em exílio político, no norte da Itália. Embora seja autor de livros sobre política e sobre os dialetos italianos, Dante é mais conhecido pelo notável poema *A Divina Comédia* (1300-1321) [publicado pela Editora Cultrix], que descreve uma viagem ao inferno, ao purgatório e ao paraíso.

Dante descreveu as dez divisões do inferno como regiões onde passam seus dias em tormento os não-batizados, os luxuriosos, os gulosos, os perdulários, os hereges, os que cometeram violência, os fraudulentos e os maliciosos. **Lúcifer** foi representado como um monstro gélido cercado de seguidores desprovidos de sentimentos. Dante também descreveu a jornada pelas dez esferas rotantes do **céu**, abarcando desde os Portões de São Pedro até as mais elevadas esferas e o **Primum Mobile**, e dali para o domínio empíreo, onde a **vontade** humana e a vontade divina são uma só.

D'Arpentigny, Casimir Stanislaus (1798-?) **Místico** francês cujas mãos eram tão belas que ele freqüentemente as comparava com as dos cortesãos do rei Luís XVIII. Segundo D'Arpentigny, que desenvolveu o conceito de quirognomia, o polegar era um índice de talento e genialidade. Seus trabalhos incluem *La Chirognomonie* e *La Science de la Main*.

Darzana Termo sânscrito que significa "vista" ou "visão". Muitos hindus acreditam que o ato de ver um **santo** ou **guru** é suficiente para que se receba uma bênção espiritual, e que no momento em que o líder espiritual faz contato visual com um **chela** estabelece-se um importante vínculo psíquico.

Dashwood, sir Francis (1708-1781) Abastado aristocrata inglês que combinou uma vida de privilégios com o gosto pelo bizarro. Ele trabalhou para Frederick, Príncipe de Gales, e conheceu muitas personalidades da época. Esses contatos lhe deram oportunidade de estabelecer ligações com damas da aristocracia e dar vasão à sua promiscuidade voraz. Embora fosse casado com a viúva de *sir* Richard Ellis, Sarah, ele continuou a reunir em torno de si amigos que pensavam como ele e decidiu formar um grupo de **iniciados** que realizavam orgias sexuais em honra à **Grande Deusa**. Ele chamou sua fraternidade de The Knights of St. Francis – fazendo uma referência ao seu próprio nome e não ao do santo – e conseguiu reunir treze membros, entre eles o Marquês de Queensberry, o Conde de Sandwich e o próprio Príncipe de Gales. Nas reuniões, ocorridas na Abadia de Medmenham, às margens do Tâmisa, eram solicitados os serviços de prostitutas, que vinham de Londres, a bordo de carruagens. Essas práticas sexuais na Abadia continuaram por quinze anos e o lugar ficou conhecido como o Hell-Fire Club, depois de ganhar a reputação de local de culto ao demônio. *Sir* Francis Dashwood acabou mudando a sede do clube para outro local em West Wycombe, onde túneis subterrâneos e câmaras secretas possibilitavam que o grupo continuasse se encontrando em segredo.

Datilomancia Também Dactilomancia. **Divinação** por meio de anéis. Às vezes o anel é suspenso por um fio, de modo a poder balançar e bater livremente na lateral de um copo, indicando uma resposta afirmativa ou negativa a uma pergunta. O anel também pode ser suspenso sobre uma mesa redonda, onde estão inscritas as letras do alfabeto, e usado como uma espécie de **pêndulo**, para produzir uma "mensagem" mediúnica. As alianças de casamento são muito usadas nesse tipo de arte adivinhatória.

Dátilos Adivinhos, feiticeiros e exorcistas frígios que levaram seus poderes mágicos para a Itália, para a Grécia e para Creta. Atribui-se a eles a descoberta de minerais em Éfeso e a difusão dos instrumentos musicais pela Grécia.

Datura Planta alucinógena com associações mágicas, especialmente entre os **xamãs** do México e da América do Sul. As sementes pulverizadas da datura, adicionadas à cerveja nativa, provocam uma intoxicação e dão origem a **alucinações** vívidas, que podem durar mais de três dias. Os xamãs jivaro usam a experiência para diagnosticar doenças e visitar dimensões astrais. A datura também pode provocar alucinações auditivas e resultar em conversas com seres imaginários.

Davenport, Os Irmãos Os norte-americanos Ira e William Davenport foram **médiuns psíquicos** que ficaram muito conhecidos pelas **sessões** que fizeram na Grã-Bretanha e nos Estados Unidos, entre 1860 e 1870. Sentados dentro de um **gabi-**

nete com as mãos amarradas, eles manifestavam "mãos espirituais" que, na penumbra, tocavam instrumentos musicais providenciados para a sessão. Embora, na época, tenham conseguido impressionar muitas pessoas, agora eles são considerados prestidigitadores habilidosos.

David-Néel, Alexandra (1868-1969) Escritora e exploradora francesa que realizou um dos primeiros estudos sobre **misticismo** e práticas mágicas no Tibete. Ela descreve a vida com os **lamas**, nos mosteiros, e também várias técnicas cerimoniais, como o ritual *rolang*, no qual se devolve a vida a um cadáver, animando-o por meio de **fórmulas mágicas**. David-Néel é mais conhecida pela obra clássica *Com os Místicos e Magos do Tibete* (editado originalmente em 1931), mas foi autora de vários outros livros, incluindo *Viagem de uma Parisiense a Lhasa, Viagem ao Tibete* e *O Budismo do Buda*, além de *A Força do Nada* e *O Lama das Cinco Sabedorias* (os dois últimos publicados pela Editora Pensamento), em co-autoria com o lama Yongden.

Davis, Andrew Jackson (1826-1910) Místico, clarividente e agente de cura norte-americano que ficou conhecido como "o Vidente de Poughkeepsie". Interessado em **clarividência** e **transe**, ele foi muito influenciado por **Swedenborg** e por **Mesmer** e escreveu várias obras com base em suas visões clarividentes. Acabou por se tornar um dos líderes do movimento espiritualista norte-americano. Seu principal trabalho foi *The Principles of Nature*, publicado em 1847. Ver também **Espiritualismo**.

Debilidade Na **astrologia**, termo aplicado ao planeta cuja posição no **mapa astrológico** enfraquece sua influência.

Década Na **numerologia**, o número **dez**.

Dédalo Na **mitologia** grega, o arquiteto do labirinto e do Palácio de Minos. Foi ele quem deu a Ariadne a idéia de usar um fio para evitar que Teseu se perdesse pelas passagens do **labirinto**. Minos aprisionou-o junto com o filho Ícaro, mas estes fabricaram asas de penas coladas com cera e fugiram. Ícaro, no entanto, chegou perto demais do Sol e caiu no mar, depois que a cera das asas derreteu.

Dédalo Símbolo mítico que caracteriza o caminho peregrinatório da vida, com seus becos sem saída, curvas falsas, obstáculos e múltiplas escolhas, aparentemente infinitas. O exemplo mais conhecido de dédalo é o famoso **labirinto** do Palácio de Knossos.

De Defesa, Magia Ver **Magia de Defesa.**

Dee, dr. John (1527-1608) Erudito, filósofo, matemático e astrólogo clássico que começou sua carreira acadêmica na Cambridge University e depois viajou por toda a Europa. Depois de conhecer Jerome Cardan, na Inglaterra, em 1552, ele passou a se interessar pela **conjuração** de **espíritos**. Quando Elizabeth I subiu ao trono, Dee foi encarregado de calcular a data astrológica mais favorável para a coroação.

A excursão de Dee pela **magia** começou numa época anterior, quando conheceu **Edward Kelley**, um **médium** que praticava a **cristalomancia** e afirmava se comunicar com os **anjos** por meio da visão espiritual. Dee e Kelley usavam uma **bola de cristal** e tabuinhas de cera, chamadas **almadels**, nos quais inscreviam símbolos mágicos e os nomes sagrados de Deus. A tabuinha usada para uma determinada **invocação** era deixada entre quatro velas e anjos eram invocados enquanto Kelley fitava o cristal. Em 1582, Kelley começou a receber mensagens numa língua angélica estranha chamada "enochiana". Dee ficou tão impressionado com esse acontecimento que escreveu em seu diário: "Agora o fogo dispara de E. K, de seus olhos, para o interior da pedra novamente. E pouco a pouco ele deixa de entender qualquer coisa, já não consegue ler mais nada nem se lembra do que diz..." Em certas ocasiões, Kelley parecia possuído por espíritos, alguns dos quais – segundo Dee – manifestavam-se de forma visível: "...ao lado dele apareceram três entidades espirituais com a aparência de operários, empunhando espadas e com mechas de cabelo sobre as orelhas..." Os espíritos queriam saber por que tinham sido evocados e Dee ordenou-lhes que partissem. Eles então se foram, beliscando Kelley no braço. "Os seres ainda podiam escancarar a boca e arreganhar os dentes para ele. Então eu perguntei a E. K. onde eles estavam e ele apontou para o local; então em nome de Jesus ordenei que esses Baggagis se fossem e os ataquei com um golpe cruzado que os fez se afastarem..."

As 18 "Invocações ou Chamadas Enochianas" recebidas por Edward Kelley e John Dee foram posteriormente usadas em conjurações pelo ocultista contemporâneo inglês **Aleister Crowley**, numa expedição pelo deserto argelino com o poeta **Victor Neuburg**. Um dicionário da língua enochiana, organizado pelo lingüista australiano dr. Donald Laylock, foi publicado em Londres em 1978. Ver também **Magia Enochiana**.

Dehar Entre os membros da tribo não-islâmica do Kafiristão, **xamã** com a habilidade de entrar em estado de **transe**. O *dehar* invoca seres **sobrenaturais**, mata animais em sacrifício e espalha o sangue deles sobre o altar, para em seguida incendiá-lo. Ele então concentra a atenção no altar e seu corpo fica rígido. Calafrios percorrem seu corpo, os músculos começam a tremer e os maxilares se contraem. O *dehar* muitas vezes começa a balançar de um lado para outro e a espumar pela boca. Aos poucos, ele mergulha num transe profundo e sua alma faz uma **viagem espiritual**. São xamãs desse tipo que levam alguns antropólogos a relacionar o **xamanismo** à epilepsia e a considerar o xamã alguém que "consegue se livrar da própria aflição".

Deicídio Ato de matar um **deus**. Nas sociedades pré-literárias, isso é feito com o sacrifício de um animal totêmico identificado com a divindade ou de um **sacerdote** que encarna o deus. No Cristianismo, a crucificação de Jesus representa um exemplo de deicídio.

Deificação Ato de elevar um ser humano ou mortal à condição de divindade imortal. Entre os melhores exemplos são o egípcio **Imhotep** e o grego **Asclépio**, que se tornaram ambos divindades de cura.

Déjà-vu Da expressão francesa que significa "já visto", sensação de já ter visitado um lugar ou vivido uma situação antes. Embora muitas vezes seja considerado uma prova da **reencarnação**, o *déjà-vu* é normalmente visto como um sintoma de um processo psicológico em que a mente inconsciente é estimulada a "lembrar" acontecimentos ocorridos em outro lugar e que são de algum modo associados a um novo local ou situação.

De la Warr, George (1904-1969) Praticante inglês de **radiestesia** e **radiônica**, seguidor do **dr. Albert Abrams**. Com sua mulher Marjorie, George de la Warr produziu modelos mais sofisticados da celebrada caixa preta de Abrams, acrescentando ao projeto original características propostas pela **dra. Ruth Drown**, a mais destacada discípula norte-americana do dr. Abrams. De la Warr empenhou-se para correlacionar várias partes do corpo com as doenças às quais elas eram mais propensas e acabou por estabelecer em torno de quatro mil correlações. Entre os instrumentos que usava estava uma série de cartas que identificavam as doenças dessa forma, mas que exigiam que o operador da máquina estivesse em sintonia mental com a doença em questão e com o local afetado. O instrumento padrão, ainda usado pelos praticantes de radiônica, tem um painel com nove mostradores, um ímã posicionado a noventa graus dos mostradores e um prato onde é colocada uma amostra de sangue do paciente – usada para demonstrar suas condições de saúde. De la Warr provavelmente tinha as melhores intenções ao desenvolver as caixas pretas e outros tipos de equipamento, mas não há fundamentos suficientes para se supor que eles tivessem de fato utilidade prática.

Deméter Na **mitologia** grega, a deusa dos grãos de cereais e da agricultura. Como Mãe Terra, ela sustenta todos os seres e, em troca, é reverenciada em festivais realizados em sua homenagem, por meio de várias atividades agrícolas como arar a terra, plantar as sementes e fazer a colheita. Assim como a passagem das estações possibilita novas colheitas, os ciclos da vida eram vistos pelo povo como uma espécie de augúrio e a promessa de uma "nova vida". Por isso, Deméter era uma **divindade** importante nos **Mistérios de Elêusis**. Ela é a mãe de **Perséfone**.

Demiurgo Do grego *demiurgos*, "formador" ou "arquiteto", o criador do universo. Para os **gnósticos**, o demiurgo não era a Realidade Suprema, mas uma divindade secundária que propunha as leis que regiam o mundo e que o iniciado podia transcender.

Demogórgon Na **mitologia** romana, divindade do **Mundo Subterrâneo** que vivia no centro da Terra. Deus medonho e aterrorizante, ele era associado ao **Caos** e à Eternidade. Nos últimos tempos do Império Romano (século V), Demogórgon foi muitas vezes invocado em rituais mágicos.

Demoníaco Possuído por um **demônio** ou por um **espírito** maligno.

Demônio Do grego *daimon*, **diabo** ou espírito maligno. Ver **Demonologia**.

Demonologia Estudo dos **demônios** e espíritos malignos e dos ritos e superstições a eles associados. Muitas **divindades** ligadas às religiões do Egito e do Oriente Médio (**Baal, Ashtaroth, Bel, Apópis** e **Set**, por exemplo) foram associadas à demonologia ou aos deuses da **Magia Negra** e do **caminho da mão esquerda**.

Demonomancia Divinação por meio da evocação de demônios. O mago evoca os **espíritos** malignos num ritual, na tentativa de obter profecias. Ver também **Magia Negra** e **Magia Cerimonial**.

Deosil Na **bruxaria**, ato ritualístico de rodear um **círculo** no sentido horário. O bruxo fica de frente para o círculo e então o percorre da direita para a esquerda; isso supostamente dá origem a uma mágica positiva. Se ele se move no sentido contrário, ou seja, em **widdershins**, a magia produzida em geral é negativa.

Dermatoglifia Estudo científico das impressões da pele, especialmente as que possibilitam correlações com a condição mental e de saúde da pessoa. Para alguns ocultistas, é possível validar cientificamente a **quiromancia** por meio desse método. A análise digital é um exemplo dessa técnica.

Dervixes Rodopiantes Místicos sufis que rodopiam ou dançam com a finalidade de entrar em estado de **êxtase**. Segundo a crença desses místicos, esse estado facilitaria a comunicação com **Alá**. Outros dervixes entram num **estado alterado de consciência** repetindo mantras do **Corão** ou entoando cânticos ritmados. Ver também **Sufismo**.

Descendente Na **astrologia**, o grau da eclíptica traçada. Assim como o **Sol** nasce no horizonte leste, o que identifica o **ascendente**, ele se põe no final da tarde, no horizonte oeste, produzindo o descendente. A primeira **casa** começa no ascendente e a sétima casa, no descendente.

Descorporificado Que existe sem um corpo físico. Geralmente usado para descrever entidades **desencarnadas** e **espíritos**, ou a mente em estado de **dissociação**.

Desencarnado Morto; sem forma física ou corpo físico. Ver também **Espíritos**.

Desequilíbrio Condição em que há falta de equilíbrio. No **ocultismo**, esse termo é usado para descrever estados psíquicos ou mentais desordenados. Os mestres de magia ritual advertem os **neófitos** de que o estado de desequilíbrio ou despreparo pode causar **possessão** psíquica quando uma imagem ou "força" em particular passa a ser predominante na consciência do indivíduo. O trabalho de meditação do chamado **Pilar do Meio** e as cartas do **tarô** associadas a esse trabalho podem ajudar a restabelecer o equilíbrio psíquico.

Deslocamento Na **pesquisa psíquica**, situação que ocorre quando o sujeito de um experimento tenta predizer o resultado da jogada de **dados** ou de uma carta, mas só consegue acertar "na mosca" imediatamente antes ou depois da jogada.

Desmaterialização No **espiritualismo**, as materializações supostamente ocorrem quando o **médium** exsuda **ectoplasma** através de um orifício do corpo (em geral a boca) e esse "material astral" toma a forma de uma manifestação espiritual. Quando o ectoplasma volta para o médium, isso é considerado uma "desmaterialização".

Desmembramento No **misticismo**, o desmembramento pode simbolizar a morte ou um processo de renovação que leva ao **renascimento** visionário. Em algumas sociedades xamânicas, o ato de iniciação inclui **sonhos** ou viagens em estado de **transe**, nos quais a pessoa é devorada por inimigos hostis ou animais selvagens, mas é recomposta pelos deuses e dotada de novos poderes espirituais. Várias mitologias antigas referem-se a um processo parecido. **Dioniso** foi formado a partir do coração de Zagreu, que fora despedaçado pelos Titãs, e **Ísis** recompôs o corpo despedaçado de **Osíris**, depois que este foi morto por **Set**.

D'Esperance, Madame Elizabeth (1855-1919) Pseudônimo da médium psíquica Elizabeth Reed (nascida Hope), que viveu em Newcastle-upon-Tyne, na Inglaterra. Ela fazia desenhos retratando a **alma** de pessoas falecidas, praticava a **escrita automática** e, em estado de **transe**, supostamente materializava o **espírito** de uma jovem árabe. Em várias ocasiões diferentes, circunstantes puderam ver esse **espírito**, de nome Iolanda, e mais de uma vez constataram que não era ninguém mais do que a própria madame D'Esperance. No entanto, a médium de fato parecia sofrer de uma certa dose de **dissociação** psíquica, pois sentiu uma dor considerável quando seu *alter ego* foi tocado por um dos seus espectadores. Segundo dizem, numa das **sessões** das quais participou, madame D'Esperance de fato desmaterializou a si própria da cintura para baixo. Ela é ainda considerada um dos exemplos mais espetaculares de mediunidade psíquica da historia do **espiritualismo**. Ver também **Desmaterialização**.

Destilação Ato de ferver um líquido para produzir vapor e em seguida resfriá-lo para converter o vapor novamente em líquido. Na **alquimia**, esse vapor era considerado o **espírito** da substância destilada. A destilação ajudava a purificá-la e a condensação permitia a combinação dessas qualidades puras.

Destino Sina ou futuro predestinado. Na **mitologia** grega, o Destino é um **deus** que escapou ao domínio de **Zeus** e que, junto com as três Parcas, ousou contrariar a vontade dele.

Destro Na **astrologia**, aspecto positivo – o oposto exato de um **aspecto sinistro**. Esse conceito deriva da astronomia de Ptolomeu, segundo a qual a Terra é o centro do universo, e o Sol, a Lua e as estrelas giram em torno dela. Os termos "destro" e "sinistro" já não são usados com tanta freqüência na astrologia moderna, que atualmente segue o sistema científico da astronomia.

Destrutiva, Magia Ver **Magia Destrutiva**.

Deus O **Ser Supremo** e Regente do Universo. No Judaísmo, seu nome é **Yaveh** ou **Jeová** (**YHVH**); entre os antigos gregos, ele era chamado **Zeus**; os romanos o conheciam como **Júpiter**; os egípcios como **Rá** e os escandinavos como **Odin**.

Deusa, Grande Personificação da fertilidade e dos poderes regeneradores da Natureza. Na **mitologia** clássica, ela assumia várias formas diferentes. Por exemplo, era **Cibele** na Frígia, **Astarte** na Fenícia, **Ísis** no Egito, **Deméter** nas religiões de mistério gregas e **Dana** entre os celtas.

Deusa Mãe Deusa que personifica a força da Natureza e os ciclos de fertilidade. Em geral, a deusa mãe é considerada a mãe do universo manifesto: foi do útero dela que se originou toda a Criação. A deusa mãe está presente em todas as religiões primitivas em que os ritos de fertilidade representam um papel importante. Ela é também importante nos **Mistérios de Elêusis**, da antiga Grécia. No **tarô**, o arquétipo da deusa mãe é representado pela carta da *Imperatriz*.

Deusas Lunares Por tradição, o **Sol** é considerado uma força masculina e a **Lua**, uma força feminina. Por isso, a Lua é em geral personificada como uma deusa lunar e reverenciada nessa forma. Muitos dos panteões antigos tinham deusas lunares, entre elas **Ísis** e **Hathor** (Egito), **Astarte** (Fenícia), **Ishtar** (Babilônia), **Ártemis**, **Hécate** e **Selene** (Grécia), **Diana** e **Luna** (Roma). Na China, a Lua é a força que está por trás de todas as coisas **yin**, ou femininas. Ver também **Princípio Feminino**.

Deus Cornífero Também Deus Cornudo. Símbolo da sexualidade masculina na **bruxaria**. O Deus Cornífero é em geral identificado como o **deus** grego da Natureza, **Pã**, que governa os bosques e as florestas e toca uma flauta mágica. Metade homem e metade bode, Pã era uma criatura libidinosa que gracejava com as ninfas dos bosques. O Deus Cornífero também é identificado, por alguns bruxos, como **Cernunos**, uma divindade céltica que combina os atributos de touro, homem, serpente e peixe.

Deuses, Deusas Nas religiões politeístas, em que se acredita que uma profusão de divindades tenha o domínio do universo, poderes mágicos são conferidos a um **panteão** de deuses. Cada um deles tem seus próprios atributos e requer diferentes rituais de apaziguamento, de adoração e de invocação. Na **magia** ocidental contemporânea, o **politeísmo** egípcio – e o grego, numa proporção menor – exerceu uma grande influência na estruturação dos **rituais** cerimoniais. Os **ocultistas** geralmente optam por concentrar suas atividades mágicas na conquista de atributos específicos (por exemplo, amor, riquezas, paz, sabedoria) e escolhem determinados deuses para personificar essas qualidades no ritual.

Deus Pai Em muitas **cosmologias**, o pai dos **deuses** não é o criador do universo, mas quem o supervisiona ou governa. A ele cabe determinar o destino da humanidade. Entre essas divindades figuram **Zeus** (grego); **Júpiter** (romano); **Rá** (egípcio); **Odin** (escandinavo); e **Yaveh/Jeová** (hebreu). No **tarô**, o simbolismo do deus pai é personificado em duas cartas: *O Imperador* (passivo/misericordioso) e *O Carro* (ativo/destrutivo). Ver também **Demiurgo**.

Deus Superior Divindade onisciente, ou deus regente, invariavelmente associada ao céu nas mitologias do mundo todo. Os deuses superiores distinguem-se dos **deuses, anjos, demônios** e **elementais**, que pertencem a hierarquias inferiores. Esse termo foi cunhado pelo antropólogo escocês **Andrew Lang**.

Deus Único Nas religiões baseadas no **monoteísmo**, o **Ser Supremo** que criou o universo e representa a Realidade **transcendental**. Entre as grandes religiões do mundo, o Cristianismo, o Judaísmo e o **Islamismo** são os exemplos mais notáveis de monoteísmo. Ver também **Alá**; **Deus**.

Devachan Na **Teosofia**, estado de existência entre **encarnações**, a morada em que as almas conquistam a realização espiritual não obtida na encarnação anterior. É considerado um estado de "ideação bem-aventurada", em que o ego pode refletir pacificamente sobre as possibilidades e potencialidades da vida.

Devadasi Na Índia, prostituta de um templo. Por tradição, essas mulheres eram pessoas instruídas, com profundo conhecimento de música e de dança e muitas vezes versadas nas formas secretas de arte.

Devas[1] Do termo sânscrito cujo significado é "seres celestiais". Na **Teosofia**, hierarquia de **espíritos** que ajudam a governar o universo. Alguns desses devas pertencem ao "mundo mental superior"; outros ao **plano astral**. Membros da comunidade **Findhorn**, na Escócia, atribuem a abundância de suas colheitas à presença de devas da natureza, que favorecem o crescimento das plantas.

Devas[2] No **Zoroastrismo**, gênios malignos ou **espíritos** malévolos regidos por **Angra Mainyu**, o deus das trevas.

Devil's Dandy Dogs Ver **Diabo, Cães Esplêndidos do**.

De Wohl, Louis (1902-1961) Astrólogo austríaco de ascendência húngara que chegou a aconselhar Adolf Hitler, mas posteriormente trabalhou para a Inteligência Britânica. Na opinião de De Wohl, os principais estratagemas de Hitler estavam relacionados aos aspectos planetários calculados pelos seus astrólogos, entre os quais o mais notável era **Karl Ernest Krafft**. Depois de fugir para a Grã-Bretanha, De Wohl foi apresentado ao lorde Winterton, ao visconde Horne e ao lorde Halifax – na época Secretário do Estado para Assuntos Estrangeiros. De Wohl afirmava que poderia prever muitas das manobras militares de Hitler se fizesse os mesmos cálculos dos astrólogos dele. Isso fez com que De Wohl conquistasse o posto de capitão do exército britânico com o objetivo secreto de revelar datas astrológicas para o Ministério de Guerra Britânico.

De Wohl também visitou os Estados Unidos durante a guerra e fez contato com a American Federation of Scientific Astrologers. Ele voltou a afirmar que Hitler só atacaria um país quando os dois principais **maléficos**, **Saturno** e **Urano**, estivessem num signo que regesse a nação em questão. De Wohl previu os sucessos militares de Wavell, no norte da África, e também avisou que Montgomery triunfaria sobre Rommel. Depois da guerra, ele foi para a Suíça, onde morreu, em Lucerna, em 1961. Entre seus livros figuram *I Follow my Stars*, *Common-sense Astrology* e *Secret Service of the Sky*. Ver também **Astrologia**.

Dhamma Termo páli equivalente a **Dharma**.

Dhammapada Importante obra budista que contém muitos ensinamentos de **Gautama** em forma de versos. Supõe-se que esse livro tenha sido escrito na época do Primeiro Concílio Budista (477 a.C.). O *Dhammapada* inclui uma declaração das **Quatro Nobres Verdades** e do **Caminho Óctuplo**. Ver também **Budismo**.

Dharana Na **yoga**, o ato de concentração. Na **meditação**, o dharana inclui a capacidade de focalizar um objeto ou imagem sem desviar a atenção.

Dharma Termo sânscrito que significa dever, virtude e lei; as regras éticas de conduta transmitidas de geração em geração. Os três inimigos tradicionais do dharma são a luxúria, a ganância e a raiva. No ocultismo, o termo se refere às leis da Natureza que mantêm a ordem no universo, elevando a alma e proporcionando crescimento espiritual.

Dharmakaya Termo sânscrito cujo significado é "Corpo da Lei" e que se relaciona aos corpos, ou veículos, da consciência superior. No **Budismo** praticado na Ásia Central, dharmakaya é o terceiro dos chamados trikayas. No estado de dharmakaya, o místico está prestes a entrar no nirvana.

Dhyana No sistema defendido por **Patanjali**, trata-se do sétimo dos oito membros da **Raja Yoga**. Dhyana é um estado meditativo em que o **yogue** se rende ao vazio espacial e transcende a consciência do tempo. É em geral considerado como uma "experiência pura", sem relação com nenhuma experiência específica. Dhyana é um importante passo na direção do **samadhi**.

Dhyan-Chohans Espíritos planetários tibetanos que, segundo a crença, orientam a evolução do planeta. O termo deriva da raiz sânscrito-tibetana que significa "Senhores da Meditação".

Diablero Termo usado no México para descrever um **mago** ou **feiticeiro** de **magia negra**, principalmente aquele com capacidade mágica de assumir a forma de animais. O termo é praticamente sinônimo de **Brujo**. Ver também **Licantropia**; **Nagual**.

Diabo Personificação do **mal**, chamado de **Lúcifer** ou **Satã** no Cristianismo, **Eblis** no **Islamismo** e **Ahrima** no **Zoroastrismo**. Muitos devotos religiosos, especialmente os **fundamentalistas**, acreditam que o Diabo ainda esteja em ação neste mundo, afastando as pessoas de **Deus** e da salvação espiritual. Aqueles que abordam o misticismo e a crença religiosa de um ponto de vista psicológico estão mais inclinados a considerar o Diabo como um **arquétipo** negativo da mente, personificando as características humanas adversas e destrutivas. Ver também **Demônio**.

Diabo, Cadeia do Lenda francesa segundo a qual o **Diabo** está acorrentado a uma rocha perto da Abadia de Clairvaux. Toda manhã de segunda-feira, antes de ir para o trabalho, os fazendeiros do distrito batem um martelo numa bigorna, fortalecendo simbolicamente os elos da corrente que prendem o Diabo e evitando que ele escape e cause devastação nas lavouras.

Diabo, Cães Esplêndidos do (em ing., *Devil's Dandy Dogs*) Matilha de cães de caça pretos que, de acordo com uma lenda da Cornualha, seguem o **Diabo** pelas encostas solitárias da região, em noites de tempestade. Eles têm olhos brilhantes e refulgentes e soltam fogo pelas ventas. Se um ser humano é capturado por esses cães, é dilacerado até seu corpo ficar em pedaços. A única proteção contra essas criaturas apavorantes é a **oração**.

Diabo, Cinturão do Cinturão supostamente usado pelas bruxas da Idade Média, como prova da sua ligação com o **Diabo**.

Diabolismo Atos, rituais e cultos associados ao **Diabo**. Ver também **Magia Negra**; **Feitiçaria**.

Diabo, Marca do Também Marca de Bruxa. Na **bruxaria**, marca na pele que poderia indicar uma iniciação feita pelo **Diabo**; acreditava-se que essas marcas fossem insensíveis à dor. Na Idade Média, os Inquisitores procuravam nas vítimas acusadas de bruxaria marcas que pudessem provar sua culpa. Em 1662, essa prática tornou-se ilegal na Inglaterra.

***Diabo*, O** No **tarô**, carta dos **Arcanos Maiores** que representa o Diabo iluminado por uma tocha e um homem e uma mulher nus, presos por correntes ao seu trono. O Diabo com aparência de bode é uma alusão à bestialidade dessa criatura e o pentagrama invertido em seu rosto representa a evolução retrógrada. Segundo os ocultistas, a carta do *Diabo* demonstra que as pessoas precisam reconhecer e transcender sua natureza animal. Na **magia** ocidental, que combina os caminhos dos Arcanos Maiores do tarô com os dez **sephiroth** da **Árvore da Vida**, o caminho do *Diabo* liga **Hod** a **Tiphareth**.

Diabo, Pilar do Três pedras, preservadas em Praga, que – de acordo com a lenda – são as ruínas de um pilar usado pelo **Diabo** para assassinar um padre que travara um pacto diabólico. São Pedro lançou o Diabo no mar, o padre se arrependeu e o Diabo, em fúria, quebrou o pilar.

Diabo, Ponte do De acordo com a lenda, uma anciã de Aberystwyth, no País de Gales, estava à procura de uma vaca quando a encontrou em dificuldades, na margem oposta de um abismo profundo. O **Diabo** então apareceu à mulher na forma de um monge e concordou em conjurar uma ponte que cruzasse o abismo se ela lhe entregasse o primeiro ser vivo que a cruzasse. Ela concordou e estava prestes a pisar sobre a ponte quando notou, sob o hábito do monge, que ele tinha cascos em vez de pés. Tirando uma casca de pão do bolso, ela atirou à sua frente, ordenando ao seu cão que a buscasse. O cão avançou sobre a ponte, salvando assim a velha mulher de fazer um pacto não-intencional com o demônio.

Diabo, Rastros do Nome popular dado à série de inexplicáveis "marcas de casco" avistadas na neve, no dia 8 de fevereiro de 1855, num trecho inexplorado de Devon, na Inglaterra. As marcas, que seguiam em linha reta, estendiam-se por mais de 160 km, nas cercanias de Exmouth, Lymphstone e Teignmouth, e foram impressas em montes de feno, em campos abertos, no alto de telhados e na lateral de muros. O incidente foi tema do *The Times* (16 de fevereiro de 1855) e posteriormente descrito em *The Book of the Damned*, de autoria de **Charles Fort**. O caso foi também investigado por Rupert Gould (*Oddities*, 1928).

O DIABO: *Carta dos Arcanos Maiores do tarô, mostrando o Diabo e seus súditos (Tarô de Marselha).*

Dia Crítico Na **astrologia** e no estudo do **biorritmo**, dia associado a uma energia negativa ou a aspectos desfavoráveis que podem causar má sorte ou resultados pouco propícios.

Dia da Criação De acordo com o Livro do Gênesis, Deus criou o mundo e seus habitantes em seis dias e descansou no sétimo. Na **Cabala**, que interpreta o Gênesis do ponto de vista simbólico, os "sete dias da Criação" são comparados às sete **sephiroth**, ou emanações de Deus, representadas na **Árvore da Vida** abaixo da Trindade **Kether**, **Chokmah** e **Binah**.

Díade Na **numerologia**, o número **dois**.

Dia de Maio Festival pagão do **renascimento** e da renovação, celebrado no primeiro dia do mês de Maio. Associado com o festival celta de **Beltane**, o Dia de Maio inclui entre suas cerimônias a eleição da Rainha de Maio, que personifica os poderes da fertilidade. Os jovens trazem guirlandas de flores para a cerimônia e há muita alegria e danças em torno do famoso **mastro de maio**. É nessa época que na Inglaterra se realiza a *Morris dance*, uma antiga dança folclórica inglesa em que os participantes representam figuras lendárias.

Dia de Yaveh No misticismo judaico e na **Cabala**, o Dia do Juízo Final. De acordo com alguns cabalistas, dois julgamentos determinavam o destino dos homens; um após a morte e outro depois da ressurreição dos mortos.

Diagrama Na **astrologia**, mapa do céu mais popularmente conhecido como **mapa astrológico** ou mapa astral.

Diakka Termo cunhado pelo espiritualista norte-americano **Andrew Jackson Davis** para descrever **espíritos** malignos ou zombeteiros que tentam perturbar a vida dos encarnados.

Diana Deusa lunar romana. Ver **Ártemis**.

Dianética Ramo da **Cientologia** descrita pelo seu fundador, **L. Ron Hubbard**, como uma forma de "psicoterapia". A **Cientologia** propõe oito "dinâmicas". A Dianética cobre as quatro primeiras; a *dinâmica um* – o anseio de expressar a própria individualidade; a *dinâmica dois* – o anseio de sobreviver por meio da sexualidade e da criação dos filhos; a *dinâmica três* – o anseio de sobreviver em grupos (na escola, na sociedade e na nação, por exemplo); a *dinâmica quatro*: o anseio de sobreviver como membro da espécie humana.

Diasia Na Grécia antiga, ritual oferecido aos deuses do **Mundo Subterrâneo**.

Dicianino, Tela de Aparelho inventado pelo **dr. Walter Kilner**, com o propósito de tornar a **aura** visível ao olho humano. De acordo com o dr. Kilner, essa tela provocaria a fadiga do olho, deixando-o mais sensível às formas sutis ou etéricas. Essa tela também foi feita em forma de óculos, os chamados **óculos de tela Kilner**.

Dignidade Na **astrologia,** situação em que a posição de um planeta fortalece sua influência no **mapa astrológico**. O oposto de **debilidade**.

Diksha No **Hinduísmo,** iniciação espiritual de um noviço, por meio de um **guru**. Às vezes o guru oferece **orações** e estimula o desenvolvimento da consciência espiritual na região do **terceiro olho**. Em geral, o noviço recebe um **mantra** especial na cerimônia de iniciação, para servir como ponto focal durante a meditação. Esse mantra é secreto e nunca deve ser revelado.

Dilúvio Na **mitologia** grega, enchente provocada por **Zeus**. Ela atingiu tamanhas proporções que apenas o pico do monte Parnaso ficou acima do nível da água. O Dilúvio foi identificado por alguns **místicos** e ocultistas como a causa da destruição da **Atlântida**, embora hoje se acredite que a origem dessa lenda tenha sido a erupção vulcânica ocorrida na ilha de Thira em torno de 1470 a.C.

Dingwall, dr. Eric J. (m. 1986) Renomado escritor ocultista britânico que foi, em determinada época, curador-assistente honorário do departamento dos livros publicados do Museu Britânico. Tornou-se, em 1921, diretor da **Sociedade Americana para a Pesquisa Psíquica** e foi, posteriormente, investigador da **Sociedade para a Pesquisa Psíquica**, em Londres. Dingwall investigou vários médiuns psíquicos e escreveu uma série de livros. Suas obras mais conhecidas são *Revelations of a Spirit Medium*, em co-autoria com Harry Price (1922); *Some Human Oddities* (1947); e *Very Peculiar People* (1950). Ele também contribuiu para um livro sobre o caso da **Paróquia de Borley**.

Dionísias Festivais caracterizados pelas orgias e festividades, realizados em Atenas em honra ao deus **Dioniso**.

Dioniso Deus grego do vinho, da fertilidade e das festas, adorado em orgias desenfreadas, das quais a mais famosa era realizada em Atenas, na primavera. Dioniso simbolizava a liberdade e os impulsos espontâneos, além de estimular uma singular falta de reverência pelos outros deuses. Seus seguidores consideravam a dança, a música e o vinho como a verdadeira entrega à alegria pura e absoluta de se estar vivo.

Direções, Quatro Na **magia** ocidental, os quatro pontos cardeais são simbolizados, no ritual, pelos quatro arcanjos: **Rafael** (leste), **Miguel** (sul), **Gabriel** (oeste) e **Uriel** (norte); como representações dos elementos **Ar, Fogo, Água e Terra**, respectivamente. De acordo com o *Grimório do Papa Honório*, as quatro direções têm também quatro demônios a eles associados: Magoa (leste), Egim (sul), Baimon (oeste) e Amaimon (norte).

Direito Divino Conceito segundo o qual é **Deus** quem dá ao rei a autoridade absoluta para governar, por isso o monarca está acima da vontade da plebe. Possivelmente relacionada à pratica romana de cultuar os imperadores, a idéia do direito divino dos reis foi adotada, na França, por Luís XIV e, na Inglaterra, pelos monarcas da Dinastia Stuart.

Dis Nome romano de **Hades**, regente do **Mundo Subterrâneo**.

Discípulo Aquele que segue ou estuda os ensinamentos de um mestre ou uma doutrina espiritual.

Discos Ver **Pentáculos**.

Discos Voadores Termo popular para **objetos voadores não-identificados**, cunhado pelo piloto civil norte-americano Kenneth Arnold. Arnold afirmou que, em 24 de junho de 1947, quando estava pilotando seu avião particular perto do monte Rainier, em Washington, ele viu nove discos não-identificados perto da montanha a uma velocidade de aproximadamente 1.600 km por hora. Arnold descreveu os objetos comparando-os a uma "espécie de disco" feito de metal e que brilhava ao sol. Os pesquisadores dos objetos voadores não-identificados preferem usar o termo mais genérico **OVNIs** pois, desde o relato de Arnold, surgiram muitos outros, descrevendo objetos de formato irregular, entre os quais aqueles em forma de charuto, que ficaram conhecidos como "naves-mãe".

Dispositor Na **astrologia**, quando um planeta está localizado numa certa **casa**, o regente do signo na **cúspide** é conhecido como o dispositor desse planeta.

Dissociação O ato de separação. Usado na terminologia ocultista para descrever a separação entre **corpo astral** e corpo físico. Comparar com **Experiência Fora do Corpo**.

Distante, Memória Ver **Memória Distante**.

Ditamno-de-creta Planta aromática encontrada no monte Ida, em Creta, e consagrada à **deusa lunar**. Acreditava-se que essa planta curasse o sonambulismo. O ditamno era usado nas cerimônias mágicas como sedativo.

Div Variante de **deva**[2]. Na **mitologia** persa, **demônio** com cabeça de gato, chifres e cascos.

Divinação Ato de prever o futuro, geralmente interpretando augúrios. Entre as muitas formas de divinação estão as predições baseadas nos símbolos das cartas do **tarô**, nos **dados**, nos galhos do milefólio ou em feijões coloridos, e nas configurações de fenômenos naturais como nuvens ou o vento. Ver também **Áugure**; *I Ching*.

Divindade A natureza essencial de **Deus**.

Divindades Do latim, *deuses* ou seres supremos. Nas religiões politeístas, muitas divindades regem este mundo coletivamente e presidem vários aspectos diferentes da vida, afetando as pessoas e a Natureza; nas religiões monoteístas, existe uma única divindade suprema que revela ao mundo diferentes aspectos de si mesmo, mas é indivisível. Em termos genéricos, existem divindades que criam o mundo, divindades que o preservam ou governam e divindades secundárias que agem de acordo com as regras da humanidade e, em geral, têm funções específicas. As tradições mágicas e ocultas derivam tanto das antigas religiões politeístas (gregas, romanas, egípcias, célticas e escandinavas) quanto das monoteístas (Judaísmo, Cristianismo). Dentro da tradição **monoteísta**, muitos ocultistas tendem a seguir as escolas esotéricas do pensamento associadas à **Cabala** e ao **Gnosticismo**. Ver também **Monoteísmo**; **Politeísmo**.

Divino Pertencente a **Deus** ou com a natureza de **Deus**. Algo ou alguém que é sagrado ou santo. Ver também **Sacerdote**.

Dixon, Jeane (1918-1997) **Médium** psíquica norte-americana cujas previsões atraíram a atenção da mídia internacional. Ela afirmou ter previsto os assassinatos do presidente Kennedy, do seu irmão, o senador Robert Kennedy, e de Martin Luther King Jr., assim como muitos outros acontecimentos que afetaram os norte-americanos e o mundo todo. Embora muitas das previsões de Dixon não tenham se realizado, ela é lembrada pelos seus sucessos. Jeane Dixon usava cartas, uma **bola de cristal**, a **astrologia** e a **numerologia** como métodos de **divinação**, mas em geral simplesmente "sentia" que certas coisas iam acontecer. Ela produziu uma obra autobiográfica chamada *My Life and Prophecies* (1970) e foi tema de uma biografia intitulada *A Gift of Prophecy* (1966), escrita por Ruth Montgomery.

Djim Do árabe *djin* ou *djinn*, "gênio", também conhecido como **demônio** ou **gênio** de ordem mais elevada do que os seres humanos e constituído de matéria "mais sutil". De acordo com a crença islâmica, os djins regiam a Terra antes da criação de Adão e eram considerados uma raça intermediária de seres espirituais entre os anjos e os homens. Segundo a doutrina oficial, os djins são dotados de um talento especial para arquitetura e, de acordo com o **Corão**, foram comandados por Salomão na construção do seu magnífico templo.

Djinn Ver **Djim**.

Doença Nas sociedades pré-literárias, acredita-se que a doença seja causada pela perda da alma ou do **espírito**, geralmente em decorrência de **feitiçaria**. O **xamã** pode empreender uma **viagem espiritual** para recuperar a alma e a saúde do doente.

Dogma Crença ou ensinamento religioso tido como verdadeiro por uma igreja, seita ou grupo estabelecido. A crença cristã no parto virginal de Maria e na ressurreição de Cristo são exemplos de dogma; mas o conceito de "doutrina verdadeira" pode se aplicar a qualquer ensinamento religioso, místico ou oculto que seja considerado uma verdade literal por um grupo de praticantes ou devotos.

Dogon Tribo sudanesa pagã que se instalou na República de Mali e cujas práticas religiosas incluem danças com máscaras e cerimônias para fazer chover.

Dois Número associado à divisão e à falta de harmonia. Por se opor ao número um, o dois está separado de **Deus** e é por isso considerado por muitos como um número relacionado ao mal. Contudo, no nível da **numerologia** popular, o dois é considerado um número associado à pessoa que tende a seguir as outras em vez de liderar; contudo, ela tem qualidades como gentileza e tato, em geral combinadas com indecisão e hesitação.

Dólmen Da expressão bretã que significa "mesa de pedra", megálito celta composto de uma grande pedra bruta, sustentada por dois ou mais pilares.

Don Juan Matus *Brujo* indígena yaque de Sonora, no México, que supostamente iniciou o antropólogo **Carlos Castañeda** no **xamanismo** e na **magia** primitiva. Os ensinamentos e a filosofia de don Juan Matus estão documentados nos livros populares de Castañeda. Vários críticos, entre eles Richard de Mille e **Weston La Barre**, levantaram a hipótese de que don Juan nunca tenha existido de fato; outros acreditam que ele seja uma personagem fictícia criada com base em vários **xamãs**. O próprio Castañeda sempre manteve que don Juan Matus era um xamã autêntico e verdadeiro e outros membros do grupo mágico de Castañeda, incluindo Florinda Donner, também confirmaram a existência do *brujo*.

Donnelly, Ignatius J. (1831-1901) Advogado e editor norte-americano que, por seis anos (1863-1869), foi membro republicano do Congresso dos Estados Unidos. Ele é lembrado, na literatura ocultista, como o autor de *Atlantis: The Antediluvian World* (1882) e de *Ragnarok: The Age of Fire and Gravel*. Donnelly foi, acima de qualquer outro estudioso, quem primeiro despertou um interesse sério pelas origens da **Atlântida**. O primeiro-ministro britânico William Gladstone ficou tão impressionado com as teorias de Donnelly que tentou conseguir verba do governo para localizar o continente perdido no oceano Atlântico. Gladstone, no entanto, não conseguiu convencer seus colegas de partido de que valeria a pena empreender essa tarefa. Em 1894, uma edição de *Atlantis* em língua alemã foi publicada em Leipzig, dando origem a toda uma escola de **cosmologia** atlântida que influenciou **Hans Horbiger**

e, por sua vez, vários membros do regime nazista, incluindo Adolf Hitler e Heinrich Himmler. Horbiger acreditava que Atlântida fora engolfada por um satélite com as proporções da Lua. Suas teorias sobre ciclos cósmicos contribuíram para suscitar o conceito de Raça Superior Germânica, segundo o qual algumas raças e nações (a ariana, principalmente) teriam evoluído durante épocas evolutivas "favoráveis", enquanto outras teriam surgido durante um ciclo cósmico "desfavorável".

Ignatius Donnelly certamente não previu que seu trabalho daria margem a tantas interpretações equivocadas. Porém, ele próprio era uma figura um tanto excêntrica. Em 1885, ele esqueceu Atlântida e passou a concentrar toda a sua energia na identificação do "verdadeiro" autor das peças de Shakespeare. Em *The Great Cryptogram*, Donnelly ratificou a idéia, postulada originalmente pelo reverendo James Wilmot em 1785, de que o autor misterioso das obras de Shakespeare não era outro senão Francis Bacon, visconde de St. Albans e ex-presidente da Câmara dos Pares da Inglaterra. Embora *The Great Cryptogram* tenha caído na obscuridade, *Atlantis* continua sendo reeditado, revisto e atualizado por Egerton Sykes.

Doppelgänger Da expressão alemã que significa "duplo andarilho", duplo humano ou **corpo astral**. O *doppelgänger* pode ser projetado num **estado fora do corpo**, e tornar-se visível aos olhos de outra pessoa, na forma de **aparição**.

Doukhobors Seita religiosa não-conformista que surgiu na Rússia no fim do século XVIII e que hoje tem seguidores no Canadá. Os *doukhobors* não aceitam o ritual cristão e a doutrina da Trindade, mas acreditam no caráter sagrado das pessoas e no Espírito Santo. Muitos membros dessa seita são pacifistas ferrenhos e fazem passeatas de protesto totalmente nus. Por volta de vinte mil membros da seita *Doukhobor* residem em Alberta e em Saskatchewan, no Canadá, e têm conflitos periódicos com a Polícia Montada canadense.

Doutrina Secreta Conjunto de conhecimentos místicos esotéricos que, de acordo com **madame Helena Blavatsky** – organizadora de uma obra em seis volumes com esse título – representava toda a sabedoria oculta dos "Grandes Adeptos da Raça Ariana". Para madame Blavatsky, a "doutrina secreta" não pertencia a uma religião, mas a todas as grandes tradições espirituais; e representava a essência do **Hinduísmo**, do **Budismo**, do Cristianismo, do **Islamismo**, do Judaísmo e do **Zoroastrismo**.

Dowden, Hester Médium psíquica e pianista, filha do professor Edward Dowden do Trinity College, em Dublin. Ela foi investigada pelo conhecido pesquisador psíquico *sir* William Barrett, e é mais lembrada pela mensagem que recebeu por meio da sua **mesa ouija** de que a grande celebridade do mundo das artes Hugh Lane morrera no naufrágio do S.S. *Lusitania*, em maio de 1915.

Dowding, Lorde H. T. C. (1882-1970) Destacado marechal-do-ar da Força Aérea Britânica que, depois de se aposentar, investigou **médiuns espirituais** e passou a se dedicar à **pesquisa psíquica**. Convicto da existência da vida após a morte, ele escreveu vários livros, entre eles *Lychgate* e *Dark Star*.

Doyle, *sir* **Arthur Conan** (1859-1930) Médico escocês mais conhecido por ser o autor das aventuras de Sherlock Holmes, mas que passou muitos anos da vida investigando assuntos como **espiritualismo** e **percepção extra-sensorial**. Doyle acreditava na **telepatia** mental e tornou-se membro da **Sociedade para a Pesquisa Psíquica**. Em 1902, conheceu *sir* **Oliver Lodge**, no Palácio de Buckingham, numa ocasião em que ambos eram condecorados, e descobriu que tinham em comum o interesse por crenças místicas e espiritualistas. Depois da morte de seu filho, Kingsley, um pouco depois da Primeira Grande Guerra, Conan Doyle passou a se interessar cada vez mais pela possibilidade de entrar em contato com o **espírito** de pessoas falecidas durante **sessões** espiritualistas; numa ocasião, ele afirmou ter ouvido a voz do filho falando com ele por meio de um médium galês. Conan Doyle veio a se tornar presidente da London Spiritualist Alliance, do **College of Psychic Science** britânico e da Spiritualist Community. Entre seus vários livros sobre espiritualismo estão *The Vital Message*, *A História do Espiritismo* (publicado pela Editora Pensamento) e *The Edge of the Unknown*.

Doze Número considerado, em várias culturas, como um símbolo da completude e da totalidade. São doze os meses do ano, eram doze as tribos de Israel, foram doze os trabalhos de **Hércules** e havia **Doze Grandes Olímpicos**. Jesus tinha doze apóstolos e, por tradição, existem "doze dias de Natal". O doze está relacionado ao número sete – outro número de significado místico –, pois o **sete** é a soma de 4 e 3 e doze é o resultado da multiplicação desses dois numerais. Ver também **Numerologia**.

Dracis Espíritos aquáticos de caráter malévolo que se aprazem em perseguir mulheres. De acordo com uma lenda do século XII, os dracis tomam a forma de um prato de madeira que flutua nos cursos d'água. Quando as mulheres se curvam para pegar o prato, são puxadas para as profundezas e obrigadas a cuidar da prole demoníaca desses espíritos.

Draconiana, Corrente De acordo com o sistema mágico desenvolvido pelo ocultista tântrico **Kenneth Grant**, a Corrente Draconiana é uma tradição mágica egípcia que deriva seu nome de Draco, o filho de **Tífon** – a mãe primeva. Ver **Tantra**.

Drácula Personagem de um famoso romance escrito por Bram Stoker (1847-1912). Nessa obra, Drácula aparece na forma de um **vampiro** sedutor que suga o sangue de lindas mulheres. Segundo a crença, as origens desse Conde Drácula fictício remontam à Romênia do século XV. O príncipe romeno Vlad V torturou não só os invasores turcos, como também seus próprios súditos, e seu pai era conhecido como Vlad Drakul – o Demônio. O Castelo do Drácula, localizado no norte de Bucareste, nos Cárpatos, tornou-se uma atração turística e existem atualmente sociedades especializadas no mito do Drácula tanto nos Estados Unidos quanto na Grã-Bretanha.

Dragão Criatura mítica presente nas **lendas** e no folclore de todas as regiões do mundo e de simbolismo extremamente variado. Na mitologia ocidental e do Oriente Médio, os dragões eram originalmente associados a divindades aquáticas. Em geral, acreditava-se que eles vivessem no fundo do mar, onde guardavam valiosos tesouros; também podiam soltar trovões e raios pelas ventas, provocando chuvas. Nas culturas ocidentais, o dragão costuma ser visto como uma criatura hostil ao homem e é associado às trevas e às **forças malignas**. Sábios medievais relatam inúmeras batalhas entre cavaleiros virtuosos e dragões hostis e, segundo o Apocalipse, São Miguel expulsou do céu um temível e monstruoso dragão com "sete chifres e dez cabeças, dez diademas sobre os chifres e um nome blasfemo em cada cabeça..."

No Oriente, o simbolismo do dragão é mais positivo. Ele em geral é uma criatura benevolente, amigável especialmente com os monarcas, e muitas vezes serve de guardião para os tesouros reais. Na China, o dragão se tornou o símbolo do poder imperialista e, de acordo com **Chuang Tzu**, ele representa a vibração cósmica da própria vida.

A cor dos dragões varia consideravelmente. Na China, eles podem ser vermelhos (associados à ciência) ou brancos (representando a Lua). O dragão de várias cabeças, mencionado no Apocalipse, também era vermelho, mas na mitologia cristã ele simboliza o mal em estado bruto e as forças do **caos** e da destruição. Na literatura grega da Antiguidade, a mais antiga menção aos dragões foi feita na Ilíada, no qual Agamenon é descrito como tendo um dragão azul no cinturão e um emblema de um dragão de três cabeças no peitoral. Em outras culturas, os dragões também podem ser amarelos, marrons ou pretos.

Cada sociedade tende a usar animais conhecidos para conceber seus dragões e, como resultado, eles em geral são criaturas compostas de vários animais. Na antiga Babilônia, um dragão, em particular, tinha cabeça e chifres de carneiro, as patas dianteiras de leão, corpo de réptil e as patas traseiras de águia. O dragão descrito pelo escritor chinês Wang Fu tinha cabeça de camelo, chifres de veado, olhos de demônio, orelhas de búfalo, pescoço de serpente, ventre de molusco, escamas de carpa, garras de águia, pés de tigre e longos bigodes. Os dragões medievais em geral têm mandíbulas gigantescas, olhos luminosos, uma língua bifurcada, pés de águia e asas de morcego. O dragão-quimera, descrito por Homero, era uma mistura de leão, serpente e cabra.

Onde quer que apareçam, os dragões representam um poder aterrador numa escala considerável. Como personificação de uma força primitiva, ele pode ser tanto hostil quanto amigável com as pessoas, mas sua presença **sobrenatural** e cósmica é universalmente reconhecida.

Dragão de Fogo Na **mitologia** comparada, **dragão** que cospe fogo pelas ventas e mora numa caverna, onde guarda um tesouro. Os dragões de fogo também são associados aos espíritos dos mortos e, em algumas mitologias, personificam a **força vital** imortal do ser humano.

Draupnir Na **mitologia** escandinava, anel mágico feito pelos anões para **Odin**, rei dos **deuses**. Quando o filho de Odin, **Balder**, foi assassinado, Odin deixou o anel mágico na pira funerária, como oferenda.

Dreamtime Na **mitologia** dos **aborígines australianos**, período durante a criação do mundo em que os heróis e animais totêmicos vagavam pela Terra, estabelecendo vínculos com locais agora considerados sagrados. Para as tribos aborígines, o *Dreamtime* é uma realidade sagrada que ainda existe e que proporciona um senso de propósito e de identificação míticos. Ver também **Totem**.

Dríades Na **mitologia** grega, **ninfas** das florestas e das árvores. A vida da ninfa estava vinculada à da árvore e findava quando esta morria. As dríades geralmente tinham a aparência de caçadoras ou pastoras de ovelhas e o **carvalho** lhes era consagrado.

Drown, dra. Ruth Quiroprática norte-americana e pioneira em **radiônica** que desenvolveu a famosa caixa preta do **dr. Albert Abrams**. A dra. Ruth também acreditava na possibilidade de diagnosticar doenças e tratar pacientes a distância usando uma amostra do sangue deles como "elo de ligação". Ela não conseguiu, no entanto, reunir provas científicas que fundamentassem suas teorias. Os testes aplicados à sua caixa preta modificada, realizados em 1950, na University of Chicago, foram decepcionantes. A dra. Drown foi vítima de ataques sucessivos da American Medical Association, para a qual tudo não passava de charlatanismo médico, e morreu numa prisão da Califórnia. Sua crença, porém, de que existe "uma ressonância entre o corpo humano como um todo e cada uma de suas partes" é agora aceita, por muitos defensores da **medicina holística**, como um conceito filosófico.

Druidas Sacerdotes celtas da Bretanha e da Gália pré-cristãs. Versados em astronomia e medicina, os druidas prestavam culto ao **Sol**, usando muitos dos *cromlechs* e círculos de pedra neolíticos que já existiam em sua época. Eles acreditavam na **imortalidade** da alma e na **reencarnação** e consideravam o **carvalho** e o **visgo** plantas sagradas. Anglesey era o centro do druidismo, mas os druidas também erigiram monólitos em Aldborough e York, além de usar Stonehenge como um templo-observatório. A religião celta desapareceu da Gália e da Inglaterra depois das conquistas romanas, mas resistiu na Escócia e na Irlanda até a chegada dos missionários cristãos.

Drusos Grupo religioso encontrado hoje na Síria e no Líbano e cujas origens remontam ao século XI. Os drusos acreditam na **reencarnação** e seguem doutrinas que combinam os evangelhos cristãos, o Pentateuco, o **Corão** e as alegorias **sufis**.

Dualismo No **misticismo** e na **cosmologia** religiosa, doutrina segundo a qual duas forças opostas, uma benévola e outra **maléfica**, mantêm-se em constante oposição. O exemplo clássico de dualismo na religião é o tradicional **Zoroastrismo**. No zoroastrismo tardio, o bem (personificado por **Ahura Mazda**) acabava triunfando sobre o mal (**Ahriman**).

Ducasse, dr. Curt J. Filósofo francês, naturalizado norte-americano, que passou a se interessar por **médiuns psíquicos** e pela **percepção extra-sensorial**. Membro dedicado da **Sociedade para a Pesquisa Psíquica**, ele escreveu vários livros sobre questões filosóficas associadas à **morte** e à vida após a morte. Suas principais obras são *A Critical Examination of the Belief in a Life After Death* e *Nature, Mind and Death*.

Dukes, *sir* Paul (1889-1967) Célebre expoente britânico da **yoga** que foi condecorado pelo trabalho que realizou no serviço secreto. Dukes trabalhou com Nadine Nicolaeva-Legat e também com Diana Fitzgerald, que posteriormente tornou-se sua esposa e fundou uma renomada escola de yoga na África do Sul.

Dunne, John William (1875-1949) Matemático e projetista de aviões irlandês que construiu a primeira aeronave militar britânica, em 1906-1907. Apesar da sua formação científica, desde os 19 anos Dunne também demonstrava interesse pelo **espiritualismo** e pelos fenômenos **psíquicos**. Na casa dos vinte anos, Dunne notou que seus **sonhos** eram com freqüência premonitórios, e passou a tomar nota deles por escrito. Muitos desses sonhos relacionavam-se a acontecimentos distantes. Um deles parecia prever uma grande erupção vulcânica na Martinica. Nesse sonho, Dunne via os habitantes do lugar sendo cobertos pela lava e apenas um detalhe do sonho provou ser incorreto: ele afirmou que quatro mil pessoas morreriam, quando, na verdade, a contagem dos mortos chegou a quarenta mil. Dunne publicou dois livros importantes: *An Experiment with Time* e *The Serial Universe*, que descrevem seus sonhos e defendem um conceito "serial" do tempo em que os eventos ocorrem num plano de existência e, em seguida, passam a ser "reais" em outro plano. Dunne acreditava que a qualidade do tempo da perspectiva da mente inconsciente (em que as faculdades extra-sensoriais entram em ação) era de certa forma diferente da percepção normal de tempo que temos na realidade da vigília; e que, se nos ligássemos à Mente Universal, poderíamos viajar para o passado ou para o futuro, por meio do olho da mente.

Dunninger, Joseph Exorcista norte-americano que se acreditava capaz de replicar, por meios de truques, todo e qualquer fenômeno espiritual e psíquico. Dunninger é autor de um trabalho clássico sobre exorcismo, chamado *Dunninger's Complete Encyclopedia of Magic* (1971).

Dunsany, Lorde (1878-1957) Dramaturgo e romancista irlandês cujo nome completo era Edward John Morton Drax Plunkett, o oitavo barão Dunsany. Dotado de uma facilidade surpreendente para interpretar mitos e **lendas**, Dunsany ajudou a estabelecer o gênero da fantasia, que foi posteriormente popularizado por escritores como **J. R. R. Tolkien**. Entre seus livros mais fascinantes estão *The Gods of Pegana* (1905) e *Time and the Gods* (1906).

Duplo Termo usado, no ocultismo tradicional, para descrever o **corpo astral** ou o **doppelgänger**.

Duppy No folclore das Antilhas, a parte da pessoa que sobrevive à **morte**; fantasma ou **espírito** do **mal**. Os parentes do *duppy* podem fazê-lo levantar-se da sepultura e levá-lo a realizar certas tarefas – no entanto, à luz do dia ele é obrigado a voltar à cova. Comparar com **Zumbis**.

Durva Na **mitologia** indiana, manifestação de Parvati, consorte de **Shiva**. Durva assume a forma de uma deusa destrutiva, que tem uma arma em cada um dos dez braços e vence um demônio furioso.

Dyaus Na **mitologia** indiana, o deus solar Arya, consorte da deusa terrestre Prithivi e pai de **Indra**.

Dzyan, Livro de De acordo com **madame Helena Blavatsky**, obra que reúne comentários a respeito dos sete livros conhecidos como *Livros de Kiu-te*. O último deles, considerado como um todo, constituía o que madame Blavatsky chamava de "síntese de todas as ciências ocultas", e podia ser denominado *O Livro da Sabedoria Secreta do Mundo*. Esses ensinamentos, considerados obra de "mestres iniciados" do Tibete, formam os alicerces da obra-prima teosófica de Blavatsky, *A Doutrina Secreta* (publicado pela Editora Pensamento). Ver também **Teosofia**.

E

Ea Na Babilônia, deus das águas que era também o "Senhor do Saber", o patrono das artes e dos ofícios mágicos e o criador do ser humano. Ele tinha o dom da profecia e da **divinação** e era muitas vezes representado com corpo de bode e rabo de peixe. Acredita-se que o simbolismo do signo **zodiacal** de **Capricórnio** derive desse deus.

East-West Foundation Organização fundada em Boston, por Michio e Aveline Kushi, para o estudo do misticismo, das religiões, das crenças e das práticas de saúde orientais. Michio Kushi é autor de vários livros sobre cura e macrobiótica orientais.

Ebionitas Descendentes da Igreja de Jerusalém original, que deixou de existir concretamente depois da destruição de Jerusalém, no ano 70. Esse termo vem da palavra hebraica *ebionim*, que significa "pobre" e reflete o fato de que os membros da comunidade cristã original vendiam todas as suas posses e moravam numa propriedade que pertencia a todos. Eles acreditavam que Jesus era humano, embora fosse de fato o Messias de Israel, e rechaçavam a visão que São Paulo tinha do Cristianismo como uma religião universal de salvação. Depois que o Cristianismo ortodoxo se estabeleceu, os ebionitas foram considerados **hereges** e denunciados pelo influente Padre da Igreja Irineu com a mesma hostilidade com que ele tratara os **gnósticos**.

Eblis O **Diabo** no **Islamismo**. O **Corão** descreve Eblis como um **anjo** que morava no céu e estava muito próximo de **Deus**. Esse anjo, no entanto, caiu em desgraça depois de desobeder a uma ordem. Eblis é composto do elemento **Fogo** e, de acordo com a crença maometana, continuará vagando pelo mundo até o dia do Juízo Final.

Eckankar Ver **Twitchell, Paul**.

Eckhart von Hochheim (Meister Eckhart) [cerca de 1260-1328] Místico alemão que entrou para um mosteiro dominicano em Erfurt e foi fortemente influenciado por Santo Agostinho. Eckhart queria entender como a Palavra de Deus (**logos**) influenciava o mundo e acreditava que, para conhecer "a imensidão e a suprema excelência da luz divina", era preciso renunciar às riquezas e às posses terrenas e se transformar num receptáculo da sabedoria divina. A visão de Eckhart de que **Deus** era tanto um ser quanto uma essência e de que as criaturas não-humanas poderiam, até certo ponto, participar também da essência divina passou a ser vista com desconfiança pelas autoridades papais. Em março de 1329, uma bula papal condenou 28 "artigos" das obras de Meister Eckhart por serem considerados potencialmente hereges e suas proposições foram minuciosamente examinadas, embora o compromisso religioso de Eckhart não fosse posto em questão. Segundo se supõe, Eckhart refutou as 28 proposições perigosas e, até o fim da vida, professou a fé católica.

Eclipse Em astronomia, interceptação da luz que ocorre quando um corpo celeste passa em frente a outro. Por centenas de anos, os astrólogos interpretaram os eclipses do **Sol** e da **Lua** como presságios de desastres, embora os **oráculos** do exército de Alexandre o Grande considerassem os eclipses lunares como uma indicação da vitória macedônica sobre os persas.

Eclipse Umbral Na **astrologia**, eclipse da Lua, que ocorre quando a Lua entra na sombra da Terra (do latim *umbra*, "sombra"). Esse termo também é usado para descrever um eclipse do Sol em que o disco da Lua fica contido por inteiro no disco solar.

Ecsomática, Experiência Termo usado pela parapsicóloga britânica **Celia Green** para descrever a **experiência fora do corpo**, especialmente quando ela ocorre involuntariamente. Quando provocada, essa experiência é conhecida como **projeção astral**.

Ectênica, Força No **espiritualismo**, força que supostamente provoca o movimento sobrenatural de objetos, sem intervenção física. Essa força emanaria dos **médiuns psíquicos** e, segundo alguns ocultistas, explicaria o fenômeno das **mesas que giram** e das batidas de origem espiritual.

Ectoplasma Derivado das palavras gregas *ektos*, "exteriorizada", e *plasma*, "substância", termo cunhado pelo professor **Charles Richet**, ex-presidente da **Sociedade para a Pesquisa Psíquica**, para descrever a misteriosa substância que dizem emanar do corpo dos **médiuns psíquicos**, durante as **sessões**. Descrito como uma substância gelatinosa, viscosa ou parecida com geléia, o ectoplasma é geralmente branco e costuma exsudar da boca do médium. Os espiritualistas acreditam que ele seja a materialização do **corpo astral**. Embora alguns médiuns pareçam sentir dor quando o ectoplasma é tocado, há casos em que essa substância foi fabricada com clara de ovo, gaze ou polpa de madeira, com a intenção única de iludir.

Edas Sagas medievais islandesas que constituem a principal fonte da **mitologia** e das crenças religiosas tradicionais escandinavas. A chamada *Elder Edda* foi escrita por volta do século XII, em forma de poesia, por autor desconhecido. A *Younger Edda* foi escrita em forma de prosa por Snorri Sturluson, por volta de 1230.

Eddy, Mary Baker (1821-1910) Fundadora da **Ciência Cristã**. Mary Baker Eddy nasceu em Bow, em New Hampshire, Inglaterra, e era a mais nova de seis irmãos. Criada num lar congregacionalista, Mary era uma criança de saúde frágil, que sofria de problemas na coluna. Embora sua educação fosse precária, ela lia muito, escrevia poesia e estudava homeopatia. Casou-se três vezes e seu terceiro marido, Asa G. Eddy, era um de seus ex-alunos. Eles se casaram em 1877, depois que seu segundo marido, o dr. Daniel Patterson, abandonou-a.

Enquanto ainda estava casada com Patterson, Mary entrou em contato com **Phineas P. Quimby**, um agente de cura que residia em Portland, no Maine. Ele acreditava que era possível curar doenças por meio de pensamentos positivos e afirmava que essa técnica de cura era a mesma que Jesus usara. Um mês depois da morte de Quimby, em 1866, Mary Patterson (esse ainda era o nome dela) sofreu uma queda no gelo e achou que nunca mais voltaria a andar. Ela rezou e leu o Antigo Testamento para ajudar na recuperação. Esse é considerado o início da Ciência Cristã e a data que marca o surgimento de Mary Patterson como líder espiritual. Ela acreditava que **Deus** havia trabalhado por meio dela, o que fez com que ela começasse a procurar espiritualistas que tivessem uma visão metafísica semelhante da cura e da consciência espiritual. Seu livro *Science and Health*, publicado originalmente em 1875, tornou-se a bíblia do cientista cristão.

Edwards, Harry (1893-1976) Famoso agente de cura psíquico que se tornou uma celebridade na Inglaterra depois de fazer demonstrações públicas da técnica de cura espiritual pela **imposição das mãos**. Edwards dizia que descobrira seus poderes de cura quando era oficial na Pérsia, durante a Primeira Grande Guerra. Um dia, enquanto passava pela cidade de Kermanshah, ele ouviu os gritos de uma mulher de um harém e descobriu que ela fora picada por um escorpião. Edwards prontamente passou a mão sobre a ferida e aparentemente salvou-lhe a vida.

À medida que sua fama como agente de cura aumentava, Edwards começou a atrair um público cada vez maior. No Kings Hall, em Manchester, ele reuniu sete mil pessoas. Os doentes se apresentavam para ser curados por meio da imposição de mãos. As doenças que ele tinha mais facilidade de curar eram as mesmas que costumam ser curadas nos cultos com propósito de cura, realizados pelas igrejas presbiterianas – artrite, lesões na coluna, paralisia e, às vezes, cegueira e surdez. Edwards alegava, contudo, que não era apenas guiado por Deus, mas também pelo **espírito** dos mortos, especialmente os de Pasteur e de lorde Lister. Ele fundou posteriormente um santuário de cura espiritual em Shere, Surrey, onde chegou a consultar muitos políticos e membros da família real. Ver também **Cura Psíquica**.

Efemérides Obra de referência que registra as posições do **Sol** e dos **planetas** em todos os dias do ano, incluindo detalhes acerca da longitude, da latitude e da declinação. É usada pelos astrólogos para calcular o **mapa astrológico**. Ver também **Astrologia**.

Efígie Imagem ou representação de uma pessoa, geralmente usada em cerimônias ou **feitiços**. Os feiticeiros e magos negros podem queimar ou traspassar com alfinetes a efígie de uma pessoa em particular, com a intenção de prejudicá-la. Ver também **Magia Negra**.

Eglinton, William Médium psíquico inglês do século XIX, que exibia uma forma de **escrita automática** nas **sessões**. Eglinton sentava-se com um sujeito num cômodo escuro e, juntos, eles seguravam uma lousa sob uma mesa. Um pequeno pedaço de giz ou grafite ficava entre a mesa e a lousa para que "mensagens espirituais" pudessem ser escritas na lousa. Nas sessões bem-sucedidas, um espírito se manifestava, escrevia uma mensagem e completava a comunicação com três ruidosas "batidas". A lousa, coberta de mensagens espirituais, era então mostrada aos presentes. Eglinton atraiu considerável atenção por seu desempenho psíquico e convenceu vários investigadores de sua autenticidade. No entanto, em pelo menos uma ocasião, ele foi visto escrevendo ele mesmo as mensagens espirituais e, no começo de sua carreira como médium, foi pego forjando **manifestações** espiritualistas. Sua reputação ainda é posta em dúvida.

Ego Identidade pessoal de um indivíduo. Os **místicos** e **ocultistas** tendem a considerar o ego como uma entidade essencialmente ilusória e acreditam que o **eu** possa assumir várias personalidades em diferentes encarnações, em sua busca espiritual pela **auto-realização**. Ver também **Reencarnação**.

Egrégora Forma-pensamento criada em grupos psíquicos ou em cerimônias mágicas pela "vontade" conjunta ou pelos poderes de visualização dos participantes. De acordo com o **médium psíquico Ted Serios**, se as formas-pensamento são projetadas com força suficiente, elas podem imprimir uma imagem num filme fotográfico. Os praticantes de magia em geral acham muito mais eficaz trabalhar com egrégoras nas cerimônias, pois isso propicia, em termos de visualização mágica, um efeito cumulativo que permite ao mago beneficiar-se dos trabalhos de magia feitos anteriormente.

Eguns Nos **cultos afro-brasileiros**, as **almas** ou **espíritos** dos mortos.

Ehrenwald, dr. Jan Psiquiatra tchecoslovaco que se interessou em estudar as ligações entre a **telepatia** e a psicanálise.

Membro da **Sociedade para a Pesquisa Psíquica** tanto norte-americana quanto britânica, ele se tornou uma autoridade consagrada na investigação científica da **percepção extra-sensorial** e afirmava que os chamados fenômenos **psi** não tinham caráter oculto nem **sobrenatural**, mas podiam ser explicados pela ciência. Entre seus muitos livros, figuram *Telepathy and Medical Psychology* (1948), *From Magic Healing to Encounter* (1976) e *The ESP Experience* (1978).

Eidético, Sistema Geral Adaptação do **biofeedback** desenvolvida por Henry Evering e pelo dr. Terry Burrows, de Toronto, no Canadá, para monitorar fatores tanto internos quanto externos (ou ambientais) que afetam a consciência humana. Os praticantes dessa técnica monitoram a resistência elétrica da pele, a temperatura corporal, o batimento cardíaco, a tensão muscular e os ritmos das ondas cerebrais, para descobrir como adaptar os "padrões de imagem eidéticos" indicados pelo *biofeedback* ao processo individual de tomada de decisões. O Sistema Geral Eidético é, basicamente, um método de desenvolvimento pessoal que envolve o reconhecimento de padrões.

Eidolon Derivado do termo grego que significa "imagem", espécie de **duplo**, **corpo astral** ou espectro.

Eisai (1141-1215) Monge japonês que levou o **Zen-budismo** da China para o Japão. Eisai também introduziu no Japão o costume de beber chá, bebida que ele considerava excelente para a saúde e para a longevidade.

Eisenbud, dr. Jule (1908-) Psiquiatra norte-americano que investigou médiuns psíquicos famosos como **Ted Serious** e **Gerard Croiset**. A maior contribuição do dr. Eisenbud para a **parapsicologia** foram os experimentos de pesquisa em que os sujeitos são estimulados a produzir fenômenos **psi** por meio de percepção subliminal.

Eixo do Mundo Ver **Axis Mundi**.

Ekagrata Termo sânscrito que significa "com a atenção fixa num único ponto". É usado em referência à **meditação** para descrever o ato de concentrar a mente num único pensamento ou imagem.

Ekisha No Japão, **adivinho** que combina **astrologia** e **quiromancia**. Como se trata de um método popular, os *ekishas* podem ser encontrados nas ruas, praticando sua arte divinatória.

Ek Oankar Na prática e na crença religiosa sikh, nome sagrado do **Ser Supremo**. Os seguidores do sikhismo acreditam num único **Deus**, que eles descrevem como "O Ser Indivisível". Ver também **Monoteísmo**.

El[1] **Divindade** suprema entre os fenícios e, especificamente, deus dos rios e dos cursos d'água. Pai de outros deuses, El era geralmente representado como um ancião de barba esvoaçante.

El[2] Termo hebreu para **Deus**. Usado como **nome de Deus** nas cerimônias mágicas modernas, especificamente na formulação do Pentagrama da Água. Ver também **Ordem Hermética da Aurora Dourada**.

Elementais Criaturas espirituais consideradas pelos **magos** como a personificação das qualidades atribuídas aos quatro **elementos**. Essas criaturas são as **salamandras** (Fogo), as **sereias** e **ondinas** (Água), os **silfos** (Ar) e os **gnomos** e **goblins** (Terra).

Elementar Na **Teosofia**, **alma** desencarnada de uma pessoa cruel ou depravada.

Acredita-se que o **corpo astral** das pessoas de boa índole decomponha-se rápido à medida que o **espírito** delas avança rumo a um novo estágio evolucionário, mas o elementar dos menos evoluídos tende a se apegar ao **plano terrestre** por muito mais tempo. Nessa situação, ele pode assumir a forma de um **fantasma** ou de uma **aparição**.

Elementar, Espírito Ver **Elementais**.

Eletiva, Astrologia Ver **Astrologia Eletiva**.

Elêusis, Mistérios de Também Mistérios Eleusinos. Célebres cerimônias religiosas e místicas realizadas em Elêusis, perto de Atenas. Essas cerimônias, criadas por Eumolpo, incluíam purificações e jejuns e eram consagradas às deusas da fertilidade **Deméter** e **Perséfone**. Os mistérios revelados aos participantes relacionavam-se à imortalidade e ao **renascimento** espiritual. Até recentemente, acreditava-se que os rituais de Elêusis tinham um caráter teatral, embora os restos arqueológicos encontrados no templo iniciatório não confirmem essa hipótese. De acordo com o etnomicologista **R. Gordon Wasson**, os mistérios de Elêusis eram de natureza **psicodélica**, induzidos pelo **ergot**, o fungo que infectava as plantações de centeio dos arredores. De acordo com Wasson, os participantes dos mistérios consumiam uma bebida que continha esse fungo, decocção de cevada e hortelã e eram instantaneamente transportados para o mundo espiritual. "O que se testemunhava ali", ele observa, "não era encenado por atores, mas *phasmata*, aparições fantasmagóricas, em particular o **espírito** da própria Perséfone." A teoria de Wasson foi corroborada por Albert Hofmann, que sintetizou **LSD** a partir do ergot. Essa explicação também parece encontrar apoio nos *Hinos a Deméter*, atribuídos a Homero, segundo o qual os participantes "sentiam medo, tremor nos membros, vertigem e náusea, além de suar frio", antes que a visão se formasse na câmara às escuras.

Élfico Com qualidades semelhantes às dos **elfos**.

Elfos Criaturas espirituais consideradas descendentes dos filhos de Eva e que foram ocultadas da visão de **Deus** por serem impuras. Na **mitologia** alemã e escandinava, os elfos se dividem em duas categorias: os elfos da luz e os elfos das trevas. Os últimos se comparavam a **anões** e os primeiros lembravam **anjos**. No folclore popular, os elfos são geralmente representados como pequenas **fadas** que dançam ao redor das flores dos jardins, deixando por onde passam anéis élficos e montes de terra para marcar sua presença; ocasionalmente disparam flechas élficas nas pessoas, com a intenção de feri-las.

Eliade, Mircea (1907-1986) Pensador romeno, especialista em religião comparada e **misticismo**; foi professor de história das religiões na University of Chicago. Autor prolífico, Eliade produziu vários trabalhos acadêmicos sobre uma vasta gama de assuntos. *Yoga: Immortality and Freedom, Shamanism* e *A History of Religious Ideas* figuram entre seus principais livros; mas ele escreveu uma grande variedade de textos sobre a natureza da experiência religiosa, o simbolismo do sagrado e os padrões das experiências iniciatórias.

Elísio Na **mitologia** grega, lugar onde os heróis mortos e as almas virtuosas gozavam a vida eterna. Originalmente, o Elísio localizava-se no extremo oeste do mundo antigo, às margens do rio Oceano. Outros escritores clássicos localizavam o Elísio no **Mundo Subterrâneo**.

Elixir da Vida Na **alquimia**, bebida considerada capaz de restaurar a juventude ou conferir **imortalidade**. Foi associado à **Pedra Filosofal**, da qual adviriam essas propriedades fabulosas.

Elliott, Reverendo Graeme Maurice (1883-1959) Clérigo inglês que investigou fenômenos **psíquicos** e interessou-se pela relevância dos eventos paranormais para o estudo do Cristianismo. Depois de conhecer *sir* **William Barrett** e *sir* **Oliver Lodge**, ele proferiu várias conferências sobre **espiritualismo** e ajudou a fundar a Churches's Fellowship for Psychical Study. Elliott foi secretário dessa organização de 1954 até sua morte e também escreveu vários livros. Entre essas obras figuram *The Psychic Life of Jesus* (1938), *Spiritualism in the Old Testament* (1940) e *The Bible as Psychic History* (1959).

Elohim Um dos nomes sagrados de **Deus**, nas escrituras hebraicas e na **Cabala**; usado pelos magos, nas cerimônias mágicas, como **nome de Deus**. É também a forma plural de **El**, cujo significado é "Deus".

Emanação Vibração que procede de uma única fonte. No **misticismo**, o mundo é às vezes considerado a emanação mais física, densa ou "grosseira" da **Divindade**. As cosmologias místicas da **Cabala**, do **Gnosticismo** e do **Neoplatonismo** concebem o processo da Criação dessa maneira. Na Cabala, por exemplo, existem dez emanações, ou **sephiroth**, que provêm da **Air Soth Aur**, a luz infinita. Essas emanações se manifestam por meio dos Quatro Mundos, que são sucessivamente mais densos. São eles **Atziluth**, **Briah**, **Yetzirah** e **Assiah**, respectivamente.

E-Metro Na **Cientologia**, equipamento usado nas sessões de audição. O E-metro se baseia no princípio da "ponte Wheatstone", que mede a resistência de um corpo a cargas elétricas pequenas. O E-Metro é um aperfeiçoamento desse princípio e supostamente mede o "choque do próprio indivíduo (o **espírito**) sobre o corpo, pela ação direta do pensamento". Basicamente, os cientologistas afirmam que o E-Metro é o "aparelho da verdade", usado pelos auditores para ajudar os "pré-clears" (aqueles que ainda não atingiram a **iluminação**). Ver também **Clear**.

Encantado Aquele ou aquilo que está sob a influência de um encantamento mágico. Ver também **Enfeitiçar**.

Encantador de Cavalos Na **bruxaria** da Grã-Bretanha, pessoa supostamente dotada da capacidade mágica de se comunicar com cavalos e fazê-los seguir seus comandos. A **palavra de poder** e os **amuletos** mágicos usados para conseguir esses resultados não costumam ser revelados pelo encantador de cavalos.

Encantamento Da palavra latina *cantare*, "cantar", **palavras** mágicas **de poder** recitadas numa cerimônia ou **ritual**. Segundo muitas mitologias, a palavra de **Deus** deu origem ao universo e produziu uma vibração sagrada que o mantém. Na **magia cerimonial**, o **mago** – ao desempenhar um papel cósmico por meio do ritual – usa fórmulas ou encantações sagradas para evocar o poder sobrenatural atribuído a Deus (ou aos **deuses**). Esse poder pode ser usado pelo mágico para seu próprio crescimento e desenvolvimento espiritual (**magia branca**) ou para prejudicar seus inimigos (**magia negra**).

Encanto Na **magia**, um **encantamento** ou objeto ao qual se atribuem poderes sobrenaturais. Comparar com **Talismã**.

Encarnação A vida presente de uma pessoa. Muitos **místicos** e **ocultistas** acreditam que a evolução espiritual da **alma** ocorra à medida que o **eu** passa por várias encarnações, adquirindo autoconhecimento e introvisões a respeito de cada uma das suas vidas. Quando a pessoa atinge a **iluminação** mística e a verdadeira **auto-realização**, as encarnações deixam de ser necessárias. Na terminologia mística oriental, a **roda da vida e da morte** deixa então de girar. Ver também **Reencarnação**.

Encarnações Divinas No **misticismo** e na religião comparada, o conceito segundo o qual a **Divindade** encarna na forma de um **avatar** ou líder espiritual que faz surgir, subseqüentemente, uma nova expressão religiosa. No Cristianismo, Jesus Cristo é considerado uma encarnação divina de **Deus** (o Pai e o Filho sendo "um só ser"); enquanto, no **Hinduísmo**, **Krishna** é considerado uma encarnação de **Vishnu**. No Tibete, o **dalai-lama** é visto como a encarnação de **Chenrezig**; enquanto, no antigo Egito, os faraós encarnavam **Rá**.

Encarnações Satânicas Termo aplicado às vezes aos tiranos e ditadores políticos que causaram tamanho terror, sofrimento e mortandade sobre a Terra que são considerados encarnações de **Satã** ou do **Demônio**. Entre os exemplos de encarnações satânicas da história mundial estão Átila, o Huno; Adolph Hitler e Joseph Stalin.

Encarnado Aquele que tem uma existência física, corpórea. No **misticismo** e no **ocultismo**, supõe-se que um **espírito** ou **alma** dê vida ao corpo físico. Ver também **Encarnação**.

Encausse, dr. Gérard Ver **Papus**.

Encruzilhada Na **bruxaria**, um ponto de encontro tradicional. Por causa provavelmente do medo de perseguição, as bruxas costumavam se encontrar nas encruzilhadas, de onde podiam se dispersar rapidamente caso fossem surpreendidas.

Enéade Na **numerologia** e na **mitologia**, o número **nove**. No Egito antigo, havia ciclos de nove deuses, dos quais o Enéade de Heliópolis é um exemplo.

Enfeitiçar Exercer influência sobre outra pessoa por meio de **feitiços**, **encantamentos** ou **bruxaria**.

Enforcado, O No **tarô**, carta dos **Arcanos Maiores** que já foi considerada uma paródia da crucificação de Cristo, mas que, na verdade, representa uma figura que reflete uma grande sabedoria espiritual no mundo e é, portanto, retratada de cabeça para baixo. A cabeça é às vezes representada como um farol, irradiando **luz** para o mundo abaixo dela. A fonte da sua inspiração é o Grande Oceano do **Espírito**, **Binah**, na parte superior da **Árvore da Vida**. Na **magia** ocidental, *O Enforcado* é regido pelo elemento **Água**, que torna mais aparente o simbolismo da sua natureza "reflexiva". *O Enforcado* é atribuído, na Árvore da Vida, ao caminho entre **Hod** e **Geburah**.

Engrama Na **Cientologia**, registro conservado na memória, referente a acontecimentos associados à dor. A mente analítica não tem acesso ao engrama na forma de lembranças ou experiências, mas é possível estimulá-lo a emergir do inconsciente por meio de "imagens mentais".

Enlil Deus sumeriano do ar, do vento e das tempestades. Adorado em Nipur, a cidade sagrada da Suméria, esse deus foi posteriormente considerado o Senhor da Terra. Foi adotado pelos babilônios como a divindade **Bel**.

Enoch, O Livro de Livro judeu apócrifo que influenciou a tradição cabalística e é considerado parte da literatura mística do **Merkabah**. Existem três versões de *O Livro de Enoch*. A versão etíope foi descoberta pelo explorador escocês James Bruce, em 1773, e é o texto que costuma ser republicado. A segunda versão, intitulada *O Livro dos Segredos de Enoch*, é um texto eslavônico que foi encontrado na biblioteca pública de Belgrado, pelo professor Sokolov, em 1886; uma tradução inglesa foi publicada em 1896. O *Enoch* hebreu, identificado como *Enoch III*, foi traduzido por Hugo Odeberg em 1928. Algumas versões do *Enoch III* incluem listas de **nomes mágicos** e de **fórmulas mágicas** escritas pelo importante arcanjo **Metatron**, considerado pelos **ocultistas** contemporâneos como o regente de **Kether**, a primeira **sephirah** da **Árvore da Vida** cabalística. Ver também **Cabala**.

Enochiana, Magia Ver **Magia Enochiana**.

Enomancia Divinação pela interpretação dos diferentes formatos de poças de vinho derramado.

Enqui Contraparte sumeriana do deus babilônico **Ea**.

Enquirídio do Papa Leão Coleção não-cristã de **orações** e **feitiços** contra venenos, fogo, animais selvagens e tempestades. Foi impresso pela primeira vez em Roma, no ano de 1523, e enviado como presente ao imperador Carlos Magno, que formou uma opinião favorável a seu respeito.

Ensalmo No Peru, **feitiço**, **encantamento** ou benzedura que, segundo se supõe, foi introduzido nesse país pelos conquistadores espanhóis.

Entidade Espírito desencarnado ou sem corpo, ou "presença". Ver também **Aparição; Fantasma**.

Entusiasmo Estado psíquico de quem está possuído por **Deus**. A inspiração mística dessa natureza em geral é acompanhada de pronunciamentos proféticos e revelações.

Enuma Elish Narração babilônica da Criação, registrada num texto cuneiforme no século VII a.C. Ela descreve como Apsu, o deus do mar, e sua consorte **Tiamat** conceberam os mundos e os outros deuses. Apsu é capturado por **Ea** e Tiamat envia uma horda de monstros para resgatá-lo. Ea então invoca **Marduc**, deus da agricultura, para enfrentar Tiamat, que acaba por matá-la numa batalha sangrenta. O corpo de Tiamat é cortado em duas partes, dando origem ao céu e à terra. Depois dessa vitória, Marduc se torna o chefe do panteão babilônico.

Enxofre Na **alquimia**, símbolo do **fogo** e do **espírito**, personificado como masculino. O enxofre era considerado pelos alquimistas como um dos três ingredientes vitais da Natureza, sendo os outros dois o **mercúrio** e o **sal**, que representam a alma e o corpo, respectivamente.

Éon, Novo Expressão usada pelo mago **Aleister Crowley** e por seus seguidores para descrever o ciclo de dois mil anos que começou em 1904, depois da iluminação de Crowley por meio da entidade **Aiwaz**. Ele afirmava que sua nova cosmologia mágica substituiria o Cristianismo e que ele próprio era a personificação da criança mágica, **Hórus**. O Novo Éon é por isso chamado pelos seguidores de Crowley de Éon de Hórus.

Éon ou Era Período prolongado de tempo. Às vezes, as eras são associadas ao curso do **zodíaco** – a Era Cristã correspondendo ao ciclo astrológico de Peixes. Alguns grupos de magia, especialmente os influenciados por **Aleister Crowley**, referem-se aos éons em termos de padrões característicos de devoção mística e cerimonial: o Éon de Ísis (culto às **deusas lunares**); o Éon de Osíris (culto aos **deuses solares**); e o Éon de Hórus (culto à criança mágica, que combina as forças feminina e masculina na **androginia**). Os éons também são um aspecto importante da **cosmologia gnóstica** e mitraísta. O deus grego Aion está relacionado ao **Abraxas** gnóstico e amalgamou-se no Mitraísmo, nos séculos II e III d.C. Ver também **Mitra**.

Epopta "Aquele que é instruído num sistema secreto de conhecimento místico." O epopta corresponde ao quarto grau de iniciação no sistema mágico reconhecido pela ordem mágica californiana **Fellowships of Kouretes**.

Epstein, Perle Nascida em Nova York, Perle Epstein é uma renomada escritora contemporânea especializada em **Cabala**. Descendente do cabalista do século XVIII **Ba'al Shem Tov**, ela é autora de vários livros sobre misticismo, incluindo *Cabala: O Caminho da Mística Judaica* (publicado pela Editora Pensamento), *Oriental Mystics and Magicians* e *The Way of Witches*.

Equidna Na **mitologia** grega, a monstruosa filha de **Tártaro** e **Géia**. Com corpo de mulher e cauda de serpente, ela era a mãe do cão de três cabeças, **Cérbero**, que guardava a entrada do **Hades**. Equidna foi finalmente morta por Argos, o monstro de cem olhos.

Equilíbrio Estado de repouso em que forças iguais e antagônicas estão contrabalançadas. Esse termo é também usado para descrever a estabilidade e a harmonia interiores. Comparar com **Individuação**.

Equinócio Época em que o **Sol** passa pelo equador. O equinócio acontece no dia 21 de março e no dia 22 de setembro; nessas duas datas, o dia e a noite têm o mesmo número de horas, em todos os países do mundo.

Equinócio Vernal Equinócio que ocorre no primeiro dia da primavera (em torno de 21 de março, no hemisfério Norte, e de 22 de setembro, no hemisfério Sul). No hemisfério Norte, ele coincide com a entrada do **Sol** em **Áries**, o primeiro signo do **zodíaco**.

Equinox, The Série de periódicos de cunho ocultista compilados por **Aleister Crowley**, que decidiu publicá-los duas vezes por ano, na época dos **equinócios** de primavera e de outono. Entre 1909 e 1913, foram publicados dez números. O chamado *Blue Equinox* foi publicado em Detroit em 1919. Várias das obras mais importantes de Crowley, como *The Vision and the Voice*, foram primeiro publicadas em *The Equinox*.

Era Aquariana Época astronômica que começa com a entrada do **equinócio** vernal na constelação de Aquário, por volta do ano 2740. Cada época dura aproximadamente 2.000 anos e, de acordo com a **astrologia**, herda muitas das suas qualidades dominantes do signo **zodiacal** associado a ela. A época atual é a da constelação de Peixes, identificada, simbolicamente, com Jesus Cristo – o "pescador de homens". Muitos consideram a Era de Aquário como uma nova fronteira na evolução espiritual humana.

Era Dourada Primeira era mística da espécie humana, em que todos eram perfeitos e inocentes. Na **mitologia** grega, ela é retratada como uma eterna primavera. Alguns **ocultistas** também a identificavam com **Atlântida** e com a **Lemúria**, continentes míticos perdidos, considerados por alguns como o "berço das civilizações" e a fonte do verdadeiro conhecimento **esotérico**.

Eras Cósmicas Na **astrologia**, a divisão do tempo em períodos de aproximadamente dois mil anos, representados pelos diferentes signos do **zodíaco**. A Era de Peixes está simbolicamente ligada a Cristo, pois o peixe é um símbolo bem conhecido do Cristianismo; a era seguinte é a **Era de Aquário**. Os astrólogos divergem quanto à data de início dessa era. Alguns supõem que ela tenha começado em 1948, outros dizem que só começará depois de 2400 d.C. O nome das eras depende da constelação em que o Sol aparece no **equinócio** de primavera.

Eremita, O No **tarô**, carta dos **Arcanos Maiores** que representa a escalada solitária do **místico**, que sobe a montanha cósmica guiado pela lanterna da sua própria luz interior. Os **ocultistas** consideram O *Eremita* como uma forma de "Ancião dos Dias", a figura sábia e patriarcal que se afasta das aparências externas (ele usa um manto negro) em favor da realidade mística sagrada. Na **magia** ocidental, que combina os caminhos dos **Arcanos Maiores** do tarô com as dez **sephiroth** da **Árvore da Vida**, o caminho do *Eremita* está ligado a **Tiphareth** e a **Chesed**.

Eresquigal Rainha sumeriana do **Mundo Subterrâneo**, às vezes associada a **Hécate**. Eresquigal tinha uma aparência bizarra, com chifres pontiagudos saindo da testa, orelhas de carneiro, corpo de peixe e escamas de cobra.

Ergot Fungo parasita (*Claviceps purpurea*) que ataca as espigas, principalmente da cevada, do trigo e da aveia, causando a doença chamada cravagem.

    R. Gordon Wasson levantou a hipótese de que as experiências visionárias dos neófitos, nos **Mistérios de Elêusis**, poderiam ter sido provocadas pela presença desse fungo na bebida sagrada que tomavam, feita de cevada; e Linda Caporael apresentou uma teoria semelhante, ao afirmar que a intoxicação provocada pela cravagem pode ter causado, no vilarejo de Salem, as convulsões e **alucinações** equivocadamente associadas à "bruxaria". O **LSD**, uma das mais fortes substâncias **alucinógenas** conhecidas, foi sintetizado pela primeira vez a partir do ergot, pelo dr. Alfred Hofmann, em 1943. Ver também **Ungüentos Voadores; Bruxas de Salem, As**.

Erínias Conhecidas também como as Três Fúrias da **mitologia** grega. Tisífone, Aleto e Megera eram deusas vingativas de aparência aterradora que pareciam bruxas velhas com serpentes no lugar dos cabelos, asas de morcego e olhos injetados de sangue. Elas matavam as vítimas a chicotadas. O papel das Erínias era castigar aqueles que cometiam crimes, principalmente contra a família. Cada uma delas tinha uma função diferente. Aleto punia as injustiças, Megera punia a inveja e Tisífone vingava os assassinatos. Elas também eram conhecidas pelo termo conciliatório Eumênides ou "Benfeitoras".

Eros Deus grego do amor, equivalente ao **Cupido** romano. Não se sabe muito acerca do nascimento de Eros. Alguns dizem que ele era filho de **Afrodite** e **Zeus**; outros afirmam que **Hermes** era seu pai. É provável, no entanto, que ele tenha, na verdade, precedido Afrodite, como a personificação da paixão universal – a força que, antes de qualquer outra, reuniu os deuses cósmicos para criar o universo.

Erva-de-são-joão Erva anual de tamanho médio, que cresce nas campinas e bosques da Grã-Bretanha, Europa e Ásia. Por tradição, é considerada uma fonte excelente de óleo cicatrizante para feridas e esfoladuras. Na Idade Média, costumava-se pendurar a erva-de-são-joão nas portas e janelas, no dia de São João, para afastar o **Demônio** e espíritos malignos. Essa erva também era usada em **amuletos** e **talismãs**.

Esalen Institute Ver **Instituto Esalen**.

Esbás ou Esbats Na **Wicca**, as chamadas celebrações "menores" (em comparação com os quatro **Sabás Maiores**). Como o calendário **lunar** é composto de treze meses de 28 dias, existem treze esbás por ano. Segundo os wiccanos, os esbás são marcados por uma consciência psíquica intensificada, resultante da energia da Lua cheia. Essa é a razão por que muitos seguidores das tradições wicca gostam de realizar seus trabalhos de magia na época dos esbás. Essa também é uma época propícia para fazer **invocações**, praticar a magia do amor e realizar cerimônias de cura, mas também para dançar, beber e festejar – ao que tudo indica, a própria palavra "esbá" deriva do termo do francês antigo *s'esbattre*, que significa "brincar e se divertir". Por tradição, o esbá vai da meia-noite até o amanhecer.

Cada esbá tem um nome diferente e está simbolicamente associado à época do ano em que ocorre (de acordo com as estações do hemisfério Norte). O primeiro acontece em outubro, um pouco antes do festival de **Samhain** (Véspera do Dia de Todos os Santos ou Halloween) e é chamado de *Lua de Sangue*. Segundo a tradição, esse esbá está relacionado à matança de animais que acontecia antes da chegada do inverno para garantir as provisões de comida, e por isso é representado pela cor vermelha. A *Lua de Neve* acontece em novembro e está associada às primeiras nevascas. A *Lua de Carvalho* corresponde à Lua cheia de dezembro. Ela está vinculada à cor preta e também ao **carvalho** – símbolo sagrado do aspecto trevoso de **Cernunos** –, pois é a madeira dessa árvore que é queimada no Yule. A *Lua de Gelo*, representada pela cor roxa, acontece em janeiro e é seguida da *Lua de Tempestade*, em fevereiro – a época em que a neve e a camada fina de gelo que se forma nas ruas dão lugar às chuvas. Essa Lua cheia está ligada ao elemento **Água** e sua cor é azul. Março traz com ele a *Lua Virginal*, a chegada da primavera, que ressurge das profundezas do inverno e é representada pela cor branca. Em abril, a *Lua Seminal* é a época em que as sementes brotam da terra; esse esbá é representado pela cor verde. A *Lua da Lebre* nasce em maio e é consagrada tanto à **Deusa** quanto à fertilidade. Sua cor é rosa, símbolo do amor. Junho traz a *Lua Díade* e, como observou a escritora neopagã Gwydion O'Hare, esse nome faz alusão à "presença visível do Deus e da Deusa, refletida no brilho do Sol e nas campinas verdejantes". A cor associada a essa Lua é o laranja, "a cor do Sol de verão". A *Lua do Hidromel* vem em julho e é a época das danças e folias. Tradicionalmente, essa é a época em que o hidromel era produzido para as celebrações da colheita, que viriam em seguida, e por isso essa Lua é associada à cor amarela. Agosto traz a *Lua das Ervas* – em referência ao verde-escuro das plantações, abundante na época das colheitas – e setembro é o mês da *Lua de Cevada*. Essa é a estação em que os cereais são colhidos; marrom é a cor simbólica desse esbá. Por fim, a *Lua do Vinho* é o esbá que se originou da diferença entre os calendários solar e lunar. Diferentemente do calendário solar, de doze meses, o calendário lunar costuma ter treze Luas por ano, e esse esbá é o décimo terceiro. Consagrado ao vinho, esse esbá é associado à cor vinho. A *Lua do Vinho* precede a *Lua de Sangue* e assim prossegue o calendário lunar. Como já foi mencionado, alguns wiccanos se referem aos esbás como celebrações "menores". Assim como afirma **Doreen Valiente**, "o esbá é uma ocasião de menor importância e menos formal do que o sabá". Os grandes sabás, por outro lado, são celebrações que vinculam a tradição Wicca contemporânea diretamente aos festivais realizados pelos **celtas** e pelos **druidas**. Ver também **Bruxas, Sabá das**.

Escada da Vida Símbolo místico dos estágios ascendentes da consciência. Essa escada apareceu a Jacó num sonho, formando uma ponte entre o **céu** e a Terra e, na **Cabala**, como a **Árvore da Vida** ou "Escada das Luzes". Os degraus da escada representam diferentes emanações, ou níveis de existência no **cosmos**. Os teosofistas usam esse termo como sinônimo de **cadeia hermética** e cadeia dourada.

Escada de Jacó Escada que aparecia em sonho a Jacó. Ela ligava o **céu** e a Terra e os **anjos** a usavam para descer do céu. Hermeticistas medievais interpretavam a escada como um símbolo do processo alquímico da transformação e comparavam a escada de Jacó com um arco-íris que abarcava todas as "cores" e se estendia sobre o **Espírito** e a Matéria. Ver também **Alquimia; Hermética**.

Escaravelho Na **mitologia** do antigo Egito, símbolo de **Quéfera** – deus solar em seu **aspecto** de senhor do renascimento e da **imortalidade**. A fêmea do escaravelho faz uma bola de excremento com as patas traseiras e introduz ali sua larva. Na religião egípcia, o escaravelho passou a ser identificado com o **Sol**, por voar nas horas mais quentes do dia e, conforme se dizia, rolar sua bola de estrume do leste para oeste. Quéfera girava a esfera solar pelo céu de forma muito parecida.

Escatologia Doutrinas relacionadas ao destino último do homem: a **morte**, o **céu**, o **inferno**, o purgatório e o juízo final.

Escorpião Na **astrologia**, **signo** do zodíaco dos nascidos entre 23 de outubro e 22 de novembro. Signo da **Água**, regido por **Marte**, Escorpião é simbolizado pelo animal de mesmo nome ou pelo áspide. Supõe-se que os nativos de Escorpião tenham grande força de caráter e sejam pessoas observadoras e naturalmente cautelosas. Elas são engenhosas e devotadas aos amigos, mas o "ferrão" que o escorpião tem no rabo indica que seus amores e amizades às vezes ficam tão amargos que podem ter fins trágicos ou violentos. Profissões ligadas à ciência, à medicina e à diplomacia são associadas a Escorpião; e muitos ocultistas – especialmente aqueles que se aprimoram em segredo – são nativos desse signo.

Escriação Forma de **divinação** em que o praticante fita uma superfície brilhante ou reluzente, para induzir o estado de transe em que cenas, pessoas, palavras ou imagens aparecem como parte de uma comunicação **psíquica**. A conhecida **bola de cristal** das cartomantes e dos **adivinhos** é o melhor exemplo de escriação, mas os espelhos, os metais, o carvão, os ossos polidos e até mesmo xícaras contendo líquidos de cor clara também são usados nessa arte.

Escrita Automática Semelhante à **pintura e desenho automáticos**, com a ressalva de que o **médium** escreve sem percepção consciente, em geral num estado de **transe**. A caligrafia tem freqüentemente um estilo diferente da do médium e é muitas vezes atribuída a uma pessoa falecida.

Escrita Direta No **espiritualismo**, situação em que uma entidade **desencarnada** aparece, numa **sessão**, para usar e dirigir as faculdades de um **médium** psíquico – neste caso, "guiando a caneta" com o propósito de transmitir mensagens por escrito.

Escrita e Pintura Inspiradas No **espiritualismo**, idéias e impressões inspiradas recebidas de uma fonte **sobrenatural** ou **transcendental** e incorporadas a um texto ou a um trabalho de arte. Nesses casos, o **espírito** que transmite inspiração não controla diretamente a mão do escritor ou do artista. Comparar com **Pintura e Desenho Automáticos; Escrita Automática**.

Escrita Fac-similar No **espiritualismo**, capacidade que certos **médiuns** têm de reproduzir o estilo literário e a assinatura de pessoas já falecidas.

Escrita Influenciada Fenômeno associado à **percepção extra-sensorial**, no qual a escrita de um sujeito é influenciada pelas impressões mentais de outra pessoa. Ver **Telepatia Mental**.

Escrófula Ver **Mal do Rei**.

Esdaile, James (1808-1859) Cirurgião escocês que, no ano de 1847, conduziu experimentos num hospital de Calcutá em que pacientes eram anestesiados usando-se técnicas de **hipnose**. Um relatório do governo da Índia menciona que Esdaile e sua equipe indiana conseguiram induzir nos pacientes uma completa insensibilidade à dor, mesmo em casos que exigiam cirurgias complexas. Juntamente com **James Braid**, Esdaile foi um dos pioneiros em hipnose. Entre os vários livros que escreveu, figuram *Mesmeric Facts* (1845) e *Natural and Mesmeric Clairvoyance* (1852).

Esferas Na **cosmologia** mística, níveis de consciência espiritual ou objetos celestiais específicos (esferas planetárias, por exemplo). Ver também **Música das Esferas**. Comparar com **Éon; Emanações; Sephiroth**.

Esfinge Criatura mítica com cabeça e seios humanos, corpo, pés e rabo de leão e asas de pássaro. O exemplo mais famoso de esfinge é a Grande Esfinge de Gizé, que representa **Hórus** e tem a cabeça de um rei. A Grande Esfinge tinha cabeça e seios de mulher e era considerada filha de **Tífon** e **Equidna**. Os viajantes que se aproximavam dela eram devorados caso não respondessem à pergunta: "Que criatura tem quatro pernas pela manhã, duas ao meio-dia e três à tarde?" A resposta ao enigma da esfinge era: "o homem", que engatinha quando bebê, anda ereto na idade adulta e se apóia numa bengala na velhice. **Édipo** resolveu o enigma da esfinge, que então se atirou de um penhasco e morreu.

Esmeralda Pedra preciosa com asssociações mágicas. A esmeralda é consagrada à Vênus e também identificada com o signo de **Touro** do **zodíaco**. Dizia-se que a tábua de **Hermes Trismegisto** era de esmeralda e que o **Olho de Hórus** egípcio era muitas vezes confeccionado na cor esmeralda.

Esotérico Termo aplicado a ensinamentos secretos aos quais apenas os iniciados de um grupo têm acesso; oculto, secreto.

Espadas Ver **Gládios**.

Espagírica, Arte Termo usado para descrever a **alquimia**. Acredita-se que tenha sido cunhado por **Paracelso**.

Espectro No **espiritualismo**, **aparição** ou **fantasma**.

Espectro de Brocken Efeito causado quando uma pessoa que está no alto de uma montanha projeta uma sombra gigante refletida nas nuvens ou na neblina. Esse efeito deve seu nome ao monte Brocken, localizado no maciço de Harz, no leste da Alemanha, um lugar tradicionalmente associado à festa das bruxas denominada **Noite de Santa Valburga**.

Espéculo Qualquer objeto usado na **escriação** como ponto focal para a pessoa que está entrando em estado de **transe**. A **bola de cristal** ou qualquer objeto com uma superfície polida ou refletora são exemplos de espéculos usados com esse propósito.

Espelho Galvânico Disco magnetizado que consiste de uma parte côncava de cobre e outra convexa de zinco. Usado para fazer previsões, esse espelho é considerado uma variante moderna da **bola de cristal**.

Espiga de Milho Símbolo místico da fertilidade e do crescimento, também associado ao Sol graças à sua tonalidade dourada.

Espiritismo Ramo francês do **espiritualismo**, associado aos ensinamentos de **Allan Kardec**. Kardec combinava técnicas para contatar os espíritos dos mortos com uma forte crença na **reencarnação**.

Espírito Centelha ou "essência" divina que existe em cada pessoa. De acordo com a crença mística, o espírito une a pessoa à **Divindade** e é um ingrediente vital da vida. Ver também **Força Vital; Prana**.

Espírito Amparador No **xamanismo**, no **espiritualismo** e na **bruxaria**, espírito que serve como guia, guardião ou **familiar**.

Espírito Aquático Espírito da natureza ou elemental da **Água**. Na **mitologia** grega, esses **espíritos** eram as **Oceânidas** e as **Nereidas**. No folclore medieval, eles eram as **sereias**, as **ondinas** e os **tritões**.

Espírito da Natureza Nome popular dos **devas** ou **elementais**. Os ocultistas consideram os espíritos da Natureza como seres feitos de energia, que sustentam a Natureza e personificam os processos vitais das plantas, flores e árvores. **Dríades, fadas, elfos** e **gnomos** pertencem a essa categoria.

Espírito Guardião Crença num **espírito** protetor que supervisiona o dia-a-dia das pessoas e as adverte de perigos iminentes. Para os romanos, a idéia de **gênio** – espírito protetor de uma pessoa ou lugar – tem essa conotação. No **espiritualismo**, o **guia** desencarnado que se comunica por meio de um **médium psíquico** tem um papel parecido com o do espírito guardião.

Espíritos Entidades **desencarnadas**, geralmente ancestrais, aos quais se atribui a capacidade de influenciar o mundo dos vivos. Nas sociedades de caça e coleta, acreditava-se que era preciso aplacar os espíritos para que se pudesse ter uma vida harmoniosa e garantir boas colheitas, caças produtivas ou condições meteorológicas favoráveis ao plantio. No **espiritualismo** moderno, os espíritos são evocados durante uma **sessão** para que transmitam informações relativas à vida no outro mundo e assegurem os vivos de que os parentes mortos ainda estão interessados nas questões mundanas e possam lhes proporcionar orientação.

Espíritos Auxiliadores No **espiritualismo**, entidades **desencarnadas** dispostas a ajudar os vivos. Em geral, presume-se que eles tenham partido há pouco tempo do mundo terreno e por isso ainda tenham ligação com o **plano terreno** da existência.

Espíritos dos Elementos Ver **Elementais**.

Espíritos Inferiores Termo usado pelos **ocultistas** para descrever **elementais**, **devas** secundários, **fadas** e outros seres **sobrenaturais** de categoria inferior na escala evolutiva.

Espíritos Planetários Ver *Arbatel de Magia*.

Espírito Supremo No **espiritualismo**, termo que designa **Deus**.

Espiritualismo Crença de que os **espíritos** dos mortos podem se comunicar com os vivos por meio de um **médium psíquico**. Nas **sessões**, conduzidas com o objetivo de evocar um espírito em particular, o médium entra em estado de **transe**. O espírito então "possui" o médium e se dirige diretamente à platéia ou se comunica por meio da **escrita automática**, do **desenho** ou da **pintura automáticos**. Os espiritualistas consideram os fenômenos que ocorrem nas sessões como uma prova da vida após a **morte**.

Espodomancia Forma de **divinação** em que se interpretam as cinzas dos sacrifícios como **presságios**.

Essência Qualidades distintivas e intrínsecas de uma pessoa ou coisa. Do ponto de vista ocultista, a essência de uma pessoa não corresponde ao **ego**, mas ao **eu**; e para muitos **místicos**, essa essência, na realidade, é uma parte de **Deus**.

Essênios Grupo pré-cristão de **ascetas** judeus que levavam uma vida monástica, só tinham bens comuns e viviam em comunidades em **Qumram**, localidade onde foram encontrados os **Manuscritos do Mar Morto**. Os essênios não aceitavam os rituais do Templo, eram predominantemente pacifistas e acreditavam na **imortalidade** da **alma**.

Estação Na **astrologia**, ponto da órbita de um **planeta** em que ele passa a ser direto ou retrógrado. Ver também **Matutino**.

Estado Alterado de Consciência Estado de consciência diferente da consciência normal do dia-a-dia (às vezes chamada de "realidade consensual"), na qual se baseiam os padrões normais de comunicação. Os estados alterados excluem ou minimizam o mundo externo, deixando que as imagens do subconsciente sejam vistas à luz da consciência. Os estados alterados incluem alguns tipos de **sonho**, estados de **transe**, **experiências fora do corpo**, experiências de **dissociação**, estados místicos e **alucinações** associadas com drogas **psicodélicas**.

Esticomancia Divinação por meio da interpretação de uma passagem de um livro – geralmente um texto sagrado –, escolhida ao acaso. É comumente conhecida como **bibliomancia**.

Estige Na **mitologia** grega, um dos cinco rios do **Hades**. O Estige rodeava o Hades nove vezes e **Caronte** era responsável pelo transporte das almas dos mortos pelas regiões infernais.

Estigma Feridas ou marcas que às vezes sangram e lembram as feridas no corpo de Cristo, na ocasião da crucificação. Os estigmas às vezes aparecem no corpo dos **místicos** cristãos profundamente devotos a Jesus. São Francisco de Assis trazia estigmas no corpo e, em tempos mais recentes, eles apareceram no corpo da alemã **Teresa Neumann**, depois que ela rezou a Santa Terezinha de Lisieux e teve visões da Paixão de Cristo.

Estrela, **A** No **tarô**, carta dos **Arcanos Maiores** que representa uma linda mulher nua ajoelhada na beira de um lago, derramando água dos dois jarros que segura nas mãos. Considerada a personificação da "deusa branca" em suas várias formas – **Ísis**, **Hathor** ou **Afrodite** –, ela é considerada um receptáculo das águas do Espírito que fluem sobre a Terra. Na **magia** ocidental, que combina os caminhos dos Arcanos Maiores do tarô com as dez **sephiroth** da **Árvore da Vida**, o caminho da *Estrela* liga **Yesod** a **Netzach**.

Estrela de Cinco Pontas Ver **Pentagrama**.

Estrelas, Divinação pelas Ver **Astrologia**.

Estupa Também Stupa. Importante símbolo sagrado no **Budismo**, a estupa é um monte de terra ou pedras que pode ter muitas formas diferentes, desde uma sepultura até um sofisticado **pagode**. Do ponto de vista simbólico, a estupa relaciona-se à cabeça de **Gautama Buda** e, portanto, à conquista espiritual do **nirvana**. A estupa também é uma forma de **monte Meru**, o centro místico mundial.

Éter De acordo com a crença ocultista, substância fluida que ocupa todo o espaço, permeia toda a matéria e faz parte de todos os processos de vida.

Eternidade Do latim *aeternitas*, um período incomensurável de tempo; tempo sem começo nem fim.

Eterno Algo que dura para sempre ou que constitui uma verdade que transcende o tempo. Os **místicos** e os **ocultistas** referem-se à "verdade eterna", à "eterna bem-aventurança" e à "beleza eterna".

Etteilla Seguidor de **Court de Gébelin** cujo nome real era Alliette. No mais autêntico estilo esotérico, ele achou que seu nome pareceria mais místico se fosse invertido. Etteilla afirmava que o **tarô** havia sido concebido por dezessete **magos** e produzido 171 anos depois do dilúvio. Apesar da natureza improvável dessa teoria, muito popular entre os franceses da época, Etteilla de fato criou um dos mais belos baralhos de tarô de todos os tempos — que ele chamou de "O Grande Etteilla". Esse baralho é reproduzido desde então.

Eu No **misticismo** e na filosofia oculta, essência divina do ser. O eu pode ser comparado ao **ego**, considerado pelos místicos como uma identidade transitória que desaparece na ocasião da **morte**. O eu, por outro lado, contém a centelha da **Divindade** e é a fonte da consciência pura.

Eu Superior Eu espiritual de uma pessoa, compreendido integralmente por meio da **meditação** como a essência divina que liga cada ser humano a **Deus**. Ver também **Consciência Cósmica**.

Eu Supremo Também Eu Superior. Termo hindu e teosófico que designa o **Eu** universal ou **Atman** – o estado de consciência universal que une os seres humanos e o **cosmos**.

Eva De acordo com o Gênesis, a primeira mulher, criada por **Deus** a partir de uma costela de Adão. O nome hebreu de Eva, *Hawwah*, significa "a mãe de todas as coisas vivas". Nesse sentido, Eva é um dos grandes **arquétipos** míticos femininos.

Eva C. (c.1890-1943) **Médium** francesa de materialização, também conhecida como Marthe Béraud. Ela afirmava ter materializado o **espírito** de "Bien Boa", um brâmane indiano, na casa do general Noel, em Argel. Embora Eva C. e o cocheiro árabe do general Noel – que fazia o papel do espírito – tenham depois admitido que tudo não passara de uma fraude, vários pesquisadores de fenômenos psíquicos ficaram convencidos da autenticidade da médium.

Evans-Wentz, W. Y. (1878-1965) Erudito norte-americano que fez seu primeiro trabalho de campo nas regiões da Grã-Bretanha e da Europa associadas às lendas folclóricas célticas. Evans-Wentz perguntou sobre as lendas de **fadas** aos camponeses e moradores das regiões rurais, que ainda mantinham-se fiéis às crenças antigas, e reuniu esses relatos em seu primeiro livro *The Fairly-Faith in Celtic Countries* (1911).

Nesse livro, Evans-Wentz observa que a presença das fadas e de seres sobrenaturais semelhantes é percebida durante os **estados alterados de consciência**. Seus livros, portanto, abrem novos horizontes para os estudiosos do assunto, ao apresentar uma estrutura psicológica para as crenças místicas e religiosas e também por levar em conta as pesquisas realizadas na época por *sir* **William Crookes** e *sir* **Oliver Lodge**, acerca dos fenômenos psíquicos. Evans-Wentz viajou posteriormente à Índia e explorou a região da Caxemira. Recebeu então treinamento em **yoga** e tornou-se **chela** do lama Kazi Dawa-Samdrup, em Sikkim. Em decorrência do seu convívio com esse lama, Evans-Wentz pôde editar e traduzir várias obras importantes do **misticismo** tibetano, incluindo *The Bardo Thodol* (mais conhecido como **O Livro Tibetano dos Mortos** – publicado pela Editora Pensamento), *Tibetan Yoga and Secret Doctrines* e *O Livro Tibetano da Grande Libertação* (publicado pela Editora Pensamento). Evans-Wentz também escreveu uma obra sobre o yogi tibetano **Milarepa**. Ver também **Bardo**.

Evocação Na **magia cerimonial**, chamado que se faz a um **espírito**, por meio de fórmulas encantatórias ou **palavras de poder**. Nos **rituais** mágicos modernos, um triângulo é usado para conter o poder do espírito. Antes de evocar um espírito num ritual, o **mago** coloca um **talismã** no centro do triângulo e então sai da área de evocação. Os ocultistas acreditam que, sem essas barreiras simbólicas, o mago corre o risco de perder o controle sobre as manifestações e ser possuído por um desses espíritos. Ver também **Possessão**.

Evola, Julius (1898-1974) Renomado metafísico italiano que, com outros metafísicos célebres como Arturo Reghini, Giulio Parese e Pietro Negri, fundou o misterioso Grupo de UR, em Roma, no ano de 1927. O propósito desse grupo de magia era levar a identidade de cada um dos membros a um estado de poder e consciência sobre-humanos que os tornasse capazes de exercer sobre o mundo uma influência de ordem mágica. Para fazer isso, eles empregavam técnicas derivadas de rituais **tântricos** e **budistas** assim como textos **herméticos** raros. Entre as obras publicadas de Evola figuram *A Yoga do Poder*, *A Tradição Hermética*, *Eros e o Mistério do Amor* e *O Mistério do Graal*. *Introdução à Magia*, uma antologia dos principais textos de Evola e de outros membros do Grupo de UR, foi publicada nos Estados Unidos em 2001.

Evolução Espiritual No **misticismo** e no **ocultismo**, o desenvolvimento e crescimento espiritual do **eu** de diferentes formas. Em alguns sistemas, a evolução do eu começa nas formas vegetais, passa pelas de caráter animal e pelas humanas, até chegar às sobre-humanas; outros enfatizam a unicidade. Muitos grupos místicos acreditam na evolução espiritual ao longo de várias vidas. Ver também **Reencarnação**.

Exaltação Na **astrologia**, termo usado para descrever a situação harmoniosa em que os planetas têm uma grande afinidade com os signos do **zodíaco** em que estão posicionados. O **Sol** em **Leão** é um exemplo clássico.

Excalibur Nas lendas arturianas, espada mágica do rei Artur. Trata-se da espada que ele arrancou da bigorna, no castelo do rei Pendragon, e que o identificou como herdeiro do trono; em outros relatos, Excalibur é a espada mantida sob a proteção da Dama do Lago. Também conhecida como **Caliburnus**, ela tem uma possível ligação com a espada Calabolg, que pertencia ao herói do folclore irlandês Fergus.

EVOCAÇÃO: os magos usam fórmulas mágicas para evocar os espíritos. Este desenho – "De um Neófito e Como a Arte Negra lhe Foi Revelada por Fiend Asomuel" – foi criado por Aubrey Beardsley em 1893.

Excomunhão Pena infligida pela Igreja Cristã, em que o crente é expulso da comunidade cristã, depois de acusado de **heresia**. O pecador perde o direito de receber os sacramentos da comunhão e, na visão da Igreja, é afastado de **Deus**.

Exegese Interpretação e elucidação dos textos sagrados e das santas escrituras, incluindo a identificação das suas seções proféticas ou alegóricas. Esse termo também se aplica aos comentários literários sobre esses textos.

Exorcismo Cerimônia em que forças malignas ou satânicas são expulsas – ou de um local ou de uma pessoa possuída. Muitos casos são citados no Novo Testamento, em que Jesus expulsa **demônios** de pessoas aflitas e urge aos discípulos que façam o mesmo em seu nome.

O exorcismo cristão moderno segue o mesmo princípio. O padre reza o Pai-nosso, faz o sinal-da-cruz com água benta sobre a testa da pessoa possuída, coloca as mãos sobre ela e ordena ao **espírito** maligno que retire suas influências, em nome de Cristo.

Os **ocultistas** também têm seu próprio tipo de exorcismo, embora ele sirva mais como uma barreira psíquica de proteção contra influências maléficas enviadas por um grupo ocultista inimigo. Diferentes formas de **ritual de banimento** são usadas na **magia branca** para garantir que os rituais realizados dentro do **círculo mágico** não sejam afetados por influências maléficas ou demoníacas. Ver também **Possessão**; **Ataque Psíquico**.

Exotérico O oposto de **esotérico**. Ensinamentos que não são reservados a iniciados ou a grupos ocultistas, mas estão ao alcance do público em geral.

Experiência de Pico Também Experiência Culminante. Termo usado pelo psicólogo **Abraham Maslow** (1908-1970) para descrever experiências profundas e repentinas de alegria, **êxtase** e **iluminação**. Maslow associou essas experiências com lampejos de perfeição e encantamento. Em seu livro *Motivation and Personality* (1970), ele descreveu os picos mais altos como "sentimentos de horizontes ilimitados abrindo-se para a visão, o sentimento de estar mais poderoso e, ao mesmo tempo, mais impotente do que nunca, o sentimento de grande êxtase, deslumbramento e assombro, a sensação de se estar perdido no tempo e no espaço..." Com o número maior de obras sobre o **movimento do potencial humano** e o **movimento transpessoal**, o termo de Maslow passou a ser considerado sinônimo de "experiência mística". Ver também **Consciência Cósmica**.

Experiência de Quase-Morte Estado de consciência vivido pelos pacientes internados em hospitais e que foram declarados clinicamente mortos e em seguida ressuscitaram. A experiência de quase-morte é em geral caracterizada pela **experiência fora do corpo**, por visões de seres espirituais e pela sensação de viajar por um túnel rumo a uma **luz** profunda e serena. Existem alguns paralelos entre essa experiência e as técnicas de **transe** desenvolvidas pelos **xamãs** indígenas. Ver também **Projeção Astral**; **Morte**; **Alma**; **Espírito**.

Experiência Fora do Corpo (EFC) Experiência dissociativa caracterizada pela sensação de que a consciência está separada do corpo e a certa distância dele. São vários os históricos de casos de pessoas que afirmam ter flutuado acima do próprio corpo ou acima do telhado, atravessando paredes e outros objetos sólidos. A experiência fora do corpo é em geral chamada de **projeção astral**, embora esse termo seja usado com mais correção quando a EFC é provocada voluntariamente. A EFC, por outro lado, pode ocorrer espontaneamente como resultado de uma doença ou jejum, ou durante experiências **psicodélicas**. Ver também **Crookall, Robert; Sonhos Lúcidos; Fox, Oliver; Green, Celia; Monroe, Robert; Muldoon, Sylvan**.

Experiência Psi Espontânea Expressão usada em **parapsicologia** para descrever uma experiência psíquica ou paranormal involuntária. Ver também **Psi**.

Expiação Correção de uma ofensa, geralmente por meio do sacrifício a um **deus**.

Êxtase Estado de alegria, enlevo ou **iluminação** espiritual em que a pessoa se sente alçada a um estado de **transcendência** visionária. O êxtase é um profundo **estado alterado de consciência** e está em geral associado ao **transe**. Ver também **Experiência Fora do Corpo** e **Xamanismo**.

Exteriorização Termo ocultista usado para descrever a **projeção astral** e a **experiência fora do corpo**.

Externalização Ato de tornar visíveis ao mundo exterior acontecimentos mentais ou espirituais. Segundo os **espiritualistas**, esse fenômeno ocorre nas **sessões** quando imagens do **plano astral** se manifestam no **ectoplasma**. Na **magia** ritual, evocam-se **espíritos** normalmente invisíveis para que se manifestem na fumaça do incenso. Ver também **Evocação**.

Extra No **espiritualismo**, imagem **sobrenatural** que aparece numa fotografia normal e costuma ser considerada uma prova da existência do mundo espiritual. Em geral, essa imagem consiste no rosto de uma pessoa já falecida, cujo **espírito** estava supostamente presente numa **sessão**; outras vezes, pode se tratar da imagem de um **fantasma**, avistado num local considerado mal-assombrado. Ver também **Fotografia Psíquica**.

Extra-sensorial Que está além dos cinco sentidos.

Extraterrestre Ser de outro planeta ou dimensão. Esse termo é muito usado em relatos de **objetos voadores não-identificados**, em que os tripulantes de **discos-voadores** e "naves-mãe" supostamente vêm para a Terra, partindo de algum lugar do espaço. Essa tendência começou com o astrônomo amador George Adamski, que em meados da década de 1950, descreveu os contatos que fez com seres do espaço, vindos do planeta Vênus. Em seu livro, *Inside the Space-Ships*, há fotografias de espaçonaves extraterrestres que lembram muito abajures e cartolas, e não foram levadas a sério pela maioria dos ufologistas.

Exu Nos **cultos afro-brasileiros**, deus da **magia** e entidade mensageira entre os seres humanos e os deuses.

F

Fachan Espírito maligno do folclore irlandês que, assim como os **ciclopes**, tem um olho no centro da testa. Uma mão projeta-se do peito da criatura e uma perna, do quadril. O corpo é coberto de penas eriçadas. O *fachan* assalta viajantes incautos e os mata em seguida.

Faculdades da Alma De acordo com **Platão**, a **alma** tem três faculdades: o desejo, a vontade e a razão. Somente quando essas três faculdades estão em harmonia é que o indivíduo tem paz interior. Do contrário, o resultado é desordem e conflito. Esse termo também é usado genericamente no estudo da mente e da consciência e se refere a talentos e capacidades específicas. Na **parapsicologia**, por exemplo, atribui-se aos psíquicos a "faculdade" de produzir **fenômenos psi**.

Faculdade X Termo usado pelo escritor ocultista britânico **Colin Wilson** para descrever o potencial paranormal da mente humana. Wilson o define em seu livro *The Occult* como "o poder latente que os seres humanos têm de transcender o presente" e, na opinião dele, esse poder "é a chave de toda experiência poética e mística". Wilson não acredita que a Faculdade X seja de natureza sobrenatural. Ela seria antes "o poder de apreender a realidade [...] ela une as duas metades da mente humana, o consciente e o inconsciente". Wilson apresentou pela primeira vez a teoria da Faculdade X em 1966 e pautou seu romance *The Philosopher's Stone* em artigos referentes a essa teoria. Segundo ele, todos os seres humanos precisam desenvolver essa faculdade para atingir o estágio seguinte de evolução.

Fadas Criaturas espirituais com poderes mágicos, que podem trazer sorte ou infortúnio à humanidade por meio dos seus **feitiços** e **encantamentos** mágicos. Na Irlanda, o povo das fadas é conhecido tradicionalmente como Sidhe – pronuncia-se "sci" – ou **Tuatha de Danaan**, e habita as montanhas e declives. As fadas vivem numa sociedade aristocrática, num lugar belo e eterno chamado País da Eterna Juventude. Elas também têm monarcas. Por exemplo, no condado de Galway, Fin Bheara e Nuala são o rei e a rainha das fadas Connacht. No País de Gales, o rei e a rainha das fadas – conhecidas como Tylwyth Teg – são Gwydion ab Don e Gwendhidw, e Shakespeare refere-se aos governantes das fadas, em *Sonho de uma Noite de Verão*, como Oberon e Titânia. Onde quer que se encontrem, as fadas têm seu próprio reino, ou "país das fadas", e vivem em pequenos grupos, sob as árvores ou sob as colinas das fadas. Algumas fadas são associadas aos **espíritos** dos riachos, dos rios e dos bosques e por isso, até certo ponto, assemelham-se aos **elementais** e **devas**. Ver também **Dríades**.

Fadas, As Três Conhecidas na Grécia Antiga como as Moiras e na Roma Antiga como as Parcas, as Três Fadas (*tria fata*, em latim), filhas de **Zeus** e de Têmis, determinavam o destino de todos os seres mortais. Cloto presidia o nascimento e tecia o fio da vida; Láquesis era quem determinava a duração da vida; e Átropos cortava o fio da vida com sua tesoura.

Fadas de Cottingley, As Suposto caso de visões de fadas em Cottingley, na Inglaterra. Em 1917, duas meninas – de 16 e 9 anos – afirmaram que fadas brincavam com elas no jardim, e fotografias foram tiradas para provar essas alegações. **Arthur Conan Doyle** e L. Gardner investigaram o caso e convenceram-se de que as meninas diziam a verdade. Gardner, inclusive, escreveu um livro intitulado *Fairies*. Uma das meninas, no entanto, quando já era uma anciã, confessou que tudo não passara de uma fraude, incluindo as fotos.

Fafnir Na **mitologia** escandinava, o filho de Hreidmar, que se transformou num **dragão** e matou o pai para ficar com o tesouro que **Loki** havia roubado do anão **Andvari**. Fafnir acabou sendo morto por Sigurd, que assou seu coração num espeto.

Fagail No **folclore** celta, a "festa de despedida" das **fadas**. Essa festa pode dar sorte ou azar, dependendo das circunstâncias.

Fala Automática Semelhante à **pintura** e ao **desenho automáticos**, com a ressalva de que o **médium** fala sem percepção consciente, em geral num estado de **transe**. No caso de **oráculos**, supunha-se que um **deus** falasse por intermédio do médium.

Falin Demônio escocês que, segundo a lenda, assombra os picos das montanhas próximas a Glen Aven. Sua cabeça tem duas vezes o tamanho do corpo e ele só é visto antes da aurora. Cruzar o caminho dessa criatura antes do nascer do Sol é morte certa.

Falo Órgão sexual masculino, conhecido na **yoga** e no **Hinduísmo** como **lingam**. Símbolo masculino supremo em todos os credos e práticas baseadas na fertilidade e no culto sexual, o falo é representado por formas diversas como o **mastro de maio**, a **varinha** do **mago** e a serpente. Na **Tantra Yoga**, a união sexual procriadora de **Shiva** e **Shakti** deu origem a todo o universo.

Familiar Na **bruxaria** medieval, **espírito** ou **demônio**, geralmente na forma de um animal, que acompanha a **bruxa** ou **feiticeiro** e é dotado de poderes mágicos. Às vezes uma gota de sangue da bruxa é misturada à comida do animal para produzir um suposto vínculo psíquico entre ela e o familiar. De acordo com relatos do século XVII, cães, gatos, potros, galinhas, lebres, ratos e sapos eram familiares muito comuns. As bruxas costumavam consultar seus familiares ao fazer previsões ou presságios.

Fana No **Sufismo**, termo que significa "ser absorvido por Deus". Esse estado ocorre em três estágios: o ato de buscar o perdão de Deus; de pedir as bênçãos de **Maomé**; e, finalmente, de se fundir com a Unidade Divina. O místico islâmico **Abu Hamid Ghazali** escreveu: "Quando o devoto pára de pensar na sua devoção ou em si mesmo e se deixa absorver completamente por Ele, o alvo da sua devoção, esse estado é chamado fana."

Fang Shih Termo taoísta que designa os **magos** versados na arte de lançar **encantamentos** mágicos e de convocar **espíritos**. Na China, esse tipo de magia é anterior até mesmo ao próprio **Taoísmo**. O mais conhecido mago fang shih foi Li Shao Chun (século II a.C.), que, em favor do imperador, evocou o "**demônio**" de um forno de cozinha para conjurar o espírito de uma mulher morta.

Fang Shu Termo **taoísta** para **magia**, **ocultismo** e **divinação**. Ver também **Taoísmo**.

Fantasma Termo oculto genérico para um **espírito** ou **aparição**, geralmente considerado o **corpo astral** desencarnado de uma pessoa falecida. Segundo se acredita, os fantasmas assombram os locais em que viviam quando da sua permanência na Terra.

Fantasma de Cemitério Fantasma ou **aparição** vista nas proximidades de uma cova de cemitério. De acordo com vários relatos, esse tipo de fantasma tem aparência diáfana e etérica e geralmente emite uma espécie de "luminescência".

Fantasma de Cock Lane, O Célebre caso de atividade **poltergeist** ocorrido no ano de 1762, na suposta casa **mal-assombrada** de Cock Lane, em Smithfield, Londres. Ouvia-se na casa o barulho de batidas, atribuídas ao **fantasma** da sra. Kent, uma ex-moradora que teria sido assassinada ali pelo marido. O caso atraiu a atenção de multidões e foi investigado por muitas personalidades famosas na época, como o dr. Samuel Johnson, Oliver Goldsmith e Horace Walpole. O locatário da casa na época era um homem chamado Parsons e os investigadores do caso suspeitaram de que ele houvesse criado o fantasma para chantagear o marido da falecida. Acabou-se descobrindo que as batidas misteriosas eram produzidas por Elizabeth, a filha de 11 anos de Parsons, que foi levado a julgamento.

Fantasmas dos Vivos Expressão usada pelos pesquisadores pioneiros de fenômenos psíquicos **Edmund Gurney** e **F. W. H. Myers** para descrever **aparições** de pessoas ainda vivas, em oposição às de pessoas mortas. O surgimento do **duplo**, no entanto, geralmente é um sinal de desastre ou **morte** iminente. Ver também **Corpo Astral**; **Doppelgänger**.

Faquir Místico ou homem santo indiano capaz de feitos supostamente miraculosos ou paranormais, como deitar em camas de pregos sem sentir dor, infligir-se automutilações, encantar serpentes e fazer o lendário truque indiano da corda. Esse termo, derivado da palavra árabe *faqir*, cujo significado é "pessoa pobre", também é usado para descrever os **dervixes rodopiantes** islâmicos e indigentes que vivem de esmolas.

Farr, Florence (1860-1917) Atriz e ex-amante de George Bernard Shaw, Florence Farr conheceu a magia cerimonial moderna por meio de **W. B. Yeats** e filiou-se ao Templo Ísis-Urânia da **Ordem Hermética da Aurora Dourada**. Cansada das tendências autocráticas de **MacGregor Mathers**, ela deixou a Aurora Dourada para formar seu próprio grupo, o Sphere. Em 1896, publicou um trabalho intitulado *Egyptian Magic* (republicado em 1982), que incluía trechos do **Gnostic** Bruce Codex. Nesse livro, Jesus Cristo é retratado como um iniciador e professor que proporciona aos discípulos a compreensão dos **arcons** e dos **éons**. Nomes sagrados de poder também foram incluídos nesse texto.

Farrar, Stewart (1916-2000) e **Janet** (1950-) Dois dos mais influentes praticante da **bruxaria** contemporânea nas décadas de 80 e 90, os Farrar já haviam assumido um papel de liderança na comunidade neopagã de Londres uma década antes. Janet Farrar (née Owen) nasceu e foi criada no leste de Londres, numa família estritamente cristã; seu avô era membro do conselho da paróquia anglicana que a família freqüentava. Contudo, ela começou a se afastar do Cristianismo durante a adolescência e passou um breve período praticando **Meditação Transcendental**. Trabalhou algum tempo como modelo e depois passou a ser secretária do escritório londrino dos Beatles. Por volta dessa época, Janet visitou o coven de Alex e Maxine Sanders, em Notting Hill Gate. Ficou impressionada com a filosofia espiritual da **Wicca** e decidiu se unir ao círculo. Foi então que ela conheceu seu futuro marido, Stewart Farrar. Stewart tinha sido criado numa família de cientistas cristãos, mas passou a professar o agnosticismo – doutrina que manteve até se interessar por **bruxaria**. Ele estudou jornalismo no University College, em Londres, durante a década de 1930, foi instrutor de artilharia antiaérea durante a Segunda Guerra Mundial e depois trabalhou por muitos anos como editor da Reuters. Stewart também foi autor de vários dramas radiofônicos transmitidos pela BBC, antes de se tornar articulista da revista semanal *Reveille*, em 1969. Foi por seu talento como jornalista que Stewart Farrar foi convidado a entrar para o coven dos Sanders – ele os visitara apenas para escrever um artigo sobre a iniciação wiccana. Farrar não sabia, na época, que ele próprio se tornaria um dedicado defensor do neopaganismo.

Apesar da grande diferença de idade que havia entre eles – 34 anos –, Janet Owen e Stewart Farrar tornaram-se parceiros mágicos em dezembro de 1970, poucos meses depois de receberem suas iniciações, deixarem o grupo dos Sanders e formarem seu próprio coven. Eles se casaram cinco anos depois, numa cerimônia tradicional wiccana, e em 1976 mudaram-se para a Irlanda, onde Stewart passou a escrever romances de ficção científica, seu maior interesse. Por um certo período, os Farrar lideraram um coven sediado numa fazenda afastada, perto de Drogheda, norte de Dublin, antes de voltar à Inglaterra, em 1988.

Assim como **Gerald Gardner** e Alex Sanders antes deles, os Farrar sempre insistiram em afirmar que eram seguidores de uma autêntica tradição celta. Eles escreveram juntos vários trabalhos importantes sobre neopaganismo, incluindo *Eight Sabbats for Witches, The Witches' Way, The Witches' Goddess* e *The Witches' God* – todos publicados na Grã-Bretanha e nos Estados Unidos – e, graças a esses livros e a sua grande dedicação, exerceram de ambos os lados do Atlântico uma grande influência sobre o pensamento e a prática neopagãos. Depois da morte de Stewart Farrar em 2000, Janet Farrar continuou a promover o neopaganismo internacionalmente, ao lado de seu novo companheiro, Gavin Bone. Ver também **Sanders, Alex**.

Fascinação Ato de usar o **mau-olhado** para causar malefícios ou induzir as vítimas ao estado de transe, de modo a provocar-lhes doenças ou impotência sexual. Ver também **Bruxas, Bola das**.

Fatalidade Destino ou futuro predeterminado. Aqueles que acreditam na fatalidade acham que o destino de uma pessoa é determinado no nascimento dela e não pode ser alterado. Ver também **Fatalismo; Fadas, As Três**.

Fatalismo Crença de que todas as ocorrências e acontecimentos da vida de uma pessoa são predeterminados por um poder **sobrenatural** – por exemplo, **Deus**, o **mapa astrológico** pessoal, o simbolismo numerológico do nome da pessoa e assim por diante – e de que o livre-arbítrio é incapaz de promover qualquer mudança no destino dela. Ver também **Fatalidade**.

Faunos Criaturas metade homem e metade bode, que serviam a **Pã**, o deus da Natureza. Embora mais jovens que os **sátiros**, eles eram semelhantes a estes em alguns aspectos.

Fausto Figura lendária que teria feito um pacto com o **demônio Mefistófeles** para conquistar bens terrenos e poderes mágicos. Fausto parece ser uma persona composta, em parte baseada em personagens históricos. **Johannes Wierius** acreditava que Fausto fosse um **ocultista** alcoólatra que morava na Cracóvia e na Alemanha e era considerado um grande embusteiro, mas há outras figuras em cujos relatos Fausto pode ter sido baseado. O dr. George Faust foi um necromante e astrólogo que trabalhou como professor em Kreuznach, em 1507. Ele pode ser o mesmo dr. George Faust de Heidelberg que, em 1528, foi expulso da cidade de Ingolstadt por exercer a profissão de adivinho. Nessa mesma época, um Johann Faust diplomava-se em teologia na Heidelberg University, em 1509.

A autoridade em ocultismo E. M. Butler tendia a acreditar que os dois Faustos podem ter sido irmãos ou até mesmo gêmeos. Seja qual for o caso, parece que eles ajudaram a dar origem à lenda do pacto de Fausto com o **Diabo**.

Fé Crença num ensinamento espiritual ou oculto.

Feilding, Francis Henry Everard (1867-1936) Advogado inglês que se filiou à **Sociedade para a Pesquisa Psíquica**, em Londres, e exerceu ali o cargo de secretário de 1903 até 1920. Feilding investigou a **médium** de materialização **Florence Cook** e também a médium italiana **Eusapia Palladino**, de cuja autenticidade ele se convenceu.

Feitiçaria Ato de evocar poderes **sobrenaturais** ou **espíritos** por meio de **feitiços** e **encantamentos**. A palavra é geralmente aplicada à **magia negra**. Ver também **Goetia**; **Magia**.

Feiticeiro Mago, mágico ou xamã que usa **feitiços** e encantamentos mágicos para evocar **espíritos** com propósitos malignos ou para obter poder pessoal.

Feiticeiro, Banha de Na Idade Média, os feiticeiros e praticantes de **magia negra** eram acusados de usar gordura humana em seus **feitiços** e **rituais**, uma referência à superstição popular de que a magia negra envolve o sacrifício humano.

Feitiço Encantamento ou **invocação** realizada por um **bruxo**, **feiticeiro** ou **mago** e ao qual se atribuem resultados palpáveis – tanto negativos quanto positivos. Os feitiços podem ser uma forma de **cura a distância** ou podem ser usados para causar malefícios numa pessoa ou danos a uma propriedade. Ver também **Mau-olhado**; **Magia**.

Fellowship of Kouretes Ordem mágica sediada na Califórnia, que combina a antiga **mitologia** grega, a **bruxaria moderna** e **rituais** mágicos. Essa ordem reconhece seis graus: Hieros, que inclui o conhecimento do alfabeto grego e técnicas de magia para induzir o transe; Daduchos, que inclui a prática da **projeção astral** no "plano interior" e a comunicação com **formas divinas**; Mystes, que enfatiza a projeção astral, a divinização e a **magia sexual**; Epopt, que ensina a comunicação com o **santo anjo guardião**; Hierodule, que inclui a iniciação como **sacerdote** ou **sacerdotisa**; e Harcharios, um grau honorário em que os sacerdotes e as sacerdotisas são lembrados de que existem ainda muitos segredos **esotéricos** a aprender.

Feng Hwang Pássaro mítico chinês, às vezes chamado de "**fênix** chinesa". Símbolo do fogo, ele era considerado a personificação da virtude e um bom presságio para o imperador. Apareceu pela primeira vez durante o reinado de Ch'eng Wang e desapareceu depois da morte de Hung Wu.

Fênix Pássaro mítico que lembra uma águia e está presente na **mitologia** de muitos países. Por tradição, a fênix é associada ao Sol, e, nas lendas árabes, ela choca num ninho que é incendiado pelos raios do sol. Nessas lendas, a fênix é consumida pelas chamas e reduzida a cinzas; mas uma larva emerge das cinzas e dela surge uma nova fênix. Na China, a fênix também era associada ao Sol e considerada uma mensageira do céu. Ela aparecia nas épocas em que os **deuses** eram benevolentes. Na Europa medieval, a fênix aparecia tanto na **cosmologia** cristã – como um símbolo da ressurreição e do triunfo da vida sobre a **morte** – quanto na **alquimia**, na qual representava tanto a **Pedra Filosofal** quanto o **Elixir da Vida**. A fênix também tinha semelhança com o pássaro **Bennu**, da mitologia egípcia. Ver também **Renascimento**.

Fenômeno das Gravações Eletrônicas Ver **Fenômeno das Vozes Eletrônicas**.

Fenômeno das Vozes Eletrônicas Também conhecido como Transcomunicação Instrumental. Em 1971, o engenheiro eletrônico Konstantin Raudive (1909-1974) publicou um livro intitulado *Breakthrough*, segundo o qual vozes não-identificadas e possivelmente **sobrenaturais** apareciam em fitas de áudio quando outros sons estavam sendo gravados. Em geral, era preciso usar amplificadores para ouvir as tais vozes, que apresentavam padrões de linguagem entrecortados e confusos. Raudive, no entanto, conseguiu várias amostras de vozes que pareciam pertencer a seres que não mais viviam neste planeta. As vozes falavam em várias línguas diferentes, mas sempre num idioma familiar àqueles que faziam as gravações. Os experimentos de Raudive fizeram com que se levantasse a hipótese de que as vozes gravadas fossem comunicações de seres **desencarnados** e do mundo do **espírito**. Também houve quem achasse que as fitas eram impressões gravadas dos chamados **registros akáshicos**, a memória astral do planeta.

Fenômenos No **espiritualismo**, **manifestações** do mundo espiritual ocorridas durante as **sessões**. Esses fenômenos podem tomar a forma de **ectoplasma**, automata, **materializações**, **levitação**, **batidas** ou podem ser registradas pela **fotografia psíquica**.

Fenris Também Fenrir Na **mitologia** escandinava, lobo feroz e monstruoso, filho de **Loki** e Angroboda. Sempre hostil aos deuses, ele foi libertado durante o terrível holocausto de **Ragnarok** e devorou **Odin** e o **Sol**. Foi assassinado pelo filho de Odin, **Vidar**, que sobreviveu ao Ragnarok e foi o precursor da **Nova Era**.

Ferradura Talismã da sorte, geralmente pendurado acima da porta de entrada para afastar forças do **mal**. Feita de ferro, por tradição a ferradura é considerada uma proteção contra a **bruxaria**. Seu formato em lua crescente é uma reminiscência do culto à Lua.

Ferro Metal com associações mágicas. Na Idade Média, o ferro era considerado uma forte proteção contra as **bruxas** e contra as influências maléficas do **mau-olhado**. Por ser feita de ferro, a **ferradura** é usada como **amuleto** da sorte e para afastar as forças do **mal**.

Fertilidade, Deuses da Deuses e deusas que simbolizam os ciclos de fertilidade da Natureza. Em virtude da passagem cíclica das estações, eles são em geral associados aos mitos de **renascimento**. Na antiga Grécia, entre os deuses da fertilidade mais conhecidos estão **Deméter** e **Perséfone**, em cuja honra eram celebrados os rituais de **Elêusis**. As deusas **Afrodite** e **Vênus** e os deuses **Hermes**, **Dioniso** e **Osíris** eram todos divindades associadas à fertilidade; outros exemplos podem ser encontrados na maioria das cosmologias do mundo.

Fetch No **folclore** irlandês, **aparição** ou **duplo** de uma pessoa viva, que, especialmente se visto à noite, é considerado um **presságio** da morte eminente dessa pessoa. O *fetch* em geral tem uma aparência fantasmagórica.

Fetiche Objeto simbólico ou **talismã** ao qual se atribuem poderes mágicos para combater o **mal**. Acredita-se que alguns fetiches abriguem **espíritos** protetores. Os fetiches são comuns na religião do leste da África.

Fetichismo Especialmente na religião pré-literária africana, crença nos **espíritos** guardiões que habitam os **fetiches** e culto a esses espíritos

Ficino, Marsilio (1433-1499) Filósofo e **místico** florentino que traduziu as obras de **Platão, Plotino** e Proclo e também os tratados escritos pelo lendário **Hermes Trismegisto**. Ficino acreditava que o universo era uma emanação de Deus e que era possível atrair as influências dos astros meditando-se sobre os símbolos dos planetas. Entre seus trabalhos, figuram *Theologica Platonica de Immortalitate Animarum* e *Libri de Vita*.

Figa Nos **cultos afro-brasileiros, amuleto** usado para afastar o **mal**. A figa tem a forma de uma mão fechada ornamental, com o polegar entre o dedo médio e o indicador.

Filactério Saquinho de couro contendo **palavras mágicas** ou **feitiços**; é usado como **amuleto**.

Filho da Luz Termo ocultista que designa um praticante de **magia branca**.

Filosofia Perene Expressão cunhada pelo filósofo alemão Gottfried Leibniz (1646-1716) e sintetizada por **Aldous Huxley** da seguinte forma: "A metafísica, que reconhece uma Realidade divina substancial no mundo das coisas, das vidas e das mentes; a psicologia, que encontra na alma algo semelhante à Realidade divina, ou idêntico a ela; a ética, que coloca o destino final do homem no conhecimento do Fundamento imanente e transcendente de todo ser..." Huxley usava esse conceito para explorar os temas universais no **misticismo** comparado, acreditando que "se encontram rudimentos da filosofia perene no saber tradicional de povos primitivos em todas as regiões do mundo, e, em suas formas mais plenamente desenvolvidas, em cada uma das religiões mais elevadas". O livro de Huxley *A Filosofia Perene* (publicado pela Editora Cultrix) – uma de suas principais obras de não-ficção – foi publicado originalmente em 1946.

Filtro Poção mágica para intensificar o amor ou a paixão sexual. Ver também **Poção do Amor**.

Findhorn Comunidade espiritual sediada no nordeste da Escócia. A Fundação Findhorn foi fundada em 1962, por Peter e Eileen Caddy, num acampamento abandonado. Na época, a terra era coberta de tojos e urtigas e o solo, extremamente pobre. Os Caddys, porém, cultivaram o terreno e começaram a plantar. Eileen Caddy diz que foi orientada pelo **espírito** conhecido como "Elixir" – a voz de **Deus** –, que falava com ela e fornecia detalhes acerca de como a comunidade deveria se desenvolver. Findhorn agora tem extensos jardins, que abrigam uma comunidade composta de aproximadamente duzentas pessoas, e é em grande parte alicerçada no princípio da cooperação com a Natureza. Alguns membros da Fundação Findhorn acreditam que os **espíritos da Natureza**, ou **devas**, ajudaram a comunidade a produzir frutas e hortaliças mesmo diante das péssimas condições ambientais.

Findlay, J. Arthur (1883-1964) Espiritualista e escritor inglês que fundou a Glasgow Society for Psychical Research (1920). Ele também foi co-fundador da Psychic Press Ltd., editora responsável pela publicação do *Psychic News*. Findlay passou muitos anos investigando fenômenos espirituais e escreveu várias obras sobre o assunto. Seu livro mais conhecido, *On the Edge of the Etheric*, teve sessenta edições e já foi traduzido para dezenove línguas. Ver também **Espiritualismo**.

Firmamento Na **cosmologia** antiga, a "abóbada celeste", invariavelmente associada aos deuses celestiais. **Nut**, a deusa egípcia do céu, é um exemplo típico: ela costumava ser representada com um corpo alongado que forma um arco no céu, de modo que só os dedos das mãos e dos pés tocam a terra.

First Church of Christ, Scientist Nome oficial da organização fundada por **Mary Baker Eddy**, em 1879, e mais conhecida como **Ciência Cristã**.

Firth, Violet Ver **Fortune, Dion**.

Fisiognomia Técnica de interpretação do caráter pessoal com base nos traços fisionômicos. Grande parte desse sistema, desenvolvido por **Johann Kaspar Levater**, derivou da **astrologia** e classifica as características principais da fisionomia como a seguir: solar (rosto redondo e jovial); venusiano (beleza clássica); marciano (rosto rude, grosseiro e "bélico"); mercúrio (clássico, mas de coloração escura); lunar (frio e pálido); jupteriano (nobre e patriarcal); e saturnino (melancólico e escuro). Todos os traços fisionômicos principais – o nariz, os dentes, os olhos, as bochechas, os lábios, a testa, o queixo, etc. – têm um significado particular e poderiam ser interpretados simbolicamente. O sistema de Levater é descrito no tratado em quatro volumes *Physignomical Fragments for the Promotion of the Knowledge and Love of Man* (1775-1778).

Fitoterapia Ver **Herbalismo**.

Flagae Espíritos ou **familiares** que aparecem no espelho para a **bruxa** ou **mago**, revelando verdades esotéricas ou informações secretas.

Flagelação Ato de açoitar ou torturar o corpo. Alguns ascetas infligem esse castigo em si mesmos para expiar os pecados. Certos ocultistas, entre eles **Aleister Crowley**, praticavam a autoflagelação para fortalecer a **vontade**.

Flamel, Nicholas (1330-1417) Alquimista francês nascido numa família pobre e que acabou adquirindo grande fortuna depois de ter supostamente descoberto a **Pedra Filosofal**, que transmutaria metais básicos em **ouro**. Ele afirmava receber orientação de um **anjo** chamado Bath-Kol, que lhe mostrou um livro encadernado em bronze, com folhas de casca de árvore e caracteres inscritos em ouro. Embora esse livro não lhe tenha sido deixado de herança, Flamel registrou num relato, escrito em 1399, que um livro igual a esse – encadernado em latão e "todo gravado com um estranho tipo de letra" – chegou às mãos dele pelo preço modesto de dois florins. O livro continha afirmações simbólicas com relação à **alquimia** e dicas de como seria possível executar a **Grande Obra**. Flamel buscou orientação sobre como interpretar o livro com um tal de "Anselm, praticante de medicina", mas discordou da opinião dele. Flamel viajou para a Espanha com o intuito de ouvir outras opiniões, mas voltou à França, onde recorreu às orações para obter as respostas de que precisava. Flamel escreve que, em 17 de janeiro de 1382, ele conseguiu, com a ajuda da mulher, Perrenelle, realizar um experimento em que transmutou uma libra e meia de mercúrio em "pura prata" e que, em abril, transmutou mercúrio em ouro.

Os historiadores, no entanto, não receberam os relatos de Flamel com o mesmo entusiasmo e duvidaram de sua autenticidade. O mais provável é que a fortuna que conquistou tenha resultado dos negócios que fazia como escrivão e agiota. A questão se complica pelo fato de que as obras atribuídas a Flamel são de autoria duvidosa, o que impede que se prove a autenticidade de suas alegações.

Flâmine Na Roma Antiga, a classe dos **sacerdotes** responsáveis pelos sacrifícios. Havia quinze flâmines, um para cada deus.

Os sacerdotes que serviam a **Júpiter, Marte** e Quirino (o nome de Rômulo depois de se tornar deus da guerra) eram considerados os mais importantes.

Flammarion, Camille (1842-1919) Astrônomo francês e fundador da Sociedade Astronômica da França (1887) que se interessou pelos fenômenos psíquicos e tornou-se presidente da **Sociedade para a Pesquisa Psíquica** (Londres) em 1923. Flammarion se interessou especialmente pelos **médiuns psíquicos** e pelas questões relacionadas à morte. Ele investigou a famosa médium **Eusapia Palladino** e escreveu várias obras sobre **parapsicologia**, entre elas *As Forças Desconhecidas da Natureza* (1909), *A Morte e seus Mistérios* (3 vols. 1923) e *Casas Malassombradas* (1923).

Floromancia Crença de que as flores irradiam vibrações e têm propriedades medicinais. De acordo com os praticantes da floromancia, as flores são sensíveis a ambientes hostis ou amistosos e são afetadas por choques elétricos. O professor Jagadish Chandra Bose, do Calcutta's Presidency College, pesquisou, por volta da virada do século, os efeitos das correntes elétricas sobre as plantas e ficou convencido de que elas têm uma **força vital** ou alma.

O mais recente proponente da floromancia é o especialista norte-americano em detectores de mentira Cleve Backster, que conectou três filodendros a um galvanômetro em diferentes ocasiões para averiguar como as plantas reagiriam a um trauma ocorrido nas imediações. Backster monitorou as plantas enquanto jogava uma lagosta viva em água fervente, causando sua morte instantânea. De acordo com Backster e três colaboradores, o galvanômetro registrou uma resistência elétrica significativamente maior quando as lagostas eram mortas do que em outras ocasiões – o que indica que as plantas reagiram "emocionalmente" aos traumas ocorridos nas proximidades. Infelizmente, tentativas de replicar as experiências de Backster foram mal-sucedidas.

Flournoy, Theodore (1854-1920) Professor de psicologia suíço que estudou a **médium psíquica** Helene Smith. As capacidades paranormais de Smith incluíam a **escrita automática** e o discurso em outras línguas (**xenoglossia**). Ela também afirmava ser a **reencarnação** de uma princesa hindu e de Maria Antonieta, e dizia que o filho de uma de suas colegas espiritualistas havia sido "transportado" em espírito para Marte, sendo capaz de descrever em detalhes os habitantes desse planeta. Flournoy documentou essas alegações em seu livro *Da Índia para o Planeta Marte* (1900), e chegou à conclusão de que grande parte das revelações de Helene Smith era resultado de informações "reprimidas" e potencialmente conhecidas. Flournoy não aceitava a idéia de que os espíritos eram responsáveis pelos pronunciamentos mediúnicos de Smith, mas acreditava que ela poderia ter dons telepáticos que lhe permitiam obter as informações obscuras que usava para construir suas personas imaginárias.

Fludd, Robert (1574-1637) **Místico**, músico, astrólogo e artista ocultista elisabetano que estudou **Hermética** e a filosofia **rosa-cruz**. Fludd acreditava na cosmologia cabalística segundo a qual o Deus Absoluto ou **YHVH** transcende o bem e o mal. Ele se interessava pelas idéias da harmonia cósmica, das **emanações** e das hierarquias místicas dos seres espirituais, e representou o **axioma hermético** "como em cima, assim embaixo" em muitas das suas composições simbólicas. As obras de Fludd, muitas das quais acompanhadas de diagramas detalhados da cosmologia oculta e de "**mandalas** simbólicas", foram interpretadas por muitos dos melhores gravadores da Europa.

Fluxo Fluidez e mudança; o ato de fluir. Segundo o **Taoísmo**, nada no universo é fixo; todos os fenômenos fluem e refluem de acordo com o intercâmbio vibrante das energias **yin** e **yang**.

Fluxo Vital Ver **Força Vital**.

Fo No **Budismo** chinês, termo que designa uma pessoa santa, prestes a atingir o **nirvana**. Também é usado para descrever os budas em geral, especialmente **Gautama**.

Fodor, Nandor (1895-1964) Psicanalista húngaro que foi membro de muitas equipes internacionais de pesquisa psíquica e foi correspondente em Londres do jornal da **Sociedade Americana para a Pesquisa Psíquica** (1936-1939). Fodor escreveu várias obras sobre **parapsicologia, pesquisa psíquica** e fenômeno **poltergeist**. Entre seus livros figuram *Encyclopaedia of Psychic Science* (1934), *On the Trail of the Poltergeist* (1958), *The Haunted Mind* (1960) e *Mind Over Space* (1962).

Fogo Um dos quatro elementos alquímicos. Os outros são a **Terra**, a **Água** e o **Ar**. Os espíritos do Fogo são conhecidos como **salamandras** (criaturas míticas sem nenhuma relação com os anfíbios pequenos e semelhantes ao tritão, que compõem uma espécie encontrada nos dias de hoje). Os três signos astrológicos ligados ao Fogo são **Áries, Leão** e **Sagitário**. Ver também **Alquimia**.

Fogo, Adoradores do Termo às vezes usado com referência aos adeptos do **Zoroastrismo**.

Fogo, Andar sobre o Capacidade de andar sobre o fogo sem se queimar ou sofrer ferimentos. Os praticantes em geral estão em **transe** quando realizam esse feito. A prática de andar sobre o fogo é comum em muitas regiões do mundo, inclusive na Índia, em Hong Kong, nas ilhas Fiji, em Natal, na Malásia, no Havaí e nas Antilhas.

Fogo-fátuo Do latim *ignis fatuus* ("fogo doido"), luz etérica e bruxuleante que às vezes aparece nos cemitérios. Do ponto de vista científico, supõe-se que esteja associado à combustão de gases da matéria em estado de decomposição física. Contudo, o fogo-fátuo tem uma associação folclórica com **fantasmas, espíritos** e entidades **desencarnadas**.

Fogo, Templo do No **Zoroastrismo**, templo de culto que contém um "santuário do fogo", às vezes acessível apenas ao sacerdote. O fogo, que personifica **Ahura Mazda**, não pode ser extinto.

Fohat Termo tibetano, usado na **Teosofia**, que significa "Natureza Divina" ou "Luz Primordial". Esse conceito tem sido descrito como "a presença da eletricidade cósmica" e foi considerado por **madame Helena Blavatsky** como a **força vital** e mística subjacente ao pensamento e à consciência.

Folclore Superstições e crenças que se tornam uma tradição composta de lendas e histórias atribuídas a **deuses, espíritos, demônios** e outros seres sobrenaturais. As tradições do folclore oral em geral são transmitidas de geração em geração, como um conjunto de contos e historietas.

Fontenay, Guillaume de (1861-1914) Oficial da cavalaria francês que se especializou na análise de **fotografias psíquicas**. Fontenay criticou várias fotografias que pretendiam retratar emanações etéricas do corpo de **médiuns psíquicos**, mas produziu ele próprio algumas que supostamente mostravam a levitação em **sessões** com Eusapia Palladino. Recebeu da Academia Francesa de Ciências o prêmio Fanny Endem pela sua pesquisa em **parapsicologia**.

Forau Na **demonologia**, um dos subordinados de **Sargatanas**, brigadeiro do **inferno** versado na arte mágica da invisibilidade.

Força, A No **tarô**, carta dos **Arcanos Maiores** que retrata uma mulher abrindo a boca de um **leão**. Símbolo do triunfo da intuição sobre a força bruta animal, esta carta indica a "vitória" dos aspectos superiores da **alma** (**Neschamah** e **Ruach**) sobre a alma inferior ou animal (**Nephesch**). Na **magia** ocidental, que combina os caminhos dos Arcanos Maiores do tarô com as dez **sephiroth** da **Árvore da Vida**, o caminho da *Força* liga **Geburah** e **Chesed**. Em grande parte uma força estabilizadora na psique, A *Força* é também associada à consolidação espiritual necessária para que se empreenda a viagem interior pelo **Abismo**.

Força Ódica Força vital magnética que, de acordo com o **barão Karl Von Reichenbach**, permeia o universo e é especialmente perceptível nos raios do **Sol** e da **Lua**, nos cristais e nos metais, e nas formas humanas e animais vivas. Von Reichenbach associava essa força ódica à **aura** vista pelos **psíquicos**.

Forcas Na **demonologia**, grande príncipe do inferno que comanda 39 legiões de **demônios**.

Força Vital Termo que designa a energia universal da vida, que sustenta todos os seres vivos do universo e é supostamente a fonte da saúde e da vitalidade. Também é conhecida como **prana** (**Hinduísmo**), ch'i (**Taoísmo** chinês) e **ki** (**Budismo** japonês); nas religiões animistas, a força vital é adorada como um deus da natureza. Comparar com **Panteísmo**.

Ford, Arthur (1897-1971) Conhecido espiritualista e **médium psíquico** norte-americano, que se tornou membro da **Sociedade Americana para a Pesquisa Psíquica**. Ford começou sua carreira depois de conhecer *sir* Arthur Conan Doyle, mas ganhou fama internacional depois de se associar a um clérigo episcopal, o **bispo James Pike**. Pike consultou Ford depois de perder o filho Jim e acreditava que o médium fizera contato com o **espírito** deste. Ford também afirmou que, desde 1929, comunicava-se com o espírito do falecido Houdini e por isso tinha as chaves para decifrar o código que Houdini deixara para testar provas de sobrevivência. Ford, contudo, não saiu ileso depois de fazer essas declarações; várias acusações de fraude foram feitas contra ele. Foi obrigado a se aposentar em virtude da saúde debilitada e morreu em 1971.

Forma Divina Imagem de um **deus**. Os praticantes da magia ritual usam a expressão "assumir a forma divina" quando representam, em contextos cerimoniais, o papel de deuses (por exemplo, **Thoth**, **Ísis**).

Forma-pensamento Imagem mental que se forma no **plano astral** como resultado de uma intenção. A capacidade de "formar quadros na imaginação" tem uma aplicação mágica, pois os **ocultistas** acreditam que seja possível transferir a consciência para as formas-pensamento e usá-las como "corpos mágicos" nos **planos sutis** ou interiores. As formas-pensamento também podem personificar a vontade coletiva de um grupo de magia. Ver também **Projeção Astral; Egrégora; Mudança de Forma; Simulacro**.

Fort, Charles Hoy (1874-1932) Jornalista excêntrico e escritor norte-americano cujas pesquisas sobre fenômenos misteriosos e inexplicáveis fez dele um precursor do corrente interesse pelos **OVNIs** e pelo paranormal. Fort foi um prodigioso colecionador de recortes de jornal e, com base em cem mil recortes, escreveu quatro livros: *The Book of the Damned* (1919), *New Lands* (1923), *Lo!* (1931) e *Wild Talents* (1932). Esses livros foram posteriormente publicados juntos em 1941, sob os auspícios da **Fortean Society** e com o título de *The Books of Charles Fort*. Fort se interessava pelo surgimento inexplicável de sapos, lesmas, cobras e peixes que caíam do céu; na aparição de luzes **sobrenaturais** ou inexplicáveis; em **fantasmas** e **poltergeists**; e em eventos como o caso do **Rastro do Diabo**. Uma biografia de Fort, intitulada *Charles Fort, Prophet of the Unexplained*, foi escrita por Damon Knight e publicada em 1971.

Fortean Society Organização fundada em Nova York, no ano de 1931, para promover os livros de **Charles Hoy Fort** e dar continuidade ao seu trabalho de investigação de fenômenos inexplicáveis.

Fortuna Deusa romana da felicidade e da sorte; contraparte da deusa grega Tique. Concedia riquezas a alguns mortais afortunados, mas condenava à pobreza aqueles que lhe causavam desagrado. Extremamente caprichosa, Fortuna era também conhecida como a deusa do acaso.

Fortunas Na **astrologia**, os dois planetas que determinam a nossa "fortuna" ou sorte: **Júpiter** (associado com a sabedoria, a riqueza e a generosidade) e **Vênus** (associado com o amor). Júpiter é às vezes chamado de "Fortuna Maior" e Vênus, de "Fortuna Menor". Entre os outros astros favoráveis estão o **Sol**, a **Lua** e **Mercúrio**.

Fortune, Dion (1891-1946) Ocultista e escritora inglesa de renome. Fortune, cujo verdadeiro nome era Violet Firth, nasceu numa família em que os ensinamentos da **Ciência Cristã** eram praticados com rigor. Aos 20 anos, sofreu uma grave crise nervosa e, durante a convalescência, passou a se interessar pelo estudo da psicologia e do ocultismo. Tornou-se membro da **Sociedade Teosófica** e também fez cursos na área da psicanálise na London University. Em 1919, entrou para a **Ordem Hermética da Aurora Dourada** e começou a escrever romances ocultistas com base nos seus conhecimentos de **magia** e de **viagens astrais**. Dion Fortune entrou em atrito com **Moina Mathers**, mulher de um dos fundadores da ordem, e afirmou que estava sendo vítima de **ataques mágicos**. Em 1922, ela estabeleceu a **Fraternidade da Luz Interior** com o marido Penry Evans, também ocultista. Essa sociedade deu origem ao grupo ocultista contemporâneo **Servants of Light**, hoje encabeçado por **Dolores Ashcroft-Nowicki**. Dion Fortune escreveu várias obras ocultistas importantes, entre elas *A Cabala Mística*, *A Filosofia Oculta do Amor e do Matrimônio*, *Magia Aplicada*, *Autodefesa Psíquica*, *A Doutrina Cósmica*, *A Sacerdotisa da Lua*, *As Ordens Esotéricas e seu Trabalho*, *Através dos Portais da Morte* e *A Sacerdotisa do Mar* (todas elas publicadas pela Editora Pensamento); esta última considerada por muitos ocultistas como um dos melhores trabalhos já escritos sobre magia. Ver também **Ocultismo**.

Fotografia Espiritual Ver **Fotografia Psíquica**.

Fotografia pelo Pensamento Aparente capacidade que alguns psíquicos têm de imprimir imagens mentais em filme fotográfico. Ver também **Fotografia Psíquica; Serios Ted**.

Fotografia Psíquica Fotografia que supostamente registra a presença de **espíri-**

tos, **fantasmas** ou outros seres desencarnados. Um dos praticantes mais conhecidos dessa forma de fotografia foi **William Hope**, denunciado por **Harry Price** como uma fraude. O psíquico contemporâneo norte-americano **Ted Serios** afirma que pode transferir **formas-pensamento** para um filme fotográfico por meio da **telepatia mental**, uma faculdade diferente da reivindicada por Hope. Ver também **Fadas de Cottingley, As**.

Fox, As Irmãs Nas irmãs Kate (1841-1892) e Margaretta (1838-1893) pode-se encontrar as raízes do **espiritualismo** moderno. A família Fox vivia em Hydesville, no Estado de Nova York. A casa de madeira em que moravam já era conhecia pelos "ruídos misteriosos" ali ouvidos antes que se mudassem, em março de 1848. A história continuou e batidas inexplicáveis começaram a perturbar as duas garotas, que tinham sete e dez anos. Kate notou que, quando ela batia palmas, as batidas pareciam parar e isso levou as meninas a criar um código para se comunicar com o agente misterioso que produzia os barulhos. Uma batida significava "não", duas significavam "sim" e três, "talvez". Com o tempo, toda a família se convenceu de que tinham entrado em contato com o espírito de um homem assassinado ali por um antigo morador, movido por interesses financeiros. Em abril de 1848, o senhor Fox e a família cavaram o porão da casa e encontraram os restos mortais – com fragmentos de cabelo, dentes e ossos, inclusive – daquele que, segundo acreditavam, era o homem assassinado, mas as evidências certamente não eram suficientes.

Nos anos posteriores, a sra. Fox e as filhas começaram a excursionar pelos Estados Unidos, a fazer conferências sobre as batidas e sobre o mundo espiritual. De tempos em tempos, a família Fox sofria acusações de fraude, até que Kate e Margaretta confessaram que as batidas de fato não passavam de uma farsa. Margaretta renegou mais tarde a confissão, fazendo com que o caso da família Fox continuasse uma incógnita. Não há dúvida, no entanto, de que esses acontecimentos abriram um precedente para a comunicação com os espíritos por meio de batidas e de que a influência da família Fox sobre o espiritualismo foi considerável.

Fox, George (1624-1691) Agente de cura espiritual e **psíquico** que também fundou a Society of Friends, ou Quakers. Fox, que foi contemporâneo de Oliver Cromwell, afirmou "ver" a restauração da monarquia três anos antes de isso acontecer e também foi considerado autor de muitas curas "milagrosas", realizadas por meio da **imposição das mãos**.

Fox, Matthew (1940-) Escritor, teólogo e proponente do movimento da Espiritualidade da Criação, Fox foi criado em Madison, Wisconsin, e entrou para a ordem dos dominicanos aos 19 anos. Segundo ele, sempre procurou se concentrar mais na espiritualidade do que na religião e deu ênfase não só à experiência contemplativa como também à justiça social. Fox acredita no caráter divino da Terra e afirma que Jesus era panteísta. Rejeitando o conceito mais ortodoxo de teísmo – de um Deus separado do mundo –, ele adotou um ponto de vista que o coloca à margem da ortodoxia cristã, se não além dela. Segundo ele, o Cristianismo tem de ser vivido como experiência, e não confinado pela doutrina. "Nosso trabalho", diz ele, "é deixar o coração aberto e aprender os novos nomes da divindade. [...] tudo está em Deus e Deus está em tudo." Fox é um escritor e palestrante prolífico. Entre suas muitas obras estão *The Coming of the Cosmic Christ, Original Blessing: A Primer in Creation Spirituality* e *Illuminations of Hildegard of Bigen*.

Fox, Oliver Um dos pioneiros da **projeção astral**. Ele considerava como uma das melhores técnicas de projeção o "Sonho do Conhecimento", que para ele significava adquirir consciência por meio do sonho. Seus relatos pessoais acerca dessas práticas foram publicados em *English Occult Review* (1920) e em seu livro *Astral Projection* (republicado em 1962). O renomado pesquisador psíquico **dr. Hereward Carrington** considerava as obras de Fox como os "únicos relatos detalhados, científicos e feitos em primeira mão que ele já vira de uma série de projeções astrais conscientes e controladas pela vontade".

O trabalho de Fox exerceu grande influência sobre a atual pesquisa sobre **experiências fora do corpo**, feitas por parapsicólogos como o **dr. Charles Tart**, da University of California, em Davis, e **Celia Green**, do Institute of Psychophysical Research, de Oxford. Os relatos de Fox continuam sendo uma das três fontes pioneiras sobre viagens astrais, sendo as outras duas *The Projection of the Astral Body*, de Sylvan Muldoon e do dr. Hereward Carrington, e *Journeys out of the Body*, de Robert Monroe.

Franck, Adolphe (1809-1893) Orientalista e hebraísta que foi professor de filosofia natural do Collège de France e autor de uma das primeiras obras não-especializadas sobre a **Cabala**. Seu *La Kabbale: ou la philosophie religieuse des Hébreux* foi originalmente publicado em Paris, no ano de 1843, e traduzido para o inglês por I. Sossnitz, para ser publicado em 1926, nos Estados Unidos. A interpretação que Adolphe Franck faz da Cabala enfoca principalmente o sistema de emanações da **Divindade** e, de acordo com Gershom Scholem, atualmente uma das maiores autoridades em Cabala, dá demasiada ênfase ao **panteísmo**. Apesar dessa crítica, o trabalho de Franck ajudou a pavimentar o caminho para o estudo posterior do pensamento **esotérico** judeu.

Franco-maçonaria Embora essa instituição internacional tenha hoje o perfil de uma sociedade amistosa e benevolente, ela foi originalmente uma organização **esotérica**. A Franco-maçonaria ainda tem um código de moral e rituais e cerimônias secretas extremamente elaboradas, e também requer que seus membros acreditem no "Grande Arquiteto do Universo". Essa ordem descende de uma associação de franco-maçons que existiu na Inglaterra, no século XIV; a Maçonaria moderna, contudo, é da época da fundação da Grande Loja de Londres (1717). A franco-maçonaria espalhou-se posteriormente pelos Estados Unidos e pela Europa. Em alguns países, ela foi reprimida pelo governo. Tradicionalmente, essa instituição era encarada com hostilidade pela Igreja Católica Romana, embora esse antagonismo tenha diminuído em anos mais recentes. Ver também **Co-maçonaria**.

Fransisters and Brothers Ordem mística interdenominacional fundada por Laurel Elizabeth Keyes, em Denver, Colorado, no ano de 1963. Keyes passou vários anos estudando as conotações místicas do som e suas aplicações na **meditação** e nos tratamentos de saúde. Em seu sistema, conhecido como Toning, os praticantes aprendem a visualizar cores e a produzir, no interior do corpo, **vibrações** que manifestam os ritmos da vida, ao mesmo tempo em que entoam cânticos. Eles acreditam que assim estejam atraindo, num sentido psíquico, correntes magnéticas para o corpo, através dos pés. A organização dos Fransisters and Brothers, que estuda as ligações entre o Toning e a meditação, é um grupo sem fins lucrativos que trabalha em prol da paz mundial, procurando superar as diferenças religiosas.

FRANCO-MAÇONARIA: As diferentes escolas da franco-maçonaria se ligam
pela crença de que Deus é "O Grande Arquiteto do Universo".
O homem sempre foi um construtor, mas para o franco-maçom a mais nobre tarefa
é refletir as realidades espirituais nas atividades mundanas.
Os templos pertencem à Terra, mas apontam para o céu.

Fraternidade da Luz Interior Grupo ocultista criado por **Dion Fortune** em 1922. Fortune havia se filiado à **Ordem Hermética da Aurora Dourada** dois anos antes, mas achou que a Loja de Londres, à qual pertencia, compunha-se "em grande parte de viúvas e anciãos de barba grisalha" e precisava de uma nova centelha de vida. A Fraternidade da Luz Interior foi criada com o objetivo de despertar o interesse do público em geral pelas tradições mágicas, oferecendo palestras e publicações sobre o assunto. Além disso, ela também atraía pessoas que procuravam trabalhos de cunho mais **esotérico**. Por um certo tempo, essa sociedade foi conhecida como a Loja Mística Cristã da Sociedade Teosófica, mas esse nome logo foi descartado.

Fraternity of the Inner Light Ver **Fraternidade da Luz Interior**.

Fravasis Na **mitologia** persa, **espíritos** guardiões, ou **gênios**, que defendiam todas as criaturas vivas na eterna batalha entre o bem e o **mal**. Ver também **Magi**; **Zoroastrismo**.

Freiras de Aix-en-Provence, As Exemplo clássico dos casos trágicos em que a histeria era relacionada à **bruxaria**. Os acontecimentos que cercam esse episódio, ocorrido na França, no início do século XVII, giram em torno de duas mulheres, a irmã Madeleine de Demandolx de la Palud e a irmã Louise Capeau, que pertenciam a um pequeno convento ursulino sediado em Aix. Madeleine, que entrara para o convento aos 12 anos de idade, ficou extremamente deprimida e foi enviada de volta para a cidade onde morava, Marselha. Ali ela foi acolhida por um alegre e espirituoso amigo da família, o padre Louis Gaufridi, por quem acabou se apaixonando. O relacionamento com um homem mais velho – Gaufridi tinha 34 anos – foi visto com reprovação pela madre superiora do convento das ursulinas de Marselha e Madeleine foi obrigada a entrar para o noviciado desse convento, onde confessou que tivera um relacionamento íntimo com Gaufridi. Para afastar a jovem do amante, a madre a transferiu para o convento de Aix.

Madeleine logo começou a ter convulsões, cólicas fortíssimas e visões de **demônios**. A histeria logo contagiou as outras cinco freiras do convento e uma delas – Louise Capeau – tentou competir com Madeleine, anunciando visões ainda mais impressionantes. O Grão Inquisidor Sebastian Michaelis envolveu-se no caso e tomou providências para que as duas jovens fossem levadas para o Convento Real de São Maximiliano, onde seriam tratadas por um exorcista. As visões demoníacas continuaram, enquanto Louise afirmava estar possuída por três demônios e acusava Madeleine de ter um pacto com **Belzebu**, **Asmodeus**, **Ashtaroth** e milhares de outros **espíritos** malignos.

Numa ocasião posterior, o padre Gaufridi foi chamado para tentar o **exorcismo**. Madeleine zombou dele, insultando-o e fazendo condenações demoníacas, o que a princípio fez permanecer a dúvida de que ele tivesse alguma participação no ataque histérico da jovem. No entanto, quando Madeleine continuou com suas visões, relinchando como um cavalo e contando histórias fantásticas de sodomia e sabás de bruxas, Gaufridi foi convocado pela **Inquisição** para responder a um interrogatório mais detalhado. Finalmente, em abril de 1611, ele foi declarado culpado por prática de **magia**, **feitiçaria** e fornicação, e sentenciado à morte. Sua execução foi particularmente bárbara; ele foi humilhado, torturado e finalmente queimado em praça pública. Sua morte causou uma mudança repentina na vida de Madeleine, que, no dia seguinte, pareceu ter se livrado da **possessão** demoníaca. Louise Capeau, no entanto, continuou tendo visões de bruxas e demônios, e casos parecidos de histeria surgiram nos conventos de Santa Clara, em Aix, e de Santa Brígida, em Lille.

Em 1642, Madeleine foi novamente acusada de bruxaria. Ela se livrou dessas acusações, mas, dez anos depois, descobriram-se **marcas de bruxa** em seu corpo, o que a fez passar o resto de seus dias na prisão.

Frenologia Arte e pseudociência de interpretar as capacidades mentais de uma pessoa por meio do exame das "reentrâncias" do crânio. A frenologia foi criada pelo médico vienense F. J. Gall (1756-1828) e por seu colega dr. J. G. Spurzheim. Juntos eles escreveram uma obra intitulada *The Physiognomical System*, com o objetivo de apresentar a frenologia de forma sistemática.

Freud, Sigmund (1856-1939) Fundador da psicanálise e pioneiro no estudo dos **sonhos,** Freud foi um dos primeiros pensadores do século XX. Da perspectiva da psicologia transpessoal, o modelo de Freud da mente inconsciente é agora considerado limitado, mas a exploração científica da mente inconsciente e a análise dos sonhos foram a grande contribuição que fez para o estudo da percepção humana. Freud extraiu grande parte das suas inspirações criativas da biologia e considerou a repressão sexual e os traumas sexuais da infância como as raízes da neurose. Essa teoria afastou-o de muitos colegas seus e alguns dos seus alunos mais notáveis, incluindo **Carl Jung** e Alfred Adler, romperam com ele para fundar suas próprias escolas de psicologia. Os pontos de vista freudianos, não obstante, continuam a escorar a psiquiatria médica ocidental. Entre os livros mais influentes de Freud estão *Interpretação dos Sonhos, A Psicopatologia da Vida Cotidiana* e *Três Ensaios sobre a Sexualidade*.

Frígios, Mistérios Ver **Cibele**.

Frustração Na **astrologia**, situação em que três planetas encontram-se em conflito e um deles frustra os **aspectos** formados pelos outros dois.

Fuath Espírito aquático maléfico, descrito no folclore escocês. Ele tem pêlo amarelo, rabo, uma juba, pés com membranas entre os dedos e não tem nariz. O termo *fuath* é às vezes usado para descrever os **espíritos da Natureza** em geral, sem nenhuma conotação negativa.

Fulcanelli Alquimista misterioso e semilendário que, segundo se supõe, foi um dos únicos pesquisadores sérios que buscaram a **Pedra Filosofal** no século XX. No início da década de 1920, um estudante francês de **alquimia** chamado Eugène Canseliet recebeu um manuscrito de Fulcanelli intitulado *O Mistério das Catedrais*. Essa obra causou sensação quando publicada em Paris, no ano de 1926, e incluía descrições dos motivos heréticos, **pagãos** e alquímicos que ornamentavam as catedrais góticas de Bourges, Amiens e Paris. Fulcanelli então desapareceu e por muitos anos não foi visto por ninguém. Canseliet afirma, no entanto, que ao vê-lo por um breve período, muitos anos depois – quando Fulcanelli já devia ter por volta de 110 anos –, "ele não parecia ter mais idade do que eu mesmo" (em torno de cinqüenta anos). Fulcanelli é considerado o **conde de Saint Germain** moderno, que também pretendia ter descoberto o segredo alquímico da eterna juventude.

Fuller, Curtis (1912-) Jornalista norte-americano que, em 1948, fundou a revista *Fate*, uma publicação ocultista popular que passou a ser a revista mais famosa da área no mundo todo. Ver também **Ocultismo**.

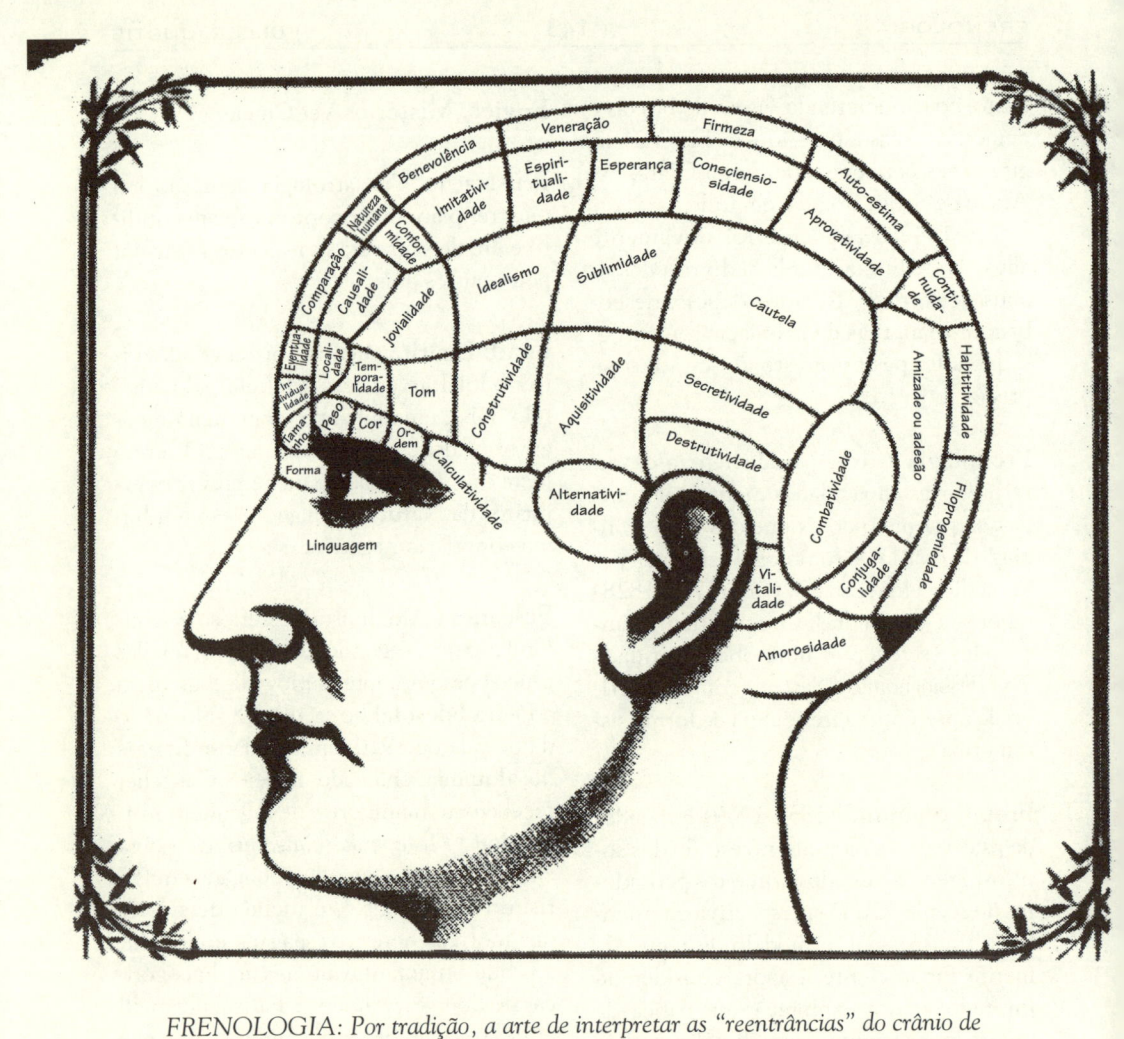

FRENOLOGIA: Por tradição, a arte de interpretar as "reentrâncias" do crânio de
uma pessoa com o intuito de mostrar que as conformações do crânio correspondem
a características da mente e do corpo. Apesar de ser encarada por muitas pessoas como mera
superstição ou uma pseudociência, os frenologistas modernos afirmam que essa arte tem sido
mal-interpretada. Da mesma forma que o jogador de tênis pode desenvolver a força dos
punhos e dos antebraços, além de fortalecer os músculos das pernas e do tórax, na visão dos
frenologistas, existe uma relação semelhante entre os aspectos da mente que a pessoa opta por
desenvolver e as áreas externas do crânio que protegem regiões específicas do cérebro.
Os praticantes contemporâneos passam vários anos estudando mapas dessas correlações,
levando em consideração diferentes estruturas cranianas, o crescimento do cabelo e outras
variáveis. Os frenologistas acreditam que o desenvolvimento equilibrado da mente é essencial
e, nesse sentido, a visão que têm assemelha-se ao dos psicólogos contemporâneos, segundo
os quais nossa sociedade tecnológica valoriza muito mais as atividades do hemisfério esquerdo
do cérebro (associado com o pensamento analítico, a lógica, a seqüência e a ordem)
e subestima as funções da consciência correspondentes ao hemisfério direito
(dons artísticos, pensamento holístico e orientação espacial).

Fuller, John Frederick Charles (1878-1966) Historiador militar e soldado inglês que se tornou discípulo de **Aleister Crowley** e produziu uma obra intitulada *The Star in the West* (1907), na qual tece louvores à filosofia mágica de seu mestre. Fuller era colaborador do jornal *The Equinox*, publicado por Crowley, e é considerado o autor do termo "Crowleyanismo", que trata dos ensinamentos do Éon de Hórus descritos em *The Book of the Law* (1904).

Fundamentalista Aquele que aderiu aos ensinamentos ou crenças ortodoxos de uma religião ou credo místico e interpreta literalmente todas as facetas dessa crença. Os fundamentalistas resistem à especulação teológica ou às interpretações simbólicas de suas crenças. O termo é em geral usado para descrever cristãos que insistem na idéia de que a Bíblia contém a verdade absoluta e a revelação completa de **Deus**.

Fundo do Céu Ver **Imum Coeli**.

Furfur Na **demonologia**, conde do **inferno**, geralmente retratado como um veado alado.

Fúrias, As Três Ver **Erínias**.

Futuro Aquilo que ainda está por vir. Alguns **ocultistas**, entre eles astrólogos tradicionais, acreditam que o **destino** seja predeterminado e que os métodos de **divinação** revelem acontecimentos futuros. No entanto, na **astrologia** humanista e nas formas modernas de **ocultismo** que levam em conta as descobertas da psicologia, o interesse pelo futuro diminuiu e foi substituído por métodos que interpretam o "potencial" da pessoa, em vez do "destino" dela.

Fylfot, Cruz Ver **Cruz Fylfot**.

Fylgja Na **mitologia** escandinava, **espírito guardião** que aparecia às pessoas nos sonhos e assumia uma forma simbólica de acordo com as características destas. Em alguns aspectos, o fylgja lembra o **duplo** humano ou **doppelgänger**.

G

Gabinete No **espiritualismo**, pequeno espaço, geralmente fechado por cortinas, em que os **médiuns** supostamente "condensam" a energia psíquica necessária para as manifestações espirituais numa **sessão**. Alguns médiuns se sentam no gabinete, enquanto as outras pessoas o observam de fora.

Gabriel Arcanjo que, na Bíblia, explicava o sentido de certas visões a Daniel e informou Zacarias a respeito do nascimento de João Batista. Na **magia** ocidental moderna, Gabriel é considerado o arcanjo do elemento **Água** e é invocado no Oeste.

Gaia Também Géia. Na **mitologia** grega, a deusa terrena que nasceu do **Caos**. Ela uniu-se ao seu filho Urano para criar os doze **Titãs** e era também a mãe dos **Ciclopes**.

Galactides Pedra mágica, parecida com a esmeralda, à qual se atribui a capacidade de tornar os **fantasmas** visíveis e as **fórmulas mágicas** audíveis. Também atrai o amor e a amizade.

Galeria Cósmica Termo coloquial para os chamados **registros akáshicos**, o arquivo astral de todos os acontecimentos mundiais.

Ganapati Ver **Ganesha**.

Gandareva Na **mitologia** sumeriana, **demônio** em forma de **dragão**, conhecido como o "Mestre dos Abismos". Gandareva era subalterno a um dragão maligno cuja pretensão era devorar o mundo. Depois de muitos encontros hostis, o dragão e o demônio foram assassinados por Keresaspa.

Gandharvas Deuses hindus da atmosfera, cuja forma lembrava **centauros** e eram amantes das belas **apsaras**, ou ninfas aquáticas. As apsaras adoravam cantar e dançar, e os Gandharvas eram considerados **gênios** da música.

Ganesha Também Ganapati. Na **mitologia** indiana, deus da sabedoria e da literatura. Retratado com corpo humano e cabeça de elefante, Ganesha era gordo e alegre e atraía a sorte. Filho de **Parvati**, ele nasceu do pó misturado com o suor do corpo dela.

Ganges Rio sagrado da Índia que nasce no Himalaia e percorre 2.500 km, até a baía de Bengala. Na tradição tântrica indiana, o Ganges é comparado a **ida**, o canal de energia psíquica feminina pelo qual sobe o místico **kundalini**. Esse rio também é às vezes considerado o sêmen que flui pelo falo de **Shiva**. Ver também **Tantra**.

Gardner, Gerald Brousseau (1884-1964) **Feiticeiro** inglês considerado o responsável pelo reflorescimento da **bruxaria moderna**. Gardner passou grande parte da vida no Extremo Oriente, onde trabalhou em plantações de árvores-da-borracha e como inspetor alfandegário. Interessado no culto da natureza, depois de voltar à Inglaterra ele entrou em contato com um coven de bruxos de New Forest e tornou-se um membro iniciado. Posteriormente, escreveu um romance sobre bruxaria chamado *High Magick's Aid* (1949), sucedido por outras duas obras de não-ficção, *Witchcraft Today* (1954) e *The Meaning of Witchcraft* (1959), nas quais ele revelou muitos segredos da bruxaria tradicional. Gardner também se interessava por **magia sexual**, sadomasoquismo e voyerismo, e essas práticas costumavam estar presentes nos grupos de bruxos criados com base em sua filosofia. Gardner familiarizou-se com a magia cerimonial de **Aleister Crowley** e também participou por algum tempo do grupo mágico tântrico **Ordo Templi Orientis**.

Garland, Hamlin (1860-1940) Romancista e pesquisador psíquico norte-americano, nascido numa família de fazendeiros em Wisconsin. Ele começou a investigar o **espiritualismo** em 1891, depois de saber que o evolucionista **Alfred Russel Wallace** interessava-se pelos **fenômenos psíquicos**. Garland dedicou-se à profissão de escritor de ficção e ganhou o prêmio Pulitzer pelo livro *Daughter of the Middle Border*. Ele também escreveu dois romances de temas psíquicos e tornou-se membro da **Sociedade Americana para a Pesquisa Psíquica**. Garland era um grande investigador dos **fenômenos psi** e relatou suas descobertas em *Forty Years of Psyquic Research* (1936) e em *The Mystery of the Buried Crosses* (1939). Ver também **Pesquisa Psíquica**.

Garrett, Eileen (1893-1970) **Médium psíquica** irlandesa que desenvolveu suas capacidades **psi** sob a orientação do espiritualista **James H. McKenzie**, no British College of Psiquic Science (1924-1928). Ela depois foi convidada a participar dos experimentos de parapsicologia do **dr. J. B. Rhine**, na Duke University, e também tomou parte em outras experiências envolvendo a **escrita automática** e a **telepatia** a longa distância. A sra. Garrett trabalhou posteriormente com vários pesquisadores psíquicos importantes, incluindo o **dr. Hereward Carrington**, o **dr. Alexis Carrel** e o **dr. Nandor Fodor**; e em 1951 ajudou a fundar a Parapsychology Foundation, cujo objetivo era estimular a investigação científica dos fenômenos psi. A sra. Garrett acreditava que os médiuns psíquicos podiam entrar em contato com as forças do inconsciente durante as sessões e não achava que a mediunidade demonstrasse necessariamente a existência da vida após a **morte**. Ver também **Pesquisa Psíquica**.

Garuda, Pássaro Na **mitologia** hindu, o Pássaro da Vida, que era capaz de criar e destruir todas as coisas. Esse pássaro era considerado o inimigo mortal das **nagas** ou serpentes, que moravam nas profundezas da terra, em templos e palácios magníficos. Os mitos budistas contam que as nagas tinham de ser protegidas dos demônios Garuda, quando iam ouvir **Gautama Buda**.

Gatha[1] No **Budismo**, poema ou cântico. O termo é também usado para descrever cada uma das doze divisões do cânone mahayana.

Gatha[2] No **Zoroastrismo**, canto ou **hino** das sagradas escrituras conhecidas coletivamente como **Avesta**, que incluem muitos dos mitos e das crenças religiosas da antiga Pérsia.

Gato Animal com fortes associações com o ocultismo. No Egito antigo, havia deusas com cabeça de gato (**Bastet** e **Secmet**, por exemplo) associadas à fertilidade e ao poder sexual. Na Idade Média, os gatos pretos eram considerados encarnações do **Demônio** e deram origem a muitas **superstições** populares. Segundo a tradição mais comum, os gatos também são **familiares** dos **bruxos**: a bruxa moderna **Rosaleen Norton** acredita que os gatos tenham mais integridade e sensibilidade do que os seres humanos, e afirma ser capaz de se comunicar mediunicamente com eles.

Gaufridi, Louis Ver **Freiras de Aix-en-Provence, As**.

Gautama Buda Também Gotama Buda. Fundador histórico do **Budismo**, em contraposição aos muitos **budas** da história do **misticismo** que eram "iluminados".

Geburah Palavra hebraica que significa "julgamento", "poder" e corresponde à quinta **emanação** da **Árvore da Vida** cabalística. Na **magia** ocidental, Geburah é associada a **Marte**, o deus romano da guerra, e representa severidade e justiça. As forças destrutivas da esfera de Geburah teriam um efeito depurador no Universo. Geburah representa o deus criador, que governa o **cosmos** com disciplina e precisão e elimina elementos inúteis ou desnecessários, depois de acabada sua utilidade. O simbolismo de Geburah também se reflete na carta do **tarô** *O Carro*. Ver também **Cabala**.

Geena Inferno judaico derivado do *Ge Hinnom* hebraico – o Vale de Hinnom. Esse era o vale da Palestina em que os israelitas sacrificavam crianças em honra a Moloch, deus dos amonitas. Geena passou a ser um lugar de tormento e abominação; as próprias imagens do fogo do inferno refletem o fato de que o Vale de Hinnom era o local em que o lixo era incinerado para evitar a disseminação de doenças graves. Todos esses fatores acabaram se combinando e dando origem ao "abismo sem fim de fogo eterno", em que os ímpios eram castigados depois da morte.

Geh No **Zoroastrismo** e também entre os **parses**, orações feitas cinco vezes ao dia, desde o nascer do Sol. Os devotos voltam-se para o Sol enquanto rezam, acreditando que cada geh esteja associada a um **arcanjo**.

Geller, Efeito Termo usado para descrever a capacidade paranormal de curvar objetos de metal, aparentemente com o poder da mente. Ver **Geller, Uri**.

Geller, Uri (1946-) **Psíquico** israelense que ficou mundialmente famoso graças à suposta capacidade de usar o poder da mente para entortar chaves e talheres de metal, sem tocá-los. Geller exibiu-se diante de grandes platéias e submeteu-se a testes no Stanford Research Institute. Contudo, ele negou-se a ser investigado pela junta de especialistas da *New Scientist* e pela **Sociedade Britânica para a Pesquisa Psíquica**. Apesar de toda a controvérsia que causou e das alegações de alguns mágicos de palco de que o chamado "**Efeito Geller**" de curvar metais com o poder da mente podia ser provocado por meio da prestidigitação, Geller impressionou muitos cientistas com suas capacidades **psi**.

Gelo Cósmico Teoria cosmológica proposta pelo engenheiro austríaco **Hans Horbiger** (1860-1931), segundo a qual um cometa surgido em 1882 seria feito de gelo. Dez anos depois, Horbiger teve uma visão que lhe desvendou mistérios sobre a natureza do universo e, com Phillipp Fauth – um astrônomo amador –, ele começou a escrever *Glazialcosmogonie* para divulgar suas teorias ao mundo acadêmico. Na visão de Horbiger, o universo compunha-se de estrelas metálicas quentes e de "gelo cósmico" e, sempre que duas estrelas colidiam, ocorria uma grande explosão que dava origem a um sistema solar. Ele também acreditava que a Lua da Terra teria sido "capturada" há treze milhões de anos e acabaria descendo em espiral sobre a superfície do nosso planeta, causando total devastação.

Os ocultistas interessados nas teorias de Horbiger encontraram nessa hipótese uma possível explicação para a destruição de **Atlântida**. Sua **cosmologia** também foi adotada por vários membros da hierarquia nazista, incluindo Heinrich Himmler que, assim como outros seguidores de Horbiger, associava a raça ariana original a um grupo surgido "numa Atlântida" situada em algum lugar do norte da Europa. Adolf Hitler, que também simpatizava com as teorias de Horbinger, declarou-o um dos maiores cosmologistas de todos os tempos.

Geloscopia Divinação por meio da análise das risadas de uma pessoa.

Gema Pedra preciosa ou semipreciosa, em geral com associações mágicas. Algumas gemas estão ligadas aos diferentes **signos solares** da **astrologia**, enquanto outras supostamente emitem vibrações de luz colorida com significado místico. Comparar com **Cristal**. Ver também **Pedra do Signo**.

Gematria Método oculto usado pelos praticantes da **Cabala** para reduzir as palavras ou frases hebraicas a seu equivalente numérico. Acredita-se que, do ponto de vista simbólico, as palavras ou frases com o mesmo total numérico estejam relacionadas. Por exemplo, a soma dos valores numéricos da palavra Messias (*MShICh*) totaliza 358, assim como da palavra Nachash (*NChSh*), que significa "a serpente de Moisés". Na visão de alguns cabalistas cristãos da Idade Média, a imagem da serpente de bronze era uma prefiguração de Cristo na cruz. Por isso, Cristo é às vezes retratado, na iconografia medieval, como uma serpente enrodilhada num crucifixo. Ver também **Notarikon**; **Temurah**.

Gêmeos Signo do **zodíaco** dos nascidos entre 21 de maio e 21 de junho e simbolizado pela imagem de dois irmãos gêmeos. Os geminianos são considerados criativos, mas materialistas, e suas conquistas intelectuais em geral são superficiais. Eles podem ser imprudentes, instáveis e falsos, mas são pessoas sociáveis, que gostam de se expressar. Costumam ser bons atores e políticos. Signo do **Ar**, Gêmeos é regido por Mercúrio. Ver também **Astrologia**.

Genetlialogia Ramo da **astrologia** especializado no estudo das características pessoais associadas com o momento do nascimento. É sinônimo de **astrologia natal**, em que um **mapa astrológico** é traçado com base na data, no horário e no lugar exatos do nascimento.

Genii Ver **Djim**.

Gênio Na **mitologia** romana, **espírito** presente no nascimento de uma pessoa, designado para guiá-la e protegê-la ao longo da vida. O gênio romano lembra o **daimon** grego. Na crença oculta, a pessoa de gênio é aquela que está afinada com a sua **vontade** verdadeira e que se comunica com o **santo anjo guardião**. Nesse sentido, um dos objetivos básicos da **magia** ocidental moderna é descobrir o gênio interior.

Genios Na **magia** e **bruxaria** peruanas, aliado espiritual mágico que a bruxa pode controlar com bons ou maus propósitos. Ver também **Familiares**.

Genitura Na **astrologia**, os aspectos e configurações da natividade ou do **mapa** natal de uma pessoa.

Gente Pequena Termo afetuoso para designar as **fadas**, usado como alternativa para nomeá-las diretamente.

Gentio Aquele que não se converteu ao Cristianismo. Ver também **Pagão**.

Geomancia Forma de **divinação** pela interpretação dos padrões produzidos na terra, por objetos lançados no solo. Seixos, pedrinhas, galhos, sementes ou até jóias podem ser usadas. O praticante segura os objetos nas mãos em concha, concentra-se na pergunta para a qual quer uma resposta e então deixa que as sementes ou pedras caiam no chão. As interpretações são feitas intuitivamente, com base nas figuras formadas na terra pelos objetos.

Germer, Karl (1885-1962) Ocultista alemão que passou a liderar o grupo de **magia sexual Ordo Templi Orientis**, depois da morte de **Aleister Crowley**. Germer era um dedicado seguidor de Crowley e o ajudou na publicação de algumas das suas obras mais enigmáticas, como a intitulada *Magick Without Tears*. Seu nome mágico no Ordo Templi Orientis era Frater Saturnus. Ver também **Ocultismo**.

Gharb i Mutlaq Expressão árabe usada no **misticismo** islâmico e cujo significado é "o Vazio Absoluto" – plano que está além da manifestação.

Ghazali, Abu Hamid (1059-1111) Místico islâmico instruído no **Sufismo** em Tus, onde nasceu, e também em Nishapur. Depois de dar aulas de direito canônico e teologia em Bagdá, Ghazali começou a se interessar mais pelo misticismo. Viajou para Damasco, onde ficou dois anos em **meditação**; fez uma peregrinação a Meca e voltou para Tus, onde escreveu sua obra clássica, *O Renascimento das Ciências Religiosas*. Convencido de que os princípios da espiritualidade islâmica poderiam ser aplicados a todos os aspectos da vida, ele passou a ver o Sufismo como o caminho supremo para a iluminação e a acreditar que **Deus** era a única Realidade. Deus, ele escreveu em suas *Confissões*, levara luz ao seu coração: "a luz que ilumina o limiar de todo conhecimento".

Ghost Club Organização formada em Londres, por volta de 1862, para investigar fenômenos psíquicos e detectar casos de fraude. O clube era a princípio pequeno e exclusivo, mas expandiu-se em 1938 por obra de **Harry Price**. Atraiu vários membros ilustres como o poeta e romancista *sir* Osbert Sitwell e o biólogo *sir* Julian Huxley. Depois da Segunda Guerra Mundial, o Ghost Club passou por um período de declínio, mas hoje vive uma refervescência, graças à liderança do pesquisador ocultista inglês **Peter Underwood**.

Ghoul Espírito ou **demônio** que se alimenta de cadáveres. Ver também **Ghul**.

Ghul Termo árabe que designa uma criatura ou entidade terrível com o poder de enlouquecer as pessoas. Esse termo também é usado para descrever os monstros e **espíritos** malignos que assombram florestas, cemitérios e lugares ermos, onde aterrorizam e matam os vivos e também desenterram e devoram os cadáveres dos mortos.

Gigantes Na **mitologia** grega, grupo de monstros com cabeça de homem e corpo de serpente. Os gigantes guerrearam com os **deuses** do **Olimpo**, atirando pedras e árvores nos adversários, até serem finalmente derrotados por **Hércules**. Os gigantes também figuravam na **mitologia** escandinava, na qual eram criaturas grotescas, em geral propensas a fazer maldades.

Giger, Hans Ruedi (1940-) Artista suíço surrealista que criou a entidade espacial conhecida como "Alien" para o filme de mesmo nome, ganhador do Oscar. As pinturas de Giger, que mostram mulheres semelhantes a Medusas, de pele fantasmagoricamente branca e cobras enroladas no pescoço, demonstram forte tendência para o **caminho da mão esquerda** da **magia** ocidental, assim como para as ficções fantásticas e de horror como *O Necronomicon*. Garras, agulhas, metralhadoras e farpas também aparecem freqüentemente em seus trabalhos, que para muitas pessoas são, a um só tempo, fascinantes e perturbadores, ostentando muitas vezes uma beleza macabra. Contudo, as fusões de pesadelo que Giger faz entre máquinas e seres humanos também evocam um sentimento de aprisionamento – a sensação de que estamos todos presos num inferno que nós mesmos criamos. Mostras do trabalho de Giger são agora permanentes em seu museu particular no Castelo St. Germain, em Gruyère, na Suíça, inaugurado em junho de 1998. A casa noturna Limelight, na West 20th Street, em Nova York inaugurou recentemente sua sala H. R. Giger, que exibe várias das suas obras mais surrealistas e visionárias. Ver também **Caminho da Mão Esquerda**; **Medusa**.

Gilbert, R. A. Renomado erudito britânico, especialista na tradição esotérica ocidental, Gilbert estudou filosofia e psicologia na University of Bristol e agora atua no mercado de livros antigos. Entre suas obras figuram *The Golden Dawn: Twilight of the Magicians*, *Revelations of the Golden Dawn* e uma biografia autorizada de Arthur Edward Waite intitulada *A. E. Waite: Magician of Many Parts*.

Gilgulim Também Gilgoolem. Na **Cabala**, os "ciclos" ou **encarnações** pelas quais a **alma** passa no caminho para a iluminação.

Giromancia Forma de **divinação** em que a pessoa caminha em torno de um círculo até cair atordoada. A posição do adivinho, com relação ao círculo, determina os resultados de eventos futuros.

Girtabili No mito babilônio da criação, temível **dragão** aliado à deusa marinha **Tiamat**, que assumia a forma de uma criatura metade humana e metade escorpião.

Gládios Também Espadas. Um dos quatros naipes dos **Arcanos Menores** do **tarô**. Espadas é um dos dois naipes masculinos atribuídos ao elemento **Fogo** (o outro é **bastões**).

Glastig No **folclore** escocês, criatura espiritual metade mulher e metade cabra, geralmente amável com os idosos, ajudando-os inclusive nas tarefas domésticas e em outros serviços ligados à casa. Houve períodos, no entanto, em que a glastig era conhecida pela natureza maldosa e pelo hábito de desviar os viajantes incautos do seu destino.

Glifo Símbolo mágico que representa o nome e a data de nascimento de uma pessoa. Supostamente dotado de grandes poderes mágicos, tem papel considerável como **talismã** ou **amuleto**. Alguns ocultistas acreditam que os glifos possam ser usados como **encanto** para proteger contra doenças e contra o azar. Ver também **Selo**.

Glossolalia Ver **Xenoglossia**.

Gnomo Criatura mítica semelhante a um elfo que, segundo a crença popular, vive sob a superfície da terra. Os gnomos são parecidos com os **goblins** e em geral estão associados a tesouros enterrados. No simbolismo da **magia** ocidental, os gnomos são considerados **espíritos** do elemento **Terra**. Ver também **Elementais**.

Gnose Do grego *gnosis*, "conhecimento". Esse termo se aplica a certas seitas religiosas que surgiram durante os anos de formação do Cristianismo e que acreditavam no "conhecimento espiritual oculto". A gnose, do ponto de vista dessas seitas, consistia em verdades **esotéricas** subjacentes aos ensinamentos religiosos e representava o caminho iniciatório para a iluminação e a sabedoria. Embora as seitas gnósticas variassem consideravelmente – algumas delas especializaram-se em **astrologia** e **cosmologia**, outras ofereciam interpretações esotéricas dos ensinamentos de Jesus Cristo –, o que mais as diferenciava do Cristianismo oficial era o fato de darem mais ênfase ao conhecimento do que à fé.

A influência que o **Zoroastrismo** exerceu sobre o Gnosticismo é evidente. Assim como no dualismo zoroastrista, os gnósticos tendiam a rejeitar o mundo – e a matéria – por considerá-lo nocivo, e concentravam suas técnicas visionárias na conquista do mundo do **espírito**. Uma das mais importantes divindades gnósticas, **Abraxas**, também tinha um antecedente persa em

GNOSE: *Conhecimento espiritual. Os adeptos do Gnosticismo acreditam que as crenças religiosas devem se fundamentar no autoconhecimento obtido por meio da experiência e não na doutrina ou dogma herdados. Esta ilustração retrata o deus gnóstico Abraxas.*

Zurvan, o deus do tempo no Zoroastrismo. A extensa biblioteca gnóstica descoberta no ano de 1947, em Nag Hammadi, no Egito, representa a mais completa fonte disponível de textos gnósticos. Ver também **Biblioteca de Nag Hammadi**.

Gnostic Aquarian Society Organização fundada pelo publicitário norte-americano Carl L. Weschke, com o propósito de reunir **ocultistas** de diferentes tradições. Weschke organiza todo ano em Minneapolis festivais que oferecem palestras e oficinas sobre temas como **astrologia**, **magia** e **quiromancia**, e apresentam os principais expoentes dessas técnicas ocultas. Esses festivais coincidem com o **equinócio** de outono.

Gnosticismo Ver **Gnose**; **Gnóstico**.

Gnóstico Aquele que acredita num "conhecimento espiritual mais elevado". Esse termo também é usado para descrever as seitas **esotéricas** que surgiram nos primeiros séculos do Cristianismo e que foram consideradas heréticas pelos padres da Igreja ortodoxa, entre eles Irineu. Ver também **Gnose**.

Goblin Criatura mágica semelhante ao **gnomo**, de aspecto horrendo e natureza malévola. Na **magia** ocidental, tanto os gnomos como os goblins são considerados **espíritos** do elemento **Terra**. Ver **Elementais**.

Goetia Tradição de **magia negra** que inclui **encantamentos**, **cerimônias** e técnicas de **feitiçaria**, geralmente associados aos **grimórios** medievais, que oferecem instruções práticas para evocar espíritos demoníacos. A obra clássica da Goetia é *The Book of Ceremonial Magic*, de A. E. Waite (1898), que inclui trechos de vários dos principais grimórios.

Golem No **folclore** judaico, criatura – em geral um ser humano – criada artificialmente por meio de **magia** e de nomes sagrados. Na **Cabala**, há muitas referências ao poder criativo das letras do Nome de Deus; a idéia era a de que, usando os nomes sagrados, o **mago** poderia simular o ato de criação de Deus e produzir um ser subserviente, semelhante a um robô. De acordo com o cabalista **Moshe Cordovero**, as pessoas seriam capazes de dar "vitalidade" ao golem, mas não de lhe conferir "alma" ou "**espírito**". Na Europa do século XVII, o golem era visto como uma criatura que podia auxiliar nas tarefas domésticas, mas temia-se que ele pudesse crescer um pouco a cada dia e passar a representar uma ameaça aos seus amos. Para evitar esse perigo, achava-se que, periodicamente, o golem devia ser reduzido a pó, tirando-se da sua fronte a letra *aleph* (símbolo da criação). Ver também **Simulacro**.

Good, Sarah Membro de um coven de Salem, Massachusetts, Sarah foi presa depois de ser acusada de **bruxaria** por duas crianças, uma das quais a filha de nove anos de um pastor de igreja. Sarah tornou-se uma das figuras principais dos tribunais de bruxaria de Salem e foi levada ao Gallows Hill em 19 de julho de 1692. Ali, o reverendo Nicholas Noyes obrigou-a a confessar que era herege; mas ela, em troca, supostamente jogou uma **maldição** sobre ele dizendo: "Se tirar minha vida, Deus lhe dará sangue para beber!" Sarah Good foi enforcada pouco tempo depois. Ver também **As Bruxas de Salem**.

Górgonas Na **mitologia** grega, três monstros alados que tinham serpentes no lugar dos cabelos, garras de javali e um olhar capaz de petrificar. O corpo delas era coberto de escamas e, de acordo com Ésquilo, as três partilhavam um único dente e um único olho. As Górgonas – Euríale, Esteno e Medusa – eram filhas de Ceto e Fórcis. As duas primeiras eram imortais, ao contrário de Medusa. Perseu cortou a cabeça de Medusa e colocou-a no escudo de **Atena**. O olhar terrível de Medusa conservou seu poder petrificante mesmo depois da morte desta.

Gowdie, Isobel Mulher de um fazendeiro escocês que ficou famosa por ter confessado espontaneamente, em 1662, que praticava **bruxaria**. Isobel, que morava com o marido em Auldearne, perto de Inverness, afirmou que, muitos anos antes, fora iniciada num coven graças a uma mulher chamada Margaret Brodie. Durante a cerimônia, a líder do coven desnudara o ombro de Isobel, fizera nele um talho e, misturando com saliva o sangue que vertia do ferimento, inscreveu-lhe uma marca na testa. Ela então a "batizou" como um membro do coven. Isobel começou a participar dos encontros do coven, aprendeu certas "danças de acasalamento", adquiriu alguns conhecimentos mágicos de como se transformar em lebre e em outros animais e afirmou ter relações sexuais com **demônios** e com o **Diabo**. Ela também confirmou que o coven era constituído de treze pessoas. Aparentemente, o marido de Isobel nada sabia a respeito do envolvimento da mulher com a bruxaria. Só quinze anos depois da sua **iniciação**, Isobel resolveu se entregar às autoridades da igreja de Auldearne, delatando outros membros do coven, que foram presos com ela pouco tempo depois. Embora Isobel tenha se arrependido de seus crimes, ela foi enforcada e seu corpo queimado – o tradicional destino das bruxas da Grã-Bretanha, na época.

Gracos Almas dos heróis romanos que ainda não haviam renascido. No **Mundo Subterrâneo**, eles foram vistos por Anquises e Enéias, e são mencionados no Sexto Livro da *Eneida*, de Virgílio.

Grad, dr. Bernard (1920-) Professor canadense de psiquiatria na McGill University, em Montreal, que fez experimentos incomuns sobre cura espiritual. Grad conduziu um experimento no qual um agente de cura psíquico colocava as mãos, por quinze minutos, duas vezes por dia, durante seis semanas, em camundongos colocados nos compartimentos de uma caixa de aço galvanizado.

Num teste com dois grupos de controle, os ratos foram submetidos a uma deficiência de iodo causada pelo aumento induzido da glândula tireóide. Grad descobriu que o grupo de camundongos tratado por meio da **imposição das mãos** (IM) não registrava a deficiência de iodo na mesma proporção que o grupo de controle. Em outro experimento destinado a monitorar a cicatrização de feridas no corpo de camundongos, os animais foram divididos em três grupos: um grupo de controle, os camundongos tratados por meio da IM e outro grupo que receberia um tratamento eletrotérmico. Depois de anestesiar os animais, retirava-se de cada um deles uma porção de pele do tamanho de uma moeda pequena. A ferida era então observada e tomava-se nota de sua evolução. Depois de duas semanas, ficou evidente para o dr. Grad que os camundongos tratados por meio da imposição de mãos estavam apresentando uma cicatrização mais rápida do que os outros grupos. Na visão de Grad, a imposição de mãos transferia uma energia de cura para o sujeito e, no caso dos camundongos, resultava numa cicatrização mais rápida. Os testes de Grad estão entre os estudos científicos mais impressionantes sobre práticas de cura espiritual. Ver também **Cura pela Fé**; **Cura Psíquica**.

Grafologia Análise da caligrafia em que se avaliam aspectos do caráter e da personalidade da pessoa. Detalhes acerca da altura de cada letra, da inclinação, do espaçamento e da apresentação geral são levados em consideração. Alguns grafologistas dividem cada letra do alfabeto em três partes, de modo que a parte de cima da letra representa os aspectos espirituais da constituição da pessoa, a parte do meio representa as emoções e a parte inferior representa os atributos físicos e sexuais. A grafologia em geral não é usada para se fazer previsões.

Grande Besta O nome do **Anticristo** no Apocalipse e o nome popularmente associado ao **mago Aleister Crowley**, especialmente depois que ele se declarou o Senhor do **Novo Éon**, em 1904. Crowley estava convicto de que era a encarnação de uma nova era mágica que superaria o Cristianismo e por isso intitulava-se a "Grande Besta 666". Crowley passou grande parte dos últimos anos de sua vida buscando a Prostituta da Babilônia, que poderia ser uma parceira mágica ideal, e sua notória vida sexual atraiu considerável atenção da imprensa durante a década de 30.

Grande Fraternidade Branca Ver **Grande Loja Branca**.

Grande Loja Branca Na **Teosofia**, hierarquia de **mestres** ou **adeptos** espirituais que constituiria o "governo interior" do planeta.

Grande Obra, A Chamada na **alquimia** como *summon bonum* ("bem supremo"), a Grande Obra representava o domínio dos segredos da transmutação alquímica, especialmente no que se refere ao poder de transformar metais básicos em **ouro**. Na tradição da **magia** ocidental moderna adotada pela **Ordem Hermética da Aurora Dourada**, a Grande Obra é considerada uma metáfora da auto-iniciação. Ela é associada aos rituais de renascimento espiritual que focalizam a **sephirah Tiphareth** (a esfera solar do centro da **Árvore da Vida**) e ao conhecimento do **santo anjo guardião**.

Grande Pirâmide Ver **Pirâmide, Grande**.

Grandier, Urbain (1590-1634) Padre de Loudun, na França, que foi acusado injustamente, no ano de 1633, de praticar **magia** e levar freiras a serem possuídas por **demônios**. Várias freiras do convento das ursulinas de Loudun conspiraram para difamar Grandier, depois que este assumiu a paternidade de uma criança ilegítima e tomou para si uma amante. Para provar que Grandier as havia "enfeitiçado", elas começaram a mostrar sinais de histeria que incluíam um comportamento erótico exagerado, desmaios e convulsões arquejantes. A Madre Superiora, irmã Jeanne, responsabilizou Grandier e os demônios **Asmodeus** e Zabulon pelas "possessões espirituais" no convento. Uma comissão foi posteriormente formada pelo cardeal Richelieu, para investigar os bizarros acontecimentos em Loudun e Grandier acabou sendo levado a julgamento. Um documento extremamente comprometedor, selando um suposto pacto entre Grandier e o **Diabo**, foi usado como prova. O documento acabou surtindo um efeito devastador e, ao término do julgamento, num grotesco simulacro de justiça, Grandier foi declarado culpado de prática de magia e condenado à fogueira por seus "crimes".

Grant, Joan (1907-1990) Escritora inglesa que incluiu em seus romances o que supunha ser impressões de encarnações passadas. Graças a uma capacidade psíquica que ela denominava "memória distante", Joan Grant recontava vidas passadas no Egito, na Terra Santa e na América pré-colombiana. Seus livros mais conhecidos são *O Faraó Alado* (publicado pela Editora Pensamento), *Lord of the Horizont*, *Return to Elysium* e os autobiográficos *Time Out of Mind* e *A Lot to Remember*. Ver também **Reencarnação**.

Grant, Kenneth (1924-) Ocultista inglês que, depois da morte de **Aleister Crowley** no ano de 1947, continuou a ser seu seguidor e fundou, em 1955, sua própria Isis Lodge. Grant considera-se o líder mundial da **Ordo Templi Orientis** (OTO), embora essa liderança também seja reivindicada por outro ramo da OTO que atua hoje em Berkeley, na Califórnia. Grant colaborou com **John Symonds** na edição e anotação de vários trabalhos de Crowley, incluindo *The Confessions* e *The Magical Record of the Beast 666*. Ele também é autor de várias obras importantes sobre a **magia** ocidental moderna, entre elas *The Magical Review*, *Cults of the Shadow*, *Nightside of Eden* e *Outside the Circles of Time*. Ele também produziu dois trabalhos definitivos sobre o artista e ocultista inglês **Austin Osman Spare**, *Zos Speaks* e *Images and Oracles of Austin Osman Spare*.

Granthi Termo hindu que significa "nó". De acordo com a **mística** bengalesa Anandamayi Ma (a Mãe da Eterna Felicidade), o objetivo da meditação é "desatar os nós que constituem o **ego**" e cortar os liames que prendem a **alma**.

Grã-Sacerdotisa, **A** No **tarô**, carta dos **Arcanos Maiores** que representa a sacerdotisa lunar e virginal que não se uniu a uma divindade masculina. No sentido místico, ela tem potencial para a maternidade (manifestação e forma), mas ainda não percebeu a possibilidade de dar à luz uma miríade de formas dentro do **cosmos**. Sua virgindade e inocência simbolizam sua pureza e a posicionam, do ponto de vista mitológico, acima do **Abismo**, que separa a Trindade e o universo manifesto. Na **magia** ocidental, que combina os caminhos dos Arcanos Maiores do **tarô** com os dez **sephiroth** da **Árvore da Vida**, o caminho da *Grã-Sacerdotisa* é um aspecto transcendental da deusa romana **Diana**. Ver também **Deusas Lunares**.

Gravações de Vozes Espirituais Outro nome do **Fenômeno das Vozes Eletrônicas,** descobertos pelo **dr. Konstantin Raudive**. Essa expressão é usada por aqueles que defendem a idéia de que as vozes das gravações de Raudive são dos **espíritos desencarnados** de pessoas mortas.

Gray, William G. Mago cerimonial britânico cuja mãe era astróloga e o pai tinha ligações com a **Teosofia**. Gray foi o representante da Grã-Bretanha no Simpósio Espiritual patrocinado pela Sangreal Foundation, ocorrido em Dallas, no Texas, Estados Unidos, no ano de 1970, e foi considerado pela autoridade em **magia Israel Regardie** como um dos maiores escritores contemporâneos sobre a tradição mágica ocidental. Entre os vários livros de Gray sobre magia e **Cabala**, figuram *The Ladder of Lights* (1968), *Magical Ritual Methods* (1969), *Inner Traditions of Magic* (1971) e *The Talking Tree* (1975).

Greatrakes, Valentine Magistrado inglês que morou na Irlanda e descobriu que tinha a capacidade de fazer **curas espirituais**, principalmente nos casos de escrófula, chamada também de "Mal do Rei". Entre 1662 e 1667, Greatrakes ganhou fama como agente de cura batendo gentilmente nos membros dos pacientes "até extrair a doença à força do corpo deles". Greatrakes afirmava que seus poderes vinham de Deus e chegou a impressionar o famoso químico Robert Boyle. Ele fez posteriormente várias curas espirituais em Ragley, Warwickshire, diante de uma multidão, e obteve o mesmo sucesso no Lincoln's Inn Fields, em Londres. Greatrakes finalmente desistiu de fazer curas, quando sentiu que seus poderes haviam se esgotado.

Green, Celia (1935-) Parapsicóloga inglesa que empreendeu uma extensa pesquisa experimental sobre **experiências fora do corpo**, popularmente conhecidas como **projeção astral**. Em 1961, junto com dois outros graduados da Oxford University, ela criou o Institute of Psychophysical Research da Oxford, para dar prosseguimento ao estudo científico dos fenômenos paranormais. Esse instituto publica seus procedimentos esporadicamente, e entre suas publicações se incluem dois trabalhos pioneiros de Celia Green: *Out-of-Body Experiences* (1968) e *Lucid Dreams* (1968).

Gremlin Criatura imaginária responsável por traquinagens e diabruras que afetam as aeronaves. A origem do nome é controversa. De acordo com um relato, um esquadrão de bombas britânico, estacionado na Índia um pouco antes da Segunda Guerra Mundial, cunhou esse termo combinando os **Contos de Green** com "as cervejas Elephant da cervejaria Fremlin". Segundo uma outra versão, em 1922, um piloto da RAF pediu a previsão do tempo para o aeroporto Le Bourget e ouviu a seguinte mensagem: "Gremlins sur la Manche" (Gremlins sobre o Canal da Mancha). Nesse exato momento, seu rádio ficou mudo. Em geral, dizem que o gremlin parece o cruzamento de uma lebre com um *bull terrier* e sempre usa calções verdes, jaqueta vermelha, uma cartola e polainas. Os gremlins gostam de beber gasolina, distrair pilotos de avião, interferir nas comunicações por rádio e até criar padrões de estrelas no céu para causar distorções – dificultando a navegação. Nos dias de hoje, pode-se presumir que os gremlins foram desbancados pelos computadores, que tornam impossíveis suas travessuras.

Grenier, Jean (1589-1610) Muitas vezes chamado de "o menino lobo", Grenier viveu na França do século XVII e era considerado um **lobisomem**. Ele foi descoberto por jovens aldeãs importunando um rebanho de ovelhas e contou a elas que às vezes usava uma pele de lobo para atacar ovelhas, cães e até mesmo seres humanos. Grenier afirmava que adquirira o poder de se transformar em animais depois de fazer um **pacto** com o **Diabo**. O garoto foi preso no mosteiro de São Miguel Arcanjo, em Bordeaux, e convenceu testemunhas de que tinha características lupinas depois de comer vísceras e andar de quatro. Ele morreu depois de sete anos de prisão. Ver também **Licantropia**.

Grifo Criatura mítica com cabeça e asas de águia e pernas de leão, o grifo era supostamente o maior de todos os pássaros. Quando abria as asas, era capaz de obscurecer os raios do Sol. Era também o guardião do Sol e foi sacrificado por Apolo. O poema épico grego *Arimaspea* conta sobre uma batalha travada entre os grifos e os membros caolhos da tribo Arimaspi, pela posse do ouro sagrado. Ver também **Aristeas de Proconeus**.

Grífon Ver **Grifo**.

Grimórios Coleções medievais de **feitiços**, **rituais** e **encantamentos** mágicos, que são invariavelmente atribuídas a fontes clássicas hebraicas ou egípcias. Entre os grimórios mais conhecidos figuram *O Livro da Sagrada Magia de Abra-Melin, o Mago*; *Lemegeton* (ou *Chave Menor de Salomão*), *As Clavículas de Salomão* (ou *Chave Maior de Salomão*), *O Grande Grimório do Papa Honório* e o *Grimório de Armadel*. Ver também **Goetia**; *Chave de Salomão*.

Gris-Gris Amuletos usados pelos membros de tribos africanas como proteção contra **feitiçaria** e forças do **mal**. Esse termo também é usado para descrever os **médicos-bruxos** e os **magos** que lançam **feitiços** e bruxedos com a intenção de fazer o mal.

Grof, dr. Stanislav (1931-) Psiquiatra tchecoslovaco, agora residente nos Estados Unidos, considerado uma das maiores autoridades em **LSD**, experiências visionárias e **estados alterados de consciência**. Grof acredita que as substâncias **psicodélicas**, quando usadas com cautela e inteligência, podem possibilitar o contato com níveis míticos da consciência, sendo extremamente úteis na psicoterapia. Grof também defende a teoria de que as imagens do **céu** e do **inferno** podem estar relacionadas à experiência fetal de união com a mãe no útero e com a passagem traumática pelo canal vaginal. Entre seus livros estão *Realms of the Human Unconscious*, *The Human Encounter With Death* (em co-autoria com Joan Halifax), *LSD Psychotherapy*, *Beyond Death* (em co-autoria com Christina Grof) e *The Adventure of Self-Discovery*. O dr. Grof também trabalhou no Esalen Institute, em Big Sur, Califórnia, e é uma figura importante no movimento da **psicologia transpessoal**.

Guaita, Stanislas de (1861-1897) Marquês francês que fundou uma loja **rosa-cruz** em Paris com o intuito de servir de ponto de encontro para ocultistas. Entre seus vários associados mágicos estavam **Gérard Encausse**, **Sar Peladan** e Oswald Wirth. Guaita soube por Wirth que um **coven** mágico havia sido criado por **Joseph-Antoine Boullan** em Lyon; e por razões nunca esclarecidas, Guaita decidiu que se oporia firmemente a ele. Guaita escreveu para Boullan condenando suas práticas ocultas e depois incitou seu grupo rosa-cruz a jogar uma maldição em Boullan, lançando mão de todo poder de magia que poderiam reunir. Guaita foi acusado pela imprensa parisiense de provocar a morte de Boullan por meio de "magia negra" e a questão foi finalmente decidida num duelo entre o jornalista que fez as acusações – Jules Bois – e Guaita. Felizmente, nenhum dos dois perdeu a vida, embora ambos tenham saído com ferimentos leves, e a honra foi resgatada. Ver também **Magia Negra**; **Ataques Mágicos**; **Ocultismo**.

Guardião do Limiar Conceito de uma entidade **espiritual** hostil que representa o **karma** negativo acumulado de um ocultista e aparece a ele, no plano astral, como uma força a ser sobrepujada. Ao que se sabe, o conceito de Guardião do Limiar deriva do romance místico *Zanoni* (publicado pela Editora Pensamento), da autoria de *sir* **Edward Bulwer Lytton**.

Guia No **espiritualismo** e na **canalização**, **espírito** protetor capaz de oferecer, numa **sessão**, conselhos e orientações por meio de um **médium psíquico**. Quando entra em estado de **transe**, o médium às vezes assume características visuais e verbais do guia. Índios, mestres hindus, sacerdotes egípcios e sábios chineses parecem estar entre os tipos mais comuns de guia no espiritualismo moderno, possivelmente por personificarem a sabedoria eterna.

Guia de Criança No **espiritismo**, **espírito** de criança que se apresenta para o **médium** como **guia**. Os espiritualistas acreditam que, embora esses espíritos de criança costumem ter características infantis, as informações que trazem do além-mundo demonstram sua maturidade e experiência.

Guia Interior Espírito amparador do reino interior com a qual a pessoa pode estabelecer contato ao entrar num estado de consciência visionária. Os praticantes de meditação e aqueles que fazem **canalização** ou **visualização xamânica** entram freqüentemente em contato com os guias interiores. Ver também **Espírito Amparador**.

Guiley, Rosemary Ellen Escritora norte-americana contemporânea que agora reside em Arnold, Maryland. Guiley especializou-se em temas metafísicos como o trabalho com sonhos, a intuição e as experiências visionárias. Entre seus livros mais conhecidos estão *Breakthrough Intuition*, *Dreamwork for the Soul*, *The Encyclopedia of Dreams*, *The Encyclopedia of Witches and Witchcraft* e *Histórias de Reencarnação* (publicado pela Editora Pensamento).

Guirdham, Arthur (1905-) Ex-chefe de psiquiatria do Bath Hospital, na Inglaterra, que em 1961 começou a investigar o que pareciam ser fortes sonhos reencarnacistas de uma de suas pacientes. Essa paciente, a quem o dr. Guirdham deu o nome de sra. Smith, para preservar sua identidade, tinha, desde os 12 anos, sonhos apavorantes com cenas de massacres e assassinatos – sonhos tão vívidos que a faziam gritar enquanto dormia. A sra. Smith contou ao dr.

Guirdham que anotava seus sonhos por escrito desde que era uma adolescente de 13 anos de idade. Como essas anotações continham detalhes sobre pessoas e nomes que ela nunca ouvira antes – fato que continuava a intrigá-la –, ela deixou que o dr. Guirdham as lesse. As anotações da sra. Smith continham versos de canções medievais francesas, matéria que ela nunca estudara antes na escola. Continham também esboços de antigas moedas e jóias francesas, assim como referências sobre pessoas e plantas de casas e outras construções.

Na opinião da sra. Smith, seus sonhos pareciam aludir ao século XIII e a uma região próxima a Toulouse. Esse local foi um bastião dos cátaros, um grupo de cristãos que acreditava na catarse, ou na purificação, mas que também acreditava em reencarnação e no conceito gnóstico da transcendência espiritual da alma. O catarismo foi tão forte no sul da Europa e na Europa Ocidental que a igreja Católica Romana passou a considerá-lo uma séria ameaça à religião ortodoxa. Estigmatizado como movimento herético, uma cruzada foi lançada contra ele.

A sra. Smith estava convencida de que, na vida passada, fora um membro da comunidade cátara da cidade de Toulouse. Durante seus terríveis pesadelos, ela via a si mesma sendo queimada numa estaca e recordava com imensa nitidez de detalhes o crepitar do fogo e o sangue escorrendo de seu corpo. Ela também descreveu uma cripta onde os prisioneiros ficavam antes da execução.

O dr. Guirdham entrou em contato com o professor Pere Nelli, especialista em história medieval da Universidade de Toulouse, segundo o qual os detalhes dos sonhos da sra. Smith de fato proporcionavam um relato acurado da história dos cátaros de Toulouse. Em 1967, o dr. Guirdham visitou pessoalmente essa região do sul da França. Ali ele pode consultar documentos cátaros aos quais apenas estudiosos tinham acesso. O dr. Guirdham então descobriu que todos os detalhes dos pesadelos de sua paciente eram exatos e que até mesmo as canções que ela escrevera quando criança estavam corretas. As anotações dos sonhos da sra. Smith indicavam, por exemplo, que os sacerdotes cátaros nem sempre usavam batina preta; às vezes ela era azul-marinho ou verde-escuro. Esse fato não era conhecido pelos especialistas em história medieval quando a sra. Smith o recordou pela primeira vez em 1944, e não foi oficialmente documentado até que detalhes relacionados à **Inquisição** local fossem publicados em 1966, pelo professor Duvernoy, da Universidade de Toulouse.

O dr. Guirdham descobriu posteriormente que outros pacientes seus tinham lembranças parecidas de reencarnações e apresentou suas descobertas a respeito dos cátaros e das lembranças reencarnacionistas no livro Os *Cátaros e a Reencarnação* (publicado pela Editora Pensamento) e *We Are One Another*. Ver também **Reencarnação**.

Gunzolus, dr. Charles H. Médium psíquico, místico e agente de cura norte-americano, especializado na análise da tradição de cura bíblica e na realização de **sessões**. Gunzolus é o principal dirigente da Universidade Gunzolus de Espiritualismo, localizada em Indianapolis, Estados Unidos. Ver também **Cura Psíquica**.

Guppy, sra. Samuel (c. 1860-1917) Controvertida **médium psíquica** descoberta por **Alfred Russel Wallace**. A ela atribuía-se a produção de **aportes** em **sessões**, entre os quais borboletas, patos e um gato branco; foi ela também que desenvolveu o conceito do **gabinete** mediúnico, no qual poderiam ocorrer materializações. A sra. Guppy é mais conhecida pela suposta capacidade de **levitar** e de fazer "transportes psíquicos". De acordo com um relato, em 3 de junho de 1871, ela mesma foi "transportada" de sua casa em Londres, para uma sessão realizada a quilômetros dali; e em outra ocasião, ela se materializou numa sala bem iluminada, diante dos olhos de várias testemunhas, depois de um ato semelhante de vôo psíquico. Os talentos da sra. Guppy são encarados com certo ceticismo, mas não há provas de que ela tenha se beneficiado financeiramente dos poderes psíquicos que alegava ter.

Gurdjieff, George Ivanovitch (1872-1949) Professor místico de ascendência grega e armênia, Gurdjieff nasceu em Kars, perto da fronteira entre a Rússia e a Turquia, e se interessou pelos fenômenos paranormais desde tenra idade. Pessoas capazes de entrar em estado de **transe** e relatos acerca de curas milagrosas o fascinavam. Junto com um amigo chamado Pogossian, Gurdjieff saiu em busca do "conhecimento secreto" nos mosteiros da Ásia central. Depois de muitas viagens, chegou a Moscou, mas deixou a Rússia quando os comunistas tomaram o poder, em 1917 – não por causa da ideologia materialista dos comunistas, mas da crueza com que viam a humanidade. Nessa época, Gurdjieff estava convencido de que a maioria das formas de política mais servia para aprisionar o povo que para lhe dar liberdade. Na visão de Gurdjieff, as pessoas tinham de aprender a sair da rotina e redescobrir a capacidade para ficar alertas e cheias de vitalidade.

Gurdjieff foi para a Finlândia, depois para a Turquia e finalmente fundou seu Instituto para o Desenvolvimento Harmonioso do Homem em Fontainebleau, sul de Paris. Foi ali que pôs em prática o que aprendeu em suas viagens e com suas inquirições. No Instituto, os discípulos de Gurdjieff eram instigados a trabalhar com afinco, a manter sigilo e a se empenhar para dar valor à vida. Ele exigia o máximo de seus seguidores, levando-os aos extremos da resistência, geralmente distribuindo tarefas, no Instituto, que os colocava à prova e os forçava a ultrapassar seus limites. Somente com esse tipo de esforço, argumentava Gurdjieff, alguém poderia vencer a escravidão imposta pela existência robotizada que a maioria das pessoas confunde com a vida de verdade.

Gurdjieff era extremamente prático e não costumava valorizar os conhecimentos obtidos por meio dos livros. Em vez disso, ele enfatizava as lições que a própria vida ensina, sempre lembrando seus pupilos de que "o homem tem de viver até o dia da sua morte". Contudo, ele mesmo escreveu alguns livros. Entre eles há um relato de sua juventude, *Encontro com Homens Notáveis*; *Gurdjieff Fala a Seus Alunos* (publicados pela Editora Pensamento), e um volume não tão conhecido cujo título é *Beelzebub's Tales to his Grandson* – em que ele delineia, na forma de fábula cosmológica, como o homem pode despertar para um novo tipo de consciência e encontrar seu caminho no esquema universal.

Gurdjieff tinha muitos admiradores. Um deles, o físico inglês Kenneth Walker, disse a seu respeito: "Ninguém que tenha tido um contato pessoal com Gurdjieff deixou de ficar impressionado com ele e com seu vasto conhecimento. Não há dúvida de que Gurdjieff tem uma importante mensagem para a humanidade neste período crítico da história."

Gurney, Edmund (1847-1888) Psicólogo inglês que, junto com *sir* **William Barrett, Henry Sidgwick** e **F. W. H. Myers**, fundou a **Sociedade para a Pesquisa Psíquica**, em Londres, no ano de 1882. Gurney começou a realizar **sessões** em 1874 e interessou-se também por **telepatia mental** e **hipnotismo**. Ele foi um dos primeiros pesquisadores a reconhecer que os **médiuns psíquicos** entram em contato com processos de pensamento inconscientes, enquanto estão em estado de **transe**. Seu livro mais importante foi o clássico da parapsicologia *Phantasms of the Living* (1886), escrito em co-autoria com F. W. H. Myers e **Frank Podmore**.

Guru Termo hindu que designa um mestre ou líder espiritual que orienta um discípulo, ou **chela**, para que atinja o autoconhecimento e a iluminação. Alguns gurus dão aos discípulos **mantras** sobre os quais meditar. A interação entre mestre e aluno pode ser extremamente complexa e envolver um processo no qual o guru desafia os conceitos e a auto-imagem do chela para confrontar seu ego e assim permitir que uma nova consciência espiritual emerja. O chela deve se submeter totalmente ao seu líder espiritual, independentemente das dificuldades e obstáculos que se interponham no seu caminho rumo ao autoconhecimento.

Guru-parampara Termo sânscrito que significa "uma sucessão de mestres". É usado na **Teosofia** moderna para designar uma sucessão de **mestres** espirituais que transmitem conhecimento **esotérico** e garantem a tradição ininterrupta dos ensinamentos de mistério.

Gwragedd Annwn No folclore galês, belo **espírito** aquático feminino que lembra uma **sereia** e é encontrado em lagos. Reza a lenda que às vezes esses espíritos casam-se com mortais e vivem uma vida normal e feliz.

H

Hades O **Mundo Subterrâneo** da **mitologia** grega clássica. Hades (ou **Aidoneus**) era também o deus do Mundo Subterrâneo e o irmão de Zeus. Ele raptou **Perséfone**, quando esta colhia flores no prado de Ena, e fez dela a rainha do Mundo Subterrâneo. Na mitologia romana, Hades é chamado de **Plutão** e o Mundo Subterrâneo, de **Dis**.

Hadit Forma caldéia do deus egípcio das trevas, **Set**. **Aleister Crowley** e seu discípulo mágico **Kenneth Grant** relacionavam Hadit a **Satã**; contudo, eles não o consideravam um inimigo do homem, mas um mestre de **iniciação** mágica. Na **cosmologia** crowleyniana, existe um vínculo entre Hadit e a entidade **Aiwass**, que inspirou *The Book of the Law*.

Hag Mulher velha, ou **bruxa**, ou alguém deformado ou feio. O termo deriva do inglês antigo *haegtesse*, "bruxa".

Hag of the Dribble Literalmente, "a bruxa do rastro". No folclore galês, **banshee** que carrega pedras no avental e deixa-as cair ao longo do caminho, formando um "rastro". Ela bate suas asas de corvo nas janelas das casas onde alguém morrerá em breve e geme tristemente no crepúsculo.

Hagith De acordo com o *Arbatel de Magia*, existem sete **espíritos** olímpicos designados por **Deus** para reger o mundo. Hagith é o espírito de **Vênus**, que governa todos os aspectos da beleza. Atribui-se a esse espírito o poder de converter cobre em ouro e há 36.536 legiões de espíritos sob seu comando.

Haidit Na **magia** e **mitologia** egípcias, "sombra". Ver **Khaibit**.

Hakata Pedaços de madeira, ossos ou marfim, usados pelos **médicos-bruxos** africanos para fins **divinatórios**. Esses objetos, que têm inscrições de símbolos que lembram os signos do **zodíaco**, são lançados no chão e então interpretados. Ver também **Geomancia**.

Halifax, dra. Joan (1942-) Antropóloga norte-americana e diretora da Ojai Foundation, na Califórnia, que trabalha com **agentes de cura** espiritual e **xamãs** do mundo todo. Seu livro *Shamanic Voices* (1979) apresenta narrativas visionárias xamânicas de muitas culturas diferentes, incluindo os tavgi samoiedas, da Sibéria, os wiradjuro, da Austrália, os sioux norte-americanos, os esquimós da Groenlândia e os índios huichol e mazatecas, do México. A dra. Halifax publicou também *The Human Encounter with Death* (1977) e *Shaman: The Wounded Healer* (1982). Ver também **Xamanismo**.

Hall, Manly Palmer (1901-1990) Escritor norte-americano, estudioso da tradição de **mistério** ocidental, que fundou a Philosophical Research Society em Los Angeles, no ano de 1936. Autor prolífico e extremamente bem-conceituado, seus livros mais conhecidos são *The Secret Teachings of All Ages, Man, the Grand Symbol of the Mysteries, Sages and Seers* e *Codex Rosae Crucis*.

Halloween Festival **pagão**, também conhecido como Véspera do Dia de Todos os Santos, que representa a mudança de estação do outono para o inverno (no hemisfério Norte) e é celebrado no dia 31 de outubro. Também era a época em que as almas dos mortos voltavam para visitar o lar ao qual pertenciam e para desfrutar da companhia de parentes e amigos, em torno de uma fogueira a céu aberto. As fogueiras eram um dos símbolos do Halloween, talvez pela intenção que se tinha de conservar um pouco da luz e do calor do verão e do começo do outono, em contraste com o início dos ventos gélidos do inverno. Nos Estados Unidos, o Halloween tornou-se uma ocasião especial para as crianças, que se fantasiam de **fantasmas** ou **bruxas** e batem de porta em porta atrás de "gostosuras ou travessuras" (*"trick or treat"*).

Halo Círculo de luz, geralmente representado nas artes por um anel dourado ao redor da cabeça dos santos. Indicação de uma espiritualidade elevada, para alguns **ocultistas** o halo está associado à **aura** e tem uma possível relação com as energias eletromagnéticas evidenciadas na **fotografia Kirlian**. O halo também é conhecido como **nimbo**.

Halomancia Também alomancia. **Divinação** por meio de grãos de sal atirados numa superfície plana e interpretados segundo as figuras e contornos formados.

Hamadríades Na **mitologia** grega, ninfas das árvores e dos bosques. Ver também **Dríades**.

Hambaruan Entre os dayaks de Bornéu, **alma** ou **espírito** de uma pessoa, que pode deixar o corpo de acordo com a sua vontade e empreender uma viagem. Nesse estado, ela fica vulnerável à **feitiçaria** e às legiões de espíritos malignos. Comparar com **Corpo Astral**.

Hanon-Tramp Expressão alemã que designa um tipo de pesadelo em que a pessoa parece estar sendo asfixiada por um demônio enquanto dorme.

Hansel, Charles E. M. (1917-) Psicólogo inglês que ocupa a Cátedra de Psicologia da University College of Swansea e é autor de várias obras sobre **parapsicologia** e **percepção extra-sensorial**. Hansel em geral censura a maioria dos supostos casos de **telepatia**, **clarividência** e **precognição**, e seu livro *ESP: A Scientific Evaluation* foi descrito pelo editor como "um livro importante numa área marcada pela desinformação, pelo entusiasmo desorientado e pelo preconceito". Hansel leva a parapsicologia ao grau necessário de rigor científico, mas a maneira como aborda os poderes paranormais é, em grande parte, negativa.

Haoma Na antiga Pérsia, bebida sagrada à qual se atribuía o poder de conferir **imortalidade**. Preparada com a planta haoma e misturada com leite e água, ela representava um tipo de **ambrosia**. A haoma também é personificada como uma **divindade**.

Harachte Também Haracti. Nome grego do deus egípcio **Hórus**, especialmente com referência à trajetória do Sol pelo céu. Como **Rá** passou a ser cada vez mais relacionado a Hórus, os gregos chamavam essa divindade de **Rá-Horachte**. O ocultista **Aleister Crowley** identificou-se com esse aspecto de Hórus, referindo-se a si mesmo como "a Criança Coroada e Vitoriosa, Senhor do Novo Éon". Crowley grafava o nome de Harachte da seguinte maneira: Rá-Hoor Khuit. Ver também **Éon, Novo**.

Hardy, *sir* Alister Clavering (1896-1985) Zoólogo britânico que passou a se interessar pelos fenômenos paranormais e pela possível repercussão que as descobertas da pesquisa psíquica poderiam ter na biologia e na ciência. Hardy foi presidente da **Sociedade para a Pesquisa Psíquica** entre 1965 e 1969. Seu maior interesse era a **telepatia mental** e a pesquisa sobre os **amigos invisíveis** das crianças. Hardy publicou, entre outros livros, *The Open Sea* e *The Divine Flame*.

Hare Krishna, Movimento Seita dedicada a **bhakti**, o **Hinduísmo** devocional. Essa forma de crença hindu enfoca o amor por **Krishna**, que é considerado a **Divindade** Suprema. Os Hare Krishnas consideram o santo hindu do século XVI Sri Chaitanya Mahaprabu como o fundador do movimento. Esse santo incentivava o público a cantar e a entoar os nomes santos de Krishna, com o acompanhamento de címbalos de bronze e tambores; seguindo esse exemplo, as vestes cor de açafrão e os mantras entoados pelos Hare Krishnas ficaram famosos no mundo todo. O líder do atual movimento Hare Krishna, até sua morte recente, era Sua Divina Graça A. C. Bhaktivedanta Swami Prabhupad, que levou a mensagem de Krishna-bhakti para o Ocidente, ao chegar em Nova York em 1965. Esse movimento tem se espalhado desde então, disseminando-se pela maioria dos principais países ocidentais. Ver também **ISKCON**.

Haríolos Ver **Aríolos**.

Harmachis Ver **Hor-m-akhet**.

Harmonia Estado de equilíbrio e concordância. Esse termo é geralmente usado no **misticismo** com referência ao equilíbrio e bem-estar interiores. Na tradição cabalística da **magia** ocidental, a esfera de harmonia é **Tiphareth**, localizada no centro – ou no coração – da **Árvore da Vida**. Ver também **Cabala**.

Harmonia entre os Opostos Conceito místico e oculto segundo o qual a **consciência cósmica** só pode ser atingida pela transcendência da dualidade, quando a diferença entre "masculino" e "feminino" ou "objeto" e "sujeito" deixam de ser reais. Muitas cosmologias retratam o dinamismo que há entre os opostos: o **yin** e **yang** chineses; o **ida** e **pingala** da yoga; e a distinção, no misticismo judaico, entre tronos (estáticos) e carros (móveis), como veículos de Deus. Na **Cabala**, a **Árvore da Vida** tem três colunas. As duas externas, localizadas abaixo de **Chokmah** (masculino) e **Binah** (feminino), representam os opostos polares arquetípicos; e esses opostos são resolvidos, ou harmonizados, graças ao **Pilar do Meio**, que fica entre eles e une **Kether** a **Malkuth** – a primeira e a última esfera da Árvore. Ver também **Andrógino; Dualismo; Individuação; Tiphareth**.

Harner, Michael J. (1929-) Antropólogo norte-americano que passou muitos anos fazendo pesquisa de campo no Alto Amazonas, no México e no leste da América do Norte, aprendendo técnicas **xamânicas** com os índios. Harner também adaptou para os praticantes ocidentais as técnicas xamânicas tradicionais, usando um método que combina o som de tambores e a visualização para abrir a percepção das pessoas para a "realidade mágica". Essa "jornada" inclui a visualização da árvore cósmica, a passagem pelas suas raízes e uma viagem ao mundo inferior, onde se pode entrar em contato com um **animal de poder** ou **aliado mágico**. Uma variante dessa jornada consiste em ascender para o mundo superior por meio de um túnel de fumaça.

Harner é professor convidado da Columbia, em Yale, e da University of California, em Berkeley, e é atualmente presidente da Foundation for Shamanic Studies, em Mill Valley, Califórnia. Ele é autor de um livro prático sobre xamanismo intitulado *O Caminho do Xamã* (publicado pela Editora Pensamento) e também de duas obras acadêmicas sobre o mesmo assunto: *The Jivaro* (1972) e *Hallucinogens and Shamanism* (1973). Ver também **Jornada da Alma**.

Harpias Na **mitologia** grega, criaturas aladas horripilantes, com corpo de abutre e cabeça de mulher. Elas contaminavam a comida, exalavam um odor nauseabundo e levavam a alma dos mortos.

Harpócrates Um dos nomes gregos de **Hórus**, Harpócrates era considerado o Deus do Silêncio e representado como um menino com o dedo na boca. Na forma de **Hoor-paar-Kraat**, Harpócrates era uma figura especial para o ocultista **Aleister Crowley**, que se considerava o "filho dos deuses".

Harsiese Na **mitologia** do antigo Egito, "Hórus, o filho de **Ísis**", que, na infância, era protegido do maligno tio **Set** e versou-se nas técnicas de guerra. Ele esperava poder vingar a morte de **Osíris** decapitando a serpente Set e levando a cabeça para a mãe, Ísis. Contudo, Set recuperou-se do ferimento e continuou a ser seu inimigo até que, após um longo confronto, Hórus foi considerado pelos **deuses** como o "Senhor das duas Terras". Ver **Hórus**.

Hart, dr. Hornell (1888-1967) Conceituado parapsicólogo e sociólogo norte-americano, que foi membro tanto da **Sociedade para a Pesquisa Psíquica** norte-americana quanto da britânica. Hart, que se interessava pela natureza das aparições, também escreveu sobre **projeção astral**. Seu livro mais conhecido é *The Enigma of Survival: The Case for and against an After-Life* (1959).

Hartmann, Franz (1838-1912) Ocultista e teosofista alemão que por muitos anos residiu nos Estados Unidos. Hartmann foi o fundador da Ordem da Rosa-cruz Esotérica e também se afiliou ao grupo mágico que acabou se tornando a **Ordo Templi Orientis**. Seus livros mais conhecidos são *Magia Branca e Magia Negra* (publicado pela Editora Pensamento) e *In the Pronaos of the Temple of Wisdom*. Ver também **Ocultismo; Teosofia**.

Hasside No plural, hassidim. Da palavra hebraica que significa "piedoso". Membro do movimento místico conhecido como **Hassidismo**.

Hassidismo Movimento místico judaico fundado na Polônia pelo israelita Eliezer

Ba'al Shem Tov (c. 1700-1760). **Hasside** é aquele que deposita toda a sua fé e confiança em Deus e que interpreta o "significado interior" da Lei. Ba'al Shem acreditava que se devia "servir Deus com alegria" e seus serviços eram acompanhados de cânticos e danças frenéticas e entusiasmadas, além de bebidas fortes. Dizem que o corpo de Ba'al Shem tremia quando ele fazia suas orações e essa espécie de **êxtase** era transmitida para a congregação, que fazia exclamações e gritava alto, numa fervorosa comunicação com Deus. O Hassidismo herdou grande parte dos seus preceitos básicos dos ensinamentos de **Isaac Luria** e continua sendo considerado um movimento dentro do Judaísmo. Os principais centros do Hassidismo hoje estão em Nova York e em Israel. Ver também **Cabala**.

Hatha Yoga Forma de **yoga** que ensina técnicas relacionadas ao controle físico do corpo. Ela lança mão de posturas especiais conhecidas como **asanas** e de métodos de respiração rítmica chamados **pranayama**. A yoga reconhece a ligação entre a mente e o corpo, e a própria palavra *hatha* é composta de duas polaridades: *ha*, que significa "sol" (masculino), e *tha*, que significa "lua" (feminino). A Hatha Yoga é a forma de yoga mais conhecida e popular.

Hator Na antiga **mitologia** egípcia, a rainha do céu. Como deusa maternal e **divindade** cósmica, ela personificava o amor, a beleza e a alegria e era representada na forma de uma vaca com o disco solar entre os chifres. Seu santuário estava localizado em Dendera.

Hators No Egito antigo, grupo de mulheres, geralmente em número de sete, que tinha o dom **psíquico** de predizer o futuro de um recém-nascido.

Haxixe Resina alucinógena feita das flores do **cânhamo**. O haxixe produz poderosas visões e pode provocar um **estado alterado de consciência** eufórico, quando mastigado ou tragado. Considerado sagrado no Tibete e muito usado como sacramento na América Central. Os índios cuna do Panamá e os índios cora do México usam-no em cerimônias religiosas. Ver também **Alucinação**.

Hayyoth Ver **Chaioth**.

Hécate Na **mitologia** grega, deusa dotada de poderes mágicos e que assume diferentes formas. Como **deusa lunar**, ela era identificada como **Ártemis** e, como deusa do **Mundo Subterrâneo**, tinha forte associação com **Perséfone**. Com cobras no cabelo, Hécate tinha uma aparência assustadora, e era escoltada por cães uivantes. Festivais anuais eram celebrados em honra dela na ilha de Egina; ali eram feitos sacrifícios e **magos** e **bruxos** buscavam o auxílio dessa deusa.

Hedonismo Crença de que a busca pelo prazer é a atividade mais importante da vida. Os **pagãos** que idolatram a sensualidade e realizam orgias personificam o culto do hedonismo. Ver também **Coribantes**; **Dioniso**.

Hegemon Na **Ordem Hermética da Aurora Dourada**, papel cerimonial que representa a Deusa da Verdade e da Justiça. O Hegemon controla a admissão de novos candidatos ao grau de **Neophyte**.

Heindel, Max (1862-1919) Pseudônimo do escritor teosófico Max Grashof. Heindel foi influenciado por **Rudolf Steiner** e considerado um autêntico **rosa-cruz**. Ele fundou a Fraternidade Rosa-cruz na Califórnia, que tem relação com a atual organização rosa-cruz AMORC. O principal trabalho de Heindel foi *The Rosicrucian Cosmoconception*. Ele morreu em 1919, mas sua mulher, Augusta, levou adiante a Fraternidade Rosa-cruz e foi uma grande defensora dos ensinamentos do marido, até a morte dela, em 1938.

Hekau Na **magia** e **mitologia** egípcias, palavras de poder sagradas, usadas para combater o mal e as trevas. No **Livro dos Mortos** egípcio, especificamente nos textos conhecidos como *Am Tuat*, e em *The Book of Gates*, o deus solar avança pelos calabouços do **Mundo Subterrâneo** (as doze horas do período da noite) proferindo hekaus que afastam as forças hostis. Essas forças incluem abismos trevosos, rios de água fervente, odores fétidos, serpentes demoníacas e monstros de todas as formas e tamanhos.

Hekhalot "Câmaras celestiais" do palácio de **Deus**, vislumbradas nas visões pelos **místicos** judeus, à medida que passam de uma esfera para outra, mais elevada. O principal texto associado a essa atividade visionária é o *Hekhalot Maior*, que data do século I d.C.

Hekhalot Maior Texto visionário judaico da escola Hekhalot, datado da fase talmúdica inicial do **misticismo** judaico (século I d.C.). Os Hekhalot consistiam em diferentes "câmaras" ou "vestíbulos" por meio dos quais o místico passava na meditação. Durante a jornada de meditação, os **nomes de Deus** eram repetidos num **mantra** e o místico projetava sua consciência num veículo espiritual que viajava por essas câmaras, apresentando um "selo" sagrado para o **arcanjo** guardião de cada uma delas. Um pouco antes da sétima câmara, o místico entrava numa carruagem e então se elevava até um estado profundo de **êxtase** místico. Essa experiência era chamada de viagem do **Merkabah**. Ver também **Elevação nos Planos**.

Hel Na **mitologia** nórdica, deusa terrena que se tornou a rainha dos mortos. Ela governava aqueles que morreram de causas naturais – velhice e doenças, por exemplo –, em contraposição àqueles que foram mortos em batalha e cuja alma foi para o **Valhala**.

Hell Fire Club Clube satânico do século XVIII, fundado por *sir* Francis Dashwood e cujos membros reuniam-se em Medmenham, às margens do Tâmisa. O grupo cantava hinos blasfemos e fazia orgias nas câmaras escavadas sob a montanha e dentro das ruínas de uma abadia abandonada.

Hepatoscopia Forma de **divinação** em que o fígado da ovelha sacrificada era inspecionado e diagnosticado pelos **áugures**. Essa era uma prática comum entre os etruscos, os hititas e os babilônios.

Héptada Na **numerologia**, o número sete.

Hera Na **mitologia** grega, a rainha dos **deuses** e do **céu**. Hera era tanto irmã quanto consorte de Zeus e filha de **Crono** e de **Réia**. Ela era uma esposa ciumenta e hostil com as amantes e filhos ilegítimos do marido. Contudo, era vista como a deusa das mulheres, dos partos e especialmente do casamento.

Héracles Ver **Hércules**.

Herbalismo Tratamento de saúde cujas diferentes fases de desenvolvimento estão ligadas à **bruxaria**, à **astrologia** e à **alquimia**. O herbalismo remonta a, pelo menos, três mil anos antes de Cristo, quando o imperador chinês Shenung compilou uma grande obra sobre plantas intitulada *Pen Tsao*. Nessa obra, ele enaltecia as propriedades terapêuticas do ginseng, da canela e da casca da amoreira. No antigo Egito, o azeite de oliva, o cravo-da-índia, a mirra e o óleo de rícino eram muito usados nos tratamentos de saúde e desenvolveu-se um amplo cabedal de conhecimento relacionado aos "óleos essenciais" para fins terapêuticos e embalsamamento. Os gregos antigos também conheciam as propriedades medicinais das plantas e a obra de Plínio *História Natural* lembra que o grande médico Hipócrates era a favor do herbalismo.

Por causa provavelmente das suas associações **pagãs** e das freqüentes referências às divindades de cura **Apolo** e **Asclépio**, muito do conhecimento fitoterápico da antiga Grécia que se manteve na Idade Média foi posto de lado por ser considerado não-cristão e ligado à bruxaria e à magia. Na Inglaterra, Nicholas Culpeper (1616-1654) combinou astrologia, magia e herbalismo em sua obra *The English Physician Enlarged* (1653); enquanto o herbalista e alquimista suíço **Paracelso** (1493-1541) classificava as plantas de acordo com o simbolismo da cor de suas flores. Paracelso também acreditava na propriedade terapêutica de metais como o **mercúrio** e o antimônio.

Na Idade Média, um dos aspectos mais curiosos das ervas era o fato de que algumas combinações supostamente confeririam poderes mágicos. Segundo uma receita do ano 1600, aproximadamente, a mistura de azeite, água de rosas e cravos-de-defunto poderia ser usada para obter vislumbres de **fadas**: "As rosas e os cravos-de-defunto têm de ser misturados enquanto a pessoa estiver voltada para o leste e a água precisa ser mineral. Coloca-se o óleo filtrado num frasco de vidro e adiciona-se botões de malva-rosa, cravos-de-defunto, talos, folhas e flores de tomilho silvestre, brotos jovens de avelã e a relva de um trono de fadas. O tomilho tem de ser acrescentado perto da encosta de uma colina habitada por fadas. Deixa-se o frasco ao sol por três dias até curtir. Depois disso, a mistura está pronta para ser usada..."

O herbalismo moderno, mais conhecido por fitoterapia, tornou-se um ramo sistemático da naturopatia e receitas populares curiosas como essa não fazem mais parte da medicina herbórea. Na visão de alguns fitoterapeutas contemporâneos, contudo, os médicos modernos são injustamente preconceituosos com relação aos remédios fitoterápicos tradicionais e ainda fazem acusações periódicas de que o herbalismo não passa de "bruxaria" ou "superstição".

Hércules Também Héracles. Na **mitologia** greco-romana, herói legendário que conquistou grande fama pela força e bravura. Filho de **Zeus**, Hércules tinha uma mãe mortal – Alcmena –, o que provocou a cólera da ciumenta esposa de Zeus, Hera. Esta mandou duas serpentes para destruir Hércules, ainda criança. Hércules sobreviveu, matando as serpentes estranguladas. Hera continuou a persegui-lo, até que um dia, quando Hércules já era um homem casado, provocou-lhe um acesso de loucura que o fez matar a mulher e os filhos. Hércules consultou o **Oráculo de Delfos**, que lhe aconselhou a se colocar a serviço do rei Euristeu para compensar a atitude cruel que tivera. Em resultado, ele realizou os chamados doze trabalhos de Hércules, que incluíam matar **Hidra**, um monstro terrível.

Herege Ver **Heresia**.

Heresia Do grego *hairesis*, "escolha, preferência", ensinamento religioso considerado contrário à doutrina aceita e estabelecida ou deturpação dessa doutrina. A heresia é associada, na maioria das vezes, à religião cristã, especialmente com referência à perseguição empreendida pela Igreja aos grupos e crentes não-ortodoxos (**albigenses**, **cátaros**, **bruxas**, etc.), durante a Idade Média. Ela também se aplica à condenação das seitas **gnósticas** por padres da Igreja Ortodoxa como Ireneu. Contudo, a heresia também esteve presente em outras religiões. No antigo Egito, o faraó Akhenaton tentou reprimir o culto estabelecido de Ámon – tornando-se ele mesmo um herege – e, no **Islã**, o místico sufi Mansur al-Hallaj foi crucificado em Bagdá, em 922, depois de declarar que havia se unido com **Deus**. Ver também **Inquisição**.

Hermafrodita Ser humano ou animal bissexual. No **misticismo** e no **ocultismo**, o símbolo do hermafrodita ou **andrógino** humano tem um significado especial, pois ele representa a fusão entre polaridades opostas, caracterizando assim um grande desenvolvimento no caminho espiritual rumo à transcendência da dualidade. A carta do **tarô** *O Louco* mostra uma figura hermafrodita andando na beira de um penhasco – o penhasco representa a realidade manifesta – e abarcando o "espaço" universal. Essa carta simboliza, portanto, o ato místico de renunciar à própria individualidade, ou **eu**, na união transcendental com a **Divindade**. Ver também **Dualismo; Harmonia entre os Opostos**.

Hermes Na **mitologia** grega, o mensageiro dos **deuses** e a contraparte do **Mercúrio** romano. Hermes tinha vários papéis e atributos. Ele era o deus do vento, da oratória, das questões comerciais e dos atletas. Além de ser protetor dos animais sacrificados, era ele também quem conduzia a alma dos mortos em sua passagem para o **Mundo Subterrâneo**.

Hermes Trismegisto O "Três Vezes Grande", figura principal da literatura mística conhecida coletivamente como **Hermética**. Hermes é também considerado uma combinação do grego **Hermes** e do deus egípcio da sabedoria, **Thoth**. Na Hermética, ele assume o papel de um profeta ou líder espiritual que pode salvar o mundo do **mal**.

Hermética Coleção de tratados e diálogos místicos – inicialmente gregos, em sua origem – que inclui referências aos deuses da cura **Asclépio** e **Imhotep**, além de **Ísis, Osíris** e **Thoth** (ou Tat). Essa literatura, do modo como existe hoje, consiste em quatorze sermões de **Poimandres** ("o pastor de homens" e seu "líder espiritual"), o chamado "Sermão Perfeito" de Asclépio, 37 excertos da coleção do escritor do século XV Estobeu e uma seleção de fragmentos dos Padres da Igreja, relacionados à tradição de **mistério**. Existem várias traduções da Hermética na língua inglesa, incluindo aquelas de John Everard (1650), J. D. Chambers (1882) e G. R. S. Mead (1906).

Hermética, Cadeia Na **Teosofia**, sucessão de mestres espirituais que mantiveram a tradição de **mistério** e tornaram acessíveis os ensinamentos **esotéricos** àqueles treinados para recebê-los.

Hermético, Axioma Axioma atribuído a **Hermes Trismegisto**, que descreve a relação entre o **macrocosmo** e o **microcosmo**: "Como em cima, assim embaixo."

Hermetic Order of the Golden Down Ver **Ordem Hermética da Aurora Dourada**.

Herméticos, Ensinamentos As doutrinas da **Hermética**. Esse termo também é aplicado à **tradição de mistério** ocidental, com um sentido genérico e não-específico.

Herói Cultural Figura histórica cujas realizações foram idealizadas na forma de um mito e que passaram a servir como **arquétipo** para essa cultura ou sociedade. Ver também **Divinização**.

Hexagrama[1] Na **magia** e no **misticismo** ocidentais, símbolo conhecido como "estrela-de-davi". Ele se compõe de dois triângulos sobrepostos, um com o ápice voltado para cima e outro com o ápice voltado para baixo. O hexagrama incorpora o **Axioma Hermético**, "Como em cima, assim embaixo". O triângulo que aponta para cima é considerado masculino; o que aponta para baixo, feminino. Na magia ocidental, muitos rituais incluem a inscrição do hexagrama com a espada mágica. Os rituais com hexagramas podem ser usados para "invocar" ou "banir" cada uma das forças planetárias e, segundo os **ocultistas**, concentram grandes poderes mágicos. As seis pontas do hexagrama são às vezes representadas coroando a **Árvore da Vida**, com a ponta superior em **Daath** e a inferior em **Yesod**. O **nome de Deus Ararita** em geral é usado nos rituais com hexagramas.

Hexagrama[2] No *I Ching*, um dos 64 padrões de linhas inteiras e interrompidas (que são encontrados lançando-se varetas de caule de milefólio), cada um dos quais com uma interpretação divinatória. A linha inteira ou "firme" é considerada **yang**, ou masculina; e a linha interrompida ou "male" é **yin**, ou feminina. Os quatro hexagramas principais são chamados de *Ch'ien* (que consiste em seis linhas yang), *K'un* (que consiste em seis linhas yin), *T'ai* (três linhas yin sobre três linhas yang) e *P'i* (três linhas yang sobre três linhas yin) Ver também **Divinação**.

Heywood, Rosalind (1895-1980) Escritora e noticiarista que dedicou grande parte da vida às **pesquisas psíquicas**. Em 1938, ela tornou-se membro da **Sociedade para a Pesquisa Psíquica**, em Londres, e também foi voluntária em experimentos médicos sobre os efeitos **alucinógenos** da **mescalina**. Seu livro mais conhecido é *O Sexto Sentido* (1959), publicado no Brasil pela Editora Pensamento e nos Estados Unidos com o título de *Beyond the Reach of Sense*.

Hidra de Lerna Na **mitologia** grega, monstro nascido de **Tífon** e **Equidna**. Hidra assumiu a forma de uma cobra-d'água com nove cabeças, uma das quais imortal. Causou grande devastação e destruição nas cercanias de Lerna e **Hércules**, no segundo de seus doze "trabalhos", acabou por matá-la. Hércules e seu assistente Iolau cumpriram com sucesso sua tarefa com Iolau queimando as cabeças da Hidra, enquanto Hércules as decepava. A cabeça imortal foi queimada num buraco, sob uma pilha de pedras.

Hidromancia Forma de **divinação** em que a cor e os padrões de um curso d'água são estudados e interpretados. Os **adivinhos** às vezes atiravam pedras na água e contavam as ondulações provocadas.

Hierarquia de Adeptos Em muitos grupos místicos e ocultistas, a idéia de uma hierarquia de **mestres** espirituais é extremamente difundida. Na **Teosofia**, esses adeptos em geral são considerados lamas ou sacerdotes tibetanos desencarnados, versados na doutrina **esotérica**. Na **magia** ocidental, alguns **ocultistas**, especialmente **MacGregor Mathers** e **Aleister Crowley**, diziam ter um contato privilegiado com "mestres" ou **Chefes Secretos**. Invariavelmente, apela-se para uma hierarquia oculta quando um determinado ensinamento místico é transmitido aos seguidores e exige o endosso de uma "fonte superior". Ver também **Misticismo; Ocultismo**.

Hierarquia Oculta Na **Teosofia**, a **Grande Loja Branca**. Muitos grupos ocultistas, especialmente aqueles com graus cerimoniais, tendem a acreditar numa hierarquia de **adeptos** ocultos, que habitam os "planos interiores". Na **Ordem Hermética da Aurora Dourada**, esses adeptos eram conhecidos como **Chefes Secretos**.

Hierático Aquilo que é consagrado pelos **sacerdotes** para uso ritual. Esse termo também se aplica à escrita cursiva empregada pelos sacerdotes do antigo Egito.

Hiereus Papel cerimonial da **Ordem Hermética da Aurora Dourada** que personifica os aspectos obscuros do antigo deus egípcio **Hórus**. Hiereus é descrito, nos rituais da ordem, como uma representação do "Deus Terrível e Vingativo dos Confins da Matéria, nos limites de **Qlippoth**". Ele guarda os mistérios sagrados do **mal**, embora "reine sobre a matéria, vestido de escuridão". Hiereus, portanto, define os limites entre o bem e o **mal** nos rituais mágicos. Ver também **Magia Cerimonial**.

Hierofante Do grego *hieros*, "sagrado", aquele que serve como **sacerdote** e interpreta os mistérios sagrados e divinos. Na **Ordem Hermética da Aurora Dourada**, o Hierofante é um membro da Segunda Ordem.

Hierofante, **O** No **tarô,** carta dos **Arcanos Maiores** que representa a autoridade divina do **sacerdote**, que personifica a sabedoria e a misericórdia e adquire essas qualidades por inspiração mística. Na **magia** ocidental, que combina os caminhos dos **Arcanos Maiores** do tarô com as dez **sephiroth** da **Árvore da Vida**, o caminho do *Hierofante* liga **Chesed** a **Chokmah**.

Hieróglifos[1] Inscrições sagradas em forma de motivos pictóricos. Na antiga **mitologia** egípcia, os hieróglifos eram considerados "a língua dos deuses" e decoravam as paredes das tumbas e templos.

Hieróglifos[2] No **espiritualismo**, textos e garranchos atribuídos a uma entidade **desencarnada** e produzidos numa **sessão**, por um **médium psíquico** em estado de **transe**. Ver também **Escrita Automática**.

Hierologia Estudo de textos sagrados. Esse termo é normalmente usado com referência aos textos egípcios antigos.

Hill, Arthur (1872-1951) Escritor e pesquisador psíquico britânico que auxiliou *sir* **Oliver Lodge** a pesquisar **médiuns** espirituais. Ele foi membro do Council for Psychical Research, em Londres, entre 1927 e 1935, até que sua saúde precária o obrigou a deixar o conselho. Entre seus muitos livros sobre o paranormal figuram *New Evidences in Psychical Research* (1911), *Spiritualism, Its History, Phenomena and Doutrine* (1918) e *Psychical Science and Religious Belief* (1928). Ver também **Pesquisa Psíquica**.

Hilton, Walter (m. 1396) **Místico** inglês do século XIV que foi membro de um importante grupo de pensadores místicos composto por personalidades como **Julian de Norwich** e Richard Rolle. Hilton escreveu um tratado intitulado *Epistle to a Devout Man in a Temporal Estate*, que apresentava princípios de orientação espiritual para os ricos e influentes; e por um tempo ele foi considerado, equivocadamente, o autor da *Imitação de Cristo*. Hilton escreveu com sensibilidade sobre temas como contemplação, amor e graça, mas foi também extremamente prático, oferecendo orientação para a transformação espiritual por meio da contemplação e da **oração**.

Hinduísmo Uma das maiores religiões do mundo, praticada principalmente na Índia, mas com um grande número de devotos no Ocidente. O Hinduísmo identifica **Brahma** como a **divindade** criadora absoluta, que é a Realidade Suprema por trás das formas manifestas. As outras divindades principais que compõem a tríade com Brahma (conhecida como Trimúrti) são: **Vishnu**, o restaurador, e **Shiva**, o destruidor. Acredita-se que Vishnu encarne por meio de diferentes **avatares**, um dos quais foi **Krishna**.

Dois dos principais ensinamentos do Hinduísmo são o de que as pessoas acumulam **karma** em resultado de ações positivas e negativas que empreendem no mundo e o de que essas ações determinam as encarnações subseqüentes, quando a alma transmigra. Não obstante essas doutrinas, o mundo manifesto é considerado **maya**, ou ilusão, e o objetivo básico do Hinduísmo é a **transcendência** mística. Os vários caminhos da yoga têm sido desenvolvidos com esse propósito.

O Hinduísmo é uma religião extremamente complexa e envolve muitas divindades secundárias, além das principais, sem contar a legião de **diabos**, **demônios**, **espíritos** e **fantasmas**. Tanto o **Jainismo** quanto o **Budismo** foram movimentos de reforma que se originaram do Hinduísmo. Ver também **Transmigração**.

Hino Canto de louvor e adoração, geralmente oferecido num ato de reverência. No Cristianismo, os hinos são entoados em louvor a **Deus**. Eles também faziam parte das cerimônias religiosas da antiga Grécia (por exemplo, o *Hino Homérico a Deméter*), assim como do Egito, da Índia e da China. Os hinos também estão presentes em algumas cerimônias ocultistas. Eles faziam parte, por exemplo, da missa realizada pela **Igreja Satânica** de Anton La Vey.

Hipnagógico, Estado Estado de consciência entre a vigília e o sono, no qual geralmente ocorrem imagens alucinatórias. Esse estado ocorre num estado de sonolência caracterizado fisiologicamente pela presença de ritmos **alfa** e pela diminuição dos movimentos dos olhos.

Hipno Na **mitologia** grega, o deus do sono. Ele era pai de **Morfeu**, deus dos sonhos e irmão gêmeo de **Tânato**, deus da **morte**. Na mitologia latina, Hipno corresponde ao deus Sono.

Hipnopedia Capacidade de memorizar informações transmitidas durante a **hipnose**. Sugestões são feitas diretamente pelo hipnotizador ou por meio de uma fita de áudio.

Hipnopômpico, Estado Estado de consciência entre a consciência e a inconsciência. Ver **Hipnagógico, Estado**.

Hipnose Forma de transe na qual se mobilizam os poderes de concentração do sujeito e as lembranças e percepções subconscientes são trazidas à tona. O **hipnoterapeuta** dá ao sujeito dicas que lhe possibilitam superar as barreiras pessoais e os bloqueios emocionais, trazendo à consciência capacidades e lembranças antes negadas. O termo "hipnotismo" foi criado pelo cirurgião escocês **dr. James Braid**, que não aceitava a teoria de **Anton Mesmer** segundo a qual a força magnética podia ser transmitida de uma pessoa para outra. Na opinião de Braid, o mesmerismo produzia um estado de consciência que combinava relaxamento e uma percepção mais aguda. Ele tomou o nome "hipnotismo" do deus grego do sono, **Hipno**, embora ao cunhar a expressão ele tenha dado um nome evidentemente incorreto para o processo em questão.

Hipnoterapeuta Terapeuta que emprega a **hipnose** no tratamento dos pacientes.

Hipnotista Aquele que pratica a **hipnose**.

Hipocéfalo No antigo Egito, disco de bronze gravado com **fórmulas mágicas** ou **palavras de poder**. O hipocéfalo era colocado sob a cabeça das múmias, aparentemente para manter o calor do corpo por meio da magia.

Hipomancia Forma de **divinação** praticada entre os celtas, na qual interpretava-se simbolicamente a andadura dos cavalos brancos.

Hob-goblin Imp ou goblin malévolo que causa medo e apreensão, especialmente nas crianças.

Hocus Pocus Termo depreciativo usado para descrever crenças equivocadas e também com referência à prestidigitação. Ao que tudo indica, deriva da frase eucarística *Hoc est corpus*, "Este é o meu corpo".

Hod A oitava **emanação** ou **sephirah** da **Árvore da Vida** cabalística. Na **magia** ocidental, Hod é associada ao planeta **Mercúrio** e representa o intelecto e o pensamento racional. Ela também representa as capacidades mentais de estruturação e de medição, em oposição ao aspecto emocional e intuitivo que é atribuído a **Netzach**. Hod não tem um paralelo exato no **tarô**, mas está fortemente ligada à carta do *Julgamento*, atribuída ao caminho entre Hod e **Malkuth**. Ver também **Cabala**; **Sephiroth**.

Hodgson, Richard (1855-1905) Pesquisador psíquico e psicólogo nascido na Austrália, que trabalhou em comunicação direta com **William James**, **James Hyslop** e **Henry Sidgwick** na ciência pioneira da **parapsicologia**. Hodgson foi enviado à Índia pela **Sociedade para a Pesquisa Psíquica** da Grã-Bretanha com o intuito de investigar **Madame Helena Blavatsky** e concluiu que seus dons mediúnicos não passavam de uma fraude. Contudo, ele posteriormente confirmou a autenticidade de **Leonore Piper** como **médium**, e convenceu-se de que ela estava de fato em contato com **espíritos desencarnados**. Ver também **Pesquisa Psíquica**.

Hogmanay Nome escocês da Véspera do Ano Novo, uma ocasião celebrada com bebidas e muita alegria. Lembrança dos ciclos das estações, Hogmanay sinaliza o fim de um ano e anuncia o que está se iniciando.

Holle Também Holda. No folclore alemão, a rainha dos **elfos** e das **bruxas**, que é também uma deusa celeste. Ela causa tempestades de neve quando agita sua cama de penas e faz chover quando lava seu véu. Holle é em geral representada como uma bruxa enrugada que viaja pelo céu durante as tempestades.

Holt, Henry (1840-1926) Escritor e editor de livros que se tornou uma autoridade em **pesquisa psíquica**. Em 1914, ele escreveu um livro intitulado *The Cosmic Relations*, que reunia muitas das várias tendências da pesquisa sobre fenômenos **paranormais**, especialmente as já divulgadas pelos anais da **Sociedade para a Pesquisa Psíquica** britânica. Holt posteriormente ampliou essa obra e mudou seu título para *The Cosmic Relations and Immortality*. Sua editora publicou *Books of Charles Fort* em 1941, mas passou a ser uma das maiores editoras de assuntos gerais, perdendo seu enfoque paranormal. Ver também **Fort, Charles**.

Holzer, Hans (1920-) Escritor e pesquisador psíquico nascido nos Estados Unidos, que escreveu várias obras sobre os fenômenos paranormais e ocultos. Holzer também atua como escritor e crítico de teatro *free-lancer*, além de ser formado pelas universidades de Viena e Columbia. Mais conhecido pelos estudos que fez sobre **fantasmas**, **aparições** e **fotografia psíquica**, Holzer narrou vários documentários e é diretor de pesquisa do Comitê de Nova York para a Investigação de Ocorrências Paranormais. Entre seus livros mais conhecidos estão *ESP and You*, *The Truth About Witchcraft* e *Psychic Photography: Threshold of a New Science*. Ver também **Pesquisa Psíquica**.

Home, Daniel Dunglas (1833-1886) Notável espiritualista e **médium psíquico**

que afirmava ter o poder de **levitar**. Home nasceu na Escócia, mas foi para os Estados Unidos com a tia, quando tinha 9 anos. Quando garoto, Home acreditava que era possuído por **demônios**, devido às atividades **poltergeists** que passaram a ocorrer na presença dele depois da morte da mãe; a tentativa de exorcizá-los revelou-se infrutífera. Posteriormente, sua reputação como médium psíquico cresceu, ele começou a fazer **sessões** em cômodos bem iluminados e fez com que mesas e cadeiras se movessem sem nenhuma causa visível. Ele também dizia materializar mãos fantasmagóricas e tocar instrumentos musicais sem colocar as mãos neles.

Em 1855, Home foi para a Inglaterra, onde foi bem recebido por alguns e desprezado por outros. William Thackeray e John Ruskin admiravam-no, mas Robert Browning não se mostrou nem um pouco impressionado com os dons de Home, chegando até mesmo a escrever um poema intitulado *Mr. Sludge, the Medium* [Sr. Lamaçal, o Médium], depois de assistir a uma de suas apresentações. Home mais tarde demonstrou seus talentos diante do czar da Rússia e do kaiser alemão, mas a Igreja Católica Romana houve por bem excomungá-lo em 1864, acusando-o de "feitiçaria". O feito psíquico mais notável de Home ocorreu em 1868, quando, na casa do lorde Adare, em Londres, ele supostamente levitou, saindo por uma janela do terceiro andar e entrando por outra. Esse acontecimento teve três testemunhas: o lorde Lindsay, o capitão Charles Wynne e o próprio lorde Adare.

Home foi posteriormente "testado" pelo pesquisador de fenômenos psíquicos *sir* **William Crookes** que, no ano de 1871, anunciou estar convencido da autenticidade de Home. Este foi praticamente um dos únicos médiuns que, ao longo de toda a sua carreira, nunca foi pego trapaceando ou usando seus poderes para ludibriar. Ele aceitava presentes, mas não cobrava nada em suas sessões. Por tudo isso, Home continua sendo uma das figuras mais impressionantes da história da **pesquisa psíquica**. Ele escreveu dois livros: *My Life* (1863) e *Lights and Shadows of Spiritualism* (1877).

Homem Celeste Na **Cabala**, ser espiritual arquetípico associado a **Kether**, a primeira esfera da **Árvore da Vida**, e que possibilita a **Deus** assumir a forma humana. Sem o conceito de Homem Celeste, jamais seria possível imputar atributos a Deus, pois ele está além de todas as limitações. O Homem Celeste é também conhecido como **Adão Kadmon**.

Homens de Grau Elevado Termo genérico usado para descrever os **xamãs** ou **curandeiros** aborígines. Ver também **Aborígines Australianos**.

Homeopatia Filosofia de medicina natural desenvolvida pelo médico e erudito alemão Samuel Hahnemann (1755-1843). Essa palavra deriva do grego *homoion phatos*, "tratando a doença com a mesma substância". Em geral, o tratamento homeopático caracteriza-se pela idéia de que "semelhantes podem ser usados para tratar semelhantes" e de que um remédio que produz sintomas de doença num corpo saudável também pode promover um efeito terapêutico num corpo doente. Hahnemann fez experiências com o acônito, a estricnina e a beladona, até chegar à conclusão de que venenos fortes poderiam ser usados em pequenas doses para combater doenças, pelo fato de estimularem os processos naturais de autocura do corpo. Hahnemann também acreditava que a doença era resultado de um desequilíbrio no corpo, não a causa dele; e ele não fazia diferença entre mente e corpo nos sintomas classificatórios. Por essa razão, foi considerado um pioneiro da medicina psicossomática. Suas obras mais importantes incluem *The Organon of Medicine* (1810) e *Chronic Diseases* (1828).

Homúnculo Na **alquimia**, criatura comparável ao **golem**, criada artificialmente por meio de **magia**. Colocava-se esperma num recipiente lacrado, junto com outros ingredientes desconhecidos, e deixava-se a mistura em encubação, enterrada em esterco de cavalo por quarenta dias. No final desse período, o embrião começava a aparecer. **Magos** medievais acreditavam que era possível criar uma criança dessa forma, embora ela atingisse, no máximo, trinta centímetros de altura. Era aconselhável manter o homúnculo num jarro de vidro, pois esse era um ambiente familiar para ele. O alquimista **Paracelso** afirmou ter conseguido criar um homúnculo.

Hoodoo Forma de culto mágico que se originou na África e guarda algumas semelhanças com o **vodu**. Na magia hoodoo, popular entre os negros da região agrícola do sul dos Estados Unidos, **amuletos** eram usados para atrair a sorte e também para causar infortúnio aos inimigos.

Hoor-paar-Kraat Forma de Hórus ao qual o ocultista **Aleister Crowley** conferiu significado especial, depois de assumir o papel de Senhor do **Novo Éon**. Crowley considerava essa forma de Hórus, o irmão gêmeo de **Rá-Hoor-Khuit**, como um símbolo das "energias sexuais solares" que faziam parte da sua própria forma idiossincrática de **magia sexual**.

Hope, William (1863-1933) **Médium psíquico** que afirmava ter desenvolvido uma técnica para fotografar **espíritos** e entidades **desencarnadas**. Embora **Harry Price** o tenha considerado uma fraude, muitos espiritualistas continuam convencidos de que Hope tinha de fato poderes psíquicos.

Hopkins, Matthew (m. 1647) Filho de um ministro puritano, que se auto-intitulou "caçador de **bruxas**" e organizou caças às bruxas em Suffolk, Norfolk, Essex e Huntingdonshire, na Inglaterra. Sua carreira começou quando ele descobriu membros de um **coven** local, examinou o corpo deles em busca de **marcas do Diabo** e concluiu que podia ganhar a vida entregando bruxas às autoridades locais. Hopkins posteriormente decidiu livrar da **bruxaria** todo o reino da East Anglia e foi de aldeia em aldeia procurando os acusados de "enfeitiçar" pessoas. Hopkins empregava a terrível técnica do "banho das bruxas", em que mergulhava num lago as suspeitas de bruxaria. Como a água é associada ao batismo cristão, pressupunha-se que o lago rejeitaria uma bruxa, fazendo-a flutuar. Uma pessoa inocente afundaria – possivelmente morrendo afogada. Entre 1644 e 1646, Hopkins chegou ao seu apogeu como caçador de bruxas, mas foi finalmente obrigado a desistir da sua campanha brutal, pressionado pela opinião pública. Segundo se supõe, ele foi responsável pela morte de pelo menos duzentas pessoas.

Hor Nome pelo qual os antigos egípcios se referiam ao **deus** mais conhecido pelo seu nome latino, **Hórus**.

Horária, Astrologia Ver **Astrologia Horária**.

Horas Na **astrologia**, as horas são importantes porque as posições planetárias variam à medida que a Terra gira em seu eixo e se move em torno do Sol. Num **mapa astrológico**, cada período de duas horas do dia é considerado uma **casa** diferente e atrai diferentes aspectos. Ver **Astrologia Horária**.

Horbiger, Hans Ver Gelo Cósmico.

Hor-m-akhet Antigo nome egípcio da famosa esfinge de Gizé, no Egito; seu nome grego é **Harmakhis**. A esfinge, que tem corpo de leão e cabeça de homem, representa o poder místico do faraó. A esfinge de Gizé é feita de pedra, data de c. 2900 a.C. e mede 58 metros de comprimento. Ver também **Esfinge**.

Horóscopo Ver **Mapa Astrológico**.

Horse Brass Na Grã-Bretanha, **amuleto** que é preso às rédeas ou arreios de um cavalo para protegê-lo de influências negativas. Por ser brilhante, o *horse brass* supostamente reflete o poder hostil do **mau-olhado**.

Hórus Forma latinizada do **deus** egípcio **Hor**, originalmente uma **divindade** com cabeça de falcão e com o **Sol** e a **Lua** no lugar dos olhos. Como os faraós identificavam-se com **Rá**, Hórus passou a ser associado ao Sol. Em diferentes épocas, Hórus foi considerado o filho de Atum-Rá e **Osíris**. Ele é mais conhecido pelo papel que representou na mitologia osiriana, na qual vingou a morte do pai, acabando por vencer **Set**.

Hóstia No Cristianismo, pão sagrado que representa o "corpo" de Cristo na comunhão. A hóstia simboliza o sacrifício pessoal de Jesus em favor da humanidade (do latim *hostia*, que significa "vítima de sacrifício"). Em vários relatos de **magia negra** e de **missas satânicas**, a hóstia é profanada.

Houdini, Harry (1874-1926) Artista escapista e mágico norte-americano que ganhou fama desvencilhando-se de cordas e algemas. Houdini tinha uma visão extremamente crítica com relação ao **espiritualismo** e repetiu, por meios mecânicos, vários pretensos "fenômenos". Antes da morte, ele fez um pacto com a esposa de que tentaria se comunicar com ela por meio de um código e ela assistiu a várias **sessões** na tentativa de receber mensagens do marido. O **médium psíquico** Arthur Ford afirmou ter entrado em contato com o **espírito** de Houdini, mas foi acusado de fraude e a questão nunca chegou a ser resolvida satisfatoriamente. Houdini gostava de desmascarar espiritualistas, como demonstra seu livro *Miracle Mongers and Their Methods* (1920).

Houngan No **vodu**, um **sacerdote**. A palavra deriva de *gan*, "chefe" e *houn*, "dos **espíritos**", na língua do povo fons, da África ocidental.

Houston, Jean Há mais de trinta anos, a psicóloga e filósofa norte-americana Jean Houston faz palestras e seminários ao redor do mundo todo. Aclamada pelo trabalho que realiza sobre o mito e a transformação, seus estudos também abrangem a música, a meditação, a visualização, o movimento e a dança. Ex-presidente da Association for Humanistic Psychology, Houston é autora de vários livros, artigos e fitas de áudio educativas. Suas principais publicações são *A Redescoberta do Potencial Humano*, *A Busca do Ser Amado* e *Paixão pelo Possível* (publicados pela Editora Cultrix). Houston também escreveu, em co-autoria com o marido Robert Masters, *Mind Games and Listening to the Body*.

Hsiang-ming shih No **Taoísmo**, **adivinho** que prevê o futuro por meio dos hexagramas do *I Ching*.

Hsin No **Taoísmo**, a mente intuitiva ou espiritual. *Hsin Chai*, que significa "o jejum da mente", representa a transcendência da mente e a conquista da **consciência cósmica**.

Hubbard, Lafayette Ronald (1911-1986) Fundador da **Cientologia** e da **Dianética**, Hubbard alegava ter poderes extra-sensoriais, entre eles o conhecimento de encarnações passadas. Ele aparentemente emprestou do **ocultismo** e da ficção científica vários dos princípios da Cientologia. No final da década de 1930 e no início da seguinte, Hubbard escreveu uma sucessão de romances de folhetim para a revista sensacionalista *Astounding Science Fiction*, assinando às vezes com o próprio nome e outras vezes com o pseudônimo de "René Lafayette". Ele também participou do grupo ocultista **Ordo Templi Orientis** e trabalhou com um dos seguidores de **Aleister Crowley**, Jack Parsons, em 1945. O livro mais conhecido de Hubbard é *Dianetics: The Modern Science of Mental Health*. Ver também **Clear**; **Engrama**.

Huebner, Louise Bruxa norte-americana que se autodenomina a "Bruxa Oficial do condado de Los Angeles" e uma vez lançou um **feitiço** para aumentar a vitalidade sexual da região. Huebner escreve regularmente para uma coluna de jornal, calcula **mapas astrológicos** e faz leituras psíquicas. Ela publicou um livro, *Power Through Witchcraft*, e gravou um álbum chamado *Seduction Through Witchcraft*.

Huldra Na **mitologia** nórdica, ninfa ou **fada** dos bosques que aparecia na forma de uma linda mulher, mas tinha um rabo que ela ocultava. As huldras tocavam uma música encantadora e tinham um ar de melancolia.

Human Potencial Movement Ver **Movimento do Potencial Humano**.

Hun No **Taoísmo**, parte "celestial" da alma, em contraposição à parte mundana, **p'o**. Hun e p'o são consideradas positiva e negativa, respectivamente.

Hun-tun Na antiga **cosmologia** chinesa, a força do caos – personificada como um deus imperador –, que regia o universo antes do surgimento das forças dinâmicas e ordenadas do **yin** e **yang**.

Huris No **Islamismo**, virgens de olhos negros que vivem no **Paraíso**. Segundo o **Corão**, cada homem que entra no **céu**, depois da morte, recebe 72 huris para satisfazer suas vontades.

Hurkos, Peter (1911-1988) Marinheiro e trabalhador braçal que desenvolveu poderes psíquicos depois de um acidente. Em 1943, enquanto pintava as paredes de uma escola, Hurkos caiu da escada e ficou inconsciente no hospital por três dias. Enquanto convalescia de um traumatismo craniano, ele espontaneamente acusou o paciente ao seu lado de ser um "homem mau", por vender um relógio de ouro deixado de herança pelo seu falecido pai. Esses fatos vieram a se confirmar e Hurkos percebeu que tinha adquirido misteriosamente faculdades paranormais. Ele posteriormente colaborou com a polícia da Grã-Bretanha e dos Estados Unidos, tentando solucionar casos de assassinato e localizar pessoas perdidas por meio da **percepção extra-sensorial**.

Hutin, Serge (1929-) Escritor ocultista francês, nascido em Paris, que escreveu vários livros sobre **alquimia**, sociedades secretas, **Gnosticismo**, **Franco-maçonaria**, **reencarnação** e **astrologia**. Algumas das suas obras mais conhecidas são *Astrology: Science or Superstition?*, publicada na Bélgica em 1970 e traduzida para o inglês em 1972, e *A Tradição Alquímica* (publicada pela Editora Pensamento).

Hutton, Ronald Atual professor de História da University of Bristol, o dr. Hutton é uma das maiores autoridades da Grã-Bretanha em história da **bruxaria** e tradições **pagãs**. Entre suas publicações estão *The*

Pagan Religions of the Ancient British Isles e o aclamado *Triumph of the Moon* – sem dúvida, a história mais completa já publicada sobre a bruxaria moderna.

Huxley, Aldous (1894-1963) Romancista e ensaísta inglês que, na maturidade, passou a se interessar pelos **estados alterados de consciência**, pelas filosofias orientais, por **parapsicologia** e pelos tratamentos médicos não-convencionais. Huxley escreveu *The Devils of Loudun* (1952), que descreve supostas possessões diabólicas de freiras do convento das ursulinas, ocorridas no século XVII (ver **Gradier, Urbain**); e em *As Portas da Percepção* (1954) e *O Céu e o Inferno* (1956) descreve suas experiências místicas com a **mescalina**. Huxley também publicou artigos defendendo a **percepção extra-sensorial** e os fenômenos **psi**. Uma de suas obras que reúne seus escritos sobre experiências alucinógenas e visionárias foi publicada, em 1977, com o título de *Moksha*. Além de seus romances de interesse universal e permanente, Huxley publicou também *A Filosofia Perene* (publicado pela Editora Pensamento), uma seleção de belos textos filosóficos que refletem suas preocupações místicas. Ver também **Psicodélico**.

Huysmans, Joris-Karl (1848-1907) Romancista francês, descendente de holandeses, que escreveu vários romances de gosto duvidoso, incluindo *A Rabours* e *Là-bas*, que incluem a descrição de **missas negras**. Huysmans era fascinado pelos crimes satânicos de **Gilles de Rais** e também se envolveu na contenda entre **Joseph-Antoine Boullan** e **Stanislas de Gaita**. Boullan aparece em *Là-bas* na pele do personagem dr. Johannes.

Hydesville Aldeia do estado de Nova York em que o **espiritualismo** nasceu, com o caso das **irmãs Fox**.

Hylé Na **alquimia**, a chamada **Matéria Primordial** da qual foi criada toda a matéria do universo. Hylé compreende todos os quatro **elementos** e é sinônimo de **Pedra Filosofal**. Na visão do alquimista **Raymond Lully**, ela era a "fusão dos princípios naturais".

Hyslop, dr. James (1854-1920) Psicólogo e filósofo norte-americano que se tornou um membro ativo do ramo norte-americano da **Sociedade para a Pesquisa Psíquica** e investigou vários **médiuns psíquicos**, entre eles **Leonore Piper**. O dr. Hyslop trabalhou com **Hereward Carrington** e **Richard Hodgson** e também com seu colega psicólogo **William James**, na investigação de fenômenos psíquicos e místicos. Depois de se aposentar do cargo de professor de lógica e ética da Columbia University, em 1902, Hyslop passou a dar palestras e a fazer amplas pesquisas no campo dos fenômenos paranormais, escrevendo vários livros sobre o assunto. Entre eles estão *Enigmas of Psychic Research* (1906), *Life After Death* (1918) e *Contact with the Other World* (1919). Ver também **Pesquisa Psíquica**.

I

Ialdabaoth De acordo com o texto gnóstico *O Evangelho Apócrifo de João*, **arcon** ou regente espiritual criado das "sombras" do **caos** por **Sophia**. Ialdabaoth então criou o céu e a terra. Segundo os vários textos, ele era arrogante, de natureza andrógina e assumiu a forma de um leão orgulhoso. Ver também **Androginia; Gnose**.

Iaô Nome de Deus equivalente ao **Tetragrama**, entre certos grupos **gnósticos** (por exemplo, os seguidores do mestre valentiniano Marcus, que viveu na Gália no final do século II). Também é o nome sagrado que, segundo Clemente de Alexandria, era usado pelos iniciados dos mistérios de **Serápis**. O mago da Era Moderna **Aleister Crowley** conferia um significado especial a esse nome, considerando-o a "fórmula do Deus Moribundo" e relacionando-o às divindades masculinas sacrificadas – **Dioniso, Osíris, Balder,** Adonis e Jesus Cristo. Ver também **Gnose; Valentino**.

Iblis Ver **Eblis**.

IC Ver **Imum Coeli**.

Icaros Nas crenças folclóricas peruanas, **bruxaria** ou orações de cura, **exorcismos** e melodias. Os icaros são às vezes realizados para combater influências malignas.

I Ching Também conhecido como *O Livro das Mutações*, livro chinês de **divinação** cuja origem remonta, no mínimo, ao ano 1000 a.C. Confúcio e os sábios taoístas lhe davam grande credibilidade e, em anos mais recentes, ele voltou a ser um método popular de divinação. O *I Ching* supostamente aufere o fluxo de energias **yin** e **yang** e oferece ao consulente um curso apropriado de ação futura com base no intercâmbio entre as forças positivas e negativas que moldam nosso destino. Em geral, são usadas cinqüenta varetas de caule de milefólio – algumas curtas e outras mais longas. As varetas são divididas em grupos várias vezes – com exceção de uma, que fica à parte da divisão –, até que se obtenha cada uma das seis linhas que compõem o **hexagrama**. As linhas são construídas de baixo para cima (isto é, da "terra" para o "céu"). Quando o hexagrama está completo, o consulente lê no próprio livro seu significado. Pode-se utilizar também um método de divinação abreviado que emprega moedas em vez de varetas. Em tempos modernos, o renomado psicanalista **Carl Jung** e o tradutor de textos budistas e taoístas John Blofeld expressaram ambos a convicção de que o *I Ching* é de fato um método de divinação aparentemente infalível. Ver também **Taoísmo**.

Ichthus Um dos títulos místicos e simbólicos de Jesus Cristo. *Ichthus* é uma palavra grega antiga que significa "peixe" e é também um acrônimo de uma expressão grega cuja tradução é "Jesus Cristo, Filho do Senhor, o Salvador". Alguns astrólogos associam o atual período cristão com a Era de Peixes e afirmam que ela será sucedida, em 2740, pela **Era de Aquário**.

Ícone Do grego *eikon*, "imagem", imagem pictórica de Cristo, da Virgem Maria ou de um santo. Os ícones são associados à Igreja Ortodoxa Oriental. Contudo, o termo é também usado genericamente com o significado de signo ou símbolo, especialmente em referência a uma imagem sagrada.

Ictiomancia Forma de **divinação** em que as entranhas do peixe são examinadas e interpretadas.

Ida Na **Kundalini Yoga**, corrente lunar de carga negativa que circula pelo **sushumna**, o eixo central do sistema nervoso. Ida contrabalança a corrente solar de carga positiva conhecida como **pingala**.

Idades Planetárias do Homem Antiga associação que se faz entre os **planetas** e as diferentes fases da vida humana: **Lua** – o crescimento pessoal (acima dos 4 anos de idade); Mercúrio – a educação (dos 5 aos 14); Vênus – as emoções (dos 15 aos 22); **Sol** – a virilidade (dos 23 aos 42); **Marte** – a ambição (dos 43 aos 57); **Júpiter** – a reflexão (dos 58 aos 69); **Saturno** – a resignação (acima dos 70).

Ídolo Objeto ou imagem que representa um **deus** ou **espírito** e ao qual se atribuem poderes mágicos ou divinos. Os ídolos em geral fazem parte de cultos cerimoniais e são característicos da prática ritualística **pagã**. Aquele que adora ídolos é conhecido como idólatra.

Ifreet Ver **Ifrite**.

Ifrite Também ifrit. Tipo de **gênio** ou *djim* na **mitologia** islâmica.

Igreja de Satã Sob a liderança do ocultista **Anton La Vey**, a Igreja de Satã ficava na California Street, em São Francisco, e pretendia ter nove mil membros. Essa igreja incentivava o cultivo dos instintos animais, da auto-indulgência e da sexualidade livre, e incluía em seus rituais uma "missa" satânica. Os homens e mulheres que participavam do **ritual** usavam vestes vermelhas, com exceção de uma mulher nua que se oferecia para ser o "altar" durante a cerimônia. La Vey invocava **Lúcifer**, **Belial** e **Leviatã**; bebia do cálice que ficava sobre o "altar" e incentivava a congregação a focalizar suas energias mentais na realização de seus desejos secretos. O ritual terminava com **hinos** satânicos acompanhados por um sintetizador. A Igreja foi substituída, em 1975, pelo **Templo de Set**, que até pouco tempo atrás era encabeçada pelo dr. Michael Aquino.

IHVH Ver **Tetragrama**.

Iinx Símbolo caldeu de ser universal, comparável ao **arcon** dos **gnósticos**. Os seres iinx eram descritos como "inteligências livres" que transmitiam energia **cósmica** de um plano de existência para outro e eram retratados como esferas vivas ou globos alados.

Illuminati Termo usado pelos ocultistas, a partir do século XV, para designar **adeptos** iniciados que tivessem recebido introvisões místicas ou "iluminações" de uma fonte **transcendental**. A Ordem dos Illuminati foi fundada em 1776, pelo professor bávaro de direito canônico **Adam Weishaupt**, mas não tinha propriamente um caráter **esotérico** e seus "segredos" baseavam-se, em grande medida, nas obras de Voltaire e nos enciclopedistas franceses. Weishaupt e outro entusiasta, o Barão Adolph Knigge, posteriormente adaptaram os ensinamentos da Ordem com a intenção de se infiltrar na **franco-maçonaria**. Um decreto instituído na Baviária em 1784 extinguiu todas as sociedades secretas – inclusive a Franco-maçonaria – e a ordem entrou em decadência. Contudo, ela passou por uma refervescência, por volta da virada do século, graças aos ocultistas Leopold Engel e **Theodor Reuss**. Em tempos mais recentes, a idéia de uma fraternidade secreta de adeptos ou illuminati se popularizou com o escritor de romances ocultistas Robert Anton Wilson e com o **guru** da **Nova Era** Stuart Wilde. Ver também **Ocultismo**.

Iluminação No misticismo, a conquista da **auto-realização** por meio do despertar da "luz interior" do conhecimento espiritual. Ver também **Nibbana**; **Nirvana**; **Satori**.

Ilusão Falsa impressão ou idéia equivocada de uma forma ou objeto verdadeiro. Muitos críticos do **espiritualismo** crêem que as "materializações psíquicas" sejam fruto de técnicas de ilusionismo envolvendo objetos físicos sem nenhuma origem sobrenatural. A imagem de **fantasmas**, **espíritos** ou de **bruxas** nos galhos das árvores, numa noite escura de tempestade ou ainda nas chamas bruxuleantes do fogo, também podem ser apenas ilusórias, um mero produto da nossa **imaginação**.

Imã Título dado aos líderes espirituais **muçulmanos**. Foi originalmente um título atribuído a **Maomé** e aos seus quatro primeiros sucessores.

Imagem Mágica Ver **Mágica, Imagem**.

Imagens, Captura de Termo usado pelos **ocultistas** modernos para descrever a situação em que uma imagem hostil ou paradoxal se apresenta durante um *pathworking* mágico. Depois que o *pathworking* está completo, o ocultista "assume a forma" da imagem paradoxal, voltando a conjurá-la em sua consciência, enquanto outros membros do grupo fazem perguntas para tentar descobrir a fonte ou significado dessa imagem. Ver também **Ocultismo**.

Imaginação Faculdade da consciência humana para conceber imagens. A capacidade de evocar uma imagem mental e conservá-la é fundamental para muitas práticas místicas e ocultistas. Na **meditação** oriental, as imagens sagradas conhecidas como **yantras** podem ser usadas no desenvolvimento da disciplina mental; na **magia** ocidental, por outro lado, os ocultistas aprendem a usar imagens dos quatro **elementos** como uma passagem para o **plano astral**. Nesse caso, evocam-se visões que caracterizem o elemento em questão e que sirvam como um ponto de acesso. Essas visões também podem envolver encontros sobrenaturais com **elementais** ou **espíritos**. O ato mágico de assumir a **forma divina** também depende do poder da imaginação, pois nesse ato o mago imagina que é o **deus** invocado no ritual. De acordo com o misticismo oriental, as imagens mentais produzidas pela imaginação são essencialmente ilusórias. No **Hinduísmo**, elas são conhecidas como **maya**.

Imaginar Ato de produzir imagens mentais e conservá-las na consciência. Essa também é uma técnica de concentração mental usada no trabalho de **visualização orientada** e nos **pathworkings** mágicos.

Imanente Termo usado no **misticismo** para expressar a idéia de que a essência de **Deus** permeia o universo em todas as suas formas manifestas. Esse termo é o oposto de **transcendente**, segundo o qual Deus tem uma existência que está além dos limites da criação material.

Imbolc Sabá das bruxas celebrado em 1º de fevereiro e que corresponde aos primeiros sinais da primavera no hemisfério Norte.

Imhotep Arquiteto e agente de cura egípcio que viveu durante o reinado do faraó Djoser (c. 2778-2723 a.C.). No afã de encontrar a causa da fome que avassalava o reino, Imhotep consultou textos sagrados e orientou Djoser com base nesses textos. Também são atribuídas a Imhotep várias curas milagrosas, e templos de cura foram erigidos em sua honra. Segundo se supõe, por volta de 525 a.C., Imhotep foi elevado à condição de **deus**. Como tal, ele representa o primeiro exemplo documentado de **deificação**.

Imitativa, Magia Ver **Magia Imitativa**.

Imortal Aquele que viverá para sempre. Esse termo é usado especialmente com referência aos **deuses** da **mitologia** grega e romana, mas também é um atributo que certos **adeptos** ocultistas reclamam para si. O **conde de Saint Germain** afirmava aos seus seguidores que viveria para sempre e as datas verdadeiras de seu nascimento e de sua morte nunca foram identificadas com precisão.

Imortalidade Estado de vida eterna ou de existência infinita.

Imp Diabinho geralmente mantido preso numa garrafa por um **mago**. O **grimório** francês do século XVIII *Secret des Secrets* descreve como se pode aprisionar um *imp* numa garrafa apelando-se para a Santíssima Trindade e depois recitando as palavras sagradas de Moisés – Io, Zati, Zata, Abata. Conta-se que o alquimista Paracelso conseguiu aprisionar um *imp* no botão do punho de sua espada e que o francês do século XIX Alexis Berbiguier criou vários métodos para aprisionar os *imps* que, segundo ele, o perseguiam. Berbiguier preparou sopas "antidemônios", intoxicou *imps* com tabaco e prendeu-os dentro de garrafas. Outros, ele "alfinetou" nas próprias roupas e na cama e ali os manteve cativos. O termo inglês *imp* às vezes é usado com referência ao **familiar** de um bruxo.

***Imperador*, O** No **tarô**, carta dos **Arcanos Maiores** que representa um governante benigno e pacífico, sentado em seu trono, contemplando as montanhas de seu reino. Os **ocultistas** consideram *O Imperador* como uma forma de "Ancião dos Dias", um governante sábio e amoroso que tem compaixão pelos seres do universo e que os ampara. O Imperador é a antítese das qualidades destrutivas simbolizadas pela carta do *Carro*. Na **magia** ocidental, que combina o caminho dos Arcanos Maiores do tarô com as dez **sephiroth** da **Árvore da Vida**, o caminho do *Imperador* liga **Tiphareth** e **Chokmah**.

***Imperatriz*, A** No **tarô**, carta dos **Arcanos Maiores** que representa a Grande Mãe sentada em seu trono num campo de trigo, às margens do Rio da Vida. Os **ocultistas** consideram *A Imperatriz* como uma representação de **Hathor**, a Mãe do Universo. Ela também lembra **Deméter**, a deusa dos cereais. Na **magia** ocidental, que combina os caminhos dos Arcanos Maiores do tarô com as dez **sephiroth** da **Árvore da Vida**, o caminho da *Imperatriz* liga **Tiphareth** e **Chokmah**.

Imposição de Mãos Forma de **cura espiritual** em que o **agente de cura** coloca as mãos sobre o corpo do paciente e serve como canal para a força divina ou poder de cura. Quando esse poder é transmitido por meio do agente à pessoa doente ou ferida, essa pessoa pode recuperar a saúde e o bem-estar. Ver também **Cura pelo Toque; Edwards, Harry; Força Vital; Milagres**.

Imum Coeli Também chamado de Fundo do Céu. Na **astrologia**, a parte inferior do céu – o ponto mais baixo da eclíptica. Trata-se da cúspide da quarta **casa** e em geral é abreviado para **IC**.

Imutável Na **astrologia**, o caráter "fixo" atribuído a certos **signos** do **zodíaco**. Esses signos, que supostamente "agem sobre" o **cosmos** em vez de "instigar a ação" no cosmos, incluem **Aquário (Ar** fixo); **Escorpião (Água** fixa); **Touro (Terra** fixa) e **Leão (Fogo** fixo).

Inanna Na **mitologia** sumeriana, deusa da guerra que era associada ao céu. Ela também personificava o poder do amor e passou a ser identificada como a deusa babilônica **Ishtar**.

Incenso Do latim *incendere*, "acender", substância usada nos cultos cerimoniais, que espalha um agradável aroma no ar quando queimada. Segundo a crença, a fumaça do incenso agrada aos **deuses** e afasta os **demônios**. Os **ocultistas**, no entanto, acreditam que a fumaça do incenso possa ser usada para manifestar **espíritos** e **elementais** em geral e que a entidade mágica que se torna visível dessa forma pode ser tanto benéfica quanto maléfica. Ver **Magia Cerimonial**.

Incenso Chinês Na prática religiosa chinesa tradicional, incenso aromático queimado nos rituais como uma oferenda para aplacar os **deuses** e afastar os **espíritos** malignos.

Inceptiva, Astrologia Ver **Astrologia Inceptiva**.

Inconjunto Na **astrologia**, termo usado para qualificar um planeta que não apresentava aspecto com nenhum outro. Ver também **Mapa Astrológico**.

Inconsciente Na psicanálise, parte da **psique** que não pertence à consciência da vigília. Os aspectos inconscientes da mente estão abaixo do limiar da consciência, mas podem ser trazidos à luz da consciência por técnicas como a **hipnose** e a **visualização orientada**. Carl Jung chamava as áreas arquetípicas da psique de **inconsciente coletivo**. O termo **subconsciente** é muitas vezes usado como sinônimo de inconsciente.

Inconsciente Coletivo Conceito do psicanalista **Carl Jung**, segundo o qual certas imagens primordiais contidas no inconsciente não são individuais, em sua origem, mas "coletivas" – sendo "expressões simbólicas das experiências vividas reiteradamente pela humanidade". Na visão de Jung, a maior parte dessas imagens coletivas consiste em temas religiosos de significado reconhecido quase no mundo todo.

Um exemplo disso seria a imagem mítica do **Sol**, representado em inúmeras lendas como o herói solar e reverenciado, na Grécia, como **Apolo**; no Egito, como **Osíris** e, na antiga Pérsia, como **Ohrmazd**.

Íncubo Espírito ou **demônio** do sexo masculino que, segundo a crença, visita as mulheres durante a noite e abusa delas sexualmente, causando terríveis pesadelos. Esse "amante diabólico" invariavelmente aparece para as mulheres com a aparência do seu parceiro ou amante verdadeiro, mas o ato sexual é sempre desagradável. Nos tempos dos tribunais de **bruxas** da Idade Média, era corrente a superstição de que o demônio tinha um pênis frio como gelo ou um órgão feito de aço. O equivalente feminino do íncubo é o **súcubo**.

Individuação Na psicologia analítica de **Carl Jung**, o conceito de "tornar o eu inteiro". Para Jung, esse processo incluía a tarefa de harmonizar as forças da vida exterior de uma pessoa com os eventos tanto do **inconsciente** humano quanto do **inconsciente coletivo**. Jung estava interessado nos sistemas místicos que poderiam levar à transformação espiritual das pessoas. Ver também **Harmonia entre os Opostos**.

Individualidade Na crença ocultista e mística, persona ou **ego** de uma pessoa. A individualidade é essencialmente ilusória e passageira, desaparecendo com a **morte**. A maioria dos **ocultistas** acredita que é preciso diferenciar a individualidade do **eu**, que tem vida após a morte e reencarna. Ver também **Reencarnação**.

Indra Na **mitologia** indiana, o deus supremo do panteão védico. Ele era o senhor do trovão, dos assuntos de guerra e das tempestades, além de ser associado à fertilidade, graças à chuva que trazia à terra sedenta. Indra era muitas vezes representado carregando um arco numa mão e um raio na outra.

Indutor Na **psicometria**, objeto que o praticante segura na mão com o intuito de receber "impressões psíquicas". Esse objeto em geral é uma jóia ou algum outro pertence de ordem pessoal.

Inédia Aparente capacidade de certos **místicos**, **faquires** e **santos** de sobreviver sem comida.

Inferno O domínio dos ímpios, depois da **morte**. É concebido de formas variadas que vão desde um **Mundo Subterrâneo** fantasmagórico (o Hades grego); um abismo de fogo e danação (o **Geena** judaico) ou uma ampla cova comunal (como o além mesopotâmico). O inferno cristão parece derivar da visão judaica de fogo eterno e tormento, e a visão islâmica de inferno também lembra essa visão. O inferno em geral personifica as imagens mais negativas e destrutivas projetadas pela cultura e é considerado, pelos **ocultistas**, como um acúmulo de **formas-pensamento** ou imagens negativas, nos reinos míticos da mente inconsciente.

Infernos, Descida aos Em muitas mitologias, semideuses e heróis tinham a capacidade de descer ao **Mundo Subterrâneo** para vislumbrar o além-mundo e voltar com conhecimento sagrado para ajudar e inspirar a humanidade. Enéias usou o Ramo de Ouro como passaporte para o **Hades**, enquanto **Ulisses** visitou o Mundo Subterrâneo para conversar com os fantasmas de heróis mortos. Dizem que Cristo desceu aos infernos por três dias antes de "subir aos céus". De modo parecido, na **mitologia** egípcia, assim como registrado no ***Am Tuat***, o deus solar Afu-Rá descia toda noite ao Mundo Subterrâneo – os doze calabouços representando as doze horas da noite – e renascia a cada aurora.

Infinito Aquilo que não tem fronteiras ou limitações. Essa palavra é em geral usada para descrever as qualidades da sabedoria e do conhecimento atribuídas às **divindades** regentes ou a **Deus**. Em muitos sistemas místicos, usa-se a expressão **Luz Infinita** em referência a Deus.

Iniciação Cerimônia mágica que transmite a idéia de transição ou de autotransformação. Na iniciação, o objetivo pode ser revelar novos mistérios simbólicos, dar um nome ou **palavras de poder** secretas ou conceder uma posição superior na hierarquia cerimonial. No sistema de magia da **Ordem Hermética da Aurora Dourada,** a partir da qual evoluiu a maioria das formas de **ocultismo** ocidental, havia diferentes graus de iniciação, que passavam por cada um dos níveis da **Árvore da Vida** até chegar em **Tiphareth**. Um candidato que atingisse Tiphareth adquiria então a qualidade de membro da Segunda Ordem. Os **magos** às vezes assumiam um **nome mágico** ou adotavam um lema, dependendo do estágio que houvessem atingido. A iniciação mágica só poderia ser reconhecida oficialmente se o candidato passasse por uma determinada experiência visionária que confirmasse sua nova graduação.

Iniciado Aquele que conseguiu passar com sucesso num ritual de **iniciação.** No **ocultismo**, o iniciado é considerado aquele que possui um conhecimento **esotérico** superior.

Inner Light, Fraternity of the Ver **Fraternidade da Luz Interior.**

Inquisição Tribunal católico romano instituído em 1233, pelo papa Gregório IX, para reprimir movimentos heréticos considerados hostis ao Cristianismo. A Inquisição se expandiu em 1320 e passou a julgar casos de **bruxaria** envolvendo crenças e práticas heréticas. A Inquisição espanhola foi especialmente cruel e maldosa com hereges e dissidentes.

Insanidade Estado de desequilíbrio mental. Entre os **ocultistas**, os sintomas de insanidade às vezes se manifestam na forma de **possessão** demoníaca ou satânica em que o sujeito se sente atormentado e dominado por **demônios**. Nesse caso, o sujeito é incapaz de diferenciar a realidade objetiva da subjetiva e pode ter delírios e ataques de **histeria**. Imagens negativas derivadas do sistema de crenças do sujeito aparecem no campo da consciência como forças hostis e poderosas e normalmente só podem ser eliminadas ou "banidas" por meio de um ritual de **exorcismo**. Esse tipo de cerimônia também lança mão do sistema de crenças do sujeito, mas substitui as imagens malignas e negativas por outras positivas e reconfortantes. Ver também **Ritual de Banimento**.

Inspiração Na **magia** ocidental, permissão para que o **daimon** ou gênio orientador de uma pessoa conduza os pensamentos e intenções dela. A pessoa também pode receber inspiração abrindo-se para os canais de conhecimento sagrado por meio da comunicação com os **anjos**, **arcanjos** e Deus. Ver também **Consciência Cósmica**; **Magia, Alta**; **Teurgia**.

Institut Métapsychique International Organização fundada em Paris, no ano de 1918, por Jean Meyer, com o objetivo de investigar fenômenos paranormais. Entre seus membros estavam **sir** Oliver Lodge, o **dr.** Charles Richet e Camille Flammarion. Um dos **médiuns psíquicos** investigados pelo instituto foi a controvertida Eva C.

Instituto Americano para a Pesquisa Científica (American Institute for Scientific Research) Fundado pelo **dr.** James Hyslop em Nova York, no ano de 1906, com o objetivo de fazer pesquisas psíquicas. Hyslop foi um parapsicólogo pioneiro que conduziu vários "experimentos clarividentes" sobre a **percepção extra-sensorial**. A **Sociedade Americana para a Pesquisa Psíquica** originou-se desse instituto.

Instituto e Laboratório Psíquico Americano (American Psychical Institute and Laboratory) Fundado em 1920, em Nova York, pelo **dr.** Hereward Carrington, pesquisador mais conhecido pelo seu interesse pelo **espiritualismo** e por **projeções astrais**. Carrington também era assistente do **dr.** James Hyslop na **Sociedade Americana para a Pesquisa Psíquica**.

Instituto Esalen Famoso instituto de "desenvolvimento" humano fundado por Michael Murthy e Dick Price, nas encostas de Big Sur, na Califórnia. O Instituto Esalen oferece cursos de especialização em vários métodos de expansão da consciência, entre eles t'ai chi, **meditação**, gestalt-terapia e **xamanismo**. Esse Instituto está estreitamente associado ao movimento internacional de **psicologia transpessoal**, uma escola filosófica que se originou da psicologia humanista e que se dedica ao estudo das **experiências de pico** e visionárias, do **misticismo** e dos **estados alterados de consciência**.

Instrumento No **espiritualismo**, termo às vezes atribuído a um **comunicante**, com referência ao **médium psíquico** que serve de canal para a comunicação. Nesse sentido, o médium é o "instrumento" por meio do qual os fenômenos **paranormais** se manifestam.

Insuflação De acordo com o ocultista francês **Éliphas Lévi**, importante prática na aplicação ocultista da medicina. A insuflação é o ato de soprar sobre outra pessoa e, em certas circunstâncias, restituir-lhe a vida. Segundo Lévi, a insuflação quente ativa a circulação sanguínea e elimina a gota e o reumatismo; a fria diminui a dor. Na opinião desse ocultista, devia-se usar alternadamente os dois métodos dessa técnica de cura, supostamente capaz de ativar forças magnéticas. Nesse sentido, a teoria da insuflação pode ser comparada às de **Anton Mesmer**. Candidatos ao **Rito Maçônico Egípcio** do **conde Alessandro de Cagliostro** também recebiam a insuflação como parte de sua iniciação.

Intelecto O poder cognitivo e racional da mente. Na **magia** ocidental, o intelecto humano é simbolizado pela oitava **sephirah** da **Árvore da Vida**, **Hod**, que é caracterizada como uma sephirah masculina. Comparar com **Netzach**.

Inteligência No **ocultismo**, força ou poder – geralmente atribuído a um ser **desencarnado** – que serve como força inspiradora para um **mago** ou para uma ordem ritual. A entidade misteriosa **Aiwaz** (que, segundo o mago ritualístico **Aleister Crowley**, inspirou sua obra *The Book of the Law*) é um exemplo de "inteligência" sobrenatural. Ver também **Egrégora**.

International Spiritualist Federation Organização espiritualista fundada em Londres no ano de 1923, para possibilitar a troca de informações entre grupos espiritualistas internacionais, em especial os dedicados ao estudo do contato com os **espíritos** e das crenças relacionadas à vida após a morte. Ver também **Espiritualismo**.

Intuição Faculdade subjetiva da mente que normalmente produz introvisões e idéias que não podem ser obtidas por meio do intelecto racional. Na **magia** ocidental, a intuição humana é simbolizada pela sétima **sephirah** da **Árvore da Vida**, **Netzach**, e é considerada feminina.

Invisíveis, Amigos Conceito desenvolvido por *sir* **Alister Hardy**, segundo o qual as crianças pequenas geralmente se comunicam espontaneamente com amigos invisíveis, aparentemente imaginários. Saber se essas comunicações são às vezes de natureza mística ou **paranormal** ou envolvem simplesmente amigos fictícios criados para substituir os reais ainda é uma questão que envolve controvérsias e não foi satisfatoriamente resolvida.

Invocação Na **magia cerimonial,** ato de invocar um **anjo** ou **deus** com propósito positivo e benéfico, usando **nomes de deus** sagrados ou **palavras de poder.** Na magia ocidental, em geral são usadas fórmulas de invocação compostas de nomes hebraicos atribuídos a **Deus** (por exemplo, **El**, **Jeová**, **Adonais**, **Shaddai**) ou do nome dos **arcanjos** – especialmente aqueles associados aos quatro **elementos**: **Rafael** (**Ar**); **Miguel** (**Fogo**); **Gabriel** (**Água**) e **Uriel** (**Terra**). As invocações mágicas são feitas dentro do **círculo mágico**, que no ritual é considerado um espaço sagrado, separado da área profana e não-santificada que o circunda. Comparar com **Evocação**.

Involução Ver **Arco Descendente**.

Ipoméia Ver **Ololiuqui**.

Ipsissimus No sistema de **magia** ocidental da **Ordem Hermética da Aurora Dourada**, grau ritual supremo da Terceira Ordem, que indica que o mago chegou ao estado de consciência simbolizado pela **sephirah Kether** da **Árvore da Vida** cabalística. Em termos específicos, os graus da Aurora Dourada abrangiam as primeiras quatro esferas da Árvore da Vida e os graus da ***Rosae Rubae et Aurae Crucis***, as três esferas seguintes. Os graus da Terceira Ordem eram **Magister Templi (Binah), Magus (Chokmah)** e Ipsissimus **(Kether)**.

Irmão Mais Velho Termo teosófico que designa um iniciado em ocultismo. Sinônimo de **adepto, mestre**, *rishi* ou mestre de sabedoria. Ver também **Teosofia**.

Irmãos da Sombra Em **Teosofia**, termo designado àqueles que seguem o caminho ilusório da **magia negra**. Comparar com **Caminho da Mão Esquerda**.

Isagoge O único volume publicado da série conhecida como ***Arbatel de Magia***, projetada para ter nove volumes. O *Isagoge*, publicado pela primeira vez em inglês em 1655, é uma obra introdutória, para iniciantes, que se compõe basicamente de aforismos mágicos.

ISF Iniciais da **International Spiritualist Federation**, fundada em Londres no ano de 1923.

Ishtar Na **mitologia** babilônica, deusa maternal da fertilidade que personificava o planeta **Vênus**. Ishtar tinha dois aspectos: um era belicoso e agressivo; o outro, gentil e amoroso. Ishtar é associada à deusa sumeriana **Inanna** e à **Astarte** fenícia.

Ísis Na **mitologia** egípcia, consorte do deus da fertilidade **Osíris** e mãe de **Hórus**. Grande deusa da magia e dos encantamentos, Ísis conseguiu juntar os pedaços do corpo de Osíris, depois de este ter sido assassinado por **Set**. Ela também conseguiu fazer com que **Rá** lhe revelasse seu nome mágico secreto. Ísis era também uma deusa da fertilidade, às vezes identificada com **Hathor**.

ISKCON Acrônimo da International Society for Krishna Consciousness, organização fundada por A. C. Bhaktivedanta Prabhupad, que, até sua morte recente, foi o líder do **movimento Hare Krishna**.

Islamismo Religião fundada por **Maomé**. A palavra *Islã*, em árabe, significa "submissão" e o **muçulmano**, ou devoto do Islamismo, é alguém que se "submete" a **Deus**. O Islamismo tem cinco princípios básicos, chamados de "cinco pilares": a profissão de fé, segundo a qual "não existe nenhum Deus além de Alá, sendo Maomé o seu profeta"; o dever de rezar cinco vezes por dia, com a face voltada para **Meca**; o pagamento de impostos; o jejum do Ramadã e a peregrinação a Meca, que todos os muçulmanos têm de fazer pelo menos uma vez na vida. Os muçulmanos reverenciam a Deus, mas não a Maomé. Eles acreditam no **Paraíso** e no **inferno**, e seguem os princípios religiosos apresentados em seu livro sagrado, o **Corão**. O ramo místico do Islamismo é o **Sufismo**.

Itifálico Expressão que significa "com o falo ereto", usada com referência aos **cultos** da fertilidade e de **adoração ao falo**. Muitas pinturas rupestres retratam figuras itifálicas que supostamente representam as forças de regeneração da Natureza.

J

Jacobi, Jolande Psicoterapeuta húngara que estudou com **Carl Jung** e sofreu grande influência deste. Jolande escreveu vários artigos sobre temas junguianos, incluindo os **arquétipos**, o simbolismo dos **sonhos** e a **sincronicidade**. É talvez mais conhecida pela sua obra panorâmica *The Psychology of C. G. Jung* (1942).

Jade Pedra com significado oculto e mágico, especialmente na China. Segundo a tradição, o jade tem a qualidade da **imortalidade** e, como tal, representa um importante papel nos ritos funerários tradicionais, nos quais ele em geral é colocado nos orifícios do corpo, para impedir a decomposição. O jade também é associado à **necromancia** chinesa e, na **cosmologia** chinesa, é normalmente associado ao princípio masculino **yang**.

Jaffé, Aniela Psicóloga alemã que trabalhou no C. G. Jung Institute, em Zurique, entre 1947 e 1955, e foi secretária particular de **Carl Jung** desde 1955 até a morte deste, em 1961. Aniela escreveu vários artigos sobre o pensamento junguiano, incluindo "The Creative Phases in Jung's Life", e foi responsável pela gravação e edição da principal obra autobiográfica de Jung, *Memórias, Sonhos, Reflexões* (1963).

Jagrat Termo sânscrito que designa o estado de consciência em que a pessoa está desperta; o oposto exato de *svapna*, ou sono. Como o mundo da vigília é essencialmente ilusório na visão dos hindus, este estado da consciência é considerado o nível mais inferior de percepção. Ver também **Hinduísmo**; **Turiya**.

Jaguadarte Em inglês, *Jabberwock*. Criatura mítica imaginária com "olhos de fogo", inventada por Lewis Carroll. De acordo com a tradução de Augusto de Campos, "chegou (...) sorrelfiflando através da floresta, e borbulia um riso louco!"

Jaguar Animal com significado mágico, especialmente no **xamanismo** sul-americano. No Brasil, onde é mais conhecido como "onça-pintada", o jaguar é visto como a forma que o Sol toma durante a noite; e entre os índios jivaro do Equador – assim como entre várias outras tribos sul-americanas –, ele tem uma função iniciatória. Quando os jivaro consomem **datura** perto de uma cachoeira sagrada, em geral relatam o surgimento de dois jaguares gigantes, que brigam entre si e rolam em direção ao **xamã**. Este tem de provar sua coragem esticando o braço para tentar tocar os animais. Esse ato de bravura é uma prova da força e dos poderes sobrenaturais do xamã. Ver também **Iniciação**.

Jaina, Cruz Ver **Cruz Jaina**.

Jainismo Religião da Índia cujo nome provém da palavra *jina*, "o que superou", título dado a **Mahavira** – figura de salvador que foi contemporâneo de **Gautama Buda**. Mahavira não foi o fundador do Jainismo, mas um dos 24 "salvadores" que representam os modelos arquetípicos da devoção religiosa. Os jainas dão grande ênfase à prática de não ferir nenhuma criatura viva e evitam pisar nos insetos. Eles também praticam a não-violência e acreditam, assim como os hindus, nas leis do **karma**. O Jainismo está, em grande parte, confinado à Índia e tem aproximadamente dois milhões de seguidores.

Jâmblico (250-325) Místico e filósofo neoplatônico que, junto com Juliano o Teurgista, e Juliano o Caldeu, foi um dos autores dos tratados espirituais conhecidos coletivamente como o **Oráculo Caldeu**. Jâmblico era praticante de teurgia, ou magia sagrada, e acreditava que a **alma** pudesse ascender até o domínio dos **deuses** por meio de **encantamentos** e **orações**. Jâmblico escreveu a obra clássica do misticismo *Sobre os Mistérios* (escrito em grego e traduzido para o inglês por Thomas Taylor em 1821) e foi considerado pelo imperador Juliano o Apóstata como um pensador mais arguto que **Platão**. Ver também **Neoplatonismo**.

Jambudvipa De acordo com as tradições hindu e budista, um dos nomes secretos da Índia; esse nome significa literalmente "Ilha das Árvores de Maçãs Rosadas".

James, William (1842-1910) Psicólogo e filósofo norte-americano cujas obras sobre religião e experiências místicas exerceram grande influência sobre o **movimento do potencial humano**. William James não estava especialmente interessado em conceitos como "Deus" ou a "Verdade Absoluta"; ele enfatizava o desenvolvimento e o aprimoramento pessoal e valorizava a experiência mística ou **transcendental** como um meio para atingir esse fim. Para ele, a **consciência cósmica** era um *continuum* "no qual nossas mentes se fundem num oceano ou reservatório original".

James ajudou a fundar, no ano de 1884, o ramo norte-americano da **Sociedade para a Pesquisa Psíquica** e foi um pioneiro na pesquisa de substâncias **psicodélicas**. Ele fez experimentos como gás hilariante, que a seu ver dava acesso a estados místicos da consciência. "O principal fator da experiência", escreveu ele, "era a sensação extremamente empolgante de uma intensa iluminação metafísica". James também conduziu experimentos com a **médium psíquica Leonore Piper** e concluiu que ela possuía um poder até então inexplicável. James também passou a acreditar que **assombrações, fantasmas** e experiências de **transe** eram fenômenos essencialmente naturais que um dia seriam explicados pela ciência. James foi autor de vários livros, entre eles *Principles of Psychology* (1890), *As Variedades da Experiência Religiosa* (1902) (publicado pela Editora Cultrix) e *The Meaning of Truth* (1909).

Jano Divindade romana peculiar, representada com duas faces voltadas para direções opostas. Jano era o deus das portas e dos caminhos e a ele foi consagrado o primeiro mês do ano, janeiro. Em virtude disso, Jano era capaz de olhar para o ano novo e ver os acontecimentos futuros e também de olhar para trás e ver o passado.

Japa Na **yoga**, repetição contínua de um **mantra**. Às vezes o *japa* é dedicado ao **guru** da pessoa. No **Tantrismo**, ele é considerado a manifestação de **Shiva** e de **Shakti**, personificados pelos dois lábios do devoto (masculino e feminino, respectivamente). O termo *japa* é também usado com o sentido de "invocação".

Jaquin, Noel (1893-1974) Seguidor do quiromante do século XIX W. G. Benham, Jaquin foi um dos primeiros pesquisadores que se empenharam para descrever a **leitura das mãos** em termos científicos. Jaquin acreditava que aspectos como as linhas da palma, o formato da mão e a textura da pele oferecem, todos eles, dicas sobre os traços de caráter do indivíduo, incluindo tendências criminais latentes. Jaquin trabalhou para a Scotland Yard em alguns casos criminais e escreveu vários livros básicos sobre a leitura das mãos, entre eles *The Human Hand* e *The Hand Speaks*.

Jataka No **Budismo**, história romanceada que relata o nascimento dos **budas** na presente era e em épocas passadas. Em geral, o buda encarna como um ser humano, mas ocasionalmente surgem relatos de encarnações em que ele assume a forma de um **espírito** ou animal.

Jejum Prática na qual a ingestão normal de alimentos é, em grande parte, reduzida e o praticante passa um período ingerindo nada mais do que água ou suco de frutas. O jejum pode provocar um **estado alterado de consciência** que lembra um estado **alucinógeno**. São vários os relatos, ao longo da história, de visionários que praticaram jejum com o intuito de receber revelações místicas. Jesus Cristo jejuou por quarenta dias no deserto, e muitos cristãos seguem esse costume durante a Quaresma – o período de quarenta dias que termina na Páscoa. Todos os judeus praticantes jejuam no Yom Kippur, o dia da Expiação; e Moisés jejuou durante o Ramadã, período de um mês em que os adultos se abstêm de comida e de sexo durante as horas do dia.

Jeová Também Javé. Uma das formas de **Yaveh**, o nome pessoal de **Deus** entre os judeus. Segundo a tradição, esse nome era sagrado e nunca deveria ser registrado por escrito. Ver também **Tetragrama**; **YHVH**.

Jettatura Termo italiano que designa o ato de pôr **mau-olhado** em alguém. Ver também **Enfeitiçar**; **Encantamento**.

JHVH Ver **Tetragrama**.

Jibrill No **Islamismo**, nome de Gabriel, o arcanjo que apareceu a Maomé na caverna e lhe mostrou um brocado com algumas inscrições. O arcanjo disse a Maomé: "Teu Deus que criou todas as coisas e criou o homem de um coágulo de sangue."

Jihad Palavra árabe que significa "luta", usada no **Islamismo** para descrever uma cruzada contra os infiéis. O *jihad* é, portanto, uma "guerra santa". Esse termo também pode ser usado para descrever a luta interior com a nossa natureza inferior, menos evoluída.

Jinn Ver **Djim**.

Jinnistão País mítico que, segundo as lendas persas, era a morada dos **gênios** ou **djins** que serviam o rei Salomão.

Jiriki Termo japonês que designa a força interior mística de cada pessoa. Ela se distingue do tariki, a força de outra pessoa.

Jiva Termo sânscrito para "ser vivente", a consciência individual ou egóica. De acordo com a tradição yogue, quando jnana, ou o conhecimento, transcende **maya**, ou a ilusão, a noção de *jiva* deixa de existir. Ver também **Jnana Yoga**.

Jivanmukta Na **yoga**, uma "alma liberta". O yogi que atingiu esse estado de autoconhecimento em sua atual **encarnação** não tem mais necessidade de encarnar; depois da morte, sua alma se funde com o Absoluto. Ver também **Reencarnação**.

Jivatman Termo sânscrito, semelhante ao *jiva* no significado, mas com ênfase maior na idéia de que o **atman**, ou **eu** verdadeiro, é o aspecto mais importante da consciência de uma pessoa.

Jnana-marga Termo sânscrito que significa "o caminho do conhecimento". Ver também **Jnana Yoga**.

Jnana Yoga Forma de **yoga** segundo a qual a Realidade Suprema pode ser atingida por meio do intelecto e da razão, e pela busca de um "conhecimento mais elevado". Nessa tradição, procura-se diferenciar, por meio do intelecto, os fenômenos eternos e "reais" dos acontecimentos transitórios e ilusórios. A Jnana Yoga enfatiza a importância da autodisciplina para se adquirir o conhecimento do **eu** verdadeiro.

Jnani Do sânscrito *jnana*, "conhecimento"; jnani é "aquele que sabe", um sábio.

Johnson, dr. Raynor C. (m. 1987) Físico, australiano nascido na Inglaterra que escreveu extensamente sobre os fenômenos **paranormais** e sobre as experiências místicas. Johnson descreve o "místico" como o "cientista das coisas supremas". Segundo seu importante livro *Watcher on the Hills* (1959), é o **místico** "que constata por experiência própria que os dados *básicos* da religião não são confiáveis; que Deus *é*, que ele está infinitamente além de nós mesmos e, ainda assim, infinitamente perto, que ele é Amor e Beleza, Sabedoria e Bondade – o próprio Eu inefável da Perfeição". *The Imprisoned Splendor* (1953) e *Nursling of Immortality* (1957) também estão entre seus livros mais conhecidos.

Jones, Charles Stansfeld Ver **Achad, Frater**.

Jornada da Alma No **xamanismo**, a "jornada" empreendida pelo **curandeiro** ou agente de cura para recuperar a **alma** de uma pessoa doente ou que foi enfeitiçada; ou, em outros casos, para entrar em contato com os **deuses**. A jornada ocorre num estado de dissociação por transe e geralmente inclui o ritmo de tambores e a ingestão de plantas **alucinógenas** usadas como sacramento. Ver também **Transe Xamânico**.

Jornada Espiritual Ver **Jornada da Alma**.

José de Arimatéia Nobre judeu que, de acordo com a narrativa bíblica, tirou o corpo de Jesus da cruz. Segundo a lenda medieval, José recolheu o sangue de Jesus numa taça conhecida como o **Santo Graal** e posteriormente o levou para Glastonbury, na Inglaterra.

Jove Nome romano de Zeus. Jove era normalmente chamado de **Júpiter**.

Juan de la Cruz Ver **São João da Cruz**.

Judge, William Quan (1851-1896) Teosofista irlandês naturalizado norte-americano. Foi seguidor de **madame Helena Blavatsky**, a quem ajudou a fundar a **Sociedade Teosófica** em 1875, e presidente do ramo norte-americano da **Sociedade para a Pesquisa Psíquica** em 1895. Foi também fundador do *The Path* e do *The Theosophical Forum* e autor de *The Ocean of Theosophy*, publicado pela primeira vez nos Estados Unidos em 1893. Esse livro, pelo qual Judge é mais conhecido, é considerado um resumo dos princípios básicos apresentados em A *Doutrina Secreta* (publicado pela Editora Pensamento), da autoria de Blavatsky, e é visto como uma das melhores introduções gerais à **Teosofia**.

Ju-Ju Nome dado aos ritos mágicos africanos que envolvem sociedades secretas, **médicos-bruxos**, **amuletos** mágicos, **maldições** e **exorcismos**. Os homens ju-ju são capazes de expulsar **demônios**, curar doenças e neutralizar os efeitos de uma **maldição**. A eles também são atribuídos poderes telepáticos que lhes permitem identificar a fonte de encantamentos e sobrepujar a **feitiçaria** de encantamentos malignos. Ver também **Telepatia Mental**.

Julgamento, O No **tarô**, carta dos **Arcanos Maiores** que retrata figuras nuas erguendo-se da sepultura e abarcando a "luz" da nova vida. Seus braços estendidos para o alto formam a palavra LUX ("luz", em latim), enquanto o **arcanjo Gabriel** os ressuscita e toca um clarim em triunfo. A carta do *Julgamento* é considerada pelos ocultistas como um dos primeiros caminhos na jornada mágica interior (os outros são **O Mundo** e **A Lua**), e seu caminho liga **Hod** a **Malkuth**, na base da **Árvore da Vida**.

Julgamentos, Salão dos Na **mitologia** egípcia, salão do **Mundo Subterrâneo** em que **Osíris** e outras 42 **divindades** presidem o julgamento dos mortos. Na concepção egípcia, Osíris está sentado sob um dossel, diante de uma balança. O coração do morto é colocado num dos pratos da balança e cotejado com uma **pena** – o símbolo da verdade. O resultado da pesagem determina o destino do réu. Anúbis, o deus com cabeça de chacal, está presente, assim como outras divindades como **Bastet**, Quenemti, Naha-hra e Quemi. Uma serpente gigantesca, devoradora dos mortos, também está presente, pronta para devorar aqueles cujo coração pese mais do que a pena. Por outro lado, os considerados virtuosos passariam o resto de seus dias gozando as bênçãos de Osíris e colhendo trigo nos **Campos Elísios**.

Julian de Norwich (c. 1342-1420) Freira beneditina inglesa que acreditava que **Deus** se manifestava no mundo por meio da vida, do amor e da luz. Em maio de 1373, ela teve várias visões da Paixão de Cristo, seguidas por uma revelação relacionada à bondade de Deus e à hostilidade do **Demônio**. O único livro conhecido de Julian, *The Revelation of Divine Love,* foi escrito em duas versões. A mais longa só foi concluída vinte anos depois das suas visões. Assim como **Richard Rolle** e **Walter Hilton**, Julian de Norwich é considerada um dos mais notáveis místicos medievais.

Juliano o Apóstata (331- 363) Imperador romano, sobrinho de Constantino o Grande, que cresceu no seio da religião cristã. Na juventude, entretanto, Juliano decidiu adotar crenças **pagãs**. Depois de um período como governador da Gália, ele sucedeu Constâncio e tornou-se senhor do Império em 361, quando começou a apoiar o renascimento do paganismo. Juliano já havia sido instruído anteriormente nos rituais iniciatórios sagrados de **Mitra** e, depois da sua sucessão, começou a disseminar o culto persa em Constantinopla e Atenas. Segundo se supõe, Juliano acalentava o desejo de conquistar a Pérsia, com a certeza de que poderia contar com a proteção de Mitra, mas a história provou que ele estava errado. Juliano morreu em batalha, durante a expedição persa.

Jumala Na **mitologia** tradicional finlandesa, nome do Deus supremo. O **carvalho** era consagrado a Jumala, que era muitas vezes retratado com uma taça de **ouro** na mão, cheia de moedas preciosas.

Jumar Criatura imaginária descrita por Giovanni Battista Porta em seu livro *Natural Magick* (1589), e que seria o resultado do cruzamento de um boi com um asno.

Jung, dr. Carl (1875-1961) Criador da psicologia analítica e pioneiro no estudo do simbolismo mítico como uma função da consciência humana. Jung nasceu em Kesswill, na Turgóvia, Suíça, e estudou medicina na Basiléia e em Paris. Trabalhou posteriormente com Sigmund Freud por vários anos, mas começou a discordar dele na interpretação das funções da mente inconsciente. Freud acreditava que o inconsciente contivesse tendências infantis reprimidas pelo adulto em amadurecimento, que as considerava "incompatíveis". Na opinião de Jung, no entanto, havia um estrato no inconsciente que incluía uma grande fonte de imagens e símbolos que transcendiam a experiência individual. O estudo dessas imagens levou Jung a formular o conceito de **inconsciente coletivo** e a teoria dos **arquétipos** – imagens profundas e primordiais presentes nos **mitos**, no **folclore** e nas **lendas** das diferentes culturas e que simbolizavam processos **cósmicos** e universais.

Jung também divergia de Freud na maneira como interpretava os sonhos; segundo ele, os sonhos eram "uma expressão específica do inconsciente" que compensava os aspectos da personalidade que estavam em desequilíbrio. Ao observar as mensagens presentes simbolicamente nos **sonhos**, o indivíduo poderia corrigir esse desequilíbrio e progredir em sua busca pela **individuação** – a conquista da sua totalidade interior.

Em seus últimos anos, Jung passou a concentrar seus estudos nas cosmologias antigas e passou um tempo considerável analisando os sistemas de pensamento **gnósticos**, alquímicos e místicos. Ele acrescentou seus comentários à tradução do *I Ching* (publicado pela Editora Pensamento) e de *The Secret of the Golden Flower*, realizadas por Richard Wilhelm, e escreveu várias obras importantes sobre as dimensões espirituais da psicologia. Entre seus principais livros estão *Aion* (1951), *Símbolos da Transformação* (1952), *Mysterium Coniunctionis* (1955) e *Os arquétipos e o Inconsciente Coletivo* (1959). A autobiografia de Jung, *Memórias, Sonhos, Reflexões*, foi publicada postumamente em 1963. Ver também **Alquimia**; **Misticismo**.

Juno Na **mitologia** romana, irmã e consorte de **Júpiter**. Ela reinava como rainha dos deuses e correspondia à deusa grega **Hera**.

Júpiter Na **mitologia** romana, irmão e marido de Juno, e pai dos **deuses**. Júpiter era considerado sábio, onisciente e misericordioso, embora fosse também o deus do raio e do trovão. Na **astrologia**, o planeta Júpiter inspira otimismo, felicidade e abundância.

Juramento Pronunciamento feito em nome da verdade e que também convoca forças **sobrenaturais** para punir aquele que profere o juramento, caso ele se revele inexato ou não-confiável. Os cristãos podem jurar sobre a Bíblia, tomando **Jeová** por testemunha; enquanto os **muçulmanos** podem fazer um juramento em nome de **Alá**. Na tradição oculta, um juramento de segredo pode fazer parte de uma cerimônia de iniciação; caso esse juramento seja quebrado e as verdades secretas reveladas, acredita-se que uma "corrente psíquica" atinja o praticante em questão, como castigo.

Jurupari Entre os índios tupi e guarani do Brasil, **espírito** demoníaco, hostil às mulheres, que mora nas florestas e protege os animais. Ele é a principal **divindade** dessas tribos.

Justiça, A No **tarô**, carta dos **Arcanos Maiores** que retrata uma **divindade** do sexo feminino sentada num trono, segurando nas mãos os dois pratos de uma balança e uma grande e temível espada. Os ocultistas consideram essa carta como o caminho da **Árvore da Vida** em que a pessoa se defronta com seu próprio **karma** acumulado e aprende a superar as visões negativas e hostis dos próprios erros. A Justiça, portanto, exige equilíbrio, correção e total imparcialidade para avaliar o verdadeiro rumo espiritual da pessoa. Essa carta é regida por **Vênus**, mas adquiriu muito do seu simbolismo do conceito egípcio do **Salão dos Julgamentos**; a deusa retratada desempenha o mesmo papel de **Maat**, a deusa da Verdade. A *Justiça* é o caminho que liga **Tiphareth** e **Geburah**, na Árvore da Vida.

Juturna Na **mitologia** romana, **ninfa** por quem Júpiter se apaixonou. Ela tornou-se a deusa dos lagos e das nascentes e tinha, no Fórum Romano, uma fonte a ela consagrada.

K

Ka Na **mitologia** e **magia** egípcias, o **duplo** humano. Os ocultistas comparam o Ka ao **corpo astral**, que pode ser projetado no reino mental ou imaginário e serve de veículo para a exploração dos planos mais sutis da consciência.

Kabala Ver **Cabala**.

Kabir (1440-1518) Místico indiano, nascido em Benares, cuja filosofia combinava o **Hinduísmo** e o **Sufismo**. Kabir não aceitava o sistema de castas e acreditava que as verdades místicas não eram apenas para a elite, mas também para as pessoas comuns. Venerado tanto pelos **muçulmanos** como pelos hindus, ele exerceu grande influência sobre seu contemporâneo o **Guru Nanak**, fundador da comunidade **sikh**. Os escritos de Kabir, que incluem canções e sábios dizeres, são coletivamente conhecidos como *Bijak*.

Kachina Entre os índios hopi, **espíritos** ancestrais e deuses das nuvens que, nas cerimônias **rituais**, são personificados por dançarinos mascarados. As principais danças kachina acontecem em fevereiro e se relacionam à fertilidade dos campos. Milhos e feijões são distribuídos ao povo para mostrar que os deuses e espíritos do culto kachina podem garantir a reserva de alimentos necessária durante os meses de inverno.

Kachina, Bonecas Figuras hopi, entalhadas e coloridas, que representam os **espíritos** ancestrais no culto **kachina**.

Kadaitja Entre os **aborígines** do centro da Austrália, **feiticeiros** ou **curandeiros** que podem ver os **espíritos**, curar os doentes e realizar atos de **magia**. Acredita-se que os kadaitja sejam capazes de voar na forma de um falcão ou águia e de cravar as garras em sua vítima. Ver também **Xamanismo**.

Kakodaemon Ver **Cacodemônio**.

Kala, Círculo de Na **magia sexual**, a yoni de **Kali**, reverenciada como um "círculo de flores e essências". Corresponde ao **chakra** focal do ritual tântrico. Ver também **Tantra**.

Kalevala Tradicional epopéia finlandesa composta de **lendas**, poemas e canções folclóricas. Essa epopéia descreve a criação do mundo e as aventuras de heróis míticos. O termo Kalevala também designa a própria Finlândia.

Kali Temível deusa hindu que personifica a escuridão e as forças aterradoras da natureza. A palavra "kali" significa "negra" e a deusa tem uma pele escura, olhos injetados de sangue e presas protuberantes. Usando uma fileira de crânios humanos em volta do pescoço, ela é em geral retratada mutilando suas vítimas. Por ser considerada causadora de doenças e febres, sacrifícios sangrentos ainda são realizados em honra dessa deusa, na tentativa de aplacar sua fúria.

Kali Yuga Termo sânscrito que designa a presente época, chamada quarta era ou era de "ferro". O Kali Yuga, cuja duração é de 432 mil anos, iniciou-se com a morte de **Krishna** que, segundo algumas autoridades no assunto, ocorreu 3.120 anos antes de Cristo. Ver também **Yuga**.

Kalki No **Hinduísmo**, o décimo e último **avatar** de **Vishnu**, uma **divindade** que encarnou anteriormente como **Krishna** e **Rama**. Em sua futura manifestação, Kalki destruirá os aspectos vis deste mundo e instituirá uma nova era, ou maha-yuga. Kalki surgirá na forma de um gigante com cabeça de cavalo, brandindo sua espada e cruzando os ares num corcel branco.

Kalpa Termo sânscrito que designa um grande período de tempo, equivalente a mil **yugas**. Na **cosmologia** hindu, um kalpa representa um "dia de Brahma", cuja duração é de 4.320 milhões de anos.

Kalwah No **Sufismo**, ato de se isolar numa caverna ou de fazer um retiro com a intenção de **meditar**, rezar, fazer **jejum** ou entoar cânticos.

Kama Personificação hindu do amor e do desejo. Filho de **Vishnu** e de **Lakshmi**, Kama era representado como um jovem atraente, montado num grande pássaro ou elefante. Esse termo é também usado genericamente para descrever os desejos humanos e às vezes tem a mesma conotação de "pecado", na concepção cristã. Ver também **Hinduísmo**.

Kamaloka Composta das palavras sânscritas *kama*, "desejo", e *loka*, "lugar", designação do plano além-físico em que as formas **astrais** dos mortos permanecem até se desintegrar totalmente. O Kamaloka lembra o **Hades** grego.

Kamarupa Termo sânscrito composto pelas palavras *kama*, "desejo", e *rupa*, "forma", que designa uma **concha astral** ou **aparição** que sobrevive à **morte**, mas deve sua existência apenas aos desejos mentais e físicos. De acordo com alguns **ocultistas**, os kamarupas são responsáveis pelos "fenômenos" que se manifestam nas **sessões** espiritualistas.

Kamea Ver **Quadrado Numérico Mágico**.

Kami No **Xintoísmo**, um **espírito** ou **deus**. Esse termo é usado para descrever tanto os **deuses superiores** quanto os **espíritos da Natureza**. De acordo com o credo xintoísta, depois da morte a **alma** passa a ser um kami.

Kamma Karma na língua páli.

Kapila Místico indiano que foi membro da escola Samkhaya e viveu por volta do século VII a.C. Ele é descrito no *Bhagavata Purana* como a quinta encarnação de Vishnu e é identificado, tanto no *Ramayana* quanto no *Mahabharata*, como uma forma de **Agni**, o deus do **Fogo**.

Kaplan, Aryeh (m. 1983) Um dos mais notáveis estudiosos da **Cabala**. Sua principal obra, *Meditation and Kabbalah*, foi o primeiro livro em inglês que apresentou uma tradução coerente dos importantes textos visionários da tradição **Hekhalot**. Entre seus outros trabalhos figuram *Meditation and the Bible* e *Jewish Meditation*.

Kappa No folclore japonês, *goblin* dos rios com membros escamosos, corpo de tartaruga e cabeça semelhante à de macaco. Hostil aos humanos, o *kappa* pode ser vencido com atitudes de cortesia, pois, quando ele faz uma mesura para responder a um cumprimento, da sua cabeça verte a substância que lhe sustém a vida. Ver também **Goblin**.

Kardec, Allan (1804-1869) Pseudônimo literário do espiritualista francês Denizard Rivail, que estudou o magnetismo animal e, numa época posterior, trabalhou extensivamente com **médiuns psíquicos**. Kardec foi um forte defensor da doutrina da **reencarnação** e derivou seu nome fictício de seres que, segundo ele, foram suas encarnações passadas. Kardec tornou-se o editor de *La Revue Spirite* e fundou a Sociedade Parisiense para Estudos Espiritualistas. Embora muito pouco influente na Grã-Bretanha e nos Estados Unidos, Kardec amealhou grande número de seguidores na França e no Brasil. Entre os livros de Kardec figuram *O Livro dos Espíritos*, *O Livro dos Médiuns*, *O Evangelho Segundo o Es-*

piritismo, Instruções Práticas sobre as Manifestações Espíritas, O Principiante Espírita e *O Que É Espiritismo* (todos publicados pela Editora Pensamento).

Karezza Técnica de **magia sexual** defendida por Thomas Lake Harris (1823-1906), que a derivou da yoga tântrica. Nessa técnica, a energia é intensificada por meio da estimulação erótica, mas o sêmen não é expelido. A energia, portanto, é supostamente direcionada para a criação de formas mágicas que podem ser usadas com propósitos ocultistas. Ver também **Tantra**.

Karma Conceito hindu segundo o qual toda ação gera conseqüências. A pessoa que vive uma vida virtuosa acumularia um karma positivo, enquanto aquela que comete muitas faltas geraria um karma negativo. De acordo com a crença hindu, as circunstâncias da vida atual da pessoa são uma conseqüência do karma que ela acumulou numa vida passada. Isso significa que o desenvolvimento de um karma bom é fundamental para o processo de crescimento espiritual. Ver também **Reencarnação**.

Karma Yoga Caminho da **yoga** em que o devoto realiza ações abnegadas, sem intenções egoístas ou interesseiras, como oferenda à **Divindade**.

Katcina Ver **Kachina**.

Kauravas No clássico hindu *Mahabharata*, os primos dos **Pandavas** – a família de Arjuna. Os Pandavas e os Kauravas eram inimigos.

Kavvanah Termo hebraico que significa "concentração mental". Entre os hassidim, esse termo designava a "unifocalidade" usada na **meditação**. Ver **Hasside**.

Kavvanoh Termo hebraico que designa os exercícios de meditação desenvolvidos no cabalismo do século XVI. Trata-se de visualizações básicas pautadas nos dez **sephiroth** da **Árvore da Vida**. Ver também **Cabala**.

Kelipoth Ver **Qlippoth**.

Kelley, Edward (1555-1595) Alquimista, **mago** e cristalomante que trabalhou com o **dr. John Dee** na evocação de **espíritos** angélicos durante o estado de **transe**. Juntos eles desenvolveram a **magia enocheana**. Ver também **Alquimia**.

Kellner, Karl (m. 1905) Ocultista alemão que afirmou manter contato com três Adeptos – dois deles árabes e um hindu – enquanto viajava pela Índia e pelo Oriente Médio, no ano de 1896. A Kellner foram revelados certos segredos da **yoga**, de cunho sexual, que lhe deram a idéia de formar uma sociedade esotérica. Fazendo uma referência à ordem medieval dos **Cavaleiros Templários**, da qual ele acreditava ter um vasto conhecimento, Kellner intitulou sua nova instituição de **Ordo Templi Orientis** (OTO) ou Ordem dos Templários do Oriente. O periódico da OTO, *Oriflamme*, anunciou, no ano de 1912, que a Ordem tinha "a chave que revelaria todos os segredos maçônicos e herméticos, nomeadamente os ensinamentos relativos à magia sexual..." Kellner foi sucedido por **Theodor Reuss**, que, em 1912, convidou o mago cerimonial inglês **Aleister Crowley** a se juntar à Ordem. Crowley tornou-se o líder da organização em 1922. Ver também **Grant, Kenneth; Magia Cerimonial; Magia Sexual**.

Kelpie No folclore escocês, **espírito** aquático que toma a forma de um cavalo. Geralmente de cor cinza ou preta, seus cascos são voltados para trás e ele tem uma natureza malévola. Os kelpies fazem os viajantes se perder quando montam nas suas costas para cruzar um rio ou riacho e às vezes ele também os devora.

Kensho No **Zen-budismo**, a primeira experiência de **satori**.

Kerux No sistema mágico praticado na **Ordem Hermética da Aurora Dourada**, papel cerimonial no grau probatório de admissão de novos candidatos. O Kerux personificava as "faculdades do raciocício", isto é, a inteligência mental.

Kether Na **Cabala**, a primeira emanação mística da **Árvore da Vida**. Os ocultistas identificam Kether com o estado de consciência em que a criação se funde com os véus da não-existência, associados a **Ain Soph Aur** (a luz ilimitada). Kether fica no **Pilar do Meio** e transcende a dualidade de **Chokmah** (Masculino) e de **Binah** (Feminino), que estão logo abaixo na Árvore. Kether é, assim, simbolizada na tradição mística pelo **andrógino** celestial e representa um estado de **transcendência** mística e de união com a Realidade Una suprema. Kether pode ser comparada ao **satori** e ao **nirvana** do **Zen-budismo** e da **yoga**, respectivamente.

Keyes, Laurel Elizabeth Ver **Fransisters and Brothers**.

Khabs Am Pekht Na **Ordem Hermética da Aurora Dourada**, frase mágica originada no Egito antigo e usada como uma proclamação mágica e uma afirmação do propósito espiritual. Sua tradução é "Luz em Extensão".

Khaibit Também Haidit. No antigo Egito, termo usado para designar a "sombra", um dos cinco corpos do ser humano. O *khaibit* equivalia, em termos, ao que chamamos de "**mente inconsciente**" e podia assumir uma forma astral. Ver também **Aufu**; **Ka**; **Kuh**; **Sahu**.

Khandas Termo budista que designa os cinco atributos característicos dos seres humanos: *rupa* (forma); *vedona* (nome, sentimento); *sanna* (percepção); *sankhara* (memória); e *vinnana* (consciência). Em sânscrito, eles são chamados de **skandhas**. Ver também **Budismo**.

Khechari, Mudra Na **Siddha Yoga**, **mudra** que consiste em curvar a ponta da língua primeiro para trás, na direção da garganta, e depois para cima, na direção da faringe nasal. De acordo com o **Swami Muktananda**, essa mudra desfaz o chamado "nó de Rudra" no **sushumna** e possibilita a subida da **kundalini** até o centro espiritual ou **chakra** conhecido como **Sahasrara**.

Khepera Também Quéfera. Na antiga **magia** e **mitologia** egípcias, o deus solar na forma de **divindade do renascimento**. Khepera emerge dos calabouços mais profundos do **Tuat**, ou **Mundo Subterrâneo**, e se prepara para flutuar para longe, no oceano do céu. Esse deus toma a forma de um escaravelho e é recebido por **Nut**, a deusa celeste.

Khu Na **mitologia** e no **ritual** egípcios, "corpo mágico". Segundo supõem os **ocultistas**, esse corpo poderia despertar se a pessoa aprendesse a diferenciar as sensações físicas dos processos de pensamento consciente e inconsciente. A entoação de **mantras** rituais ou **fórmulas mágicas**, o uso de posturas e gestos sagrados e também a ativação dos centros espirituais interiores, ou **chakras**, são, todos eles, métodos para o desenvolvimento do Khu.

Khubilgan No **xamanismo** tradicional dos buriatos, povo do sul da Sibéria, animal anímico, ou **familiar**, que protege o **xamã** e é indispensável para que este goze de saúde perfeita. A perda do khubilgan invariavelmente leva o xamã à morte.

Khunrath, Henry (1560-1601) Alquimista alemão que se formou em medicina na Universidade da Basiléia e posteriormente clinicou em Hamburgo e Dresden. Discípulo de **Paracelso**, Khunrath escreveu um tratado místico que descrevia as sete etapas que levavam à **iluminação**. Essa obra, cujo título era *Amphitheatrum Sapientae Aeternae Solius Verae, Christiano Kabbalisticum Divino Magicum* [Anfiteatro Cristão-cabalístico e Divino-mágico do Eterno], foi publicado em 1609, depois de sua morte. Nela, Cristo é considerado o meio pelo qual se pode atingir a perfeição, e são descritos o *Ruach Elohim* – o **espírito** que pairava sobre as águas da Criação –, assim como a **Pedra Filosofal**, a própria fonte da vida.

Ki Termo japonês para **Ch'i**.

Kilas Termo budista para **Klesas**.

Kilner, dr. Walter J. (1847-1920) Médico britânico que desenvolveu telas especiais que, segundo ele acreditava, tornavam a **aura** visível. As telas consistiam em dois pedaços de vidro selados hermeticamente com uma solução alcoólica de dicianina. Kilner afirmava que os olhos eram psiquicamente "sensibilizados" ao olhar através dessa tela. Duas dessas telas são chamadas de óculos de tela Kilner. A teoria de Kilner é explicada em seus livros *The Human Atmosphere, or the Aura Made Visible by the Aid of Chemical Screens* (Londres, 1911; republicado em Nova York em 1965) e *A Aura Humana* (publicado pela Editora Pensamento).

Kilner, Óculos de Tela Ver **Kilner, dr. Walter J**.

King, Francis X Historiador ocultista inglês que foi um dos primeiros escritores a documentar o ressurgimento contemporâneo da magia. Entre seus principais livros figuram *Ritual Magic in England* (1970), *Sexuality, Magic and Perversion* (1971) e *The Secret Rituals of the O.T.O.* (1973). King também foi autor da importante obra introdutória sobre magia ocidental *Techniques of High Magic* (1976), que escreveu em co-autoria com **Stephen Skinner**, e de uma seqüência para *Ritual Magic* intitulada *The Rebirth of Magic* (1982), escrita em co-autoria com Isabel Sutherland. Francis King é, ao lado de **Israel Regardie**, considerado um dos principais escritores ocultistas responsáveis por reavivar o interesse pela **Ordem Hermética da Aurora Dourada**.

King, George (1919-1997) **Agente de cura psíquico** e **ocultista** inglês, fundador da **Aetherius Society**. Embora criado no seio de uma família cristã, King estudou **yoga**, **meditação** e **metafísica** e, em 1954, começou a explorar técnicas de cura espiritual. King afirmava que os **espíritos** de vários personagens históricos notáveis – entre eles *sir* Oliver Lodge – orientavam-no em seu trabalho. Ele também sustentava que, em maio de 1954, recebera, em seu apartamento em Londres, a visita de um "grande **adepto** yogue" capaz de atravessar paredes. Segundo esse adepto, King fora escolhido pelos Grandes **Mestres** para representar a causa espiritual nos embates futuros contra a ciência materialista. King criou a Aetherius Society logo após esse acontecimento, convicto de que Grandes Mestres – entre eles Jesus Cristo – visitam a Terra de tempos em tempos, a bordo de discos voadores. King dedicou grande parte do seu tempo à cura espiritual e escreveu um livro descrevendo seus métodos, *You Too Can Heal*, que foi publicado pela primeira vez em 1976. Ver também **Ocultismo**.

King, Katie Personalidade espectral que se manifestava por meio da **médium psíquica** Florence Cook em **sessões** mediúnicas. Katie afirmava ser a filha de Henry Morgan, um bucaneiro, mas tinha uma notável semelhança com a própria Florence. **Sir William Crookes** investigou o fenômeno de Katie King e Florence Cook e convenceu-se de que a manifestação era autêntica. Alguns críticos, no entanto, sugeriam que Crookes tinha um vínculo sentimental com Florence e pode ter se sentido inclinado a se pronunciar a favor dela.

Kingsford, Anna Bonus (1846-1888) **Mística** e **ocultista** inglesa que se interessou pelo estudo dos sonhos e do "Cristianismo **esotérico**". Ela fundou com Edward Maitland a Hermetic Society, uma organização que existiu na mesma época da **Ordem Hermética da Aurora Dourada**. Anna Kingsford também manteve relações cordiais com **MacGregor Mathers** e **madame Helena Blavatsky**. A obra mais conhecida dessa ocultista é *The Perfect Way*, publicada pela primeira vez em 1882.

Kirlian, Fotografia Processo descoberto acidentalmente pelo eletricista soviético Semyon Kirlian. Enquanto consertava um aparelho num instituto de pesquisa, ele notou um efeito incomum que ocorria com uma paciente que passava por uma sessão de eletroterapia. Feixes finíssimos de luz passavam entre os eletrodos e a pele da pessoa, dando a Kirlian a idéia de fotografar essa descarga elétrica. Depois de um período de experimentação, ele conseguiu fotografar uma "corona" luminosa ao redor dos dedos da própria mão; ao longo dos dez anos seguintes, Kirlian e sua mulher Valentina empenharam-se para aperfeiçoar seus instrumentos. Na opinião dele, essas fotografias da corona revelavam níveis de energia presentes nos objetos vivos (mãos, folhas de árvores, dedos) e alguns pesquisadores dessa técnica inventada por Kirlian comparam as cores vivas retratadas nessas fotografias com as variações cromáticas da **aura** percebida pelos **psíquicos**. A fotografia Kirlian ainda é alvo de muitas polêmicas. O dr. William Tiller, da Stanford University, acredita que a fotografia Kirlian retrate simplesmente mudanças ocorridas na química da superfície da pele e considera irrelevantes as variações de cores; a parapsicóloga **Thelma Moss**, por outro lado, está convencida de que os padrões da energia Kirlian têm implicações profundas para o estudo da saúde e podem ser aplicados até mesmo na pesquisa do câncer.

Kleshas Na **yoga**, as causas da dor e do sofrimento humanos. São elas *avidya* (ignorância); *asmita* (egoísmo e identificação com o corpo físico); *raga* (amor ao prazer); *dvesa* (aversão pelo que causa dor); e *abhinivesa* (o desejo de se apegar à vida).

Knight, Gareth (1930-) Pseudônimo de Basil Wilby, eminente autoridade contemporânea nas aplicações mágicas da **Cabala**. Knight nasceu em Colchester, Inglaterra, e no ano de 1953 matriculou-se num curso da Fraternity of the Inner Light, grupo criado por **Dion Fortune**. Em 1962, ele começou a editar a revista ocultista *New Dimensions* e, três anos depois, fundou com outros sócios a empresa Helios Books. Knight abriu posteriormente sua própria escola esotérica com base nos princípios da Fraternity of the Inner Light, a qual deu origem a duas organizações dissidentes: a Avalon Group e a Companions of the Inner Abbey. Entre os principais livros de Knight figuram *A Practical Guide to Qabalistic Symbolism*, *The Experience of Inner Worlds*, *A History of White Magic* e *The Magical World of the Tarot*. Knight está trabalhando atualmente numa série de livros baseados em materiais arquivados de Dion Fortune.

Koan No **Zen-budismo**, charada paradoxal em forma de um breve poema. Em geral, considera-se que os koans proporcionem a própria quintessência de verdades profundas.

Kobold Na crença popular germânica, **gnomo** ou **espírito** que assombra casas ou minas subterrâneas.

Koch, dr. Walter Astrólogo alemão que também fez um amplo estudo sobre o simbolismo das cores, **parapsicologia** e **divinação**. Entre seus livros figuram *Ciência Astrológica das Cores* (1930), *Sua Cor – Seu Caráter* (1953) e *Profecia e Previsão Astrológica* (1954). Ver também **Astrologia**.

Kodashim Termo do hebreu cujo significado é "coisas santas" e que designa uma das seis divisões da **Mishnah** judaica, ensinamentos orais relacionados à Lei. O Kodashim inclui onze tratados associados a diferentes formas do serviço do templo.

Koot Hoomi Também Khut Humi. **Adepto** e **Mestre** oculto que supostamente apareceu em várias ocasiões à teosofista inglesa **Alice Bailey**. Segundo Bailey, ele usava um turbante durante sua primeira visita, em 1895, e ela julgou que se tratasse de Jesus Cristo. Descobriu posteriormente que estava enganada, mas não teve dúvida de que ele era um "Mestre muito próximo de Cristo [...] e um expoente do amor-sabedoria de que Cristo é a expressão máxima". Bailey considerava o "Mestre K. H." como uma inspiração espiritual, muito embora ela nunca tenha deixado de ser uma dedicada cristã fundamentalista. Ver também **Teosofia**.

Kosmos Antiga palavra grega para "ordem", usada por Pitágoras para descrever o universo. Ver também **Cosmos**.

Krafft, Karl Ernst (1900-1945) Astrólogo e cosmologista suíço, contratado pelo departamento de propaganda nazista. Segundo o astrólogo austríaco **Louis De Wohl**, muitas das estratégias bélicas de Hitler estavam relacionadas aos aspectos planetários calculados por Krafft. De Wohl foi contratado pelo Departamento de Guerra Britânico para prognosticar as manobras militares que Hitler provavelmente faria com base na **astrologia**. A carreira de Krafft com os nazistas passou por altos e baixos e ele chegou a ficar na prisão por algum tempo. Esse astrólogo cometeu a imprudência de afirmar que o **mapa astrológico** do General Montgomery era mais forte do que o do marechal-de-campo Rommel. Krafft foi preso em 1943 e morreu a caminho de Buchenwald, no ano de 1945.

Kraken Monstro semimítico que guarda certa semelhança com uma lula gigante. De acordo com relatos feitos por vários pescadores noruegueses, ingleses e da ilha da Terra Nova, no leste do Canadá, já foram encontrados krakens presos em redes de pesca; no entanto, provou-se que todos não passavam de lulas. O kraken mítico é descrito nos relatos noruegueses como uma criatura temível, com mais de mil metros de comprimento, chifres que lembram mastros de navio e um faro que lhe permite destruir barcos de pesca de um só golpe.

Kramer, Heinrich (1430-1505) Co-autor, com **Jacobus Sprenger**, do notório *Malleus Maleficarum* [O Martelo das Bruxas], um livro que insuflou a campanha da Santa **Inquisição** contra a **bruxaria** e os **hereges**. Kramer era um experiente inquisidor dominicano que já havia causado medo e hostilidade na região do Tirol. Seu maior aliado era o arquiduque Sigismund, que o recompensava pelos seus esforços e foi considerado o maior patrocinador do *Malleus*. Kramer morreu durante uma missão apostólica na Boêmia.

Krippner, Stanley (1932-) Renomado parapsicólogo norte-americano que foi diretor do Laboratório do **Sonho** do Maimonides Medical Center, em Nova York. Krippner passou muitos anos pesquisando as comunicações telepáticas no estado onírico, sob condições controladas. Ele também se interessou pela fotografia **Kirlian** e pela ligação entre tecnologia e energia vital. Em anos mais recentes, conduziu trabalhos experimentais sobre a mitologia "pessoal" com o dr. David Feinstein. Entre os livros do dr. Krippner estão *Dream Telepathy* (1973), em co-autoria com **Montague Ullman** e Alan Vaughan, *Future Science* (1977), em co-autoria com John White, *Personal Mythology* (1988) e *Decifrando a Linguagem dos Sonhos* (publicado pela Editora Pensamento). Ver também **Telepatia Mental; Parapsicologia.**

Krishna Oitavo avatar de Vishnu e principal personagem do *Bhagavad-Gita*, em que ele é o condutor do carro de Arjuna no campo de batalha. Na guerra entre os **Kauravas** e **Pandavas**, Krishna tomou o partido destes. Krishna sobreviveu à guerra, mas foi morto quando a flecha de um caçador o atingiu no calcanhar – seu ponto mais vulnerável. A **Kali Yuga** iniciou-se na data de sua morte.

Krishna, Consciência de Termo às vezes associado à seita Hare Krishna. Ver **Hare Krishna, Movimento; ISKCON.**

Krishnamurti, Jiddu (1895-1986) Místico indiano que viveu em Adyar, Madras, quando criança e foi descoberto pelo teosofista **Charles W. Leadbeater** em virtude da sua **aura** esplendorosa. Leadbeater e a dra. **Annie Besant**, ambos autoridades da **Sociedade Teosófica**, posteriormente anunciaram Krishnamurti como Instrutor do Mundo, uma pretensão que este acabou por renegar. Depois de rejeitar o papel de guru, Krishnamurti estabeleceu-se como filósofo yogue e passou grande parte da vida dando palestras pelo mundo todo. Entre seus livros figuram *A Educação e o Significado da Vida, A Primeira e Última Liberdade, Reflexões sobre a Vida, Diálogo sobre a Vida, Liberte-se do Passado, Diário de Krishnamurti, A Rede do Pensamento, O Verdadeiro Objetivo da Vida, O Futuro É Agora, Diálogos sobre a Visão Intuitiva, Sobre Deus, Sobre a Vida e a Morte, Sobre Relacionamentos, Sobre o Viver Correto, Sobre o Amor e a Solidão, Sobre a Mente e o Pensamento, Sobre a Aprendizagem e o Conhecimento, Sobre a Verdade, Sobre a Liberdade, Sobre a Natureza e o Meio Ambiente, Sobre o Medo* (todos publicados pela Editora Pensamento).

Kriya Na **yoga**, reação física e mental ao despertar da **kundalini**. Os kriyas são considerados movimentos "purificadores" que ajudam o yogi a se adaptar às energias da consciência superior.

Kriyashakti Do sânscrito, "poder de ação". Capacidade **paranormal** de "agir sobre a matéria". Considerado um dos **siddhis**, ou **poderes psíquicos**, o kriyashakti pode ser comparado à força que supostamente produz a **psicocinese**.

Kronos Ver **Cronos.**

Krsna Krishna em sânscrito.

Kshanti Termo sânscrito para "paciência", "serenidade" e "paz".

Kübler-Ross, Elisabeth (1926-) Autoridade de renome internacional sobre os temas da **morte** e do processo de morte, Kübler-Ross fez doutorado na Universidade de Zurique, no ano de 1957. Depois de fazer seminários sobre a morte, ela passou a fazer terapias com vítimas de doenças terminais. Ao longo dos últimos vinte anos, a dra. Kübler-Ross estudou mais de vinte mil pessoas que passaram por **experiências de quase-morte**. Ela agora considera importante que a morte seja considerada um estado de consciência transitório que leva a outro tipo de existência, e não um declínio rumo ao esquecimento. Kübler-Ross fez cursos e palestras em vários países, sobre o processo da morte. Entre seus numerosos livros, figuram *On Death and Dying*, *A Morte: Um Amanhecer* (publicado pela Editora Pensamento) e *On Life After Death*.

Kuei Termo chinês para o **lingam**, ou falo. Simbolizado por um pedaço oblongo de jade terminando num triângulo, o *kuei* é em geral ornamentado com as sete estrelas da Ursa Maior, que representam os sete dias da semana.

Kulabel Entre as tribos aborígines djerag e djaru, do leste de Kimberley, na Austrália, nome da Serpente do Arco-íris. O **curandeiro** é "morto" pela serpente num poço e a serpente entra no corpo dele, deixando-o "louco e doente" para depois lhe conferir poderes mágicos. Ver também **Aborígines Australianos**.

Kumara No **Hinduísmo**, menino virginal ou celibatário. Os primeiros kumaras foram os sete filhos de **Brahma**.

Kumari No **Hinduísmo**, donzela virginal. No Nepal e em Bengali, as kumaris costumam ser reverenciadas como personificações da deusa divina **Shakti**, mãe do universo.

Kumbhaka Na **Hatha Yoga**, técnica realizada durante o **pranayama**. A respiração é contida depois da inspiração, estabilizando o fluxo do **prana**, ou energia vital. Essa técnica exerce um efeito profundo sobre o praticante de meditação, acalmando-lhe a mente e facilitando a concentração no **eu** verdadeiro.

Kundalini De um termo sânscrito cujo significado é "curvo" ou "espiral", energia espiritual e física que pode ser estimulada a subir ao longo da coluna vertebral por meio da prática sistemática de técnicas da **yoga**; é possível canalizar a kundalini através dos **chakras**, desde a base da coluna até a coroa da cabeça. Essa energia é geralmente simbolizada por uma serpente enrodilhada e às vezes associada à deusa **Kali**. Ver também **Ida**; **Pingala**; **Sushumna**; **Tantra**.

Kundalini Yoga Ver **Kundalini**; **Tantra**; **Yoga**.

Kyteler, Dame Alice Aristocrata irlandesa do século XIV, acusada de praticar **bruxaria** e **demonologia**. Dame Alice morava em Kilkenny, no sudeste da Irlanda, e praticava rituais de fertilidade com *sir* Arnold le Poer, um parente de seu quarto marido. Alice sacrificava galinhas em várias épocas do ano e *sir* Arnold participava de cerimônias em que usava uma máscara com chifres. Essas estranhas práticas chamaram a atenção do bispo de Ossory, Richard de Landrede, que estava decidido a reprimir a prática da bruxaria na Irlanda e caíra nas graças do papa. Dame Alice fugiu para Dublin e em seguida viajou para a Inglaterra, onde passou o resto da vida. Outros do círculo de Alice não tiveram tanta sorte. Sua amiga e criada Petronilla de Meath foi lançada num calabouço e queimada viva diante do bispo, em novembro de 1324.

L

Labirinto Complexo lendário de corredores e aposentos, construído pelo arquiteto e construtor Dédalo no palácio de Minos, em Creta. O rei Minos encerrou no labirinto o **Minotauro**, que era alimentado com as vítimas de sacrifícios humanos – sete moças e sete rapazes enviados anualmente de Atenas.

Lakshmi Na **mitologia** hindu, deusa da fortuna e da beleza. Lakshmi era originalmente uma deusa marinha e é mais conhecida como a consorte de **Vishnu**. Ela também é associada à planta sagrada **tulasi**.

Lama No Tibete, monge de categoria superior, especialmente o que está apto a oficiar como **guru** num mosteiro.

Lamaísmo Termo usado para descrever o **Budismo** tibetano **esotérico**, que pertence à tradição **mahayana**. Essa forma de Budismo, que tem elementos do xamanismo, do bon (religião indígena pré-budista do Tibete) e do Tantra, foi introduzida no Tibete durante o século VII. O Lamaísmo caracteriza-se por **mantras**, **exorcismos**, elaboradas cerimônias rituais e a crença na idéia de que o **dalai-lama** encarna um **bodhisattva**. O texto lamaísta mais conhecido é o *Livro Tibetano dos Mortos*, um guia dos estados de consciência *post-mortem*. Ver **Bardo**; **Evans-Wentz, W. Y.**

Lamber um Feitiço Expressão que descreve uma simpatia usada como antídoto para combater um **feitiço** lançado contra uma criança.
Ela consiste em lamber a testa da criança, primeiro de baixo para cima, depois de um lado para o outro e de baixo para cima novamente. O gosto de sal na língua é considerado uma prova de que a criança estava de fato enfeitiçada.

Lâmia Na antiga **mitologia** grega, Lâmia era filha de **Posídon** e amante de **Zeus**. **Hera** tinha tamanho ciúme de Lâmia que matou os filhos dela e a desfigurou de tal modo que ela tomou a forma híbrida de uma mulher com corpo de serpente. Lâmia atraía suas vítimas para seus domínios e as devorava. Na Roma antiga, passou a se identificar com uma bruxa sugadora de sangue.

Lâmias Também Lamiae. Termo genérico para **demônios** do sexo feminino que podem assumir diversas formas. Assim como as **sereias**, as lâmias atraíam os barcos para destruí-los; mas, em outras ocasiões, elas lembravam cabras com cascos de cavalo. Segundo se diz, as lâmias sibilam como serpentes e se alimentam de cadáveres. Comparar com **Ghoul**; **Sereia**.

Lammas Importante sabá **wiccano**, celebrado em 1º de agosto. Segundo se sabe, a palavra "lammas" significa "massa de pão" e esse sabá é comemorado na época do ano em que se faz a primeira colheita de cereais no Hemisfério Norte. Conhecido pelos **druidas** como *Lugnassadh*, esse sabá marca a estação do outono e é, por tradição, uma celebração em homenagem a Lugh, o deus solar celta. *Lughnassadh* é associado com o poder em declínio do Sol – em termos místicos, o Deus começa a morrer –, mas também é uma estação em que se pode refletir sobre os frutos da terra. Os wiccanos reúnem-se em Lammas para celebrar as dádivas de abundância advindas do útero da Deusa. Mitologicamente, *Lughnassadh* representa a realização – a colheita de tudo o que se plantou. Ver também **Bruxas, Sabá das**.

Lampadomancia Forma de **divinação** por meio da chama de uma lamparina ou tocha. As variações e movimentos da chama são interpretados como um **oráculo**. Ver também **Piromancia**.

Lang, Andrew (1844-1912) Folclorista, parapsicólogo, poeta e escritor escocês que editou várias coletâneas de contos de fadas para crianças e tinha profundo interesse por **mitologia** comparada. Ele passou a se dedicar à **pesquisa psíquica** depois de ler um artigo sobre o **Fantasma de Cock Lane** e tornou-se membro da **Sociedade para Pesquisa Psíquica** em 1906, chegando à presidência em 1911. Com diploma de doutorado em Letras pela Oxford University, Lang foi um autor prolífico. Seus livros incluem *Custom and Myth* (1884), *Myths, Literature and Religion* (1887), *The Book of Dreams and Ghosts* (1897) e *Magic and Religion* (1898). Ver também **Folclore**.

Lao-Tsé (604-531 a.C.) Lendário sábio chinês tido como o fundador do **Taoísmo** e autor do famoso clássico espiritual *Tao Te King*. Muito pouco se sabe sobre Lao-Tsé e vários eruditos duvidam de que ele de fato tenha existido. Acredita-se que ele tenha sido o encarregado dos arquivos de sua província natal e, de acordo com relatos, tenha vivido duzentos anos. Lao-Tsé teria conhecido Confúcio, ao qual atribuem o seguinte comentário a respeito desse sábio: "Eu sei que os pássaros podem voar e os animais selvagens podem correr. Mas a subida do dragão em direção ao céu, transportado pelo vento e pelas nuvens, é algo que está além do meu conhecimento. Hoje eu vi Lao-Tsé e como ele é parecido com o dragão!"

Lapis Exilis Pedra mítica que confere à **fênix** o poder de renascer. Essa pedra é considerada por alguns estudiosos como sinônimo do **Santo Graal**.

Lapis Judaicus Segundo se diz, essa pedra mística, identificada até certo ponto com a *Lapis Exilis*, caiu da coroa de Lúcifer e foi guardada por um anjo do ar. É também chamada de Teolitos.

Lapis Philosophorum Nome latino da **Pedra Filosofal**.

La-place No **vodu**, aprendiz ou assistente do **hougan**, ou sacerdote.

Lares Deuses e espíritos domésticos de Roma, que protegiam a família, as propriedades e os criados. Eles também guardavam os campos e, às vezes, cidades inteiras. Havia santuários dedicados aos Lares na maioria dos lares romanos, assim como em várias encruzilhadas.

Larvas Na **mitologia** romana, as almas errantes dos mortos que vagavam sem repouso em decorrência dos crimes ou violências praticados em vida. As larvas eram semelhantes aos **fantasmas**, e os romanos acreditavam que eram elas que causavam a loucura entre os vivos. Às vezes eram chamadas de **lêmures**.

Latifa No **misticismo** islâmico, termo em geral traduzido como "sutil" e que se refere às faculdades espirituais interiores que um mestre pode desenvolver. Os sete latifas podem ser comparados aos **chakras**, embora a correspondência entre esses dois termos não seja exata. Ver também **Islamismo**.

La Vey, Anton Szandor (1930-1997) Satanista norte-americano descendente de ciganos rumeno-germânicos, que foi o fundador e líder da **Igreja de Satã**, em São Francisco, Califórnia. No início de sua carreira, La Vey tocava oboé na San Francisco Ballet Orchestra, trabalhava como domador de leões, era ajudante em espetáculos de hipnotismo e fotógrafo da polícia. Começou então a fazer parte de um grupo de estudos ocultistas, do qual o produtor de filmes Kenneth Anger também participava; em 1966, La Vey raspou a cabeça e autoproclamou-se Sumo Sacerdote da Igreja de Satã. Segundo ele, a Igreja de Satã tinha em torno de nove mil membros, espalhados pelos Estados Unidos, França, Itália, Alemanha, Grã-Bretanha e América do Sul, e serviu como fonte de consulta na produção de vários filmes ocultistas, entre eles *The Mephisto Waltz* e *Rosemary's Baby* – onde o próprio La Vey aparece como o **Demônio**. Entre os livros de La Vey figuram *The Satanic Bible* (1969) e *The Satanic Rituals* (1972).

Laya Da raiz sânscrita *li*, "desintegrar", ponto místico, no **cosmos**, que fica entre o manifesto e o imanifesto – o estado sereno de equilíbrio.

Laya Yoga Escola da **yoga** em que os praticantes aprendem a atingir o **samadhi** por meio de meditações que levam a mente a ser absorvida pelo **eu**.

Leadbeater, Reverendo Charles Webster (1847-1934) Cura da Igreja Anglicana que demonstrou profundo interesse pelo **ocultismo** e tornou-se membro da **Sociedade Teosófica** no ano de 1884. Com o tempo, ele passou a ser uma das principais figuras do movimento teosófico, ao lado de **madame Helena Blavatsky** e **Annie Besant**. Leadbeater descobriu **Krishnamurti** ainda criança em Adyar, na Índia, e ele e Annie Besant convenceram-se de que o menino era o próximo Instrutor do Mundo, pretensão que Krishnamurti posteriormente negou. Em sua ânsia por conhecimento nas áreas da **paranormalidade** e do misticismo, Leadbeater viajou para vários países – Estados Unidos, Ceilão e Austrália – e fundou uma comunidade de teosofistas em Sydney. Ele também foi membro fundador da Igreja Católica Liberal, chegando a se tornar seu segundo bispo.

De tempos em tempos, Leadbeater era acusado de participar de atividades homossexuais envolvendo jovens estudantes e ganhou a reputação de pederasta. Apesar dos ataques à credibilidade de Leadbeater, não resta nenhuma dúvida quanto à sua capacidade **psíquica**. Ele foi um escritor extremamente prolífico, cujas obras incluem *Vida Oculta na Maçonaria*, *Os Chakras*, *Auxiliares Invisíveis*, *O Homem Visível e Invisível*, *Pequena História da Maçonaria*, *O Plano Astral*, *O Que Há Além da Morte*, *O Lado Oculto das Coisas*, *Os Mestres e a Senda*, *O Plano Mental*, *A Clarividência*, *Os Sonhos*, *A Mônada*, *O Credo Cristão*, *Salvo por um Espírito* e *A Vida Interior* (todos publicados pela Editora Pensamento). Uma biografia autorizada de Leadbeater, *The Elder Brother*, escrita pelo dr. Gregory Tillett, foi publicada em Londres no ano de 1982.

Leão[1] Animal com associações míticas e mágicas. Símbolo do **ouro** e do **Sol**, o leão era consagrado aos seguidores do culto de **Mitra**. No Egito antigo, os devotos de **Secmet** cultuavam essa divindade na forma de uma deusa com cabeça de leão. O signo de **Leão** é o quinto do **zodíaco** e classificado como um dos três signos do **Fogo** (os outros dois são **Sagitário** e **Áries**). O leão também faz parte do simbolismo dos **Arcanos Maiores** do tarô. Na carta da *Temperança*, o leão simboliza o Fogo e é contrabalançado pela águia (**Ar**). Na carta da *Força*, porém, ele representa a força bruta que se rende à intuição, com a evolução da consciência espiritual. Na **alquimia**, o leão é um símbolo do enxofre e, em diferentes contextos, pode ser um símbolo tanto do Fogo quanto da **Terra**. O emblema do leão também é um motivo muito usado na heráldica.

Leão[2] Na **astrologia**, **signo** do **zodíaco** dos nascidos entre 23 de julho e 22 de agosto. Signo do **Fogo**, regido pelo **Sol**, ele é simbolizado pela figura do leão e é o quinto signo do zodíaco. Os leoninos são considerados pessoas em geral altivas, ambiciosas, magnânimas, afáveis e práticas; mas também podem ser obstinadas e orgulhosas. Presume-se que tenham grande capacidade de organização e sejam bons administradores.

Leão Dragonado Em heráldica, monstro metade leão e metade serpente.

Leão, Postura do Posição adotada por **Gautama Buda** quando se preparava para entrar no **nirvana**. Gautama deitou-se sobre o lado direito do corpo, com a cabeça apoiada no braço direito.

Leary, dr. Timothy (1920-1996) Controvertido psicólogo norte-americano que foi considerado pai da contracultura nos anos 60 e um dos maiores defensores do uso das drogas **psicodélicas** como instrumento na transformação da consciência popular. Colega de Baba **Ram Dass** (Richard Alpert) na Harvard University, Leary perdeu seu cargo acadêmico em decorrência das controvérsias que cercavam o uso de **LSD** em experiências acadêmicas. Ele acabou fundando um centro de pesquisas particular, numa mansão em estilo gótico localizada em Millbrook, Nova York. Esse passou a ser o cenário de muitas viagens psicodélicas extraordinárias, que incluíram o encontro com os "marry pranksters" [algo como "felizes aprontadores"] de Ken Kesey. Leary fazia apologia ao uso do LSD em conjunto com o *Livro Tibetano dos Mortos* (publicado pela Editora Pensamento) e escreveu seu livro *The Psychedelic Experience* (em co-autoria com Richard Alpert e Ralph Metzner) com o objetivo de oferecer um guia prático para obter visões do **Bardo**. Numa época posterior, Leary passou a se interessar por tecnologia cibernética e, no final da vida, defendeu o que ele chamava de "designer death" – planejamento consciente da transição pessoal pela morte. Entre seus muitos livros estão *The Politics of Ecstasy*, *High Priest*, *Psychedelic Prayers*, *Chaos and Cyberculture* e sua autobiografia, *Flashbacks*.

Lecanomancia Forma de **divinação** em que uma pedra ou objeto parecido é jogado numa bacia com água. A imagem do objeto na água agitada e o som que produz ao bater no fundo da bacia são então interpretados. Um método alternativo consiste em jogar óleo na superfície da água e interpretar as figuras formadas pelo óleo. Ver também **Hidromancia**.

Lecour, Paul (1871-1954) Funcionário público francês que tinha profundo interesse pelo **misticismo** e pelo Cristianismo e fundou a Society for Atlantean Studies na Sorbonne, no ano de 1926. Lecour fotografou os experimentos de **Eva C** acerca do **ectoplasma** e produziu vários livros sobre tópicos místicos, entre eles *Le Septième Sens* e *St Paul et les Mystères Chrétiens*.

Lee, Ann (1736-1784) Mística inglesa que foi uma figura influente no movimento cristão conhecido como os Shakers. Depois de ouvir um sermão de Jane Wardley, segundo o qual Cristo voltaria à Terra num corpo de mulher, Lee uniu-se ao movimento. Posteriormente foi presa por perturbar a ordem e, na prisão, teve uma visão de si mesma como a "Noiva do Cordeiro". Depois disso, ela passou a ser conhecida como "Mãe Ann" e "Ann, a Palavra". Em 1774, ela migrou para os Estados Unidos com alguns seguidores e estabeleceu-se em Watervliet, perto de Albany, Nova York. A comunidade que fundou era pacifista e comunista e dedicava-se ao celibato e à caridade.

Leek, Sybil (1923-1983) Bruxa inglesa que se mudou para os Estados Unidos em 1964 e começou a atrair grande atenção dos meios de comunicação por conta de suas crenças e práticas **pagãs**. Sybil Leek afirmava que sua linhagem na prática da bruxaria remontava ao século XII. Muito conhecida por participar de programas de rádio sobre bruxaria, ela abriu um restaurante ocultista ("Sybil Leek's Cauldron") e escreveu vários livros, entre eles *Diary of a Witch*, *The Sybil Leek Book of Fortune-telling* e *Cast Your Own Spell*.

Leffas Termo ocultista que designa o **corpo astral** das plantas. Ver também **Floromancia**.

Lei da Retribuição Termo popular usado com referência à lei do **karma**.

Lei-kung Na **mitologia** chinesa, deus do trovão, representado como um homem horripilante de corpo azul, garras e asas. Esse deus carregava um martelo e castigava os culpados de crimes que não eram descobertos e punidos pela lei.

Leitura da Mente Termo popular para a telepatia mental. Ver também **Telepatia Mental**.

Leitura das Mãos Estudo da mão e sua interpretação com propósitos **divinatórios**. Entre os aspectos analisados estão as estrias e linhas das mãos e a cor e a textura da pele. Vários praticantes da leitura das mãos, entre eles **Cyrus Abayakora**, **Mir Bashir**, **Cheiro** e **Noel Jaquim**, tentaram demonstrar a base científica dessa arte divinatória. Ver também **Quiromancia**.

Leitura de Folhas de Chá Ver **Tasseomancia**.

Leitura de Objetos O uso de um objeto pessoal, como um relógio ou pingente, para conseguir "impressões psíquicas" da pessoa à qual ele pertence. Ver **Psicometria**.

Leitura de Pensamentos Termo popular para **telepatia mental**.

Leitura Muscular Fenômeno identificado na **parapsicologia** como uma possível explicação para alguns casos de **telepatia mental**. Nesses casos, a pessoa pode reagir a movimentos musculares inconscientes feitos por outra e, na maioria das vezes, identificar corretamente os processos de pensamento associados a esses movimentos – muito embora não ocorra nenhuma comunicação "psíquica".

Leland, Charles Godfrey (1824-1903) Folclorista norte-americano considerado uma autoridade em **bruxaria**. Leland graduou-se nos Estados Unidos e posteriormente estudou nas universidades de Heidelberg e de Munique e também na Sorbonne, em Paris. Depois de lutar ao lado dos rebeldes na revolução de 1848, Leland voltou de Paris e iniciou a carreira de jornalista nos Estados Unidos. Poucos anos depois de se casar, ele se engajou novamente numa campanha militar, desta vez a Guerra Civil Americana.

Depois de lutar na Batalha de Gettysburg, Leland partiu com a família para Londres, onde começou vida nova e cultivou outros interesses. Passou a estudar o **folclore** e as lendas **ciganas**, dedicando-se ao aprendizado autodidata do romani – a língua dos ciganos – e depois de dez anos na Inglaterra, mudou-se para Florença, na Itália. Nessa cidade, Leland fez amizade com uma jovem chamada Maddalena, que lhe revelou que antigos deuses ainda eram venerados em segredo. Para sua surpresa, Leland descobriu que ainda existia um culto a **Diana**, na figura de Arádia, filha de Diana. Em seu livro *Aradia*, o Evangelho das Bruxas, ele descreve as oferendas rituais feitas mensalmente a Diana, durante a Lua Cheia, e faz um relato detalhado da reunião de um **coven**. As obras de Leland inspiraram **Gerald Gardner** e exerceram grande influência sobre a **bruxaria moderna**.

Lemegeton Título dado à obra medieval de **magia negra** ou **goetia** conhecida como *Chave Menor de Salomão*. Ela foi traduzida a partir de cópias manuscritas do francês, do latim e do hebraico pelo ocultista **MacGregor Mathers**. De acordo com **A. E. Waite**, a cópia mais completa que existe hoje está em francês e data do século XVII; porém, o demonologista da Idade Média **Johannes Wier** já faz referência a essa obra, indicando que deve ter existido outras versões anteriores. Ver também *Chave de Salomão*.

Lêmures Termo usado de forma variada para descrever **fantasmas** famintos (Roma antiga); os **elementais** do **Ar**; ou os **espíritos** elementais dos mortos que se manifestavam durante **sessões** espiritualistas, produzindo **batidas** e outros tipos de "fenômeno".

Lemúria Lendário continente perdido que, segundo alguns teóricos, um dia existiu no oceano Índico ou no Pacífico. A Lemúria é muitas vezes comparada à Atlântida, exceto pelos seus habitantes, que não seriam tão evoluídos. Na visão dos teosofistas, a espécie humana evoluiu por meio de diferentes **raças-raízes**, e os lemurianos seriam a terceira delas, que precedeu tanto os atlantes quanto a espécie humana como a conhecemos hoje. A Lemúria é às vezes chamada de "Mu".

Lemúrias Festas que os romanos celebravam em maio com intenção de exorcizar os **lêmures**. Para afastar esses **espíritos** de casa, o chefe da família lançava para trás favas pretas, na direção deles.

Lendas Fábulas e contos românticos atribuídos a heróis e heroínas e também à vida dos **santos** (nesse caso, o termo mais usado é legenda). As lendas (do latim *legendus*, "o que deve ser lido") costumavam ser lidas em voz alta em reuniões ou nas matinas.

Le Normand, Marie (1772-1843) Famosa adivinha ocultista que afirmou ter previsto o futuro do revolucionário francês Jean Paul Marat e do estadista jacobino Maximilien Robespierre. Infiltrada no círculo seleto de Josephine Beauharnais, Marie interpretou o **mapa astrológico** de Napoleão e depois abriu um salão em Paris onde lia cartas para clientes abastados. Depois da queda de Napoleão, ela foi para a Bélgica e leu a sorte do Príncipe de Orange. Contudo, uma disputa com a alfândega belga acabou levando Marie à prisão, onde ela finalmente morreu, abandonada e esquecida. Ver também **Divinação**.

Leo, Alan (1860-1917) Astrólogo britânico considerado por muitos o pai da **astrologia** moderna. Leo tornou-se membro da **Sociedade Teosófica** em 1890 e, no mesmo ano, produziu um periódico mensal intitulado *Astrologer's Magazine* (que posteriormente recebeu o nome de *Modern Astrology*). Em 1915, Leo também fundou a Loja Astrológica da Sociedade Teosófica. Um dos principais objetivos desse astrólogo era promover a astrologia de forma a lhe abrir um mercado mais amplo. Ele fez isso por meio de seus **mapas astrológicos** a preços populares e suas prolíficas obras. Entre suas obras publicadas figuram *Astrology for All*, *How to Judge a Nativity*, *The Progressed Horoscope*, *Esoteric Astrology*, *Júpiter - o Senhor do Futuro* e *Marte - o Senhor da Guerra* (os dois últimos publicados pela Editora Pensamento).

León, Moisés ben Shem Tov de (c. 1240-1305) Místico espanhol de descendência judaica que nasceu em León, perto de Castela. Tornou-se membro da comunidade local de cabalistas e foi influenciado por Todros Abulafia e Joseph Gikatilla. Por volta do ano de 1286, León compilou uma importante obra em aramaico que chamou de um "Midrash Místico"; essa obra compõe grande parte do **Zohar**, um dos principais livros da **Cabala**. Moisés de León morou por algum tempo em Guadalajara e depois em Ávila, embora na década de 1290 ele tenha passado a maior parte do tempo viajando e conhecendo outros **místicos**. Ele também é autor de mais de vinte obras, embora de muitas delas só restem fragmentos. Moisés de León morreu em Arevalo.

Leonard, Gladys Osborne (1882-1968) Médium de **transe** britânica que afirmava ter um **comunicante**, ou guia espiritual, de nome "Feda" – uma menina indiana que morrera por volta de 1800. Feda supostamente aconselhou a sra. Leonard a se tornar uma **médium psíquica** profissional e avisou-a acerca de uma catástrofe mundial iminente (a Primeira Guerra Mundial). Em 1915, a sra. Leonard teve vários encontros com **sir Oliver Lodge**, cujo filho Raymond havia morrido no campo de batalha. Lodge escreveu um relato das **sessões** em que Raymond transmitiu mensagens do além-túmulo, fazendo da sra. Leonard uma celebridade. Ela foi posteriormente submetida a testes pelo pesquisador de fenômenos psíquicos Whately Carington, que chegou à conclusão de que "Feda" não passava de uma projeção da personalidade da sra. Leonard, embora as duas demonstrassem características diferentes. A sra. Leonard publicou sua autobiografia, *My Life in Two Worlds*, em 1931.

Leprechauns No **folclore** irlandês, pequenos **anões** ou **elfos** que assaltam adegas e guardam outeiros onde há tesouros enterrados. Ver também **Anões; Fadas**.

Leshy Também Lesiy. Na **mitologia** tradicional dos povos eslavos, **espírito** dos bosques ou **sátiro** com características tanto humanas quanto animais. Segundo a tradição, o leshy tem uma barba verde e pele azulada. Ele habita os bosques e atrai viajantes desavisados para o interior de cavernas, mas só tem vida durante os meses de primavera e verão.

Leste A direção do **Sol** nascente, que é por isso associado à vida nova, à luz, à **iluminação** espiritual e à **iniciação**. Todos os rituais de **magia branca** iniciam-se com uma saudação ao quadrante oriental e, na magia cabalística, essa direção é regida pelo arcanjo **Rafael**, simbolizando o elemento **Ar**. Ver também **Quatro Direções**.

Levater, Johann Kaspar (1741-1801) Poeta, **místico** e teólogo suíço considerado o fundador do sistema da **fisiognomia**, segundo o qual o caráter de uma pessoa pode ser conhecido por meio do exame das feições do rosto. O filósofo Johann Goethe (1749-1832), que era seu amigo pessoal, ajudou Levater a compilar sua *magnum opus* em quatro volumes, *Physionomical Fragments for the Promotion of the Knowledge and Love of Man*, publicada em 1775-1778. Levater foi também um defensor da Franco-maçonaria e apoiou o ocultista **conde Alessandro di Cagliostro**.

Leveza Qualidade atribuída ao elemento **Ar**, também associada à dança espontânea e ao anseio de se elevar acima de si mesmo. Essa qualidade está, portanto, ligada ao **êxtase** e é descrita por aqueles que têm **experiências fora do corpo** ou afirmam ter a faculdade paranormal da **levitação**.

Leviatã De acordo com a narrativa bíblica, peixe monstruoso ou serpente marinha que surgiu no quinto dia da Criação. Para os judeus, o Leviatã era um símbolo do poder supremo de **Deus** e, como tal, ele também representa o Juízo Final. Como símbolo do caos e da destruição, ele foi incorporado à **demonologia** medieval. O Leviatã é considerado, pelo ocultista **Kenneth Grant**, como o equivalente negativo ou Qlippoth da imagem do **tarô O Enforcado**, que é regida pelo elemento **Água**. Ver também **Qlippoth**.

Lévi, Éliphas (1810-1875) Nome mágico de Alphonse-Louis Constant, filho de um humilde sapateiro parisiense. Lévi preparou-se para o sacerdócio, mas foi expulso do seminário por conta de sua permissividade sexual. Ele trabalhou por um tempo como caricaturista de personalidades da política e então passou a se dedicar à filosofia hermética e mágica. Apesar da sua pouca erudição, escreveu vários livros que se tornaram clássicos do **ocultismo**. O melhor trabalho de Lévi está contido em Os Mistérios da Magia, uma antologia de seus escritos organizado por **A. E. Waite**. Entre seus outros livros figuram A Chave dos Grandes Mistérios, Dogma e Ritual da Alta Magia, Grande Arcano, História da Magia, Os Paradoxos da Sabedoria Oculta, As Origens da Cabala, Curso de Filosofia Oculta, Os Mistérios da Cabala e A Ciência dos Espíritos (todos publicados pela Editora Pensamento). Do ponto de vista ocultista, Lévi é lembrado, sobretudo, por dois motivos: foi dele a importante revelação de que os 22 **Arcanos Maiores** do **tarô** aparentemente têm uma correspondência simbólica com a **Árvore da Vida** cabalística; e o fato de que o mago **Aleister Crowley** afirmava ser a reencarnação de Lévi e seu sucessor oculto. Ver também **Hermética**.

Levitação Ato de suspender no ar o corpo humano, ou qualquer objeto físico, sem nenhuma sustentação visível. Supõe-se que a levitação possa ser causada por meio da concentração mental e pelo poder da vontade. Ela também é uma capacidade paranormal atribuída a certos **psíquicos**, **médiuns de transe** e **faquires**. O caso mais bem documentado nos tempos modernos é o de **Daniel Dunglas Home**, que supostamente levitou para fora de uma janela localizada no terceiro andar da residência do lorde Adare, em Londres, no ano de 1868.

Leys Alinhamentos de antigos megalitos, dólmens e círculos de pedra, cujos padrões são supostamente constituídos de redes ou linhas de "força" (ley lines). O arqueólogo amador Alfred Watkins reparou pela primeira vez nesses alinhamentos em 1921, e pesquisadores de fenômenos psíquicos e **médiuns** afirmam, desde então, que padrões de energia psíquica irradiam-se dos leys. Alguns **ufologistas** acreditam que as ley lines sejam grades de força usadas para orientar visitantes extraterrestres que supostamente estabelecem contato com a civilização humana desde tempos remotos e que têm profundo interesse pelas várias lendas e **mitos** relacionados à origem e ao desenvolvimento cultural da espécie humana.

Libação Ato cerimonial de entornar vinho no chão em honra de um **deus**. Na antiga Roma, faziam-se libações em honra dos **lares** ou divindades domésticas.

Libellus Merlini O Pequeno Livro de Merlin, tratado em latim atribuído a Geoffrey of Monmouth e que descreve as profecias sobrenaturais de "Ambrosius Merlin" relatando a visão simbólica da batalha dos dragões brancos e vermelhos (considerados uma representação dos saxões e dos bretões, respectivamente).

Liber Lapidum Obra medieval sobre pedras preciosas, datada de 1123, aproximadamente. Escrito por Marbodus, bispo de Rennes, que atribuiu valores simbólicos a várias pedras. Por exemplo, o ônix é considerado uma pedra que provoca pesadelos, a safira pode ser usada como proteção contra o medo e a sardônica representa o **eu** místico interior.

Libra Na **astrologia**, o **signo** do **zodíaco** dos nascidos entre 23 de setembro e 22 de outubro. Signo do **Ar**, regido por **Vênus**, Libra tem como símbolo a balança e é o sétimo signo do zodíaco. Os librianos em geral são pessoas intuitivas, encantadoras e com talento artístico. No entanto, elas tendem a fazer comparações e isso faz com que sejam um tanto belicosas; também podem ser melancólicas e caprichosas. Presume-se que os librianos sejam talhados para profissões no campo das artes, de antigüidades e das artes dramáticas.

Licantropia Do grego *lukos*, "lobo", e *anthropos*, "homem", crença cultivada entre praticantes de **bruxaria** e de **feitiçaria** segundo a qual o homem pode se transformar num lobo. Na Europa, o lobo era considerado, por tradição, o mais feroz dos animais e, nesse sentido, o feiticeiro considerado capaz de tal transformação personificava poder e terror bestiais – daí as numerosas lendas de **lobisomem**. Esse termo também é usado genericamente para descrever o ato mágico de transformar-se em qualquer animal selvagem – numa hiena ou um tigre, por exemplo –, e existem histórias de "homens-leopardo" na África e de "homens-chacais" no Congo, principalmente. Algumas lendas relacionadas à licantropia podem ter se originado com as experiências **psicodélicas**, uma vez que hoje se acredita que as poções **alucinógenas** usadas pelas bruxas é que deram origem às lendas acerca de bruxas voando para o sabá, montadas numa vassoura. Muitos **xamãs** – entre os quais aqueles que fazem uso de substâncias alucinógenas – também se acreditam capazes de efetuar transformações em si mesmos e de assumir a forma de seu animal de poder. Ver também **Alucinação**; **Xamanismo**.

Líder do Círculo No **espiritualismo**, pessoa encarregada de liderar o círculo, administrar e supervisionar os procedimentos e ajudar o **médium** em qualquer emergência.

Lien Na antiga China, o **lótus** sagrado de oito pétalas.

Ligação das Faculdades Do latim *ligare*, "ligar", termo usado no **misticismo** como confirmação da impossibilidade de se praticar atividades físicas (**orações** e **mantras** verbais, por exemplo) num estado de consciência **transcendental**.

Ligas Tiras de couro ou corda usadas pelas **bruxas** logo acima do joelho, como símbolo da sua posição hierárquica.

Light Revista espiritualista inglesa, criada por Stainton Moses e Dawson Rogers em 1881, sob os auspícios da **London Spiritualist Alliance**. A revista ainda existe e é agora publicada trimestralmente pelo **College of Psychic Studies**, em Londres.

Lila Termo hindu que designa o "passatempo" ou "esporte" dos **deuses**, seja no amor ou na natureza.

Lilith De acordo com a tradição hebraica, a primeira mulher de Adão. Lilith é a forma "sombria" da deusa, identificada como um ser vingativo, hostil aos recém-nascidos e sedenta de sacrifícios humanos. O nome Lilith significa "monstro da noite" e ela é às vezes caracterizada como um demônio noturno ou **fantasma** que, como **Hécate** e as **lâmias**, personificava o **mal** e a escuridão. Na tradição mágica da **Ordem Hermética da Aurora Dourada**, Lilith é descrita como a "Rainha da Noite e dos Demônios" e é uma das **Qlippoth**, a forma negativa de **Malkuth**.

Lilly, dr. John (1915-2001) Neurofisiologista norte-americano, pioneiro no estudo dos **estados alterados de consciência** e também conhecido pela sua obra sobre a comunicação com golfinhos. Em seu livro *The Centre of the Cyclone* (1972), Lilly descreve suas teorias acerca das operações da mente humana, baseadas nos estudos que fez sobre os estados de privação sensorial. Lilly descobriu que períodos prolongados de confinamento em **tanques de isolamento** poderiam causar experiências visionárias, e que essas experiências estão diretamente relacionadas à "programação" mental produzida pelas crenças e doutrinas religiosas. Num trabalho posterior, *Simulations of God* (1976), Lilly apresenta sua teoria de que as crenças religiosas muitas vezes inibem a iluminação mística e impõem um limite ou restrição sobre a experiência da realidade **transcendental**. Entre os outros livros do dr. Lilly figuram *Programming and Metaprogramming in the Human Biocomputer* (1972); *The Dyadic Cyclone*, em co-autoria com Antonietta Lilly (1976), *The Deep Self* (1977) e *The Scientist* (1978).

Lilly, William (1602-1681) Astrólogo inglês que viveu na época do mandato de Oliver Cromwell – seu patrono durante a disputa entre monarquistas e puritanos. Consta que Lilly tenha previsto o Grande Incêndio de Londres e a Restauração e escrito muitos livros de **astrologia** e previsões. Seu almanaque mais famoso era *Merlinus Anglicanus* (1641).

Lingam Símbolo hindu do falo, que representa os poderes doadores de vida do universo. Está relacionado à força **yang** chinesa. O termo *lingam*, na sua forma literal, significa, em sânscrito, "signo" ou "forma". O lingam é consagrado a **Shiva**.

Linga Sharira Do sânscrito, "padrão corporal", equivalente etérico do corpo físico. Esse termo pode, conseqüentemente, ser usado em referência ao **corpo astral**.

Línguas, Falar em Outras Ver **Xenoglossia**.

Linhas de Poder Ver **Leys**.

Lipikas Na **mitologia** hindu, os "Senhores do Karma" que personificam essa lei. Embora alguns considerem os lipikas os **deuses** ou **devas** superiores que julgam a humanidade, seria mais correto pensar neles como forças abstratas da Natureza, que se auto-regulam e mantêm a ordem.

Litomancia Divinação por meio de pedras preciosas. Um dos métodos consiste em espalhar numa superfície escura pedras que tenham, cada uma delas, um significado simbólico ou planetário. A pedra que reflete mais luz é a que propicia o presságio. Ver também **Pedras do Signo**.

Livro das Mutações, O Ver *I Ching*.

Livro de Thoth, O Termo moderno para o **tarô**, baseado na suposição equivocada de que essa arte tenha origem egípcia. Esse termo deriva, principalmente, das teorias do ocultista francês **Antoine Court de Gébelin**, segundo o qual o tarô era parte de um procedimento iniciatório da **Grande Pirâmide**, e de **Aleister Crowley**, que o usou como título do seu próprio trabalho sobre tarô.

Livro do Esplendor, O Tradução literal do título do **Zohar**, a obra principal da **Cabala** medieval, escrita pelo místico espanhol **Moisés de León**, por volta de 1280.

Livro dos Mortos, O Título da obra que descreve a condição pós-morte e proporciona orientação para a passagem da alma pelos estados celestes e infernais. Ela contém também descrições de divindades que a pessoa falecida poderia encontrar na sua jornada visionária além-túmulo. Os exemplos mais conhecidos são **O Livro Egípcio dos Mortos** e **O Livro Tibetano dos Mortos** (ver **Bardo**). Entre os outros exemplos estão os textos egípcios conhecidos como o **Am Tuat** e o *Livro dos Portais*, e o *Livro Etíope dos Mortos* (*Lefefa Sedek*), que combina o pensamento cristão e gnóstico.

Livro Egípcio dos Mortos, O Antigo relato egípcio a respeito da vida após a morte, que inclui detalhes acerca dos ritos fúnebres e da passagem dos mortos pelo **Salão dos Julgamentos**, em sua jornada para o outro mundo. Ver também *O Livro dos Mortos*.

Livro Tibetano dos Mortos, O Ver **Bardo**; Livro dos Mortos, O.

Loá No **vodu** haitiano, **divindades** que possuem o praticante enquanto ele está em estado de **transe**. Existem dois grupos principais de loá – os deuses rada, originário da Guiné, e os deuses petro, de origem caribenha. Os loás são invocados em cerimônias por meio de **vevés**, diagramas desenhados no chão.

Lobisomem No folclore oculto, pessoa supostamente capaz de se transformar numa espécie de lobo e de comer carne humana. Ver também **Licantropia**. Comparar com **Vampiro**.

Lobo, Menino Ver **Grenier, Jean**.

Lobsang Rampa Pseudônimo de Cyril Henry Hoskin (1910-1981), autor do *best-seller* internacional *The Third Eye* (1956) que descreve as experiências iniciatórias de um sumo sacerdote tibetano. Depois de vir à tona a informação de que o autor desse livro era um inglês que então morava em Dublin, Hoskin alegou que era possuído pelo **espírito** de um **lama** verdadeiro e que seus escritos eram autênticos. Apesar das controvérsias que cercam *The Third Eye* e os livros que o seguiram, não há dúvida de que as obras de Lobsang Rampa exerceram enorme influência sobre o público dessa espécie de literatura e estimularam os leitores a se dedicar a um estudo mais aprofundado da **yoga**, da **meditação** e de outras disciplinas espirituais. Ver também **Iniciação**.

Lodge, *sir* Oliver (1851-1940) Eminente físico e pesquisador britânico de fenômenos psíquicos que foi reitor da Birmingham University (1900-1919) e, no ano de 1902, foi agraciado com o título de cavaleiro do Império Britânico pelas contribuições que fez à ciência. Lodge fez pesquisas sobre a eletricidade e a condutividade térmica e foi um precursor da radiocomunicação. Em 1884, passou a se interessar pela possibilidade da transmissão de pensamentos e começou a pesquisar **médiuns psíquicos** e os **estados de transe**. Investigou a mediunidade de **Leonore Piper** e de **Eusapia Palladino** e então participou de sessões com **Gladys Leonard** na tentativa de estabelecer contato com o filho Raymond, que morrera na Primeira Guerra Mundial. Lodge ficou impressionado com as provas que recebeu e passou a defender a crença na vida após a morte. Ele foi presidente da **Sociedade para a Pesquisa Psíquica** (1901-1903) e também um autor prolífico. Entre seus muitos livros figuram *Man and the Universe* (1908), *Survival of Man* (1909), *Raymond: Or Life After Death* (1916), *Ether and Reality* (1925) e *Why I Believe in Personal Immortality* (1928).

Logos Termo grego que significa "palavra" ou "pensamento". Usado na doutrina **gnóstica** para designar uma **divindade** no universo manifesto. Tanto na **magia** quanto na religião, dá-se extrema importância à qualidade vibracional do som e ao poder da verbalização. No Evangelho segundo

São João (1:1), está escrito: "No princípio era o Verbo e o Verbo estava com Deus e o Verbo era Deus [...] tudo foi feito por meio Dele e sem Ele nada foi feito de tudo o que existe." De modo parecido, na **Cabala** considera-se que a palavra seja formada pela pronúncia do sagrado Nome de Deus – uma versão de 42 letras do **Tetragrama**. A **magia** ritual também dá ênfase à palavra. No seu livro *A Chave dos Grandes Mistérios* (publicado pela Editora Pensamento), **Éliphas Lévi** explica: "Toda a magia está na palavra e essa palavra pronunciada cabalisticamente é mais forte do que todos os poderes do Céu, da Terra e do Inferno." Ver também **Nomes de Deus, Hekau, Palavras de Poder**.

Lohan Termo do **Budismo** chinês que designa aquele que atingiu a **iluminação**. Corresponde ao termo **arahat**, do Budismo **páli**. Ver também **Budismo**.

Lokapalas Na **cosmologia** hindu, **espíritos** protetores védicos que zelam pelos oito quadrantes do mundo.

Lokas No **Hinduísmo**, "lugares" ou "regiões" que tanto podem ser materiais quanto espirituais e que indicam as diferentes "densidades" da matéria. No **Budismo**, os lokas consistem nos seis mundos da **ilusão**: o **céu**, o mundo humano, o mundo dos demônios usuras, o mundo animal, o mundo dos **fantasmas** sedentos e o **inferno**. Encarna-se em um dos diferentes lokas de acordo com a qualidade do karma que se tem.

Loki Na **mitologia** escandinava, deus do fogo que foi originalmente um membro dos **Aesir**. Foi Loki quem trouxe o visgo que matou o deus solar **Balder**; em conseqüência disso, os outros deuses amarraram Loki a uma pedra e fizeram com que o veneno de uma serpente pingasse sobre ele, causando-lhe uma dor terrível. Loki foi salvo pela sua consorte e associou-se a monstros e gigantes malignos, tornando-se o inimigo declarado dos Aesir.

London Spiritualist Alliance Fundada em 1884 por **Stainton Moses** e **Alfred Russel Wallace**, essa organização incentivava pesquisas sem preconceitos sobre fenômenos **psíquicos** e **paranormais**. Ela tornou-se o **College of Psychic Studies**, que ainda existe hoje e publica a revista trimestral *Light*.

Lorelei No **folclore** germânico, linda donzela que ficava sentada sobre uma pedra, próxima a St. Goar sobre o Reno, encantando os barqueiros com sua bela voz e atraindo seus barcos para perigosos rochedos. Segundo a lenda, Lorelei penteava os cabelos enquanto cantava belas canções e, em muitos aspectos, lembra as **sereias** da **mitologia** grega clássica.

Lotófagos Também comedores de lótus. Do grego, *Lotophagi*. Na **mitologia** grega, os habitantes de uma região ao sul da ilha de Chipre, que viviam do fruto adocicado do lótus. Dizia-se que esse fruto causava perda de memória. **Odisseu** visitou esse povo quando empreendia sua viagem de volta para casa, depois da Guerra de Tróia.

Lótus Planta sagrada em várias culturas. No antigo Egito, o lótus era dedicado ao deus solar **Hórus**, que nasceu da flor de lótus e recebeu a dádiva da juventude eterna. Na antiga Pérsia, o lótus também era considerado um símbolo do **Sol**. Essa planta é sagrada entre os hindus porque Brahma nasceu de uma flor de lótus e foi ela também que anunciou o nascimento de **Gautama Buda**. No **Budismo** chinês, o Céu Ocidental é o lugar onde fica o Lago Sagrado dos Lótus e é ali que as almas dos virtuosos descansam num botão de lótus, até que sejam admitidos no **Paraíso**. No Japão, o lótus de oito pétalas é um símbolo do passado, do presente e do futuro.

Lótus Completo Outro nome da **posição do lótus**.

Lótus, Meio Termo usado para descrever uma variante do **lótus completo**, em que as pernas são cruzadas, mas só um pé descansa sobre a coxa da perna oposta. Os devotos ocidentais da **yoga** às vezes acham essa posição mais fácil e confortável do que a do lótus completo.

Lótus, Posição do Asana clássica da **yoga**. O yogi senta-se num tapete, com o pé esquerdo sobre a coxa direita e o pé direito sobre a coxa esquerda. As mãos ficam sobre o colo ou sobre os joelhos, com as palmas para cima. Essa posição é usada durante a **meditação**: o yogi concentra a atenção na região do **terceiro olho** e busca o autoconhecimento espiritual.

Lótus, Sutra do Nome popular de um texto do **Budismo Mahayana** cujo nome completo é *Saddharma-Pundarika Sutra* (o Lótus da Doutrina Verdadeira). Datado do século II, o texto enfatiza o **Buda** Eterno, Onisciente, Onipotente – o criador/destruidor do mundo. O Sutra do Lótus proclama que toda pessoa tem capacidade para atingir a condição de Buda. Esse Sutra tem sido particularmente influente no Oriente e continua sendo uma das principais escrituras do **Budismo** chinês.

Louco, O No **tarô**, carta suprema dos **Arcanos Maiores** que simboliza "aquele que nada sabe" – a pessoa que tem conhecimento do **Nada**, "o imanifesto ou **transcendente**". Esse reino está além do universo criado e nenhuma qualidade ou atributo pode ser associado a ele. Na **magia** ocidental, que combina os caminhos do tarô dos **Arcanos Maiores** com os dez **sephiroth** da **Árvore da Vida**, o caminho do *Louco* está ligado a **Kether** e **Chokmah**.

Loudun, Diabos de Ver **Grandier, Urbain**.

Loup Garou Termo vodu para **lobisomem**.

Lourdes Local sagrado de cura na orla dos Pireneus centrais, na França, onde muitas pessoas relatam curas milagrosas e remissão de doenças. Foi ali que, no ano de 1858, a jovem pastora Bernadette Soubirous teve dezoito visões da Virgem Maria e foi instruída a banhar-se numa fonte perto do rio Gave. A própria Bernadette sofria de asma e continuou a ter acessos mesmo depois das visões da Virgem. Ela também tinha reumatismo e um tumor e morreu prematuramente aos 35 anos de idade. A despeito desses aspectos, a Igreja Católica Romana reconheceu a natureza única das visões de Bernadette e abriu um departamento para autenticar **milagres** ocorridos no local. Por volta de dois milhões de visitantes vão a Lourdes todos os anos e milhares de peregrinos têm sido curados pela fé. Ver também **Cura pela Fé**.

Loureiro Árvore com associações mágicas e míticas. Quando a **ninfa** grega Dafne estava prestes a ser apanhada por **Apolo**, ela suplicou para que pudesse assumir outra forma. **Atena** a transformou num loureiro e essa árvore passou a ser consagrada a Apolo. As folhas do loureiro eram mastigadas pelo **oráculo de Delfos** para induzir os poderes visionários da profecia e eram pendurados sobre as portas para afastar **fantasmas**.

Lousa, Escrita Direta em No **espiritualismo**, forma popular de escrita automática em que o **consulente** e o **médium psíquico** seguram, debaixo de uma mesa, uma lousa com um pedaço de giz nela amarrado. Durante a **sessão**, o **espírito** indica sua presença por meio dos ruídos característicos de alguém escrevendo e se retira ao sinal de três batidas. Quando a lousa é retirada de debaixo da mesa, sua superfície está coberta de "mensagens espirituais". Um dos maiores praticantes desse tipo de comunicação espiritual foi **William Eglinton**.

Lovecraft, Howard Phillips (1890-1937) Ocultista norte-americano e escritor de contos de ficção e horror que se tornou uma figura da contracultura na literatura *underground* da década de 1960. Lovecraft desenvolveu uma mitologia em torno do "terrível Cthulhu", em que os poderes do mal e das trevas ameaçavam dominar o mundo. Lovecraft era obcecado pelo tema da ameaça global (*The Colour out of Space, The Dunwich Horror, The Shadow over Innsmouth*) e foi quem criou o conceito do "lendário" texto ocultista *Necronomicon*; pelo menos duas versões desse texto agora existem de fato, pretendendo-se autênticas. Os contos sobrenaturais de Lovecraft foram compilados em vários volumes, entre eles *The Tomb, At the Mountains of Madness, The Haunter of the Dark* e *The Lurker at the Threshold*.

LSD Nome genérico da dietilamida do ácido lisérgico, uma poderosa droga **psicodélica** popularizada nos anos 60 por Michael Hollingshead, pelo **dr. Timothy Leary** e pelo Baba **Ram Dass**. O LSD foi inicialmente sintetizado pelo farmacologista suíço Albert Hofmann, que descobriu seus efeitos acidentalmente em 1943, quando pesquisava o esporão de centeio (**ergot**), do qual deriva esse alucinógeno. Numa comparação com base no peso, o LSD pode ser considerado a substância alucinógena mais forte até hoje conhecida. Uma ingestão de 250 microgramas causa um profundo **estado alterado de consciência**, caracterizado por visões de teor simbólico e percepção ampliada de emoções, sons e cores. Leary defendia o uso do LSD como sacramento em conjunto com a obra iniciatória *O Livro Tibetano dos Mortos* (publicado pela Editora Pensamento), que descreve a transição da alma da morte para o renascimento. Ver também **Elêusis, Mistérios de; Alucinação**.

Lua, A No tarô, carta dos **Arcanos Maiores** que simboliza o processo de evolução biológica e espiritual. A lagosta, que representa uma forma primitiva de vida, emerge das águas; enquanto na terra vêem-se dois cães – um deles, um lobo agressivo e o outro, uma forma mais domesticada e "evoluída"; ambos olham para a **Lua**, que para o cão é sagrada. O elemento **Água** predomina no simbolismo da Lua, e essa carta está ligada à esfera lunar **Yesod**, associada na **Árvore da Vida** cabalística à sexualidade e aos ciclos de fertilidade. Na **Cabala**, A *Lua* representa o caminho de **Malkuth** a Yesod.

Lua¹ Corpo celeste tradicionalmente associado à **magia**, à fertilidade e aos poderes secretos da Natureza. Por refletir a **luz**, a Lua é considerada um "funil" que atrai a luz das estrelas e das constelações e transmite suas energias para a Terra. Os primeiros calendários calculavam a passagem do tempo de acordo com as "luas", provavelmente porque os 28 dias do mês lunar são uma medida conveniente. De forma parecida, o ciclo menstrual feminino, por ser mensal, é considerado tradicionalmente um ciclo lunar, o que levou a Lua a se tornar um símbolo da fertilidade. O culto às *deusas lunares* é uma característica central da **bruxaria**.

Lua² Na **astrologia**, talvez o mais importante corpo celeste depois do **Sol**, uma vez que ela passa por todos os **signos** do **zodíaco** e, portanto, exerce uma profunda influência sobre o **mapa astrológico**. A Lua é considerada pelos astrólogos como uma forte influência sobre as emoções e o humor. As pessoas com a Lua fortemente aspectada em sua carta natal são consideradas sensíveis e intuitivas. Contudo, elas também podem ser impressionáveis e muito fáceis de influenciar. Essa interpretação das influências da Lua decorre do fato de que a Lua entra num novo signo do zodíaco a cada dois dias e meio, aproximadamente, enquanto o **Sol** muda de signo somente doze vezes por ano. Ver também **Deusas Lunares**.

Lúcido, Sonho Ver **Sonho Lúcido**.

Lúcifer[1] Com o significado de "portador da luz", um dos muitos nomes do **Demônio**. Lúcifer era originalmente um anjo de luz; no entanto, costuma ser classificado como um dos demônios ou **diabos** medievais pelo fato de ter caído em desgraça ao se rebelar contra o **Elohim**. Na tradição teosófica, Lúcifer é visto com mais benevolência e considerado uma personificação da independência e da mente autoconsciente, que deseja evoluir na direção da **Luz**, ao longo de várias vidas.

Lúcifer[2] Na **astrologia** e na astronomia, nome dado a **Vênus** na condição de estrela da manhã.

Lughnassadh Ver **Lammas**.

Lúlio, Raimundo (Ramón Llull) [c.1235-1315] **Místico** cristão e prolífico viajante espanhol que passou parte da vida na corte, buscando os favores das damas da aristocracia. Segundo se sabe, sua conversão para os assuntos místicos deu-se em decorrência de um caso envolvendo a *signora* Ambrosia Eleonora de Genes, por quem Lúlio sentia grande atração, embora ela fosse casada e amasse o marido. A *signora*, cansada dos arroubos amorosos de Lúlio, chamou-o em particular e mostrou-lhe seu seio corroído pelo câncer, implorando para que ele transformasse sua "paixão criminosa e inútil num amor santo" e dirigisse suas afeições ao Criador. Envergonhado com sua paixão ostensiva, Lúlio foi para casa, ajoelhou diante de um crucifixo e jurou dedicar sua vida a Cristo. Nos anos que se seguiram, ele tornou-se um evangelista fervoroso e viajou pelo mundo todo – Itália, França, Chipre e norte da África –, sendo seu maior objetivo apontar os "erros" do **Islamismo**. Em duas visitas diferentes, Lúlio pregou para uma multidão na Tunísia na tentativa de persuadir o povo a trocar **Maomé** por Cristo e foi preso e apedrejado. Numa outra ocasião, ficou tão gravemente ferido que se deitou na praia em estado de torpor e foi dado como morto. Lúlio foi resgatado por mercadores genoveses, que o levaram em seu barco, mas morreu logo depois, antes de avistar Maiorca.

Lúlio é descrito, na tradição ocultista, como um grande alquimista e um místico excepcional e corre a lenda de que tenha transformado em **ouro** uma grande quantidade de mercúrio, estanho e chumbo, a pedido do rei Eduardo III. Na opinião geral, contudo, essa história foi invenção do alquimista inglês *sir* George Ripley, que popularizou as obras de Raimundo Lúlio. Até onde se sabe, Lúlio nunca esteve na Inglaterra.

Luminares Termo aplicado na **astrologia** para diferenciar o **Sol** e a **Lua** dos outros planetas do **mapa astrológico**.

Luminosos, Caminhos Na **magia** ocidental, sinônimo dos 22 caminhos dos **Trunfos** do **tarô**, quando usados na técnica visionária dos **pathworkings**. Ver também **Árvore da Vida**.

Luna Na antiga Roma, a deusa da Lua. Ela era identificada com **Selene** e também com a deusa grega **Ártemis**. Ver também **Deusas Lunares**.

Lunação Termo usado na **astrologia** para descrever o exato momento da conjunção da **Lua** com o **Sol**. Trata-se da época da Lua nova.

Lung Gom No **misticismo** tibetano, aparente capacidade que os **adeptos** e **Mestres** espirituais têm de viajar longas distâncias sem se cansar e fazendo pouquíssimo esforço.

Lung Wang No **folclore** tradicional chinês, rei-dragão que habitava todos os lagos, trazendo raios e tempestades. Lung Wang também regia os oceanos e era associado aos esportes aquáticos.

Lupercais Na antiga Roma, festas da fertilidade celebradas anualmente no dia 15 de fevereiro em honra ao fauno **Luperco**. Incluíam cerimônias de purificação que supostamente ajudavam na renovação da vida e da Natureza, além de ritos para proteger os animais domésticos dos lobos.

Luperco Deus romano da fertilidade, às vezes identificado com **Pã** e com Fauno. Luperco protegia os rebanhos dos lobos selvagens famintos.

Lupercos Os "guardas dos lobos" que, na Roma antiga, corriam pelo monte Paladino durante as festividades conhecidas como **Lupercais**. Os Lupercos trajavam apenas uma pele de bode e fustigavam as mulheres com chicotes feitos do couro desse animal, para estimular-lhes a fertilidade. Ver também **Luperco**.

Luria, Isaac (1534-1572) Influente cabalista e poeta judeu que se criou no Egito e foi aluno do rabino David ben Solomon ibn Abi Zimra. Luria era versado em literatura rabínica e no estudo não-místico da lei judaica, mas acabou optando por dedicar a vida à busca **esotérica**. Ele retirou-se para uma cabana às margens do Nilo, perto do Cairo, e estudou os escritos cabalísticos de **Moses Cordovero** e os textos do **Zohar**. Foi durante esse período que ele escreveu seus comentários sobre o *Livro do Ocultamento*. Luria continuou a ler a Cabala durante todo o tempo em que ficou em Safed com a família, no ano de 1570, estudando com o próprio Cordovero por algum tempo. Com a morte de Cordovero em 1570, Luria passou a ser a figura central da comunidade cabalística e tornou-se o principal membro de um grupo seleto de cabalistas que incluía Hayyim Vital.

Luria logo passou a ser visto como um grande professor e Mestre espiritual – um mestre possuído pelo "Espírito Santo". Ele ensinava a Cabala oralmente aos discípulos e lhes dava exercícios mentais de **kavvanah** – técnicas de **meditação** e de **oração** com base nas **sephiroth**.

Luria não deixou grandes obras, mas sabe-se que ele acreditava no conceito místico segundo o qual a "autolimitação" de **Deus** deu origem à **Luz** e tornou possível a criação do universo infinito. Essa Luz irradiou-se Dele e voltará a Ele no devido tempo. Luria acreditava, no entanto, que um pouco dessa Luz ficou difusa, fazendo surgir o "**mal**" dos mundos inferiores.

Luz Símbolo universal de iluminação e **transcendência**, equiparado com o **Espírito** e com a **Divindade**. Na **Cabala**, a Realidade suprema é **Ain Soph Aur**, "a Luz Ilimitada", e os místicos do mundo todo descrevem a luz lhes invadindo a alma ou deixando a mente num estado de transcendente bem-aventurança. A luz branca contém todas as outras e também todas as "virtudes". Ela simboliza, portanto, a totalidade e a Unicidade. Muitas **cosmologias**, especialmente da antiga Persia e do antigo

Egito, descrevem a iluminação e a iniciação em termos de forças de Luz vencendo as forças da Escuridão.

Luzes Na **astrologia**, o **Sol** e a **Lua**.

Luz Infinita Termo místico para a **Divindade**. Esse é o nome dado à "Fonte de todos os Seres" na **Cabala**, na qual ele é conhecido como **Ain Soph Aur** – a suprema realidade **cósmica** que transcende todos os atributos e limitações.

Luz Interior No **misticismo** e no **ocultismo**, a luz de **Deus** que existe dentro de nós. A experiência da "luz interior" equipara-se à da **consciência cósmica** e representa um nível profundo de desenvolvimento místico. Às vezes essa expressão é usada para indicar que toda pessoa é potencialmente **divina** e tem dentro de si a centelha da **Divindade**. Essa visão, algumas vezes caracterizada por meio do conceito de microcosmo dentro do macrocosmo, reflete o axioma **hermético**: "Como em cima, assim embaixo" – Deus está em nós e nós estamos em Deus. Ver também **Macrocosmo e Microcosmo**.

Luz Interior, Fraternidade da Ver **Fraternidade da Luz Interior**.

Lytton, sir Edward Bulwer (1803-1873) Romancista inglês, mais conhecido pela obra *The Last Days of Pompeii*. Afirmando ser adepto do ocultismo, considerava seus romances de **magia**, entre eles *Zanoni* (publicado pela Editora Pensamento) e *A Strange Story*, como seus principais trabalhos, embora estes não tivessem conquistado o mesmo interesse do público. Lytton estudou em Cambridge e, em várias ocasiões, hospedou o ocultista francês **Éliphas Lévi** em Knebworth, a residência de sua família. Chegou a ser Grande Patrono honorário da Societas Rosacruciana in Anglia, predecessora da **Ordem Hermética da Aurora Dourada**.

M

Maat Na **mitologia** do antigo Egito, deusa da verdade cujo símbolo era a **pena**. No **Salão dos Julgamentos** osiriano, o coração dos mortos era pesado numa balança e cotejado com uma pena. O destino da pessoa era então determinado de acordo com o resultado. Aqueles considerados *maa kheru* ("palavra certa") eram autorizados a entrar no Reino de **Osíris** (os **Campos Elíseos**).

Maban Entre os **aborígines** do sul e do oeste da Austrália, concha "doadora de vida" que é colocada nos ouvidos para que a pessoa possa ouvir os **espíritos**.

Mabinogion Coleção de onze contos galeses traduzidos e organizados por Charlotte Guest e publicados pela primeira vez em 1838. As histórias incluem trechos das lendas arturianas e representam uma rica fonte de informações acerca do **folclore**, da **magia** e do cotidiano dos celtas.

Machen, Arthur (1863-1947) Místico e escritor galês cujos romances e contos costumam fazer alusão à realidade **sobrenatural pagã**, conferindo-lhe uma aparência familiar. Nascido em Caerleon-on-Usk, Machen passou a amar os campos galeses, que para ele estavam imbuídos do mistério celta. Em 1880, depois de se formar na Hereford Cathedral School, ele foi para Londres. Ali trabalhou para um editor de livros e também como catalogador e tradutor. Em 1901, juntou-se à Shakeaspearean Company de *sir* Frank Benson, no St. James's Theatre. Por um breve período, Machen foi membro da **Ordem Hermética da Aurora Dourada**, embora ele logo tenha trocado os **ocultistas** rituais pelos **místicos**. A melhor obra de Machen é *The Hill of Dreams* (1900), mas muitos dos seus contos, incluindo "The Great Return",

"The Happy Children", "A Fragment of Life" e "The White People", são igualmente expressivos. Suas reminiscências pessoais, *Far Off Things*, *Things Near and Far* e *The London Adventure* foram publicados entre 1915 e 1923.

Maçonaria de Adoção Ver **Co-Maçonaria**.

Maconha Ver **Cânhamo**.

Macrocosmo e Microcosmo Do grego *makros kosmos*, "grande universo", e *mikros kosmos*, "pequeno universo", conceito segundo o qual as pessoas e o mundo são uma cópia em miniatura do universo criado por **Deus**. Essa questão foi defendida pelo teólogo **Orígenes** e discutida por ocultistas da Renascença como **Paracelso** e **Heinrich Cornelius Agrippa**. De modo semelhante, na **Cabala** medieval o homem primordial ou arquetípico, **Adão Kadmon**, era considerado um reflexo da imagem de **Deus Pai** e, por conseguinte, proporciona a ligação necessária entre a espécie humana e o Criador do universo.

Macroprosopo Na **Cabala**, a chamada "Face Maior de **Deus**", que simboliza a harmonia do universo que sucedeu o ato da Criação. A Face Maior está para sempre oculta, enquanto a Face Menor, ou o Deus manifesto, revela-se por meio do nome sagrado do **Tetragrama**.

Madhyamikas No **Budismo Mahayana**, o chamado **Caminho do Meio** entre a existência e a não-existência, ao qual o devoto segue para compreender o **Vazio (sunyata)**. Ver também **Nagarjuna**.

Magen David A "Estrela de Davi" do Judaísmo. Também conhecida como a "Estrela Judaica", trata-se de um **hexagrama** composto de dois triângulos eqüiláteros sobrepostos e invertidos que, na **Cabala**, simbolizam a inter-relação entre Matéria e **Espírito**.

Maggid No **misticismo** judaico, entidade espiritual que se comunica por meio de um **adepto** em estado de **transe**. Esse termo também é usado para descrever uma pessoa que fez grande progresso espiritual.

Magia Técnica para usar os poderes ocultos da Natureza com o intuito de influenciar os acontecimentos de acordo com a própria vontade. Se empregada para fins benéficos, trata-se de **magia branca**, mas se a intenção é prejudicar alguém ou causar danos a propriedades, essa prática é considerada **magia negra**.

Os **magos** empregam vários procedimentos ritualísticos. Na **magia imitativa**, às vezes eles procuram imitar o resultado final desejado por meio de modelos de pessoas ou de objetos reais ou usando vestes cerimoniais que os identifique simbolicamente com uma **divindade** em particular. Em certas práticas de magia negra, acredita-se que se possa prejudicar outra pessoa queimando-se um boneco de cera que a represente ou picando-o com alfinetes, como se fosse a pessoa de verdade. Às vezes são usados procedimentos semelhantes para se obter efeitos "positivos". No clássico de magia *The Magus*, escrito por **Francis Barrett**, descreve-se um **ritual** cujo objetivo é transferir a enfermidade e a dor de uma mulher doente para um sapo: "Arranque os olhos de um sapo, que deve ser libertado antes do nascer do Sol, e os prenda juntos aos seios da enferma. Depois deixe que o sapo volte cego para o pântano de onde veio, carregando consigo as dores dela..." Nesse caso, a remoção dos olhos do sapo comprova o domínio do mago sobre o animal, que já não tem a mesma liberdade de antes. Os seios da mulher, que produzem o leite que alimenta a vida, representam a saúde, e o ato de devolver o

MAGIA: A magia envolve a utilização das forças da Natureza com o propósito de autotransformação. Nesta ilustração, bruxas "puxam a Lua para baixo" – invocando a Grande Deusa da fertilidade e da intuição. Desenho de Naomi Lewis.

sapo ao pântano corresponde a um ritual de purificação. Em resumo, o sapo literalmente leva a doença embora.

A magia ocidental moderna, especialmente a praticada pelos grupos que seguem a tradição criada pela **Ordem Hermética da Aurora Dourada**, tem como função principal a auto-iniciação de seus membros e deve ser vista sobretudo como uma forma de magia branca. Entretanto, ouve-se falar de casos de supostos **ataques mágicos** e de práticas rituais que evocam forças bestiais ou demoníacas e que, sem dúvida, estão mais relacionados à magia negra. Os praticantes da magia branca buscam ativar os **arquétipos** espirituais na mente inconsciente identificando-se com divindades benfazejas como **Osíris**, **Thoth**, **Apolo**, **Rá** e **Hórus** (masculinas) ou **Ísis**, **Afrodite**, **Hathor**, **Deméter** e **Perséfone** (femininas). Os magos negros reverenciam protótipos humano-bestiais como o **Diabo**, o **Deus Cornífero**, **Lilith** e várias outras personificações do **mal** e das trevas.

Magia, Alta Magia realizada para evocar a transformação espiritual do praticante. Essa forma de magia serve para focar a consciência do mago na sua sagrada **luz** interior, que em geral é personificada pelos **deuses superiores** das diferentes **cosmologias**. O objetivo da alta magia tem sido descrito como a comunicação com o **santo anjo guardião**, ou **eu superior**. Ela também é conhecida como **Teurgia**.

Magia, Baixa Magia cuja intenção é produzir um efeito prático no dia-a-dia ou no ambiente doméstico. Atrair um influxo repentino de dinheiro, um novo namorado, um emprego melhor ou um lance de sorte são exemplos de Baixa Magia.

Magia Branca Magia realizada com propósitos espirituais, terapêuticos ou, de maneira geral, positivos, em contraposição à **magia negra**, realizada em causa própria, para prejudicar outras pessoas, infligir-lhes dor ou causar **males** de outra ordem. Ver também **Teurgia**.

Magia Celestial Crença de que os planetas são regidos por **espíritos** que influenciam as pessoas. Por exemplo, na **magia** cabalística, os planetas são governados pelos seguintes **arcanjos**: Tzaphqiel (**Saturno**); Tzadqiel (**Júpiter**); Camael (**Marte**); Rafael (**Sol**); Haniel (**Vênus**); Miguel (**Mercúrio**); Gabriel (**Lua**); Sandalphon (**Terra**).

Magia Cerimonial Magia que emprega rituais, símbolos e cerimônias como meio de representação das forças sobrenaturais e místicas do universo e da humanidade. A magia cerimonial estimula os sentidos – a visão, a audição, o olfato, o paladar e o tato – ao incluir em seus rituais invocações grandiosas aos **deuses** e **espíritos**, incenso de aromas fortes e sacramentos místicos. O objetivo da magia cerimonial, no seu sentido mais "elevado", é provocar uma experiência transcendental que transporte o mago para além dos limites da mente e o leve a atingir a realidade mística. Contudo, o termo "magia cerimonial" também é associado aos **grimórios** mágicos da Idade Média, que descrevem práticas de evocação de espíritos. Entre esses livros, cujo objetivo é antes conferir poder ao mago do que transcendência, estão a *Chave de Salomão*, *O Grande Grimório do Papa Honório* e o *Grande Grimório*. Nos tempos modernos, o mais completo sistema de magia cerimonial consiste no corpo de rituais praticados na **Ordem Hermética da Aurora Dourada**. Ver também **Chave de Salomão**.

Magia Contagiosa Crença de que objetos que estiveram em contato ainda mantêm uma ligação entre si e que é possível prejudicar uma pessoa por meio da magia, lançando-se mão, por exemplo, de um ritual mágico que inclua aparas de unhas, fios de cabelos, roupas usadas ou outros artigos pessoais dessa pessoa.

Magia Defensiva Rituais mágicos e **feitiços** usados como defesa contra a **feitiçaria** ou influências malévolas. Ver também **Ritual de Banimento**.

Magia de Imagem Uso de uma imagem mágica – uma boneca feita de cera, de barro, etc – em **feitiços**. Na **magia negra**, é possível ferir uma vítima modelando-se sua imagem mágica e depois espetando essa imagem com alfinetes, quebrando seus membros ou jogando-a no fogo. Segundo se sabe, essa prática originou-se na antiga Mesopotâmia. Ver também **Magia Imitativa**.

Magia de Proteção Feitiços, rituais e **encantamentos** destinados a conter os efeitos maléficos da **magia negra**.

Magia Destrutiva Praticamente sinônimo de **magia negra**, termo que designa qualquer ato mágico cujo objetivo seja destruir uma pessoa, uma propriedade ou uma colheita, por exemplo, ou afetar negativamente a vida das pessoas.

Magia Enochiana Sistema de magia que deriva do trabalho dos ocultistas elizabetanos **dr. John Dee** e **Edward Kelley**, que se conheceram em 1581. Dee e Kelley usavam tabuinhas de cera chamadas **almadels**, entalhadas com símbolos mágicos; eles também usavam quadrados mágicos – os maiores com 49 linhas –, preenchidos com as letras do alfabeto. Sobre uma mesa nas proximidades, Kelley deixava uma grande bola de cristal na qual ele se concentrava, entrando em seguida em estado de **transe**. No devido tempo, "anjos" apareciam e apontavam para várias letras do quadrado. As letras eram anotadas por Dee enquanto Kelley as pronunciava em voz alta. Depois que essas invocações eram todas transcritas, Kelley as lia na ordem inversa, pois acreditava que os anjos as ditavam de trás para a frente para que o poder mágico nelas contido não fosse desencadeado.

Na visão de Dee e Kelley, essas comunicações dos anjos formavam a base de uma nova língua denominada enochiana. Essas **conjurações** mágicas foram depois incorporadas à prática mágica pelos magos rituais da **Ordem Hermética da Aurora Dourada**, que as usavam para induzir visões do **plano astral**. Ver também **Pathworkings**.

Magia Imitativa Forma de prática mágica em que o resultado que se espera conseguir na vida real é parodiado, ou imitado, num ritual. A forma mais comum de magia imitativa é realizada por meio da **magia de imagem**, em que uma imagem de uma pessoa real pode ser submetida a atos hostis (alfinetes, queimaduras, etc.) na expectativa de que ferimentos ou infortúnios verdadeiros sejam infligidos à vítima. A técnica também pode ser aplicada a imagens mentais. Por exemplo, uma fobia poderia ser visualizada como uma criatura hostil (uma aranha, uma cobra ou um **dragão**, por exemplo) e "reduzida" na imaginação, esperando-se que assim o medo desapareça com ela. Essa técnica é usada em algumas formas de **psicoterapia** que envolvem técnicas de "imaginação ativa". Por exemplo, nas técnicas de **visualização orientada** usadas no tratamento do câncer, pode-se pedir que o paciente visualize o tumor canceroso como um "dragão" que é aos poucos vencido pelo paciente na forma de um "cavaleiro de armadura". Esses tratamentos em geral têm grande chance de ser bem-sucedidos.

Magia Mortuária Ritos e cerimônias mágicas realizadas para garantir que o morto tenha uma vida agradável no outro mundo. A magia mortuária era extremamente desenvolvida no antigo Egito.

Magia Natural Feitiços, encantamentos e **conjurações** mágicas consideradas capazes de causar um efeito sobre a Natureza (por exemplo, trazer chuva ou tempestades para regiões áridas, afetar o vento ou outros aspectos do tempo, entrar em contato com **espíritos da Natureza** ou influenciar os ciclos de fertilidade).

Magia Negra Magia realizada com más intenções. O "mago negro" ou **feiticeiro** evoca os poderes sobrenaturais das trevas – os diabos, demônios e **espíritos** malignos – e realiza cerimônias em que evoca forças maléficas ou bestiais, com a intenção de prejudicar outra pessoa. A magia negra sempre envolve **magia imitativa**, que parte do pressuposto de que existe um vínculo entre uma pessoa ou objeto e algo que guarde semelhança com eles (uma figura ou boneca de cera, por exemplo). Danos são infligidos ritualmente à figura, usando-se alfinetes ou pregos, com o objetivo de se atingir a pessoa que ela representa. Alguns magos afirmam que essa técnica só é eficaz quando o feiticeiro tem força de vontade suficiente para irradiar **formas-pensamento** negativas sobre a pessoa sob ataque, usando a figura de cera como ponto focal. Ver também **Grimórios; Feitiços; Talismãs**.

Magia Sexual Rituais e cerimônias mágicas que invocam o princípio da fertilidade e geralmente envolvem atos sexuais que simulam a união procriadora dos **deuses**. Ver também **Ordo Templi Orientis; Tantra**.

Magia Simpática Expressão cunhada pelo antropólogo *sir* James Frazer (1854-1941), autor da célebre obra de filosofia mágica *The Golden Bough*. Na ótica de Frazer, o conceito de que "igual afeta igual" – um princípio que, em geral, é levado em conta nas cerimônias mágicas – deve seu significado à idéia de que pode existir uma "simpatia" mágica entre dois objetos, ou seres, distantes. O ato de imitação por meio de um **ritual** serve para produzir uma relação de causa e efeito que torna os atos de magia aparentemente "eficazes".

Mágica, Erva Qualquer erva à qual se atribuam propriedades mágicas. Várias ervas alucinógenas, entre elas o venenoso meimendro, a **mandrágora**, o **meimendro-negro** e o estramônio, têm sido usados pelas **bruxas** em seus **ungüentos voadores**. Existem outras ervas usadas com propósitos mágicos como estimulantes sexuais (damiana, yohimbe) ou para induzir **sonhos** vívidos (alface-brava).

Mágica, Realidade No **xamanismo**, dimensão mágica que se torna real para o **xamã** enquanto ele está num **estado alterado de consciência**. O xamã pode entrar na realidade mágica viajando para os mundos superiores ou inferiores por meio da **Árvore da Vida**, ou lançando mão de um sacramento alucinógeno. A batida de tambores e os cânticos também são técnicas eficazes para se entrar nesse estado.

Mágicas, Correspondências Na **magia** moderna ocidental, sistema de comparação entre **deuses** e **deusas** de diferentes **panteões**, em termos de papéis e atributos simbólicos. Em 1909, uma lista de correspondências desenvolvida por **MacGregor Mathers** e depois complementada por **Aleister Crowley** foi publicada sob o título *777* (também incluído em *The Qabalah of Aleister Crowley*, Nova York, 1973). Usando a **Árvore da Vida** cabalística como matriz, por exemplo, é possível comparar as **deusas-mãe (Deméter, Hathor, Sofia, Réia)**; os deuses guerreiros **(Marte, Hórus)**; os deuses solares/divindades do renascimento **(Apolo, Rá, Osíris)**; e as deusas lunares (**Ísis, Ishtar, Ártemis, Hécate, Luna, Selene** e **Diana**); assim como pedras preciosas, perfumes, plantas sagradas e animais a eles atribuídos. Ver também **Arquétipos; Cabala**.

Mágicas, Fórmulas Conjurações, invocações, feitiços ou orações mágicas consideradas pelos **magos** cerimoniais como recursos poderosos e eficazes para um determinado propósito **ritual**. Uma das melhores fontes de fórmulas mágicas da **magia** ocidental é a obra em quatro volumes de **Israel Regardie**, *The Golden Dawn*. *Book of Ceremonial Magic*, da autoria de A. E. Waite, também é outra fonte excelente. Ver também **Goetia; Ordem Hermética da Aurora Dourada; Magia Cerimonial**.

Magician, The Ver *Magus, The*.

Magick Variante da palavra **magia**, usada por **Aleister Crowley**. Crowley definia a *magick* como "a Ciência e a Arte de provocar Mudança de acordo com a Vontade" (*Magick in Theory and Practice*, 1929). Ver também **Vontade**.

Mágico Termo usado por não-ocultistas para designar a pessoa versada em conjurações, embora nesse caso se trate especificamente de "magia de palco", sem nenhuma relação com trabalhos cerimoniais ou estados mágicos de consciência estimulados por rituais. Ver também **Magia Cerimonial**.

Mágico, Aliado Ver **Familiar; Animal de Poder**.

Mágico, Ataque Suposta capacidade que os **magos** têm de fazer mal uns aos outros, em especial cultivando **formas-pensamento** de animais hostis, no **plano astral**. O ataque mágico não ocorre no nível físico, mas parte da pressuposição de que todos os seres vivos têm em comum uma **força vital** que pode ser evocada, guiada e direcionada por meio da visualização e de procedimentos ritualísticos.

Existem dois casos célebres de ataque mágico na história mais recente do ocultismo. O primeiro envolve **Dion Fortune**, que em 1922, época do incidente, tinha acabado de fundar a **Fraternity of the Interior Light** e acabou atraindo membros da **Ordem Hermética da Aurora Dourada** (em especial do Templo Alfa e Ômega, encabeçados por **Moina Mathers**). Dion Fortune acreditava que a sra. Mathers (Sóror Vestigia) tivesse lançado um ataque mágico contra ela em decorrência dessa rivalidade. Nesse episódio, descrito por Dion Fortune no livro *Autodefesa Psíquica* (publicado pela Editora Pensamento), ela teve a visão de um felino gigantesco "com o tamanho duas vezes maior que um tigre. Ele parecia absolutamente sólido e palpável. Fiquei ali olhando para ele, por um segundo petrificada, para em seguida vê-lo se desvanecer. Instantaneamente percebi que se tratava de um simulacro, ou uma forma-pensamento, projetada por alguém com poderes ocultos". Logo depois, Sóror Vestigia começou a aparecer nos sonhos de Dion Fortune, até o dia em que, num pesadelo, ela se viu "girando no ar". Dion Fortune evocou os chefes interiores para protegê-la e as visões cessaram; mas quando acordou, descobriu que "seu corpo estava marcado, do pescoço até a cintura, com arranhões que pareciam ter sido feitos pelas garras de um felino gigantesco".

O segundo caso de ataque mágico, ocorrido no final do século XIX, na França, envolveu dois grupos de ocultistas, um deles liderado por **Stanislas de Guaita** e **Sar Peladan** e o outro por **Joseph-Antoine Boullan**. Ver também **Mathers, Moina**.

Mágico, Quadrado Ver **Quadrado Mágico**.

Mágico, Selo Ver **Selo Mágico**.

Mágicos, Números Ver **Números Mágicos**.

Magister Templi Na **magia** ocidental moderna, o terceiro grau ritual mais elevado que se atinge na **Árvore da Vida** cabalística. Equivalente à esfera **Binah**, o grau Magister Templi é representado simbolicamente da seguinte forma: 8° = 3°. Ver também **Ipsissimus**.

Magna Mater Do latim, "grande mãe", termo usado na Roma antiga para descrever a **deusa mãe**, especialmente com referência a **Réia** e a **Cibele**.

Magnetismo Animal De acordo com **Anton Mesmer**, hipnotizador do século XVIII, o magnetismo animal é uma força vital presente no corpo humano e também uma força de cura que pode ser transmitida de uma pessoa para outra. Mesmer tratava seus pacientes pedindo-lhes para se sentarem em volta de uma tina chamada "baquet", cheia de água e limalha de ferro. Da tina saíam varinhas magnetizadas que os pacientes seguravam, ao mesmo tempo em que tinham uma corda enrolada em volta do corpo, para "fechar o circuito". Mesmer afirmava que o magnetismo positivo poderia ser transmitido a pessoas doentes, fazendo com que recuperassem a saúde.

Magnetoterapia Forma controvertida de tratamento terapêutico proposto pelo dr. Elisha Perkins (1741-1799). Na opinião desse médico, seria possível livrar o corpo de uma doença tocando-o com diferentes metais — especialmente cobre, zinco, **ferro** e **prata**. Combinações desses metais, junto com **ouro** ou platina, eram às vezes usadas nos tratamentos.

Magnum Opus Do latim, **Grande Obra**. Termo alquímico que designa a tarefa de transformar metais básicos em **ouro** e, por extensão, o **renascimento** espiritual. Magnum Opus é, portanto, um sinônimo de **auto-realização** ou **iluminação**. Ver também **Alquimia**.

Mago Pessoa versada nas artes da **magia**. Esse termo é usado genericamente para designar praticantes de **magia** cerimonial ou **ritual** que invocam **divindades** ou **espíritos**; o mago faz uso de objetos simbólicos como mantos, espadas, taças, adagas e varinhas; e se diz dotado de poderes especiais e conhecimento **sobrenatural**.

Mago, O Também *O Mágico*. No **tarô**, carta dos **Arcanos Maiores** que simboliza a energia masculina "pura" e virginal do **cosmos**, contraparte direta da carta da *Grã-Sacerdotisa* – a deusa virginal. Posicionado acima do **Abismo**, na **Árvore da Vida** cabalística, o caminho do *Mago* fica, num sentido arquetípico, acima da Criação. Uma das mãos do *Mago* está no alto, captando as energias criativas de **Kether** e a outra transmite essas energias para a parte mais inferior da Árvore. Em alguns baralhos, o mago está num jardim paradisíaco e representa também um símbolo de pureza. Do ponto de vista mítico, *O Mago* está ligado a **Thoth**, o **logos** do universo; é também uma forma superior de Hermes/Mercúrio, associado a **Hod**, uma esfera mais inferior da Árvore. Na **Cabala**, *O Mago* representa o caminho entre **Binah** e **Kether**.

Magos Lendários "sábios" do Oriente que deram origem ao termo "magia". Os magos pertenciam a uma casta sacerdotal e eram uma das seis tribos dos medas, descritas por Heródoto. Versados na interpretação dos sonhos e na previsão do futuro pela observação das estrelas, os Magos eram vistos com grande reverência. Suas crenças mesclavam-se com as doutrinas do **Zoroastrismo** e podem até mesmo tê-las precedido.

Os Magos acabaram disseminando-se pela Grécia e pela Índia, e possivelmente também pela China. A Bíblia faz referência aos "três reis magos" – Gaspar, Melquior e Baltazar – que deram ouro, olíbano e mirra de presente ao menino Jesus.

Magus Na magia ocidental moderna, o segundo grau ritual mais elevado que se atinge na **Árvore da Vida** cabalística. Equivalente à esfera **Chokmah**, esse grau é representado simbolicamente da seguinte forma: 9° = 2°. Ver **Ipsissimus**.

Magus, The Título de uma obra ocultista sobre **magia** cabalística, **numerologia**, **alquimia** e pedras mágicas. Da autoria de **Francis Barrett**, *The Magus* foi publicado em Londres, no ano de 1801. Com ilustrações de **demônios** como Theulus e **Asmodeus**, essa obra tem sido reeditada em várias edições fac-similadas.

Maha Termo sânscrito que significa "grande" e tem várias aplicações. Ver também *Mahabharata*; Mahabhava; Maharishi; Mahasakti; Mahatma; Budismo Mahayana.

Mahabharata Do sânscrito, "Grande Bharata", poema épico indiano composto, na sua forma atual, por volta de 300 a.C. Escrito em sânscrito, o poema consiste em dezoito livros, incluindo o ***Bhagavad-Gita***, e trata-se sobretudo da rivalidade entre os **Pandavas** – descendentes de Bharata – e seus primos, os **Kauravas**. O *Ramayana* e o *Mahabharata* são os dois maiores épicos hindus.

Mahabhava No **Hinduísmo**, forma suprema de autodedicação a uma **encarnação** divina. Os seguidores do culto de **Vishnu** são devotos de **Krishna** – uma das encarnações de Vishnu – e são o melhor exemplo dessa abordagem.

Maharaj Ji, Guru (1957-) Líder espiritual da **Missão da Luz Divina**. O guru Maharaj Ji nasceu em Prem Pal Singh Rawat, em Hardwar, na Índia, e foi declarado Mestre Perfeito quando tinha oito anos de idade, sucedendo seu pai, Shri Hans Ji Maharaj, que morreu em 1966 e também era um **bhakti yogue**. O jovem Maharaj Ji freqüentou a St. Joseph's Academy até deixar a Índia em 1971, para difundir pelo mundo o "Conhecimento da Paz Interior". Na visão desse guru, a Verdade é universal e, portanto, não se restringe ao **Hinduísmo**. Maharaj Ji viajou pela Europa, pela África do Sul, pelos Estados Unidos, pelo Japão e pela Austrália, fundando ramificações da Missão da Luz Divina e transmitindo o Conhecimento a todos que estivessem dispostos a recebê-lo. De acordo com Maharaj Ji, aqueles que adquirem esse Conhecimento passam por uma experiência quádrupla. Eles sentem dentro deles uma vibração da energia cósmica (a Palavra de Deus); vêem uma fulgurante luz interior; sentem na boca o gosto do néctar divino e ouvem uma bela e indefinida melodia. Aqueles que recebem essa **iniciação** são conhecidos como **premies** e estão aptos a realizar o **satsang** com os novos discípulos. Embora os ensinamentos de Maharaj Ji pertençam a uma tradição mística reconhecida, o prestígio do guru tem diminuído nos últimos anos.

Maharishi Termo sânscrito que significa "Grande Vidente" ou "Adepto". Ver também **Maharishi Mahesh Yogi**.

Maharishi Mahesh Yogi Fundador do Programa de **Meditação Transcendental** (MT). Embora tenha estudado medicina, o Maharishi passou a se interessar por misticismo e tornou-se discípulo do Guru Dev, que morreu em 1953. O Maharishi não exige a devoção de seus seguidores e é antes um guru **jnana** que **bhakti**. O modo como aborda a meditação é extremamente simples e concentra-se na repetição de um **mantra** individual, transmitido ao **chela**, ou discípulo. Na visão do Maharishi, quando a mente está sintonizada com o mantra, ela adquire um **poder** mais profundo e **transcendental** que ajuda a pessoa a adquirir um conhecimento verdadeiro de si mesmo. No devido tempo, a mente é esvaziada de seus conteúdos, restando apenas a experiência do Puro Ser. Essa é a natureza verdadeira da mente, e atingir esse estado transcendental aumenta o sentimento de felicidade e de unidade com a vida.

Maharshi Termo sânscrito que significa "Grande Sábio". Ver também **Maharshi, Ramana**.

Maharshi, Ramana (1879-1950) Místico indiano que, na época de escola, passou por uma experiência que lembrava a **morte**. Essa experiência lhe mostrou que existe, dentro do corpo, um **espírito** vital que **transcende** a dimensão física. Dali em diante, Ramana tomou a decisão de descobrir mais a respeito do que posteriormente chamou de "Eu Sou". Ele foi embora de casa e viajou para Tiruvannamali, uma cidade situada aos pés do Arunachala. Ali ele meditou acerca da verdadeira natureza do Ser, sobrevivendo das oferendas trazidas pelos passantes. Ramana começou a atrair seguidores e muitos tiveram *darsham* (audiência) com ele. Grande parte desse período ele passou meditando em silêncio, mas algumas perguntas e respostas foram registradas por discípulos como **Arthur Osborne** e vários outros escritores. Ramana Maharshi acreditava que Deus e o **eu** verdadeiro eram uma coisa só, e que era preciso renunciar ao **ego**, ou falso eu, para alcançar a Verdade suprema. Os atos dessa pessoa então se tornariam expressões de Deus, não da sua própria vontade ou intenção. Ramana Maharshi foi um dos maiores expoentes da doutrina hindu do não-dualismo, conhecida como **Advaita**.

Mahasakti Termo sânscrito que significa "a expressão ou o poder supremo de Sakti". Sakti (ou **Shakti**) é a energia Universal e também a força que sustenta a Grande Tríade: **Shiva**, **Vishnu** e **Brahma**.

Mahasunya No **Hinduísmo**, "o Grande Vazio" – o espaço além da manifestação finita; o grande vácuo que permanecerá depois da dissolução do universo. Ver também **Sunya**.

Mahat Do sânscrito "o Grande", o Primeiro Princípio do Universo. Nome que se dá à Mente Universal, à Inteligência Suprema. Comparar com **Divindade**. Ver também **Manas**.

Mahatma Também *Mahatman*. Termo sânscrito que significa "Grande Espírito", "Grande Alma", "Adepto" ou "Mestre". Embora signifique "aquele que conquistou o Conhecimento Universal e a Auto-realização", esse título só é usado para descrever grandes líderes sociais e políticos, como Mohandas K. Gandhi (1869-1948).

Mahavira (c.540-468 a.C) Influente personalidade espiritual entre os jainas e às vezes apontado – equivocadamente – como o "fundador" do **Jainismo**. Mahavira, cujo nome verdadeiro era Vardhamana, foi contemporâneo de **Gautama Buda** e considerado um ser perfeitamente realizado, já na ocasião de seu nascimento. Ele passou muitos anos meditando e orando e ajudou a estruturar os jainas em quatro grupos: monges, freiras, leigos e leigas. O nome Mahavira significa "Grande Herói" e ele é ainda hoje reverenciado pelos devotos do Jainismo.

Mahesha No **Hinduísmo**, um dos nomes de **Shiva**. Mahesha significa "Grande Senhor".

Maimonides Dream Laboratory Laboratório antes sediado no Maimonides Medical Center, em Nova York, no qual se tentou demonstrar cientificamente que uma pessoa, no papel de "agente", poderia transferir seus pensamentos, por meio da **telepatia mental**, para a mente de um sujeito em estado de sono, chegando até mesmo a interferir em seus **sonhos**. No Maimonides, os padrões de onda cerebral do sujeito adormecido eram cuidadosamente monitorados e as imagens projetadas e o conteúdo dos sonhos, correlacionados e avaliados com rigor. O principal relato do trabalho do Maimonides Dream Laboratory está no livro *Dream Telepathy* (1973), da autoria do **dr. Montague Ullman** (diretor do Departamento de Psiquiatria do Maimonides), do **dr. Stanley Krippner** (ex-diretor do Laboratório dos Sonhos) e do autor psíquico Alan Vaughan.

Maithuna No **Tantra**, intercurso sexual, especialmente quando realizado com propósitos ritualísticos. Quando a mulher assume o papel ativo, ele é conhecido como *maithuna viparita* ("intercurso obverso"). Existe uma expressão tâmil cuja tradução é "dançando sobre o amante" e sugere quase a mesma coisa.

Maitreya O nome do **Buda** que virá futuramente. De acordo com o **Budismo Mahayana**, Gautama foi o quarto Buda sobre a Terra e Maitreya será o quinto e último nessa sucessão.

Mal Que ou aquilo que é vil, iníquo e contrário aos princípios da espiritualidade e da bondade. Que está associado à escuridão e personificado na forma de **diabos**, **demônios**, monstros e outras imagens de depravação, bestialidade e imoralidade. Ver também **Satã**.

Mal-assombrado Diz-se de um local em que **fantasmas** e outras entidades desencarnadas se apresentam, ou em forma de **aparições** ou por meio de perturbações e barulhos associados a fenômenos **poltergeist**. Esses locais em geral são igrejas, cemitérios, castelos, presbitérios, hotéis e, ocasionalmente, espaços abertos. O **Ghost Club** inglês investiga locais supostamente mal-assombrados.

Maldição Invocação ou juramento com intenções maléficas. Associadas à **magia negra** ou à **feitiçaria**, as maldições têm o intuito de lesar ou destruir oponentes ou bens materiais. Elas em geral se baseiam na idéia de que as vibrações sonoras têm um efeito causal; em muitas religiões, os sons pronunciados pelos deuses benfazejos serviram para criar o universo e sustentá-lo. Os sons pronunciados em nome das forças do mal têm o efeito contrário, ou seja, destrutivo. As maldições, portanto, requerem a evocação de **espíritos** malignos. Ver **Demonologia**, **Feitiços**.

Mal do Rei Superstição segundo a qual o toque de um rei poderia curar a escrófula. Eduardo o Confessor (1004-1066) e Carlos II (1630-1685) eram os monarcas ingleses que realizavam a cerimônia.

Maléficos Na **astrologia**, planetas considerados causadores de influências negativas e prejudiciais – especialmente **Marte** e **Saturno**.

Malkuth A décima emanação ou **sephirah** da **Árvore da Vida** cabalística. Na **magia** ocidental, Malkuth é associada às **deusas** da terra, especialmente **Perséfone** (Grécia), **Prosérpina** (Roma) e **Geb** (Egito). Malkuth é o domínio do universo manifesto, o ambiente imediato, o plano da realidade física. Em consequência, todas as "jornadas interiores da consciência", do ponto de vista simbólico, começam em Malkuth; é particularmente apropriado, por exemplo, que o mito do rapto de Perséfone faça dela tanto a rainha do **Mundo Subterrâneo** como uma **deusa** lunar. Do ponto de vista oculto, o Mundo Subterrâneo equivale à mente inconsciente inferior e a **Lua**, representada pela esfera de **Yesod**, é a primeira sephirah que se alcança na jornada mística interior rumo ao topo da Árvore da Vida. A esfera Malkuth está estreitamente ligada à carta do **tarô O Mundo**.

Malleus Maleficarum Famosa obra medieval sobre **bruxaria**, cuja tradução é *O Martelo das Bruxas*. Publicado originalmente em 1486, o *Malleus* foi escrito por dois inquisidores, **Heinrich Kramer** e **Jacob Sprenger**, e inclui detalhes acerca de feitiços e encantamentos usados pelas **bruxas** assim como um capítulo aterrador, abreviado nas edições mais modernas, sobre as torturas a elas impostas. A edição mais comum do *Malleus* em inglês é a traduzida pelo **reverendo Montague Summers**. Essa publicação surgiu pela primeira vez em 1928, numa edição limitada, e já foi reimpressa várias vezes.

Malphas Na **demonologia** medieval, o grande presidente do **Inferno**, que costuma aparecer na forma de um corvo ou de um ser humano. Com fama de lograr seus devotos e falar com voz rouca, Malphas tem quarenta legiões de **demônios** sob seu comando.

Mama Cocha Na **cosmologia** do povo inca, a grande **deusa mãe** que regia as chuvas e as águas e era a consorte de **Viracocha**. Mama Cocha é quem rege o lago Titicaca.

Mana Na religião e crença mágica melanésia, poder **sobrenatural** associado aos **espíritos** dos mortos. Essa palavra é também usada na Polinésia para descrever um poder ou força não-especificados, que podem ser transmitidos a uma pessoa por meio de vários objetos sagrados, incluindo representações dos mortos.

Manas Termo sânscrito que significa "mente" e pode se referir à mente em qualquer estágio ou nível. O buddhi-manas, por exemplo, é a mente superior, ou **eu**, enquanto o kama-manas é a mente inferior ou pessoal. Como, no **misticismo** hindu só existe, na realidade, uma consciência ou Mente, que está por trás de toda a criação e manifestação, o manas é às vezes comparado ao **mahat** – o Primeiro Princípio, do qual tudo advém.

Mancia Do grego *mantis*, "profeta", qualquer coisa relacionada à **profecia** ou à **divinação**.

Mandala Palavra sânscrita que significa "círculo". No **Hinduísmo** e no **Budismo Mahayana**, a mandala é usada como uma representação do universo e do poder dos **deuses**, além de ser um veículo para a **meditação**. Interpretadas das mais variadas formas – como símbolos da totalidade e da unidade ou como exemplos do disco solar –, as mandalas podem ser consideradas "passagens" para o espaço sagrado interior. Elas têm atraído a atenção de vários estudiosos ocidentais de arte e de filosofia espirituais, entre eles José e Miriam Arguelles, Giuseppe Tucci e **Carl Gustav Jung**.

Mandeísmo Seita **gnóstica** da Palestina, datada do século I d.C. ou dos primórdios do século II. A **cosmologia** mandeísta dava grande ênfase à dualidade luz/escuridão e à formação do universo por deuses criadores que emanaram da **Divindade**. Assim como muitas seitas gnósticas, os mandeus consideravam o mundo físico como a antítese do **espírito** e acreditavam que a alma, ou espírito da vida, vagasse perdida num mundo estranho. Um trecho de um tratado dessa seita diz o seguinte: "Eu sou um Maná da grande vida... quem me atirou neste toco de carne?... Meus olhos, que se abriram numa morada da luz, agora pertencem a este toco... Como posso obedecer, como posso agüentar, como posso aquietar minha mente?! Como posso saber dos sete e dos doze mistérios, como tenho de sofrer! Como a doce Palavra do Pai pode morar entre as criaturas da escuridão?!" O profeta **Mani** foi educado, a princípio, numa comunidade de mandeus, mas procurou reformular muitas das suas idéias. As crenças maniqueístas e mandeístas, no entanto, têm muitos pontos em comum.

Mandeus Ver **Mandeísmo**.

Mandira No **Hinduísmo**, santuário de um **deus** ou de uma **deusa**. **Sacerdotes** realizam ritos nesse santuário e a **divindade** recebe oferendas de alimentos, flores e incenso.

Mandrágora *Mandragora officinarum*, planta com associações mágicas e **sobrenaturais**. A mandrágora é descrita no Gênesis como um dos ingredientes das **poções do amor** e foi considerada de forma semelhante pelo médico grego Theophrastos (c. 370-328 a.C.), que lhe atribuiu propriedades soporíferas e afrodisíacas. Vista como uma planta sinistra em decorrência do formato de suas raízes, que lembram a forma humana, a mandrágora era associada, na Idade Média, com o cadáver de criminosos executados. Dizia-se que as mandrágoras cresciam sob os cadafalsos, a partir do sêmen dos homens enforcados. Segundo a crença, quando arrancada da terra a mandrágora lança um grito agudo capaz de enlouquecer qualquer um que o ouça. As mandrágoras contêm os chamados alcalóides "delirantes", a escopolamina e a hiocinamina, e era ingrediente dos ungüentos medievais das bruxas, especialmente os usados em poções do amor ou nos **ungüentos voadores**.

Manes Na antiga Roma, os espíritos dos mortos, que habitavam o **Mundo Subterrâneo**. Costumava-se realizar festivais três vezes ao ano em honra desses espíritos, que nessas ocasiões podiam sair da terra para assombrar o mundo dos vivos. Esses espíritos eram regidos, no Mundo Subterrâneo, por **Mania**, uma deusa associada a **Perséfone**.

Mani (c. 216 – c. 276 d.C.) Também Maniqueu. Filho de um sacerdote babilônico descendente dos persas, Mani cresceu numa comunidade de **mandeus** da Mesopotâmia em que as idéias gnósticas eram comuns. Por volta do ano de 228, quando ele tinha 12 anos, Mani recebeu uma revelação de um **anjo** celestial que lhe apareceu em nome do "Rei do Paraíso da Luz". Esse anjo o incitou a deixar os mandeus e a empreender uma busca por uma nova moral.

Posteriormente foram revelados a Mani "o Mistério das Profundezas e das Alturas; o Mistério da Luz e da Escuridão". Nessa fase, não foi exigido de Mani que fizesse aparições públicas, mas por volta do ano de 240, o anjo avisou-lhe de que o Senhor o escolhera como apóstolo. Mani viajou pela Índia, onde passou a se interessar pelo **Budismo**, e depois visitou a Babilônia e a Pérsia. O monarca iraniano Shapur concedeu-lhe três audiências e ficou muito impressionado com os ensinamentos de Mani sobre a Luz e a Escuridão, chegando a mandar que as autoridades locais protegessem a "nova religião". No entanto, Mani acabou por atrair a hostilidade de um **zoroastriano** chamado Karter, que supervisionava os templos do fogo; e também foi considerado herege pelos **Magos**, sacerdotes zoroastrianos que estavam começando a consolidar sua crença como a forma de religião dominante na Pérsia.

Como o ardor missionário de Mani continuasse o mesmo, ele começou a se referir a si próprio como "um apóstolo de Jesus Cristo" e acabou por abandonar a religião persa tradicional. Nessa mesma época, por volta de 273, Shapur morreu e foi sucedido pelo filho, Hormizd I, do qual Mani atraiu a simpatia. Hormizd, no entanto, morreu depois de um ano apenas e foi sucedido pelo irmão, Braham I, que reinou entre 274 e 277. Braham, que apoiava Karter e a causa zoroastriana, perguntou então a Mani por que fora ele, um profeta, quem recebera as revelações e não o próprio monarca. Mani replicou que fora essa a vontade de Deus. Contrariado com a resposta, o rei mandou prender Mani e mantê-lo com grossas correntes em torno do pescoço e dos tornozelos. Depois de um mês de jejum, as forças do profeta se extinguiram e ele finalmente morreu. Ver também **Maniqueísmo**.

Mania Na antiga Roma, deusa dos mortos, às vezes chamada de "Mãe dos Fantasmas". Mania regia os **lares** e os **manes,** no **Mundo Subterrâneo**.

Manifestação Do latim *manifestus*, "claro". Qualquer coisa que se torne claramente visível ou aparente aos sentidos. Esse termo é às vezes usado no **espiritualismo** e no **ocultismo** como sinônimo de **materialização** – algo que supostamente se "manifesta" a partir dos planos interiores.

Manipura Na **Kundalini Yoga, chakra** ou centro de energia localizado na região do plexo solar. O chakra Manipura é ativado quando o praticante repete um **mantra** apropriado enquanto medita sobre o símbolo **Tattva** do **Fogo, tejas**.

Maniqueísmo Doutrina de **Mani**, profeta que acreditava no **dualismo** absoluto luz/escuridão e que afirmava que o mundo tinha sido criado por Saklas – o regente da escuridão. Mani sustentava que Adão e Eva eram filhos de dois **demônios**, Asqalun e Namrael, e que sua tarefa como líder espiritual era despertar a luz na humanidade assim como fez **Ohrmazd**-Jesus antes dele. Na visão de Mani, o verdadeiro Cristianismo **gnóstico** já havia desaparecido há muito tempo e o Paracleto, ou Espírito da Verdade, o havia chamado para restaurá-lo. Os padres da igreja ortodoxa discordavam de Mani em muitos pontos e reprimiram seus ensinamentos por volta do ano 600. A influência do maniqueísmo continua viva, no entanto, e exerceu uma grande influência sobre os **bogomilos**, sobre os **cátaros** e sobre outras seitas heréticas medievais. Ver também **Heresia**.

Manitó Entre os algonquinos e outros índios norte-americanos, espíritos **sobrenaturais** presentes em qualquer lugar da Natureza e que representam uma grande fonte de poder mágico. **Os xamãs** e **curandeiros** supostamente entram em contato com os manitós em seus rituais. Algumas tribos indígenas norte-americanas referem-se ao Grande Manitó como o **ser supremo**.

Manning, Matthew (1956-) Psíquico inglês e **agente de cura espiritual** que, como **Uri Geller**, demonstrou uma aparente capacidade **paranormal** para curvar objetos de metal com o poder da mente. Manning tomou consciência de que tinha capacidades **psi** quando tinha onze anos. Numa ocasião em que estava de férias com a família, os móveis do quarto começaram a se mover sem explicação e as mesas e cadeiras ficaram de pernas para o ar. Posteriormente, quando ele estava num internato, ocorreram coisas parecidas e vários alunos foram atirados de seus beliches. O diretor da escola pensou em expulsar Manning, mas os fenômenos psíquicos cessaram quando ele começou a praticar a **es-**

crita automática. Matthew Manning foi testado, desde então, por vários cientistas, incluindo um grupo convocado, em 1973, pela Toronto Society for Psychical Research, que chegou à conclusão de que seus poderes assemelhavam-se a uma forma de magnetismo ou eletricidade e eram acompanhados de uma mudança no padrão de suas ondas cerebrais. Manning dizia-se capaz de ver **auras** e de ter desenvolvido a faculdade da **psicocinese**.

Mansões da Lua Na **astrologia**, as 28 divisões da jornada da Lua ao longo do ciclo de 360 graus de sua órbita. Cada mansão representa aproximadamente a jornada de um dia desse astro, sendo que seu ciclo começa no grau zero de **Áries** (a primeira **casa**).

Mantícora Também Manticore. Criatura mítica cujo nome deriva do persa *mardkhora*, um tigre devorador de homens. A mantícora tinha corpo de leão e rabo de escorpião. Sua cabeça era humana, com exceção das três fileiras de dentes nos maxilares inferior e superior. A mantícora podia disparar os espinhos do rabo como se fossem dardos e tinha predileção por comer crianças.

Mantra No **Hinduísmo**, cântico ou som sagrado, geralmente entoado em silêncio durante a **meditação**. Como, em muitas tradições místicas, a essência de um deus é o nome dele, ou sua qualidade vibracional, o mantra é uma forma de entrar em comunhão com essa **divindade**. Às vezes o **guru** dá ao **chela** um mantra pessoal, que deve ser mantido em segredo. Existem também mantras que são proferidos em rituais e são menos **esotéricos**. O mantra *Om Namah Shivaya*, que faz parte das práticas de meditação siddha desenvolvidas pelo **Swami Muktananda**, significa simplesmente, "Eu honro o eu interior". Ver também **Om**.

Manu Figura mítica descrita no *Rig-Veda* como um dos progenitores da humanidade. Legislador arquetípico no **Hinduísmo**, Manu é considerado o criador do código legal *Manu Smrti*, que pode datar do século II a.C. Ver também **Vedas**.

Manuscritos do Mar Morto Coleção de antigos textos religiosos judaicos, em forma de pergaminhos. A maioria dos documentos foi escrita em hebraico, alguns em aramaico e uns poucos em grego. Eles foram encontrados entre 1947 e 1956, numa caverna em **Qumran**, no oeste da Jordânia, no noroeste do Mar Morto, não muito longe de Jericó. Os manuscritos datam de cerca de 150 a.C. a 68 d.C., quando a comunidade dos **essênios**, à qual pertenciam esses documentos, foi dispersada pelos romanos. Entre os manuscritos há textos extremamente antigos sobre os livros do antigo Testamento. Eles também mencionam um "Mestre da Virtude", que era membro da seita. Comparar com **Biblioteca Nag Hammadi**.

Mão da Glória Na **bruxaria**, vela acesa posicionada entre os dedos das mãos de um cadáver – geralmente de um criminoso condenado à morte. À Mão da Glória atribui-se o poder mágico de paralisar as pessoas em suas pegadas.

Maomé (570-632) Também Mahomet, Mohammed e Muhammad. Fundador do **Islamismo**, Maomé nasceu em **Meca** e, na juventude, pastoreava as ovelhas de um tio no deserto. Foi para a Síria e, segundo se conta, ali encontrou um monge cristão chamado Bahira, que predisse que Maomé seria um profeta. Quando ainda estava na casa dos vinte anos, Maomé tornou-se mercador e casou-se com uma rica viúva chamada Cadidja – quinze anos mais velha do que ele. O casamento durou vinte anos e eles tiveram seis (ou sete) filhos.

Por volta dos quarenta anos, Maomé começou a sentir que passava por uma prova espiritual; resolveu então fazer retiros solitários numa caverna chamada Hira, nos montes próximos a Meca. Ali ele meditava sobre **Deus** e sobre a natureza do universo. Numa noite, possivelmente no ano 612, Maomé teve um sonho profético em que o anjo Jibril (**Gabriel**) lhe apareceu e ordenou: "leia em nome do Senhor!" Jibril lhe apareceu mais uma vez, em outra ocasião, e disse a Maomé que ele era "em verdade, o Profeta de **Alá**". Depois disso uma série de revelações lhe foram feitas, ao longo dos 23 anos seguintes. Nessas comunicações visionárias, eram-lhe transmitidos detalhes sobre o **céu** e o **inferno**; sobre a natureza da existência humana; sobre os princípios da justiça, do amor e da misericórdia; e, principalmente, sobre a maior de todas as verdades – a necessidade de submissão a Alá, o Deus Único Verdadeiro.

Jibril ensinou Maomé a orar voltado para Meca, mas seus esforços de conversão foram a princípio infrutíferos. Maomé atacava a idolatria e o egoísmo das classes dominantes, mas era considerado por muitos como um **mago** possuído por um **djim**.

No ano 620, Maomé teve outra visão, transmitida mais uma vez por Jibril, em que ele era transportado, num cavalo alado, da **Caaba**, em Meca, para o Templo, em Jerusalém. Nessa visão, Maomé subia uma escada de luz rumo aos pés do trono celestial de Deus. Nesse meio-tempo, a morte de Maomé era tramada por alguns. Com um grupo de seguidores, ele partiu para Yathrib (depois conhecida como Medina) e, embora continuasse a encontrar resistência entre os judeus, foi mais bem-sucedido em seus esforços de conversão. Maomé começou uma série de "guerras santas" e amealhou grandes exércitos para lutar contra qualquer oposição. Ele voltou a Meca e estabeleceu a Caaba como o centro da fé islâmica.

Maomé dividiu a nova religião em Iman ("fé") e Din (práticas, **oração**, esmolas, jejum e peregrinação individual a Meca). Os dogmas de sua crença incluíam a fé em Deus, nos **anjos**, nas escrituras e nos profetas, e também na Ressurreição e no Dia do Juízo Final. Embora o **Corão** afirme que Maomé é o mais ilustre dos profetas, os muçulmanos também consideram Moisés e Jesus como profetas menores, mas também importantes, dentro da fé islâmica.

Maometano Ver **Muçulmano**.

Mãos de Espíritos No **espiritualismo**, situação, numa sessão, em que só as mãos de um **espírito**, e não o corpo todo, manifestam-se. O médium norte-americano **Daniel Dunglas Home** era supostamente capaz de causar esse fenômeno.

Mãos, Divinação pelas Ver **Quiromancia**.

Mapa Astral Ver **Mapa Astrológico**.

Mapa Astrológico Na **astrologia**, representação gráfica ou mapa do céu que abrange 360 graus e identifica a posição dos **planetas** e do **Sol** nos diferentes **signos** do **zodíaco**, num momento específico (como o do nascimento de uma pessoa). Os astrólogos interpretam os relacionamentos ou **aspectos** entre os planetas e a Terra como influências favoráveis ou desfavoráveis relativas ao momento específico para o qual o mapa astrológico foi traçado. Embora o momento mais importante da vida de uma pessoa seja aquele em que ela respira pela primeira vez, o mapa astrológico também pode ser traçado para outras ocasiões que não sejam o nascimento. Os mapas astrológicos podem ser calculados com o intuito de se inferir as condições mais favoráveis para importantes acontecimentos futuros – um casamento, a fundação de uma nova empresa, uma viagem além-mar

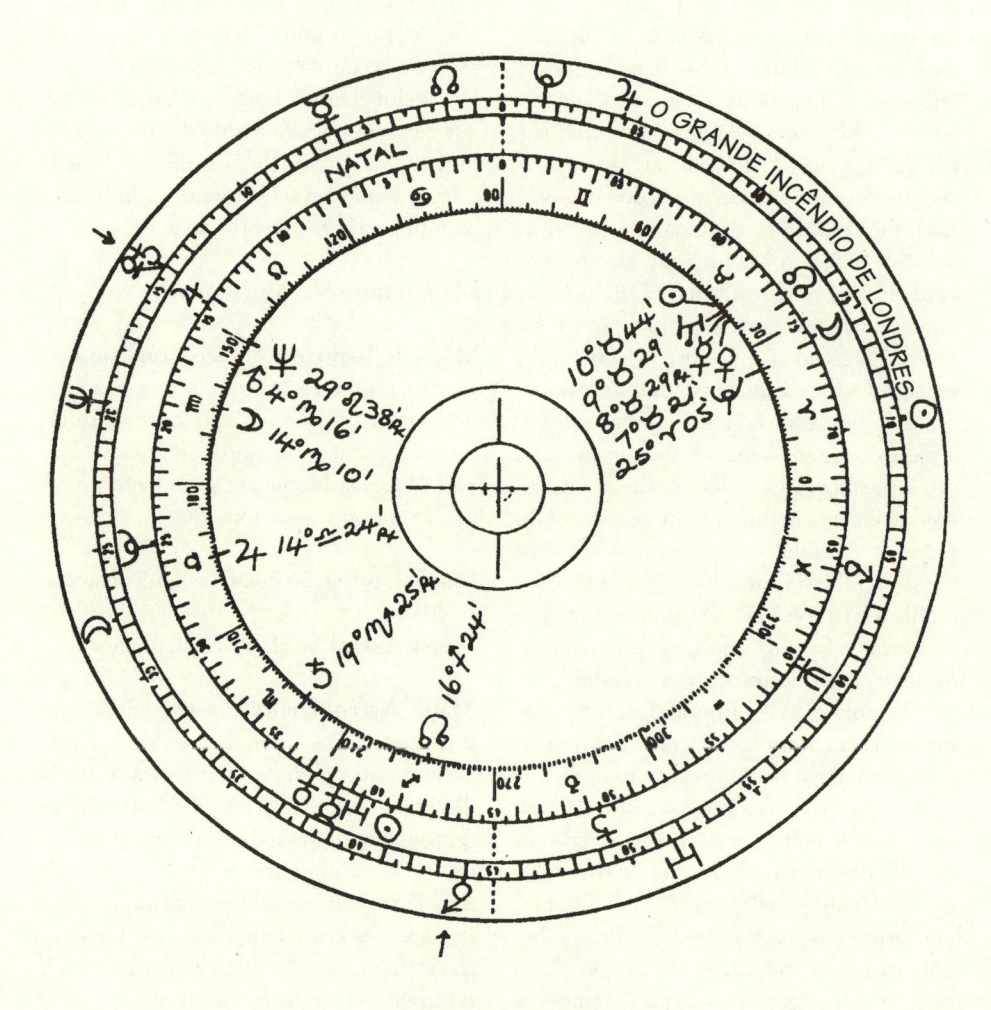

WILLIAM LILLY
1º DE MAIO DE 1602

MAPA ASTROLÓGICO: Mapa astrológico do astrólogo William Lilly, que teria sido capaz de predizer o Grande Incêndio de Londres. Sua carta natal revela uma tendência para a intuição psíquica. No dia do Incêndio, o aspecto Marte-Plutão, no mapa de Lilly, ficou a meio caminho entre Saturno e sua conjunção Sol-Urano-Mercúrio-Vênus.

– ou até para determinar o provável futuro político de uma nação. Nesse caso, a data de nascimento do país seria a data de sua independência ou da sua constituição.

Mapa Astrológico, Cálculo do Na **astrologia**, ato de fazer um **mapa astrológico** pela incorporação das informações básicas como data, local e horário de nascimento.

Mapa Natal Na **astrologia**, **mapa astrológico** que retrata o céu no momento do nascimento de uma pessoa. Também conhecido como **natividade** ou **genitura**.

Mapa Progredido Na **astrologia**, **mapa astrológico** traçado de forma que "cada dia equivalha a um ano". Diferente do **mapa natal**, o mapa progredido é calculado para uma data que esteja tantos dias depois da data de nascimento da pessoa quanto for sua idade, em anos. Por exemplo, se a pessoa tem trinta anos, o mapa progredido será calculado para trinta dias depois do aniversário dela.

Maqam No **Islamismo**, estado profundo de "graça" religiosa ou mística, no qual o devoto está continuamente consciente da presença próxima de **Deus**.

Mara[1] No **Budismo**, nome de um demônio que atacou em vão **Gautama Buda** quando este se sentou para meditar sob uma árvore. Mara é, às vezes, considerado uma das formas de **Kama**, o deus do desejo.

Mara[2] Palavra do inglês antigo que designa um **demônio** do sexo feminino – especialmente com referência aos elfos do sexo feminino que aparecem para os homens durante os sonhos ou pesadelos. Ver também **Elfos**.

Marca do Diabo Ver **Diabo, Marca do**.

Märchen Lenda ou conto popular germânico, em contraposição a um acontecimento que tenha supostamente ocorrido.

Marduc Originalmente uma divindade da fertilidade e da agricultura, Marduc passou a ser adorado como **deus superior** na Babilônia depois de derrotar **Tiamat**. Marduc era uma divindade solar e mantinha as forças da ordem no universo. Ele era popular na Assíria entre os séculos XIV e VII a.C., mas acabou sendo substituído pelo deus tribal da guerra, Assur.

Marga Termo sânscrito que significa "caminho". No **misticismo** hindu, a evolução humana pode ser definida como um ciclo dividido em duas fases. A primeira é o Pravritta Marga (o caminho de ida) e a segunda é o Nivritta Marga (o caminho de volta). Na primeira fase, a pessoa declina, ou "cai", num padrão de encarnações; no segundo, ela começa a voltar para a **Divindade**. Ver também **Reencarnação**.

Marijuana Ver **Haxixe**; **Cânhamo**.

Marrngit Entre os aborígines murngin da Terra de Arnhem, na Austrália, **curandeiro** com poderes de cura e de dissociação psíquica. O *marrngit* pode ler o pensamento das outras pessoas e "ver" o que está acontecendo em lugares distantes. Ele também pode localizar um **feiticeiro** que esteja roubando a **alma** de alguém. Ver **Aborígines Australianos**.

Marte[1] Na **astrologia**, personificação de atitudes violentas ou hostis, da agressividade e da força de vontade férrea. As pessoas cujo **mapa astrológico** apresenta aspectos importantes com esse planeta tendem a ser belicosas e determinadas; em geral, também falta-lhes tato. Contudo, visto de um ângulo mais positivo, aqueles caracterizados por este planeta são capazes de diferenciar a verdade da falsidade e de demonstrar uma grande coragem moral e disposição para enfrentar com arrojo opiniões contrárias às suas. O signo do **zodíaco** mais compatível com Marte é **Áries**, o Carneiro.

Marte[2] Na **mitologia** romana, deus da guerra. Ao lado de **Júpiter,** Marte era um dos deuses mais notáveis do **panteão** romano; sua causa foi promovida pelo Imperador Augustos, que construiu dois templos em homenagem a esse deus. O dia 15 de março (mês cujo nome deriva desse deus) era uma data festiva, reservada para celebrar o casamento de Marte; no hemisfério Norte, esse dia representa o começo oficial da primavera.

Martello, Leo Louis (1931-2000) **Hipnotista, ocultista** e wiccano norte-americano que fundou a Witches Anti-Defamation League, uma das primeiras organizações dos Estados Unidos criadas para defender os direitos civis dos pagãos. Martello era também diretor da Witches International Craft Association e pastor do Temple of Spiritual Guidance. Entre seus livros figuram *It´s in the Stars*, *It´s in the Cards*, *Weird Ways of Witchcraft* e *How to Prevent Psychic Blackmail*.

Martinismo Doutrina esotérica do ocultista francês Martinez de Pasqualis, cujos ensinamentos derivaram de várias tradições, entre elas o **Gnosticismo**, a **Cabala** e a **Hermética**. De Pasqualis acreditava que a salvação só era possível se a pessoa entrasse em contato com a fonte divina de todo Ser e participasse de uma cerimônia iniciatória para invocar seu **santo anjo guardião**. Só depois de invocado esse anjo é que ela poderia viver de forma "reintegrada". Existiram Ordens Martinistas em Foix, Bordeaux, Paris e Lyon; mas o movimento caiu em declínio depois da morte de de Pasqualis, em 1774.

Martino, Ernesto de (1908-) Professor italiano de história das religiões na Universidade Cagliari. De Martino passou a se interessar pela relação entre a **parapsicologia** e a antropologia, especialmente no que diz respeito aos alegados poderes sobrenaturais dos **médicos-bruxos** e dos **xamãs**. Entre suas obras figuram *Morte e Pranto Ritual no Mundo Antigo* (1958), *O Sul da Itália e a Magia* (1959) e *Magia Primitiva e Moderna* (1967, republicado em 1999).

Máscara Cobertura facial geralmente usada nas cerimônias mágicas e religiosas para possibilitar que o praticante assuma o papel do **deus** ou **espírito** invocado, ou para afugentar **demônios** e forças hostis.

Masdeísmo Culto a **Ahura Mazda**. Ver também **Zoroastro**.

Maslow, Abraham (1908-1970) Psicólogo norte-americano considerado um dos fundadores da psicologia humanista e **transpessoal**, Maslow fez doutorado na University of Wisconsin e tornou-se diretor do departamento de psicologia da Brandeis University, em 1951. Numa reação contra o behaviorismo, Maslow dava ênfase à criatividade, ao bem-estar e à espiritualidade por considerá-la dimensões importantes da vida humana. Ele acreditava que todas as pessoas deviam se empenhar para atingir a auto-realização, desenvolvendo ao máximo seus potenciais individuais. Seu estudo sobre experiências de pico aproximou a psicologia humanista do terreno associado ao misticismo e, nesse sentido, Maslow deu prosseguimento à abordagem iniciada por **Jung**. Maslow tornou-se um dos fundadores conceituais do movimento de desenvolvimento pessoal. Ao lado de Anthony Sutich, ele definiu a perspectiva transpessoal que é a pedra fundamental para o entendimento da Nova Espiritualidade.

Mastro de Maio Mastro enfeitado com fitas, que é ponto central das celebrações e das danças realizadas no **Dia de Maio**. O Mastro de Maio é, ele mesmo, um símbolo do falo, um motivo importante nas cerimônias do Dia de Maio, em que se celebram a fertilidade e a renovação da Natureza.

Matéria Em muitos sistemas ocultos, teosóficos e gnósticos, a antítese do **Espírito** e emanação mais grosseira da Divindade, no processo da Criação. Os **ocultistas** em geral acreditam que a matéria seja animada por uma força interior vibrante que confere vida e dinamismo no universo e cuja essência seja idêntica a **Deus**. A matéria não é considerada como "realidade", mas como a forma exterior de um processo interior transcendental. Entre os gnósticos, a matéria está relacionada ao **mal**, pois ela está "distante" do Espírito. Ver também **Teosofia**.

Materialização No **espiritualismo**, suposta capacidade do **médium de efeitos físicos** de provocar a manifestação de pessoas mortas, de modo que elas passem a ser visíveis aos participantes da **sessão**. Segundo consta, as materializações são produzidas a partir do **ectoplasma**, uma substância etérica exsudada pelo médium em **transe**. Alguns pesquisadores de fenômenos psíquicos afirmam já ter fotografado materializações usando raios infravermelhos, embora os resultados sejam alvo de controvérsia. Ver também **Fotografia Psíquica**.

Matéria Prima Na **alquimia**, a "primeira substância" ou Primèira Causa Universal da qual derivariam todas as outras substâncias. Para que metais básicos fossem transformados em **prata** ou **ouro**, eles tinham de primeiro ser reduzidos à sua matéria prima e depois reconstituídos como um dos metais "nobres" que tinham uma ligação imediata com **Deus**. Ver também **Transmutação**.

Matéria Primordial Na **alquimia**, a primeira manifestação da **Divindade**, vista como uma fusão entre **Espírito** e Matéria. A Matéria Primordial era essencialmente amorfa e constituída das trevas que deram origem ao universo. O alquimista **Thomas Vaughan** a descreve da seguinte forma em sua obra *Anthroposophia Theomagica*: "No meu modo de ver, a matéria primordial (é) o efeito da Imaginação Divina operando além de si mesma, na contemplação do que estava por vir, e produzindo essa escuridão passiva..." Vaughan vai além, dizendo que o "esplendor da Palavra" lançou a escuridão num abismo de noite informe e o Espírito Divino acabou por criar a luz e a vida a partir dela.

Mathers, Moina (1865-1928) Irmã do filósofo francês **Henry Bergson**. Moina Bergson casou-se, em 1890, com o influente ocultista inglês **Samuel MacGregor Mathers** e passou a maior parte da vida de casada com o marido em Paris. Depois da morte deste, em 1918, ela tornou-se líder do Templo Alfa e Ômega da **Ordem Hermética da Aurora Dourada** e uma espécie de rival de **Dion Fortune**. A sra. Mathers é mais lembrada pelas acusações feitas contra ela por **Dion Fortune**, que afirmava ter sofrido um ataque mágico no **plano astral**, perpetrado pela sra. Mathers, na forma de um gato gigantesco. Dion Fortune também acusou a sra. Mathers do "assassinato psíquico" de Netta Fornario, uma iniciada do Alfa-Ômega cujo corpo foi encontrado nu na ilha de Iona, ao lado de um manto da Golden Down e de uma corrente de prata. Ver também **Ataque Mágico**.

Mathers, Samuel Liddell MacGregor (1854-1918) Figura de destaque na **Ordem Hermética da Aurora Dourada**, Mathers desenvolveu os **rituais** que constituíam a base da ordem e também traduziu para o inglês várias obras medievais de magia, entre elas a *Kabbalah Denudata* (A Cabala Desvelada), de Knorr Von Rosenroth; *Splendor Solis*, o tratado alquímico de Solomon Trismosin e vários **grimórios**, incluindo *O Livro da Sagrada Magia de Abra-Melin, o Mago*; **A Chave de Salomão** e *O Grimório de Armadel*. Mathers passava grande parte do seu tempo na sala de leitura do Museu Britânico, estudando e traduzindo textos antigos.

Quando a Aurora Dourada ganhou importância, Mathers – que já tinha certa reputação e afirmava receber inspiração dos **Chefes Secretos** – começou a ficar cada vez mais autoritário. Depois de se mudar para Paris em 1892, com a mulher Moina Mathers, ele exigiu receber apoio financeiro dos membros da Aurora Dourada, enquanto estivesse traduzindo textos ocultos nas horas vagas; essa atitude começou a criar dissidências na Ordem. Mathers morreu em Paris no ano de 1918. A causa mais provável foi a gripe espanhola, mas segundo sua mulher, ela fora causada por um encontro **transcendental** com os Chefes Secretos, ao qual nenhum mortal conseguiria sobreviver.

Matrona Na **Cabala**, o aspecto feminino de **Deus**. Matrona é também conhecida como **Shekhinah**.

Matthews, John (1948-) Residindo atualmente em Oxford, na Inglaterra, Matthews passou mais de trinta anos pesquisando a mitologia **celta**, as lendas em torno do Santo Graal e outros aspectos das tradições esotéricas ocidentais. Conhecido em ambos os lados do Atlântico graças às suas palestras e *workshops*, Matthews é autor e editor de mais de cinqüenta livros, entre eles *The Celtic Seer's Sourcebook, The Druid Sourcebook, The Elements of the Arthurian Tradition* e *The Western Way*, em co-autoria com sua mulher, Caitlin.

Matutino Na **astrologia**, qualidade atribuída à **Lua**, a **Mercúrio** ou a **Vênus** quando nascem no horizonte antes do **Sol**. O planeta é matutino até alcançar sua primeira "estação", o ponto de sua órbita em que passa a ser retrógrado.

Mau-Mau Sociedade secreta nacionalista entre os grupos tribais quicuius, do Quênia, a Mau-Mau atuou de 1952 a 1960, quando foi reprimida. Promovida por muitos profetas, a Mau-Mau era associada a votos e práticas rituais restritas e infligia terror tanto nos colonizadores brancos quanto nos africanos que se recusassem a se filiar a ela.

Mau-olhado Crença segundo a qual certas pessoas prejudicam ou **enfeitiçam** suas vítimas por meio do olhar. Essa **superstição** foi observada por muitos escritores clássicos, incluindo Heródoto, Horácio, Virgílio, Plutarco e **Plínio**, embora a definição de mau-olhado varie de um lugar para o outro.

As pessoas vesgas são muitas vezes acusadas de ter mau-olhado, assim como os anões e os corcundas. Alguns papas – inclusive Pio IX e Leão XIII – foram acusados disso, assim como o rei Luís XIV da França e o imperador Wilhelm II da Alemanha. Nos países mediterrâneos, era mais comum que se acusassem pessoas de olhos azuis, enquanto no norte da Europa, as pessoas de olhos escuros eram consideradas mais suspeitas. Entre as várias proteções contra o mau-olhado figuram ornamentos reluzentes, próprios para chamar a atenção, e **encantos** para contra-atacar influências malignas. O símbolo do **caduceu** de Mercúrio, os sinos de igreja, as ferraduras, os símbolos em forma de Lua crescente, os anéis de prata e os cordões amarrados são considerados antídotos poderosos contra o mau-olhado.

Maya[1] Da raiz sânscrita *ma*, que significa "formar ou limitar". O termo "maya" é em geral usado para descrever a natureza ilusória das aparências. Contudo, na medida em que *maya* representa a existência fenomênica, ele é um aspecto vital do processo criativo, indispensável para que haja evolução espiritual. Ver também **Ilusão**.

Maya[2] No **Budismo**, a mãe de **Gautama**. Mulher pura e virtuosa, e rainha dos Sakyas, ela foi preparada pelas consortes dos **deuses** para o nascimento do filho: Gautama entrou em seu útero na forma de um elefante branco. Maya morreu sete dias depois do nascimento de Gautama, depois de cumprir seu papel de mãe do **avatar**.

Mazdayasni Din Termo pelo qual os seguidores de Zoroastro referiam-se à própria religião. Esse termo combina as palavras *Mazda* ("Senhor Onisciente da Luz"), *yasni* ("culto") e *din* (fé). Ver também **Parses**.

MC Na **astrologia**, abreviação padrão de *medium coeli* ou **Meio do Céu**.

McDougall, professor William (1871-1938) Renomado psicólogo social cujo interesse por **parapsicologia** foi estimulado pela obra de **William James** e pela médium psíquica **Leonore Piper**. Apesar da sua ilustre carreira acadêmica na University College, em Londres, e seu cargo de professor de psicologia na Harvard University (1920-1927), McDougall estava interessado em pesquisar a possibilidade da vida após a morte e estudava **telepatia** e **clarividência** assim como as provas a favor da sobrevivência *post-mortem*. Depois de se tornar chefe do departamento de psicologia da Duke University em 1927, incentivou o **dr. J. B. Rhine** a montar um Laboratório de Parapsicologia nessa universidade.

McKenna, Terence (1946-2000) Às vezes comparado a Timothy Leary como uma das figuras mais controvertidas do movimento americano da "nova consciência", McKenna defendia a perspectiva xamânica que promovia a experiência com o alucinógeno psilocibina como um meio importante de comunicação com a Alma do Mundo. McKenna passou cerca de trinta anos estudando o **xamanismo** e a "etnofarmacologia da transformação espiritual". Por muitos anos ele viajou pela Ásia e pela região amazônica, estudando o xamanismo e o curandeirismo, até fundar, no Havaí, a Botanical Dimensions, uma fundação voltada para a pesquisa de plantas xamânicas. Entre seus livros figuram *Food of the Gods*, *True Hallucinations* e *The Archaic Revival*, uma coleção de ensaios e entrevistas.

McKenzie, James Hewat (1869-1929) Pesquisador escocês de fenômenos psíquicos que fundou o British College of Psychic Science em 1920. Interessado em estudar **médiuns de transe**, McKenzie investigou Frau Silbert, **Eileen Garrett** e a **sra. Osborne Leonard**. Ele também fez do British College um centro para exposição de capacidades psíquicas. É autor do livro *Spirit Intercourse: Its Theory and Practice* (1918).

Mead, G. R. S. (1863-1933) Ex-secretário de **madame Helena Blavatsky** na filial londrina da **Sociedade Teosófica**, Mead era um erudito especializado nos estudos do **Gnosticismo** e da **Hermética**. Em 1909, ele fundou um grupo esotérico conhecido como **Quest Society**, que publicava a revista *The Quest* e organizava encontros entre os interessados em aspectos da tradição de mistério ocidental. Mead é mais conhecido pelas suas edições de *Pistis Sophia* (1896) e *Thrice Greatest Hermes* (1906). Entre seus outros livros figuram *Fragments of a Faith Forgotten* (1900), *Apollonius of Tyana* (1901), *Echoes of the Gnosis* (1907) e *The Subtle Body* (1919).

Meca A cidade mais sagrada do Islamismo e local de nascimento de **Maomé**. A peregrinação a Meca, que os muçulmanos fazem pelo menos uma vez na vida, é uma exigência feita a todos os devotos. É ali que o famoso templo **Caaba** está localizado.

Medéia Na **mitologia** grega, feiticeira que se apaixonou por Jasão e ajudou-o a se apossar do Tosão de Ouro. Quando Jasão a abandonou, ela matou os dois filhos que tivera dele – Mérmero e Feres – e fugiu para Atenas, onde se casou com o rei Egeu. Medéia era sobrinha de **Circe**, outra famosa feiticeira.

Medicina Holística Ramo da medicina segundo o qual a saúde resulta do equilíbrio entre corpo, mente e **espírito** e os fatores emocionais e relacionados ao *stress* são responsáveis por um grande número de doenças. O médico holístico, portanto, avalia a pessoa como um todo e não simplesmente os sintomas físicos da doença, orientando o paciente de modo a recuperar a saúde. Os princípios da medicina holística em geral derivam de práticas da medicina oriental como, por exemplo, a **acupuntura**, o shiatsu e a **meditação**.

Medicine-man Ver **Curandeiro**.

Médico-bruxo Nas sociedades pré-literárias, praticante de **magia** e de **bruxaria** que usa seus conhecimentos de **feitiços**, **encantamentos** e **evocações** para curar doenças e afastar influências nocivas. Os médicos-bruxos são encontrados em muitas culturas primitivas da África, da Austrália, da Melanésia, da Polinésia, da América do Sul e Central e do Haiti. Ver também **Curandeiro**; **Xamã**.

Médicos Espirituais No **espiritualismo** e na **cura pela fé**, médicos que já morreram e que assistem os vivos por meio de um **médium psíquico**, no papel de agente de cura. Um famoso exemplo de médico espiritual é o agente de cura **Harry Edwards**, que se julgava auxiliado, na prática da **imposição de mãos**, pelos espíritos **desencarnados** de Louis Pasteur e Lorde Lister.

Medina No **Islamismo**, a cidade considerada mais sagrada depois de **Meca**. Foi para Medina (então conhecida como Yathrib) que viajou **Maomé**, quando fugia dos inimigos que deixara em Meca; é também em Medina que fica o túmulo desse profeta.

Meditação Técnica de controle da mente que muitas vezes propicia um sentimento de calma e paz interior e pode resultar em experiências profundas de **auto-realização** e consciência **transcendental**. A meditação é uma disciplina seguida em várias das principais religiões do mundo, incluindo o **Budismo**, o **Hinduísmo**, o **Islamismo** e o Cristianismo.

A meditação pode ser abordada basicamente de duas formas. A primeira focaliza o poder de concentração e requer que o praticante fixe a atenção num símbolo próprio para a meditação (uma **mandala**, por exemplo), num som ou cântico melódico (um **mantra**, por exemplo) ou no ritmo respiratório. A idéia, nesse caso, é voltar os processos de pensamento para o mundo interior, até que a mente transcenda a si mesma.

A segunda abordagem ressalta a "consciência desapegada" e dá mais importância à observação imparcial dos acontecimentos do que à conquista de um estado mais elevado de consciência. Com essa técnica, o praticante de meditação compreende o fluxo da vida e os fluxos e refluxos da experiência humana.

Em tempos recentes, as técnicas de meditação passaram a ser reconhecidas pelo papel vital que representam para a saúde, e os médicos que praticam a **medicina holística** recomendam a meditação como tratamento para muitas formas de doenças relacionadas ao *stress*, entre elas o câncer.

Meditação dos Guias Interiores Ver **Steinbrecher, Edwin**.

Meditação Transcendental (MT) Forma de meditação defendida por **Maharishi Mahesh Yogi**. A MT requer que o praticante relaxe totalmente e concentre-se na repetição de um **mantra** secreto individual. Em resumo, considera-se que essa forma de meditação aumente a autoconsciência, proporcione uma tranqüilidade profunda e represente uma jornada rumo ao **eu** interior. A TM tem centenas de milhares de seguidores nos Estados Unidos e também é popular na Grã-Bretanha, na Europa e na Austrália.

Médium No **espiritualismo**, aquele que serve como intermediário entre o mundo dos **espíritos** e das entidades **desencarnadas** e o dia-a-dia normal da realidade cotidiana. Os espíritos são evocados durante uma **sessão** e a influência deles pode ser percebida por meio de **materializações**; de comunicações feitas com a **mesa ouija**; de um código constituído de batidas e pancadas, estabelecido em comum acordo entre o médium e o espírito; da **escrita automática** e da **pintura ou desenho automático**. Se a entidade desencarnada tomar posse do corpo do médium durante a sessão, essa entidade passa a ser chamada de **comunicante**.

Medium Coeli Ver **Meio do Céu**.

Médium de Efeitos Físicos No **espiritualismo**, **médium psíquico** capaz de manifestar, durante a **sessão**, fenômenos físicos como o **ectoplasma**.

Médium de Transe **Médium psíquico** capaz de entrar em estado de transe, geralmente para se comunicar com o **espírito** dos mortos. No **espiritualismo** moderno, a entidade que possui o médium é chamada de **comunicante**.

Médium de Transfiguração **Médium psíquico** que, ao entrar em estado de transe e de possessão, assume as características faciais e os maneirismos que o espírito comunicante apresentava quando vivia na Terra. Ver também **Comunicante**.

Médium Psíquico No **espiritualismo** e na **parapsicologia**, pessoa capaz de servir como canal para a comunicação psíquica com o mundo espiritual ou que pode receber mensagens telepáticas ou clarividentes de pessoas distantes. Ver também **Clarividência**; **Médium**; **Telepatia Mental**.

Medmenham, Abadia de Abadia em Buckinghamshire, Inglaterra, onde os membros do **Hell-Fire Club** costumavam se reunir. Ver também **Dashwood, sir Francis**.

Medusa Ver **Górgonas**.

Mefistófeles Da expressão grega que significa "aquele que não gosta da luz", **demônio** a quem Fausto teria vendido a **alma**. Na celebrada obra de Goethe, *Fausto*, Mefistófeles é capaz de assumir a forma de um cão, embora também tenha aparecido a Fausto na figura do próprio **Diabo**.

Meher Baba (1894-1969) Indiano nascido na cidade de Poona, descendente de persas, que se autoproclamou **avatar**. O nome original de Meher Baba era Merwan (Meher) Sheriar Irani e ele se converteu ao caminho espiritual no final da adolescência. Numa noite em que Meher voltava da escola para casa de bicicleta, uma senhora muçulmana chamada Hazrat Babajan pediu que ele se aproximasse e, sem falar nada, abraçou-o e beijou-o na fronte. Baba voltou a vê-la muitas vezes depois disso, até que uma noite, conforme seu próprio relato, "ela me fez perceber num relance a infinita bem-aventurança da Auto-realização". Depois dessa revelação espiritual, Meher passou a viver como se estivesse em estado de transe, totalmente alheio ao que se passava à sua volta. Os pais dele chegaram a pensar que o menino tivesse perdido o juízo, mas Meher depois explicou que estava num estado elevado de êxtase e que o beijo de Babajan tinha derrubado as barreiras entre ele e Deus.

Ansioso para encontrar um mestre espiritual, Meher visitou **Sai Baba**. Um dos seus discípulos, Upashni, deparou-se com Meher e atirou nele uma pedra, ferindo-o na testa. Isso fez com que Meher voltasse à consciência terrena e também confirmou que Upashni seria seu professor. Posteriormente, os papéis se inverteram e Upashni proclamou Meher o Avatar, um verdadeiro Mestre Espiritual. Depois disso, ele passou a ser conhecido como Meher Baba.

Em 1922, Meher Baba abriu um **ashram** em Bombaim e aceitou devotos de várias tradições espirituais diferentes, inclusive Intocáveis. Em 1925, ele fez votos de silêncio para "salvar a humanidade das forças monumentais da ignorância". Contudo, ele continuou a abrir *ashrams* e mais tarde visitou os Estados Unidos e a Europa. Sua personalidade carismática exerceu um efeito duradouro sobre muitas pessoas e, mesmo passados muitos anos de sua morte, Meher continua tendo um grande número de seguidores.

Meimendro-negro *Hyoscyamus niger*, planta venenosa e narcótica associada à **bruxaria** e à **feitiçaria**. O meimendro-negro contém alcalóides que podem causar a ilusão de que a pessoa se transformou num animal. Por tradição, ela é considerada um componente ativo da poção mágica de **Circe**. É também possível que o **Oráculo de Delfos** fizesse suas profecias depois de inalar os vapores das sementes de meimendro-negro queimadas. Ver também **Ungüentos Voadores; Alucinação; Licantropia**.

Meio do Céu Na **astrologia**, o chamado ponto Sul ou **cúspide** da décima **casa**. O Meio do Céu, no entanto, não equivale à décima casa como um todo e às vezes é confundido com o **zênite**, o ponto oposto ao **nadir**.

Meio-ponto Na **astrologia**, grau do **mapa astrológico** desprovido de corpos celestes ou aspectos e que fica a meio caminho entre dois planetas.

Melampo De acordo com *Eneida* e *Odisséia*, famoso adivinho de Argos que era capaz de prever o futuro e entender a linguagem de todos os animais.

Melusina Espírito aquático ou **sereia**. A melusina é uma figura heráldica retratada nos brasões da Casa de Lusignan. Várias outras famílias européias, entre elas as Casas de Luxemburgo, Rohan e Sassenaye, afirmam descender desse tipo de sereia, chegando inclusive a alterar suas linhagens para confirmar esse fato. Alguns motivos heráldicos mostram a melusina com dois rabos.

Memória Cósmica Ver **Registros Akáshicos**.

Memória Distante Expressão usada pela romancista inglesa **Joan Grant** para descrever a memória psíquica de encarnações anteriores. A escritora descreve em seus livros impressões extremamente detalhadas acerca de suas vidas passadas. Joan Grant era casada com o psiquiatra Dennis Kelsey e juntos eles desenvolveram uma técnica para diagnosticar sintomas de doenças mentais causadas por traumas que, segundo acreditavam, teriam ocorrido em encarnações anteriores. Esses métodos são descritos no livro *Many Lifetimes* (1968), escrito pelo casal. Ver também **Regressão a Vidas Passadas; Reencarnação**.

Mênades Também conhecidas como **Bacantes**, devotas de **Dioniso** que entravam em grande frenesi e celebravam os festivais com danças e canções orgiásticas, sacrificando animais e devorando sua carne.

Mendes, Bode de Forma na qual o **Diabo** supostamente se manifesta nos **sabás das bruxas**. Ali o Diabo assume uma forma metade bode e metade humana e senta-se de pernas cruzadas sobre o altar, com o **pentagrama** invertido inscrito na testa e uma tocha ardente entre os chifres. O bode é do sexo masculino, mas também tem seios femininos. O Bode de Mendes deriva seu nome do bode sagrado mantido em cativeiro na cidade egípcia de mesmo nome. Ali, supunha-se que mulheres copulavam com o bode assim como as bruxas medievais faziam sexo ritual com o Diabo. O Bode de Mendes é retratado na carta do *Diabo* do **tarô**.

Menir Do bretão *men* ("pedra") e *hir* ("alta"), monólito pré-histórico. Ver também **Celtas; Dólmen; Druidas**.

Mensageiro Na **Teosofia**, intermediário espiritual que cumpre ordens de um dos **mahatmas**, ou Mestres da Sabedoria.

Mental, Telepatia Ver **Telepatia Mental**.

Mente Conjunto de faculdades que englobam a consciência, a percepção e o pensamento. Os **ocultistas** consideram a mente como um aspecto inferior do **eu** e afirmam que, num **estado alterado de consciência** – como a **experiência fora do corpo**, por exemplo – a mente pode ser "projetada" para fora do corpo e captar uma nova ordem de percepções. Os ocultistas e os **místicos** também acreditam que a mente possa ser alterada de modo a ficar mais "sensível" e receptiva aos fenômenos **psi** (as várias manifestações da **percepção extra-sensorial**).

Mente Cósmica Termo ocultista e místico que designa a "Mente Universal", ou **Deus**. Às vezes usado como sinônimo de **consciência cósmica**.

Mente sobre Matéria Termo popular para **psicocinese**.

Mente Universal Na **Teosofia**, no **misticismo** e no **ocultismo**, a mente do **Ser Supremo**, ou **Deus**, que permeia o universo e confere ordem e significado a todos os aspectos da Criação. Ver também **Consciência Cósmica**.

Mercúrio[1] Contraparte romana de **Hermes**.

Mercúrio[2] Na **alquimia**, as duas forças primordiais eram o **Sol** e a **Lua**, representadas pelo **enxofre** e pelo mercúrio (ou **azougue**), respectivamente. O mercúrio era considerado, pelos alquimistas, como o "útero" ou a "mãe" de todos os metais (incluindo o **ouro**), e nesse sentido era associado à **matéria prima**.

Mercúrio[3] Na **astrologia**, o planeta que, por tradição, personifica as qualidades humanas lógicas ou racionais, assim como a erudição e o aprendizado. Ele representa a capacidade do discernimento e da observação objetiva e também se refere aos atos de organizar, ordenar e purificar. Assim como Mercúrio era o mensageiro dos **deuses** na antiga **mitologia** romana, as pessoas com um Mercúrio bem aspectado em seu **mapa astrológico** são consideradas excelentes comunicadoras e aptas a fazer sucesso em profissões ligadas aos meios de comunicação, aos negócios e à política. O signo do **zodíaco** mais compatível com Mercúrio é **Gêmeos**.

Meridianos Na **acupuntura**, canais que carregam o **ch´i**, ou energia vital, para as diferentes partes do corpo. Existem doze meridianos principais e cada um deles está correlacionado com um órgão do corpo, da seguinte forma:

Yang Ming da Mão – Intestino Grosso
Yang Ming do Pé – Estômago
Tai Yin da Mão – Pulmões
Tai Yin do Pé – Baço
Shao Yang da Mão – "Triplo Aquecedor"
Shao Yang do Pé – Vesícula Biliar
Jue Yin da Mão – Pericárdio
Jue Yin do Pé – Fígado
Tai Yang da Mão – Intestino Delgado
Tai Yang do Pé – Bexiga
Shao Yin da Mão – Coração
Shao Yin do Pé – Rins

Ver também **Yang**; **Yin**.

Merkabah Tradição mística da **Cabala** que retrata o Merkabah ou Trono ou Carro de **Deus**, que podia subir ou descer através de diferentes câmaras ou palácios celestiais conhecidos como **Hekhalot** – o último deles revelava a divina glória de Deus. Durante o período do Segundo Templo, a Visão de Ezequiel foi interpretada com um vôo místico para o **céu**, e os místicos cabalistas desenvolveram uma técnica para usar o símbolo do Merkabah como ponto focal da meditação. O místico faria uma viagem interior para os sete palácios e usaria os nomes mágicos secretos para garantir uma passagem segura por cada um deles. Até bem recentemente, esses procedimentos e fórmulas místicas só eram conhecidos pelos estudiosos da Cabala. Contudo, os textos relevantes do *Hekhalot Maior* – o principal trabalho dos místicos do Merkabah – foram publicados em inglês no importante livro intitulado *Meditation and Kabbalah* (1982), da autoria de **Aryeh Kaplan**.

Merlin Mago e **druida** presente em quase todas as lendas do rei Artur. A persona de Merlin pode derivar de um bardo e vidente conhecido como Myraddin, que aconselhava o líder inglês Ambrosio Aureliano. Acreditava-se que seus **feitiços** é que tinham causado a Batalha de Arderydd, perto de Carlisle, mas uma visão dos céus o enlouqueceu, fazendo com que passasse a ter uma vida errante nas florestas das Terras Baixas escocesas.

O Merlin mítico teve um nascimento mágico. Nasceu de uma virgem, na condição de filho do "diabo". Quando ainda era criança, ficou conhecido pelo seu poder de fazer **profecias** e conheceu a corte de Vortigern aos cinco anos de idade. O rei tentava encontrar um modo de neutralizar uma **maldição** que estava dificultando a construção do seu forte na Planície de Salisbury. Segundo alguns astrólogos, seria preciso o sangue de uma criancinha para contra-atacá-la, mas Merlin afirmou que o problema era causado por dois **dragões** poderosos – um branco e outro vermelho – que travavam um combate feroz nas entranhas da terra. Merlin predisse que o dragão branco sairia vitorioso e que a morte do vermelho anunciaria a morte do próprio Vortigern. Quando esses acontecimentos de fato ocorreram, Merlin ganhou fama de feiticeiro e passou a servir o rei seguinte, Uther Pendragon, ajudando-o na construção do seu novo castelo em Carlisle, a sede da Távola Redonda. Merlin também foi tutor do jovem futuro rei, Artur, que conseguiu tirar da Dama do Lago a espada mágica **Excalibur** e passou a ser protegido por essa arma nas batalhas.

Merlin acabou encontrando seu par na figura da sedutora **Viviane**, por quem se apaixonou. Um dia, enquanto caminhavam pela floresta de **Broceliande**, Viviane pediu que Merlin lhe mostrasse seu feitiço mais poderoso – capaz de fazer uma **bruxa** enganar qualquer homem e submetê-lo ao seu comando. Merlin estava tão fascinado por Viviane que consentiu em lhe mostrar sua fórmula mágica secreta. Ela, por sua vez, lançou o feitiço nele, deixando-o adormecido na floresta.

Meru, Monte No **Hinduísmo**, centro mítico mundial onde estão localizadas as cidades dos **deuses**. Situado no Himalaia, o monte Meru é considerado o centro do "lótus-mundo" e o equivalente hindu do monte Olimpo da mitologia grega. Alguns teosofistas o associam, do ponto de vista esotérico, ao Pólo Norte. Ver também **Axis Mundi**; **Olimpo, Monte**.

Mesa Ouija Ver **Ouija, Mesa**.

Mesas Girantes No **espiritualismo**, técnica de comunicação com o **espírito** dos mortos. Durante uma **sessão**, um grupo de pessoas se senta em volta de uma mesa de madeira e deixa as mãos sobre o tampo, com as palmas voltadas para baixo e cada dedo mínimo tocando o da pessoa sentada ao lado, de modo a formar um círculo fechado. A mesa começa então a "estremecer" sob o círculo formado pelas mãos e um dos **consulentes** propõe que o espírito se comunique fazendo com que a mesa se incline ou produzindo "batidas" sistematicamente (por exemplo, uma batida indicaria "sim" e duas, "não"). De acordo com alguns relatos, as mesas chegam a levitar durante algumas sessões. Ver também **Levitação**; **Poltergeist**; **Médium Psíquico**.

Mescal Sem nenhuma relação com o **peiote**, o mescal (*mescal beans*, em inglês) consiste na semente vermelho-escura do arbusto *Sophors secundiflora*, a qual era muito usada pelos nativos norte-americanos para induzir visões iniciatórias durante a "Dança da Semente Vermelha". Os índios kiowa e comanche ainda usam as sementes de mescal nas cerimônias.

Mescalina Ingrediente psicoativo do cacto **peiote**, uma planta alucinógena usada como sacramento pelos índios huichol do México e pelos índios do sudeste dos Estados Unidos. A mescalina atraiu a atenção do público depois dos dois livros de **Aldous Huxley** sobre suas experiências visionárias com essa planta: *The Doctors of Perception* (1954) e *Heaven and Hell* (1956). Na verdade, a mescalina foi sintetizada muito antes disso, em 1919. O primeiro trabalho científico a respeito da mescalina é até mesmo anterior a essa data – 1888 – e foi relatado por Ludwig Lewin depois das pesquisas que fez sobre os efeitos dessa droga em animais. Havelock Ellis e **William James** foram os primeiros a realizar experimentos com a mescalina e deixaram relatos pessoais acerca dos efeitos visionários dessa droga. Ver também **Alucinação**.

Mesmer, Friedrich Anton (1733-1815) Médico e astrólogo austríaco que desenvolveu a teoria do **magnetismo animal** e deu nome ao **mesmerismo**, uma forma primitiva de **hipnose**. Mesmer formou-se em medicina pela Universidade de Viena no ano de 1766 e começou a usar o "magnetismo" em seus pacientes. Sua primeira paciente foi Fraulein Oesterline, que sofria de epilepsia. Mesmer prendeu ímãs nos braços e nas pernas dela e, depois de um período de seis horas, as convulsões cessaram. Mesmer foi posteriormente para Paris e estabeleceu-se nessa cidade depois de fazer clientela entre aristocratas abastados. Mesmer usava, nele próprio, uma camisa de couro para impedir a radiação do seu "fluido magnético", mas pedia aos pacientes que se sentassem em volta de uma tina cheia de água e limalha de **ferro**. Da tina saíam varinhas magnetizadas que serviam como "condutores". Os pacientes seguravam essas varinhas ao mesmo tempo em que tinham uma corda em volta do corpo, para fechar o "circuito". De acordo com Mesmer, o "magnetismo" da tina se transferia para cada um dos pacientes, eliminando qualquer doença. Na visão do cientista francês Jean Bailly, que investigou a abordagem de Mesmer, os pacientes eram também "magnetizados" pelo dedo do médico, que o movimentava para cima e para baixo diante do rosto e dos órgãos afetados dos pacientes. Os efeitos eram variados. Segundo Bailly, "alguns ficavam tranqüilos e pareciam não ser afetados pela experiência. Outros tossiam e salivavam, sentiam dores ou transpiravam..."

Mesmerismo Antiga forma de **hipnose**. A princípio, supunha-se que ondas de força magnética irradiavam-se das mãos ou dos olhos do hipnotista, fazendo com que o sujeito entrasse em **estado de transe**. Essa idéia, no entanto, já não é mais aceita. Ver também **Magnetismo Animal**; **Mesmer, Friedrich Anton**.

Mesquita Do árabe *masjid*, "templo", edifício destinado ao culto **muçulmano**. A corte quadrangular e as fontes para abluções são características da mesquita, assim como o minarete. No interior, não há bancos; os devotos se ajoelham em tapetes ou no carpete e oram como membros de uma comunidade espiritual. O nicho principal de todas as mesquitas, o *mihrab*, indica a direção de **Meca**, independentemente do país em que estejam.

Mestre No **ocultismo** e no **misticismo**, grande **adepto** ou ser iluminado. Segundo a crença, os mestres costumam ser invisíveis ou **desencarnados** e influenciam o planeta por meio de líderes carismáticos de seitas e grupos ocultistas. Ver também **Illuminati**; **Koot Hoomi**.

Mestre do Nome Divino No **misticismo** judaico, título dado àqueles que possuíam o conhecimento do nome sagrado de **Deus** e que sabiam como usar a fórmula sagrada para propósitos místicos ou mágicos. Essas pessoas eram chamadas **Ba'al Shem**, um termo anterior à **Cabala** medieval.

Metafísica Estudo filosófico e científico sobre a realidade, a vida e o conhecimento. Do ponto de vista místico, a metafísica é considerada o estudo da realidade suprema que está por trás das aparências; e nesse sentido, ela abrange conceitos como **Deus**, a **consciência cósmica** e a natureza da Verdade.

Metagnomia Conhecimento obtido de uma fonte exterior aos cinco sentidos humanos mais conhecidos.

Metais Planetários Metais com ligação simbólica com os **planetas**, de acordo com a **cosmologia** e a **alquimia** medievais. As correlações eram: **Sol** (ouro); **Lua** (prata); **Mercúrio** (mercúrio); **Vênus** (cobre); **Marte** (ferro); **Júpiter** (estanho) e **Saturno** (chumbo).

Metapsíquica Termo proposto pelo pesquisador francês de fenômenos psíquicos **professor Charles Richet**, para designar a **pesquisa psíquica** ou a **parapsicologia**. Richet afirmava que os fenômenos psíquicos eram, basicamente, de natureza psicológica e não tinham nenhuma ligação com uma **alma** imortal ou com a sobrevivência após a **morte**.

Metatron Anjo celestial muito citado no *Livro das Visões de Ezequiel* (um manual do século IV) e por vários outros tratados visionários e apocalípticos da tradição **Hechalot** do **misticismo** judaico. Num texto talmúdico, ele é denominado "**YHVH** menor"; e no Gênesis é associado a Enoch, que "caminhava com Deus", ascendeu ao **céu** e posteriormente transmutou-se ele mesmo no anjo. Os **ocultistas** consideram Metraton como o **arcanjo** que rege Ke-

ther, a **sephirah** suprema da **Árvore da Vida** cabalística. Ver também **Cabala**.

Metempsicose Doutrina segundo a qual a alma pode, depois da morte, reencarnar no corpo de um animal. A metempsicose se contrapõe a outras doutrinas reencarnacionistas, segundo as quais a alma só pode reencarnar num corpo humano. Ver também **Reencarnação**.

Metteya Nome **páli** de **Maitreya**.

Microcosmo Ver **Macrocosmo e Microcosmo**.

Microposopo Na **Cabala**, a chamada "Face Menor de Deus". Ver também **Macroprosopo; Tetragrama**.

Midgard, Serpente Na **mitologia** escandinava, serpente gigantesca, filha de **Loki** e Angerboda. **Odin** atirou-a no mar e ela se manteve nas profundezas, cingindo o mundo com seus anéis. **Thor** tentou prendê-la sem sucesso, mas, no **Ragnarok**, finalmente matou-a com seu martelo. Nessa batalha, contudo, ele morreu vitimado pelo veneno da serpente.

Midrash No Judaísmo, comentários rabínicos acerca dos textos bíblicos, que expressam o pensamento judaico.

Miguel Na **magia** ocidental, **arcanjo** que governa o quadrante sul. Ele rege o elemento **Fogo** e é invocado durante o **Ritual de Banimento** do Pentagrama Menor. Miguel é considerado, pelos **ocultistas**, como o arcanjo que rege a **sephirah Hod** da **Árvore da Vida** cabalística.

Milagre Do latim *mirari*, "admirar-se", acontecimento **sobrenatural** ou extraordinário, sem nenhuma explicação racional, considerado resultado da intervenção divina. Relata-se, nas narrativas bíblicas, que Jesus Cristo teria realizado muitas curas milagrosas e a abordagem que ele usava, a **imposição das mãos**, é adotada por muitos agentes de cura cristãos. Ver também **Edwards, Harry; Lourdes**.

Milarepa, Jetsun (1052-1135) **Místico** tibetano. Quando jovem, Milarepa praticava **magia negra**; mas, depois de encontrar um **lama** chamado Marpa, ele buscou a **iniciação** mística. Mandaram que Milarepa meditasse nas montanhas e obtivesse a visão **transcendental** da Unidade Suprema que a tudo abrange. O principal trabalho sobre esse místico é *Tibet´s Great Yogi, Milarepa*, escrito por **W. Y. Evans-Wentz**.

Minggah Entre os **aborígines** da Nova Gales do Sul, na Austrália, árvore assombrada por **espíritos**. O **curandeiro** tem, como aliados mágicos, espíritos amistosos que residem nessa árvore e, nos tempos de perigo, ele pode usá-la como refúgio.

Minotauro Na **mitologia** grega, famoso monstro com corpo humano e cabeça de touro. O minotauro era mantido no **labirinto** do Palácio de Minos e se alimentava do corpo de vítimas sacrificadas – sete rapazes e sete moças eram selecionadas a cada ano, em Atenas, para morrer em sacrifício.

Miomancia Na Assíria, em Roma e no Egito, forma de **divinação** por meio de ratos e camundongos. Acreditava-se que os guinchos e movimentos desses animais supostamente indicassem a presença do mal. Quando o rei Senaqueribe da Assíria (r. 705-681 a.C.) invadiu o Egito, seus soldados ficaram alarmados ao descobrir que suas aljavas e seus arcos tinham sido roídos pelos ratos. Na manhã seguinte, muitos deles fugiram desarmados e foram mortos pelos inimigos. No Egito, o rato também era considerado um símbolo de destruição.

Miroku No **Budismo** japonês, o nome do **Buda** cuja vinda se espera. Ver também **Maitreya**.

Mirra Goma aromática transparente de cor castanho-amarelada. A mirra foi um dos três presentes (os outros dois foram ouro e olíbano) que os Reis **Magos** ofereceram ao Menino Jesus. No antigo Egito, ela era usada como oferenda **ritual** ao deus solar **Rá** e também para embalsamar corpos. Na **magia** ocidental, a mirra é associada ao planeta **Saturno**, que simboliza a **morte**.

Mishnah No Judaísmo, a lei de Deus transmitida oralmente. Por tradição, o Mishnah é considerado um complemento da Lei de Moisés e, nesse sentido, pode ser considerado como um conjunto de interpretações e comentários sobre o Torá.

Missa Negra Prática satânica que pretende ser uma paródia do ritual básico do Catolicismo Romano. Nesse ritual, a **hóstia** (que representa o corpo de Cristo) é furtada da igreja, consagrada por um sacerdote perjuro, e desconsagrada. A cerimônia inclui atividades proibidas pela Igreja, incluindo o pretenso sacrifício de crianças não-batizadas e a recitação do Pai-Nosso de trás para a frente. Na Idade Média, a ameaça do satanismo foi exagerada pela **Inquisição**, embora não haja dúvida de que de fato tenham existido pequenos grupos de **hereges** e **satanistas** (ver **Albigenses, Cavaleiros Templários, Bruxaria Tradicional**). Nos tempos modernos, têm ocorrido alguns focos esporádicos de satanismo, dos quais os mais visíveis foram representados pela **Igreja de Satã**, fundada por Anton La Vey, em São Francisco, Califórnia, no final da década de 60.

Missão da Luz Divina Organização fundada pelo **guru Maharaj Ji** e que ensina **meditação** sobre a **força vital**. Essa meditação focaliza os quatro tipos de energia mística, conhecidos como as experiências da Luz, da Harmonia, do Néctar e da Palavra; essas energias possibilitam que o praticante desenvolva um conhecimento extremamente profundo e espiritual de si mesmo. Existem em torno de 8 milhões de seguidores do guru Maharaj Ji espalhados pelo mundo, e vários ramos internacionais da Missão da Luz Divina.

Missa Satânica No **satanismo**, ritual blasfemo que parodia a missa cristã, invoca os poderes das trevas e às vezes usa como altar uma mulher nua. Ver **Missa Negra**.

Mistagogo Aquele que, no papel de **adepto**, inicia um neófito num segredo esotérico ou oculto. Ver também **Iniciação; Neophyte**.

Mistério Do grego *myein*, "manter a boca fechada", verdade secreta ou oculta proibida aos não-iniciados.

Mistérios Órficos Cultos realizados na Grécia helênica e no Império Romano e supostamente relacionados ao lendário cantor **Orfeu**. A chamada literatura órfica consiste em vários hinos, cantigas e poemas compostos por numerosos autores, mas atribuídos a Orfeu e incorporados à tradição de mistério. Ver também **Religião de Mistério**.

Misticismo Ato de buscar a união com a **Divindade**. O misticismo é definido por Tomás de Aquino como "o conhecimento de Deus por meio da experiência"; e por Evelyn Underhill como "a arte da união com a Realidade". Na visão dos **místicos**, a Divindade ou Ser Supremo sustenta o universo manifesto e é responsável por todos os aspectos da existência e da consciência. Esse Ser Supremo é retratado em diferentes tradições como uma figura antropomórfica, como um **Espírito**, como uma **Luz** ou como uma Realidade infinita abstrata. Apesar dessas variações, todas as técnicas místicas têm como objetivo maior o conhecimento desse estado transcendental de Ser e a comunicação com ele.

Místico Aquele que, por meio da contemplação, da **meditação** ou da auto-renúncia, busca a união com a **Divindade**; e que acredita na conquista da sabedoria universal, da **consciência cósmica** ou da **transcendência** espiritual. Os místicos em geral se diferenciam dos ocultistas por estarem menos interessados nos poderes **psíquicos**, nas capacidades mentais ou nas atividades cerimoniais. Alguns ocultistas que praticam a **magia** ocidental e usam a **Árvore da Vida** cabalística como base para o crescimento espiritual afirmam que o caminho místico para a Divindade é mais direto que a via oculta. Na **Cabala**, esse caminho é representado pela ascensão pelo **Pilar do Meio** da Árvore da Vida (o "caminho do meio", através de **Malkuth**, **Tiphareth** e **Kether**), que difere da jornada oculta através de cada uma das dez **sephiroth**.

Mistificação No **espiritualismo**, a crença de que um **espírito** pode fingir ser outro, confundindo e enganando o **médium psíquico** que recebe as mensagens numa **sessão**. Esses espíritos são em geral descritos como entidades "desprezíveis" e "zombeteiras".

Mito História ou fábula relacionada a um **deus** ou ser **sobrenatural**. Popularmente, essa palavra também tem a conotação negativa de algo ilusório ou falso. Depois dos trabalhos de pesquisa de **C. G. Jung** e de outros psicólogos, tornou-se evidente que as imagens míticas estão presentes num nível profundo da mente inconsciente e podem ser vistas como uma expressão dos **arquétipos** do **inconsciente coletivo**. Nesse sentido, as várias **divindades** dos mitos e das lendas personificam os atributos humanos ou os princípios universais da Natureza e do cosmos. Os mitos em geral expressam os valores espirituais de uma cultura e proporcionam uma moldura de significado dentro da qual os membros de uma sociedade vivem e realizam suas atividades. Os ocultistas às vezes adaptam os mitos com propósitos cerimoniais e invocam diferentes **deuses** em rituais para aumentar a consciência espiritual e o crescimento pessoal.

Mitologia Os vários mitos de uma cultura. Ver também **Mito**.

Mitológicas, Correspondências Ver **Mágicas, Correspondências**.

Mitra Também Mithra. **Deus** persa da luz que, de acordo com o **Avesta**, aparecia antes do nascer do Sol e supervisionava a Terra e o firmamento enquanto viajava numa carruagem puxada por quatro cavalos brancos. Mitra era considerado o deus onisciente e também **divindade** da fertilidade e da abundância. Era inimigo mortal de todas as coisas vis e destruía impiedosamente toda iniqüidade onde quer que a encontrasse. Depois da expedição de Alexandre o Grande e a fusão das crenças religiosas ocorrida depois de suas conquistas, Mitra passou a ser associado a Hélio, o deus grego da luz. O culto de Mitra foi introduzido no Império Romano quando Pompeu voltou para Roma, depois de capturado em Jerusalém, no ano 63 a.C., e trouxe com ele escravos que seguiam a religião persa. Por volta do final do século I, o mitraísmo já havia se disseminado, especialmente entre os soldados romanos, e em torno de 250 d.C. já rivalizava com o Cristianismo.

Mitra era senhor dos quatro **elementos** – simbolizados pelos seus quatro cavalos brancos – e veio a ser considerado um mediador entre as pessoas comuns e o deus "insondável" que transcendia a existência. Nesse sentido, Mitra era como um **demiurgo**. Sempre ligado à **astrologia**, esse deus foi associado à constelação de **Touro**, que anuncia a primavera quando o Sol nela entra. Mitra era em geral representado degolando o touro, o primeiro animal criado por **Ohrmazd**. Na **cosmologia** mitríaca, dizia-se que todas as ervas e plantas úteis da Natureza germinam da carcaça do touro morto por Mitra, por isso esse animal era identificado como uma fonte de fertilidade, vida nova e colheitas abundantes. O sangue do touro também representava a **força vital** que nutria a Terra e seus habitantes.

Mizraim Nome antigo do Egito, ainda usado na **Franco-maçonaria**.

Moed No Judaísmo, seção do **Mishnah** que trata das leis dos sabás, das principais datas religiosas, dos sacrifícios da Páscoa e de outras leis relacionadas a festividades.

Mohin Degadlus No **Hassidismo**, expressão hebraica que designa o **êxtase** místico.

Moksha Sinônimo de **mukti**: libertação da **reencarnação** e do **karma** que ocorre depois de se conquistar a **consciência cósmica**, ou conhecimento da realidade suprema.

Mônada Do grego *monas*, "uma única entidade". Sistema auto-suficiente de qualquer tamanho. A mônada pode ser uma única célula viva, um ser humano, um planeta ou uma galáxia. Os teosofistas usam esse termo para descrever a **força vital** universal que anima toda a matéria no nível subatômico. Ver também **Teosofia**.

Mondo No **Zen-budismo**, método de ensinamento constituído de pergunta e resposta, usado pelos Mestres para instruir seus discípulos a respeito dos princípios do Zen. Do ponto de vista racional, a resposta pode não ter nenhuma relação aparente com a pergunta; mas, assim como acontece no **koan**, que se assemelha com o *mondo*, o praticante às vezes pode atingir a iluminação transcendendo a natureza do paradoxo e deixando de lado os sistemas de pensamento lineares.

Monismo Crença mística e religiosa de que tudo é uma Unidade, de que um Ser supremo e infinito abarca toda a criação. No **Hinduísmo**, essa crença é chamada **Advaita**. Um dos maiores proponentes dessa doutrina, nos últimos anos, foi o místico indiano **Ramana Maharshi**.

Monócero Criatura mítica descrita por Plínio como um animal que se assemelhava a um cavalo com cabeça de veado, patas de elefante e rabo de javali. O monócero tinha um pequeno chifre preto no centro da testa e, nesse sentido, lembrava o **unicórnio**.

Monoteísmo Crença num único **Deus**. O monoteísmo pode ser comparado com o **politeísmo**, no qual se reconhece e cultua um **panteão** de deuses. O Cristianismo e o **Islamismo** são exemplos de religiões monoteístas.

Monroe, Robert A. (1915-1995) Empresário norte-americano que, no ano de 1958, começou a ter **experiências fora do corpo**. Numa tarde, enquanto descansava no sofá da sala, Monroe sentiu uma "luz cálida" sobre o corpo e começou a "vibrar" involuntariamente. Durante os meses seguintes, ele notou que podia mover os dedos das mãos quando as vibrações começavam e "sentia" coisas que estavam fora de seu alcance. Depois ele descobriu que podia projetar sua consciência para fora do corpo físico, embora essa sua primeira experiência de dissociação fosse acompanhada de um sentimento de pânico e do pensamento de que tinha morrido. Monroe posteriormente começou a explorar sistematicamente a nova faculdade que tinha descoberto e identificou três "locais" que podia "visitar" no estado dissociativo. No Local Um, de acordo com Monroe, o tempo parecia parar e o passado e o futuro coexistiam com a sensação do "agora". No Local Dois, a vontade e a capacidade visual pareciam capazes de criar **formas-pensamento**, que então passavam a ser experiencialmente reais. Nas palavras de Monroe, "pensar em algo é fazê-lo acontecer..." O Local Três tinha uma dimensão de tempo distorcido, que proporcionava imagens incompatíveis com a ciência moderna.

Um relato acerca das experiências de Monroe, *Journeys Out of the Body*, foi publicado com um prefácio do eminente parapsicólogo **Charles Tart**. Ele continua sendo um dos trabalhos contemporâneos clássicos acerca da projeção astral. Ver também **Fox, Oliver**; **Muldoon, Sylvan**.

Monstro do Lago Ness Misteriosa criatura subaquática que, em anos recentes, tem sido "avistado" esporadicamente no lago Ness, na Escócia. Durante a década de 1970, o Departamento de Investigação do Lago Ness – que incluía cientistas, técnicos e voluntários – fez um esforço combinado, e malsucedido, para fotografar o monstro; desde então, realizam-se excursões periódicas de pesquisa para monitorar o lago por meio de sonares e para tirar fotos a bordo de minissubmarinos. Com 39 quilômetros de comprimento, um quilômetro e meio de largura e quase 300 metros de profundidade, o Lago Ness requer uma extensa supervisão. A teoria mais aceita nos dias de hoje é a de que o monstro do lago Ness seja uma espécie de plesiossauro – um réptil aquático que estaria extinto há setenta milhões de anos. De acordo com o biólogo marinho Jacques Cousteau, precisaria haver em torno de uma dezena dessas criaturas no lago Ness para que pudessem procriar e sobreviver como espécie.

Monte Meru Ver **Meru, Monte**.

Monte Olimpo Ver **Olimpo, Monte**.

Moore, Old (1656-1715) Autor do *Old Moore's Almanack* – uma famosa obra de referência em **Astrologia**. Old Moore era, na verdade, o dr. Francis Moore, professor, médico e astrólogo que publicou seu primeiro *Almanack* em 1699 para receitar pílulas e poções medicinais. Sua segunda publicação, lançada um ano depois, incluía previsões astrológicas. Esse almanaque continuou a ser publicado depois da morte de Old Moore e chegou a ter uma tiragem de meio milhão de exemplares. Ver também **Astrologia**.

Morte O fim da vida, descrita num popular grafite psicodélico como "a maior de todas as 'conquistas': por isso ela vem por último..." Os ocultistas consideram a morte como um estágio transitório caracterizado pela partida do **corpo astral** e pela sua jornada pelas esferas superiores. Os defensores do **espiritualismo** acreditam na possibilidade de nos comunicarmos, em **sessões**, com **espíritos presos à Terra** e que as pessoas à beira da morte podem aparecer em espírito aos entes queridos. Ver também **Aparição, Banshee, Reencarnação**.

Morte, A No **tarô**, carta dos **Arcanos Maiores** que retrata um esqueleto segurando uma foice sobre um campo repleto de corpos humanos. Um rio atravessa essa paisagem macabra e segue em direção ao **Sol**. Os ocultistas acreditam que a morte preceda o **renascimento** e que os instintos inferiores precisem "morrer" para que a pessoa possa chegar à **iluminação** espiritual. Na **magia** ocidental, que combina os caminhos do tarô dos Arcanos Maiores com as dez **sephiroth** da **Árvore da Vida**, o caminho da *Morte* liga **Netzach** a **Tiphareth**.

Mortuária, Magia Ver **Magia Mortuária**.

Morya Nome de um dos **mahatmas** que supostamente inspirou a formação da **Sociedade Teosófica** em 1875. Morya era também o **guru** pessoal de **madame Helena Blavatsky**.

Moses, Reverendo William Stainton (1839-1892) Clérigo anglicano e professor que passou a se interessar pela **pesquisa psíquica** depois que foi forçado a se aposentar em decorrência de sua saúde debilitada. Moses começou a investigar os fenômenos ligados ao **transe**, à **levitação** e à **escrita automática** em 1872 e convenceu-se de que estava em contato com um grupo de **espíritos** cujas personalidades se revelavam por meio de diferentes manuscritos. Moses ajudou a fundar a **Sociedade para a Pesquisa Psíquica** em Londres, no ano de 1882, e também formou a **London Spiritualist Alliance**, que se tornou o **College of Psychic Studies**. Moses editava a revista espiritualista *Light*, além de ter escrito vários livros, entre eles *Spirit Identity* (1879), *Psychography* (1882) e *Spirit Teachings* (1883). Depois de sua morte, ele e esse grupo de espíritos passaram a se comunicar por meio da mediunidade de **Leonore Piper**.

Moss, dra. Thelma Parapsicóloga norte-americana respeitada por suas investigações a respeito das aplicações da **fotografia Kirlian**. Segundo a dra. Moss, a corona de luz Kirlian pode dar indicações a respeito do estado de saúde do sujeito, além de ser potencialmente valiosa na pesquisa sobre o câncer. Ela também investigou as "**auras**" Kirlian de vários **agentes de cura pela fé** e foi membro do grupo de pesquisa do Instituto de Neuropsiquiatria da UCLA. Entre seus livros figuram *The Probability of the Impossible* (1974); *The Body Electric* (1979); e um livro pioneiro sobre o LSD: *My Self and I* (1962), escrito sob o pseudônimo de Constance Newland.

Movimento do Potencial Humano Termo dado ao movimento deflagrado no final da década de 1960 e início da de 1970, quando psicólogos e outros pensadores sociais começaram a explorar sistematicamente o potencial da consciência humana. Esse movimento inclui pesquisas acerca da relação mente-corpo, estudo das funções do lado esquerdo e direito do cérebro, das **experiências de pico** e dos estados místicos da consciência. Até certo ponto, o movimento combina elementos do que restou da era psicodélica dos anos 60 com o interesse renovado pelas filosofias orientais e pela **medicina holística**. Ele tem uma forte ligação com a **psicologia transpessoal** e com as atividades do **Instituto Esalen**, na Califórnia.

MT Ver **Meditação Transcendental**.

Mu Ver **Lemúria**.

Muçulmano Também maometano. Devoto do **Islamismo**; seguidor das doutrinas espirituais do profeta **Maomé**.

Mudança de Forma Capacidade **sobrenatural** de assumir a forma de um animal, pássaro ou criatura mítica. Essa capacidade é às vezes atribuída aos **bruxos**, aos **xamãs** e aos **feiticeiros**. Ver também **Licantropia**.

Mudra No **Hinduísmo**, gesto ritual feito com a mão durante o culto. Cada **divindade** requer um tipo de gesto: o culto de **Vishnu** requer dezoito mudras, o culto de **Shi-**

va requer dez, o culto de **Ganesha** requer sete e o culto de **Shakti** requer dez. A cada mudra é atribuído um significado **esotérico** especial. No Hinduísmo tântrico, o termo mudra é também usado para descrever a parceira no culto sexual e qualquer afrodisíaco feito de cereais, usado no culto ritual. Ver também **Tantra**.

Mukta No **Hinduísmo**, aquele que atingiu o **mukti** ou **moksha**, a "libertação" mística. O mukta não tem mais necessidade de reencarnar. Ver também **Reencarnação**.

Muktananda, Swami (1908-1982) Místico indiano praticante da **Siddha Yoga**. Devoto do falecido Swami Nityananda, Muktananda conseguiu uma reputação internacional como professor de **Kundalini Yoga** e visitou os Estados Unidos e a Austrália em várias ocasiões. Muktananda acreditava que a graça do **guru** era essencial para o despertar espiritual do discípulo. Ele afirmava que a subida da kundalini podia ocorrer se houvesse uma transmissão direta de pensamentos entre o discípulo e o guru, por meio do toque ou espontaneamente, por meio da devoção espiritual do aluno pelo mestre. Muktananda produziu vários guias práticos de Siddha Yoga. Entre seus vários livros figuram *Guru* e *Kundalini*. Atualmente, o trabalho de Muktananda é divulgado pela Siddha Yoga Foundation, liderada por Gurumayi Chidvilasananda.

Mukti Termo sânscrito para "libertação". É usado pelos hindus para designar a libertação (dos ciclos intermináveis de **renascimento**) conquistada por aquele que é iluminado e não precisa mais reencarnar. Esse conceito, em resumo, significa "libertação do karma". Ver também **Iluminação**.

Muladhara Na **Kundalini Yoga**, **chakra** ou centro energético que fica na base da espinha, onde a serpente **kundalini** está "enrodilhada", pronta para despertar. O chakra Muladhara é ativado quando se repete um **mantra** apropriado enquanto se medita sobre o símbolo **Tattva** da **Terra**, **prithivi**.

Mulaprakriti Termo sânscrito que significa "raiz da Natureza". Os teosofistas e ocultistas identificam esse termo com o **princípio feminino** que está por trás do universo manifesto e é a causa de **maya**.

Muldoon, Sylvan Pioneiro norte-americano na pesquisa sobre **projeção astral**. Muldoon começou a ter "dissociações psíquicas" aos doze anos de idade e contou à mãe sobre o seu interesse em **espiritualismo**. Foi quando visitava uma associação espiritualista em Clinton, no Iowa, que ele fez sua primeira projeção astral. Muldoon, que estava adoentado na época, estava deitado na cama quando tomou consciência de que tinha dois corpos – um dos quais estava "projetado" num ângulo oblíquo com relação ao outro. Muldoon reparou no famoso "cordão" que, segundo muitos relatos, caracteriza a **experiência fora do corpo**: "Meus dois corpos idênticos estavam ligados por meio de uma espécie de cordão elástico, uma ponta do qual ligada à região da medula oblonga da parte astral, enquanto a outra ficava entre os olhos do corpo físico." A obra clássica de Muldoon, *Projeção do Corpo Astral* (publicada pela Editora Pensamento), escrita em co-autoria com **Hereward Carrington**, foi publicada pela primeira vez em 1929 e continua em catálogo até os dias de hoje.

Mulher Mutante Divindade benfazeja entre os índios navajo. Ela é uma das consortes do **Sol** e mãe de gêmeos: o Assassino de Monstros e a Criança da Água, que mataram os monstros que afligiam a humanidade.

Multilocação Na **parapsicologia**, situação em que o corpo (ou imagem corporal) parece estar presente em três ou mais lugares diferentes ao mesmo tempo. Ver também **Projeção Astral**; **Bilocação**; **Dissociação**; **Experiência Fora do Corpo**.

Mumford, Jonn (1937-) Nascido em Ontário, no Canadá, e morando agora em Sydney, Austrália, o dr. Mumford é considerado no mundo todo como um dos maiores expoentes em magia **tântrica**. Depois de estudar quiroprática nos Estados Unidos e depois em Sydney, o dr. Mumford especializou-se por muitos anos no tratamento de distúrbios musculares e ósseos. Contudo, ele sempre teve grande interesse em metafísica e no **misticismo** oriental. Em 1973, ele foi iniciado por Paramahansa Swami Satyananda Saraswati, de Bihar, na Índia, e agora faz oficinas e seminários no mundo todo, sobre temas como relaxamento, sexualidade, **tantra** e **yoga**. Suas obras mais conhecidas são *Ecstasy Through Tantra*, *Karma Manual* e *Psychosomatic Yoga*.

Mumificação Antiga prática egípcia de embalsamar corpos humanos e também corpos de animais sagrados. No antigo Egito, o corpo era considerado uma parte vital da identidade humana e a vida depois da morte, impossível sem ele. Quando uma pessoa morria, os intestinos e outros órgãos eram retirados e as cavidades do corpo eram preenchidas com incensos e betume. Os órgãos removidos eram embalados separadamente e preservados em vasos chamados "canopos". Esses vasos e o corpo mumificado eram enterrados juntos. A mumificação era uma prática comum na época da compilação dos Textos das Pirâmides (por volta de 2400 a.C.) e continuou sendo até o século V d.C., quando foi substituída pelas práticas funerárias cristãs.

Mundana, Astrologia Ver **Astrologia Mundana**.

Mundanos, Aspectos Ver **Aspectos Mundanos**.

Mundo, O No **tarô**, carta dos **Arcanos Maiores** que mostra uma donzela dançando dentro de uma grinalda feita de trigo. Essa carta é uma reminiscência da mitologia em torno da deusa grega **Perséfone** e representa a descida ao **Mundo Subterrâneo** da **psique** inconsciente. Perséfone simboliza o trigo; mas depois que foi raptada por **Hades**, ela também se tornou a Rainha dos Infernos. Perséfone passou então a representar tanto a vida quanto a morte e foi uma figura importante nos **Mistérios de Elêusis**. A figura retratada na carta do *Mundo* parece feminina, mas seus genitais não estão expostos: ela é na verdade andrógina – refletindo os aspectos promovedores de harmonia e união do **Pilar do Meio** da **Árvore da Vida** cabalística. Ela é a personificação do **Shekhinah** judaico e o primeiro "caminho" rumo ao inconsciente. Na **magia** ocidental, *O Mundo* é considerado o principal caminho iniciatório que liga **Malkuth** e **Yesod** e também um representante do **Kether** num plano inferior: "Como em cima assim embaixo." Ver **Cabala**; **Macrocosmo e Microcosmo**.

Mundos, Os Quatro Na **Cabala**, os quatro planos de manifestação criativa. O mais elevado é **Atziluth**, o mundo dos arquétipos. Em **Briah**, o mundo da criação, esses arquétipos começam a se cristalizar em idéias específicas; enquanto em **Yetzirah**, o mundo da formação, imagens tornam-se tangíveis. Elas assumem forma física no quarto mundo, **Assiah**. Os quatro mundos podem ser correlacionados às sephiroth **Kether**, **Tiphareth**, **Yesod** e **Malkuth**, respectivamente. Ver também **Emanações**; **Cabala**; **Árvore da Vida**.

Mundo Subterrâneo Em muitas **mitologias** do mundo antigo, domínio sob a Terra para onde as almas dos mortos se dirigiam depois da **morte**. Na mitologia grega, o **Hades** estava localizado no Ocidente, no limiar da Terra. Dizia-se que havia cinco rios no Mundo Subterrâneo: **Aqueronte** (desolação), Cocito (espera), Lete (esquecimento), Piriflégeton (fogo) e **Estige** (pelo qual os **deuses** selavam seus juramentos). **Caronte** levava os mortos, em sua barca, até a entrada do Mundo Subterrâneo, guardado por **Cérbero**. Os mortos eram depois julgados e, conforme esse julgamento, eram levados para os abençoados **Campos Elísios** ou condenados a viver no mundo de tormentos do **Tártaro**. Na mitologia escandinava, **Niflheim** ficava no Norte gelado.

Muni No **Hinduísmo** e na **yoga**, santo ou homem de grande sabedoria. **Gautama Buda**, que era membro do clã Sakya, é às vezes chamado de **Sakyamuni**.

Murphy, Bridey Caso famoso de suposta reencarnação. O empresário norte-americano Morey Bernstein hipnotizou uma mulher chamada Ruth Simmons, que na época parecia capaz de se lembrar da sua vida anterior na Irlanda, quando se chamava "Bridey Murphy". Sob hipnose, Simmons afirmava que havia nascido em Cork, no ano de 1798, morrido em 1864 e voltado a nascer nos Estados Unidos, em 1923. Bridey falava com sotaque irlandês e dava detalhes acerca de palavras e nomes de lugares pouco conhecidos, cuja autenticidade foi depois confirmada. Esse caso continua controvertido, embora alguns críticos acreditem que Simmons tenha simplesmente trazido à tona lembranças e impressões subconscientes referentes a histórias que lera na infância.

Murphy, dr. Gardner (1895-1975) Renomado psicólogo que se tornou presidente da **Sociedade para a Pesquisa Psíquica** dos Estados Unidos, no ano de 1962. Os principais temas de sua pesquisa eram a **telepatia**, a **clarividência**, a **precognição** e as provas da vida após a morte. Ex-professor de psicologia do City College of New York, Murphy escreveu o definitivo *Historical Introduction to Modern Psychology* (1929; revisado em 1949), assim como vários livros sobre **parapsicologia**, incluindo *William James and Psychical Research* (1960) e *The Challenge of Psychical Research* (1961).

Murray, dr. George Gilbert (1866-1957) Professor australiano de grego da Oxford University (1908-1936) que descobriu sua notável capacidade telepática enquanto jogava xadrez com a mulher e os filhos. Ele posteriormente apresentou à **Sociedade para a Pesquisa Psíquica** da Grã-Bretanha um relato detalhado a respeito de seus experimentos e tornou-se seu presidente de 1915 a 1916. Considerado uma autoridade em literatura e religião gregas, Gilbert acreditava que o conceito grego clássico de "simpatia" era extremamente semelhante à noção moderna de **telepatia**.

Murray, Margaret A. (1862-1963) Egiptóloga e antropóloga inglesa que defendia a idéia de que a **bruxaria** era um remanescente de uma antiga religião centrada na **deusa mãe** e no **Deus Cornífero**, e que essa tradição existiu em segredo ao longo de todas as eras, até os dias de hoje. O livro de Murray, *The Witch-Cult in Western Europe* (1921), "reconstrói" a Antiga Religião e apresenta a teoria de que as **bruxas** foram injustamente perseguidas por seguirem uma religião que supostamente rivalizava com o Cristianismo. Muito embora exerça um forte apelo romântico sobre os praticantes contemporâneos da **Wicca**, o conceito de uma tradição linear de bruxaria não é aceito pela maioria dos eruditos modernos.

Murta Planta ornamental associada simbolicamente ao amor e ao casamento. Os antigos egípcios consagraram-na a **Hathor** e, na antiga Grécia, ela foi consagrada a **Afrodite** – ambas **divindades** do amor. De forma parecida, na antiga Roma, onde a deusa **Vênus** regia o amor e a fertilidade, as noivas usavam grinaldas de flores de murta no dia do casamento.

Muryans Nas lendas folclóricas da Cornualha – região peninsular da Grã-Bretanha –, **fadas** que a princípio são maiores do que os seres humanos, mas que, ano a ano, ficam cada vez menores até se transformar em formigas e morrer.

Musas, As Na **mitologia** grega, personificação da inspiração criativa. As Musas eram as nove filhas de **Zeus** e Mnemosina e cada uma delas tinha uma determinada especialidade: Calíope (poesia épica), Clio (história); Érato (poesia romântica); Euterpe (música e poesia lírica); Melpômene (tragédia); Polímnia (hinos e música sacra); Terpsícore (dança); Tália (comédia); e Urânia (astronomia). Homer, Hesíodo e Virgílio escreveram invocações às Musas e muitos poetas ingleses, entre eles **William Blake**, Milton, Byron e Spenser, acreditavam que eram inspirados pelas Musas.

Música das Esferas Conceito apresentado por **Pitágoras** que propõe a relação matemática entre as notas da escala musical e as órbitas das esferas planetárias. A ligação simbólica entre os corpos celestes e a música também interessou místicos da Renascença como **Marsílio Ficino**, que investigou a correlação entre as diferentes estrelas e constelações e as notas musicais.

Myers, Frederic William Henry (1843-1901) Erudito, poeta e ensaísta clássico que ajudou a fundar a **Sociedade para a Pesquisa Psíquica** (SPP) em Londres, no ano de 1882, e tornou-se seu presidente em 1900. Myers era um dos investigadores da **médium psíquica** norte-americana **Leonore Piper** e foi quem cunhou o termo **telepatia**. Era considerado um dos membros mais ativos da SPP e dedicava a maior parte do seu tempo à pesquisa psíquica. Myers acreditava que os fenômenos psíquicos tinham origem na "consciência subliminar" e que muitas capacidades psíquicas – como a **clarividência**, a **telecinese** e a **escrita automática** – derivavam desse nível negligenciado da mente. Myers colaborou com **Frank Podmore** e com **Edmund Gurney** na produção de *Phantasms of the Living* (1886) e estava trabalhando numa obra monumental intitulada *Human Personality and Its Survival of Bodily Death* (1903) na ocasião de sua morte. Ela foi concluída por **Richard Hodgson** e Alice Johnson e publicada postumamente. Considerada um dos principais trabalhos sobre pesquisa psíquica, ela resume as principais teorias e descobertas experimentais de Myers.

Mysteria Mystica Maxima Loja britânica da **Ordo Templi Orientis** fundada, em 1912, pelo mago cerimonial **Aleister Crowley**. Seu principal membro foi **Victor Neuburg**. Crowley posteriormente fundiu a M∴ M∴ M∴ com sua ordem oculta, a Argenteum Astrum, ou A∴ A∴.

N

Nada Na **Siddha Yoga**, música ou sons divinos que podem ser ouvidos em estados profundos de **meditação**.

Nada Divino O nada que transcende a existência, conhecido na **Cabala** como **Ain Soph Aur**, a "Luz Ilimitada" que ainda não se tornou específica, ou manifesta.

Nadi Na **Kundalini Yoga**, canal do corpo por meio do qual a **força vital**, ou **prana**, supostamente flui. Num sentido físico, os vasos sanguíneos, os nervos e os canais linfáticos são considerados nadis; mas também existem canais "sutis" que, assim como os **chakras**, não têm base fisiológica. De acordo com diferentes fontes, podem existir de 72 mil a 350 mil nadis no corpo humano, mas os três principais – que são fundamentais para a subida da **kundalini** – são **ida**, **pingala** e **sushumna**. Ver também **Yoga**.

Nadir Na **astrologia**, ponto da abóbada celeste diretamente oposto ao **zênite**; o ponto oposto àquele que fica sobre a nossa cabeça. Não deve ser confundido com o **imum coeli**.

Nadisuddhi Na **yoga**, a purificação dos **nadis**, ou canais energéticos, por meio da combinação da respiração com exercícios mentais.

Nag Hammadi, Biblioteca de Coleção de textos **gnósticos** descobertos em 1945 num cemitério próximo a Nag Hammadi, cidade localizada ao sul do Cairo, às margens do Nilo. A Biblioteca de Nag Hammadi compara-se, em importância, à descoberta dos **Manuscritos do Mar Morto** e oferece uma perspectiva esclarecedora a respeito das crenças religiosas cultivadas durante os anos de formação do Cristianismo. A Biblioteca inclui textos como O *Evangelho da Verdade*, O *Evangelho de Tomé*, A *Sophia de Jesus Cristo* e vários textos apocalípticos. Esses textos são especialmente significativos porque antes de sua descoberta, as únicas fontes de informação acerca da filosofia gnóstica eram os escritos de porta-vozes da Igreja como Irineu, Clemente, Hipólito e Tertuliano, que combatiam as crenças gnósticas. Os textos da Biblioteca de Nag Hammadi, publicados pela primeira vez na Inglaterra em 1977, apresentam o Gnosticismo em seus próprios termos.

Nagarjuna Sábio budista da Índia que viveu no século II d.C. e ensinava a doutrina do chamado **Caminho do Meio** entre a existência e a não-existência. De acordo com esse ensinamento, "Nada passa a existir nem desaparece. Nada é eterno nem chega a um fim. Nada é idêntico nem diferente. Nada se move numa direção nem em qualquer outra". Transcendendo esses paradoxos, ensinava Nagarjuna, é possível conhecer o **Vazio (sunyata)**. Segundo a crença, Nagarjuna recebeu esses ensinamentos das **nagas**, ou serpentes, que foram incumbidas de guardá-los por **Gautama Buda**. A doutrina do sunyata é seguida pelos devotos do **Budismo Mahayana**.

Nagas Na **mitologia** indiana, serpentes que viviam sob a superfície da Terra, em templos e palácios magníficos. Comandadas pela gigantesca serpente **Vasuki**, as nagas às vezes apareciam na forma humana e outras vezes com a aparência de monstros. Contudo, elas também tinham um papel esotérico; de acordo com uma tradição budista, **Gautama** transmitiu alguns dos seus ensinamentos mais profundos a elas – especialmente a doutrina do **Vazio** universal (**sunyata**), que era abstrata demais para que a maioria das pessoas entendesse. Sete séculos depois, o grande sábio **Nagarjuna** ("Arjuna das Nagas") foi iniciado pelas nagas na verdade esotérica de que "tudo é Vácuo", e acabou por dar origem à doutrina que diferencia o **Budismo Mahayna** da escola **Hinayana**. Ver também **Budismo**.

Nagual Também Nawal. Na **magia** e no **folclore** popular da América Central, **bruxa** capaz de se transformar num animal, geralmente com propósitos sinistros e malévolos. Esse termo é às vezes usado para designar um "**espírito** companheiro" ou *alter ego*; e se acontecer de o nagual se ferir, isso repercute na bruxa ou **feiticeiro** em questão. Ver também **Licantropia**; **Xamanismo**; **Feitiçaria**.

Náiades Na **mitologia** grega, **ninfas** dos rios, dos regatos e das fontes.

Naljorpa No **misticismo** tibetano, "aquele que conquistou a perfeita serenidade". Esse termo é geralmente usado para designar um **místico** ou **adepto** dotado de poderes mágicos, capaz de entrar em estados de transe e de ter **sonhos** divinatórios.

Namaskara No **Hinduísmo**, saudação feita em devoção a **Deus**. As palmas são unidas e as mãos tocam o ponto da testa popularmente conhecido como **terceiro olho**. Essa saudação representa o encontro dos aspectos inferiores e superiores da natureza humana.

Namastê Ver **Namaskara**.

Namu Amida Butsu No **Budismo Shin** japonês, **mantra** ou **oração** sagrada, recitada pelos devotos como meio de alcançar a salvação. Sua tradução é "Eu me refugio no Buda Amida".

Nanak Entre os **sikhs**, termo aplicado coletivamente para designar os dez gurus sikh, cujo primeiro foi o **Guru Nanak**. Os sikhs acreditam que esses gurus sejam um só em **espírito** e formem uma unidade coletiva.

Nanak, Guru (1469-1538) Fundador da comunidade **sikh** e o primeiro numa sucessão de dez gurus, Nanak nasceu em Talwandi, perto de Lahore, no Paquistão. Quando tinha por volta de trinta anos, tornou-se **asceta** e viajou por toda a Índia e a Ásia ocidental, encontrando líderes espirituais de diferentes tradições religiosas. Sua busca era pela "luz interior" que, segundo ele acreditava, tinha desaparecido tanto do **Islamismo** quanto do **Hinduísmo**.

Nanak passou a acreditar num **Deus** que era tanto **transcendente** quanto **imanente**, "presente em todo lugar" da criação. Esse Deus podia ser encontrado por meio da **meditação**, especialmente aquela fundamentada no nome divino. Nanak não aceitava o conceito de **avatar**, embora ele próprio tenha sido considerado um homem santo, especialmente em Punjab, na Índia. Ver também **Nome Divino**.

Nandi Nome do touro cor-de-leite ocultado por **Shiva**, deusa hindu da destruição e dos desastres.

Nanna Deusa lunar sumeriana e contraparte do Sin babilônico.

Não-apego Expressão proposta pelo escritor e filósofo britânico **Aldoux Huxley** para caracterizar o caminho **místico**. De acordo com Huxley, o místico é capaz de viver sem apego a bens, desejos, riquezas, fama ou emoções. O conceito partiu da doutrina hindu do **maya**, segundo a qual o mundo manifesto é fundamentalmente ilusório.

Não-coisa Aquilo que não é nada em particular e, por isso, abrange tudo. Desse ponto de vista, é possível formular o conceito, presente tanto no Cristianismo quanto no **misticismo** judaico, de que a palavra foi criada a partir do nada (isto é, do Infinito). Na **Cabala**, o nome dado à Luz Infinita, ou **Divindade**, é **Ain Soph Aur**.

Não-mente Doutrina **zen** atribuída a Hui-Neng (638-713), o pai do **Budismo** chinês, segundo o qual o objetivo do Zen era observar o **eu** interior da pessoa, que por sua vez significa "ver dentro do nada". Para atingir esse objetivo, a pessoa tinha de aprender a aplicar os princípios da não-mente (isto é, transcender os processos do próprio pensamento).

Não-REM, Período (NREM) Na **parapsicologia**, período de sono durante o qual os olhos não se movimentam. Essa é a fase do sono em que não há sonhos. Ver também **REM, Períodos**.

Naraka Na **mitologia** hindu, inferno retratado como um mundo de trevas onde os ímpios eram atacados por serpentes, insetos venenosos, gases nocivos, chamas e óleo ardente. É no Naraka que as almas perversas são purificadas antes de **reencarnar**.

Narasinha Na **mitologia** indiana, a quarta **encarnação** de **Vishnu**. De acordo com a lenda, um **demônio** chamado Hiranya-Kasipu tivera a audácia de afirmar que Vishnu não era onipresente. Golpeando uma coluna de um palácio, ele perguntou com insolência se Vishnu estaria ali dentro. Vishnu emergiu da coluna na forma de Narasinha, um homem com cabeça de leão, e destruiu o demônio.

Narayana O mais sagrado nome de **Vishnu** e aquele que serve num **mantra** iniciatório usado pelos vaisnavas. Esse nome significa "que se move sobre as águas" e se refere à origem de Narayana, nascido do **ovo** primordial, que flutuava nas águas antes da Criação. A criação de todo o universo é resultado de sua **vontade**.

Nastrond Na **mitologia** escandinava, região infernal situada nas profundezas de **Niflheim** (o Norte gélido) e considerada uma morada sombria, distante do Sol e com muros formados por um emaranhado de serpentes peçonhentas. Nastrond era cercado pela monstruosa serpente Nidhoggr, que atormentava os mortos. Foi em Nastrond que **Loki** foi acorrentado a uma rocha.

Nat No **folclore** birmanês, **espíritos da natureza** que vivem na floresta e moram nas árvores. Os *nats* têm um caráter predominantemente malévolo, embora às vezes sirvam como guardiões domésticos. São uma característica marcante do **animismo** birmanês.

Natal, Astrologia Ver **Astrologia Natal**.

Natal, Mapa Ver **Mapa Natal**.

Nataraja Nome de **Shiva** em sua forma de senhor da dança, que por meio dela cria o universo e depois o destrói num ato de fúria insana.

Natema Entre os índios jivaro do Equador, bebida alucinógena feita das folhas da **banisteriopse** e usada como sacramento. Os **xamãs** jivaro tomam essa bebida para provocar visões iniciatórias. Ver também **Alucinação**; **Iniciação**.

Natividade Ver **Mapa Natal**.

Natura naturans Conceito apresentado pelo filósofo espanhol de ascendência árabe Averróis (1126-1198), que descreveu **Deus** como o poder ativo por trás da Natureza. Averróis teceu comentários filosóficos que ficaram conhecidos no Ocidente graças à tradução latina. A expressão *Natura naturans* foi posteriormente usada pelo filósofo holandês Baruch Spinoza (1632-1677), segundo o qual toda mente e matéria é uma manifestação da substância todo-abrangente que é Deus.

Natural, Magia Ver **Magia Natural**.

Natureza, Culto à Culto às forças da Natureza, sustentadoras da vida e personificadas pelos ciclos das estações, que propiciam o eterno renascimento da primavera e da nova vida. O culto à Natureza também se relaciona à fertilidade e à sexualidade, e é geralmente associado às divindades da **Terra** e da **Lua**. O culto à Natureza é praticado na **bruxaria moderna**, que em grande parte deriva da tradição mítica celta. Ver também **Celtas**; **Elêusis, Mistérios de**.

Nawal Ver **Nagual**.

Nebulosas Agrupamentos de estrelas. Na **astrologia**, caso estejam ascendendo no momento do nascimento ou em **conjunção** com a **Lua,** as nebulosas são consideradas um **aspecto** negativo com relação aos olhos. Por exemplo, as Plêiades de **Touro** são associadas a uma possível cegueira. Em geral, as principais nebulosas (Presépio, Híades, as Plêiades, Aldebaran-Antares e Aselli) são associadas a distúrbios oculares surgidos espontaneamente, devido a problemas genéticos (quando afligidas por **Saturno**) ou como resultado de um acidente (quando afligidas por **Marte**). Ver também **Maléfica**.

Necessidade Na **mitologia** romana, deusa que governa o destino da humanidade. Ela era mãe das três **Fadas** e a contraparte da deusa grega **Têmis**.

Necrofilia Relação sexual com um cadáver. Essa prática às vezes ocorre com assassinos psicopatas que acreditam que suas vítimas ainda estão vivas. A necrofilia também é uma característica das formas mais degeneradas de **magia negra**.

Necromancia Do grego *nekros*, "morto", e *manteia* "divinação", forma de **divinação** em que os **espíritos** dos mortos são evocados para fazer **presságios** com relação a acontecimentos futuros. A Bíblia descreve como as Bruxas de Endor evocaram o espírito de Samuel para responder às perguntas de Saul; e Lucano descreve, em *A Farsália*, um **ritual** de necromancia em que uma **feiticeira** usa em seus ritos o corpo de um soldado morto e outros ingredientes sinistros. Em tempos mais recentes, o famoso ocultista francês **Éliphas Lévi** tentou evocar o espírito de **Apolônio de Tiana** apelando para **Hermes, Asclépio** e **Osíris** e, finalmente, para o próprio Apolônio. Um relato dessa bizarra conjuração é feito em *Dogma e Ritual da Alta Magia* (publicado pela Editora Pensamento), que descreve os resultados como a seguir: "Chamei três vezes Apolônio, fechando os olhos; e, quando os abri, um homem estava diante de mim, envolto inteiramente por uma espécie de lençol... a sua forma era magra, triste e imberbe." A figura fantasmagórica desapareceu quando Lévi brandiu sua espada ritual em frente a ela, mas reapareceu logo. Lévi conta que "a forma não me tinha falado, mas pareceu-me que as perguntas que lhe tinha de fazer se tinham resolvido por si mesmas no meu espírito".

Néctar Na **mitologia** grega, a bebida dos **deuses**. O néctar era servido pelos escanções Ganimeda (Hebe) e Ganimedes.

Nefelomancia Divinação pela interpretação do formato e da direção das nuvens.

Néftis Na **mitologia** egípcia, **deusa** associada à morte. Néftis era consorte de **Set**, mas deu à luz **Anúbis** depois de se envolver com **Osíris** sob o disfarce de **Ísis**. Néftis tinha poderes mágicos e sabia transformar pessoas em animais com o intuito de defendê-las. Ela também podia ressuscitar os mortos. Essa deusa protegia os mortos no **Salão de Julgamentos** de Osíris.

Negra, Magia Ver **Magia Negra.**

Negras, Artes Ver **Artes Negras.**

Nembutsu No **Budismo Shin** japonês, ato de recitar o **mantra** sagrado, **Namu Amida Butsu.**

Nêmesis Na **mitologia** grega, **deusa** da ira e da vingança que castigava aqueles que desrespeitavam o código moral. Passou a ser a missão de Nêmesis incentivar a moderação na sociedade e combater o orgulho e a arrogância. Nêmesis era filha de Érebo e **Nix.**

Neófito Aquele que se candidata à iniciação.

Neopaganismo Termo genérico usado para descrever os seguidores da **Wicca**, o culto à **Deusa** e as formas contemporâneas de **xamanismo** e de rituais centrados na terra. Os neopagãos reverenciam a força vital e os ciclos sagrados da Mãe Natureza e prestam homenagens a Ela por meio de uma variedade de rituais ecléticos, cuja maioria deriva de formas contemporâneas de **bruxaria.**

Neophyte Na **Ordem Hermética da Aurora Dourada**, o grau probatório do *Neophyte* não era atribuído à **Árvore da Vida**; contudo, esperava-se proporcionar ao candidato a esse grau um vislumbre da **Luz**, à qual ele aspirava nos trabalhos cerimoniais subseqüentes. Dessa maneira, para esses praticantes ocultistas o grau de *Neophyte* era considerado extremamente simbólico e significativo.

Neoplatonismo Escola de filosofia que acrescentava às idéias de **Platão** conceitos de várias religiões orientais. O Neoplatonismo foi desenvolvido no século III por **Plotino** e seus sucessores, **Jâmblico, Porfírio** e Proclo. De acordo com essa filosofia, toda existência material e espiritual emana da Unidade – a **Divindade** transcendente – por meio das ações da mente divina, ou **logos**, e da **alma do mundo**. O Neoplatonismo foi banido pelo Imperador Justiniano I, no ano de 529, mas foi revivido no período renascentista por **místicos** como **Pico della Mirandola** e **Marsílio Ficino.**

Nepentes Remédio mágico que aliviava a tristeza e o pesar. De acordo com a **Odisséia**, Polidama, a Rainha do Egito, distrai Helena de Tróia e lhe dá essa bebida para acabar com sua melancolia.

Nephesh Na **Cabala**, os instintos animais. Alguns praticantes de **magia** ocidental atribuem Nephesh à décima **sephirah** da **Árvore da Vida, Malkuth**. No entanto, é mais apropriado ligá-la à nona sephirah, **Yesod** – centro energético simbólico da sexualidade, da fertilidade e dos aspectos mais primitivos da consciência humana. Yesod é também a esfera da **Lua**. Pode-se dizer que a **bruxaria moderna** é uma forma de culto a Nephesh.

Nereidas Outro nome das **Oceânidas** ou ninfas do mar. As Nereidas eram filhas de Nereu, filho de **Oceano.**

Neshamah Na **Cabala**, a parte espiritual da **alma**: o eu espiritual mais elevado do ser humano. Neshamah é identificada com os três **supernais** da **Árvore da Vida**: **Kether, Chokmah** e **Binhah**, que são as três **sephiroth** "superiores" retratadas no corpo de **Adão Kadmon.**

Neti Neti Frase hindu que significa "nem isto nem aquilo". É usada pelos praticantes do **Vedanta** para enfatizar que a Realidade suprema não pode ser compreendida pelos atributos físicos ou mentais e que a natureza da **Divindade** é um estado transcendente e todo-abrangente em que o **eu** é absorvido por Brahman. Comparar com **Advaita**.

Netuno Contraparte romana do deus grego **Posídon**, senhor dos mares e irmão de **Zeus**.

Netuno Na **astrologia**, **planeta** que simboliza os princípios divinos e que equivale ao "**espírito** de Deus que se move sobre as águas". Netuno é o Oceano Infinito do qual se originou o universo e é por isso associado à consciência e sabedoria espirituais. Os astrólogos costumam classificar Netuno como um **planeta feminino**, embora tivesse conotação masculina na **mitologia** romana. Na tradição oculta ocidental, a **Água** é considerada um **elemento** feminino.

Netzach Do hebraico, "vitória" ou "resistência", a sétima **emanação** ou **sephirah** na **Árvore da Vida** cabalística. Na **magia** ocidental, Netzach é considerada a esfera da criatividade, da subjetividade e das emoções – um contraste evidente com a esfera de **Hod**, que representa o intelecto e o pensamento racional. Netzach é a esfera do amor e da paixão espiritual e é por isso associada pelos **ocultistas** com divindades como **Afrodite**, **Vênus** e **Hathor** e com qualquer outra deusa que personifique essas qualidades.

Neuburg, Victor (1883-1940) Poeta e ocultista que, por certo período, foi o parceiro homossexual de **Aleister Crowley** nos ritos de **magia sexual**. Neuberg, que passou a fazer parte das ordens mágicas de Crowley, a **Argenteum Astrum** e a **Mysteria Mística Maxima,** partilhava com ele a crença de que a forma humana perfeita era a **andrógina** celestial – uma figura que continha as duas polaridades sexuais. Foi na companhia de Neuberg que, em 1909, Crowley viajou para o deserto algeriano, onde invocaram as chamadas **Trinta Aethyrs** da **magia enochiana** – poderosas **conjurações** derivadas do trabalho do **dr. John Dee** e **Edward Kelley**. Crowley concentrava-se num grande topázio enquanto fazia as conjurações e Neuberg transcrevia o que Crowley falava em estado de transe. Os resultados dessa cerimônia foram relatados no livro de Crowley *Vision and the Voice* (1929) e na obra biográfica de Overton Fuller, *The Magical Dilemma of Victor Neuberg* (1965). Numa época posterior de sua vida, Neuberg passou a evitar Crowley, até decidir abandonar definitivamente o ocultismo. No mundo literário, ele é lembrado como a força inspiradora da carreira de Pamela Hansford Johnson e Dylan Thomas.

Neumann, Teresa (1898-1962) Famosa estigmatizada que nasceu em Konnersreuth, na Alemanha, e morou nessa cidade por toda a vida. Depois de machucar as costas numa fazenda, em 1918, ela ficou presa à cama e padeceu de vários problemas de saúde, entre eles a paralisia nas pernas, apendicite e cegueira temporária. Teresa começou então a rezar à Santa Terezinha de Lisieux, no ano de 1923, e conseguiu recuperar a visão; dois anos depois, ela se livrou de todos os males que a afligiam, depois de recorrer à mesma santa. Em 1926, Teresa começou a apresentar **estigmas** nas mãos, nos pés e no lado do corpo, e passou a ter visões da Paixão de Cristo toda semana, por vários anos. Enquanto estava em estado de **transe**, as feridas sangravam e ela conseguia sobreviver comendo pouco ou quase nada. De 1920 a 1930, a vila em que Teresa morava tornou-se um local de peregrinação, embora a Igreja Católica Romana a visse com certa reserva, até finalmente desacreditá-la em 1938. No final da vida, seus estigmas pareceram diminuir.

Newbrough, dr. John Ballou (1828-1891) Espiritualista norte-americano, praticante da **escrita automática**, que dizia ter escrito a notável *Oahspe* ou **Bíblia de Kosmon**, por meio de seus contatos **psíquicos** com os **anjos**. A *Oahspe* foi publicada pela primeira vez anonimamente, no ano de 1882, mas uma carta enviada para o periódico de Boston *The Banner of Light* revelava que o dr. Newbrough havia escrito essa obra no escuro, usando uma máquina de escrever guiada por "alguma outra inteligência". Newbrough levou cinqüenta semanas para terminar o livro e afirmou que, durante o trabalho, ele às vezes podia ver, acima da cabeça, as mãos dos anjos, totalmente materializadas.

New Isis Lodge Ordem mágica (1955-1962) fundada na Inglaterra pelo ocultista **Kenneth Grant**. Loja da **Ordo Templi Orientis**, a New Isis Lodge combinava o culto de **Nut** e de **Ísis** com os princípios da magia sexual formulados por **Aleister Crowley**. Ver também **Magia Sexual**.

Ngathungi Técnica usada pelos aborígines da região do Baixo Murray, na Austrália. O **curandeiro** tem um instrumento chamado *pointing bone* (literalmente "osso de apontar"), que é atado a um objeto com o qual a vítima tenha entrado em contato. Ele pega na mão esse objeto e diz: "Que o alento abandone o corpo..."; em seguida entoa canções de inimizade por uma hora, dirigidas à vítima. Depois ele se concentra nessa pessoa com o olho da mente, até visualizá-la, e envia a instrução "Morra!"

Niampar Jagpa No **misticismo** tibetano, qualquer técnica usada para levar a mente a um estado de total quietude e para prepará-la para a **meditação**. Essa expressão significa "tornar igual" ou "nivelar" e se refere ao ato de eliminar as "ondas" de agitação que fustigam a mente na consciência normal.

Nibbana Equivalente budista do **nirvana** hindu. Os budistas, contudo, não dão muita ênfase à aniquilação do **eu** e se referem ao nibbana como um estado de consciência em que a cobiça, o ódio e a ilusão – os três venenos – foram superados. O místico que atinge o nibbana está livre da ilusão e sua obra está, portanto, completa. Ver também **Budismo**; **Hinduísmo**.

Nibelungen Na **mitologia** escandinava e teutônica, povo de anões que vivia embaixo da terra, em **Niflheim**, e possuía grandes tesouros até ser conquistado por **Siegfried**.

Nictalopes Pessoas que só conseguem enxergar bem no escuro – um fenômeno com poucos registros nos anais da medicina.

Nidhoggr Na **mitologia** escandinava, serpente monstruosa que roia constantemente as raízes da **Yggdrasil**, a árvore do mundo, na tentativa de destruir os alicerces da Terra. Ela vivia perto de **Nastrond**, nas profundezas geladas de **Niflheim**.

Niflheim Mundo Subterrâneo escandinavo, regido pela deusa **Hel**. Situado numa região gelada, no extremo norte, Niflheim era o reino das **almas** dos mortos. Era a morada da monstruosa serpente **Nidhoggr**.

Niggun Em certas formas de **Hassidismo**, melodia sem palavras, usada para induzir estados de consciência meditativos.

Nigromancia Do latim *niger*, "preto", termo às vezes usado de forma equivocada para designar a **magia negra**. A palavra nigromancia é, na verdade, uma variante de **necromancia**, que deriva da palavra grega *nekros*, "corpo".

Nimbo Halo de luz que às vezes é retratado em volta dos santos e das personagens divinas (Cristo e os santos cristãos, por exemplo). Alguns **ocultistas** acreditam que o nimbo possa ser uma representação simbólica da **aura** espiritual.

Ninfa No **folclore** popular, nome genérico dado às criaturas espirituais que, segundo a crença, residiam em vários locais diferentes. Na antiga Grécia, elas eram conhecidas do seguinte modo: **Oceânidas** (ninfas dos mares e oceanos); **Dríades** (ninfas que viviam nas árvores); **Oréades** (ninfas das montanhas); e **Náiades** (ninfas dos rios e regatos). As Oceânidas, as Oréades e as Náiades eram imortais, mas as Dríades morriam junto com as árvores que habitavam. Ver também **Hamadríades**.

Niopó Pó com efeitos alucinógenos, feito das sementes de angico-branco (*Anadenanthera colubrina*) e de paricá-de-curtume (*Anadenanthera peregrina*); também conhecido como *cohoba*. Usado como rapé, era inalado pelos incas pré-coloniais para produzir um estado hipnótico que propiciava visões. Diferentemente do que acontece nas Antilhas, ainda é usado pelos índios mashco do nordeste da Argentina. Ver também **Alucinação**.

Nirang No **Zoroastrismo,** urina de touro consagrada. O nirang é bebido pelo **sacerdote** e esfregado no corpo durante a cerimônia de purificação do *bareshnum*. Segundo os que professam essa crença religiosa, a urina confere poder espiritual e místico.

Nirmanakaya No **Hinduísmo**, tipo de **nirvana** em que o mestre espiritual opta por não realizar a união final com **Brahman**, preferindo ajudar a humanidade e manter contato com o mundo físico. O Nirmanakaya é o nível de consciência espiritual atribuído ao **bodhisattva**.

Nirvana No **Hinduísmo** e na **yoga**, união com a **Divindade** suprema – **Brahman**. No nirvana, o **ego** é transcendido e o **eu** se funde com Brahman, extinguindo assim a natureza individual da pessoa. O místico que atinge o nirvana não precisa mais **renascer** no ciclo de reencarnações. Ver também **Nibbana**.

Nix Deusa grega da Noite, que era irmã e consorte de Érebo, deus das trevas. Ambos eram filhos de **Caos**.

Nixe No **folclore** escandinavo, **espírito aquático** hostil ao ser humano. O *nixe* do sexo feminino era semelhante à sereia e às vezes atraía os homens, levando-os a se afogar; o *nixe* do sexo masculino era retratado ou como um **anão** ancião ou como um **centauro** com cascos fendidos.

Nixi Pae Entre os índios kaxinauá do Peru, criaturas espirituais que portam arco e flecha e aparecem para o **xamã** quando este ingere uma bebida sagrada feita com **banisteriopse**. Os rituais do *nixi pae* são acompanhados de cobras coloridas, tatus ruidosos e sapos coaxando.

Niyamas No sistema de **Patanjali**, práticas baseadas na lei do **karma**, consideradas adequadas para estudantes e praticantes de **yoga**. Existem cinco niyamas: saucha, ou pureza do corpo físico e eliminação de resíduos tóxicos; santosha, a capacidade de viver no eterno "agora"; **tapas**, indiferença aos extremos ou às mudanças nas condições externas; svadhyaya, autodesenvolvimento e aprendizado; e ishvarapranidhana, devoção pessoal ao modo de vida filosófico. Ver também **Yamas**.

Nodos dos Planetas Na **astrologia**, pontos em que as órbitas dos planetas cortam a eclíptica.

Noite de Santa Valburga Também Walpurgisnacht. Véspera do **Dia de Maio**, 30 de abril, considerada por tradição como uma noite em que forças malignas estão à solta. Na Alemanha, a Noite de Santa Valpurga é associada ao monte Brochen, na cadeia de montanhas Herz, pois era ali que as **bruxas** supostamente se reuniam e realizavam seu sabá. Ver também **Véspera do Dia de Todos os Santos; Bruxas, Sabá das**.

Noite Escura da Alma Expressão evocativa usada por São João da Cruz para descrever a experiência dos **místicos** que se sentem deprimidos e isolados, alienados do mundo, e até mesmo de Deus – e que antecede a **transcendência** mística. Ver também **São João da Cruz**.

Nome-de-Deus Palavra mágica com um poder sagrado. De acordo com a tradição **esotérica**, o conhecimento dos nomes secretos de **Deus** confere vantagens especiais ao **ocultista**, pois, ao pronunciar a fórmula, o **mago** se torna, por imitação, esse deus. Na magia cabalística, os vários nomes-de-Deus (**Adonai, Shaddai, El, Elohim, Jeová** e outros) são considerados nomes poderosos e usados em **invocações** rituais. Ver também **Hekau; Cabala; Magia Imitativa; Palavras de Poder**.

Nome Divino Em muitas religiões, **Deus** tem um nome sagrado cuja pronúncia é guardada em segredo, por ser considerada um ensinamento **esotérico**. Entre os **místicos** judeus, o **Tetragrama**, ou nome de Deus composto de quatro letras – **YHVH** –, nunca foi pronunciado em voz alta; ele era substituído por **Adonai**, ou "Senhor". Havia também uma versão conhecida como o **Shem hameforash**, que consistia em 216 letras – depois reduzidas para YHVH.

No **Hinduísmo**, os nomes divinos geralmente são a base dos **mantras** secretos, ensinados ao **chela** pelo **guru**; e muitos devotos de **Shiva** das castas superiores repetem o nome dessa divindade 108 vezes por dia. O **Islamismo** também tem uma tradição de nomes sagrados, dos quais os sete mais importantes são: La ilaha illa Llah (Não há outro deus além de Deus); **Allah** (Deus); Huwa (Ele); Al-Haqq (A Verdade); Al-Hayy (o Vivente); Al-quyyum (Auto-subsistente); e Al-Qahhar (O Irresistível). Deus é também descrito como o Compassivo e o Misericordioso. Ver também **Nome-de-Deus**.

Nome Inefável No **misticismo** judaico, o **nome sagrado** de Deus era considerado tão sagrado que nunca era pronunciado em voz alta. Ver também **Tetragrama**.

Nome Mágico Nome especial, geralmente em latim, adotado pelo **mago** ritual para confirmar sua filiação numa determinada ordem mágica. Eis uma lista dos nomes mágicos de alguns ocultistas famosos que pertenceram à **Ordem Hermética da Aurora Dourada: Arthur Edward Waite** (*Sacramentum Regis*); **William Butler Yeats** (*Daemon Est Deus Inversus*); **Arthur Machen** (*Avallaaunius*); **MacGregor Mathers** (*Deo Duce Comite Ferro*); **Aleister Crowley** (*Perdurabo*) e **Dion Fortune/Violet Firth** (*Deo Non Fortuna*). Esse último demonstra a origem do pseudônimo de Violet Firth, pelo qual ela é bem mais conhecida.

Nomes de Poder Conjurações e fórmulas rituais mágicas que incluem **nomes de Deus** sagrados e às quais se atribui um poderoso efeito mágico. No antigo Egito, essas fórmulas eram chamadas **hekau**. Ver também **Tetragrama; Palavras de Poder**.

Nornas Na **mitologia** escandinava, as três deusas que guardavam a árvore do mundo, **Yggdrasil**, e determinavam o destino da espécie humana. As Nornas eram Verdandi (o presente), Urd (o passado) e Skuld (o futuro). Elas eram o equivalente das **Fadas** romanas.

Norte Na **magia cerimonial** do Ocidente, direção associada ao elemento **Terra**. O Norte é também associado ao arcanjo **Uriel**. Ver também **Quatro Direções**.

Norte, Ponto Na **astrologia**, o **Imum coeli** ou **cúspide** da quarta **casa**. O Ponto Norte está localizado na parte inferior do **Mapa Astrológico**.

Norton, Rosaleen (1917-1979) **Bruxa** e artista **ocultista** australiana cujas pinturas e desenhos lembram os de **Austin Osman Spare**. Norton tinha visões fantásticas quando criança e foi expulsa do colégio onde estudava depois de ser acusada de corromper as outras crianças com influências "**pagãs**". Norton mais tarde se tornou estudante de artes e também estudou as obras de **Carl Jung**, **Éliphas Lévi**, **Dion Fortune** e **Aleister Crowley**. Ela começou a experimentar técnicas de transe e convenceu-se de que era possível entrar em contato com os deuses da Antiguidade nos planos interiores. Várias **divindades** – entre elas **Pã**, **Júpiter** e **Hécate** – foram retratadas em seus trabalhos artísticos, que foram alvo de acusações controvertidas de obscenidade nos tribunais de Sydney, durante a década de 50. Um livro descrevendo a filosofia e os desenhos de Rosaleen, *The Art of Rosaleen Norton* (publicado pela primeira vez numa edição limitada) foi republicado em 1982.

Nostradamus (1503-1566) Pseudônimo mágico de Michel de Nostre-Dame, que se tornou o astrólogo favorito de Catarina de Médici. Judeu da Provença, Nostradamus escrevia tanto em latim e francês arcaico quanto no dialeto da região em que nasceu; ele publicou sua mais famosa coletânea de profecias, *Centúrias Astrológicas*, em 1555. Esse livro continua sendo editado desde então. Parece que, em algumas ocasiões, Nostradamus fez previsões notáveis acerca de acontecimentos relacionados à Revolução Francesa e há quem tenha identificado, em seus escritos, referências a Mussolini e Hitler. De acordo com Nostradamus, o Rei do Terror surgiria em julho de 1999, anunciando o Fim do Mundo, mas essa previsão se revelou incorreta. O maior problema é que os textos desse profeta eram às vezes extremamente simbólicos e foram apresentados numa seqüência desordenada; o ano de 1999 era uma das poucas referências específicas que se encontram em seus escritos. As interpretações pessoais de suas profecias variam consideravelmente.

Notárico Na **Cabala**, técnica de abreviação de palavras e **nomes de Deus** hebraicos para encobrir conhecimentos **esotéricos**. Existem duas formas de notárico: no primeiro método, um novo termo é formado a partir da primeira e da última letra de uma ou de várias palavras; no segundo, o termo é composto da primeira e da última letra de cada palavra de uma sentença. O termo Amém, usado no final de orações, deriva de uma frase hebraica que significa "O Senhor e Rei Digno de Fé". Ver também **Gematria**; **Temura**.

Nous Palavra grega usada por Aristóteles para descrever o aspecto divino da mente ou da **alma**. Pode ser comparado às palavras sânscritas **mahat** e **manas**.

Nova Era Expressão usada para descrever a Era Aquariana **psicodélica** que, para alguns, anunciava uma nova era de iluminação mística e espiritual. Na cultura ocidental contemporânea, passou a ser um rótulo popular para várias abordagens alternativas da espiritualidade.

Nove Na **numerologia**, este número tem um significado **cósmico** (nove é o número das esferas na **cosmologia** medieval). Co-

NOSTRADAMUS: Entre os videntes e profetas, Nostradamus (1503-1566) talvez seja o mais controverso. Ele previu a chegada do Rei do Terror em julho de 1999, anunciando o Fim do Mundo.

mo o mais "superior" dos números (**Dez** [1+0] corresponde a um), o nove simboliza a realização espiritual e é também o número da **iniciação**.

Novo Éon Ver **Éon, Novo**.

Novo Pensamento Termo dado às teorias de **Phineas P. Quimby**, que exerceu grande influência sobre **Mary Baker Eddy**. A Aliança do Novo Pensamento tem como credo "ensinar sobre a Infinitude do Ente Supremo; a Divindade do homem e suas possibilidades infinitas por meio do poder criativo do pensamento construtivo e da obediência à voz da Presença Interior, que é a nossa fonte de Inspiração, de Poder, de Saúde e de Prosperidade".

Nox Deusa romana da noite e contraparte de **Nix**.

Nudez Considerada por alguns ocultistas como um sinal do caráter aberto e igualitário do ritual, a nudez também é defendida pelos **magos** cerimoniais que gostariam de abolir o uso de vestes incômodas. As **bruxas** que realizam cerimônias nuas estão, na terminologia wiccana, "vestidas de céu".

Númeno Na filosofia da antiga Grécia, a natureza verdadeira e essencial do ser, em oposição às percepções ilusórias dos sentidos.

Numerologia Sistema oculto de pensamento que analisa o simbolismo dos números e atribui valores numéricos às letras do alfabeto. O cabalista **Cornelius Agrippa** deu uma explicação esotérica dos números em sua obra *Occult Philosophy* (1533), baseada nas especulações de **Pitágoras**. De acordo com Agrippa, era o seguinte o simbolismo dos números: **um** – a origem de todas as coisas, **Deus**; **dois** – casamento e comunhão, mas também mal e divisão; **três** – a Trindade, sabedoria; **quatro** – solidez, permanência e fundamento; **cinco** – justiça; **seis** – criação (o mundo foi criado em seis dias e Deus descansou no sétimo), trabalho e serviço; **sete** – vida; **oito** – plenitude e equilíbrio; **nove** – significado cósmico (o número de esferas); **dez** – completude. Os números maiores que dez podem ser "reduzidos" a um número menor (por exemplo, 14=10+4=1+0+4=5).

Os numerólogos atribuem valores numéricos ao alfabeto conforme a tabela a seguir:

1	2	3	4	5	6	7	8	9
A	B	C	D	E	F	G	H	I
J	K	L	M	N	O	P	Q	R
S	T	U	V	W	X	Y	Z	

O nome completo de uma pessoa pode ser reduzido a seus "números regentes" por meio do método descrito acima. A data de nascimento também pode ser reduzida para indicar aspectos intelectuais, emocionais e físicos do caráter e personalidade de uma pessoa:

Nível Mental	3	6	9
Nível Emocional	2	5	8
Nível Físico	1	4	7

O número 0 (zero) não é incluído.

Por exemplo, 25 de julho de 1948 (25/07/1948) seria representado num diagrama como a seguir:

Nível Mental			9
Nível Emocional	2	5	8
Nível Físico	1	4	7

Números Mágicos Na **cosmologia** mágica, atribuem-se valores numéricos a certos deuses. A divindade **gnóstica Abraxas** foi considerada por **Basílides** e seus seguidores como a personificação do Tempo; e tanto em grego quanto em hebraico, a soma das letras de seu nome totaliza 356, o número de dias do ano (em grego: Alfa-1, Beta-2, Rho-100, Alfa-1, Xi-60, Alfa-1, Sigma-200 = 365; em hebraico: Aleph-1, Beth-2, Resh-200, Aleph-1, Qoph-100, Aleph-1, Samekh-60 = 365). No Apocalipse de São João, o número da Besta ou do **Anticristo** é 666; e foi com esse nome e com esse número que o mago **Aleister Crowley** se identificou, depois de assumir o papel de Senhor do **Novo Éon**, em 1904.

Numinoso Termo cunhado por **Rudolf Otto** para expressar a idéia da essência sagrada e santa das grandes religiões.

Nut Também Nuit. No antigo Egito, a deusa do céu. Ela e o irmão Geb eram os pais de **Osíris**, **Ísis**, **Set** e **Néftis**. Nut era em geral representada como uma mulher de corpo alongado que se estendia pelo céu, de modo que os dedos dos pés e das mãos tocavam a Terra.

Nuvem do Desconhecido (*Cloud of Unknowing*) Famoso clássico anônimo de misticismo, escrito no final do século XIV. O livro diz que a "nuvem do desconhecido" nos separa de **Deus** e só pode ser trespassada pelo amor, nunca pelo intelecto. Às vezes Deus concede uma inspiração mística – "um feixe de luz fantasmagórica" – permitindo que os devotos tenham um vislumbre de alguns segredos divinos.

Nyame Deus solar dos achantis e regente das tempestades e dos relâmpagos. Nyame criou a **Lua**, o **Sol** e a chuva. Ver também **Ananse**.

Nzambi Entre os bantos, deus supremo que criou a espécie humana. O primeiro homem criado era mau e hostil, por isso Nzambi queimou-o e criou outro em seu lugar. A mulher dele foi feita a partir da madeira e os dois são os ancestrais da raça humana.

O

Oahspe Ver *Bíblia de Kosmon*; **Newbrough, dr. John Ballou**.

Oanes Divindade babilônica, metade peixe e metade homem, que passou a ser identificado com **Ea**.

Obeah Palavra usada nas Antilhas para designar poderes **sobrenaturais** e mágicos. Segundo se supõe, esse poder reside em certos objetos **rituais**, como bolas de terra de cemitério misturadas com penas, cabelo e restos mortais de seres humanos e de animais. Os **magos**, conhecidos como homem *obeah* e mulher *obeah*, usam **feitiços** e encantamentos malignos para contra-atacar o mundo hostil e aumentar seu prestígio dentro da comunidade. Ver também **Vodu**.

Obelisco Monólito de quatro lados, alto e afunilado, com ápice em forma de pirâmide. Na religião do antigo Egito, o obelisco era geralmente associado ao culto do deus solar **Rá**.

Objeto Voador Não-Identificado (OVNI) Objeto voador que não é identificado como uma aeronave ou projétil feito pelo homem e que não se ajusta às descrições de fenômenos meteorológicos ou astronômicos naturais. Os OVNIS têm sido objeto de investigação oficial por meio de canais como o Projeto Blue Book, da Força Aérea dos Estados Unidos, e o Comitê de Investigação Condor, da University of Colorado. Enquanto muitos dos relatos acerca dos OVNIS são classificados como interpretações equivocadas de fenômenos naturais (como nuvens ou meteoros), o Comitê Condor mostrou certa predisposição para aceitar testemunhos pouco confiáveis, em detrimento de outros mais bem documentados, e não conseguiu explicações para relatos de avistamentos feitos por peritos em identificação no período noturno (astrônomos, policiais, patrulheiros, por exemplo). Conseqüentemente, os estudos científicos sobre os OVNIS continuam inconclusivos e as explicações para esse fenômeno, pouco convincentes. Há muitas hipóteses acerca da origem dos OVNIS. Alguns acreditam que eles tenham origem extraterreste e outros insistem que os OVNIS são, na verdade, máquinas secretas desenvolvidas por grandes potências e avistadas durante os testes. O psicanalista **Carl Jung** considerava os OVNIS como uma projeção do **inconsciente**, mas ficava intrigado com os relatos acerca dos rastros (filamentos de luz, por exemplo) deixados por alguns deles.

Obsessão Ver **Possessão**.

Obsidiana Lava ou rocha vulcânica vítrea que, em certas regiões do mundo, tem significado mágico. Entre os astecas, ela era consagrada ao deus celeste **Tezcatlipoca** e moldada nos espelhos usados pelos adivinhos que praticavam a **escriação**. A obsidiana também era usada para compor os olhos dos **ídolos** no Templo de **Quetzalcoatl**, além de ter uso cerimonial e iniciatório entre os índios norte-americanos.

Oceânidas Na **mitologia** da Grécia antiga, as ninfas dos oceanos. Havia três mil dessas ninfas, todas elas filhas do Titã **Oceano** e de sua consorte Tétis.

Oceano Na **mitologia** grega, o mais velho dos doze **Titãs** e consorte de Tétis. Oceano era o pai das **Oceânidas** e avô das **Nereidas** – as **ninfas** das águas.

Och De acordo com o *Arbatel de Magia*, são sete os **espíritos olímpicos** designados por **Deus** para reger o mundo. Och, o espírito do **Sol**, concede saúde e sabedoria.

Ele é capaz de "converter todas as coisas no mais puro ouro e em pedras preciosas" e tem sob seu comando 36.536 legiões de espíritos subalternos.

Octinomos Da expressão grega que significa "ele que tinha um nome composto de oito letras". Na tradição oculta, o **mago** mestre tinha um nome de oito letras; por isso **Aleister Crowley** adotou o nome mágico **Baphomet**, quando assumiu a liderança da **Ordo Templi Orientis**, no ano de 1922.

Ocultação Na **astrologia**, situação em que um **planeta** ou estrela é eclipsado pela **Lua** ou por alguma outra esfera celeste.

Ocultismo Do latim *occulere*, "ocultar", termo usado originalmente para designar uma tradição secreta e oculta de conhecimento esotérico. Essa palavra é agora usada genericamente para incluir o estudo da **magia**, do **misticismo**, da **Teosofia** e do **espiritualismo**. Ele também pode ser usado com referência às sociedades secretas como a **Rosa-cruz** e a **Franco-maçonaria**.

Ocultista Termo usado variadamente para descrever um praticante de qualquer uma das artes místicas "secretas" dentro das tradições de **magia**, **Teosofia**, **misticismo** ou **espiritualismo**. Ver também **Ocultismo**.

Odin Na **mitologia** escandinava, **deus** e Pai Todo-poderoso que habitava em **Valhala** com os **espíritos** dos heróis caídos. Embora fosse o deus da guerra e dos mortos, também se acreditava que fora Odin quem colocara o Sol e a Lua em seus cursos, no início do mundo. Além disso, ele tinha um papel positivo como deus da inspiração, do **êxtase**, da **magia** e da poesia. Rei de **Aesir**, ele era informado a respeito dos acontecimentos mundiais por dois corvos. Cavalgava um cavalo de oito patas chamado Sleipnir e era dono do anel mágico **Draupnir**. Odin muitas vezes se misturava entre os mortais e assumia a forma de um velho caolho. Dizia-se que ele tinha sacrificado o outro olho em troca de conhecimento sagrado, e que esse olho fora escondido no **Mundo Subterrâneo**, no poço de Mimir, o deus das águas e das fontes de sabedoria. Odin foi finalmente vencido pelo monstruoso **Fenris**, durante o holocausto de **Ragnarok**.

Odisséia Poema épico atribuído a Homero e que descreve as andanças do herói grego clássico **Odisseu** (**Ulisses**). Essa obra se divide em 24 livros, sendo que os doze primeiros descrevem as viagens de Odisseu pelo mar e os doze seguintes, suas viagens por terra. As aventuras se passam depois da queda de Tróia, quando Odisseu volta para casa.

Odisseu Na **mitologia** grega, o filho de Laertes e Anticléia e personagem principal do poema épico de Homero, *Odisséia*. Odisseu era o rei de Ítaca e tornou-se um dos heróis mais destacados da Guerra de Tróia. Ele era conhecido pelos romanos como **Ulisses**.

Oeste Na **magia cerimonial** ocidental, direção associada ao **elemento** Água. Considera-se que o Oeste seja regido pelo **arcanjo** Gabriel. Ver também **Quatro Direções**.

Ofidiana, Corrente Do grego *ophis*, "cobra", energias sexuais usadas nas cerimônias mágicas, especialmente da **Ordo Tampli Orientis**. No caso da corrente ofidiana, o simbolismo da cobra é semelhante ao da serpente **kundalini**, que sobe a partir do **chakra** localizado na base da espinha. Ver também **Tantra**.

Ofiolatria Do grego *ophis*, "cobra", culto à serpente. O simbolismo da cobra geralmente tem uma conotação sexual. Ver também **Magia Sexual**; **Corrente Ofidiana**; **Tantra**.

Ofita Seita **gnóstica** da Síria, cujos membros acreditavam descender de Set e cultuavam a serpente (*ophis*). Segundo os ofitas, a cobra era a verdadeira **Sofia**, a personificação da sabedoria, e o inimigo de **Ialdabaoth**. Os ofitas são às vezes conhecidos como Ofitas Setianos. Ver também **Ofiolatria**.

Ogdôada Na **numerologia**, o número **oito**.

Ogdôade Especialmente nas religiões do antigo Egito, panteão composto de oito divindades. A cosmogonia de Hermópolis, no Alto Egito, tomou essa forma e se compõe dos seguintes deuses: Nun e sua consorte Naunet; Heh e Henet; Kek e Keket; e **Ámon** e Amaunet. Nesse sistema, o segundo nome de cada par é a forma feminina da primeira, masculina. Os nomes significam, respectivamente: água, infinito, trevas e ar/**espírito**. O termo ogdôade também era usado no sistema gnóstico de **Valentino**, que se baseava nas oito **emanações** místicas. No início era o **Abismo** (masculino), do qual saiu o Silêncio (feminino). Estes deram origem à Mente (masculino) e à Verdade (feminino), que então projetaram a Palavra (masculino) e a vida (feminino). Dessa união nasceram o Homem (masculino) e a Igreja (feminino).

Oghams Sistema divinatório **celta** composto de 25 caracteres associados a árvores e arbustos. São eles o vidoeiro, a sorveira-brava, o amieiro, o salgueiro, o freixo, o pilriteiro, o **carvalho**, o azevinho, a aveleira, a macieira, a videira, a hera, o junco, o abrunheiro, o sabugueiro, o abeto prateado, o tojo, a urze, o álamo, o teixo, o evônimo, a madressilva, o pinheiro e a faia. Há um caractere adicional no sistema, o "arvoredo", que representa um grupo de árvores e "o conhecimento em sua totalidade". Cada caractere de árvore é representado por um bastão e associado a qualidades físicas, mentais e espirituais. O sistema Ogham é às vezes chamado de "alfabeto das árvores".

Ogro Também Ogre. No **folclore** medieval, gigante horrendo e aterrorizante, devorador de homens.

Ogum Também Ogun. Entre os iorubas e seguidores dos **cultos afro-brasileiros**, deus guerreiro e Senhor do Ferro. Sua cor é o vermelho e **Marte** é um dos seus **espíritos** subordinados. Em algumas regiões, Ogum é associado a São Jorge e, em outras, a Santo Antônio.

Ohrmazd Nome pelo qual **Ahura Mazda,** o Senhor da Sabedoria do **Zoroastrismo**, era conhecido no Período Médio (c. 200-700 d.C.).

Oimelc Ver **Imbolc**.

Oitava Esfera Termo teosófico usado como sinônimo de **Planeta da Morte** e que descreve o lugar onde todas as **almas perdidas** vis são finalmente destruídas. Alguns dizem que a Oitava Esfera é um local que de fato existe em algum lugar do **cosmos**; outros afirmam que se trata de uma "condição simbólica do ser". Ver também **Teosofia**.

Oito Na **numerologia**, número que indica a força de caráter e a firmeza de propósito. Aqueles cuja data de nascimento se reduz a oito são consideradas pessoas de opinião, que mantêm a calma no ambiente doméstico e geralmente têm dificuldade para se desinibir. **Hod**, a oitava **sephirah** na **Árvore da Vida** cabalística, é associada ao intelecto racional.

Olcott, Coronel Henry Steel (1832-1907) Teosofista norte-americano que, com **madame Helena Blavatsky**, fundou a **Sociedade Teosófica** em 1875 e passou a ser seu presidente. Quando, em 1878, a Sociedade transferiu seu centro de atividades para Adyar, em Madras, na Índia, Olcott passou a se interessar cada vez mais pelo **Budismo**, religião que, assim como o **Hinduísmo**, exerceu grande influência no desenvolvimento das doutrinas teosóficas. Homem culto e de educação refinada, Olcott era membro da Royal Asiatic Society e da Bengal Academy of Music. Entre seus livros figuram *People from the Other World* (1875), *Theosophy, Religion and Occult Languages* (1885), *A Buddhist Catechism* (1881) e a obra em três volumes *Old Diary Leaves* (1895-1904).

Olhar Fatal Crença de que o olhar de uma pessoa pode causar a morte de outra. Uma variante do **mau-olhado**.

Olho de Hórus Antigo **amuleto** muito difundido no Egito, que representa os olhos do deus **Hórus,** às vezes voltados para a direita e às vezes para a esquerda. De acordo com o egiptologista **Wallis Budge**, o olho de Hórus simboliza tanto o **Sol** quanto a **Lua**. Esse amuleto era geralmente feito de ouro, prata, granito, lápis-lazúli ou porcelana.

Olho Médio Ver **Terceiro Olho**.

Olíbano Goma-resina aromática conhecida nos tempos antigos como *frankincense*.

Olímpicos, Espíritos No **grimório** medieval *Arbatel de Magia*, os sete espíritos planetários do Olimpo apontados por **Deus** para reger o mundo. Eles eram **Aratron (Saturno); Bether (Júpiter); Phalec (Marte); Och (Sol); Hagith (Vênus); Ophiel (Mercúrio)** e **Phul (Lua)**. Com exceção de Saturno, que não tem correspondente entre os **Doze Grandes Olímpicos**, as divindades clássicas gregas correlacionadas com esses espíritos são **Zeus (Bether)**, Ares **(Phalec)**, Apolo **(Och)**, Afrodite **(Hagith)**, Hermes **(Ophiel)** e Ártemis **(Phul)**.

Olímpicos, os Doze Grandes Doze grandes **divindades** da mitologia grega clássica: **Zeus, Hera, Posídon, Deméter, Apolo, Ártemis,** Hefesto, Pallas **Atena,** Ares, **Afrodite, Hermes** e Héstia. Às vezes **Hades (Plutão)** também é incluído nessa lista.

Olimpo, Monte Na **mitologia** da Grécia antiga, a morada dos **deuses** e **deusas**. O monte Olimpo é o pico mais alto da península grega (2.917m) e está localizado na Macedônia, perto da fronteira da Tessália. Comparar com **Meru, monte**.

Oliveira Árvore consagrada à deusa grega Atena, que a fez frutificar pela primeira vez. De acordo com a lenda, a oliveira da Acrópolis foi queimada por Xerxes quando este conquistou Atenas em 480 a.C., mas a árvore renasceu como que por um ato de magia. Essa árvore é também um símbolo cristão da paz e das bênçãos divinas, pois uma **pomba** trouxe um galho de oliveira a Noé, mostrando que a Grande Enchente tinha diminuído e que ele podia sair da Arca.

Ololiuqui Variedade alucinógena da planta da espécie *Rivea carymbosa* (ipoméia), cujas sementes eram usadas pelos astecas como droga. Ela é também usada como sacramento pelos xamãs dos índios zapotecas do México. A ololiuqui provoca fortes **alucinações** caracterizadas por cores e padrões brilhantes, e era popular durante a era **psicodélica** da década de 60. Ver também **Transe Xamânico**.

Om Na **yoga, mantra** místico, ou expressão vocal sagrada, que simboliza a essência de todo o universo e o **espírito** de **Brahman**. Pronuncia-se A-U-M, caracterizando assim o princípio trinitário do "três-em-um" (**Brahma, Vishnu** e **Shiva**) que regem o universo manifesto. Ver também **Trimúrti**.

Ometecuhtli Na religião asteca, o "Senhor da Dualidade", um dos principais deuses da Criação no panteão asteca. Embora fosse uma **divindade** importante, Ometecuhtli era considerado inferior ao supremo e inefável **Tloque Nahuaque**, que personificava o poder divino universal.

Om Mani Padme Hum Mantra Budista tibetano cuja tradução literal é "Om – jóia do lótus – Hum". O simbolismo da parte central do mantra se refere à união sexual do **lingam** e da **yoni**. Ver também **Om**.

Onda de Vida Na **Teosofia**, legião de **mônadas** ou de "átomos de vida espirituais" que exercem uma profunda influência criativa sobre todos os níveis de manifestação, incluindo o **plano físico**. Dependendo do sistema teosófico, afirma-se que existem três, sete ou dez "ondas de vida".

Ondina Elemental do sexo feminino associada à **água**. Ver também **Nereidas; Ninfas; Oceânidas**.

Oni No **folclore** japonês, **demônios** com garras e chifres que, em muitos aspectos, lembram os **diabos** da **feitiçaria** medieval.

Onicomancia Divinação pela interpretação das unhas. O praticante observava as sombras projetadas nas unhas de um garoto e interpretava presságios futuros por meio do formato das manchas na superfície das unhas.

Onipotência Poder absoluto sobre todas as coisas – um atributo geralmente imputado, em muitas religiões, ao **Ser Supremo**, ou **Deus**.

Oniromancia Divinação pela interpretação do conteúdo simbólico ou profético dos **sonhos**. Em muitas culturas antigas, os sonhos eram considerados presságios dos

deuses, mas esse conceito foi reformulado pelo psicólogo **Carl Jung**, segundo o qual os sonhos em geral revelam **arquétipos** espirituais do **inconsciente coletivo**.

Onisciência Aquele que tudo sabe. Assim como a **onipotência**, esse atributo é geralmente imputado, em várias religiões, ao **Ser Supremo**, ou **Deus**.

Onocentauro Variante medieval do **centauro** clássico, metade homem e metade asno. Decidido a preservar sua liberdade a todo custo, o onocentauro jejuava até a morte caso fosse capturado.

Onomatomancia Também Onomancia. **Divinação** por meio da interpretação das letras do nome de uma pessoa, com uma referência específica aos números das vogais e à soma numérica das letras. Ver também **Numerologia**.

Onze No Cristianismo, onze discípulos continuaram leais a Jesus; por esse motivo, o número onze passou a simbolizar a força espiritual, o idealismo e a virtude moral. Por ser o primeiro número depois do **dez**, o onze representa "revelações" e lampejos intuitivos. No entanto, por vir antes do **doze**, um número que denota completude, o onze é considerado um número de transição. Na **Cabala**, que delineia dez **emanações** na **Árvore da Vida**, a chamada "décima primeira sephirah", **Daath** (conhecimento), geralmente não figura ao lado das outras dez e representa um estágio intermediário que transpõe o **Abismo** entre as três **sephiroth** da Trindade e os Sete "Dias" da criação. Isso acrescenta ao número onze um elemento de perigo. Esse número também é às vezes associado ao martírio. Ver também **Numerologia**.

Ophiel De acordo com o ***Arbatel de Magia***, existem sete **espíritos olímpicos** designados por **Deus** para reger o mundo.

Ophiel é o espírito de Mercúrio, e é um mestre de todas as artes mágicas. Ele também pode converter **mercúrio** na **Pedra Filosofal**.

Oposição Na **astrologia**, situação em que dois **planetas** estão separados por uma distância de 180 graus e estão, portanto, em posições opostas. Dependendo dos planetas em questão, a oposição pode ser considerada favorável ou desfavorável.

Oração Ato de se dirigir a uma **divindade** ou **espírito**, geralmente em louvor, para fazer um pedido ou reconhecer uma falta pessoal. As orações geralmente são feitas numa postura de reverência (cabeça baixa e palmas das mãos unidas, por exemplo).

Oráculo Pessoa que serve como intermediário entre um ser sobrenatural e aqueles que buscam conselhos ou uma **profecia**. Em geral o oráculo assume o papel de **médium** e é possuído pelo **deus** de quem se espera a profecia. Em Delfos, nos tempos antigos, o oráculo pítio entrava em estado de transe e fazia pronunciamentos oraculares que eram considerados mensagens de **Apolo**. Essas mensagens eram então comunicadas ao público pelos sacerdotes. Ver **Oráculo de Delfos**; **Pítia**.

Oráculo Caldeu Oráculo e inscrições místicas supostamente derivadas da **magia** caldéia e de **Zoroastro**, mas transcritas e traduzidas pelos neoplatônicos.
Psellus, Plotino, **Jâmblico** e **Porfírio** teceram comentários sobre esse Oráculo, que tem muito em comum com o **Gnosticismo**. Ver também **Neoplatonismo**.

Oráculo de Delfos Influente oráculo que fazia profecias e aconselhava os gregos no Templo de Apolo, em Delfos, nas encostas do monte Parnaso. A sacerdotisa de **Apolo** era chamada de pítia ou pitonisa, uma referência a Píton, a serpente gigantesca que Apolo matou ao visitar Delfos pela primeira vez. Depois do sacrifício de uma cabra, a pítia subia num tripé e acocorava-se ali, inalando os vapores tóxicos – possivelmente de sementes de **meimendro-negro** – até receber inspiração divina. À medida que ela entrava em estado de **transe**, os sacerdotes iam interpretando os oráculos da pítia e transmitindo suas respostas aos consulentes.

Orbe Na **astrologia**, espaço de um **mapa astrológico** em que se considera que um **aspecto** tenha efeito. Os astrólogos diferenciam os aspectos "amplos" dos "exatos".

Ordem do Templo Ver **Cavaleiros Templários**.

Ordem Hermética da Aurora Dourada
Ordem mágica fundada na Inglaterra, no ano de 1888, e que exerceu grande influência sobre as crenças e práticas mágicas contemporâneas. Os rituais dessa ordem baseavam-se originalmente nos cinco graus maçônicos descobertos nos manuscritos de um **rosa-cruz** inglês, na época já falecido. O dr. **Wynn Westcott**, que era franco-maçom, convidou **Samuel MacGregor Mathers** para ampliar o material e compor um sistema oculto mais completo. Mathers dedicou-se à tarefa de criar um novo corpo de rituais e optou por alicerçá-lo na **Árvore da Vida** da **Cabala**. Ele usou as dez **sephiroth** (ou níveis de consciência) como base dos diferentes graus cerimoniais. Westcott, Mathers e outro ocultista, o dr. William Woodman, nomearam-se líderes da Segunda Ordem da Aurora Dourada – conhecida como ***Rosae Rubae et Aurea Crucis*** ("A Rosa Rubi e a Cruz de Ouro") –, que na realidade regia os primeiro sete graus da Árvore da Vida. Os outros três, representando a Terceira Ordem, eram associados à Trindade, no nível simbólico, e considerados o domínio dos **Chefes Secretos** – mestres espirituais que supostamente orientavam a Ordem e proporcionavam inspiração mágica a Mathers.

O primeiro Templo da Aurora Dourada, o Templo Ísis-Urânia, foi aberto em Londres, no ano de 1888. Por volta de 1896, havia um Templo de Osíris em Weston-Super-Mare, um Templo de Hórus em Bradford, um Templo de Amon-Rá em Edimburgo e um Templo consagrado a Ahathoor em Paris. Os nomes desses templos indicam a forte influência da mitologia egípcia, que caracterizava os rituais assim como a Rosa-cruz, a mitologia grega, a céltica e a enochiana, além de alguns elementos hindus.

A Aurora Dourada atraiu muitos ocultistas notáveis, incluindo o poeta **William Butler Yeats**; **A. E. Waite**, criador de um conhecido baralho de **tarô** e grande erudito ocultista de seu tempo; e **Aleister Crowley**, a famosa e depois desacreditada "Grande Besta 666". À medida que Mathers foi ficando cada vez mais autoritário, a ordem começou a se desintegrar; com a morte de Mathers, em 1918, a Aurora Dourada original entrou em decadência. Contudo, outros grupos derivaram dela, incluindo a Stella Matutina. Entre 1937 e 1941, **Israel Regardie**, ex-secretário de Aleister Crowley, publicou os rituais completos da Stella Matutina em quatro volumes, sob o título *The Golden Down*. Esses livros constituem o mais completo sistema mágico já produzido nos tempos modernos. Ver também **Magia Enochiana**.

Ordo Templi Orientis Ordem de magia sexual formada por **Karl Kellner** por volta de 1896. Depois da morte de Kellner, em 1905, a liderança da ordem passou para **Theodor Reuss** e, em 1922, para **Aleister Crowley**. Existem hoje duas organizações que levam o nome de OTO. A primeira liderada pelo ocultista tântrico **Kenneth Grant**, na Inglaterra, e a segunda pelos sucessores de Grady McMurtry, na Califórnia. Os membros da OTO intensificam a energia sexual durante as cerimônias mágicas e identificam-se com **deuses** e **deusas** que personificam esse princípio.

Oréades Na **mitologia** grega, ninfas das montanhas que serviam a Ártemis na caça. A mais famosa das Oréades era Eco. Ver **Ninfa**.

Orenda Entre os índios iroqueses da América do Norte, termo que designa o princípio vital. Objetos, animais e seres humanos podem ser dotados desse princípio e os **curandeiros** podem usá-la como uma fonte de poder mágico. Pode ser comparada ao **mana** (Melanésia/Polinésia), ao **manitó** (índios algonquinos) e ao **wakan** (índios sioux).

Orfeu Cantor lendário da **mitologia** grega. Filho da musa Calíope e do deus olimpiano Apolo (ou de Eagro, rei da Trácia, segundo outras versões), Orfeu é associado à região da Trácia, no nordeste da Grécia. Ele cantava com tanta suavidade e tocava sua lira com tamanha perfeição que os pássaros e animais aproximavam-se para ouvi-lo. Orfeu também era conhecido na mitologia grega como um dos homens vivos (como **Teseu**, **Hércules** e **Odisseu**) que visitaram o **Hades**. Orfeu desceu ao **Mundo Subterrâneo** para procurar a esposa Eurídice, que morrera depois de ser picada por uma serpente. Suas belas cantigas encantaram Hades, que concordou em libertar Eurídice se Orfeu não olhasse para ela antes de chegarem em casa. Orfeu desobedeceu à ordem e Eurídice foi obrigada a voltar aos subterrâneos.

Orgia Ritual festivo e devassidão sexual associados, na tradição oculta, com cerimônias como o **sabá das bruxas**, nos quais o **Deus Cornífero** era reverenciado, e com os ritos licenciosos realizados em Roma e na Grécia clássicas em honra a **Baco** e a **Dioniso**.

Orígenes (c. 185-284) Um dos teólogos mais influentes dos primeiros tempos da Igreja Cristã, Orígenes sofreu perseguições depois que defendeu a preexistência da alma e suas encarnações em vidas subseqüentes. Embora São Gregório de Nissa o tenha chamado de "o príncipe da doutrina cristã no século III", é evidente que Orígenes foi extremamente influenciado pelo pensamento platônico e tinha inclinações para o **Gnosticismo**. Sua **teologia** foi condenada no Concílio de Constantinopla II, ocorrido em 553, quando os "Anátemas Contra a Preexistência" passaram a fazer parte da doutrina da Igreja.

Ornitomancia Divinação pela interpretação do canto ou do vôo dos pássaros. Na Antiga Roma, essa forma de divinação fazia parte da religião nacional. Ver também **Augúrio**.

Osho (1931-1990) **Místico** e mestre espiritual indiano que liderou grandes comunidades em Poona, na Índia, e no Oregon, nos Estados Unidos. Ex-acadêmico, Osho foi reconhecido por alguns como um importante filósofo espiritualista cujas palestras comparam-se às de **Krishnamurti**. Osho apreciava as platéias ocidentais e gerou controvérsias por incentivar seus seguidores, ou **sannyasins**, a se libertar dos códigos morais que os restringiam. Embora fosse chamado "o guru do sexo" pela imprensa popular, esse título subestima suas realizações. Os ensinamentos de Osho, na verdade, abrangem muitas religiões, embora ele não se definisse por nenhuma delas. Osho era um orador brilhante, que fazia discursos esclarecedores sobre o **Zen**, o **Taoísmo**, o **Budismo** tibetano, o Cristianismo e a antiga filosofia grega; ele também defendia o conceito de bioenergia e as terapias corporais modernas. Osho, antes conhecido como Bhagwan Shree Rajneesh, foi um autor prolífico e, entre seus vários livros, figuram: *Tantra: A Suprema Compreensão; Meditação: A Arte do Êxtase; Nem Água, Nem Lua; Eu Sou a Porta; Harmonia Oculta; Do Sexo à Supraconsciência; O Cipreste no Jardim; O Livro Orange; Raízes e Asas; A Nova Alquimia; A Divina Melodia; O Tarô Zen, de Osho; Dimensões além do Conhecido; Maturidade; Criatividade; Coragem; Autobiografia de um Místico Espiritualmente Incorreto; Consciência; Sexo – Em Busca da Plenitude; Intimidade e Intuição* (todos publicados pela Editora Cultrix).

Osíris Principal **divindade** do antigo Egito que personificava o princípio do **renascimento** espiritual e era associada à vegetação e à fertilidade. Osíris era filho de Geb e **Nut**, marido de **Ísis** e irmão de **Set**. Por invejar Osíris, Set traiu o irmão, convencendo-o a entrar numa urna, que ele depois atirou nas águas do Nilo. Ísis guardou os restos mortais do marido, mas Set o descobriu e cortou-o em catorze pedaços, que espalhou pelo reino. Ísis mais uma vez empreendeu uma busca pelo corpo de Osíris e conseguiu recuperar todas as partes com exceção do falo, que fora engolido por um caranguejo do Nilo. Não obstante, com seus conhecimentos de magia, Ísis embalsamou o marido e restituiu-lhe a vida. Desse modo, ela deu origem à idéia de que a imortalidade da **alma** depende da preservação do corpo. Osíris acabou se tornando o Senhor do **Mundo Subterrâneo** e regendo o **Salão dos Julgamentos**. Ver também **Mumificação**.

Osis, dr. Karlis (1917-1997) Parapsicólogo norte-americano natural da Letônia, mais conhecido pelas suas pesquisas sobre as **experiências fora do corpo** e as **experiências de quase-morte**. Entre 1951 e 1957, o dr. Osis fez pesquisas no Laboratório de Parapsicologia da Duke University, sendo colega do pesquisador de fenômenos psíquicos **J. B. Rhine**. Ele foi posteriormente nomeado diretor de pesquisa da **Sociedade para a Pesquisa Psíquica** norte-americana, no ano de 1962. O trabalho de Osis, descrito em *At the Hour of Death* (1977), envolve um amplo conjunto de entrevistas com médicos e enfermeiras cujos pacientes passaram pelo estado de quase-morte e por estados visionários de consciência geralmente associados a isso. O dr. Osis também é autor de *Deathbed Observations by Physicians and Nurses* (1961). Ver também **Pesquisa Psíquica**.

Osmond, dr. Humphry (1917-) Psiquiatra canadense que empreende um estudo especial sobre substâncias **alucinógenas** e seus efeitos na consciência humana. Osmond cunhou o termo **psicodélico**, que significa "que se manifesta sobre a mente", e é considerado um dos pioneiros no estudo dos **estados alterados de consciência**. Osmond conheceu **Aldous Huxley** em 1953 e juntos eles exploraram os poderes místicos da **mescalina**. Posteriormente eles mantiveram uma longa correspondência que compõe uma parte importante de *Moksha* (1977), uma publicação póstuma de Huxley. Osmond também estuda a **parapsicologia**, os **médiuns** e a **telepatia**, além de se interessar pela possível aplicação dos psicodélicos nessas áreas de pesquisa.

OTO Iniciais da **Ordo Templi Orientis**.

Otto, Rudolf (1869-1937) Teólogo alemão que foi professor das Universidades de Breslau e de Marburg. Otto criou o termo **numinoso** para descrever a essência daquilo que é sagrado, e tinha um profundo interesse pelo **misticismo**. Ele também comparou os conceitos de Deus e de alma defendidos por **Meister Eckhart** e pelo filósofo místico indiano **Sankara**, e descobriu muitos paralelos entre as idéias de ambos. Os trabalhos mais importantes de Otto são *O Sagrado* (1917) e *Misticismo do Oriente e do Ocidente* (1926).

Otz Chiim Na **Cabala**, termo hebreu para **Árvore da Vida**.

Ouija, Mesa Também Tábua Ouija. No **espiritualismo**, instrumento usado para receber mensagens de **espíritos**. Essa mesa em geral tem formato de coração e é confeccionada em madeira ou plástico. Montada sobre rodas ou rodízios, para facilitar sua movimentação, ela traz as letras do alfabeto dispostas em círculo, os números de um a dez e as palavras "sim" e "não". Durante a **sessão**, cada membro do círculo coloca um dedo no ponteiro, que fica no centro da mesa, e solicita uma mensagem dos espíritos. O ponteiro então se move pela mesa soletrando – letra por letra – a resposta às perguntas.

De acordo com os **espiritualistas**, as mensagens obtidas dessa maneira são transmitidas por seres espirituais desencarnados ansiosos por manter contato com o mundo dos vivos. Nesse sentido, o uso da mesa *ouija* pode ser considerado uma forma inferior de **necromancia**. Na **parapsicologia**, contudo, o consenso geral a respeito dessas comunicações é o de que elas se originam na mente subconsciente daqueles que participam da sessão. Ver também **Myers, Frederic William Henry**.

Ouro Metal associado ao **Sol**. O ouro também representa a "luz interior" da **iluminação** mística e, nesse sentido, é o metal "espiritual" supremo. Ver também **Alquimia**.

Ouros Ver **Pentáculo**.

Ousby, W. J. (1904-) **Hipnotista** inglês que fez estudos acerca da **bruxaria** e dos ritos **jujus** da África e posteriormente investigou a **yoga** e a capacidade de andar sobre o carvão em brasa. Ousby desenvolveu técnicas de auto-hipnose, baseando-se em parte em seus conhecimentos de meditação e de antigas técnicas de **transe**. Entre seus livros figuram *Self-Hypnosis and Scientific Self-Suggestion* e *The Theory and Practice of Hypnotism*.

Ouspensky, Piotr Demianovitch (1878-1947) Matemático e filósofo russo que passou a se interessar pela **Teosofia** e procurou fundir a matemática, a religião e o **misticismo** num sistema de pensamento coerente. Ouspensky conheceu **George Gurdjieff** em 1915 e deu início a grupos de estudos filosóficos em St. Petersburg, dos quais Gurdjieff participava regularmente. Os dois homens estiveram em contato por oito anos, até se desentenderem e tomarem rumos diferentes.

Embora Ouspensky em geral seja visto como o mais notável discípulo de Gurdjieff, ele foi um pensador original e publicou em 1909 seu livro mais importante, *O Quarto Caminho* (publicado pela Editora Pensamento), antes de conhecer Gurdjieff. Entre as outras obras de Ouspensky figuram *Tertium Organum* (1922), *Um Novo Modelo do Universo* (1934), *Psicologia da Evolução Possível ao Homem, Fragmentos de um Ensinamento Desconhecido* (todos publicados pela Editora Pensamento) e um relato do período que passou com Gurdjieff, *In Search of the Miraculous*, publicado postumamente em 1948.

Ovo Em muitas cosmologias religiosas e místicas, o próprio universo e a maioria das divindades nasceram de um ovo. O "Ovo do Mundo" hindu, do qual se formou o universo, era conhecido como Hiranya Garbha; quando chocou, dele surgiu **Brahma**, o deus-Sol. A divindade solar egípcia **Rá** também nasceu de um ovo, assim como os gêmeos da mitologia grega, Castor e Pólux. De acordo com os ensinamentos dos **Mistérios Órficos**, "Deus, o não-manifesto, criou todas as coisas...[e] a massa amorfa tomou a forma de um ovo, do qual se originaram todas as coisas".

Ovo Áurico Na terminologia teosófica, a "fonte da **aura** humana", de formato ovóide – a sede das faculdades espiritual, mental, intelectual e emocional.

Ovo Cósmico Símbolo hindu do universo. Em alguns épicos indianos, o universo nasceu do Ovo Cósmico; em outros, ele está contido dentro dele. Ver também **Ovo**.

Owen, dr. Alan R. G. (1919-) Matemático inglês da Cambridge University que se tornou uma das principais autoridades em **telepatia** e fenômenos **poltergeists**. O dr. Owen também estudou as faculdades paranormais do psíquico inglês **Matthew Manning**. Entre seus livros figuram *Can We Explain Poltergeist?*, *Hysteria, Hypnosis and Healing* e *Science and the Spook*.

Oxális Emblema místico entre os **Druidas**. Ver também **Trevo**.

P

Pã Também Pan. Na **mitologia** da Grécia antiga, filho de **Hermes** e da ninfa Dríope. Pã era o deus dos rebanhos e dos pastores, mas também tinha um papel amplo como senhor da Natureza e de todas as formas de vida selvagem. Ele era retratado como uma figura metade homem e metade bode, que tocava uma flauta de sete caniços. Devasso, Pã teve numerosos casos de amor com as ninfas, especialmente Eco, Sírinxe e Pítis. O nome Pã significa "tudo" e, entre os praticantes de **bruxaria**, ele é considerado um **deus superior**. Ver também **Panteísmo**.

Pact Também Pakht. No antigo Egito, **deusa** com cabeça de leão que era às vezes identificada com **Baat**.

Pacto Acordo. Na **magia** medieval, era comum a menção a um pacto com o **Diabo**, no qual a pessoa vendia a **alma** em troca de prazeres e poderes sobrenaturais. Ver também **Fausto**.

Pacto de Morte No **espiritismo**, acordo entre duas pessoas no qual a primeira a morrer se compromete a tentar se comunicar psiquicamente com a outra, a partir do "outro lado", como prova da vida após a morte.

Padmasana Na **yoga**, **asana** popularmente conhecida como posição do lótus. Ver também **Lótus Completo**; **Lótus, Meio**; **Posição do Lótus**.

Páfia Na **mitologia** da Grécia antiga, nome de **Afrodite** no papel de **deusa** do amor sexual. Páfia era cultuada em Pafos.

Pafiano Amor erótico e ilícito. Esse termo, que deriva de **Páfia**, um dos nomes da **deusa** do amor **Afrodite**, é às vezes usado para descrever atos de prostituição.

Pã, Flauta de Flauta de sete caniços tocada pelo deus grego **Pã**. Ela era também conhecida como sírinxe, pelo fato de a ninfa Sírinxe ter sido transformada no caniço com o qual o deus confeccionou sua primeira flauta.

Pagão Aquele que não é cristão, judeu ou **muçulmano**. Esse termo é usado pejorativamente para designar um gentio ou "descrente", mas assumiu um novo significado entre os praticantes de **bruxaria** e **magia**. Os chamados Neopagãos dedicam-se à tarefa de revivificar a **Antiga Religião** e restabelecer o culto à Natureza e à **deusa lunar**.

Pagode Memorial ou templo budista; forma de **estupa**. No Oriente, o pagode pode ser extremamente elaborado, tomando a forma de um templo ou torre profusamente decorados.

Pai, Deus Ver **Deus Pai**.

País das Fadas O reino das **fadas**.

Palavras de Poder Conjurações e invocações mágicas usadas em **rituais** e cerimônias com um único propósito: conferir poder a um **mago**, expulsar o **mal** e a escuridão ou – no caso do deus solar egípcio – assegurar uma passagem segura pelos calabouços de **Tuat**. Na **magia** ocidental, as palavras de poder são geralmente **nomes de Deus** judaicos, cuja maioria deriva da **Cabala**. Ver também **Hekau**; **Fórmulas Mágicas**. Comparar com **Mantra**.

Páli Língua em que foram escritos os textos do **Budismo Hinayana**. O páli era a língua dos budistas indianos que levaram sua religião para o sudeste da Ásia. Certos termos sânscritos usados na **yoga** são diferentes no páli (por exemplo, **nirvana** [sânscrito]; **nibbana** [páli]).

Palíndromo Palavra que tem o mesmo significado quando lida da esquerda para a direita ou no sentido contrário. Os palíndromos são às vezes usados em **quadrados mágicos**, pois a eles se atribuem poderes consideráveis como **fórmula mágica**.

Palladino, Eusapia (1854-1918) Considerada internacionalmente como uma das mais notáveis **médiuns** psíquicas da história da **pesquisa psíquica**, Eusapia nasceu num vilarejo da Itália e ficou órfã quando criança. Ela foi criada em Nápoles por uma família que se dedicava ao **espiritualismo** e logo passou a ter um papel ativo nas **sessões** que realizavam. Suas capacidades **paranormais** chamaram a atenção do estudante de ocultismo Ercole Chiaja, que a ajudou a mostrar suas capacidades de **levitação** psíquica num encontro em Paris. Eusapia também produzia, nas sessões, batidas e outras "manifestações" e afirmava poder entrar em contato com um **espírito** chamado John King, que lhe servia de **comunicante**. Ela foi investigada por vários pesquisadores célebres de fenômenos psíquicos, incluindo o **professor Charles Richet**, *sir* **Oliver Lodge**, **Richard Hodgson**, **Hereward Carrington** e **Everard Feilding**; mas o veredicto final acerca de suas capacidades psíquicas foi controverso. Alguns acreditavam que ela fosse uma fraude, enquanto outros sustentavam que Eusapia tinha de fato capacidades psíquicas, mas trapaceava quando esses poderes estavam "enfraquecidos".

Pandavas Na **mitologia** indiana, a família a que **Arjuna** pertencia. Os Pandavas eram os rivais e inimigos de seus primos, os Kauravas, e o ***Mahabharata*** descreve seus conflitos.

Panenteísmo Crença religiosa segundo a qual tudo está em **Deus**, mas Deus **transcende** o mundo manifesto. Deus é a Realidade Suprema e a Unidade superior. Ver também **Panteísmo**.

Pan-psiquismo Crença de que **Deus** é **imanente** no mundo na forma de uma força psíquica do **espírito**. Ver também **Psique**.

Pansofia Do grego *pansophos*, que significa "todo o saber", conhecimento universal.

Panteão Grupo de **deuses** e **deusas** adorados coletivamente. A Grécia, Roma e o Egito antigos são bons exemplos de civilizações em que um panteão de divindades era adorado. Ver também **Enéade; Ogdôade; Olímpicos, os Doze Grandes**.

Panteísmo Doutrina mística e religiosa segundo a qual todo o universo é **Deus** e cada parte do universo é um aspecto ou manifestação Dele. Esse termo também é usado para descrever o culto a todos os deuses de um **panteão**, e às vezes é aplicado genericamente com o sentido de "culto à Natureza". Ver também **Pã**.

Pantomimas Peças teatrais folclóricas européias, geralmente de teor simbólico e encenadas geralmente durante o inverno. Os atores usam máscaras e roupas coloridas e, em suas danças e dramatizações, tratam de temas **pagãos** antigos ligados à fertilidade e à renovação.

Papus (1865-1916) Médico espanhol que morou em Paris, publicou várias obras ocultistas e muito contribuiu para a literatura sobre o **tarô**. Papus, cujo nome verdadeiro era Gérard Encausse, foi influenciado pela **Teosofia** e dedicou muito do seu tempo ao estudo de textos sobre Hermetismo, **Cabala** e **alquimia**. Membro da Ordem Cabalística Rosa-cruz, Papus acreditava que o conhecimento **esotérico** era transmitido por uma linha secreta de **adeptos** ocultos da qual, a seu ver, ele fazia parte. Ele ganhou reputação como necromante e, em 1905, foi convocado numa ocasião pelo Palácio Imperial Russo, onde realizou uma cerimônia para evocar o **espírito** do czar Alexandre III.

Assim como **Éliphas Lévi**, Papus era mais conhecido pelos seus trabalhos sobre tarô e por relacionar as cartas dos **Arcanos Maiores** ao alfabeto hebraico. Sua obra mais importante é *The Tarot of the Bohemians* (reeditado em 1970), embora tenha publicado muitas obras em francês. Entre seus outros livros figuram *Tratado Elementar de Magia Prática* (1888) [publicado pela Editora Pensamento], *Traité Méthodique de Science Occulte* (1991), *La Kabbale* (1892), *Le Diable et L'Occultisme* (1895), *La Magie et L' Hypnose* (1897), *O Que Deve Saber um Mestre Maçom* e *A Reencarnação* (os dois últimos publicados pela Editora Pensamento). Ver também **Alquimia; Hermética; Cabala; Necromancia; Rosa-cruzes**.

Para Elemento de composição que exprime a idéia de transcendência ou proximidade. Pode compor certos termos científicos para designar o estudo daquilo que excede os limites normais dessa disciplina (*parapsicologia*, por exemplo). É às vezes acrescentado aos nomes de divindades (*parabrahma*, por exemplo).

Parabrahma Que está além de **Brahma**; a Realidade Suprema, Infinita e Absoluta.

Paracelso (1493-1541) Um dos mais ilustres alquimistas da Idade Média, Paracelso nasceu em Einsiedeln, na Suíça, com o nome de Philippus Aureolus Theophrastus Bombastus von Hohenheim. Ele estudava medicina sob a supervisão do pai, que era médico na Basiléia, mas também estudava **alquimia** e **ocultismo** com Trithemius de Sponheim. Paracelso enfatizava a doutrina hermética do **macrocosmo** e **microcosmo**, com a convicção de que os seres humanos eram espelhos do universo. Ele considerava a doença como uma forma de desequilíbrio e defendia a idéia de que a pessoa saudável era aquela que apresentava um equilíbrio entre três elementos químicos, o **enxofre** (masculino), o **mercúrio** (feminino) e o **sal** (natural). Na visão de Paracelso, a verdadeira natureza da alquimia estava relacionada à pessoa interior, e não a processos químicos empreendidos num laboratório. Segundo consta, em 1521 Paracelso teria recebido de Salomão de Trismosina o segredo da **Pedra Filosofal**. Contudo, Paracelso tinha lá suas excentricidades e insistia em afirmar que tinha conseguido criar um ser humano artificial, ou **homúnculo**. As principais obras de Paracelso estão incluídas numa edição em dois volumes intitulada *The Hermetic and Alchemical Writing of Paracelsus* (organizada por **A. E. Waite**, 1894) e *The Archidoxes of Magic* (reeditada em 1975).

Paraíso Ver **Céu**.

Paramita Termo budista que significa "perfeição". Existem ao todo seis paramitas: *shilaparamita* (observar os preceitos); *kshantiparamita* (correta paciência); *viryaparamita* (energia); *dhyanaparamita* (concentração e meditação); *prajnaparamita* (sabedoria); e *danaparamita* (o ato de doar). Ver também **Budismo**.

Paramnésia Distorção ou falsificação da memória que faz com que a pessoa se lembre de coisas que nunca viu ou experienciou antes. Comparar com **Déjà Vu**.

Paranirvana Completo **nirvana** e libertação do ciclo de nascimento e **renascimento**.

Paranormal Que não pode ser explicado pelas leis científicas conhecidas da Natureza. Ver também **Parapsicologia**.

Parapsicologia Estudo científico dos fenômenos paranormais. Isso inclui a **telepatia mental**, a **precognição**, a **percepção extra-sensorial**, a **psicocinese** e as **experiências fora do corpo**. Ver também **Rhine, dr. J. B.**; **Tart, dr. Charles**.

Parapsychology Foundation Organização fundada em 1951 pela **médium psíquica** irlandesa **Eileen Garrett**. O objetivo da fundação é pesquisar as atividades e potenciais da mente humana; e para tanto a fundação publica um jornal bimestral, *Parapsychology Review*, e tem uma biblioteca aberta ao público.

Parcas Nome latino pelo qual são conhecidas as três **Fadas**.

Paroketh Na **Cabala**, "véu" que separa **Tiphareth** das esferas inferiores da **Árvore da Vida**. O **místico** tem de passar pelo Paroketh para receber o **renascimento** solar – **iniciação** de Tiphareth.

Parses Ver **Zoroastrianos**.

Parvati Na **mitologia** indiana, a bela e amável esposa de **Shiva**, em seu aspecto de **deusa** das montanhas. Parvati é considerada filha do Himalaia e a personificação da energia **cósmica**. Ela é a líder dos **elfos** e dos **espíritos da natureza** e feroz oponente dos **demônios**. A consorte de Shiva também tem outros "aspectos" ou personas, entre eles Devi, Sati e **Káli**.

Pasqualis, Martinez de Ver **Martinismo**.

Passamento Expressão espiritualista para "morte". Como os espiritualistas acreditam na vida após a morte, esta é considerada um estado de transição em que a pessoa "passa" para o "outro lado". Ver também **Espiritualismo**.

Patanjali (c. 400 d.C.) Organizador dos famosos Yoga Sutras (Aforismos da Yoga), que apresentam um modo diferente de ver o mundo (*darsana*) e assim proporcionam ao praticante uma visão da Realidade. A estrutura proposta por Patanjali tem oito divisões: **yama, nyiama, asana, pranyama,** pratyhara, **dharana, dhyana** e **samadhi,** sendo a última dessas divisões o estado de união bem-aventurada com **Brahman.** O Patanjali que compilou os Sutras não deve ser confundido com o outro Patanjali (c. 200 a.C.), que escreveu os comentários conhecidos como *Mahabhasya* na Gramática de Panini e foi uma autoridade em sânscrito. Ver **Sutras; Yoga.**

Pathworkings Na **magia** ocidental moderna, técnica de **visualização orientada** em que o sujeito é conduzido por "caminhos interiores" da consciência que possibilitam a experiência de visões arquetípicas. O Pathworkings geralmente usa o simbolismo dos **Arcanos Maiores** do **tarô** e tem como objetivo provocar uma experiência pessoal dos **deuses** e **deusas** do **panteão** mágico. O Pathworkings pode ser considerado uma jornada interior mágica por meio da **imaginação** ativa. As descrições mais detalhadas acerca do Pathworkings, na literatura oculta moderna, encontram-se em *The Shining Paths* (1983), de **Dolores Ashcroft-Nowicki,** e *Sacred Encounters* (2002), de Nevill Drury.

Paus Ver **Bastões.**

PC Também PK. Na **parapsicologia,** abreviatura de **psicocinese.**

Peã Hino ou cântico de louvor. O primeiro peã foi entoado em honra a **Apolo,** depois que este matou a serpente gigantesca Píton, em Delfos.

Pedra do Signo Na **astrologia,** gemas atribuídas aos signos do zodíaco. São elas: diamante (**Áries**), esmeralda (**Touro**), ágata (**Gêmeos**), rubi (**Câncer**), sardônica (**Leão**), safira (**Virgem**), opala (**Libra**), topázio (**Escorpião**), turquesa (**Sagitário**), granada (**Capricórnio**), ametista (**Aquário**) e heliotrópio (**Peixes**).

Pedra Filosofal Na **alquimia,** a chamada **matéria prima** ou Primeira Substância da qual todos os outros metais derivavam e que podia ser usada para transmutar metais básicos em **ouro** e **prata.** A Pedra Filosofal era associada ao **Elixir da Vida** e só podia ser reconhecida pelos iniciados. Embora muitos alquimistas medievais tentassem criar a Pedra em laboratório, é evidente que a idéia básica por trás dela era de caráter místico. A Pedra Filosofal é um símbolo central da essência da vida e da Unidade da Criação. O **hexagrama** é também associado a essa Pedra e também representa a inter-relação entre **matéria** e **espírito.**

Pé Fendido Também Casco Fendido. A marca do **Diabo,** segundo a superstição de que, na condição de ser imperfeito, ele sempre deixa um sinal da sua bestialidade – sua marca registrada.

Pégaso Na **mitologia** grega, lendário cavalo alado nascido do sangue da górgona **Medusa,** no momento em que Perseu cortou-lhe a cabeça. Foi montando Pégaso que o herói coríntio Belerofonte matou a monstruosa **Quimera.**

Peiote Cacto usado nas cerimônias xamânicas graças às suas propriedades **psicodélicas.** Os índios huichol do México realizam um ritual de busca a essa planta sagrada, após a estação das chuvas, no começo da primavera. No final, cada um ingere por volta de doze "brotos", ao longo da noite. Depois de aproximadamente uma hora, começam os efeitos estimulantes – as cores e os sons ficam mais intensos, assim como a consciência e a percepção. O peiote contém oito alcalóides isiquinolínicos, sendo que um dos quais – a **mescalina** – produz **alucinações** vívidas. Ver também **Huxley, Aldous; Xamanismo**.

Peixes Na **astrologia**, **signo** do **zodíaco** dos nascidos entre 20 de fevereiro e 20 de março. Signo da **Água**, regido por **Júpiter** (ou, de acordo com alguns astrólogos, por **Netuno**), Peixes tem como símbolo a imagem de dois peixes, voltados para direções opostas. Os nativos desse signo são considerados pessoas pacientes e sensíveis, mas geralmente indecisas quanto ao melhor caminho a seguir na vida. Elas podem ter dotes artísticos, mas costumam se preocupar muito e ser pouco práticas. As carreiras de enfermeira, de artista e de arqueólogo e todas ligadas ao terceiro setor são as associadas a esse signo.

Peji Santuário de um templo dos **cultos afro-brasileiros**, onde são guardados os adornos rituais dos **deuses** e **deusas** e feitas as oferendas cerimoniais.

Peladan, Sar Josephin (1858-1918) Astrólogo, **mago** e romancista que se tornou um elegante esteta dos salões rosacrucianos de Paris, durante a década de 1890. Peladan adotou o título "La Sar Merodack" em homenagem aos Reis da Babilônia e usava uma barba cheia, no estilo assírio, para causar efeito. Sar Peladan era amigo e colega oculto de **Stanislas de Guaita** e ajudou-o a empreender os **ataques mágicos** contra **Joseph-Antoine Boullan**. Ver também **Rosacrucianos**.

Pena Na antiga religião egípcia, a personificação da verdade, representada pela deusa **Maat**. No **Salão dos Julgamentos**, presidido por **Osíris**, o coração do morto era pesado numa balança que continha no outro prato uma pena. O destino dele dependia do resultado da pesagem.

Penates Divindades domésticas dos romanos, relacionadas aos **lares**. Os penates eram, literalmente, os deuses da despensa e toda casa tinha um santuário com imagens desses deuses.

Pêndulo Pequeno peso de metal suspenso por um fio, usado na **rabdomancia**, na **psicometria** e na **radiestesia**, como instrumento de diagnóstico. Os rabdomantes acreditam que podem localizar veios de água, petróleo e minerais por meio do pêndulo; os radiestesistas seguram o pêndulo sobre um mapa triangular onde há uma amostra do sangue do paciente para diagnosticar o tipo de doença que ele tem. Ver também **Medicina Psiônica; Radiônica**.

Pentáculo Círculo contendo o símbolo da estrela de cinco pontas. No **tarô**, os pentáculos são um dos quatro naipes que deram origem aos naipes do baralho moderno (os outros três são **taças, bastões** e **gládios**). O pentáculo representa o **elemento** feminino Terra.

Pentagrama A estrela de cinco pontas. O pentagrama é um símbolo importante na magia ocidental e representa os quatro **elementos** encimados pelo **Espírito**. Quando apenas uma das pontas está voltada para cima, a estrela de cinco pontas é considerada um símbolo das aspirações espirituais do homem; mas quando duas pontas estão voltadas para cima, é um símbolo de bestialidade e evolução retrógrada. O pentagrama é inscrito no ar nos quatro quadrantes durante o **Ritual de Banimento** do Pentagrama Menor, uma cerimônia que elimina influências negativas do templo mágico.

Periapto Do grego *periapton*, "objeto preso em torno", **amuleto** ou **talismã** usado como proteção contra **feitiços** e **mau-olhado**.

Pérsea Espécie de loureiro silvestre, considerado sagrado pelos antigos egípcios e um símbolo da fama eterna. **Thot**, o deus egípcio da sabedoria, e Safekh, a deusa do conhecimento, escreviam o nome dos faraós e dos sumo sacerdotes nas folhas dessa árvore para assegurar que fossem lembrados para sempre.

Perséfone Na **mitologia** grega, a deusa da primavera. Arquétipo da "Donzela Divina", Perséfone era filha de **Zeus** e de **Deméter**. Ela colhia flores no prado de Ena quando se encantou com a beleza de um narciso. Nesse momento, a terra se abriu e **Hades** surgiu em sua carruagem, raptando Perséfone e levando-a para as entranhas da terra. Ela se tornou rainha do **Mundo Subterrâneo**; mas depois que Deméter apelou para Zeus, Hades permitiu que Perséfone passasse dois terços do ano na superfície e um terço nos subterrâneos. Perséfone era a personificação do trigo e simbolizava os padrões cíclicos da Natureza. Principal **divindade** dos **Mistérios de Elêusis**, ela era conhecida como Cora e sua contraparte romana era **Prosérpina**.

Percepção Extra-Sensorial (PES) Termo genérico usado para descrever fenômenos que não podem ser percebidos por meio dos sentidos normais. Esses acontecimentos e informações muitas vezes são chamados coletivamente de fenômenos psi. A PES inclui **telepatia mental**, **clarividência**, **automatismo**, **clariaudiência**, **psicometria**, **precognição** e certas formas de **divinação**. Também pode envolver o uso de faculdades sobrenaturais inacessíveis à maioria das pessoas, assim como a capacidade de projetar o **corpo astral**; a capacidade de entrar em estados de **dissociação**, mediunismo ou **transe**; ou o uso do que Colin Wilson, escritor britânico especialista em ocultismo, chama de **Faculdade X**.

Percepção Extratemporal (PET) Termo usado praticamente como sinônimo de **percepção extra-sensorial**, exceto pelo fato de que a PET leva em conta a possibilidade da transcendência paranormal do tempo. A pessoa dotada desse tipo de percepção pode viajar tanto para o futuro quanto para o passado, enquanto está num **estado alterado de consciência**.

Personalidade Secundária Na **parapsicologia** e no **espiritualismo**, personalidade que se apresenta durante um **transe** e que tem traços diferentes da personalidade da pessoa em transe.

PES Ver **Percepção Extra-sensorial**.

Pesagem da Alma Na antiga **mitologia** egípcia, a pesagem do coração da pessoa morta, o qual era cotejado com a **pena** da verdade. Essa cerimônia tomava lugar no **Salão dos Julgamentos** e era supervisionada por **Osíris, Maat e Thot** – que registrava o veredicto.

Pesquisa Psíquica Pesquisa sobre fenômenos **paranormais**, sobre os poderes sensoriais "latentes" dos seres humanos e sobre todas as formas de capacidade psíquica, incluindo **médiuns**, estados de **transe**, estados de **dissociação** e acontecimentos que pressupõem a vida após a **morte**.

Phalec De acordo com o *Arbatel de Magia*, são sete os **espíritos olímpicos** designados por Deus para reger o mundo. Phalec é o espírito de **Marte** e governa todas as atividades relativas à guerra.

Phantasmata (gr.) Termo oculto que designa as **formas-pensamento** que se originam na **imaginação** e que, num **estado alterado de consciência**, parecem ter uma existência separada. O etnomicologista **R. Gordon Wasson** acreditava que, depois de ingerir uma bebida alucinógena que continha o fungo **ergot**, os iniciados de **Elêusis** tinham encontros visionários com **Perséfone**. Segundo ele, essas experiências alucinatórias faziam parte do processo de **renascimento** espiritual. Ver também **Pathworkings**.

Philosophus Na **Ordem Hermética da Aurora Dourada**, grau ritual associado à iniciação mágica de **Netzach**, a sétima esfera da **Árvore da Vida** cabalística.

Phul De acordo com o *Arbatel de Magia*, são sete os **espíritos olímpicos** designados por **Deus** para reger o mundo. Phul é o espírito da **Lua** e governa os espíritos do elemento **Água**. Ele é capaz de transformar todos os metais em **prata** e fazer com que as pessoas vivam até trezentos anos.

Picatrix Texto mágico do século XI que deriva, em grande parte, da tradição de mistério grega. O *Picatrix* foi estudado por **místicos** da Renascença como **Marsílio Ficino** e **Cornelius Agrippa**, e inclui **cosmologia**, **astrologia** e fórmulas para invocar **espíritos** planetários. Uma edição em alemão foi publicada em 1962. Comparar com o *Arbatel de Magia*.

Pico della Mirandola, Giovanni (1463-1494) Filósofo e **místico** renascentista que era versado na **Cabala** e sabia grego e latim assim como hebraico. Discípulo do mestre judeu Jochanum, Pico chegou em Roma aos 24 anos, munido de novecentas proposições relativas à lógica, à matemática, à física e à Cabala, e proclamou – causando certa surpresa – que se podia usar a Cabala para converter os judeus ao Cristianismo. Ele defendia a invocação dos **arcanjos** associados à **Árvore da Vida** e também acreditava na transmutação alquímica dos metais básicos em **ouro** e **prata**, que ele alegava ter testemunhado pessoalmente. Pico foi preso pela **Inquisição** sob a acusação de **heresia**, embora muitas de suas crenças parecessem teológicas. Ele uma vez escreveu: "É mais fácil amar a Deus do que compreendê-Lo ou falar com Ele." Na opinião de Pico, o caminho para a **iluminação** era antes a religião que a filosofia. Suas inclinações cabalísticas e neoplatônicas, contudo, sempre fizeram com que as autoridades o encarassem com um olhar de suspeita. Ver também **Neoplatonismo**.

Pietismo Qualquer abordagem religiosa que dá primazia aos sentimentos e à devoção, por considerá-los mais importantes que o intelecto e a formação de credos e doutrinas. Esse termo é originalmente luterano. Comparar com **Bakti**.

Pike, James (1913-1969) Bispo episcopal californiano que passou a se interessar pelo ocultismo depois do suicídio do filho. Pike tentou se comunicar com o **espírito** do filho por meio de vários **médiuns psíquicos** e acreditou que finalmente atingira esse objetivo por meio de **Arthur Ford**. Pike foi posteriormente acusado de **heresia** e forçado a abandonar seu cargo. O livro *The Other Side*, de sua autoria, é um relato sobre sua busca espiritual e psíquica.

Pilar do Meio Na **Cabala**, o pilar "central" da **Árvore da Vida**. Essa Árvore, que consiste nas dez **sephiroth**, ou **emanações** de **Deus**, pode ser representada com três colunas encimadas por **Kether**, **Chokmah** e **Binah**, respectivamente. O Pilar do Meio, em cujo topo está Kether, é a coluna considerada pelos **ocultistas** como o equivalente mágico do místico "Caminho do Meio". As sephiroth que conduzem a Kether, no Pilar do Meio, são, em ordem ascendente: **Malkuth**, **Yesod**, **Tiphareth** e **Daath**.

Pineal, Glândula Pequeno corpo cônico vascular localizado atrás do terceiro ventrículo do cérebro. A função anatômica dessa glândula é desconhecida, mas ela costuma ser descrita pelos **místicos** e **ocultistas** como a glândula da percepção extrasensorial: o chamado **terceiro olho**.

Pingala Na **Kundalini Yoga**, corrente solar de carga positiva que circula pelo eixo central do sistema nervoso, ou **sushumna**. Pingala contrabalança a corrente lunar de carga negativa conhecida como **ida**. Ver também **Nadi**.

Pinheiro Ver **Abeto**.

Pintas A interpretação das pintas da pele é usada como sistema **divinatório** para revelar aspectos do caráter de uma pessoa ou para prever acontecimentos futuros. Alguns astrólogos acreditam que as pintas sejam resultado das influências dos planetas no **mapa natal**. **Saturno** governa as pintas pretas. **Júpiter**, as marrom-arroxeadas; **Vênus**, as marrom-claras; e a **Lua**, as branca-azuladas. As pintas atribuídas a **Mercúrio** são cor de mel, enquanto as influenciadas pelo **Sol** são amarelas. Por tradição, acredita-se que a posição da pinta no corpo tenha um significado divinatório ou psicológico. Uma pinta localizada no tornozelo, por exemplo, indicaria ambição; enquanto uma pinta num dos seios seria sinal de uma natureza desprezível. Uma pinta no dedo do pé significaria amor pela arte, enquanto uma no joelho seria considerada um sinal de extravagância.

Pintura e Desenho Automáticos Trabalhos artísticos criados durante um **transe mediúnico**. Esses trabalhos são às vezes produzidos a grande velocidade e, invariavelmente, sem a percepção consciente do **médium**. Os espiritualistas os atribuem a entidades ou **espíritos desencarnados** que trabalham por meio do corpo do artista, enquanto os psicólogos atribuem o fenômeno a um estado de dissociação mental que leva a manifestações da mente inconsciente. Os desenhos automáticos de **Austin Osman Spare** e os trabalhos surrealistas de artistas como André Masson e Max Ernst são exemplos modernos desse fenômeno.

Pintura e Desenho Diretos No **espiritualismo**, situação em que uma entidade **desencarnada** aparece, numa **sessão**, para usar e dirigir as faculdades de um artista psíquico – neste caso, "guiando" o pincel ou a caneta com a intenção de produzir pinturas ou desenhos.

Piper, Leonore (1859-1950) Notável **médium psíquica** norte-americana que descobriu seus poderes paranormais quando consultava um **agente de cura psíquico** por causa de um tumor. Em sua segunda consulta, ela caiu em estado de **transe** e transmitiu uma mensagem espiritual para uma das pessoas presentes. A sra. Piper começou então a fazer "leituras" psíquicas regularmente e, no ano de 1887, depois de conhecer **William James**, ela chamou a atenção de **Richard Hodgson** – o pesquisador de fenômenos psíquicos que acusara **madame Helena Blavatsky** de cometer fraudes mediúnicas na Índia. Hodgson ficou impressionado com a facilidade da sra. Piper para dar informações detalhadas acerca de parentes falecidos e usou vários métodos de detecção analítica antes de concluir que seus poderes eram autênticos e notáveis. Tanto Hodgson quanto James aceitaram a realidade da vida após a morte com base no contato que tiveram com a sra. Piper, embora não se possa descartar a hipótese de que ela tenha obtido suas informações por meio da **telepatia mental**. Seja qual for a explicação que se dê, a sra. Piper continua sendo uma das mais surpreendentes médiuns psíquicas da história do **espiritualismo**.

Pirâmide, A Grande Um das maiores construções do mundo (embora não seja a mais alta), com uma base de seiscentos mil metros quadrados e 2,3 milhões de blocos de pedra. A Grande Pirâmide de Queóps está localizada em Gizé, no Egito, e data de cinco mil anos antes de Cristo. Ela apresenta um alinhamento preciso com o norte magnético e sua posição é o centro exato da massa terrestre. Em tempos antigos, a Grande Pirâmide tinha uma camada de calcário polido que refletia a luz como um farol: a própria palavra "pirâmide" significa "luz gloriosa" (do grego *pyros*, "fogo").

Piromancia Forma de **divinação** com fogo. O praticante procura orientação profética enquanto lança folhas, galhos ou incenso nas chamas de uma fogueira. Mudanças na coloração das labaredas, no seu tamanho ou intensidade, são interpretadas como um presságio de acontecimentos futuros.

Pitágoras (c. 572-479 a.C.) Filósofo, matemático e místico grego, nascido em Samos. Pitágoras viajou pelo Egito e depois se instalou em Crotona, sul da Itália, onde fundou uma fraternidade religiosa. Ele ensinava várias doutrinas místicas, incluindo a imortalidade da **alma** e sua **transmigração**, além do valor da vida contemplativa. Matemático talentoso, Pitágoras relacionou a órbita dos planetas com a escala musical e deu origem ao conceito de "música das esferas".

Pítia Ver **Oráculo de Delfos**.

Pítris No **Hinduísmo** e na **Teosofia**, seres ancestrais associados à **Lua**, que foram os antecessores da humanidade. Na teologia popular, os pítris são de natureza incorpórea (*arupa*) ou corpórea (*rupa*).

Pitris Lunares Expressão teosófica que significa "pais lunares" ou "ancestrais lunares"; ela é usada para descrever sete classes de seres, três delas de seres incorpóreos (*arupa*) e quatro de seres corpóreos (*rupa*). Segundo se diz na filosofia esotérica, no processo de evolução espiritual, os Pitris passaram da "Cadeia Lunar" para a "Cadeia Terrestre". Ver também **Teosofia**.

Planchette Variante da **mesa ouija** usada pelos espiritualistas para a comunicação com os **espíritos** dos mortos. A *planchette* tem rodízios e vem acompanhada de um lápis com o qual as mensagens são transmitidas a partir do "outro lado", sem o envolvimento consciente do **médium**.

Planeta da Morte A chamada Oitava Esfera – considerada, por alguns teosofistas, como o espaço físico em que muitos seres malignos ou **almas perdidas** deixam de existir.

Planetas Femininos Na **astrologia**, a **Lua** (associada às **deusas lunares** da fertilidade); **Vênus** (associada às deusas do amor e da beleza) e **Netuno** (associado, assim como a Lua, ao elemento **Água**). Ver **Planetas Masculinos**.

Planetas Inferiores Na **astrologia**, os planetas cujas órbitas estão dentro da órbita da Terra: **Vênus** e **Mercúrio**. Às vezes, o planeta hipotético Vulcano, que, segundo os astrólogos, órbita entre Mercúrio e o Sol, também é considerado um planeta inferior.

Planetas Leves Na **astrologia**, referência aos corpos de movimento rápido e de pouca gravidade (a **Lua**, **Vênus** e **Mercúrio**).

Planetas Masculinos Na **astrologia**, o **Sol** (planeta da luz); **Marte** (planeta associado com a guerra e com a destruição); **Júpiter** (riqueza e abundância); **Saturno** (indiferença e solidão) e **Urano** (intuição espiritual). Comparar com **Planetas Femininos**.

Planetas, os Sete Na **astrologia** tradicional, os sete planetas são os seguintes: **Saturno, Júpiter, Marte**, o **Sol, Vênus, Mercúrio** e a **Lua**.

Planetas Superiores Na **astrologia**, planetas que estão fora da órbita da Terra: **Marte, Júpiter, Saturno, Urano, Netuno** e **Plutão**.

Plano Astral Conceito ocultista de um plano de existência e de percepção paralelo à dimensão física, mas que constitui uma fase diferente e contém imagens da mente **inconsciente**. Os ocultistas crêem que esse seja o plano onde ocorra a **projeção astral** e a primeira das esferas que o corpo astral atinge depois da **morte**.

Plano Físico Ver **Plano Terreno**.

Plano Material Ver **Matéria**. Comparar com **Plano Astral**.

Planos Na **cosmologia** mística e oculta, o universo é em geral composto de diferentes planos de **manifestação**. É comum, na literatura mística, encontrar referências aos planos espiritual, etérico, mental, astral e físico, que são caracterizados pela "densidade" crescente. O **plano terreno** ou psíquico equipara-se ao mundo material, tangível, da consciência da vigília; e o **plano astral** pode ser comparado ao domínio do inconsciente, mais inferior. O plano mental é caracterizado pelas imagens arquetípicas; enquanto os planos etérico e espiritual refletem a **força vital** universal e a divindade inerente a todas as pessoas. Ver também **Emanações**.

Planos Sutis Na **Teosofia**, no **misticismo** e no **ocultismo**, os planos "interiores" ou "superiores" do ser, considerados mais "sutis" do que o plano da realidade física. Em muitas **cosmologias**, os planos sutis são **emanações** da **Divindade** (sendo o nível do mundo diário considerado o mais "grosseiro" e distante do **Espírito**).

Plano Terreno Domínio físico da realidade cotidiana em contraposição ao **plano astral**, ao **éter**, à dimensão espiritual ou aos mundos superiores. Na **Cabala**, esse local de existência é chamado de **Malkuth**, o Reino.

Platão (c. 427-347 a.C.) Um dos mais importantes filósofos gregos clássicos da história, que exerceu profunda influência sobre o desenvolvimento do pensamento místico e **esotérico**. Platão, que era discípulo de **Sócrates**, fundou sua famosa Academia em Atenas para o estudo da filosofia. Ali ele desenvolveu sua teoria das formas ideais, que diferenciava o reino dos sentidos da Realidade em si. De acordo com esse filósofo, as impressões recebidas por meio dos sentidos eram impermanentes e estavam em constante mudança; ao passo que o mundo das Formas (ou Idéias) era eterno e imutável – a fonte de todo conhecimento verdadeiro. A **cosmologia** de Platão é descrita em seu mais importante livro, *A República*, e proporciona um modelo do universo como uma estrutura esférica que abrange as estrelas fixas e os **sete planetas**. As três **Fadas** (Cloto, Láquesis e Átropos) guiam o destino humano, mas dão liberdade de escolha; portanto, as pessoas são as únicas responsáveis pelo bem e pelo mal na própria vida. Platão era iniciado do templo de **Elêusis** e pode ter sido influenciado pelas suas experiências visionárias ao formular sua teoria das Formas Ideais, ou **arquétipos**.

Pleroma Da palavra grega cujo significado é "plenitude", termo usado pelos **gnósticos** para designar o mundo da luz – a Alma Universal. O pleroma também era a morada dos **éons** celestiais.

Plotino (205-270) Filósofo grego nascido no Egito que foi o principal representante do **Neoplatonismo**. Ele estudou em Alexandria, tornou-se aluno de Amônio e finalmente instalou-se em Roma, no ano de 244, fundando uma escola de filosofia. Plotino acreditava que o objetivo supremo do homem era descobrir a Unidade subjacente à existência manifesta e, para tanto, era preciso transcender a própria filosofia. De acordo com **Porfírio**, amigo íntimo e discípulo de Plotino, este teve uma visão mística da Unidade pelo menos quatro vezes na vida.

Plutão[1] O mais distante dos **planetas** conhecidos do sistema solar. Plutão foi descoberto em 1930 e por isso não desempenhava nenhum papel na **astrologia** tradicional. Alguns ocultistas contemporâneos acreditam, no entanto, que Plutão deva ser reconhecido como o **regente** de **Escorpião**.

Plutão[2] Senhor do **Mundo Subterrâneo**, na **mitologia** romana, e a contraparte de **Hades**, na mitologia grega. Plutão também era identificado com **Dis**.

Pneuma Palavra grega para "ar", "alento" e "espírito", estreitamente associada com a Vida em si. Comparar com **Prana**.

P'o No **Taoísmo**, parte "terrena" da alma. Caracterizada como passiva e negativa, ela pode ser comparada com a parte **hun** da alma, que é sua contraparte "celestial".

Poção do Amor Na **bruxaria** e no **herbalismo**, afrodisíaco que supostamente faz com que uma pessoa se apaixone por outra – em geral a primeira que lhe aparece logo depois de ela ingerir a poção. Os ingredientes de algumas receitas "afrodisíacas" são ervas ou alimentos cuja forma se assemelha aos órgãos sexuais humanos – aspargos, ostras, pepinos, bananas e assim por diante. Certas ervas, como a hortelã, a **mandrágora** e a **verbena**, também são usadas em poções de amor. Um **encantamento** em geral é realizado como parte da conjuração mágica. A herbalista norte-americana Jeanne Rose descreve uma poção do amor tradicional egípcia em seu livro *Herbal Guide to Inner Health*. Essa receita leva água, raiz de alcaçuz em pó, grãos de gergelim moídos, sementes de erva-doce e mel. Os ingredientes são fervidos por cinco minutos, deixados em infusão e coados depois de atingirem a temperatura ambiente. A pessoa deve tomar a poção duas vezes por dia, depois de pronunciar uma poderosa **fórmula mágica** de amor e paixão, com um cacho do cabelo da pessoa amada enroscado entre os dedos.

Poço dos Desejos Poço em que as pessoas costumam jogar uma moeda à guisa de oferenda, ao mesmo tempo em que fazem mentalmente um pedido. Essa **superstição** originou-se da crença popular segundo a qual os poços seriam a morada de **espíritos** capazes de realizar desejos por meio de seus poderes **mágicos**.

Podmore, Frank (1856-1910) Pesquisador inglês de fenômenos psíquicos que trabalhou com muitos outros investigadores notáveis do **espiritualismo**, entre eles **F. W. H. Myers** e **Edmund Gurney**. Embora tenha se convertido ao espiritualismo enquanto estudava no Pembroke College, em Oxford, Podmore foi se tornando cada vez mais cético ao longo dos anos e passou grande parte da vida investigando casas mal-assombradas e atividade **poltergeist** na intenção de descobrir fraudes. No final da vida, ele voltou a ficar mais tolerante e convenceu-se de que havia recebido comunicações **psíquicas** dos colegas Myers e **Richard Hodgson**, já falecidos. Podmore é mais conhecido como o co-autor (com Myers e Gurney) da obra *Phantasms of the Living* (1886); mas ele escreveu vários outros livros, entre eles *Apparitions and Thought Transference* (1892), *Studies in Psychical Research* (1897) e *Modern Spiritualism: A History and a Criticism* (1902). Ver também **Pesquisa Psíquica**.

Poimandres *Pastor de Homens*, título do principal tratado de **Hermética**. Essa obra costuma ser chamada de *The Divine Pymander of Hermes Trismegistus* (edição em língua inglesa de 1923).

Polaridade Feminina Ver **Princípio Feminino**.

Politeísmo Crença em mais de um deus ou culto a várias **divindades**. O politeísmo pode se comparar ao **monoteísmo**, que só admite uma divindade. Ver também **Panteísmo; Panteão**.

Poltergeist Do alemão *polter*, "barulho", e *geist*, "**espírito**", fantasma ou entidade desencarnada que produz uma variedade de sons – sussurros, batidas e cantarolas – e é dado a quebrar utensílios domésticos como vasos e xícaras, a iniciar incêndios ou a mover objetos através de um cômodo. Foram feitos relatos de atividade *poltergeist* em vários países do mundo e alguns extremamente detalhados foram coletados por escritores ocultistas como **A. R. G. Owen** e **Colin Wilson**. O parapsicólogo **dr. Hereward Carrington** acreditava que a atividade *poltergeist* estava ligada a jovens entrando na puberdade e que, de alguma forma, a combinação da maturidade sexual e da tensão psicológica produzia um efeito energético no ambiente doméstico. Segundo o dr. Owen, essa idéia contém "o germe de uma teoria correta" e muitos fenômenos *poltergeists* podem ser atribuídos à liberação de tensão emocional.

Poltergeist de Epworth Caso clássico de atividade **poltergeist**, que começou em dezembro de 1716 no presbitério de Epworth, Lincolnshire, na Inglaterra. Barulhos e batidas ruidosas foram ouvidos pelos membros da família Wesley, durante um período de dois meses. Às vezes os barulhos eram extremamente específicos. A sra. Wesley observa em seu relato que, numa ocasião, quando ela e o marido desciam as escadas, eles ouviram um barulho muito alto no andar de baixo, como se alguém tivesse despejado no chão um grande saco de moedas. Esse barulho foi seguido por outros, de garrafas sendo "estilhaçadas". Em outras ocasiões, eles também ouviram passos de alguém correndo, gemidos e o trinco de uma porta sendo erguido várias vezes. O caso do *poltergeist* de Epworth está registrado nos anais da pesquisa psíquica britânica como um dos mais bem documentados, embora não se tenha chegado a nenhuma conclusão satisfatória.

Pomba Símbolo místico da paz, do amor e da tranqüilidade. A história de Noé, no Antigo Testamento, descreve como uma pomba voltou para a Arca, durante o grande Dilúvio, com um galho de oliveira no bico. A deusa síria Atargatis foi associada à pomba dourada, e as pombas eram também consagradas à deusa grega do amor, **Afrodite**. As pombas guiaram Enéias em sua busca pelo Ramo de Ouro e, na mitologia romana, **Vênus** é representada dirigindo uma carruagem puxada por pombas. Segundo uma crença eslava, no momento da **morte** as almas tomam a forma de uma pomba.

Ponto do Amor Na **astrologia**, a posição de **Vênus** na **carta astrológica** solar. O ponto do amor está sempre localizado na primeira, na segunda, na décima primeira ou na décima segunda **casa**.

Ponto Riscado Nos **cultos afro-brasileiros**, diagrama mágico usado em cerimônias para evocar um **deus** ou **deusa**.

Popul Vuh Livro sagrado dos índios quíchua-maias da Guatemala. Inspirado na tradição oral dos antigos maias, esse livro inclui muitos mitos e lendas relativas à criação do mundo e à natureza da existência.

Porfírio (c. 232-305) Discípulo e amigo de **Plotino**, e expoente da escola filosófica denominada **Neoplatonismo**. Porfírio estudou **demonologia** e as encantações e fórmulas mágicas para afastar **espíritos** malignos. Contudo, ele também foi um importante filósofo e escreveu um compêndio de lógica, *Isagoge*, que exerceu grande influência na Idade Média. Porfírio também compilou e organizou os escritos de Plotino, reunindo-os sob o nome de *Enéadas*.

Porta de Chifre Na **mitologia** grega, a porta pela qual passavam os autênticos oráculos oníricos relacionados a acontecimentos futuros, vindos do **Mundo Subterrâneo**.

Porta de Marfim Na **mitologia** grega, a porta pelo qual os sonhos enganadores, mensageiros de promessas vãs, eram enviados para as pessoas, da caverna de **Hipno**, deus do sono.

Portas dos Sonhos As duas portas do **Mundo Subterrâneo** clássico grego. Uma delas era feita de chifre e a outra de marfim. Ver **Hades; Porta de Chifre; Porta de Marfim**.

Portento Presságio dos deuses, relativo a acontecimentos futuros. Ver também **Divinação**.

Posídon Na **mitologia** grega, deus do mar e um dos **Doze Grandes Olímpicos**. Na **cosmologia** grega clássica, o universo foi dividido entre os três filhos de **Cronos** e **Réia**, sendo **Zeus** designado o regente do céu; **Hades**, do **Mundo Subterrâneo** e Posídon, do mar. A terra era regida por todos os três. A contraparte romana de Posídon é **Netuno**.

Possessão Estado emocional e mental em que a pessoa se sente "possuída" por um **espírito** ou entidade **desencarnada** que assume o controle total ou parcial de aspectos da personalidade e parece agir independentemente da pessoa possuída. A possessão espiritual é uma característica do **vodu** e do **espiritualismo**, além de lembrar certas formas de esquizofrenia. Ver também **Comunicante; Exorcismo**.

Possessão no Convento das Ursulinas Ver **Freiras de Aix-en-Provence, As.**

Postura da Morte Termo usado pelo ocultista e artista inglês **Austin Osman Spare** para descrever um estado de **transe** auto-induzido no qual a mente é "aberta" do ponto de vista psíquico para possibilitar a formação de imagens mágicas. Para isso, Spare se concentrava num **selo** mágico ao mesmo tempo em que meditava fitando a própria imagem num espelho, até que seu corpo se enrijecia. Depois de atingir um estado de "alheamento", Spare deparava-se com maravilhosas imagens mágicas vindas do subconsciente, algumas das quais ele associava a encarnações passadas. Com essa técnica, ele produzia desenhos mediúnicos. Ver também **Pintura e Desenho Automático**.

Poughkeepsie, O Vidente de Ver **Davis, Andrew Jackson**.

Povo do Brejo No **folclore** germânico e escandinavo, criaturas mágicas que viviam nas florestas e tinham contatos ocasionais com seres humanos. Segundo a crença, essas criaturas às vezes pegavam emprestados alimentos ou utensílios domésticos, sempre retribuindo esses empréstimos com generosidade. Conta-se que o povo do brejo às vezes pedia leite humano para alimentar suas crianças doentes, mas isso inspirava medo e superstições entre as aldeãs, que encaravam esse povo com apreensão.

Practicus Na **Ordem Hermética da Aurora Dourada**, grau ritual associado à iniciação mágica de **Hod**, a oitava esfera da **Árvore da Vida** cabalística.

Prajna Termo budista que significa sabedoria **transcendental** e intuição. Essa capacidade é adquirida quando se desenvolvem as seis perfeições ou **paramitas**, o que leva a pessoa a atingir o **sunyata** (o Vazio).

Prakriti Palavra sânscrita que designa a Natureza, ou realidade física. Ela é constituída de **três gunas: sattva** (harmonia); **rajas** (atividade) e **tamas** (inércia). Trata-se do oposto direto de **purusha** ou **Espírito**.

Pralaya Termo sânscrito para a dissolução do universo no final de um **kalpa,** ou "Dia de Brahma". Durante essa fase, o universo está em repouso.

Prana Palavra sânscrita geralmente traduzida como **força vital**. Ela pode ser usada para descrever fluidos vitais específicos e a energia do corpo ou, de modo mais genérico e abrangente, para designar o princípio subjacente à Vida.

Prana Pratistha No **Hinduísmo**, ato de consagrar uma imagem ou **ídolo** a um culto. Essa cerimônia inclui **orações** e **mantras**, além da evocação da **divindade** que será representada pelo ídolo.

Pranayama Na **yoga**, a ciência da respiração. Os exercícios de pranayama, que incluem ciclos de respiração rítmica, podem ser usados para despertar a energia **kundalini** ou para estabilizar o **prana** ou força vital do corpo. Ver também **Siddha Yoga**.

Prapatti Marga No **Hinduísmo**, o caminho da renúncia total e completa à **Divindade**.

Prasad No **Hinduísmo**, doces, frutas ou outras iguarias oferecidas a uma **divindade** ou **santo** e depois distribuídas entre os devotos, como uma bênção.

Prata Metal associado com o elemento **Água** e com a **Lua**. Na **magia** ocidental e nos **Tattvas**, o símbolo da Lua é uma meia-lua prateada.

Prata, Cordão de Ver **Cordão de Prata**.

Precessão dos Equinócios Na **astrologia**, situação referente à revolução lenta dos pólos da Terra em torno da eclíptica, ocorrida uma vez a cada 26 mil anos – e que muda a relação dos **signos** do **zodíaco** com as constelações. O ponto vernal do equinócio fica aproximadamente dois mil anos em cada constelação. Estamos hoje na Era de Peixes, que será sucedida pela **Era de Aquário**.

Precognição Tipo de **percepção extra-sensorial** em que a pessoa tem aparente consciência de acontecimentos futuros.

Predestinação Crença de que a sina ou o **destino** de uma pessoa são predeterminados no nascimento e que os acontecimentos da vida dela transcorrem de acordo com ele. A crença na predestinação é contrária à crença no livre-arbítrio.

Predição Ver **Divinação; Profecia**.

Preexistência da Alma Doutrina religiosa associada ao teólogo e místico **Orígenes**, segundo o qual a alma já existiria antes da sua presente encarnação. Essa doutrina está, logicamente, associada à crença na **reencarnação**. A crença na preexistência tornou-se uma **heresia** cristã no ano 553, depois do Concílio de Constantinopla II.

Premies Termo usado pelos seguidores do **guru Maharaj Ji** para descrever aqueles que "receberam o Conhecimento" e estão aptos a realizar o **satsang** nos vários ramos da **Missão da Luz Divina**.

Premonição Consciência **paranormal** intuitiva de algo que está prestes a acontecer. As premonições costumam ser avisos de desastres, perigos ou **morte** iminentes. Segundo alguns, a premonição ocorre no limiar entre o **sonho** e o **sono** e pode às vezes se manifestar em sonhos, na forma de um **pressentimento** de que algo acontecerá em breve no mundo da vigília. Ver também **Sonhos Lúcidos**; **Aviso**; **Precognição**.

Presciência Conhecimento de acontecimentos futuros. Ver também **Precognição**; **Pressentimento**; **Profecia**.

Presos à Terra, Espíritos Termo usado no **espiritualismo** para descrever seres **desencarnados** ou **espíritos** que continuam próximos ao domínio em que viveram na Terra. Eles são em geral considerados **assombrações**, mas podem ser dispersados por meio do **exorcismo**. Ver **Aparições** e **Fantasmas**.

Presságio Sinal relativo a algum acontecimento futuro. Os presságios podem ser favoráveis ou desfavoráveis e podem ocorrer espontaneamente ou ser provocados por meio de diferentes métodos de divinação. Ver também **Augúrio**; **Profecia**.

Pressentimento Do latim *praesentire*, "perceber de antemão", presságio ou conhecimento daquilo que está prestes a ocorrer. Ver também **Presciência**.

Pretas No **Hinduísmo**, seres desencarnados ou **aparições** de mortos que assombram cemitérios e são considerados malévolos. Ver também **Fantasmas**.

Previsão Conhecimento de acontecimentos futuros. Ver também **Clarividência**; **Divinação**; **Percepção Extra-sensorial**; **Precognição**.

Previsão, Astrologia de Ver **Astrologia de Previsão**.

Priapo Na **mitologia** grega, filho de **Dioniso** e **Afrodite**. Assim como **Pã**, Priapo era um deus da fertilidade e da vegetação e protegia os fazendeiros e pastores.

Price, Henry (1881-1948) Pesquisador britânico que se tornou uma lenda graças aos seus esforços para detectar fraudes psíquicas. Price investigou muitos **médiuns** espirituais importantes da Grã-Bretanha e da Europa, incluindo Stella C., **Eileen Garrett** – em cuja autenticidade ele acreditava –, e Helen Duncan e **William Hope**, que, na opinião dele, não passavam de uma fraude. Price é mais conhecido pela famosa investigação que fez na **Paróquia de Borley** – considerada "o local mais assombrado da Inglaterra" – e foi membro da **Sociedade para a Pesquisa Psíquica**. Price fundou o National Laboratory of Psychical Research, no ano de 1925, e tinha uma biblioteca pessoal com 20 mil livros sobre **pesquisa psíquica**, que se tornou a Harry Price Library of London. Entre as várias publicações de Price figuram *Revelations of a Spirit Medium* (1922), *Leaves from a Psychist´s Case-Book* (1933), *Confessions of a Ghost Hunter* (1936), *Fifty Years of Psychical Research* (1939) e sua autobiografia, *Search for Truth* (1942).

Primeira Ordem Na Ordem Hermética da Aurora Dourada, os cinco graus de iniciação que precedem o **Tiphareth**, no centro da **Árvore da Vida**. Esses graus são

Neophyte (um grau não relacionado à Árvore da Vida); Zelator (**Malkuth**); Theoricus (**Yesod**); Practicus (**Hod**); e Philosophus (**Netzach**).

Primum Mobile Na **cosmologia** cabalística, os "primeiros rodopios" da Luz Infinita na escuridão do **Caos**, que se manifesta em Kether, na **Árvore da Vida**. O termo tradicional hebraico é *Rashith ha Galgalim*.

Príncipe das Trevas Em **demonologia** e no **ocultismo**, o **Demônio** – também conhecido como **Satã**, **Lúcifer**, **Belzebu** e **Mefistófeles**.

Princípio Feminino Nas cosmologias místicas, em geral existe uma relação específica entre as forças masculinas e femininas. O princípio feminino costuma ser considerado receptivo (simbolizando o útero do qual se originou o universo); lunar (por refletir a luz em vez de ser fonte dela) e intuitivo em vez de intelectual. Nas cosmologias patriarcais, ele é freqüentemente considerado negativo. Ver também **Binah**; **Chokmah**; **Lunares, Deusas**; **Princípio Masculino**; **Yin**.

Princípio Masculino De acordo com as **cosmologias** místicas, existe um intercâmbio entre as forças masculina e feminina. Nesse intercâmbio, o princípio masculino é em geral considerado positivo, extrovertido, dinâmico e solar. Também é tido como mais racional que intuitivo. Ver também **Chokmah**; **Yang**. Comparar com **Binah**; **Princípio Feminino**; **Deusas Lunares**; **Yin**.

Prithivi No **Hinduísmo** e na **magia** ocidental, o elemento **Terra**, simbolizado por um quadrado amarelo.

Privação Sensorial Estado em que os estímulos externos são eliminados da consciência. Condições de privação sensorial, como as proporcionadas pelo **tanque samadhi**, podem produzir experiências místicas profundas, quando **arquétipos** do inconsciente se apresentam em visões religiosas. Ver **Lilly, dr. John**.

Profano Aquilo que não é de natureza **sagrada** ou religiosa. Esse termo também pode ser usado para descrever o ato de ser desrespeitoso ou irreverente num lugar sagrado ou de desrespeitar objetos sagrados de forma blasfema. A **Missa Negra** realizada pelos **satanistas** inclui cerimônias profanas que parodiam a missa da Igreja cristã e a **comunhão**.

Profecia Do grego *prophetes*, "aquele que fala antes", predição feita graças a uma orientação ou intervenção divina. Na Bíblia, as profecias tornaram-se parte da doutrina cristã. Ver também **Divinação**; **Escatologia**.

Prognose Na **astrologia de previsão**, resultado provável que pode ser deduzido a partir da interpretação da **carta astrológica** e de seus **aspectos** principais.

Progredido, Mapa Ver **Mapa Progredido**.

Projeção Astral Ver **Viagem Astral**; **Experiências Fora do Corpo**.

Projeção Etérica Depois de projetar o **corpo astral** por meio da **dissociação** voluntária, o **ocultista** pode, se quiser, projetar também o corpo etérico. De acordo com as crenças ocultistas, o corpo etérico é uma réplica do corpo físico, de cor branca e aparência enfumaçada, que lembra um **fantasma** ou **aparição**. Quando o corpo etérico é projetado, o corpo físico cai num estado de transe profundo, semelhante à morte. Nesse estágio, o ocultista continua respirando e se mantém vivo graças ao corpo astral projetado. Ver também **Projeção Astral**.

Prosérpina Ver **Perséfone**.

Prótea, Alma Ver **Alma Prótea**.

Proteção, Magia de Ver **Magia de Proteção**.

Providência Poder sobrenatural que orienta o curso dos acontecimentos para um resultado positivo. A providência diferencia-se da sina e do **destino**, que tanto podem ser favoráveis quanto desfavoráveis.

Psi Letra grega do alfabeto geralmente usada com o significado de **percepção extra-sensorial** e poderes **paranormais**, que são então considerados **fenômenos psi**.

Psi, Fenômenos Poderes paranormais. Ver também **Psi**.

Psicagogos Necromantes que invocam os **espíritos** dos mortos. Ver também **Lévi, Éliphas**; **Necromancia**; **Peladan, Sar Josephin**.

Psicocinese Na **parapsicologia**, capacidade **paranormal** para mover objetos físicos com o poder da mente. Vários experimentos já foram feitos nos laboratórios de parapsicologia com o objetivo de demonstrar cientificamente se os sujeitos psíquicos podem influenciar o resultado do jogo de dados. Usa-se muitas vezes a abreviação **PC** com referência à Psicocinese.

Psicodélico Das palavras gregas *psyche*, "alma" ou "mente", e *delos*, "evidente", substância que estimula o conteúdo da mente inconsciente a se manifestar. Essa palavra é usada genericamente com referência a drogas **alucinógenas** como o **LSD** e a outras relacionadas. A expressão foi cunhada pelo **dr. Humphry Osmond**. Ver também **Alucinação**.

Psicografia Ver **Escrita Direta**.

Psicograma No **espiritualismo**, mensagem de um **espírito** ou entidade **desencarnada**.

Psicologia Transpessoal Nome dado à chamada "quarta força" da psicologia. A psicologia transpessoal sucede à "primeira força", a teoria psicanalítica clássica; à "segunda força", a psicologia behaviorista ou comportamental; e à "terceira força", a psicologia humanista. Ela estuda áreas da consciência humana como a autotranscendência, as **experiências de pico**, a transformação mística e os valores supremos. O próprio termo "transpessoal" refere-se àquilo que transcende o ego e, portanto, implica uma simpatia pelos tópicos e idéias místicos e **paranormais**. Esse termo foi usado pela primeira vez numa conferência realizada em 1967 pelo psiquiatra **dr. Stanislav Grof** e tornou-se o nome de um novo movimento depois que Abraham Maslow e Anthony Sutich anunciaram o surgimento dessa "quarta força" na psicologia.

O Movimento Transpessoal está estreitamente associado ao **Instituto Esalen**.

Psicometria Técnica de diagnóstico para determinar as características de pessoas ausentes, por meio de objetos com os quais tiveram contato. O praticante de psicometria pode usar um objeto pessoal como um relógio, um anel ou outra peça de joalheria e segurar esse objeto mantendo os olhos fechados, para receber impressões psíquicas de seu proprietário. O termo "psicometria" foi cunhado pelo pesquisador de fenômenos psíquicos dr. J. R. Buchanan.

Psicoplasma No **espiritualismo**, outro nome do **ectoplasma**, a substância misteriosa que às vezes emana dos **médiuns de efeitos físicos**, durante uma **sessão**.

Psicossomático Que se relaciona à mente (*psyche*) e ao corpo (*soma*). Esse termo é em geral empregado para descrever doenças relacionadas ao *stress*, na qual os sintomas físicos são produzidos por traumas psicológicos. As doenças psicossomáticas muitas vezes podem ser curadas por meio da **hipnose**, da **meditação** ou da **visualização orientada**.

Psilocibina Substância alucinógena sintetizada pelo dr. Albert Hofmann a partir do cogumelo psilocibe (*Psilocybe mexicana*), considerado um sacramento pelos índios mazatecas do México. Esse cogumelo é usado tanto por agentes de cura quanto por feiticeiros, em virtude de suas propriedades psicoativas. Ver também **Xamanismo**.

Psiônica, Medicina Aperfeiçoamento da **radiestesia** médica, na qual a **rabdomancia** com o uso do **pêndulo** e a **homeopatia** combinam-se com o chamado gráfico de W. O. Wood – um diagrama triangular que indica os graus de uma escala que vai do negativo ao positivo. Uma amostra de sangue do paciente é colocada no vértice superior direito do triângulo e o "testemunho do paciente" (um grupo de tumores e doenças na potência homeopática), colocado no vértice superior esquerdo. Os remédios homeopáticos ficam no ápice do triângulo. De acordo com os praticantes, quando as forças dos três ângulos do triângulo estão "em equilíbrio", indicando que o remédio correto foi encontrado, o pêndulo do **rabdomante** mantém uma trajetória uniforme, acima do marcador de zero grau.

Psique Palavra grega para "mente", "consciência", "espírito" e "alma" – usada originalmente para descrever a condição de estar vivo e a **força vital** em si. Esse termo é usado na psicologia moderna para designar as faculdades mentais, abrangendo tanto a mente consciente quanto a inconsciente.

Psíquica, Fotografia Ver **Fotografia Psíquica**.

Psíquico Que ou aquele que tem poderes paranormais ou **percepção extra-sensorial** como **precognição, clarividência, telepatia mental** ou capacidade de ver e interpretar a **aura**.

Psiquismo Termo em desuso, usado na **Teosofia** e nos livros espiritualistas mais antigos para designar a **percepção extra-sensorial**.

Ptá Também Ptah. Na antiga religião egípcia, o criador do universo. O culto de Ptá centralizava-se em Mênfis, onde ele era reverenciado ao lado de sua consorte **Secmet**, a deusa-leão.

Puck Ser metade humano e metade mágico, o puck era um **hob-goblin** que, em *Sonhos de Uma Noite de Verão*, de Shakeaspeare, é o bufão e servo do rei Oberon. Puck é um personagem malévolo que podia mudar a aparência ou a forma de objetos conhecidos e enganar os mortais com seus truques.

Puharich, Henry (Andrija) Karl (1918-) Parapsicólogo norte-americano mais conhecido pela sua estreita associação com o psíquico israelita **Uri Geller**. Puharich construiu uma carreira sólida como pesquisador científico no campo da **telepatia mental** e foi também um dos primeiros escritores a chamar atenção para as propriedades sacramentais dos cogumelos **psicodélicos**. Entre seus trabalhos, figuram *The Sacred Mushroom* (1959), *Beyond Telepathy* (1962) e *Uri* (1974).

Purusha Palavra sânscrita usada para designar o Espírito e também a idéia de Homem Celestial ou Arquetípico. Esse termo é às vezes usado como sinônimo de **Brahma** e tem paralelos com o conceito cabalístico de **Adão Kadmon**. Ver também **Macrocosmo e Microcosmo**.

Pymander Ver **Poimandres**.

Q

Qabalah Ver **Cabala**.

QBL Raiz hebraica que significa "da boca para o ouvido" e designa uma tradição oral secreta. Esse termo encerra o significado básico da Qabalah ou **Cabala**, a tradição secreta do **misticismo** judaico.

Qlippoth Também Kelipoth. **Na Cabala**, cascas negativas ou "impuras" de existência, que se formaram durante a Criação. Na **magia** ocidental moderna, elas são consideradas as esferas da Árvore do Mal, a imagem inversa da **Árvore da Vida**.

Quadrado Mágico Quadrado que inclui palavras ou números cuja disposição permite que eles sejam lidos tanto na horizontal quanto na vertical e em ambas as direções. Os números totalizam a mesma soma, independentemente da direção que se adote. O quadrado composto de letras é um **quadrado mágico alfabético**, enquanto o composto de números consiste num **quadrado mágico numérico**.

Quadrado Mágico Alfabético Quadrado disposto de tal maneira que as letras das palavras também podem ser lidas de trás para a frente, na vertical e na horizontal. Acredita-se que esses quadrados tenham propriedades mágicas e possam servir de base para um encantamento. O mais famoso exemplo de quadrado mágico alfabético consiste no chamado quadrado "Sator", reproduzido a seguir:

```
S A T O R
A R E P O
T E N E T
O P E R A
R O T A S
```

Segundo a interpretação de **MacGregor Mathers**, uma das pessoas mais influentes da **Ordem Hermética da Aurora Dourada**, esse quadrado significa "O Criador (sator), que se move devagar (arepo), mantém (tenet) Suas Criações (opera) como vórtices (rotas). Embora esse seja apenas um dos vários significados possíveis. Ver também **Abracadabra**.

Quadrado Mágico Numérico Quadrado disposto de tal forma que a soma dos números de qualquer linha é sempre a mesma, independentemente da direção em que se leia. Na **magia**, o quadrado numérico apropriado a cada planeta é chamado **kamea**. Segue alguns exemplos:

```
4 9 2     4 14 15  1    11 24  7 20  3
3 5 7     9  7  6 12     4 12 25  8 16
8 1 6     5 11 10  8    17  5 13 21  9
         16  2  3 13    10 18  1 14 22
                        23  6 19  2 15
Saturno   Júpiter       Marte
```

Os quadrados mágicos numéricos são um recurso importante do **grimório** medieval *O Livro da Sagrada Magia de Abra-Melin, o Mago*, no qual os quadrados são considerados fontes de poderes mágicos. Ver também **Abraão, o Judeu**.

Quadrantes Na **astrologia**, os quatro quartos do **mapa astrológico** ou **zodíaco**. Os quadrantes do mapa astrológico são as casas de um a três, de quatro a seis, de sete a nove e de dez a doze. No zodíaco, eles são os signos de **Áries** a **Gêmeos**, de **Câncer** a **Virgem**, de **Libra** a **Sagitário** e de **Capricórnio** a **Peixes**.

Quadratura Também Quadrado. Na **astrologia**, **aspecto** caracterizado por um ângulo de noventa graus entre dois **planetas**.

Quadrupedal Na **astrologia**, os signos do **zodíaco** representados por criaturas de quatro pés: **Áries**, **Touro**, **Leão**, **Sagitário** e **Capricórnio**.

Quadruplicidades Na **astrologia**, a divisão dos signos do zodíaco na classificação tripla que classifica os signos em **cardinais**, **fixos** e **mutáveis**. As quadruplicidades são **Áries**, **Câncer**, **Libra** e **Capricórnio** (cardinais), **Touro**, **Leão**, **Escorpião** e **Aquário** (fixos) e **Gêmeos**, **Virgem**, **Sagitário** e **Peixes** (mutáveis).

Qualidades, as Quatro No **Hinduísmo**, existem quatro "qualidades" que caracterizam as pessoas que buscam a libertação espiritual. Elas são: vairagya (desprendimento ou objetividade); viveka (discernimento); mumukshutwa (o desejo de despertar a consciência espiritual) e shatsampatti (as seis virtudes do autocontrole).

Quarta Dimensão Depois que Albert Einstein (1879-1955) formulou os princípios da relatividade, o conceito de tempo como a "quarta dimensão" do espaço se popularizou. Alguns escritores ocultistas se referem à "quarta dimensão" como um domínio misterioso onde ocorrem acontecimentos paranormais, mas esse conceito não tem aplicação prática na **parapsicologia** científica.

Quarta Raça-Raiz De acordo com a **Teosofia**, raça "atlântica" que sucedeu à lemuriana e precedeu a presente era. A quarta Raça-raiz foi extinta num cataclismo, quando **Atlântida** afundou sob as ondas. Ver também **Atlântida; Lemúria; Raça-Raiz**.

Quaternidade Na **Teosofia** e na **numerologia**, união de quatro componentes intrínsecos. Os teosofistas dividem o ser humano em quatro corpos (físico, etérico, astral e o eu); e a **astrologia** inclui muitas combinações de quatro, incluindo os quatro **signos** do **zodíaco** que formam cada uma das três "cruzes": os chamados signos **mutáveis, fixos** e **cardinais**.

Quatro Na **numerologia**, o número associado ao trabalho árduo, à praticidade e também à infelicidade e às imperfeições. As pessoas cujo nome se "reduz" a quatro (quando um valor numérico é atribuído a cada letra) são consideradas apáticas, tediosas e em geral extremamente metódicas ao executar suas tarefas profissionais de rotina. São laboriosas e nem um pouco aventureiras, mas têm dificuldade para chegar ao sucesso.

Quatro Direções Ver **Direções, Quatro**.

Quatro Elementos Ver **Elementos**.

Quatro Nobres Verdades, As No **Budismo**, o reconhecimento de que toda pessoa ou existência individualizada está ligada indissoluvelmente ao sofrimento; de que as pessoas se apegam a objetos mundanos, que são efêmeros e ilusórios; de que só é possível conquistar a felicidade e a **iluminação** desapegando-se do mundo material; e de que só se atinge o **nirvana** por meio do **Caminho Óctuplo**.

Quatro Universais, Os No **Budismo**: a bondade, a compaixão, a alegria e a equanimidade. Eles também são conhecidos como os quatro Incomensuráveis e as Quatro Mentes Infinitas.

Queda No Antigo Testamento, menciona-se a queda de Adão e Eva, que foram afastados de **Deus** e expulsos do **Jardim do Éden** depois de desobedecer às ordens Dele e comer do fruto da Árvore do Conhecimento. Na **cosmologia** mágica cabalística, a Queda é simbolizada pelo **Abismo** da **Árvore da Vida**, o qual é transposto durante a experiência visionária da sephirah **Daath** (conhecimento).

Quéfera Ver **Khepera**.

Quelidônia Também Chelidônia. Pedra mágica supostamente tirada do corpo de uma andorinha. Cura melancolia e febre.

Queres Na antiga **mitologia** grega, **espíritos** malévolos associados à morte violenta. Filhas de **Nix**, as Queres eram às vezes relacionadas às **Fúrias**.

Quérube Anjo alado de cabeça humana, descendente de criaturas com corpo de animal. Na arte ocidental, o quérube é representado como uma linda criança. Ver também **Querubins**.

Querubins Anjos de luz que, de acordo com o Apocalipse, proclamam dia e noite sem parar: "Santo, Santo, Santo, Senhor, Deus Todo-Poderoso, Aquele que era, Aquele que é e Aquele que vem." Em torno do trono celestial estão quatro querubins: um semelhante a um homem, outro semelhante a um leão, outro a uma águia e outro a um touro; cada um deles com seis asas.

Quest Society Grupo esotérico criado em 1909 pelo teosofista **G. R. S. Mead**, para estudar a tradição de **mistério** ocidental.

Quetzalcoatl Divindade tolteca que ocupa posição de destaque no **panteão** asteca como **deus** dos ventos, da fertilidade e da sabedoria. Personificado como uma serpente emplumada, ele era considerado o inventor da ciência da agricultura e também do calendário. Era associado à Estrela da Manhã. Quetzalcoatl regia durante uma **era dourada** e depois desaparecia. Quando Cortez chegou ao México com seus conquistadores, os astecas a princípio pensaram que Quetzalcoatl tinha voltado para eles.

Quimbanda Nos **cultos afro-brasileiros**, termo usado para designar a **magia negra** ou **feitiçaria**.

Quimby, Phineas Parkhurst (1802-1866) Fundador norte-americano do **Novo Pensamento**, um sistema de cura mental em que a mente é considerada a fonte responsável pela cura dos sintomas físicos da doença. Quimby assistiu a uma palestra sobre **mesmerismo** quando tinha 36 anos e dali em diante passou a atuar como "agente de cura magnético". Ele exerceu profunda influência sobre **Mary Baker Eddy**, criadora da **Ciência Cristã**.

Quimera Monstro fabuloso, cuspidor de fogo, misto de leão, cabra e serpente. A quimera foi morta por Belerofonte, montado em seu cavalo alado **Pégaso**.

Quinário Na **numerologia**, na **astrologia** e no **misticismo**, combinação de cinco elementos num sistema. Na astrologia, são cinco os planetas que giram em torno do Sol, além da Terra; na Kundalini Yoga, existem cinco chakras "elementais" (**Muladhara: Terra; Svadisthana: Água; Manipura: Fogo; Anahata: Ar; e Akasha: Espírito**). Na **magia** ocidental moderna, os seres humanos têm como símbolo uma estrela de cinco pontas; ou **pentagrama**. Ver também **Elementos; Tattvas**.

Quincunce Na **astrologia**, aspecto caracterizado por um ângulo de 150 graus entre os planetas.

Quinta Raça-Raiz De acordo com a **Teosofia**, a espécie humana na sua atual fase de evolução. Afirmam os teosofistas que estamos hoje a meio caminho da quinta raça-raiz, e que duas **raças-raízes** – a sexta e a sétima – a sucederão, concluindo a evolução espiritual da espécie humana.

Quintessência No **misticismo** pitagoriano, o "quinto elemento" do **Espírito** que preenche o universo e lhe confere vida e vitalidade (os outros quatro elementos são a **Terra**, a **Água**, o **Fogo** e o **Ar**). No **Hinduísmo**, o quinto elemento é **Akasha**; e na alquimia medieval, é a transcendental **Pedra Filosofal**. A quintessência é a "essência pura".

Quirognomonia Divinação e previsão com base no formato da mão, em vez das linhas da palma. A posição do polegar, o formato dos dedos e das unhas e a textura da pele são aspectos levados em consideração.

Quirografologia Estudo das mãos e da caligrafia. Comparar com **Grafologia**.

Quirologia Outro nome da **quirognomonia**.

Quiromancia Divinação pela interpretação das linhas e dos sinais da palma das mãos. As linhas principais são as linhas da vida, da cabeça, do coração e do destino; entre as linhas secundárias estão a da intuição e a do casamento. O quiromante analisa se as linhas são bem definidas ou fracas, retas ou ramificadas, além de procurar por outros indicadores simbólicos como formações em cruz ou estrela. Ver também **Leitura das Mãos**.

Quirosofia Outro nome da **Quiromancia**.

Qum Também Com, Cum, Qom. No Irã, cidade santa dos **muçulmanos** xiitas. Qum está localizada na região central do Irã, ao sul de Teerã.

Qumrã Região de contrafortes na costa nordeste do mar Morto, onde foram descobertos os famosos **Manuscritos do Mar Morto**. Os essênios fundaram uma comunidade monástica no local durante o século II. As escavações em Qumrã começaram em 1951.

Qur'an Ver **Corão**.

R

Rá Na antiga religião egípcia, o deus solar. A deusa celeste **Nut** carregou Rá nas costas até o céu e ele se tornou o senhor e criador do mundo. Posteriormente, esse deus passou a ser identificado como o deus do nascimento e do **renascimento**, pois ele renascia a cada aurora. O centro do culto de Rá era em Heliópolis e ele era considerado a principal **divindade** do **Enéade**.

Rábdica, Força Força que, segundo os **rabdomantes**, está ativa quando a **varinha de divinação** está sendo usada para detectar veios subterrâneos.

Rabdomancia Arte de **divinação** por meio de uma varinha. Esse termo é genericamente associado à localização de veios d'água, mas também se aplica à divinação por meio da interpretação do vôo das flechas. Ver também **Rabdomante; Aveleira**.

Rabdomante Pessoa versada em **rabdomancia** – a arte de localizar fontes de água subterrâneas por meio de uma varinha de divinação. O rabdomante usa uma forquilha em geral de aveleira, mas que também pode ser de metal ou de outras madeiras como sorveira-brava ou freixo. Quando o rabdomante caminha sobre um local em que existe um veio d´água subterrâneo, a varinha faz um movimento característico, involuntário e espontâneo, indicando a localização e a profundidade em que é possível encontrar água.

Raças-raízes Conceito teosófico segundo o qual a espécie humana evolui ao longo de diferentes fases de crescimento espiritual e desenvolvimento intelectual, sendo cada uma das quais conhecidas como raça-raiz. O atual estado da humanidade é em geral identificado como a quinta raça-raiz. Essa raça foi precedida pela atlântica (quarta) e pela lemuriana (terceira), ambas extintas por cataclismos.

Rackham, Arthur (1867-1939) Ilustrador de livros inglês, conhecido internacionalmente pelas ilustrações de **fadas, elfos, goblins** e **ninfas** aquáticas. Muitas das suas melhores ilustrações para contos de fadas foram incluídas em suas edições de *Rip Van Winkle* (1905), *A Midsummer Night's Dream* (1908), *The Rheingold and the Valkyrie* (1910) e *Peter Pan in Kensington Gardens* (1912).

Radical Na **astrologia**, que pertence ao **radix**.

Radical, Posição Na **astrologia**, posição de um **planeta** numa carta natal. Ver **Mapa Natal**.

Radiestesia Técnica de "rabdomancia médica" que usa um **pêndulo**. Na radiestesia moderna, existem quatro movimentos básicos do pêndulo sobre o corpo que dão uma indicação de que doença se trata: horário; anti-horário; do lado esquerdo para o lado direito do corpo; e para perto e para longe do corpo, num ângulo reto com relação a ele. Os radiestesistas interpretam os movimentos do pêndulo para identificar a presença ou falta de **energia vital**, ou vitalidade, e consideram a doença como uma forma de desequilíbrio interior.

Rádio Mental Expressão cunhada por Upton Sinclair, escritor norte-americano ganhador do prêmio Pulitzer, que a usou para descrever um experimento envolvendo a transferência mental de impressões mentais entre sua mulher Mary e ele próprio. Os experimentos de Sinclair estenderam-se por um período de três anos e são descritos em seu livro *Mental Radio* (1930, republicado em 1963). Ver também **Telepatia Mental**.

Radiônica Sistema de medicina alternativa desenvolvida pelo **dr. Albert Abrams**, segundo o qual lesões nos tecidos do corpo afetam o sistema nervoso e produzem "emanações" opacas. Abrams acreditava que esse ato tinha relação com fenômenos eletrônicos e inventou um instrumento semelhante a um reostato, chamado "caixa preta", para medir a resistência ohm e as "reações eletrônicas" das diferentes doenças. Ele achava, por exemplo, que o câncer produzia uma resistência de 50-ohm. Abrams posteriormente modificou sua técnica para que pudesse fazer suas leituras a partir de uma amostra de sangue. Em 1924, uma comissão organizada pela Royal Society of Medicine investigou as técnicas de Abrams e ficou muito bem impressionadas. Contudo, a radiônica não progrediu muito depois da morte de Abrams. **Ruth Drown**, nos Estados Unidos, e **George de la Warr**, na Inglaterra, desenvolveram ambos novas versões da caixa preta e fizeram várias declarações com relação ao diagnóstico de doenças, mas nenhuma delas de cunho científico. Tanto a dra. Drown quanto George de la Warr, em seus respectivos países, foram levados aos tribunais depois de serem acusados de fraude.

Radix Na **astrologia**, **mapa astrológico** calculado para o momento exato do nascimento. Ver também **Revolução Solar**.

Rafael Um dos sete **arcanjos**, ou mensageiros, de **Deus**. Rafael aparece várias vezes no evangelho apócrifo *O Livro de Tobias* e também desempenha um papel importante na **magia** ocidental moderna, na qual ele é invocado no quadrante Leste como o arcanjo do **Ar**. Rafael é associado à esfera de **Tiphareth** da **Árvore da Vida** cabalística.

Ragnarok Na **mitologia** escandinava, época em que praticamente todos os **deuses**, o universo e todas as criaturas vivas foram destruídos. Depois da morte de **Baler**, o grande deus **Odin** reuniu um exército em Valhala para combater os **gigantes** e as forças do **mal**. Finalmente, os céus vieram abaixo e o mundo foi totalmente destruído. Acredita-se, contudo, que o holocausto do Ragnarok tenha dado origem a uma nova linhagem de seres humanos e deuses. O filho de Odin, **Vidar**, estava entre os sobreviventes que participaram da regeneração do mundo e anunciaram a Era Dourada.

Rá-Horachte Também Ra-Horakte e Ra-Haracte. Na antiga religião egípcia, título de **Rá**, o deus solar, na forma de um falcão carregando o disco solar. A designação "Horachte" significa "Hórus do Horizonte". Ver também **Hórus**.

Raios, Sete Teoria teosófica segundo a qual o universo evolui ao longo de sete caminhos, ou "raios", e toda criatura viva se desenvolve ao longo desses caminhos.

Rais, Gilles de (1404-1440) Marechal francês que lutou ao lado de Joana D'Arc em Orléans. Ele é mais lembrado, no entanto, pelo assassinato de pelo menos 140 crianças cujo coração, mãos, olhos e sangue eram usados em terríveis **rituais** demoníacos. Depois de julgado diante do Bispo de Nantes, foi sentenciado à morte e enforcado.

Raja Yoga Sistema de **yoga** "real" baseado nos Sutras de **Patanjali**. A Raja Yoga tem oito ramificações, sendo que cada uma delas se refere a um anga, ou "membro". Os oito membros juntos criam uma unidade de pensamento e propósito que leva o praticante a se unir a **Brahman**. Os oito angas são: **yama** (restrições éticas), nyiama (observâncias morais); **asana** (postura de meditação); **pranayama** (controle da respiração); pratyahara (domínio dos sentidos);

dharana (concentração mental); **dhyana** (meditação) e **samadhi** (conquista da **consciência cósmica**).

Rajas Na **cosmologia** hindu, um dos três *gunas*, ou características da matéria primordial. As rajas têm a qualidade da ação ou atividade. Os outros dois gunas são **sattva** (harmonia) e **tamas** (inércia).

Rajneesh, Bhagwan Shree Ver **Osho**.

Rakshasas Na **mitologia** indiana, seres malignos e violentos que podiam mudar de aparência graças aos seus poderes mágicos. Seu rei era **Ravana**.

Rama Na **mitologia** indiana, avatar de **Vishnu** que encarnou como **Ramachandra**, Parasu-Rama e Balarama.

Ramachandra No **Hinduísmo**, a sétima **encarnação** de **Vishnu**. Ramachandra era retratado como o herói ideal: atraente, virtuoso e corajoso – a própria encarnação da probidade. Ele desempenha um importante papel no *Ramaiana*, um épico que descreve suas viagens e desafios; era também inimigo do demônio **Ravana**, que arrebatou sua bela esposa **Sita**, mas foi finalmente sobrepujado. Ramachandra é em geral conhecido simplesmente como Rama, embora isso possa gerar certa confusão, pois Rama também encarnou como Parasu-Rama, na sexta encarnação de Vishnu.

Ramaiana Poema épico indiano composto de 24 mil parelhas de versos. O poema, que é anterior ao *Mahabharata*, descreve os desafios de **Rama** (ou seja, **Ramachandra**), incluindo sua busca para salvar a esposa **Sita** das garras do rei-demônio **Ravana**. Ravana aprisionara Sita em seu reino, a ilha de Lanka, mas Rama construiu uma ponte para a ilha, com a ajuda de Nala, e invadiu Lanka com um exército de macacos. O combate finalmente se resolveu quando Rama traspassou o peito de Ravana com uma flecha. Cinco dos sete livros do *Ramaiana* foram atribuídos ao escritor do século XIV Valmiki; os outros dois são de poetas desconhecidos.

Ramakrishna, Paramahamsa (1836-1886) **Místico** indiano nascido em Bengala. Ramakrishna tinha experiências religiosas desde criança e certa vez, enquanto encenava o papel de Shiva numa peça, caiu em estado de **transe** por três dias. Com 20 anos, Ramakrishna tornou-se sumo **sacerdote** de um templo dedicado a **Kali**, deusa cujo culto foi preponderante em sua vida. Depois de um casamento fracassado com uma noiva ainda criança, Ramakrishna passou a crer que a sexualidade fosse um obstáculo para a consciência mística e manteve o celibato por toda a vida. Um dos seus mais famosos discípulos foi Swami Vivekananda, que popularizou a causa de seu mestre. Ramakrishna é mais conhecido pela sua idéia de que "muitos caminhos levam ao mesmo Deus". Ele também estava convencido de que a verdadeira essência da religião estava na experiência, não na doutrina.

Ram Dass, Baba (1931-) Nome espiritual do ex-psicólogo da Harvard Richard Alpert, que se tornou colega e amigo de **Timothy Leary** e uma figura-chave na polêmica que cercou o **LSD** na década de 1960. Os rumos da vida espiritual de Alpert mudaram quando ele foi para a Índia com intenção de apresentar o LSD aos homens santos. Um californiano chamado Bhagwan Dass levou Alpert a um **sadhu** conhecido como Maharaji, que vivia no sopé do Himalaia, e Alpert ofereceu ao guru seu sacramento. O homem santo então passou a consumir mais de novecentos microgramas de LSD – quatro vezes mais do que a dose normal – e aparentemente não foi afetado.

Convencido de que havia encontrado um guru cuja consciência transcendia a estimulação biofísica, Alpert converteu-se à **Raja Yoga** e adotou o nome de Baba Ram Dass. Ram Dass agora faz palestras pelo mundo todo acerca da tradição espiritual indiana, relacionando-a, em termos populares mas esclarecedores, aos aspectos da vida ocidental moderna. Ele também oferece ajuda e apoio aos moribundos.

Ram Dass é autor de vários livros, entre eles *Be Here Now* (1971), *Doing your Own Being* (1973) e *Grist for the Mill* (em co-autoria com Stephen Levine, 1979). Com o nome de Richard Alpert, Rass Dass escreveu, em co-autoria com Timothy Leary e Ralph Metzner, *The Psychedelic Experience* (1964), um guia para a exploração do LSD, fundamentado no **Livro Tibetano dos Mortos** (publicado pela Editora Pensamento).

Randolph, Pascal Beverley (1825-1871) Rosa-cruz, franco-maçom e **médium** norte-americano que fundou vários grupos. Randolph era membro da Societas Rosicruciana em Anglia – uma importante predecessora da **Ordem Hermética da Aurora Dourada**. Ele passou a se interessar por magia sexual e, ao que se sabe, ensinou a **Karl Kellner** várias técnicas que acabaram por se tornar a base dos ensinamentos da **Ordo Templi Orientis**.

Raphael Pseudônimo astrológico de Robert Cross Smith (1795-1832) que deu nome ao original *Raphael's Astronomical Ephemeris*. Essas **Efemérides** ainda são publicadas anualmente e arrolam as posições dos planetas ao meio-dia e à meia-noite em cada dia do ano, além de outras informações úteis aos astrólogos. Já houve vários "Raphaels" desde Smith, garantindo a continuidade dessas Efemérides. Ver também **Astrologia**.

Raporte Em **parapsicologia**, elo **paranormal** de ligação mística entre duas pessoas, que parece ter relação com poderes extrasensoriais como a **telepatia mental**.

Rapsodomancia Forma de **divinação** em que o praticante abre um livro sagrado e interpreta como profecia a primeira linha que surge à sua frente.

Rapto Estado repentino de **êxtase** associado com alguns tipos de misticismo devocional. Santa Teresa de Jesus comparou esse estado ao de embriaguês.

Rasputin, Grigori Efimovich (1872-1916) **Místico** siberiano a quem se atribuiu poderes de cura e o dom da **clarividência**. Depois de abandonar a família, ele se filiou à seita Khylsty, cujos membros praticavam flagelação e ritos sexuais, acreditando – assim como os **gnósticos** – que o corpo humano era vil e o **espírito**, puro. No entanto, os Khylsts também se dedicavam a Cristo e acreditavam no poder de cura da **oração**. Rasputin foi apresentado ao czar Nicolau II em novembro de 1905 e logo passou a freqüentar o palácio da família real. Ele ganhou fama como agente de cura depois de tocar a perna ensanguentada do infante Aléxis – que era hemofílico – e anunciar que havia curado a temível doença. Posteriormente, Rasputin avisou o czar de que a guerra assolaria a Europa, mas essa profecia foi ignorada. Depois de uma série de intrigas e mudanças no cenário político da Rússia, Rasputin foi finalmente envenenado e morto a tiros pelo príncipe Felix Yusupov.

Raudive, dr. Konstantin Ver **Fenômeno das Vozes Eletrônicas**.

Rav Palavra hebraica cujo significado é "mestre". A expressão *Rav Ha-Hasid* significa "mestre da devoção".

Ravana Na **mitologia** indiana, rei-demônio dos **Rakshasas**, que vivia no reino de

Lanka (Sri Lanka, antigo Ceilão) Ele encarnou como inimigo de **Vishnu** três vezes, da segunda vez como o inimigo mortal de Rama (isto é, **Ramachandra**). Ravana foi finalmente morto em combate, por uma flecha disparada por Rama.

Raymond Filho do célebre pesquisador de fenômenos psíquicos *sir* **Oliver Lodge**. Lodge acreditava que havia conseguido entrar em contato com o **espírito** do filho numa **sessão** e publicou, em 1916, um livro sobre o assunto intitulado *Raymond*.

Ré Ver **Rá**.

Recenseamento das Alucinações Pesquisa realizada no século XIX pela **Sociedade para a Pesquisa Psíquica**. Dezessete mil pessoas que alegavam já ter presenciado **aparições** foram submetidas a um detalhado questionário, e um grande número de respostas, descrevendo **fantasmas**, **premonições** e supostos casos de **telepatia**, foram relatados no volume dez dos *PSR Proceedings* (1894).

Redcap No **folclore** escocês, **espírito** maligno que tomou a forma de um velho com unhas compridas e um boné vermelho (*redcap*, em inglês), manchado de sangue. O redcap costuma ficar escondido nas torres localizadas nas fronteiras da Inglaterra com a Escócia e é afugentado quando se faz o sinal-da-cruz ou recita-se em voz alta versos da Bíblia.

Reencarnação Crença de que a identidade do ser humano sobrevive à **morte** física e pode renascer em diferentes corpos físicos, numa sucessão de vidas. A crença na reencarnação é comumente associada ao conceito de evolução espiritual. No **Hinduísmo**, o **karma** acumulado numa vida tem de ser resgatado nas encarnações subseqüentes. A reencarnação é uma parte importante da crença hindu e budista e também tem um papel central na tradição ocidental de **mistério**. Muitos pensadores influentes, incluindo **Pitágoras**, **Platão**, **Plotino**, Hegel, Emerson e **William James** acreditavam em reencarnação; e esse é também um ensinamento aceito pela maioria dos seguidores da **Teosofia**, do **espiritualismo** e do **ocultismo** modernos. A prova mais expressiva da existência da reencarnação está no livro *Twenty Cases Suggestive of Reincarnation* (1995), da autoria do **dr. Ian Stevenson**, da Escola de Medicina da University of Virginia. O dr. Stevenson é especialista em casos que envolvem lembranças verificáveis de reencarnação em crianças pequenas. Ver também **Metempsicose**; **Renascimento**; **Transmigração**.

Regardie, dr. Francis Israel (1907-1985) Autoridade em magia ritual, Regardie nasceu na Inglaterra, mas passou a maior parte da vida nos Estados Unidos. Foi, em certa época, secretário particular de **Aleister Crowley** e tornou-se membro da Stella Matutina, um grupo de magia descendente da **Ordem Hermética da Aurora Dourada**. Regardie gerou considerável controvérsia nos círculos ocultos quando publicou os rituais completos da ordem (1937-1940), mas essa obra de quatro volumes, *The Golden Dawn*, é agora considerada a bíblia dos **ocultistas** cerimoniais praticantes. Regardie é considerado internacionalmente como o maior expoente em magia ocidental moderna. Seus livros mais importantes são *The Tree of Life* (1932; republicado em 1969), *The Philosopher's Stone* (1938; republicado em 1970), *The Art of True Healing* (1964) e *Ceremonial Magic* (1982). A biografia de Aleister Crowley, *The Eye in the Triangle* (1970), escrita por Regardie, é um dos principais livros sobre esse celebrado mago cerimonial.

Regente Na **numerologia**, número a que se chega depois de se somar todos os números da data de nascimento e de se "reduzir" essa soma a um número entre 2 e 11 (o "duplo 11" também é possível). De acordo com os numerologistas, o número regente proporciona informações acerca da "orientação básica" da nossa vida.

Regentes Na **astrologia, planetas** que regem os diferentes **signos** do **zodíaco**. As atribuições astrológicas modernas (incluindo Plutão) são as seguintes: **Marte (Áries); Vênus (Touro e Libra); Mercúrio (Gêmeos); Lua (Câncer); Sol (Leão); Mercúrio (Virgem); Plutão (Escorpião); Júpiter (Sagitário); Saturno (Capricórnio); Urano (Aquário);** e **Netuno (Peixes)**.

Regiões Infernais O **Mundo Subterrâneo**. Ver também **Hades; Inferno**.

Regressão a Vidas Passadas Técnica usada por alguns praticantes de **hipnose** em que os sujeitos são levados a regredir até uma época anterior ao nascimento, quando viviam **encarnações** passadas. Embora alguns hipnotistas afirmem ter descoberto informações factuais muito específicas com relação a vidas passadas a que o sujeito não tinha acesso durante a consciência de vigília, essa técnica continua a ser alvo de muita controvérsia. Entre os defensores mais conhecidos da regressão a vidas passadas estão a dra. Helen Wambach e o dr. Morris Netherton nos Estados Unidos, Joe Heeton e o falecido Arnall Bloxham na Grã-Bretanha e Peter Ramster na Austrália. Ver também **Murphy, Bridey; Reencarnação**.

Regressão Pré-natal Ver **Regressão a Vidas Passadas**.

Réia Na **mitologia** grega, irmã e consorte de **Cronos** e mãe dos **deuses**. Entre seus filhos estão **Deméter, Hades, Posídon** e **Zeus**.

Reichenbach, Barão Karl von (1788-1869) Médico alemão que figura ao lado de **Anton Mesmer** nos anais da história do ocultismo. Reichenbach afirmava ter descoberto uma **emanação** ou radiação presente nos animais, nas plantas, nos ímãs e nos cristais, assim como nos seres humanos, e acreditava que essa emanação podia ser detectada pelos **psíquicos** como um tipo de luminosidade. Reichenbach, que chamava essa emanação de **força ódica**, fez experimentos com **sensitivos** que podiam ver essa força num ambiente escuro.

Rei do Bosque Na Roma antiga, **sacerdote** que presidia os cultos de **Diana** no santuário a céu aberto, junto ao lago Nemi. Esse santuário ficava dentro de uma gruta sagrada e o sacerdote era considerado o representante de Diana na Terra.

Rei Pescador Nas lendas do rei Artur, o senhor do Castelo do **Santo Graal** e guardião da lança que sangra (um símbolo que liga a lenda do Graal ao Cristianismo). O Rei Pescador tinha esse nome porque a pescaria era seu único passatempo. Esse rei tinha uma ferida incurável que só cicatrizaria quando o herói do Graal lhe fizesse a pergunta: "Para que serve o Graal?"

Reis Magos, Os Três Ver **Magos**.

Religião Sistema de crenças e práticas relacionadas ao culto de seres **sobrenaturais, divindades, espíritos** ou **Deus**. As religiões podem ser divididas em duas categorias: as **monoteístas**, que cultuam a crença num só deus; e as **politeístas**, em que mais de uma divindade é cultuada.

Religião, Antiga Expressão usada pelos seguidores contemporâneos da **Wicca** para descrever a **bruxaria**. Esse termo adquiriu um significado especial depois da publicação do influente livro de **Margaret Murray**, *The Witch-Cult in Western Europe* (1921), que descreve a bruxaria como um antigo culto da fertilidade.

Religião de Mistério Na Grécia e na Roma antigas, ritos e cerimônias iniciatórias cujos ensinamentos e práticas interiores eram secretas. Existiram cultos de mistério famosos em **Elêusis** e na ilha da Samotrácia. Entre as **divindades** cultuadas nas religiões de mistério figuram **Deméter** e **Perséfone**, **Átis** e **Cibele, Dioniso, Ísis, Serápis** e **Mitra**.

Relíquia Objeto venerado em virtude da sua ligação com um santo ou figura espiritual importante.

REM, Períodos Na psicologia, períodos de movimentos rápidos dos olhos (*Rapid Eye Moviments* – REM) que são acompanhados de sonhos. Ver também **Sonhos; Não-REM, Períodos**.

Renascimento Termo místico que se refere tanto à **reencarnação** quanto ao despertar espiritual. Ver também **Iluminação; Iniciação; Metempsicose; Transmigração**.

Resgate, Círculos de No **espiritualismo**, reuniões realizadas especialmente para advertir **espíritos desencarnados** de que eles já morreram e para oferecer orações que os libertem dos liames que os prendem aos vivos. Os círculos de resgate supostamente prestam auxílio àqueles que sofreram **morte** repentina e ainda não se adaptaram à condição recém-descoberta de desencarnados.

Ressurreição Crença religiosa segundo a qual pode-se ressurgir dos mortos. Embora essa doutrina seja em geral mais associada a Jesus Cristo, os seguidores de **Osíris**, no antigo Egito, e de **Átis**, na Frigia, também tinham uma crença parecida num deus ressuscitado. De acordo com a autoridade em religião comparada **Mircea Eliade**, a crença na ressurreição é característica de culturas com uma **cosmologia** linear (criação-vida-morte-juízo final); enquanto a **reencarnação** – uma doutrina relacionada, mas diferente – é mais característica de cosmologias "cíclicas", que dão menos ênfase à origem do mundo e ao conceito de juízo final.

Retificação Na **astrologia**, processo de estimar o horário do nascimento de uma pessoa examinando as características pessoais ou os acontecimentos da vida dela e relacionando-os com as características de um **mapa natal** que comporte esses fatores.

Retiro Lugar onde os praticantes de doutrinas místicas podem se recolher com propósitos de contemplação espiritual, geralmente sob a orientação de um mestre ou guru.

Retrocognição Em **parapsicologia**, conhecimento de acontecimentos passados obtido por meios **paranormais**. Trata-se do oposto exato de **precognição**.

Retrógrado Na **astrologia**, termo que designa o aparente movimento contrário de um **planeta** com relação ao **zodíaco**. Os movimentos retrógrados ocorrem quando os planetas descrescem em longitude quando vistos da Terra.

Reuss, Theodor (1855-1923) **Ocultista** alemão que sucedeu **Karl Kellner** na liderança da **Ordo Templi Orientis**. Reuss atribuiu o título de membro a vários ocultistas proeminentes, entre eles **Papus** e **Rudolph Steiner**. Em 1922, ele se retirou dessa ordem, apontando **Aleister Crowley** como seu sucessor.

Revelação Do latim *revelare*, algo que é revelado. No **misticismo**, em geral se trata de uma verdade sagrada ou **esotérica** revelada por um ser divino ou por um **deus**. Ver também **Apocalipse**.

Revolução Solar Na **astrologia**, **mapa astrológico** calculado para o momento, de um ano qualquer, em que o **Sol** alcançar a longitude exata que ele ocupava no **radix**.

Rhiannon Deusa celta da fertilidade. No País de Gales, Rhiannon era considerada a "Grande Rainha" e retratada como uma deusa do mar.

Rhine, dr. Joseph Banks (1895-1980) Conceituado pesquisador norte-americano de fenômenos psíquicos que fundou, como o **dr. William McDougall**, o Laboratório de Parapsicologia da Duke University, no ano de 1935. Rhine foi seu diretor até 1965, data em que se aposentou. Ele é muitas vezes intitulado o pai da **parapsicologia** – termo inventado por ele próprio –, por abordar de forma sistemática e científica temas como **telepatia mental**, **clarividência**, **precognição** e **psicocinese**. Rhine usava o **baralho Zener** em seus testes de **percepção extra-sensorial (PES)** e, por vários anos, realizou muitos experimentos que pareciam indicar a presença de **fenômenos psi** numa freqüência maior do que se poderia encontrar ao acaso. Depois de se aposentar, Rhine continuou suas pesquisas sobre a PES e fez cursos de verão sobre esse tema. Ele é autor de vários livros sobre esse campo, entre eles *Extra-Sensory Perception* (1935); *The Reach of the Mind* (1947); *New World of the Mind* (1953) e *Parapsychology, Frontier Science of the Mind* (1957). Ver também **Pesquisa Psíquica**.

Richet, Professor Charles Robert (1850-1935) Fisiologista ganhador do prêmio Nobel e proeminente pesquisador de fenômenos psíquicos que investigou a **médium de transe Eusapia Palladino**. Richet tornou-se presidente da **Sociedade para a Pesquisa Psíquica** em Londres, no ano de 1905, e em 1918 tornou-se presidente honorário do Institut Métapsychique International, em Paris. Richet era fascinado pela **percepção extra-sensorial**, que ele acreditava ser uma função natural latente da consciência humana. Richet cunhou o termo *métapsychique*, equivalente francês de **pesquisa psíquica**.

Rig-Veda Ver **Vedas**.

Ring, Kenneth (1935-) Psicólogo e pesquisador norte-americano considerado internacionalmente como uma das mais importantes autoridades em **experiências de quase-morte**. Ring recebeu seu diploma de doutorado da University of Minnesota e atuou como consultor editorial do *ReVision*, um dos mais conhecidos periódicos em psicologia transpessoal. Pioneiro na investigação científica do fenômeno da quase-morte, sua maior contribuição à pesquisa da consciência tem ocorrido no campo de estudo sobre esse fenômeno. O resultado de seu trabalho foi publicado em seu primeiro livro, *Life at Death* (1980). Desde então, Ring produziu vários outros livros importantes sobre esse tópico, entre eles *Heading Toward Omega*, *The Omega Project*, *Lessons from the Light* e uma obra em co-autoria intitulada *Mindsight*, que descreve as experiências de quase-morte vividas por pessoas cegas.

Rinpoche Termo honorífico usado entre os **budistas** tibetanos em referência ao **lama**. Traduz-se como "o precioso".

Rishi Homem santo ou **vidente** indiano, especialmente aquele que tem a capacidade mística de interpretar a lei divina.

Rishis Na **cosmologia** indiana, sete seres místicos que preservavam e transmitiam o conhecimento sagrado contido nos Vedas. Os sete Rishis eram as estrelas da constelação da Ursa Maior. O termo *rishi* agora é usado genericamente com o significado de **vidente**.

Ritod No Tibete, casa ou local usado para **meditação**. O ritod costuma estar situado num local recluso, como um vale entre as montanhas ou perto de um lago.

Rito Maçônico Egípcio Ritual mágico criado pelo **conde Alessandro di Cagliostro**. Segundo ele, a Maçonaria Egípcia detinha a chave da **Pedra Filosofal** e aqueles que a praticassem poderiam descobrir sua própria "inocência primitiva". Cagliostro admitia em sua loja pessoas de ambos os sexos, sendo sua esposa quem assistia a **iniciação** das neófitas. Ela soprava no rosto delas e dizia: "Sopro sobre ti este alento para fazer germinar em ti e crescer no teu coração a verdade que possuímos; sopro para fortalecer em ti boas intenções e para legitimar-te na fé dos teus irmãos e irmãs..."

As mulheres depois vestiam roupas brancas e tomavam parte de uma cerimônia em que eram levadas a romper os "vínculos vergonhosos" impostos a elas pelos mestres do sexo masculino. Em seguida, eram levadas a um jardim e depois a um templo, onde tinham um encontro "iniciatório" com o próprio Cagliostro. Nu, ele descia sobre uma esfera dourada, através de uma abertura no teto do templo, e ordenava às neófitas que se despissem em nome da Verdade e da Inocência. Então ele explicava a elas a natureza simbólica da busca que empreenderiam rumo à **auto-realização**, para em seguida subir de volta na esfera dourada e desaparecer pela abertura no teto. As intenções de Cagliostro e de sua mulher ao conceder esses dons não eram puramente altruístas, pois as moças iniciadas pelo visto pagavam somas vultosas para participar dessa cerimônia. Muitas das clientes de Cagliostro, porém, vinham da aristocracia parisiense e podiam certamente arcar com as despesas.

Ritos de Passagem Ritos de **iniciação** em que um **neófito** passa por uma cerimônia simbólica que marca a passagem de uma condição para outra. Os Ritos de Passagem são, muitas vezes, associados às principais mudanças da vida (nascimento, puberdade, casamento, morte).

Ritos de Transição Ver **Ritos de Passagem**.

Ritual Forma prescrita de uma cerimônia religiosa ou mágica, geralmente planejada de modo a invocar ou aplacar uma **divindade**. Os rituais são caracterizados pelo traje simbólico e comportamento formal, e podem incluir a imitação da divindade num contexto cerimonial para obtenção de um poder **sobrenatural**, **iluminação** espiritual ou outra bênção específica do Deus cultuado.

Ritual, Magia Ver **Magia Cerimonial**.

Robin Goodfellow No **folclore** britânico, nome do **hobgoblin Puck**, conhecido pelas traquinagens cruéis e pelo hábito de desviar viajantes de seu destino. Robin Goodfellow também era capaz de mudar de forma.

Roc Também Rukh. Pássaro mítico gigantesco que, segundo a lenda, lembrava uma águia e se alimentava de filhotes de elefantes e serpentes. O Roc é descrito em *As Mil e Uma Noites*. Numa ocasião, Simbá, o Marujo sobe no pé descomunal dessa ave e é carregado por ela. Contudo, ele consegue se equilibrar e descobre o Vale dos Diamantes. O Roc assemelha-se tanto ao **Grifo** quanto ao pássaro **Garuda**.

Roca do Destino Na **mitologia** grega clássica, roca que as **Três Fadas** – Átropos, Cloto e Láquesis – usavam para fiar o **destino** dos homens.

Roda da Fortuna, A No **tarô**, carta dos **Arcanos Maiores** que simboliza as forças da **fatalidade** e do **destino**. Na **Cabala**, supõe-se que palavras compostas de letras semelhantes (e que têm, portanto, o mesmo valor numérico) tenham significados relacionados. Por isso, alguns **ocultistas** acham que as palavras *Taro, Rota* e *Ator* guardam certa relação. De acordo com o ocultista norte-americano **Paul Froster Case**, *A Roda da Fortuna* pode ser sintetizada pelo pronunciamento da seguinte frase, "A Roda (rota) do tarô fala da Lei de Hathor (ator)" – uma interpretação que reflete a crença pessoal de Case de que o tarô tem uma origem egípcia. Outros ocultistas vêem essa carta como uma **mandala** mágica, um símbolo que reflete o domínio de polaridades opostas no interior da psique. Na **Árvore da Vida** cabalística, o caminho da *Roda da Fortuna* liga **Netzach** e **Chesed**, sendo a primeira uma esfera feminina e a segunda, uma esfera masculina. Ver também **Gematria**.

Roda da Vida e da Morte Conceito hindu que incorpora a crença no **karma** e na **reencarnação** e diz que o homem passa por uma sucessão de nascimentos, **mortes** e **renascimentos** até que tenha aprendido as lições espirituais da vida e conquistado a libertação (**moksha**). A pessoa que passa pela transcendência da moksha não tem mais a necessidade de reencarnar. Ver também **Samsara**.

Roda de Oração Tambor de metal giratório, contendo **orações** por escrito e usado pelos budistas do Tibete durante as cerimônias religiosas. Ver também **Budismo**; **Budismo Mahayana**.

Roda do Ano Na **Wicca**, ciclo das estações ou, mais especificamente, ciclo de fertilidade da Natureza. Os wiccanos celebram tanto o ciclo lunar quanto o ciclo solar da Natureza. Os **Esbás** são encontros mensais do coven, que se dão na época da Lua cheia, enquanto o ciclo solar é marcado pelos oito **sabás** conhecidos coletivamente como Roda do Ano: os solstícios, os equinócios e os quatro pontos intermediários. Como observou a escritora norte-americana Margot Adler, esses encontros e festivais resgatam o sentimento de comunhão com os ciclos naturais e com as mudanças das estações e da Terra. Ver **Sabás Maiores**; **Sabás Menores**; e **Esbás**.

Rodopiantes, Dervixes Ver **Dervixes Rodopiantes**.

Rolle, Richard (c.1300-1349) poeta nascido em Yorkshire, Inglaterra, considerado o primeiro escritor místico de língua inglesa. Rolle era um **místico** devocional e expressava seus anseios por **Deus** em termos de amor e alegria. O sagrado nome de Jesus fazia parte de sua **meditação** e, na visão dele, livrava-o das tentações do **Demônio**.

Rompo Criatura mítica, comum na Índia e na África, que combinava características da lebre, do texugo e do urso. O rompo tinha orelhas humanas e se alimentava de cadáveres. Alguns pesquisadores acreditam que ele derive, em parte, da hiena.

Rosa-cruz Cruz dourada com uma rosa no centro – o emblema da ordem **esotérica** dos **Rosa-cruzes**.

Rosa-cruzes Nome usado por muitos grupos ocultistas que alegam ter se inspirado em Christian Rosenkreuz. A origem dos rosa-cruzes remonta à publicação (c.1614-1616) de três livros que aparentemente partiram da mesma fraternidade oculta. (É provável que todos os três tenham sido escritos por Johann Valentin Andreae.) O primeiro deles, *Fama Fraternitatis*, descrevia o encontro de Christian Rosenkreuz com o Sábio de Damcar e o modo como ele traduziu a obra mística *Líber M* para o latim. O segundo, *Confessio Fraternitatis R.C.*, dá mais detalhes acerca de Christian Rosenkreuz e convida os leitores a se filiar à Ordem. O terceiro, *Chymische Hochzeit Christiani Rosenkreuz*, era uma alegoria hermética em que a figura central testemunha um Casamento Real e depois descobre "os livros secretos de sabedoria" do Rei.

O **mito** rosa-cruz exerceu, e ainda exerce, uma forte influência sobre vários grupos místicos, incluindo A **Ordem Hermética da Aurora Dourada** (que incorporou elementos rosa-cruzes às suas iniciações da Segunda Ordem). De modo parecido, o **dr. Franz Hartmann** começou uma ordem rosa-cruz na Alemanha; e **Sar Josephin Peladan** dirigiu um salão rosa-cruz elegante em Paris. Ordens rosa-cruzes rivais e de autenticidade questionável agora mercadejam a sabedoria **esotérica** de Christian Rosenkreuz nos Estados Unidos.

Rosae Rubeae et Aureae Cruci (A Rosa Rubi e a Cruz de Ouro) Nome da Segunda Ordem ou Ordem interior da **Ordem Hermética da Aurora Dourada**. Seus graus incluem Adeptus Minor, Adeptus Major e Adeptus Exemptus e abrange as esferas de **Tiphareth**, **Geburah** e **Chesed** da **Árvore da Vida** cabalística. Ver também **Adepto**; **Cabala**.

Rosenkreuz, Christian Ver **Rosa-cruzes**.

Rosenroth, Christian Knorr von (1636-1689) Barão alemão que viajou extensamente pela Europa ocidental, acabando por adquirir grande interesse tanto pelo **misticismo** cristão quanto pelo cabalístico. Rosenroth é mais conhecido por ter traduzido os principais livros do ***Zohar*** para o latim, sob o título de *Kabbala Desnudata*. Essa obra, publicada em dois volumes (1677-1684) proporcionou a muitos leitores, pela primeira vez, o acesso ao *Zohar* e até o final do século XIX foi a maior obra de referência não-judaica da **Cabala**. A tradução de Rosenroth foi traduzida para o inglês por **MacGregor Mathers**, em 1887.

Roshi No **Zen-budismo**, mestre de hierarquia superior.

Roszak, Theodore Historiador e filósofo norte-americano que escreveu várias obras sobre abordagens alternativas à espiritualidade. Beneficiário da Fraternidade Guggenheim, Roszak cunhou o termo "contracultura" e foi um dos primeiros a identificar uma nova força espiritual entre o ecletismo e as várias perspectivas metafísicas adotadas pelos jovens norte-americanos. Entre seus livros mais influentes estão *The Making of a Counter Culture*, *Where the Wasteland Ends*, *Unfinished Animal* e *The Voice of the Earth*.

Ruach Na **Cabala**, parte da **alma** que fica entre **Neschamah** e **Nephesch**. Chamada pelos **magos** de "alma astral superior", o Ruach corresponde ao reino espiritual que fica entre as esferas da **Árvore da Vida Chesed** e **Hod**, incluindo ambas.

Rudra Deus-**demônio** indiano que rege as tempestades e ventanias. Arqueiro habilidoso, Rudra trazia doenças com suas flechas e era associado às forças da **morte**.

Rudras Na **cosmologia** hindu, seres **sobrenaturais** que habitam entre a Terra e o céu e auxiliam **Rudra**, o deus das tempestades e da doença.

Rumi, Djalal al-Din (1207-1273) Poeta místico persa, nascido em Balkh (norte do Afeganistão). Rumi é mais conhecido pelo seu extraordinário livro *Mathnawi*, que capta a essência do pensamento sufi e consiste em 25 mil parelhas de versos. Rumi descreve a "Unidade" sagrada de **Deus** e o enlevo **transcendental** daqueles que tiveram uma visão de seu mistério divino. O **misticismo** de Rumi nunca é puritano. Ele tornou-se um **dervixe rodopiante** e abordou o **êxtase** místico com paixão e exuberância. "Eu era um homem sério que rezava formalmente", escreveu ele em reconhecimento ao seu mestre dervixe **Shams de Tabriz**. "Você fez de mim o divertimento das crianças na rua." Rumi também escreveu muitos poemas sobre o amor e o vinho – que para ele simbolizavam a experiência mística – e acreditava que Deus e as pessoas podiam se encontrar por meio de muitos caminhos misteriosos. Ao se encontrar, acreditava Rumi, as pessoas refletiam a **Divindade**: "Somos a flauta, a música que tu és; a montanha que te ecoa..."

A obra literária de Rumi é colossal. Além de *Mathnawi*, ele também escreveu mais de duas mil odes místicas, que estão contidas em *Diwini Shamsi Tabriz*; assim como *Rubaiyat*, que contém pelo menos 1.600 quartetos de sua autoria. Rumi é considerado por muitos como o maior poeta místico de língua persa. Ver também **Sufismo**.

Runas Do alemão *raunen*, "segredo" ou "mistério", símbolos ocultos conhecidos em muitas regiões do norte da Europa. De acordo com uma tradição, o deus escandinavo **Odin** ficou pendurado por nove dias e nove noites na **Árvore do Mundo** e obteve o conhecimento das runas em troca de um de seus olhos. Contudo, as runas usadas na **bruxaria moderna** podem ter uma origem mais recente. As runas são às vezes conhecidas como o "Alfabeto de Honório".

Rusalki No **folclore** eslavo, **espíritos** de meninas que morreram afogadas. As Rusalki eram espíritos malévolos, consideradas divindades dos rios, dos resgatos e das florestas.

Russell, George William (1867-1935) Mais conhecido pelo pseudônimo "A.E.", Russell nasceu no norte da Irlanda e conheceu **William Butler Yeats** na Dublin Art School. Eles se tornaram bons amigos e compartilhavam muitos interesses místicos e culturais. Ambos eram afiliados à **Sociedade Teosófica** e tornaram-se figuras importantes da chamada renascença literária irlandesa. **Místico** natural, Russell conheceu tanto a ascensão da alma rumo à luz como o mergulho no poço do desespero e da dúvida. Escritor extremamente lírico, seu livro mais conhecido é *The Candle of Vision* (1918). Entre seus outros livros figuram *Song and its Fountains*, *Homeward Songs by the Way* e *The Avatars*. Russell também era um artista de talento e produziu pinturas místicas cujo estilo compara-se ao de Odilon Redon.

S

Sabás das Bruxas Ver **Bruxas, Sabás das**.

Sabásios Divindade frígia às vezes identificada com **Dioniso, Zeus** e **Júpiter** e cultuada em Atenas no final do século V a.C. Simbolizado pela serpente, Sabásios era muitas vezes retratado segurando um raio de Zeus.

Sabás Maiores Na **Wicca**, celebrações de **Candlemas** (2 de fevereiro), da **Véspera de Maio** (30 de abril), de **Lammas** (1º de agosto) e do **Halloween** (31 de outubro). Os nomes druidas tradicionais dessas celebrações são **Imbolc** ou Oimelc, **Beltane, Lughnassadh** e **Samhain**, respectivamente.

Sabás Menores Na **Wicca**, celebrações realizadas na época dos solstícios de verão e de inverno e nos equinócios de primavera e outono.

Sabedoria Secreta Termo genérico para o conhecimento oculto tradicional, especialmente aquele associado à tradição de **mistério** ocidental, que muitos acreditam ter sido transmitido pelos **adeptos** e **iniciados** de diferentes ordens secretas (os **Rosa-cruzes**, os **franco-maçons** e os **Illuminati**, por exemplo). A existência de uma linhagem ininterrupta de adeptos ocultos foi questionada pelo grande ocultista **A. E. Waite** e continua sendo alvo de controvérsias.

Sacerdote, Sacerdotisa Nas religiões organizadas, mediador reconhecido oficialmente ou "canal de inspiração" entre a **divindade** e os seguidores de um determinado credo. O sacerdote realiza sacrifícios cerimoniais, faz oferendas e **orações** e oferece orientação espiritual aos devotos. O sacerdote pode exercer um papel diferente do **xamã**, cuja função é comunicar-se pessoalmente com o **deus** ou os deuses, geralmente em estado de **transe**, e é mais associado às sociedades de caça e coleta do que às culturas com expressão religiosa formalizada.

Sacramento Ritual ou objeto dotado de significado cerimonial especial e considerado um signo exterior e visível da graça espiritual interior. No Cristianismo, a **hóstia** e o vinho tomados em comunhão são sacramentos, pois, para o devoto, eles representam o corpo e o sangue de Cristo. Em certas sociedades pré-literárias, em especial aquelas que envolvem o **xamanismo**, o **deus** pode ser identificado com um cogumelo ou planta sagrada que é ingerida para propiciar a comunhão com o mundo dos **espíritos**.

Sacrifício Oferenda feita a uma **divindade**, geralmente sobre um altar. Os sacrifícios eram realizados ritualmente para aplacar os deuses e para lhes oferecer sangue – símbolo da **força vital**, invariavelmente associado à fertilidade. Alguns **magos** acreditam que o assassínio **ritual** de um animal em sacrifício libera energia vital que pode ser usada com propósitos mágicos e para sintonizar o mago com o deus evocado no ritual (as **pombas**, por exemplo, simbolizam a deusa **Vênus**). Em muitas sociedades pré-literárias, os animais sacrificados podem ser "bodes expiatórios" quando tabus são infringidos por membros desse grupo. Nesse caso, o ato de sacrificar a criatura numa cerimônia tem um efeito purgativo, que elimina seu potencial negativo e maléfico.

Sacro Diz-se daquilo que é sagrado ou divino e cujas origens estão em **Deus** ou num **panteão** de **divindades**. Esse termo também se refere a um objeto de adoração ou a algo **transcendental** e que inspira reverência.

Saddha Termo hindu que designa aquele que possui poderes **sobrenaturais** ou **siddhis**, que despertam nas formas avançadas de **yoga**.

Sadhana No **Hinduísmo**, termo genérico que designa os exercícios que supostamente levam à **auto-realização**, ou **iluminação** espiritual. Os Sadhana em geral exigem a supervisão de um **guru**.

Sadhu Termo hindu que designa um homem santo ou **asceta** que renunciou ao mundo para buscar a libertação espiritual.

Sagitário Na **astrologia**, **signo** do **zodíaco** dos nascidos entre 23 de novembro e 21 de dezembro. Signo do **Fogo**, regido por **Júpiter**, Sagitário é simbolizado pelo **centauro** – metade homem e metade cavalo –, que representa o conflito entre o intelecto e os instintos animais. Os nativos desse signo são em geral considerados pessoas rebeldes e voluntariosas, mas honestas e dignas de confiança. Elas em geral são generosas, além de ter talento para as artes, para a música e serem extremamente organizadas. Por essa razão, desde que possam refrear seus anseios naturais por liberdade são talhadas para cargos administrativos.

Sagrado Que é santo ou dedicado a um deus. O oposto de **profano**.

Sahasrara Na **yoga**, **chakra** ou centro psíquico supremo, geralmente identificado com a glândula pineal e chamado de "o lótus de mil pétalas". Sahasrara é considerado a morada de **Shiva**, o **deus** que dissipa a ignorância.

Sahu Na **magia** e na religião egípcias antigas, o mais desenvolvido dos cinco corpos do homem, às vezes conhecido como "corpo espiritual". É por meio do sahu que o **mago** ou **sacerdote** percebe os deuses transcendentais e realiza a transformação espiritual. Os outros quatro "corpos" chamam-se, na crença religiosa egípcia, **Aufu**, **Ka**, **Khaibit** e **Khu**.

Sai Baba (1856-1918) Místico **bhakti** indiano nascido em Hisderabad. Sai Baba viveu a maior parte da vida numa **mesquita** em ruínas, numa aldeia de Shirdi. Ele começou a ganhar fama graças aos **milagres** que fazia e ficou conhecido pela sua capacidade de fazer **viagens astrais** e predizer o futuro. Um fogo sagrado, que ele acendeu e vigiou por toda vida, é até hoje mantido por seus seguidores; acredita-se que as cinzas desse fogo tenham propriedades de cura. Por esse motivo, a mesquita onde Sai Baba viveu é agora um templo de peregrinação.

Saint Germain, Conde de (1710-1780) Famoso **adepto rosa-cruz** que se dizia imortal. Suposto filho do príncipe Rakoczy da Transilvânia, o conde formou-se na Universidade de Siena e posteriormente visitou várias cortes da Europa, onde se disfarçava sob títulos grandiosos. Ele era conhecido tanto como conde Bellamarre, quanto por marquês de Montserrat e Cavaleiro Schoening e falava várias línguas. Conquistava suas platéias com afirmações extravagantes, incluindo o relato de que tinha recebido o **bastão** mágico de Moisés das mãos do rei Ciro da Babilônia, o que fazia dele um **Illuminati**. Dizia-se que o conde de Saint Germain conseguira sua fortuna graças ao conhecimento que tinha da **alquimia** e do fato de ter descoberto a **Pedra Filosofal**. Apesar de suas declarações bombásticas, ele certamente figura como o mais notável de todos os escritores ocultistas e seu livro iniciatório *La Santissima Trinosofia* é uma contribuição significativa à tradição mística ocidental.

Sakta Ver **Shakta**.

Sakti Ver **Shakti**.

Sakyamuni Nome pelo qual **Gautama Buda** é conhecido. Com o significado de "o sábio dos Sakyas", Sakyamuni é uma referência ao clã de Gautama. Ver também **Muni**.

Sal Na **alquimia**, símbolo do planeta Terra e do corpo, personificado como feminino. O sal era considerado, pelos alquimistas, como um dos três ingredientes vitais da Natureza, sendo os outros dois o **enxofre** e o **mercúrio**, que representavam o **espírito** e a **alma**, respectivamente.

Salamandra Na **alquimia** e **magia** medieval, **espírito** do elemento **Fogo**. A salamandra mítica é um lagarto que vive entre as chamas e se nutre do fogo. Ela se assemelha à ordem dos anfíbios conhecida como Caudata, que constitui de fato uma espécie.

Salem, Bruxas de Ver **Bruxas de Salem**.

Salomão Rei lendário de Israel (r. 974-937 a.C.), Salomão era filho de Davi e Betsabéia e foi celebrado por sua sabedoria. Depois de amealhar fortuna considerável, construiu seu templo lendário em Jerusalém. Muitas obras foram a ele atribuídas, incluindo os livros bíblicos dos Provérbios, do Eclesiastes e dos Cântico dos Cânticos; na Idade Média, acreditava-se que ele fosse autor de vários **grimórios** mágicos, entre eles *A Chave Menor de Salomão* e *A Grande Chave de Salomão*. Ver também **Chave de Salomão**.

Samadhi Termo hindu, também usado no **Jainismo** e no **Budismo**, com referência ao estágio mais elevado da **meditação** yogue. Samadhi é o oitavo membro, ou **anga**, nos sutras de **Patanjali** – que formam a base da **Raja Yoga**. Esse estágio de consciência yogue, que leva à **auto-realização**, é mencionado no *Bhagavad-Gita* como "ver o **eu** em todas as coisas e todas as coisas no eu".

Samadhi, Tanque Tanque de privação sensorial que elimina totalmente todo estímulo visual e auditivo. O sujeito entra no tanque, que contém água salgada numa temperatura um pouco acima da temperatura do corpo, e flutua nu na escuridão total por períodos prolongados. As sessões no tanque samadhi podem provocar profundas experiências místicas. Ver também **Lilly, dr. John**.

Samhain Grande sabá **wiccano**, também conhecido como Halloween e celebrado no dia 31 de outubro, Samhain é uma celebração em homenagem aos mortos. *Samhain* significa "final do verão" e é um tempo de pesar, quando o Sol, enfraquecido, mergulha no mundo dos mortos. Esse período, contudo, é considerado tanto um fim quanto um recomeço – pois o deus solar renascerá com a passagem das estações. Samhain é visto como uma época do ano em que o fino véu que separa este mundo do mundo dos mortos fica mais tênue – deixando que os wiccanos se comuniquem com mais facilidade com os **espíritos** dos que partiram. Samhain também é um tempo para refletir sobre a nossa própria mortalidade. Do ponto de vista mitológico, essa é uma estação na qual o Deus moribundo dorme nos subterrâneos, esperando o momento de renascer. Nessa mesma época, a semente da nova vida é gerada no útero da Grande Mãe – que, nesse ciclo, é considerada a Rainha da Escuridão. Ver também **Halloween**; **Véspera de Todos os Santos**.

Samhita Termo hindu que designa uma coletânea de **hinos**, **mantras** ou **fórmulas mágicas**. Também se trata de um nome coletivo dos quatro **Vedas**: o **Rig-Veda**, o *Sama-Veda*, o *Yajur-Veda* e o *Atharva-Veda*.

Samkhya Antigo sistema de pensamento indiano, considerado por alguns como a mais antiga darshana, ou doutrina. O principal objetivo do Samkhya é diferenciar a **alma** ou **espírito (purusha)** da matéria **(prakriti)**. O Samkhya difere da **yoga** por colocar mais ênfase no conhecimento metafísico e na "prova" do que na **meditação**. A salvação resulta do conhecimento do espírito omnisciente, que se diferencia claramente da realidade externa **(tattva)**. O conceito de samkhya (cuja tradução é "discernimento") pode ser resumido da seguinte forma: "libertação por meio do conhecimento".

Samsara No **Hinduísmo**, ciclo de nascimento, morte e **renascimento**, que surge como resultado do **karma**. Quando a pessoa chega à **auto-realização**, ou libertação espiritual **(moksha)**, não há mais necessidade de reencarnar. Ver também **Roda da Vida e da Morte**.

Samvitti Nadi Na **Siddha Yoga**, "o canal da consciência" – termo que designa o canal energético **sushumna**, por meio do qual sobe a **kundalini**.

Sandalphon Na **magia** ocidental moderna, arcanjo atribuído à esfera de **Malkuth** da **Árvore da Vida** cabalística. Sandalphon é, portanto, o arcanjo que protege o mundo físico.

Sanders, Alex (1916-1988) Bruxo inglês contemporâneo que, ao lado de **Gerald Gardner**, é reconhecido como uma figura central na refervescência da **bruxaria moderna**. Segundo conta Sanders, ele pertencia a uma família na qual a bruxaria era praticada há gerações e sua avó o iniciara na "arte". Ele teve grande exposição na mídia durante a década de 70 – especialmente com sua suma sacerdotisa Maxine – e foi tema de vários livros e de um filme. Nos últimos anos da vida, Sanders passou a combinar o ritual mágico com a possessão de **espíritos** e a alegar que era um médium de **transe**. Sua tradição de bruxaria é geralmente chamada de "alexandrina", um engenhoso jogo de palavras com seu nome, que empresta aos seus rituais um certo ar de antigüidade.

Sangue Sinônimo de **força vital** na **magia**, o sangue é usado por alguns feiticeiros e praticantes de **magia negra** para inscrever **nomes de poder** mágicos e para marcar pactos mágicos com **espíritos**; é também ingerido como sacramento para conferir poder.

Sankara (c. 788-820) Filósofo indiano e **místico** que ensinava a doutrina do **Advaita**, ou não-dualismo. De acordo com Sankara, **Brahman** é a Realidade Suprema e o mundo captado pelos sentidos não é, portanto, nem real nem irreal. Para Sankara, Brahman é a Verdade – onipresente, eterna, além de qualquer descrição. Ver também **Vedanta**.

Sannyasa No **Hinduísmo**, ato de renúncia em que a pessoa deixa de lado as preocupações sociais e apegos que tinha antes, em favor da busca pela **auto-realização** divina.

Sannyasin Também Saniasin. No **Hinduísmo**, aquele que renuncia à vida que levava em sociedade para buscar a libertação espiritual. Na Índia, o *sannyasin* passa a depender de outras pessoas para obter seu sustento, mas, por outro lado, concede graça espiritual àqueles que se oferecem para ajudá-lo. Esse termo também é usado para descrever os seguidores de **Osho**.

Sânscrito Língua clássica dos brâmanes indianos, que tem parentesco com o hindi moderno. Nos dramas tradicionais em sânscrito, os personagens das castas superiores falavam em sânscrito e os de casta inferior, em pácrito – uma forma degenerada e mais simples. O sânscrito é agora falado principalmente entre os sacerdotes brâmanes e é a língua em que muitos textos do Budismo Mahayana estão escritos. Ver também **Budismo Mahayana**.

Santo Aquele que é dotado de santidade ou foi possuído por um **deus**. Esse termo é, em geral, usado com referência aos cristãos que foram canonizados pela Igreja Católica Romana, mas também tem uma aplicação mais genérica e é às vezes usado para designar líderes espirituais e **místicos** da tradição hindu e budista.

Santo Anjo Guardião Na **magia** ocidental, a centelha de **Deus** que é a essência de todos os homens e mulheres. O conhecimento acerca do santo anjo guardião é sinônimo de **consciência cósmica**.

Santo Graal O cálice usado por Jesus Cristo na Última Ceia e que, de acordo com a lenda, foi levada para a Grã-Bretanha por José de Arimatéia. A busca pelo Santo Graal era um aspecto central das explorações lendárias dos cavaleiros do rei Artur, embora ele pareça ter sido um símbolo de perfeição e virtude.

Santuário Local ou objeto sagrado. Templos, capelas, túmulos e sepulturas sagradas geralmente têm um significado especial, em virtude da sua ligação histórica com uma personagem sagrada, e são venerados por essa razão.

São João da Cruz (1542-1591) Monge espanhol da Ordem dos Carmelitas que praticava jejuns e fazia sacrifícios como parte de sua disciplina mística. São João da Cruz conheceu Teresa de Jesus (santa Teresa D'Ávila) e apoiou-a em suas reformas carmelitas, o que o levou a ser encarcerado em Toulouse, no ano de 1575. Após nove meses de prisão, ele conseguiu fugir e passou o resto da vida como confessor das freiras do movimento reformista.

São João da Cruz é mais conhecido pelas suas obras místicas *Noite Escura* e *Subida do Monte Carmelo*, nas quais ele descreve a relação do homem com **Deus**, com base em sua experiência pessoal. São João acreditava que as pessoas se aproximam de Deus quando se purificam de seus desejos egoístas e superam outros obstáculos durante a "Noite dos Sentidos". Esse período de sacrifícios e ascetismo não é incomum na tradição mística. A segunda fase de **iluminação** espiritual foi designada por João da Cruz como a "Noite Escura da Alma" – quando, na condição de receptáculo da graça divina, o **místico** percebe que o ambiente vai se tornando cada vez menos familiar à medida que a memória finita começa a ser substituída pelo conhecimento e pelo entendimento. O místico tem de expandir a consciência para além dos seus limites normais se quiser ter um vislumbre de Deus. Ao fazer isso, ele muda radicalmente sua maneira de ver o mundo normal do dia-a-dia por meio de um processo de transformação ao mesmo tempo apavorante e iluminador.

Sarasvati Na **mitologia** indiana, bela consorte de **Brahma** e deusa da sabedoria e da música. Sarasvati é às vezes representada com quatro braços, sentada num **lótus**.

Sarcófagos, Textos dos No antigo Egito, inscrições nas laterais das urnas funerárias que confirmavam a **imortalidade** da **alma** e também serviam para assegurar ao morto de que ele teria a comida e bebida de que precisaria no além-túmulo. Os Textos dos Sarcófagos foram os sucessores dos Textos das Pirâmides, que continham palavras mágicas e **encantamentos** para que o faraó fizesse uma transição segura para o outro mundo. Os Textos dos Sarcófagos estendiam esses benefícios para além dos domínios exclusivos dos faraós, beneficiando toda a nobreza egípcia.

Saros Na **astrologia** caldéia e babilônica, conceito de ciclo lunar em que um ciclo de sessenta dias era interpretado como sessenta anos. Depois de um período de 223 **lunações**, o **Sol** e a **Lua** voltavam a tomar praticamente as mesmas posições e os eclipses seguiam uma seqüência semelhante à anterior. O conceito de *saros*, portanto, não oferece uma previsão exata dos eclipses.

Sat No **Hinduísmo**, aquilo que é real: a pura essência do ser.

Satã Também Satanás. Personificação do **mal**, conhecido também como **Príncipe das Trevas**, **Lúcifer**, **Demônio** ou **Diabo**. A palavra Satã vem do termo hebraico *satan*, "inimigo" e, na Bíblia, essa entidade é retratada como o grande adversário de Deus e como a tentação da humanidade. Em João 8:44, Jesus descreve o deus adorado pelos judeus como o Diabo; em 2 Cor 4:4, Paulo identifica o Diabo, ou Satã, como "o deus deste mundo. [...] que obscureceu a inteligência dos incrédulos".

Na Idade Média, os **Cavaleiros Templários** foram acusados de adorar Satã na forma de **Baphomet**; e a **bruxaria** e várias seitas heréticas – incluindo os **cátaros** e os **waldenses** – foram acusadas de práticas satânicas. Embora essas acusações nunca tenham sido provadas, de fato surgiram, de tempos em tempos, várias seitas e grupos cujo propósito era imitar e profanar a missa cristã e os princípios espirituais que ela representa. O mais conhecido exemplo contemporâneo de culto satânico é a **Igreja de Satã**, de **Anton La Vey**, sediada em San Francisco, Califórnia.

Satanismo Culto a **Satã**. Ver também **Satanista**.

Satanista Adorador de **Satã**. Na medida em que Satã é uma personificação do **mal** e dos poderes das trevas, os satanistas podem ser considerados praticantes de **magia negra**, embora os dois termos não sejam sinônimos. Ver também **Caminho da Mão Esquerda**.

Satchitananda Termo sânscrito para Realidade Absoluta. Trata-se da combinação de três palavras: **sat** ("ser puro"), chit ("pensamento puro") e **ananda** ("bem-aventurança").

Satguru No **Hinduísmo**, aquele que é proclamado "Mestre Superior" e considerado pelos devotos como um **avatar**, ou **encarnação** de uma **divindade**.

Sátiros Na **mitologia** grega e romana, divindades dos bosques. Os sátiros lembram homens, mas têm corpo de cabra e chifres pequenos na cabeça. Auxiliares de **Dioniso**, **Baco** e **Pã**, os sátiros eram famosos pelas orgias sexuais e pela lascívia.

Satori No **Zen-budismo**, iluminação repentina. Esse estado de espírito em geral é atingido quando se compreendem paradoxos e contradições – como os apresentados nos **koans** zen – e a "natureza búdica" interior da pessoa é realizada.

Satsang No **Hinduísmo**, reunião religiosa de devotos que buscam a verdade espiritual e a **iluminação**. O Satsang geralmente acontece num **ashram**.

Sattva No **Hinduísmo**, um dos três *gunas* ou qualidades da matéria primordial. O Sattva, que representa harmonia, equilíbrio e luminosidade, é o mais **transcendental** dos *gunas*. Ele às vezes se correlaciona a **Brahma**.

Saturnália Famoso festival celebrado na antiga Roma, durante a época da colheita, em homenagem a **Saturno, deus** da agricultura. A Saturnália caracterizava-se pela liberdade e eqüidade: permitia-se que os escravos ridicularizassem seus senhores, havia troca de presentes, não se podia declarar guerra e o deboche era uma atitude aceita.

Saturnino Na **astrologia**, que ou aquele que tem um temperamento melancólico, depressivo ou mal-humorado, em resultado da influência de Saturno. Esse planeta é considerado, pelos astrólogos, como um dos dois **maléficos**, junto com **Marte**.

Saturno[1] Na **astrologia, planeta** que projeta um **aspecto** inibidor ou limitativo na vida ou na carreira profissional da pessoa. Saturno promove uma tendência maior para a solidão do que para as amizades e o convívio social, e é considerado um planeta negativo. De fato, ele e **Marte** são os chamados **maléficos**.

Saturno[2] Na **mitologia** romana, **deus** da agricultura e da colheita. Marido de Ops, Saturno é a contraparte romana do deus grego **Cronos**. Seu famoso festival da colheita, a **Saturnália**, é celebrado anualmente em meados de dezembro.

Schneiders, Irmãos Willy (1903-1971) e Rudi (1908-1957) Schneider, famosos **médiuns psíquicos** capazes de produzir **materializações** e outros "fenômenos" na presença de pesquisadores e em condições rigorosamente controladas. Nascidos em Braunau, na Áustria, os irmãos descobriram sua capacidade mediúnica durante uma **sessão** realizada em família. Posteriormente, os Schneiders passaram a fazer sessões sob os auspícios da **Sociedade para a Pesquisa Psíquica** britânica e foram alvo da minuciosa investigação do **barão Schrenck-Notzing**, do dr. Eugene Osty e de **Harry Price**. Osty demonstrou que Rudi Schneider era capaz de produzir "uma substância invisível" que tinha a propriedade de absorver raios infravermelhos e disparar *flashes* fotográficos, mas que não aparecia nos negativos dos filmes. Os irmãos Schneiders são apontados como dois dos médiuns mais expressivos da história da **pesquisa psíquica** e considerados autênticos pela maioria das autoridades no assunto.

Schrenck-Notzing, Barão Albert von (1862-1929) Renomado médico alemão que se tornou um dos mais importantes pesquisadores de fenômenos psíquicos de sua época e estudou **médiuns de transe** por mais de quarenta anos. Schrenck-Notzing investigou **Eusapia Palladino** e os **irmãos Schneiders**, além de colaborar com vários outros pesquisadores proeminentes, entre eles o **professor Charles Richet, F. W. H. Myers** e *sir* **Oliver Lodge**. Schrenck-Notzing acabou por concluir que os fenômenos **psíquicos** eram antes mentais que "sobrenaturais" e escreveu extensivamente sobre o assunto. Entre seus livros figuram *The Battle Over the Phenomena of Materialisation* (1914), *The Physical Phenomena of the Great Mediums* (1926) e *The Phenomena of the Medium Rudi Schneider* (1933).

Schure, Edouard (1841-1929) Teosofista e **místico** francês que **Rudolph Steiner** considerava "um dos melhores guias da nossa época para encontrarmos o caminho do espírito". Schure acreditava que seres divinamente iluminados surgem de tempos em tempos para guiar a humanidade rumo a um conhecimento espiritual superior. Entre esses seres figuram **Rama, Krishna, Hermes, Moisés, Orfeu, Pitágoras** e **Platão**. A visão que Schure tinha da tradição de mistério é antes romântica que erudita, e o conceito ocultista, antes em voga, de uma antiga linhagem de **adeptos** místicos hoje já não tem tanta força. Os escritos de Schure, contudo, ainda atraem interesse. Seus principais livros são *The Great Initiates* e *From Sphinx to Christ*. Ver também **Illuminati**.

Scylla Na **mitologia** grega, monstro semelhante a um polvo, com seis cabeças, oito fileiras de dentes e doze pés. Scylla era originalmente uma ninfa das águas, mas **Circe** a transformou nessa criatura apavorante. Depois disso, ela passou a devorar os marinheiros que dela se aproximavam em suas embarcações.

Secmet Também Sekhet. Na **mitologia** egípcia, consorte de **Ptá**. Retratada com cabeça de leoa, Secmet é considerada pelo ocultista tântrico **Kenneth Grant** como a personificação do "falo solar ou do ardor sexual... considerado pelos antigos como a inspiração ou alento divino, o espírito da criação..." Nesse sentido, Secmet é a contraparte egípcia da **Shakti** hindu.

Sedna Deusa do mar entre os esquimós, que rege os animais marinhos e determina quantos deles podem ser abatidos para servir de alimento, combustível ou vestuário. Os **xamãs** esquimós fazem uma jornada pelas profundezas do mar para saber se a caça será proveitosa e se é preciso apaziguar Sedna. É essa deusa quem adverte os xamãs de que **tabus** foram quebrados.

Sefirah Na **Cabala**, uma das dez **emanações** da **Árvore da Vida**. Ver também **Sephiroth**.

Segunda Visão Termo popular que designa a faculdade paranormal da **clarividência**. A pessoa que tem a "segunda visão" é capaz de testemunhar acontecimentos que não seriam vistos por meio dos sentidos normais, e às vezes capta "impressões" de eventos futuros. Ver também **Precognição**.

Seis Na **numerologia**, número indicativo do amor, do ambiente doméstico, das questões familiares e da lealdade. O seis consiste no primeiro número masculino (o três) multiplicado pelo primeiro número feminino (o dois) e por isso caracteriza a união fecunda e harmoniosa.

Selene Também Selena. Na **mitologia** grega, nome da **deusa lunar** em seu aspecto de Lua cheia, em contraposição a **Hécate**, personificação da Lua minguante.

Selo de Salomão Hexagrama que consiste em dois triângulos interligados, um deles voltado para cima e o outro para baixo.

Selo Mágico Motivo mágico que se produz traçando-se o **kamea** ou **quadrado mágico numérico** de um planeta e então ligando os números do quadrado numa seqüência de linhas. Os diagramas a seguir são o kamea e o selo do planeta **Saturno**:

4	9	2
3	5	7
8	1	6

kamea   selo

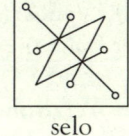

Selo Sagrado Cicatriz deixada no corpo depois do ato de castração completa. Nos ritos iniciatórios da **magia sexual**, o Selo Sagrado pode adquirir um significado especial.

Semideus Especialmente na Grécia antiga, herói clássico, metade homem e metade deus.

Semi-sextil Na **astrologia**, **aspecto** caracterizado por um ângulo de trinta graus entre dois **planetas**.

Senhor Termo usado na **astrologia** como sinônimo de regente. É costume usar expressões como "regente de um **signo**" e "senhor de uma **casa**".

Senhor das Moscas Título dado, na **demonologia** medieval, a **Belzebu**, cujo nome é uma combinação de **Baal** (uma divindade fenícia) e *zebud* (mosca). Belzebu reivindicava o posto de primeiro **anjo** do primeiro céu, mas tinha asas porque era uma mosca, não por ser um "anjo caído".

Senhor do Ano Na **astrologia**, expressão usada com mais freqüência para descrever o planeta que tem mais **dignidades**, ou aspectos mais favoráveis, numa **revolução solar**.

Sensitivo No **espiritualismo** e na **parapsicologia**, aquele que tem **percepção extra-sensorial**. Esse termo é às vezes usado como sinônimo de **médium psíquico**, embora o sensitivo não precise necessariamente entrar em estado de **transe**.

Sentidos, Significado dos Na **astrologia**, os **significadores** das diferentes faculdades ou sentidos humanos são: **Mercúrio** (visão); **Vênus** (tato); **Marte** (paladar); **Júpiter** (olfato) e **Saturno** (audição).

Sepher Yetzirah Obra cabalística conhecida como *O Livro da Criação*. O *Sepher Yetzirah* é o mais antigo texto metafísico escrito em hebraico e descreve as revelações de Deus ao patriarca Abraão. Esse tratado visionário – que antes era transmitido oralmente – descreve as dez **sephiroth** da **Árvore da Vida** e as "22 letras e sons que compreendem a Formação de todas as coisas". O *Sepher Yetzirah* é um dos livros mais importantes da **Cabala**, mas não representa a tradição completa, pois não descreve o **Ain Soph Aur**, **Adão Kadmon** ou o **Shekhinah**.

Sephiroth As dez esferas ou **emanações** da **Árvore da Vida** cabalística, um símbolo que retrata a energia divina da Criação atuando como um "raio" ao longo de dez etapas diferentes e culminando na manifestação física. Os sephiroth representam níveis da realidade espiritual tanto no cosmos quanto nas pessoas, pois a Árvore, do ponto de vista metafórico, é o "Corpo de Deus" e as pessoas são criadas à Sua imagem. A Árvore é às vezes retratada sobreposta ao corpo de **Adão Kadmon** – o Homem Arquetípico. Os dez sephiroth, em ordem decrescente, são **Kether** (a Coroa); **Chokmah** (Sabedoria); **Binah** (Entendimento); **Chesed** (Misericórdia); **Geburah** (Poder); **Tiphareth** (Beleza e Harmonia); **Netzach** (Vitória); **Hod** (Esplendor); **Yesod** (Fundação) e **Malkuth** (o Reino). Ver também **Cabala**.

Ser Supremo No **misticismo** e no **ocultismo**, personificação da realidade suprema; Deus. Nem todas as tradições místicas defendem a crença num ser supremo – na **Cabala** e no **Budismo Mahayana**, a Luz Infinita e o **Vazio**, respectivamente, são considerados o estado supremo e absoluto do ser.

Serafins Na **cosmologia** hebraica, espíritos celestes da mais elevada das nove ordens angélicas. Os serafins são guardiões do trono de **Deus** e têm três pares de asas.

Serápis Nome grego do touro sagrado de Mênfis. Seus adoradores acreditavam que ele fosse uma **encarnação** de **Osíris**. Serápis tornou-se a divindade líder de Alexandria e um grande templo chamado Serapeum foi construído em sua homenagem. Serápis era um **deus** do **Mundo Subterrâneo** e foi, posteriormente, adorado na Grécia e em Roma, ao lado de **Zeus**, **Júpiter** e **Dioniso**.

Sereias Criaturas mágicas lendárias, em geral retratadas com corpo de mulher e rabo de peixe. As sereias viviam em rochedos escarpados, sempre com um pente e um espelho nas mãos e cantando canções que enfeitiçavam os marinheiros, levando-os a naufragar com seus navios.

Na mitologia grega, as sereias eram três **ninfas** marinhas – metade pássaro e metade mulher – que também causavam naufrágios, fascinando os marinheiros com seu canto melodioso. Os nomes delas eram Leucósia, Ligéia e Partênope. Circe preveniu **Odisseu** acerca de seus poderes de sedução e ele ordenou que seus homens tampassem os ouvidos com cera. Quando viram que seus clamores não surtiram efeito sobre a tripulação de Odisseu, as três ninfas jogaram-se no mar e pereceram.

Seres Espirituais Ver **Espíritos**.

Serialismo Teoria proposta por **J. W. Dunne**, segundo a qual existiria uma série infinita de dimensões na natureza do Tempo, de forma que elementos do passado, do presente e do futuro podem co-existir num mesmo dado momento. Pessoas dotadas de **percepção extra-sensorial** podem ter acesso a outras dimensões do universo serial. Ver também o livro de Dunne, *The Serial Universe* (1934).

Serios, Ted (1918-) **Psíquico** norte-americano aparentemente capaz de imprimir imagens mentais em filmes fotográficos – geralmente usando uma câmera polaróide, que tira fotos quase instantaneamente. Serios tem sido investigado pelo **dr. Jule Eisenbud**, da University of Denver, e pelo **dr. Ian Stevenson** e J. Gaither Pratt, da University of Virginia. Em todos os experimentos, Serios demonstrou uma capacidade excepcional para projetar **formas-pensamento** em filmes fotográficos. Ver também **Fotografia Psíquica**.

Serpente, Poder da Termo popularizado pelo orientalista *sir* **John Woodroffe**. Ele é usado como sinônimo de **kundalini**, que pode subir a partir da base da coluna por meio de técnicas de **yoga** e **Tantra**. Ver também **Chakras**; **Ida**; **Pingala**; **Sushumna**.

Serpentes, Culto às Ver **Ofiolatria**.

Servants of the Light (SOL) Organização mágica internacional hoje liderada por **Dolores Ashcroft-Nowicki**. Fundamentada nas técnicas desenvolvidas por **Dion Fortune** e por seus seguidores na **Fraternity of the Inner Light**, a SOL tem hoje filiais na Austrália, no Canadá, no México, nos Países Baixos, na Suécia, na Grã-Bretanha e nos Estados Unidos, além de 2.600 alunos espalhados por 23 países. Dolores Ashcroft-Nowicki visita periodicamente os membros da SOL e supervisiona o crescimento da organização e os principais procedimentos mágicos, utilizando-se dos recursos oferecidos pela Internet e atualizando freqüentemente seu *website*. A SOL continua sendo hoje uma das mais proeminentes organizações contemporâneas do mundo que se dedicam à exploração da magia visionária.

Sessão No **espiritualismo**, reunião ou encontro com o propósito de evocar **espíritos** ou seres **desencarnados** e entrar em contato com eles. O **médium psíquico** serve de canal para as comunicações. Ver também **Escrita Automática**; **Comunicante**; **Mesa Ouija**.

Set Na **mitologia** egípcia, irmão de **Osíris** e **Ísis**. Por invejar o irmão, Set iludiu Osíris, convencendo-o a entrar numa bela urna; Set e seu grupo de conspiradores então trancaram a urna e a lançaram nas águas do Nilo. Ísis recuperou o corpo de Osíris e engravidou desse deus por meio de um ato de concepção mágica. No entanto, Set descobriu Osíris mais uma vez e desmembrou seu corpo em catorze pedaços, espalhando-os pelo reino. No **panteão** egípcio, Set é, na posição de adversário de Osíris – que simboliza o renascimento da vida – o deus sombrio e a personificação do **mal**. Ele era identificado pelos gregos como **Tífon**.

Sete Na **mitologia** e na **numerologia**, número com conotações místicas e sobrenaturais. Existem sete **planetas** na astronomia antiga; o mundo (de acordo com o Gênese) foi criado em sete dias; Josué e os israelitas marcharam por Jericó por sete dias; e cada uma das quatro fases da **Lua** dura sete dias. São sete as notas da escala musical e também as cores do arco-íris. Por tudo isso, sete é o número da completude, da sabedoria, da verdade espiritual e da harmonia cósmica. Por tradição, acredita-se que o sétimo filho de um sétimo filho tenha poderes sobrenaturais.

Sete Intendentes do Céu Um dos nomes pelos quais os sete **Espíritos Olímpicos** são conhecidos. Ver também *Arbatel de Magia*.

Seth Ver **Set**.

Setiano Membro do **Templo de Set**.

Sextil Na **astrologia**, aspecto caracterizado por um ângulo de sessenta graus entre dois **planetas**.

Sexto Sentido Termo popular que designa a **percepção extra-sensorial**. O sexto sentido deriva da idéia de que as faculdades da percepção **paranormal** transcendem os cinco sentidos físicos. Ver também **Pressentimento**.

Sexual, Magia Ver **Magia Sexual**.

Shaddai Palavra hebraica que significa "Todo-Poderoso". Trata-se de um **nome de Deus** comum nos textos místicos judaicos, usado como uma fórmula de invocação na **magia** ocidental moderna.

Shakta No **Hinduísmo**, devoto da deusa **Shakti**, personificação da energia **cósmica**. Ver também **Tantra**.

Shakti Também Sakti. Na **cosmologia** hindu, personificação do princípio criativo e consorte de **Shiva**. Entre eles, esses dois **deuses** dão origem ao mundo manifesto. Esse termo é usado para descrever uma parceira nos rituais tântricos. Ver também **Tantra**.

Shaktipat Diksha Termo usado pelo falecido **Swami Muktananda** para descrever a iniciação yogue em que o **guru** transmite energia espiritual para o **chela**, despertando assim a **kundalini** nessa pessoa. De acordo com Muktananda, o *shaktipat* pode ser recebido pelo chela de uma das quatro formas a seguir: *sparsha diksha*, por meio do toque do guru; *mantra diksha*, por meio das palavras dele; *drik diksha*, por meio do seu olhar e *manasa diksha*, por meio do seu poder de pensamento. Ver também **Yoga**.

Shakuru Entre os índios pawnee, deus solar – homenageado todos os anos com rituais e danças religiosas pitorescas e vibrantes.

Shalom Com o significado de "paz", palavra usada como cumprimento entre os **muçulmanos**.

Shamash Deus solar mesopotâmico e irmão da deusa da fertilidade **Ishtar**. Shamash era a personificação da luz e da correção e tinha o poder de transmitir **oráculos** ou fazer **profecias**. Comparar com **Apolo**.

Shambhala De acordo com a tradição do Budismo Tibetano, reino místico situado além dos picos nevados do Himalaia. De acordo com os textos sagrados do Cânone tibetano, uma linhagem de reis iluminados habita em Shambhala, guardando as doutrinas secretas do **Budismo**. Dizem que, quando o mundo decair em meio a guerras, ganância e poder, atingindo um estado em que a verdade tenha se perdido, um Rei de

Shambhala emergirá dessa cidade sagrada com um enorme exército para vencer o **mal** e anunciar a **Era Dourada**.

Shams de Tabriz (? - 1247) Mestre sufi de **Djalal al-Din Rumi**, o famoso poeta persa. Atribui-se a Shams o crédito de harmonizar Rumi com o Caminho do Amor. Ele também incentivou esse poeta a abandonar sua carreira acadêmica em Konya, como professor de religião, para empreender a busca extasiante pela **iluminação** divina. Segundo se supõe, Shams foi assassinado por ex-alunos de Rumi, que invejavam sua influência sobre ele. Ver também **Sufismo**.

Shedim Na **Cabala**, seres demoníacos que confundem a mente do **místico** enquanto este pratica **meditação**.

Shekinah Na tradição mística judaica, aspecto feminino e presença **imanente** de **Deus**, que supostamente "mora no exílio" no universo físico. Shekinah é associada à **sephirah Malkuth** da **Árvore da Vida** cabalística.

Shem ha-meforash No Judaísmo, as 72 sílabas do **nome de Deus**, que é composto de 216 letras. De acordo com a tradição judaica, a fonte desse nome pode ser encontrada no Êxodo 14:19-21, que contém três versos contendo 72 letras hebraicas. Num estágio posterior, o Shem ha-meforash foi simplificado para a forma **YHVH**, conhecido como **Tetragrama**.

Sheol Do hebraico *she'ol*, "caverna", o sombrio **Mundo Subterrâneo** onde acredita-se que os espíritos dos que já partiram habitem depois da **morte**. Essa palavra é às vezes usada genericamente com o significado de **inferno**, embora o conceito de Sheol esteja mais próximo do **Hades** e o **Gehenna** se afine mais com a noção ocidental de inferno.

Shesha Na **mitologia** indiana, rei das serpentes **naga**. As nagas desempenham um papel importante na formação do **Budismo Mahayana**. Ver também **Vasuki**.

Shi Tenno Na **cosmologia** tradicional japonesa, guardiões dos quatro pontos cardeais, cujos nomes são: Jikoku (Leste); Zocho (Oeste); Bishamon (Norte) e Komoku (Sul). Os Shi Tenno ofereciam grande proteção contra **demônios** e **espíritos** do **mal**.

Shiva Na **mitologia** indiana, um dos três deuses do **Trimúrti**, sendo os outros dois **Brahma** e **Vishnu**. Shiva tem muitos aspectos. Em sua identificação com o deus veda **Rudra**, Shiva é um deus da destruição e das tempestades. No entanto, como Pashupati, o Senhor dos Animais, ele é uma **divindade** gentil – o equivalente hindu de Cristo, o Bom Pastor. A touca com chifres de Shiva fez com que ele fosse identificado com Mhasoba, um deus búfalo do sul, e é certo que, até certo ponto, ele seja também um deus totêmico. Shiva é famoso por sua dança, que também tem dois aspectos. Em sua forma pacífica, *lasya*, a dança de Shiva personifica o amor e a ternura; mas sua forma hostil ou colérica, *tandeva*, caracteriza a energia explosiva e destrutiva do universo. Shiva é freqüentemente retratado com três olhos e quatro braços, usando cobras vivas como ornamentos e com um colar de crânios humanos. Apesar de sua aparência assustadora, Shiva é o "Beneficente, o Gracioso, o Abençoado". Ele é uma das principais divindades hindus.

Shivaítas Também Xivaítas. Devotos do **deus** hindu **Shiva**.

Sibilas Na Grécia e na Roma antigas, mulheres que viviam em cavernas e eram conhecidas pelo dom da **profecia**. A mais famosa das sibilas vivia em Cumes, perto de

Nápoles, e guardava o Templo de **Apolo**, próximo da entrada do **Mundo Subterrâneo**. De acordo com Varro, existiram dez sibilas ao todo, sendo que as outras moravam na Pérsia, na Líbia, em Delfos, em Samos, na Ciméria, em Éritra, em Tibur, em Marpesso e na Frígia.

Sicômoro Árvore com associações míticas. Considerada, no antigo Egito, como a **Árvore da Vida**, ela foi consagrada a **Hathor**, deusa do amor, e a **Nut**, deusa celeste protetora dos mortos.

Sidarta Um dos nomes pelos quais **Gautama Buda** é conhecido.

Siddha Na **yoga**, aquele que atingiu um estado avançado de autoconhecimento que lhe permite ser chamado de "mestre perfeito".

Siddha Yoga A "**yoga** da perfeição" – escola de yoga fundada e desenvolvida pelo falecido **Swami Muktananda**. Na Siddha Yoga, de acordo com Muktananda, pode-se fazer com que a energia **kundalini** de um devoto suba pela coluna com a intervenção de um **guru**. Ver também **Shaktipat Diksha**.

Siddhis Na **yoga**, poderes mágicos ou místicos que o praticante adquire quando progride consideravelmente na técnica de **auto-realização** e se torna um **siddha** (mestre perfeito). Os *siddhis* incluem a levitação, a capacidade de crescer em altura e a faculdade de atravessar objetos sólidos.

Siderais, Deuses e Deusas Do latim *sidus*, "estrela", **divindades** gregas e romanas do céu. Entre elas estão **Zeus**, **Ártemis**, **Apolo**, Hélio, **Selene**, **Luna** e **Diana**.

Sidgwick, Henry (1838-1900) Acadêmico conceituado, Sidgwick foi professor de filosofia moral na Cambridge University e o primeiro presidente da **Sociedade para a Pesquisa Psíquica**. Ele acompanhou de perto *sir* **William Barrett** e **Edmund Gurney** na investigação do paranormal e entrevistou **madame Helena Blavatsky** na ocasião em que ela esteve em Londres. Em resultado, **Richard Hodgson** foi convocado para ir à Índia estudar mais de perto os poderes mediúnicos e extra-sensoriais dessa médium. Sidgwick passou cinco anos trabalhando no **Recenseamento das Alucinações** – um estudo que analisou mais de 17 mil questionários sobre casos de assombração e aparições. Ele também participou da avaliação das médiuns psíquicas **Leonore Piper** e **Eusapia Palladino**. Escritor fecundo no campo da ética na filosofia e na política, Sidgwick produziu vários artigos para a Sociedade para a Pesquisa Psíquica e foi responsável pela publicação do relatório do Recenseamento das Alucinações em 1894.

Sidi Também Side. Povo das fadas que habitava a antiga Irlanda. Ver também **Tuatha de Danaan**.

Sigilo Símbolo oculto que representa um ser ou entidade **sobrenatural**. Na **magia** medieval, os sigilos eram usados para evocar **espíritos** e **anjos**. Em tempos mais recentes, o ocultista de transes **Austin Osman Spare** desenvolveu seu próprio alfabeto ou sigilos mágicos para liberar imagens atávicas do inconsciente.

Significador Na **astrologia**, o significador de uma **carta natal** é o planeta mais fortemente aspectado; ele é em geral considerado o regente do **ascendente**. Também é possível identificar os significadores das diferentes **casas** astrológicas.

Signo Na **astrologia**, uma das doze divisões do **zodíaco**. Os doze signos, na ordem em que costumam ser apresentados, são: **Áries**,

Touro, Gêmeos, Câncer, Leão, Virgem, Libra, Escorpião, Sagitário, Capricórnio, Aquário e Peixes. Cada um dos signos é associado a um dos quatro **elementos** e classificados como **cardinais**, **fixos** e **mutáveis**, como a seguir:

	Cardinais	Fixos	Mutáveis
Fogo	Áries	Leão	Sagitário
Água	Câncer	Escorpião	Peixes
Ar	Libra	Aquário	Gêmeos
Terra	Capricórnio	Touro	Virgem

Signo em Ascensão Na **astrologia**, signo que ascende no horizonte leste no momento do nascimento. É em geral chamado de **ascendente**.

Signo Fortificado Na **astrologia**, signo bem posicionado ou bem aspectado num mapa astrológico.

Signos Bestiais Na **astrologia**, os signos do **zodíaco** que representam quadrúpedes: **Áries, Touro, Leão, Sagitário** e **Capricórnio**.

Signos Cardinais Na **astrologia**, os signos de **Áries, Câncer, Libra** e **Capricórnio**, cujas cúspides coincidem com os quatro pontos cardeais como segue: Áries (leste); Câncer (norte); Libra (oeste) e Capricórnio (sul).

Signos Comandantes Na **astrologia**, os signos de Áries, Touro, Gêmeos, Câncer, Leão e Virgem, que por tradição são considerados mais "poderosos" porque estão mais próximos do zênite.

Signos da Água Na **astrologia**, **Câncer, Escorpião** e **Peixes**, que caracterizam o elemento **Água** em seus aspectos **cardinal**, **fixo** e **mutável**, respectivamente.

Signos do Norte Na **astrologia**, os **signos** do **zodíaco** de **Áries** a **Virgem**. Ver também **Signos Comandantes**.

Signos Duais Ver **Signos Duplos ou Bicorpóreos**.

Signos Duplos ou Bicorpóreos Na **astrologia**, signos cujos símbolos incorporam duas figuras: **Sagitário** (metade homem e metade cavalo); **Gêmeos** (irmãos gêmeos) e **Peixes** (dois peixes).

Signos Estéreis Na **astrologia**, signos que indicam tendência para a esterilidade, especificamente **Gêmeos, Leão** e **Virgem**.

Signos Femininos Na **astrologia**, os signos pares do **zodíaco**: **Touro, Câncer, Virgem, Escorpião, Capricórnio** e **Peixes**.

Signos Flexionados Na **astrologia**, os signos **mutáveis** ou **duplos**.

Signos Humanos Na **astrologia,** os signos do **zodíaco** cujo símbolo tem forma humana: **Gêmeos, Virgem** e **Aquário** (**Sagitário** é às vezes incluído nessa lista).

Signos Inauspiciosos Na **astrologia**, signos do **zodíaco** considerados negativos: **Touro, Câncer, Virgem, Escorpião, Capricórnio** e **Aquário**.

Signos Mudos Na **astrologia**, os chamados símbolos "sem voz" do **zodíaco**: **Câncer, Escorpião** e **Peixes**.

Signos Mutáveis Na **astrologia**, os signos cambiantes do **zodíaco**: **Gêmeos, Sagitário, Virgem** e **Peixes**. Esses signos se diferenciam dos **signos cardinais** e dos **signos fixos**. Ver também **Signos Duplos ou Bicorpóreos**.

Signo Solar Na **astrologia, signo** do zodíaco pelo qual o Sol está passando no momento do nascimento. O signo solar é o signo de nascimento da pessoa.

Signos Silenciosos Na **astrologia**, os signos do **zodíaco** cujo símbolo é uma criatura que não emite nenhum som: **Câncer**, **Escorpião** e **Peixes**.

Signos Violentos Na **astrologia**, os signos de **Áries**, **Libra**, **Escorpião**, **Capricórnio** e **Aquário**.

Sikhs Devotos de uma religião com aproximadamente dez milhões de seguidores, a maioria da região indiana de Punjab. O sikhismo deriva dos ensinamentos do **Guru Nanak** e enfatiza a Unidade de Deus e a Fraternidade dos Homens. Nanak foi influenciado tanto pelo **Hinduísmo** quanto pelo **Islamismo** – religiões com as quais ele tinha afinidade. Em certo sentido, suas idéias religiosas combinavam ambas. Seu conceito de **Deus**, contudo, era mais parecido com o do Hinduísmo. Nanak ensinava que Deus era A Verdade sem forma, onipotente e impossível de se definir. Na visão dele, a fé sikhista por si só levava à salvação.

Sílaba Seminal Expressão usada para descrever o mais importante **mantra** do **misticismo** hindu: a sílaba **Om**.

Sileno Na **mitologia** grega, o mais velho dos **sátiros**. Na região da Frígia, Sileno era uma **divindade** com identidade própria, mas foi posteriormente identificado com o filho de **Pã** ou de **Hermes**.

Silenos Na **mitologia** grega, criaturas míticas que lembravam os **sátiros**, mas tinham corpo de cavalo em vez de bode. Ver também **Sileno**.

Silfo Elemental ou **espírito** do elemento **Ar**. Ver também **Elementais**.

Silvano Deus romano dos campos, dos jardins e dos bosques, metade homem e metade bode. Silvano é em geral confundido com **Sileno**, mas era, na verdade, um dos númimas – espíritos protetores das casas e dos jardins.

Simão, O Mago Feiticeiro mencionado no capítulo 8 dos Atos dos Apóstolos, que reuniu seguidores entre os samaritanos; muitos acreditavam que ele tivesse poderes mágicos e divinos e lhe prestavam culto como se ele fosse um **deus**. Dizia-se que Simão, o Mago aprendera as artes mágicas no Egito e tornara-se um **iniciado** na seita de Dositeu. Em Roma, Simão foi um antagonista de Pedro e em várias ocasiões o imperador Nero desafiou Pedro a provar que os poderes de Jesus eram superiores aos de Simão. Um teste em particular se revelou definitivo. Nero ordenou que uma torre fosse erigida no Campo de Marte, pela qual Simão "ascenderia aos céus". De acordo com a tradição, Simão estendeu os braços e começou a voar. Diante disso, Nero perguntou a Pedro se isso significava que Jesus e seus seguidores não passavam de charlatães. Nessa altura, conta-se que Pedro clamou para que Cristo expulsasse os **anjos** de **Satã** que sustentavam Simão no ar e o mago caiu na Via Sacra, o corpo partido em quatro pedaços.

Símbolo Representação de uma qualidade abstrata. O **misticismo** e o **ocultismo** são ricos em símbolos que geralmente apontam para uma realidade transcendental que está além da compreensão consciente (por exemplo, a Grande Mãe como útero do universo, o oceano infinito do **Espírito**, o **Santo Graal** como símbolo da inspiração divina e da renovação espiritual e a personificação do **Sol** como símbolo da **iluminação** [descoberta da luz interior] e da **iniciação** mística).

Simpática, Magia Ver **Magia Simpática**.

Simulacro Aquilo que é uma cópia de uma imagem ou de um original. Esta palavra é usada para descrever atos de **magia imitativa**, na qual o simulacro de uma pessoa é agredido com a intenção de atingi-la a distância; o simulacro também é usado para reproduzir a imagem corporal que o **ocultista** visualiza ao tentar projetar a consciência no **plano astral**. Ver também **Magia Negra**.

Sin Na religião mesopotâmica, deus da **Lua** que personificava a bondade e mantinha vigília contra as forças do **mal**. Sin era uma **divindade** sábia que dava conselhos aos outros deuses sobre a melhor atitude a tomar. Ele também marcava a passagem do tempo ao longo dos meses e era identificado pelos sumérios com Nanna.

Sinastria Na **astrologia**, técnica de comparação dos **mapas astrológicos** de duas ou mais pessoas, com a finalidade de determinar o grau de compatibilidade e o possível resultado de um relacionamento entre elas. Essa técnica também pode ser usada para comparar o destino de partidos políticos e dos líderes de uma nação e até mesmo as tendências das questões internacionais. Ver também **Astrologia Mundial**.

Sinclair, Upton Ver **Rádio Mental**.

Sincretismo Fusão de idéias e tradições religiosas. Entre os exemplos de sincretismo está a divindade greco-egípcia **Serápis**, uma forma helenística de **Osíris**; e as divindades romanas e **gnósticas Mitra** e **Abraxas**, ambas com antecedentes persas.

Sincronicidade Termo usado pelo psicanalista suíço **Carl Jung** para descrever "coincidências significativas". Na visão de Jung, os símbolos da mente inconsciente não raro coincidem, nos **sonhos** ou nas experiências místicas, com os acontecimentos ocorridos no mundo da vigília da realidade física. Jung acreditava que a sincronicidade proporcionava um fundamento lógico para a **astrologia** e para algumas formas de **divinação**, como o *I Ching*.

Sinistra Palavra de origem latina que significa "esquerda" e passou a significar algo indesejável ou infeliz. No **ocultismo**, o **caminho da mão esquerda** é associado à **magia negra** e à **feitiçaria**. Comparar com **Caminho da Mão Direita**.

Sino, Livro e Vela Cerimonial de excomunhão em que o **sacerdote** lê uma **maldição** tirada de um livro, toca um sino para o defunto e extingue a chama de uma vela para indicar que a alma do **espírito** pecador foi lançada para longe das vistas de Deus.

Sirius Do grego *seirios*, "ardente", estrela brilhante da constelação do Cão Maior. Considerada pelos antigos como a estrela mais brilhante do céu, Sirius atraiu renovado interesse em anos mais recentes, entre os cosmologistas e **ufologistas** que estudam as origens da inteligência alienígena. Ver também **Dogon**.

Sistro Instrumento de percussão metálico usado pelos antigos egípcios no culto a Ísis. Esse termo é também usado genericamente para descrever um chocalho usado como instrumento sagrado nas danças xamânicas da América do Sul, quando é muitas vezes acompanhado da batida de um tambor. O sistro também faz parte das tradições religiosas dos astecas e dos romanos.

Siva Ver **Shiva**.

Sizígia Na **astrologia**, alinhamento de dois corpos celestes, seja em **oposição** ou em **conjunção**. Esse termo é em geral usado para descrever essa relação entre um **planeta** e o **Sol**.

Skandhas Ver **Khandas**.

Skinner, Stephen (1948-) Ocultista australiano, residente em Londres. Skinner, uma autoridade no campo da **magia** medieval, da **geomancia** e do feng-shui, fundou a editora Askin em 1972 para publicar edições fac-similadas das obras de magia do **dr. John Dee**, de Cornelius Agrippa e de **Paracelso**. Skinner escreveu com o falecido **Francis King** *Techniques of High Magic* (Londres, 1974), um dos livros mais coerentes sobre técnicas práticas de magia moderna. Entre seus outros livros figuram *The Oracle of Geomancy* (1977), *Terrestrial Astrology* (1980) e *The Living Earth Manual of Feng-Shui* (1982), assim como as edições das obras sobre magia escritas por **Aleister Crowley**.

Smith, Hélène Ver **Flournoy, Théodore**.

Soal, dr. Samuel George (1889-1975) Detentor do primeiro diploma de doutorado pelo estudo da **parapsicologia**, na Inglaterra, o dr. Soal tornou-se presidente da **Sociedade para a Pesquisa Psíquica** em 1949. Ele é mais conhecido pelos vários testes estatísticos que fez com o **baralho Zener**, na década de 30, e empreendeu um estudo especial nos campos da **telepatia**, da **clarividência**, da **escrita automática** e dos **médiuns psíquicos**. O dr. Soal fez conferências sobre telepatia em várias universidades e foi co-autor de *Modern Experiments in Telepathy* (1954) e *The Mind Readers* (1959).

Sobrenatural Do latim *super*, "acima" ou "além", que está além da realidade física normal. Esse termo é usado como sinônimo de **paranormal**, mas este último é preferido pelos parapsicólogos porque a **percepção extra-sensorial** é agora considerada por muitos pesquisadores como uma faculdade humana latente, mas natural; e não como algo que está "além" do mundo, tal como o conhecemos.

Sobrevivência No **espiritualismo**, a continuidade da personalidade ou do **ego** depois da **morte**. Na crença espiritualista, a prova da sobrevivência após a morte é obtida nas **sessões**, nas quais um **médium psíquico** canaliza mensagens dos mortos.

Sociedade Americana para a Pesquisa Psíquica Ver **Sociedade para a Pesquisa Psíquica.**

Sociedade Etérica Ver **Aetherius Society**.

Sociedade para a Pesquisa Psíquica (Society for Psychical Research – SPR) Organização formada em 1882, em grande parte com dissidentes da Ghost Society da Cambridge University. O objetivo da SPR era e ainda é estudar as funções **paranormais** da mente, o **hipnotismo**, a **clarividência**, as **aparições**, os fenômenos espiritualistas e as provas da vida após a morte. A SPR atraiu muitos seguidores celebres, entre eles o **professor Henry Sidgwick,** *sir* **William Crookes,** *sir* **Oliver Lodge** e *sir* **William Barrett**. O arcebispo de Canterbury, E. W. Benson, era um dos membros dessa sociedade e dois primeiros-ministros britânicos – William Ewart Gladstone e Arthur Balfour – eram associados honorários. A SPR ainda existe nos dias de hoje e tem uma grande biblioteca em sua sede em Londres.

Sociedade Teosófica Organização mística e oculta fundada em Nova York, no ano de 1875, por **madame Helena Blavatsky**, pelo **coronel H. S. Olcott**, por **William Q. Judge** e por um pequeno grupo composto de outras pessoas interessadas. A sociedade tinha três objetivos básicos: (1) a fraternidade do homem, sem distinção de raça, cor, religião ou posição social; (2) o estudo sério das religiões do mundo antigo para fins de comparação e, a partir desse estudo, a seleção de princípios éticos universais; e (3) o estudo e o desenvolvimento dos poderes **divinos** latentes nas pessoas.

Desde a sua fundação, a Sociedade Teosófica exerceu grande influência sobre questões culturais e políticas, atraindo membros como *sir* **William Crookes**, Thomas Alva Edison, **William Butler Yeats** e **Rudolf Steiner**. (Steiner acabou deixando a sociedade e fundando a Sociedade Antroposófica.) Mahatma Gandhi iniciou o estudo do *Bhagavad-Gita* com os teosofistas; e a influente **dra. Annie Besant**, que se tornou a segunda presidente da Sociedade Teosófica em 1891, trabalhou incansavelmente em favor da campanha de autonomia da Índia, convicta de que era a vontade das forças sobrenaturais formulando o "Grande Plano". Embora os ensinamentos religiosos da Sociedade Teosófica tenham, a princípio, derivado do **Budismo** e do **Hinduísmo**, seus membros em geral acreditam num ensinamento de sabedoria universal ou tradição **esotérica** que está presente em todas as culturas e partiu da Verdade perene e universal. Ver também **Arundale, George; Krishnamurti, Jiddu; Leadbeater, Charles**.

Sofia No **Gnosticismo**, personificação feminina da Sabedoria Divina. Na Gnose de **Valentino**, ela é o **arquétipo** da Grande Mãe; e em algumas **cosmologias** gnósticas, lembra a Virgem Maria. Sofia é às vezes mencionada como o **logos** feminino.

Sol[1] Na **astrologia**, o mais importante dos corpos celestiais e um dos fatores mais significativos num **mapa astrológico**. O Sol é associado a **Leão** e os astrólogos dispensam considerável atenção ao **signo** e à **casa** ocupados pelo Sol num dado momento. Acredita-se que o Sol defina o temperamento básico da pessoa e seja a fonte da sua vitalidade (isto é, sua "luz interior").

Sol[2] Nome romano do deus solar. Sua contraparte grega era conhecida como **Apolo**, Hélio, Hiperião e Febo.

Sol[3] Símbolo da Vida e da **Luz**, personificado no mundo todo como uma **divindade** da bondade, da **iluminação** espiritual e do **renascimento**. Como centro simbólico do nosso universo imediato e orbe celestial dominante, o Sol tem um importante significado mitológico, sendo considerado de modos variados como o olho de **Ahura Mazda, Zeus, Rá, Alá** e **Varuna**. Como provedor da vida, o Sol costuma ser considerado uma energia masculina – em comparação com a **Lua**, que simboliza a luz refletida e é, por tradição, considerada feminina. Os mais importantes deuses solares nas tradições de **mistério** ocultas são Rá, **Osíris, Hórus** e **Quéfera** (antigo Egito); Hélio e **Apolo** (antiga Grécia); **Mitra** (antiga Pérsia) e **Sol** (antiga Roma).

Solar, Plexo Grande rede de nervos localizada atrás do estômago. O plexo solar é considerado, na **yoga**, como a sede do **chakra** ou centro solar conhecido como **Manipura**. De acordo com **Carlos Castañeda**, ele é também a fonte do poder mágico do **xamã**.

Solar, Revolução Ver **Revolução Solar**.

Solares, Deuses Por tradição, o **Sol** é considerado uma força masculina e a **Lua**, feminina. Por isso, o Sol é geralmente personificado como um deus solar e é cultuado nessa forma. Muito dos **panteões** incluem um deus solar. Entre eles estão **Rá** (Egito); **Mitra** (Pérsia); Hiperião, Hélio e **Apolo** (Grécia); e Sol (Roma). Na China, o Sol é a força por trás de todas as coisas que são **yang**, ou masculinas.

Solastria Divinação pela interpretação das linhas e marcas das solas dos pés. Essa arte mística era praticada em tempos antigos na China, na Índia e na Pérsia. Comparar com **Leitura das Mãos**.

Sol, O No **tarô**, carta dos **Arcanos Maiores** que representa um menino e uma menina dançando num anel mágico, de mãos dadas. As crianças representam a inocência e a síntese das polaridades opostas, um tema comum no tarô. Contudo, elas são em geral retratadas com uma barreira (uma parede, por exemplo) entre elas e a luz, o que indica que ainda não atingiram a maturidade espiritual. Na **magia** ocidental, que combina os caminhos dos Arcanos Maiores do tarô com as dez **sephiroth** da **Árvore da Vida**, o caminho do *Sol* liga **Yesod** e **Hod**.

Solvente Universal Na **alquimia**, substância universal da qual provém todos os outros constituintes específicos; termo que designa a **força vital**. Ver também **Elixir da Vida**.

Soma[1] Na Índia védica, personificação do suco de soma sagrado. O soma foi originalmente considerado um deus da terra e depois, uma divindade lunar – pois era a **Lua** que supostamente proporcionava o sêmen, ou essência vital.

Soma[2] Planta sagrada que era usada para fazer uma bebida narcótica, consumida nos ritos védicos em que se faziam sacrifícios em homenagem ao deus guerreiro **Indra**. O soma era considerado uma bebida dos deuses, que concedia a divindade aos mortais. Ele é identificado por alguns escritores como a planta sem folhas *Sarcostemma acidum*, mas o etnomicologista **R. Gordon Wasson** conseguiu provas expressivas de que o soma era, na verdade, a ***Amanita muscaria***, o cogumelo **alucinógeno** vermelho com pintas brancas, conhecido como amanita-das-moscas. Ver também **Alucinação**.

Sombra Termo espiritualista da época vitoriana, agora raramente usado com referência a uma **aparição** ou **fantasma**.

Sombra, Leitura da Forma de **divinação** praticada na Índia, em que a sombra, a palma da mão e os dedos de uma pessoa são interpretados. Inscrições antigas feitas em folhas de palmeira são então consultadas e o vidente finalmente faz previsões específicas para o cliente.

Sombras, Livro das Na **bruxaria**, livro pessoal de **feitiços**, **rituais** e **folclore** que a **bruxa** organiza depois de iniciada num **coven**. *O Livro das Sombras* é mantido em segredo e, por tradição, é destruído quando a bruxa morre.

Sonho Ocorrência associada ao movimento rápido dos olhos (sigla em inglês, REM) durante o período de sono. Sigmund Freud considerava os sonhos como a expressão do anseio de realizar desejos reprimidos e uma mescla de memórias e associações baseadas em acontecimentos recentes. No entanto, os sonhos às vezes têm conteúdos misteriosos e inexplicáveis, o que faz com que sejam associados à **percepção extra-sensorial**. Mark Twain teve um sonho vívido em que ele "via" o corpo do irmão sobre um esquife metálico, com um buquê de flores carmim sobre o peito. Poucas semanas depois, o irmão de Twain morreu com a explosão da caldeira de um barco. Um esquife de metal foi doado por amigos e, quando Twain chegou ao enterro, a cena que viu foi idêntica ao do sonho – com exceção das flores, que eram de cor diferente.

Os sonhos proféticos, no entanto, parecem bem mais raros; a maioria dos sonhos parece derivar de um estímulo externo familiar que dispara padrões de associação. O pesquisador do século XIX Alfred Maury descreveu que, se passasse água de colônia perto das narinas, ele sonhava que estava num exótico mercado egípcio; e que, se uma peça de sua cama caísse na altura do pescoço, ele sonhava que estava na guilhotina, na Revolução Francesa. Enquanto a maioria dos psicólogos freudianos acredita que o conteúdo dos sonhos geralmente reflita a vontade de ver desejos realizados ou uma associação de imagens, **Carl Jung** propôs a idéia de que, às vezes, os sonhos também revelam **arquétipos** sagrados – símbolos míticos profundos que constituem o cerne de experiências religiosas e místicas. De acordo com Jung, esses arquétipos são símbolos não do consciente de uma pessoa em particular, mas do **inconsciente coletivo** – temas psíquicos universais que representam "experiências da humanidade que vivem se repetindo". Os sonhos que incluem arquétipos visionários e revelações simbólicas desse tipo são às vezes conhecidos como **sonhos superiores**.

Sonho Lúcido Termo usado por **Celia Green**, do Institute of Psychophysical Research, em Oxford, para descrever a situação em que a pessoa está ciente de que está sonhando e, portanto, fica consciente durante o estado onírico. Existem grandes semelhanças entre o sonho lúcido, a **experiência fora do corpo** e o fenômeno paranormal popularmente conhecido como **viagem astral**. O estudo mais completo sobre o assunto é o livro de Celia Green *Lucid Dreams* (1968).

Sonho Superior Sonho em que aparecem imagens **transcendentais** ou sagradas e que invariavelmente exerce um efeito profundo sobre quem sonha. Comparar com **Sonho Lúcido; Experiência de Pico.**

Sonho Telepático Técnica desenvolvida pelos parapsicólogos do **Maimonides Dream Laboratory**, em Nova York, para testar a capacidade de um sujeito consciente de influenciar os **sonhos** de uma pessoa adormecida, por meio da **telepatia mental**. Como o monitoramento científico dos **períodos REM** elimina a possibilidade de fraude consciente ou inconsciente por parte da pessoa que sonha (o recipiente das mensagens "telepáticas"), essa técnica tem sido considerada um grande avanço na pesquisa parapsicológica. Ver também **Kripper, dr. Stanley**.

Sono Estado em que o corpo está em repouso; os músculos, relaxados; o pulso, lento e a respiração, cadenciada. O sono em geral se caracteriza pela inconsciência e as pessoas costumam dormir em média sete horas por noite. Os ocultistas há muito acreditam que, no estado de sono, algumas faculdades da consciência são transferidas para o **corpo astral**. Supõe-se que seja por meio desse veículo que os **sonhos** e pesadelos tornam-se aparentemente reais. O grau em que a consciência é transferida para o corpo é crucial. Se essa transferência for acentuada, o sonho é conhecido como **sonho lúcido** – um estado da consciência muito próximo da **experiência fora do corpo**.

Sophic Hydrolith Termo alquímico tradicional que designa a **Pedra Filosofal**. É também o título de uma obra do século XVII que descreve como era manufaturada essa pedra secreta – dotada da capacidade de conferir imortalidade e sabedoria.

Sorte Fortuna, ventura. Os ocultistas acreditam, por tradição, que a sorte pode ser evocada por meio de **rituais**, da interpretação de **presságios** e augúrios, de **oráculos** divinatórios ou de **amuletos da sorte**. Ver também **Divinação; Adivinho; Ferradura**.

Sortilégio Divinação em que se tira a sorte. O sortilégio pode assumir várias formas: tirar uma palha de um feixe ou uma carta de um baralho; abrir um livro e tomar como oráculo a primeira passagem lida ao acaso; ou simplesmente jogar um **dado**.

Sorveira-brava Árvore com associações míticas e mágicas. A sorveira-brava, sagrada para os **druidas**, era considerada, na Idade Média, uma proteção contra a **bruxaria** e as forças do **mal**. No festival celta de Beltane era celebrado o Dia da Bruxa da Sorveira-brava.

Spangler, David (1945-) Místico e escritor norte-americano que, durante o início da década de 70, foi co-diretor da Comunidade **Findhorn**, na Escócia. Spangler teve várias experiências místicas quando criança e, na faixa dos vinte anos, também canalizava um ser **desencarnado** que lhe servia de guia de cura e fonte de inspiração. Ele é agora considerado um dos maiores porta-vozes do movimento da **Nova Era**. Embora seus textos tenham uma orientação místico-cristã, o ponto de vista de Spangler é basicamente global e está além de qualquer denominação religiosa. Entre seus livros figuram *Emergence: Rebirth of the Sacred, Towards a Planetary Vision* e *Um Peregrino em Aquário* (publicado pela Editora Pensamento).

Spare, Austin Osman (1886-1956) Artista e ocultista inglês que criava suas obras em estado de **transe** e ganhou uma bolsa de estudos no Royal College of Art com apenas 16 anos de idade. Spare entrou em contato com a **mitologia** egípcia, com a **bruxaria** e com o mago **Aleister Crowley** e começou a incorporar à sua arte suas crenças ocultistas. Ele acreditava em **reencarnação** e afirmava que suas vidas passadas – como ser humano ou animal – estavam profundamente encravadas na sua mente inconsciente e poderiam vir à tona por meio do transe. Spare desenvolveu seu próprio alfabeto de **sigilos**, que podia ser usado com propósitos mágicos para desencadear imagens atávicas. Spare era um dos mais sofisticados ilustradores de sua época, embora seu trabalho fosse menos conhecido do que o de Aubrey Beardsley, **Arthur Rackham** ou Edmund J. Sullivan. As melhores ilustrações de Spare estão contidas em seu *Book of Pleasure*, publicado pela primeira vez em 1913 (republicado em Montreal, 1975).

Spence, James Lewis (1874-1955) Poeta e político escocês mais conhecido pelo seu interesse por magia, mitologia e ocultismo. Spence tornou-se editor-assistente do *The Scotsman* e foi posteriormente um dos membros fundadores do Partido Nacional da Escócia. Contudo, foram seus textos sobre mitologia e ocultismo que lhe trouxeram fama. Spence em geral tinha simpatia por grupos e sociedades ocultistas, embora considerasse com certa cautela suas idéias mais extravagantes. Ele tinha dificuldades com conceitos do tipo "a igreja existe antes mesmo das fundações deste mundo" e "santuário interior do Cristianismo", mas acreditava fervorosamente no valor do **misticismo** autêntico. Spence foi um escritor prolífico e escreveu sobre uma grande variedade de temas ligados ao ocultismo. Sua *Encyclopaedia of Occultism* (Londres, 1920) continua sendo uma das mais importantes obras de referência sobre o assunto. Entre seus outros livros figuram *The History of Atlantis, The Magic Arts in Celtic Britain* e *The Fairy Tradition in Britain*.

SPR Iniciais da Society for Psychical Research. Ver **Sociedade para a Pesquisa Psíquica**.

Sprenger, Jacob (c. 1436- 1495) Inquisidor dominicano nascido na Suíça que, com **Heinrich Kramer**, organizou a notória obra medieval sobre **bruxaria** *Malleus*

Maleficarum. Sprenger tornou-se prior do Convento de Colônia e fundou a Fraternidade do Rosário depois de ser inspirado por suas visões religiosas. Ele adquiriu poder e passou a ocupar uma posição de mais autoridade em 1481, depois de se tornar inquisidor das províncias de Colônia, Treves e Mainz. É geralmente considerado o mais erudito dos dois autores do *Malleus*, embora Kramer fizesse a maior parte do trabalho de organização dessa obra. Ver também **Inquisição**.

Starhawk (1951-) Nome mágico de Miriam Simos, influente **bruxa** contemporânea que fundou dois **covens** em San Francisco, Califórnia, e produziu um livro definitivo sobre a prática neopagã contemporânea: *The Spiral Dance* (1979). De acordo com Starhawk, "Para as mulheres, a Deusa é uma imagem de força pessoal e poder criativo; para os homens, ela é a fonte nutriz interior". A **bruxaria moderna** atraiu seguidores de forte orientação feminista pelo fato de invocar a **deusa lunar** em suas várias formas, e Starhawk dedica-se atualmente à exploração das implicações políticas da bruxaria e do neopaganismo.

Steinbrecher, Edwin Metafísico norte-americano que desenvolveu a chamada "Meditação dos Guias Interiores", que possibilita o contato com os "deuses interiores", e que fundou a D.O.M.E. Foundation, agora sediada em Los Angeles. As iniciais da fundação de Steinbrecher originam-se da expressão latina *Dei Omnes Munda Edunt*: "Todos os deuses/deusas dão origem aos Mundos." A Meditação dos Guias Interiores incorpora os símbolos do **tarô** – que "correspondem a imagens que criam a realidade dentro de todos nós" – e a **astrologia** que "proporciona um mapa dos mundos interior e exterior". No entanto, a essência do sistema da D.O.M.E. Foundation consiste no contato interior com um "Guia" parecido com o aliado espiritual evocado pelo **xamã** tradicional.

A técnica de Meditação D.O.M.E. requer uma postura em que o corpo fica relaxado, as costas retas e ambos os pés totalmente apoiados no chão. As mãos descansam nas coxas, com as palmas para cima, e os olhos fechados. O praticante imagina que está entrando numa caverna e procura sentir se o ambiente é seco ou úmido, iluminado ou sombrio. Na opinião de Steinbrecher, o praticante tem de ter a sensação de que sua consciência está no interior de seu corpo, em vez de observar uma imagem externa dele mesmo. Nesse sentido, o método D.O.M.E. é bem semelhante aos conceitos xamânicos e mágicos de transferência da consciência perceptual para os planos interiores. Assim como o xamã, Steinbrecher propõe que se invoque um aliado de natureza animal que conduzirá o praticante até o Guia apropriado. Em várias ocasiões, animais como cervos, leões, cães e gatos apareceram e mostraram o caminho até o Guia que, de acordo com a experiência de Steinbrecher, sempre assume uma forma masculina a princípio.

O método D.O.M.E. advoga a concentração no sol interior transcendente, que é o "arquétipo do eu" – "o centro vital interior" – e sua evocação. A intenção básica é "devolver a autoridade espiritual [...] à sede sagrada e verdadeira do indivíduo". No sistema da Meditação dos Guias Interiores, combina-se a astrologia com o **tarô** para possibilitar a identificação dos arquétipos dominantes e conflitantes dentro do eu, de modo que o processo de fusão passe a ser uma forma de terapia. **Áries**, por exemplo, corresponde ao *Imperador*; e **Mercúrio**, ao *Mago*; Vênus, à *Imperatriz*; Gêmeos, aos *Amantes* e Aquário à *Estrela*. De acordo com Steinbrecher, nós podemos analisar a carta natal para identificar as áreas de "grande energia" por meio das quadraturas, das oposições e dos campos zodiacais opostos; as "uniões", ou forças harmonizantes, por meio das conjunções, dos **sextis**, dos paralelos e dos **quincunces**, e os arquétipos básicos por meio do **signo solar** e do **regente** do **ascendente**. O **mapa astrológico** é, portanto, um mapa e um guia simbólico do cosmos individual de cada praticante.

Em resumo, o objetivo da Meditação dos Guias Interiores é a auto-integração, a individuação e a ampliação da perspectiva espiritual. Como escreve Steinbrecher: "As percepções do mundo exterior ficam mais agudas e o mundo passa literalmente a ser *novo*. A energia criativa irrompe de dentro da pessoa e o conhecimento da *unidade com o todo* torna-se um fato." Ver também **Tarô**; **Guia Interior**; **Visualização Xamânica**.

Steiner, Rudolph (1861-1925) Ocultista, teosofista e erudito alemão que fundou a Sociedade Antroposófica depois de romper com a **Teosofia**. Steiner era especialista no escritor alemão Goethe e suas teorias sobre educação ainda vigoram em muitas Escolas Steiner espalhadas pelo mundo. Contudo, Steiner era também clarividente e um ocultista extremamente instruído que estudou os mitos da **Atlântida** e da **Lemúria** e o desenvolvimento das faculdades ocultas da consciência. Ele tinha ligação com vários movimentos ocultistas, incluindo a **Ordo Templi Orientis** e a Ordem dos **Illuminati** de Engel, e escreveu vários livros sobre temas **esotéricos**. Entre suas obras figuram *Ciência Oculta: Um Esboço*, *Cristianismo como um Fato Místico* e *Conhecimento dos Mundos Superiores e Como Atingi-los*.

Stevenson, professor Ian (1918-) Sem dúvida a maior autoridade em casos de **reencarnação**, o professor Stevenson é catedrático do departamento de Neurologia e Psiquiatria da Escola de Medicina da University of Virginia. Stevenson passou vários anos investigando exemplos de "padrões de memória de reencarnação" em crianças pequenas, nos quais a fraude consciente ou inconsciente estava fora de questão. As informações colhidas no trabalho de pesquisa de Stevenson são de âmbito internacional e incluem os casos de Shanti Davi e Prabhu Khairti, na Índia; Eduardo Esplusus-Cabrera, em Cuba, e Alexandrina Samona, na Sicília. Alguns dos resultados da pesquisa exaustiva do professor Stevenson foram publicados no livro *Twenty Cases Suggestive of Reincarnation* (publicado pela primeira vez em 1966, terceira edição em 1995).

Stolistes No grau de Neophyte da **Ordem Hermética da Aurora Dourada**, o guardião da "Taça de Água Lustral". Nessa cerimônia, o **mago** que representa o papel do Stolistes fica no quadrante norte do templo.

Suástica Símbolo mítico universal que consiste numa cruz com quatro "braços" iguais, que parecem girar na mesma direção. Considerada por muitos como um tipo de "roda solar", a suástica representa o movimento eterno e o renascimento espiritual. A suástica em sentido anti-horário, adotada pelos nazistas, é considerada um símbolo do movimento para "longe da **Divindade**", e tornou-se um tema contemporâneo relacionado ao **mal**; enquanto a suástica horária representa o movimento em direção a **Deus** e indica um ritmo **cósmico** em sintonia com o universo.

Subconsciente Na psicologia analítica moderna, parte da mente que está abaixo do limiar da consciência. Pode-se chegar ao subconsciente por meio de técnicas de **visualização orientada**, de **hipnose**, de **escrita automática**, de **pintura e desenho automáticos** e de associação livre. O subconsciente pode ser a origem de muitos fenômenos relatados nas **sessões** espiritualistas.

Subliminar Que está abaixo do limiar da consciência.

Súcubo Demônio ou entidade espiritual desencarnada que assume a forma de uma mulher e tem relações sexuais com um homem. Ver também **Íncubo**.

Sufismo Tradição mística do **Islamismo**. O Sufismo, de acordo com **Abu Hamid Ghazali**, "busca livrar o coração do apego de tudo que não é **Alá** e conferir a ele apenas a ocupação da meditação do Ser Divino". No Sufismo, a submissão total a Alá e o amor a ele levam à conquista da verdade espiritual. Embora o Sufismo seja islâmico, em essência ele é universal: "Não existe uma Realidade a não ser a Realidade."

O filho sufi do imperador mongol Shah Jahan afirmou que não havia diferença entre o Sufismo e o Vedantismo Advaita – sendo ambos expressões da grande Unicidade ou Unidade de Deus. O Sufismo também tem paralelos em outras religiões e pode não ser puramente islâmico em sua origem. Henry Corbin, destacado especialista em religião comparada, acredita que o Sufismo possa derivar do Zoroastrismo, em particular dos devotos da província de Pars que não fugiram quando os muçulmanos conquistaram a Pérsia. Seja isso verdade ou não, os Sufis afirmam que o próprio Maomé foi o primeiro sufi e seu sobrinho Ali, o quarto califa, um sufi também. Nesse sentido, a tradição espiritual do Sufismo é pelo menos tão antiga quanto o próprio Islamismo.

A palavra *sufi* significa "aquele que usa lã" e faz um contraste entre as roupas humildes usadas pelos sufis e as luxuosas vestidas pelas autoridades mundanas. Os sufis vivem uma vida simples, sem acumular bens, e dedicam-se ao Caminho (**Tariqah**). Como receptáculos de Alá, eles se abrem para sua graça. Além de observarem todas as práticas tradicionais do Islamismo exotérico, eles também buscam a comunicação interior com Deus: "Eu sou os ouvidos pelos quais ele ouve e os olhos pelos quais ele vê." Os sufis vivem sua própria divindade como uma expressão do Deus Único todo-abrangente. Ver também **Jalal al-Din Rumi**; **Shams de Tabriz**; **Vedanta**.

Sugestão Técnica usada em **hipnose** e na **visualização orientada**. A hipnose é um **estado alterado de consciência** em que o sujeito intensifica a concentração pessoal e a atenção. Nesse estado, o sujeito responde a sugestões ou insinuações feitas pelo hipnotista e é capaz de trazer à tona lembranças e imagens antes **subliminais**.

Sugestão Pós-hipnótica Sugestão dada por um praticante de **hipnose**, que surte efeito depois que o sujeito recupera a consciência da vigília.

Sujeito com Pontuação Alta Nos estudos experimentais da **percepção extrasensorial**, sujeito que consegue uma pontuação superior às leis do acaso e que é, portanto, considerado uma pessoa dotada de **capacidade paranormal**.

Sul Na **magia cerimonial** ocidental, direção associada ao elemento **Fogo**. Por tradição, o Sul é regido pelo arcanjo **Miguel**. Ver também **Quatro Direções**.

Summers, Montague (1880-1948) Escritor inglês que escreveu várias obras sobre **satanismo, demonologia, magia negra** e **lobisomens**. Summers, que adotou o título de "reverendo" embora não se saiba a que ordem religiosa ele pertenceu, acreditava piamente na realidade dos poderes do mal. Obcecado pelos perigos da magia negra e do satanismo e defensor da pena de morte para os praticantes de **bruxaria**, ele passou grande parte da vida documentando esses temas e, portanto, estimulando o interesse por eles. Entre seus livros figuram *The History of Witchcraft and Demonology*, *The Vampire in Europe* e *The Geography of Witchcraft*. Summers também traduziu para o inglês o notório manual medieval de bruxaria *Malleus Maleficarum*.

Sunya No **Hinduísmo**, o **Vazio** ou zero. Esse número representa, ao mesmo tempo, o Tudo e o Nada, e equipara-se ao **Nirvana**. Ver também **Sunyata**.

Sunyata Termo que designa o **Vazio** (ou Vacuidade) Universal nos textos do **Budismo Mahayana**. Sunyata é a Realidade Suprema. Ver também **Sunya**.

Superior, Deus Ver **Deus Superior**.

Superior, Magia Ver **Magia Superior**.

Superior, Sonho Ver **Sonho Superior**.

Supernais Na **Cabala**, as três **sephiroth** (**Kether, Chokmah** e **Binah**) que ficam acima do **Abismo**. As supernais representam os domínios mais sagrados da consciência mística, simbolizada pela **Árvore da Vida**, e são os equivalentes cabalísticos da **Trindade**.

Superstição Crença irracional, geralmente fundamentada no medo, que acompanha uma forte crença em forças e poderes **sobrenaturais** que afetam a vida dos homens. As pessoas supersticiosas geralmente buscam **presságios** e têm especial reverência por **encantos** e **amuletos** mágicos, supostamente capazes de afastar influências malignas. Ver também **Mau-olhado**.

Supraconsciência Termo cunhado pelo pesquisador pioneiro de fenômenos **psíquicos F. W. H. Myers** para descrever os aspectos "superiores" da consciência, que às vezes se manifestam como fenômenos psíquicos.

Sushumna Na **yoga**, **nadi** ou canal de energia do corpo que corresponde à coluna vertebral. Por ser o único *nadi* que liga todos os **chakras**, é considerado o canal pelo qual sobe a energia **kundalini**. Sushumna culmina no chakra supremo, **Sahasrara**.

Suster, Gerald (1951-2001) Conhecido escritor britânico cujo trabalho focava principalmente a magia de **Aleister Crowley** e assuntos relacionados. Suster formou-se no Trinity Hall, em Cambridge. Ao longo da vida, produziu mais de trinta livros, entre eles nove romances, um livro sobre o legado mágico de Aleister Crowley e um estudo sobre as idéias ocultistas de Adolph Hitler. Suster é, contudo, mais conhecido pela obra *Crowley's Apprentice*, um panorama da vida e das idéias de **Israel Regardie**, um influente praticante de magia que foi seu amigo íntimo. Um obituário de Thelemite G. M. Kelly, publicado um pouco depois da morte de Suster o descrevia como "um cavalheiro na atual comunidade ocultista que o fez ascender como uma estrela brilhante, num universo antes obscuro". Ver também **Regardie, Israel; Crowley, Aleister; Thelema**.

Sutra No **Hinduísmo** e no **Budismo**, aforismo que proporciona orientação espiritual ou filosófica. Na tradição hindu, os Sutras de **Patanjali** representam os fundamentos práticos da **Raja Yoga**. Os sutras são também o nome dado à segunda parte da **Tripitaka**, que contém os ensinamentos de **Gautama Buda**.

Suzuki, Daisetz T. (1870-1966) Autoridade de renome internacional em **Zen-budismo**, Suzuki afirma ter ele próprio atingido o **satori**. Passou grande parte da vida acadêmica profissional fazendo palestras e conferências sobre a filososfia zen e escrevendo livros sobre o assunto. Para Suzuki, a **iluminação** é repentina, não gradativa. Ele uma vez disse: "Precisamos saltar do finito para o infinito para então saber o que somos." Entre os muitos livros de Suzuki figuram *Introdução ao Zen-budismo* (1934) [publicado pela Editora Pensamento], *Training of the Zen Buddhist Monk* (1934), *Manual of Zen Buddhism* (1935), *The Essence of Buddism* (1947), *A Doutrina Zen da Não-Mente* (1949) [publicado pela Editora Pensamento] e *Essays in Zen Buddhism* (três volumes, 1949-1951).

Svadhisthana Na **yoga**, o **chakra** localizado abaixo do umbigo, na região do sacro.

Swami Homem santo hindu, mestre espiritual ou **adepto**. Ver também **Rishi**.

Swedenborg, Emanuel (1688-1772) Geralmente descrito como o "cientista que virou profeta", Emanuel Swedenborg era um universitário promissor no campo científico e depois conheceu o astrônomo *sir* Edmund Halley, na Inglaterra. Swedenborg desenvolveu sua própria "hipótese nebular" para explicar a criação do universo e também era um hábil inventor – ele tinha um projeto de uma espingarda de ar comprimido e de um submarino. Swedenborg, no entanto, é mais conhecido pelas suas crenças místicas e religiosas, que começaram a se definir quando ele estava na casa dos 50 anos. Swedenborg afirmava ser capaz de se comunicar com seres celestiais e seus escritos religiosos proporcionam um relato elucidativo do que ele considerava mensagens diretas dos **espíritos** e dos **anjos**. Seu livro *O Céu e o Inferno*, por exemplo, é baseado nas suas experiências visionárias e confirma sua visão de que todos os aspectos da vida originam-se da Divindade. Os ensinamentos de Swedenborg representam as doutrinas da chamada Nova Igreja (antes conhecida como Igreja Swedenborguiana), fundada em 1788 por Robert Hindmarsh.

Symonds, John Autor e romancista ocultista inglês, mais conhecido pelo seu estudo esclarecedor a respeito do mago **Aleister Crowley**, *The Great Beast* (1971). Symonds foi apontado como o executor literário do testamento de Crowley e, com **Kenneth Grant**, editou várias das suas obras mais importantes sobre magia, incluindo *The Confessions of Aleister Crowley*, *The Magical Record of the Beast 666*, *Magick* e *White Stains*. Symonds também escreveu um relato elucidativo sobre a vida de **madame Helena Blavatsky**, intitulado *In the Astral Light* (1965).

T

Tabu Atividade proibida pelas convenções aceitas ou pelo código de conduta de uma sociedade. Em algumas sociedades pré-literárias, a pessoa que quebra um tabu precisa reparar seu erro e pode ser necessário que um **xamã** empreenda uma jornada espiritual para buscar a orientação da **divindade** ou das divindades regentes. Uma alternativa seria fazer oferendas especiais ou **orações** de apaziguamento.

Tábua das Casas Na **astrologia**, tábua que mostra os graus dos **signos** que ocupam a **cúspide** de todas as **casas**, incluindo detalhes do **meio do céu** e do **ascendente**. As tábuas têm de mostrar as diferentes latitudes em cada grau de ascensão direta ou a cada quatro minutos de tempo sideral.

Tábua de Esmeralda A tábua de esmeralda (*Tabula Smaragdina*) teria sido encontrada presa entre as mãos do corpo de **Hermes Trismegisto**, o místico que fundou a tradição hermética. Na tábua estava gravado um texto sobre os princípios nos quais se fundamentava a **alquimia** medieval. Ver também **Hermética**.

Tabula Smaragdina Nome latino da lendária **Tábua de Esmeralda**. Acredita-se que essa tábua contenha ensinamentos de sabedoria básicos das tradições hermética e alquímica. Ver **Alquimia; Hermes Trismegisto; Hermética**.

Taças Também conhecido como Copas, um dos quatro naipes do **tarô**, atribuído ao elemento **Água**.

Tai Chi Chuan Literalmente, "punho supremo". O Tai Chi Chuan é uma forma de auto-expressão que lembra a dança. O praticante rende-se ao fluxo natural de energia do universo e explora os processos da mente e do corpo por meio do movimento criativo, refletindo a idéia do *I Ching* segundo a qual "A Natureza está sempre em movimento". A pessoa que aprende os movimentos básicos do Tai Chi Chuan começa a passar por transformações – as polaridades para fora e para dentro – e sentir o fluxo do Chi, ou energia vital, dentro do corpo. Em anos recentes, a prática do Tai Chi Chuan começou a ficar extremamente popular nos países ocidentais.

Talismã Objeto mágico, como um **encanto** ou amuleto, usado para dar sorte. O talismã em geral tem inscrições com o **nome de deus** ou uma imagem de um poder **sobrenatural** que supostamente traz sorte ao portador. Ver também **Abraxas; Amuleto da Sorte**.

Talmude Também Talmud. No Judaísmo, termo que designa o Mishnah e o Gemara, quando considerados em conjunto. O Mishnah é uma compilação de comentários sobre a "Lei oral", organizada pelo Rabino Judá ha-Nasi, no século II. O Gemara compõe-se de uma série de discursos sobre o Mishnah, em estilo pergunta e resposta, além de historietas, comentários e interpretações.

Tamas No **Hinduísmo**, um dos três **gunas**, ou qualidades da matéria, sendo os outros dois **sattvas** e **rajas**. Tamas é negativo e representa peso, ilusão e inércia.

Tammuz Deus babilônico da vegetação que morria a cada inverno e renascia na primavera seguinte. Tammuz era o consorte de **Ishtar**, a deusa do amor e da fertilidade.

Tânato Na **mitologia** grega, deus da morte. Sua contraparte romana é a divindade Morte.

Tanatologia Estudo da **morte** e das **experiências de quase-morte**.

Tane Na Polinésia, deus celeste e senhor da fertilidade, que protegia os pássaros e as florestas e criou o primeiro homem a partir do barro vermelho. Tane também protegia aqueles que trabalhavam com madeira e o popular **amuleto tiki** simboliza seu poder criativo.

Tanque de Isolamento Aparelho mecânico desenvolvido pelo neurofisiologista **John Lilly**, para a exploração dos estados meditativos e do "espaço interior". Lilly construiu o tanque com o objetivo de eliminar os estímulos externos (luz, som, consciência espacial) e estimular a mente consciente a compensar a perda da transmissão de dados externos. Dessa forma, os sistemas de crença da mente se apresentariam em visões, introvisões intuitivas e experiências de transe. Lilly desenhou o tanque de modo a conter água a 34° C, a temperatura em que o corpo humano não está nem quente nem frio. Em seu livro *The Centre of the Cyclone* (1972), Lilly descreve as várias ocasiões em que, flutuando nu e em total escuridão e silêncio, ele mesmo sentiu a consciência interior intensificada. Numa dessas sessões, escreve ele, "Eu me tornei um ponto de consciência brilhante e luminoso, irradiando luz, calor e conhecimento. Movia-me num espaço de surpreendente resplandecência, um espaço repleto de luz dourada, de tepidez e de conhecimento". Desde as pesquisas pioneiras de Lilly, os tanques de isolamento – conhecidos genericamente como **tanques de samadhi** – já foram várias vezes modificados e aperfeiçoados e agora estão disponíveis no mercado, apenas para locação.

Tantra Forma de Kundalini Yoga na qual a energia feminina divina, ou **Shakti**, é ativada por meio de uma união sexual de cunho cerimonial. O orgasmo é contido por meio do autocontrole, de modo que a energia gerada possa estimular o movimento ascendente da **kundalini** desde o **chakra Muladhara**. Os praticantes do Tantra vêem o universo como um jogo divino entre Shakti e **Shiva** e acreditam que é possível atingir a libertação por meio do prazer. Na tradição mágica ocidental, o Tantra teve uma profunda influência sobre o desenvolvimento de ritos de **magia sexual**, como os praticados na **Ordo Templi Orientis**.

Taoísmo Antiga tradição mística supostamente fundada pelo sábio chinês **Lao-Tsé**. De acordo com o Taoísmo, todo ser humano é um reflexo do universo – um microcosmo dentro de um macrocosmo. Tanto o universo quanto os seres que nele habitam estão sujeitos à mesma lei divina, a Lei do Tao. Viver de acordo com o Tao é viver em harmonia com a Natureza, seguindo o fluxo das energias yin e yang, que são a base da própria vida. Ver também **Macrocosmo e Microcosmo**.

Tao Te King Obra clássica do **Taoísmo** em geral atribuída a **Lao-Tsé**. Esse livro é basicamente um tratado sobre "o Caminho" – um método para se chegar à Verdade suprema do universo. A pessoa que aceita os ensinamentos do Tao pratica o **Wu Wei**, o caminho da não-ação; compreende os fluxos e refluxos constantes da vida e realiza todas as ações em harmonia com o universo. (O *Tao Te King* foi publicado pela Editora Pensamento.)

Tapas Palavra sânscrita que significa "abstração", "contemplação" ou "meditação". O ato de praticar tapas é considerado pelos hindus como uma disciplina espiritual, e é às vezes usado para descrever as purificações rituais do corpo. Tapas é o aspecto prático do **darzana**.

Tariqah No misticismo islâmico, "o Caminho" ou caminho espiritual. Ver também **Sufismo**.

Tarô Baralho composto de 78 cartas, geralmente considerado o precursor do jogo de cartas moderno e muito usado como método de **divinação**. O tarô é dividido em **Arcanos Maiores** (22 cartas) e **Arcanos Menores** (56 cartas). Essas últimas dividem-se em quatro naipes – **bastões, gládios, taças e pentáculos**, que deram origem aos quatro naipes dos baralhos modernos: paus, espadas, copas e ouros, respectivamente. Os Arcanos Maiores, por seu turno, têm um significado arquetípico e suas cartas são consideradas, pelos ocultistas, como instrumentos de meditação que podem estar relacionados à **Árvore da Vida** cabalística. Os Arcanos Maiores incluem as seguintes cartas: *O Mundo, O Julgamento, A Lua, O Sol, A Estrela, A Torre, O Diabo, A Morte, A Temperança, O Ermitão, A Justiça, O Enforcado, A Roda da Fortuna, A Força, O Carro, Os Amantes, O Hierofante, O Imperador, A Imperatriz, A Grã-Sacerdotisa, O Mago* e *O Louco* (consultar o verbete de cada uma das cartas). A divinação por meio das cartas do tarô é uma forma de **cartomancia**.

Taroc Ver **Tarô**.

Tart, professor Charles (1937-) Respeitado internacionalmente pelas suas pesquisas científicas sobre **transe, sonhos, experiências fora do corpo** e **percepção extra-sensorial**, o professor Tart é um dos vários cientistas contemporâneos (ao lado do **dr. Stanislav Grof** e do **dr. John Lilly**) que tentou superar a lacuna entre a ciência e o misticismo. Tart investigou a aparente capacidade de Ingo Swann e **Robert Monroe** para a **projeção astral** e defendeu o reconhecimento das "ciências dos estados específicos" (por exemplo, sistemas científicos que reconhecem a existência de diferentes estados de consciência, cada um deles com seus diferentes tipos de "realidade"). Tart escreveu e organizou várias obras importantes, entre elas *Altered States of Consciousness* (1969), *States of Consciousness* (1975) e *Transpersonal Psychologies* (1975).

Tártaro Na **mitologia** grega, região inferior do **Hades**, onde os ímpios eram castigados. Mais sombrio que a mais sombria das noites, essa região era cercada – de acordo com Virgílio – por um rio de fogo.

Tashi Lama No **Budismo** tibetano, lama considerado o segundo mais importante, só ficando abaixo do **dalai-lama**. O Tashi Lama é considerado uma encarnação do **bodhisattva** conhecido como Wodmagmed. Do ponto de vista político, ele recebe apoio dos chineses, enquanto o dalai-lama é, por tradição, apoiado pelos britânicos.

Tasseomancia Também Tasseografia. **Divinação** pela leitura das folhas de chá. A borra de chá é girada três vezes dentro da xícara e seu conteúdo entornado. O **vidente** então interpreta os padrões formados pelas folhas dentro dela. As folhas mais próximas da borda da xícara são consideradas representações de acontecimentos do passado; enquanto as mais próximas do fundo são consideradas **presságios**: estrelas (sucesso); triângulos (sorte); quadrados (proteção); formatos semelhantes a pássaros (mensagem importante) e figuras em forma de adaga (azar).

Tathagata Termo usado por Gautama Buda para descrever a si mesmo. Sua tradução é "aquele que veio" ou "que se tornou iluminado".

Tattvas No **Hinduísmo**, as diferentes qualidades da Natureza – geralmente identificadas com os quatro elementos. Os

Tattvas são *prithivi* (um quadrado amarelo significando a **Terra**); *apas* (uma meia-lua prateada significando a **Água**); *tejas* (um triângulo vermelho simbolizando o **Fogo**) e *vayu* (um hexagrama simbolizando o **Ar**). Às vezes, o quinto elemento **Akasha** (um ovo negro simbolizando o **espírito**) é também incluído entre os Tattvas. Ver também **Elementos**.

Taumaturgia Magia ou a realização de maravilhas ou **milagres** por meio da evocação de poderes **sobrenaturais**. Ver também **Taumaturgo**.

Taumaturgo Do grego *thaumatourgos*, "aquele que faz maravilhas", milagreiro ou **mago**.

Taurobólio Ritual associado com os cultos a **Cibele** e a **Mitra**, no Império Romano. Esse ritual era essencialmente uma cerimônia de **renascimento** em que os neófitos eram batizados com o sangue de um touro sagrado. O sangue – considerado um símbolo da **força vital** – evocava poderes especiais de renovação mística.

Teísmo Do grego *theos*, "deus", crença em **deuses** ou num deus. A crença num único deus que transcende o universo, mas que é também **imanente** dentro desse universo, é conhecida como **monoteísmo**; a crença em vários deuses é conhecida como **politeísmo**. A diferença entre monoteísmo e politeísmo é menos marcante nas **cosmologias** em que os deuses são considerados, individualmente, como **emanações** da **Divindade** transcendente, assim como acontece em algumas formas de religião egípcia e **gnóstica**.

Tejas No **Hinduísmo** e na **magia** ocidental, um dos **Tattvas** ou símbolos dos elementos. *Tejas* é simbolizado pelo triângulo vermelho e representa o elemento **Fogo**. É associado ao **chakra Manipura**.

Telecinese Na **parapsicologia**, movimentação dos objetos físicos sem uma causa física. O termo telecinese é usado quando esse fenômeno **paranormal** se manifesta espontaneamente. Quando premeditado, ele é chamado **psicocinese**. Ver também **Levitação**; **Poltergeist**.

Telepata Que tem a capacidade de transferir lembranças ou pensamentos. Ver também **Telepatia Mental**.

Telepatia Ver **Telepatia Mental**.

Telepatia Mental Na **parapsicologia**, aparente capacidade de duas pessoas de se comunicarem mentalmente sem o recurso da fala ou outros canais normais de comunicação. A telepatia mental é uma das faculdades mais conhecidas e mundialmente aceitas da **percepção extra-sensorial**. Ver também **Rádio Mental**.

Teleplasma Sinônimo antiquado e em desuso de **ectoplasma**. Ver também **Médium Psíquico**; **Espiritualismo**.

Telestesia Na **parapsicologia**, "percepção dos sentidos a distância". Os **ocultistas** às vezes usam essa expressão como sinônimo de visão a distância.

Teletransporte No **espiritualismo**, aparente capacidade de transportar seres humanos ou objetos físicos através do espaço sem recursos físicos ou mecânicos.

Têmis Na **mitologia** grega, filha de **Urano** e **Gaia**, mãe das **Três Fadas**. Têmis era um dos doze **Titãs** e a primeira **deusa** grega a ter um templo erigido em sua homenagem.

Temperança, A No **tarô**, carta dos **Arcanos Maiores** que mostra o **arcanjo Rafael** com um pé num riacho (símbolo da **Água**) e outro na terra (símbolo do elemento

A TEMPERANÇA: Importante carta dos Arcanos Maiores do tarô, que simboliza a reconciliação entre os opostos. Do baralho de tarô Rider.

Terra). Sob seu comando, estão uma **águia** (símbolo do **Ar**) e um leão (símbolo do **Fogo**) – demonstrando assim que o arcanjo mantém os quatro **elementos** unidos em harmonia. Acima de Rafael, brilha no céu um arco-íris que representa a aliança de Deus com a humanidade – e a luz do novo dia pode ser vista raiando sobre o pico das montanhas. A *Temperança* personifica o processo espiritual da **iluminação** e da **iniciação**, pois revela a luz interior que todas as pessoas podem desenvolver interiormente. As qualidades moderadoras ou harmonizantes do caminho estão de acordo com o princípio da **individuação** – o processo pelo qual se conquista a harmonia e "completude" interior – de **Carl Jung**. Na magia ocidental, que combina os caminhos dos Arcanos Maiores do **tarô** com os dez **sephiroth** da **Árvore da Vida**, o caminho da *Temperança* liga **Yesod** a **Tiphareth** e é uma parte integrante da jornada mística do **Pilar do Meio**.

Templários Ver **Cavaleiros Templários**.

Templo Construção erigida e dedicada ao culto de um deus ou de vários **deuses** e considerada a morada da **divindade** à qual ela é consagrada. Na **magia** ocidental, o templo é um local sagrado (em geral um cômodo da casa) em que ritos cerimoniais e **invocações** mágicas são realizados. O templo em geral tem um **círculo mágico** desenhado no chão e é adornado de forma a refletir o simbolismo da divindade invocada.

Templo da Carne Termo oculto e místico que designa o corpo físico.

Templo de Set Organização fundada para substituir a Igreja de Satã de Anton La Vey. No início de 1975, La Vey anunciou, por meio de seu boletim de informações, que todos os graus superiores de iniciação concedidos pela Igreja de Satã estariam à disposição daqueles que fizessem contribuições em dinheiro, bens ou objetos de arte valiosos. Essa medida causou grande impacto entre seus seguidores e, em junho de 1975, ocorreu um ato de deserção em massa. Liderados pelo dissidente Michael Aquino, membros importantes do clero deixaram a Igreja de Satã, deixando claro que não abandonariam o sacerdócio, mas levariam com eles seus títulos. Numa cerimônia mágica posterior, Aquino evocou o Príncipe das Trevas "para dizer-nos o que podemos fazer para continuar nossa Busca". Como resultado, de acordo com Aquino, foi transmitida por meio da escrita automática ... "uma mensagem de um deus a um ser humano". Num documento conhecido como *The Book of Coming Forth by Night*, Satã se revela como o antigo deus egípcio Set e nomeia Michael Aquino como o substituto de La Vey. Aquino foi também descrito nesse documento como o sucessor de **Aleister Crowley** e **Magus** de quinto grau do novo **Éon** de Set. Set também anunciou nessa mensagem que a palavra mágica sagrada para a nova era seria "xeper", que significa "tornar-se". Aquino deixou de ser sacerdote do Templo de Set em 1996 e Don Webb assumiu o papel de Magus de quinto grau. Ver também **Xeper; Crowley, Aleister; La Vey, Anton; Igreja de Satã**.

Temura Técnica cabalística que visa modificar uma seqüência de letras com um propósito específico. A primeira metade do alfabeto hebraico é escrita de trás para a frente e disposta acima da outra metade, de forma que as letras formem pares verticais:

```
k  y  th  ch  z  v  h   d   g   b   a
l  m  n   s   o  p  th  q   r   sh  t
```

Nesse código, o k é igual ao l, o y é igual ao m, o th é igual ao n e assim por diante. Nesse código, as letras de uma dada palavra são substituídas pelas da coluna inferior, formando assim uma nova palavra. Comparar com **Gematria**; **Notárico**. Ver também **Cabala**.

Teocracia União ou "mistura" de vários **deuses** ou atributos divinos numa só personalidade composta. Essa palavra também é usada para descrever a união mística com **Deus**.

Teofagia Prática de "devorar o deus", durante uma cerimônia sagrada ou um sacrifício. A oferenda de um animal ou de alimentos personifica o **deus** e o ato de partilhar o sacrifício confere poder sobrenatural aos devotos.

Teofania Manifestação ou aparição de uma **divindade** ou **deus** diante da humanidade.

Teogonia Do grego *theos*, "deus", estudo das origens e da genealogia dos **deuses** de um **panteão** (os **Doze Grandes Olímpicos**, por exemplo).

Teologia Estudo da religião e das doutrinas sagradas. Isso inclui a relação entre os mundos divino e físico, o estudo da natureza e da vontade de **Deus** e os ensinamentos religiosos relacionados à criação do universo.

Teomaquia Combate com os **deuses** ou entre eles; oposição à vontade divina. O relato bíblico da queda de **Lúcifer** é um exemplo desse tipo de combate.

Teonanacatl Nome dado, pelos índios nahuas mexicanos, a uma variedade de cogumelo usada no culto religioso, antes da invasão dos espanhóis. Empregada para descrever vários tipos de cogumelos agáricos, entre eles o *Psilocybe*, a palavra "teonanacatl" significa "carne dos deuses" – uma referência às visões sagradas produzidas pelas propriedades alucinógenas desses cogumelos. Ver também **Alucinação; Psilocibina**.

Teopatia Literalmente, "sofrimento de Deus", emoções religiosas e místicas suscitadas pela meditação sobre **Deus**; êxtase religioso.

Teosofia[1] Do grego, *theos*, "deus", *sophos* "sábio", sabedoria divina. Esse termo é usado como designação de vários sistemas **esotéricos** e místicos que descrevem a relação dos seres humanos com o universo e a Divindade (o **Gnosticismo**, o **Neoplatonismo** e a **Cabala**, por exemplo). Em geral, esses sistemas de crença descrevem emanações do **Deus Infinito**, ou **Ser Supremo**, que revelam diferentes aspectos da realidade **transcendente** por meio de várias **divindades**, **espíritos** e "inteligências" intermediárias, e níveis de **manifestação**. Ver também **Éons; Arcons; Planos Sutis**.

Teosofia[2] Ensinamentos e doutrinas da **Sociedade Teosófica**.

Terceiro Olho Expressão popularizada pelo escritor místico **Lobsang Rampa**, cujo livro *The Third Eye* foi um *best-seller* internacional. O terceiro olho (do inglês, *third eye*) consiste no sexto dos sete **chakras** da **Kundalini Yoga**, localizado entre as sobrancelhas e um pouco acima delas, no centro da testa. Ele é às vezes relacionado à **glândula pineal**, considerada pelos ocultistas como a sede dos poderes **psíquicos** e **paranormais**.

Terra Um dos quatro elementos químicos, sendo os outros três o **Fogo**, a **Água** e o **Ar**. Os **espíritos** da Terra são os gnomos e os goblins. Os três signos astrológicos do elemento Terra são **Touro**, **Virgem** e **Capricórnio**. Ver também **Alquimia**.

Terreiro Nos **cultos afro-brasileiros**, templo onde se realizam os cultos cerimoniais e são feitas oferendas aos orixás.

Tétrada Na **numerologia**, o número **quatro**.

Tetragrama Do grego, *Tetragrammaton*. Na tradição mística judaica, nome sagrado de Deus, composto de quatro letras e que tem várias versões diferentes: IHVH, JHVH ou YHVH. Esse nome tem sido traduzido como **Jeová** e mais recentemente como **Yaveh**; mas por ser considerado sagrado demais para ser usado cotidianamente, ele nunca é grafado pelos judeus, sendo muitas vezes substituído pela palavra **Adonai**, que significa "Senhor".

Teurgia Do grego *theourgos*, "que invoca o poder divino", realização de **milagres** com o auxílio de forças sobrenaturais. Entre os **neoplatônicos**, acreditava-se que os efeitos miraculosos eram resultado de **invocações** mágicas de **deuses** e **espíritos**, e a palavra teurgia passou a significar "magia divina" ou **magia branca**. Essa interpretação da magia foi definida de maneira sucinta por **Israel Regardie** em sua principal obra *The Tree of Life* (1932), na qual ele escreve: "O objeto da magia [...] é a volta do homem para os deuses."

Tezcatlipoca Deus asteca da vida e do ar, que regia na condição de Sol do universo primevo. Ele é em geral representado em combate com o deus-serpente **Quetzalcoatl**. Tezcatlipoca era, paradoxalmente, um deus das trevas e era representado por um espelho escuro de **obsidiana** que, segundo a crença, refletia o futuro da humanidade.

Thelema Também Telesma. Palavra grega para **vontade**, pela qual o **mago** cerimonial **Aleister Crowley** definia o propósito oculto verdadeiro. Crowley formulou o axioma mágico "fazer o que queres será toda a Lei". No entanto, ele não interpretava isso como auto-indulgência, mas como o dever que todo mago tem de descobrir sua vontade interior, ou propósito da sua vida, e entrar em comunhão com o **santo anjo guardião**. Assim como escreveu o discípulo de Crowley **Kenneth Grant**, "O propósito da **magick** é desvelar a Vontade Verdadeira e revelar a Luz Oculta".

Thor Também Tor. Na **mitologia** escandinava, **deus** do céu e do trovão. Filho de **Odin**, Thor era retratado como um homem forte mas amável, de barba vermelha, que ajudava os fazendeiros e marinheiros. Contudo, ele era inimigo mortal dos **gigantes** e dos **demônios** que ameaçavam subjugar as forças de ordem no mundo. Thor possuía o famoso martelo que usava para quebrar o gelo e fazer chegar a primavera. No **Ragnarok**, Thor e a **serpente Midgard** mataram um ao outro.

Thot Na antiga **mitologia** egípcia, deus da sabedoria e da **magia**. Escriba dos **deuses**, Thot inventou os números e a medição do tempo. Ele era também um deus lunar. Junto com sua consorte **Maat**, Thot ficava presente no **Salão dos Julgamentos**, onde o coração dos mortos era cotejado com a **pena** da verdade. Thot recordava o julgamento dos mortos e o primeiro mês do ano egípcio recebeu o nome dele. Ele era retratado ou como uma íbis ou como um homem com cabeça de íbis, e era identificado, pelos gregos, como **Hermes**, o mensageiro dos deuses.

Thouless, dr. Robert H. Renomado psicólogo inglês que fez um estudo detalhado acerca da **percepção extra-sensorial (PES)**. Com um colega, o dr. B. P. Wiesner, Thouless formulou a teoria de que a PES poderia ser um fenômeno "cognitivo, que parte do meio exterior para o indivíduo" (o termo conhecido PES se aplica a esse caso) ou "motor, partindo do indivíduo para o meio exterior" (nesse caso o termo **PC**, ou **psicocinese**, seria mais apropriado). Na opinião do Dr. Thouless, a percepção extra-sensorial não faz parte dos sentidos humanos conhecidos. Thouless foi presidente da **Sociedade para a Pesquisa Psíquica** de 1942 a 1944 e escreveu vários livros, entre eles *Psychology of Religion* (1923), *Straight and Crooked Thinking* e *Authority and Freedom* (1954). Ele é também autor de vários trabalhos científicos sobre a percepção extra-sensorial.

Tiamat Deusa babilônica do mar; personificação do caos e do mal. Tiamat era retratada como um **dragão** monstruoso. O deus guerreiro **Marduk** acabou finalmente por matá-la e as duas partes do corpo dessa deusa formaram o céu e a Terra.

T'ien No **Taoísmo**, termo que designa o **céu**. Relacionado à palavra chinesa *ti*, que originalmente significava "senhor tribal" e depois passou a significar "o senhor de tudo", T'ien representa o Senhor onipresente: a realidade espiritual suprema.

Tífon Na **mitologia** grega, gigante que soltava fogo pelas ventas e tinha aspecto monstruoso, cem cabeças de **dragão** e o corpo coberto de serpentes. Filho mais novo de **Gaia**, Tífon era pai de muitos monstros – incluindo a **Hidra** de Lerna, a **Quimera** e **Cérbero**. Ele foi finalmente derrotado por um raio enviado por **Zeus** e enviado para o Tártaro, a mais inferior região do **Hades**.

Tigrosomem Em inglês, *weretiger*. No folclore tradicional da Malásia, homem capaz de se transformar num tigre. A expressão local de **licantropia** é *jadi-jadian*.

Tiki Amuleto polinésio geralmente usado em volta do pescoço. O *tiki* consiste numa figura humana e costuma ser feito de madeira e madrepérola. Esse amuleto representa o primeiro homem criado pelo deus celeste **Tane**.

Tiphareth Na **Cabala**, a sexta **emanação** mística da **Árvore da Vida**. Na Cabala tradicional, trata-se da esfera da Beleza, que harmoniza as forças da Misericórdia (**Chesed**) e do Julgamento (**Geburah**), mais acima na Árvore.

Os ocultistas identificam Tiphareth como a esfera do renascimento espiritual e atribuem a ele as divindades solares de diferentes **panteões** – incluindo **Rá**, **Apolo** e **Mitra** – assim como os deuses ressuscitados **Osíris** e Jesus Cristo. Na **magia** ocidental moderna, o caminho do **tarô** *A Temperança* identifica a ascensão mística direta de **Malkuth**, o mundo físico, para Tiphareth. Ver também **Deuses Solares**.

Tiptologia No **espiritualismo**, termo que designa o ato de receber mensagens **psíquicas** por meio das **mesas girantes**.

Tisífone Nas **mitologias** grega e romana, uma das três **Erínias** ou **Fúrias** – os espíritos vingadores. As outras duas eram Aleto e Megera.

Titãs, Os Doze Na **mitologia** grega, os doze filhos de **Urano** e **Gaia**, que regiam a Terra antes do reinado dos **Doze Grandes Olímpicos**. Os Titãs foram a "primeira raça" da Terra e personificavam o lado violento da Natureza. Depois de derrotados, os Titãs foram mandados para o **Tártaro**. Os nomes dos Titãs, que eram tanto homens quanto mulheres, eram **Oceano**, Hiperião, Crio, Ceus, **Crono** e Jápeto (personificações masculinas do mar, do **Sol**, da memória, da **Lua**, das colheitas e da justiça, respectivamente); e Tétis, Téia, Euríbia (ou Mnemósine), Febe, **Réia** e **Têmis** (as contrapartes femininas).

Tloque Nahuaque Entre os astecas, **deus** supremo e inefável que criou o mundo durante a chamada "primeira era" do Sol Aquático. Depois de 1.716 anos, o mundo foi devastado por enchentes e raios e, na segunda era – a do Sol Terreno –, ele foi povoado por gigantes. Na **cosmologia** asteca, a vida desenvolveu-se ao longo de cinco sóis, ou eras. O culto a Tloque Nahuaque centrou-se em Texcoco. Ver também **Ometecuhtli**.

Tobioscópio Aparelho russo, desenvolvido a partir do aparato usado pela **fotografia Kirlian**, o qual supostamente identifica a localização exata dos pontos de **acupuntura** do corpo por meios eletrônicos. Ver também **Meridianos**.

Toning Ver **Fransisters and Brothers**.

Torá Palavra hebraica que significa "ensinamento". Ela se refere especificamente ao primeiro dos cinco livros do Velho Testamento, conhecido como Pentateuco, que Deus teria ditado a Moisés, no monte Sinai. Segundo o Judaísmo, existe também uma "Lei oral", composta de opiniões e discussões de eruditos acerca do Torá escrito.

Torre, A No **tarô**, carta dos **Arcanos Maiores** que representa a tentativa arrogante do homem de escalar as alturas e de chegar ao céu. A torre retratada nessa carta, embora seja alta, é derrubada por um raio lançado pela **Divindade**, que joga longe a coroa (isto é, **Kether**), localizada no torreão. Duas figuras humanas também são representadas caindo da torre. Considerada pelos **ocultistas** como uma admoestação simbólica com relação ao orgulho na jornada mística, o simbolismo da *Torre* é às vezes comparado ao da Torre de Babel. Associada com a esfera sexual da **Árvore da Vida**, *A Torre* é também, num certo sentido, um símbolo fálico, sendo a energia do raio o equivalente mágico da **kundalini**. Existe uma clara referência à idéia de que os **magos** têm de equilibrar a personalidade e as ambições e empreender a jornada interior com uma "fundação sólida" de humildade e esforço sistemático. Na **magia** ocidental, que combina os caminhos dos Arcanos Maiores do tarô com as dez **sephiroth** da Árvore da Vida, o caminho da *Torre* liga **Hod** a **Netzach**.

Totem Animal, objeto ou criatura mítica que simboliza a unidade de um clã ou grupo familiar e é considerado sagrado. Os totens dos índios norte-americanos representam animais esculpidos e pintados com cores vibrantes.

Touro Na **astrologia**, **signo** do **zodíaco** dos nascidos entre 21 de abril e 20 de maio. Signo da **Terra**, regido por **Vênus**, Touro é simbolizado pelo animal de mesmo nome. Os babilônios associavam esse animal ao começo da primavera e os gregos, à transformação de **Zeus**. Ápis (ou **Serápis**) também era venerado como uma encarnação de **Osíris** na forma de um touro. Embora os nativos de Touro sejam considerados obstinados, práticos e até mesmo preguiçosos, eles são também excelentes amigos, com talento musical e atitudes generosas com relação a dinheiro. Os taurinos são amantes leais e confiáveis e companheiros pacientes. Em geral, gravitam em torno de carreiras ligadas às artes manuais, à construção e à música.

Tradição Secreta Conceito ocultista de uma linha de **adeptos** místicos e mágicos que transmitem seus conhecimentos **esotéricos** de geração em geração, desde tempos muito antigos. Esses conhecimentos sempre foram mantidos a sete chaves pelos **iniciados**.

Transcendente, Transcendental Que ultrapassa os limites da experiência e do conhecimento humanos possíveis. Esse termo é em geral aplicado ao Deus "incognoscível" que está além da compreensão do homem. O conceito de um **Ser Supremo** transcendente pode se comparar à idéia de um Deus **imanente**, onipresente na Natureza e acessível aos sentidos.

Transcomunicação Instrumental Ver **Fenômeno das Vozes Eletrônicas.**

Transe Ver **Transe Hipnótico**.

Transe Hipnótico Estado alterado de **consciência** em que os poderes de concentração do sujeito são mobilizados e lembranças e percepções subconscientes vêm à superfície. Os hipnoterapeutas relaxam os sujeitos progressivamente, geralmente usando a contagem regressiva ou relaxando paulatinamente os membros do corpo desde os pés até a cabeça. Os pioneiros hipnoterapeutas europeus reconheceram a importância da **imaginação** em termos terapêuticos e combinaram técnicas de relaxamento com a **visualização orientada**. Por exemplo, Alfred Binet incentivava os pacientes a "conversar" com imagens visuais que surgiam no que ele chamava de "introspecção provocada", e Wolfgang Kretschmer definiu o processo em 1922 como *bilderstreifendenken* – "pensar na forma de um filme". Para Kretschmer, o transe hipnótico poderia ser usado para "expor problemas psíquicos interiores" que existissem na consciência do sujeito. Ver também **Hipnose**.

Transe Mediúnico No **espiritualismo** e em algumas formas de religião pré-literária, tipo de estado de transe caracterizado pela supressão dos padrões de comportamento conhecidos da personalidade consciente normal e pela sua substituição por uma **personalidade secundária**, que age como se uma outra personalidade tomasse "posse" do corpo do **médium**. Essa personalidade secundária é chamada, no espiritualismo, de **comunicante** e, nas sociedades pré-literárias, é em geral interpretada como uma **divindade** ou espírito ancestral. Os médiuns não costumam ter nenhuma lembrança da "transformação" psíquica ocorrida durante o estado de transe e geralmente não têm consciência dos pronunciamentos e afirmações que fazem enquanto estão nesse estado.

Transe, Personalidade de Ver **Comunicante**.

Transe Xamânico Na religião pré-literária, tipo de estado de **transe** caracterizado pela **jornada da alma**. O **xamã** empreende essa jornada para receber informações e às vezes revelações proféticas transmitidas pelos **deuses** da criação cujas regras e **tabus** regem a sociedade. O xamã entra em estado de privação sensorial (geralmente escuridão total) e muitas vezes usa instrumentos de percussão para estabelecer um ritmo que induz a busca da visão. O transe xamânico diferencia-se do **transe mediúnico** pelo fato de que o xamã volta ciente da jornada visionária que empreendeu e é capaz de relatar seu encontro com os deuses. As **divindades** não "possuem" o xamã assim como acontece com o mediunismo, embora em algumas iniciações xamânicas o corpo do xamã seja transformado pelos deuses, que o investem de poderes sobrenaturais. Ver também **Xamanismo**.

Transferência de Pensamentos Ver **Telepatia Mental**. O romancista norte-americano Upton Sinclair realizou experimentos sobre a "transferência de pensamentos" com sua mulher Mary e cunhou a expressão "**rádio mental**" para descrever a aparente transferência de pensamentos e impressões.

Trânsito Na **astrologia**, movimento de um **planeta** através de um **signo** ou **casa**. Os ângulos entre os planetas, num **mapa astrológico**, são interpretados de acordo com seus diferentes **aspectos**.

Transmigração Crença segundo a qual, depois da **morte**, a **alma** pode se transferir para outro corpo – de um ser humano ou de um animal. A transmigração é sinônimo de **metempsicose**, mas difere da doutrina da **reencarnação**, segunda a qual a alma humana só é capaz de encarnar num corpo humano e não pode assumir uma forma animal.

Trapas Monge budista tibetano cuja posição hierárquica é inferior ao do **lama**.

Três Número considerado espiritual e criativo. No Cristianismo, o três é o número da Trindade; e na **Cabala**, três **sephiroth (Kether, Chokmah e Binah)** ficam sobre o **Abismo**. No **Hinduísmo**, uma tríade de deuses – o **Trimúrti** formado por **Brahma, Vishnu e Shiva** – são os aspectos vitais da criação; entre os pitagóricos, o três era considerado um número perfeito por englobar o início, o meio e o fim. No âmbito da **numerologia** popular, o três simboliza inteligência, vitalidade, dons artísticos e ambição. Ele é também um número de sorte e é muito usado em **encantos** de amor.

Três Gunas Termo hindu que designa as três qualidades da matéria primordial, ou **prakriti**, que co-existem num estado de equilíbrio. Essas qualidades são: **sattva** (harmonia), **rajas** (atividade) e **tamas** (inércia). Um dos objetivos da **yoga** é transcender as limitações dos três *gunas*. Ver também **Tattvas**.

Trevo Por seu formato trifoliado, o trevo é considerado um símbolo da Trindade e uma proteção contra a **bruxaria** e as forças do **mal**.

Treze Número que, na opinião de muitos, traz má sorte. Para os supersticiosos, a sexta-feira treze é um dia em que se deve ficar alerta, e o fato de haver treze pessoas sentadas à mesa é considerado um mau **presságio**; a primeira e a última pessoa que se levantar dela provavelmente morrerá ou sofrerá um infortúnio antes que se passe um ano. As origens dessas superstições são desconhecidas, mas o fato de que treze convidados sentaram-se com Jesus na Última Ceia – sendo o primeiro a se levantar o traidor Judas – pode ter colaborado para seu surgimento.

Triângulo Na **magia** ocidental, símbolo de manifestação finita. Nos **rituais**, ele é usado com o propósito de evocar **espíritos**. Um **talismã** é colocado no centro do triângulo, junto com um **selo** ou **sinal** da entidade a ser evocada. Os **magos** cerimoniais tomam grande cuidado para reforçar mentalmente os limites do triângulo para conter o espírito evocado. O triângulo pode ser comparado ao **círculo mágico**, que é o símbolo da **invocação**. Nesse caso, por contraste, o mago fica dentro do círculo e evoca forças **sobrenaturais** que podem levá-lo à sua própria transformação espiritual.

Triângulo das Bermudas Termo cunhado por Vincent Gaddis na revista *Argosy*, em associação ao mistério que cerca os **objetos voadores não-identificados** (OVNIs). O triângulo é uma área entre as Bermudas, a Flórida e Porto Rico, onde vários navios e aeronaves desapareceram sem deixar rastro. Enquanto alguns **ufologistas** associam esses desaparecimentos à intervenção extraterrestre, existe uma explicação mais ortodoxa segundo a qual eles seriam causados por aberrações atmosféricas, incluindo turbulência em dias claros e distúrbios gravitacionais eletromagnéticos.

Trígono Na **astrologia**, aspecto caracterizado por um ângulo de 120 graus entre dois **planetas**.

Triloka Na **cosmologia** hindu, os três mundos de *svarga* (**céu**), *bhumi* (**terra**) e *patala* (**inferno**).

Trimúrti No **Hinduísmo**, a tríade de deuses composta por **Brahma**, **Vishnu** e **Shiva**, que são considerados os três aspectos do **Brahman** supremo e infinito. De acordo com o *Vishnu Purana*, "O Senhor Deus, embora seja único, assume as três formas respectivamente de Brahma, Vishnu e Shiva para a criação, a preservação e a dissolução do mundo". Alguns escritores fazem um paralelo entre a Trimúrti e a Trindade Cristã.

Trinta Aethyrs Invocações mágicas empregadas pelos ocultistas **Aleister Crowley** e **Victor Neuburg** durante seus célebres rituais mágicos na Argélia, no ano de 1909. Essas invocações baseavam-se no sistema mágico enochiano do **dr. John Dee** e **Edward Kelley** e incluía a conjuração do Demônio do Caos, **Choronzon**. Crowley também invocou dois dos Aethyrs no México, em 1900.

Tripitaka Também conhecido como os "Três cestos", o Tripitaka é o Cânone budista que, segundo algumas autoridades, foi organizado no século que sucedeu à morte de **Gautama Buda**. Ele consiste (1) na doutrina; (2) nas leis e regras de conduta dos monges e ascetas; e (3) em dissertações filosóficas. A versão mais completa do Tripitaka tem sido preservada pelos budistas **Theravada** e foi escrita em **páli**.

Tritões Versão masculina das **sereias**. Ver também **Elemental**; **Espíritos Aquáticos**.

Trolls Na **mitologia** escandinava, espíritos elementais que viviam em cavernas nas montanhas e, ao cair da noite, saíam para raptar mulheres e substituir bebês humanos por **changelings**. Os *trolls* podiam assumir duas formas – ou eram gigantes ou anões – e eram encarados pelos camponeses com extrema precaução. Acreditava-se que raminhos de **visgo**, grandes fogueiras ou o som de sinos de igreja afugentassem os *trolls*.

Trono Na **astrologia**, um planeta está "em seu trono" quando está posicionado no signo que ele rege. (**Sol** em **Leão**, por exemplo).

Trono, Misticismo do Ver **Merkabah**.

Trunfo No **tarô**, termo genérico que designa cada uma das 22 cartas dos **Arcanos Maiores**.

Tuat Na **mitologia** do antigo Egito, o mundo dos mortos e da escuridão, que correspondia às doze horas (ou calabouços) da Noite. Na visão dos egípcios, a terra dos vivos era cercada por uma cadeia de montanhas. O Sol nascente emergia de um buraco no Oriente e mergulhava em outro no Ocidente. Bem próximo a essas montanhas, e além delas, ficava Tuat. De acordo com *sir* **Wallis Budge**, o Tuat não se localizava nos subterrâneos, mas ao lado das montanhas e no mesmo plano que a Terra e o céu. O deus solar passava pelo Tuat todos os dias, protegido das forças do **mal** por **fórmulas mágicas** ou **hekaus** que lhe franqueavam a passagem pelos calabouços. Ver também **Am Tuat**; **Quéfera**.

Tuatha De Danaan Na tradição céltica da Irlanda, **deuses** que passaram a governar esse país depois da derrota dos fomorianos. Essas divindades – o povo de **Dana** – receberam esse nome da **Deusa Mãe** Dana. O líder do sexo masculino dos Tuatha De Danaan era **Dagda**.

Tulasi No **Hinduísmo**, planta sagrada (*Ocynum sanctum*) que aparece na **mitologia** relacionada a **Vishnu** e de sua consorte

Lakshmi. Vishnu, o deus Sol e celeste que fazia parte da **Trimúrti**, tinha muitas amantes e uma delas era Tulasi, uma deusa da terra. Num acesso de ciúmes, Lakshmi transformou Tulasi numa planta. Hoje essa planta é venerada nos templos hindus e usada pelos supersticiosos para espantar o azar.

Tulku Termo do Budismo tibetano que significa "aquele que é a encarnação de um deus ou mestre". Ele é geralmente usado com referência ao **dalai-lama**.

Tumo No Budismo tibetano, técnica para manter o corpo aquecido mesmo em meio à neve, ao gelo e a ventos enregelantes. Essa técnica consiste numa meditação específica que canaliza o calor místico através dos vasos, artérias e nervos, possibilitando que o **adepto** fique aquecido mesmo sem fogo ou usando roupas leves. A escritora francesa **Alexandra David-Néel** descreve, num de seus livros, como aprendeu essa técnica tomando banho num riacho gelado das montanhas e depois meditando durante toda a noite, sem se secar ou se vestir. Com o tempo ela ficou imune ao frio e não precisou mais de fogo para se aquecer. Os budistas tibetanos acreditam que o conhecimento do *tumo* aguça as faculdades mentais da percepção e da intuição.

Tunraq Entre os esquimós netsilik, espírito protetor designado ao **xamã** durante a **iniciação**. De acordo com a crença esquimó tradicional, o xamã podia ter outros *tunraqs* se os recebesse de presente de outros xamãs ou satisfizesse a vontade dos próprios espíritos. Os *tunraqs* geralmente tinham a forma animal ou de antepassados. Dizia-se que o famoso xamã Netsilik Iksivalitaq, falecido em 1940, tinha sete *tunraqs* – incluindo o espírito de um cão sem orelhas, o espírito de uma orca e o fantasma de seu avô.

Tun Wu Entre os budistas da escola Ch'an, termo chinês para **satori**.

Turíbulo Prato raso com uma base trípode, usado em **bruxaria**. O turíbulo é colocado no altar e usado para se misturar ervas ou queimar incenso.

Turiya Termo sânscrito que designa o estado da consciência que transcende os três "estados comuns" da vigília, do sono e do sono sem sonhos (**jagrat**, *svapna* e *sushupti*, respectivamente). Turiya é definido como a Realidade Única da consciência indiferenciada, que transcende todos os aspectos do pensamento.

Twigg, Ena (1914-) Médium **psíquica inglesa** que, segundo ela afirmava, já era capaz de falar com o "povo das brumas" aos sete anos de idade. Depois de se casar com Harry Twigg, ela ficou gravemente doente, mas os **espíritos** lhe asseguraram que ficaria boa. Ena recuperou a saúde, fundou a organização que hoje se chama Spiritualist Association of Great Britain e tornou-se uma das mais famosas médiuns psíquicas de sua época. Sua autobiografia, intitulada *Ena Twigg – Medium*, foi escrita com a colaboração de Ruth Hagy Brod.

Twitchell, Paul (1908-1971) Fundador norte-americano do movimento contemporâneo **Eckankar** (ECK). Twitchell afirmava que, na juventude, depois de ser enviado a Paris pela avó, ele conheceu o **guru** indiano Sudar Singh – embora a família de Twitchell não tenha confirmado essa versão dos fatos. Sabe-se, porém, que em 1950 Twitchell e sua mulher Camille tornaram-se membros da Self Revelation Church of Absolute Monism, de Swami Premananda, embora Camille a tenha abandonado e Twitchell tenha sido convidado a se retirar por causa de seu mau comportamento. Ele foi posteriormente iniciado pelo místico hindu Kirpal Singh na "ciência divina da alma".

Twitchell iniciou o Eckankar em 1964, descrevendo-o como a "corrente cósmica" por meio da qual **Deus** poderia ser realizado. De acordo com Twitchell, muitos mestres espirituais do passado, incluindo São Paulo e Jesus, eram mestres ECK. Ele próprio se autoproclamava o 971º desses mestres e, depois de um ataque cardíaco fatal, ele foi sucedido pelo 972º mestre ECK, Darwin Gross. Twitchell ficou famoso depois de ter desenvolvido várias técnicas de **viagem astral** e muitos de seus discípulos afirmarem tê-lo visto, embora seu corpo físico estivesse em outro lugar. Entre seus livros figuram *The Far Country* e *Introduction to Eckankar*. A biografia de Twitchell, *In My Soul I Am Free*, escrita por Brad Steiger, foi publicada em 1968.

Tyrrell, George Nugent Merle (1879-1952) Parapsicólogo inglês que foi aluno de Guglielmo Marconi e um pioneiro no desenvolvimento do rádio. Tyrrell tornou-se membro da **Sociedade para a Pesquisa Psíquica** em 1908 e realizou muitos experimentos relacionados à **telepatia mental** e à **precognição** durante a década de 20. Ele passou a se interessar cada vez mais pelo **espiritualismo**, pela questão da vida depois da morte e pela natureza da consciência humana. Por exemplo, Tyrrell acreditava que os **fantasmas** eram subjetivos e telepáticos e que eles existiam em regiões da personalidade humana exteriores ao campo da consciência normal. Ele foi um dos primeiros cientistas que incorporaram tópicos antes considerados **sobrenaturais** aos domínios da teoria psicológica vigente. Tyrrell também foi um autor prolífico. Entre suas várias obras figuram *Science and Psychical Phenomena* (1938), *The Personality of Man* (1946) e *Apparittions* (1953). Tornou-se presidente da Sociedade para a Pesquisa Psíquica em 1945.

U

UFO Abreviatura de Unidentified Flying Objects. Ver **Objetos Voadores Não-Identificados**.

Ufologia Estudo dos **objetos voadores não-identificados**. Existem grupos de pesquisa e investigação na maioria dos países ocidentais desde que os avistamentos de **discos voadores** passaram a ser freqüentes depois de 1947, quando foi divulgado o relato de Kenneth Arnold acerca dos discos aéreos. A Ufologia abarca desde as investigações feitas pela aeronáutica acerca dos objetos voadores não-identificados (que em geral são classificados como balões meteorológicos, ilusões de ótica ou fenômenos meteorológicos), passando por relatos acerca de "contatos" envolvendo supostos encontros com seres alienígenas.

Ulisses Nome romano do herói grego **Odisseu**.

Ullman, dr. Montague (1916-) Psiquiatra norte-americano que passou a se interessar pela **parapsicologia** e trabalhou com o **dr. Stanley Krippner**, com quem fundou o **Maimonides Dream Laboratory**, em Nova York. Por vários anos, o dr. Ullman realizou investigações clínicas de sonhos telepáticos e dedicou-se à interpretação de **sonhos** na psicoterapia. Entre seus livros figuram *Behavioral Changes in Patients Following Strokes* e *Dream Telepathy* (1973), em co-autoria com o dr. Krippner e **Alan Vaughan**.

Um Na **numerologia**, o símbolo da unidade, em geral associado a **Deus**, o **Ser Supremo**, e à origem de tudo no universo. As pessoas cujo número **regente** é um são consideradas dominadoras, independentes, determinadas e ciumentas com relação a rivais. Ver também **Numerologia**.

Unção Cerimônia em que se unge com óleo uma pessoa para consagrá-la a Deus ou, em ritos especiais, para curar os doentes. Nas cerimônias mágicas, os praticantes podem ser ungidos com "óleo santo" para personificar a busca sagrada da **teurgia**. Por exemplo, os magos cerimoniais que seguiam a tradição da **Ordem Hermética da Aurora Dourada,** ungiam os quatro pontos do microcosmo (**Kether, Chesed, Geburah** e **Malkuth** – esferas da **Árvore da Vida**), que ficam na testa, nos ombros direito e esquerdo e no plexo solar, respectivamente. A unção é feita com azeite, mirra, canela e galanga.

Underhill, Evelyn (1875-1941) Poeta, romancista e **mística** inglesa. Criada numa família anglicana, Evelyn teve uma experiência religiosa visionária em 1906 que a convenceu da verdade universal da Igreja de Roma. Ela posteriormente passou a dar aulas de filosofia da religião no Manchester College, em Oxford, e obteve um doutorado honorário da Aberdeen University. Embora tenha sido criada numa religião ortodoxa, ela era fascinada pela tradição oculta e tornou-se membro da **Ordem Hermética da Aurora Dourada** em 1904. Sua obra mais conhecida é o clássico *Mysticism*, publicada pela primeira vez em 1911.

Underwood, Peter Escritor ocultista britânico que por muitos anos foi presidente do famoso **Ghost Club**, uma organização fundada originalmente em 1862. Underwood dedicou-se à **pesquisa psíquica** por mais de trinta anos, especializando-se no estudo da **percepção extra-sensorial,** da **telepatia mental** e dos casos de locais **mal-assombrados**. Em *Beyond the Senses*, uma obra sobre **parapsicologia** escrita por Paul Tabori e Phyllis Raphael, ele é descrito como um "pesquisador veterano de fenômenos psíquicos. [...] que representava a atitude intermediária entre o ceticismo extremo e a crença cega" – uma afirmação que o próprio Underwood aceitava. Ele é autor de vários livros sobre o oculto, entre eles *Haunted London, Ghosts of North West England, The Ghost Hunter's Companion* e *Inside the Occult*.

Ungüento Bálsamo ou pomada. Na Idade Média, ungüentos alucinógenos eram preparados pelas **bruxas** para produzir a sensação visionária de que estavam voando para o sabá. Ver também **Ungüentos Voadores**.

Ungüentos Voadores Loções que as **bruxas** medievais esfregavam na pele para provocar estados de **dissociação** e **transe** e criar a ilusão de que estavam voando para o **sabá das bruxas**. De acordo com o antropólogo norte-americano **Michael Harner**, as bruxas européias esfregavam o corpo com ungüentos alucinógenos feitos de plantas como a venenosa beladona (*Atropa belladona*), a **mandrágora** e o **meimendro-negro** (*Hyoscyamus niger*); o constituinte alucinógeno, a atropina, era absorvido pela pele, produzindo na bruxa a sensação visual de estar "viajando" numa vassoura e encontrando outras bruxas e demônios no sabá. Em 1966, o professor e erudito alemão Will-Erch Peukert, de Göttingen, misturou beladona, meimendro-negro e **datura** e esfregou o preparado na testa, convidando os colegas a fazer o mesmo. Segundo o relato desse experimento, "eles caíram num sono profundo que durou 24 horas e sonharam com cavalgadas enlouquecidas, danças frenéticas e outras aventuras fantásticas do gênero, associadas a orgias medievais".

União dos Opostos Conceito místico presente na **yoga** indiana e também na **Cabala**, na **magia** ocidental e na **alquimia**. Em muitas tradições, a auto-realização requer a transcendência da dualidade e isso inclui a harmonia dos opostos masculino e feminino dentro da pessoa. Na **Kundalini Yoga**, os canais de energia **ida** e **pingala** – que representam as polaridades feminina e masculina respectivamente – se unem no

chakra supremo, **Sahasrara**. De modo semelhante, na alquimia o andrógino celeste personifica a harmonia dos opostos. Na Cabala, a **sephirah** suprema e "neutra" **Kether** transcende **Chokmah** (o Grande Pai) e **Binah** (a Grande Mãe).

União Mística No **misticismo**, união com a **Divindade** por meio da contemplação e da **oração**. A união mística é às vezes considerada um tipo de matrimônio espiritual com o Criador.

Unicórnio Criatura mítica presente nas lendas folclóricas e na heráldica e que geralmente tem a forma de um cavalo com um chifre na testa. Os unicórnios, porém, também são representados em várias partes do mundo com o corpo de bode, rinoceronte, veado ou serpente. Na Idade Média, o unicórnio tinha associações cristãs – seu chifre simbolizava a união do Pai e do Filho –, mas essa criatura também aparece na tradição do amor cortês, pois somente uma virgem segurando um espelho era capaz de subjugá-lo. O unicórnio era, em geral, considerado um símbolo de pureza e de unidade espiritual; sendo seu chifre masculino e seu corpo, feminino. Na **alquimia**, o unicórnio era associado ao **Mercúrio** masculino-feminino ou andrógino; um motivo que indicava a realização da Grande Obra.

Unio Mystica Ver **União Mística**.

Upanishads Coletânea de 108 tratados espirituais das escrituras védicas, que tratam principalmente da natureza da realidade e do estado supremo da alma. Os *Upanishads* focalizam, todos eles, o **Brahman** transcendente e imanente e a conquista do conhecimento do **eu** por meio da **meditação**. A palavra *upanishad* significa "sentar-se aos pés do mestre" e também tem a conotação de ensinamento secreto. Os *Upanishads* são a pedra fundamental da tradição espiritual indiana.

Urânia Na **mitologia** grega, um das nove musas. Urânia regia a astronomia e a **astrologia** e era considerada, por John Milton, como a musa da poesia. Ela também era identificada com **Afrodite**, em seu papel de **deusa** do amor espiritual.

Urano[1] Na **astrologia**, planeta associado à mudança e à revolução – uma referência ao ataque que Urano sofreu de seu filho **Cronos**, na **mitologia** grega. Urano representa a rebelião, a independência, a impaciência e novas invenções e descobertas.

Urano[2] Também Ouranos. Na **mitologia** grega, o mais antigo dos deuses e pai dos Titãs. Marido de **Gaia**, Urano personificava o céu e era às vezes chamado de Deus Céu.

Ureus Também *Uraeus*. Na **mitologia** do antigo Egito, víbora ou áspide que cuspia fogo e protegia o deus solar **Rá**, destruindo seus inimigos. O disco solar sobre a cabeça de Rá aparece muitas vezes enrodilhado pelo ureus, que simboliza dominação e autoridade real.

Uriel Na **magia** ocidental moderna, arcanjo invocado no **Ritual de Banimento do Pentagrama Menor**. Uriel é invocado no quadrante Norte e a ele se atribui o elemento **Terra**. Suas contrapartes são **Rafael** (Leste: **Ar**), **Miguel** (Sul: **Fogo**) e **Gabriel** (Oeste: **Água**).

Urim e Thummim Entre os antigos hebreus, dois adornos – possivelmente discos chatos – presos ao peitoral dos sumo sacerdotes. Estes os consultavam, na **divinação**, para saber qual era a vontade de **Deus**. Ver também **Sortilégio**.

Uroboro Símbolo **gnóstico** e alquímico da cobra devorando o próprio rabo. Essa imagem simboliza os ciclos da vida e da Natureza, a fusão dos opostos e a transcendência da dualidade. Ver também **Alquimia**.

V

Vaikuntha Na **mitologia** indiana, cidade dos esplêndidos palácios dourados, na qual **Vishnu** governava como Senhor da Luz. De acordo com alguns relatos, ela estava localizada no centro místico do mundo: o **monte Meru**.

Vaisnavismo Também Vaishnavismo. No **Hinduísmo**, seita devocional cujos seguidores cultuam **Vishnu**, principalmente em sua encarnação como **Krishna** e **Rama**. Os devotos dessa seita são conhecidos como vaishnavitas.

Valderie Expressão francesa usada pelos membros da **Inquisição** francesa para descrever o ato de estabelecer um pacto satânico. Esse ato derivou seu nome do ermitão Robinet de Vaulse, acusado desse crime, e passou a ser uma conhecida acusação contra as **bruxas**. A *valderie* foi relacionada aos **ungüentos voadores** das bruxas – que, de acordo com a Inquisição, possibilitava que os adoradores do diabo "voassem para onde quer que fossem [...] o diabo [carregando]-as para o local onde se realizaria sua assembléia". Ver também **Bruxas, Sabá das**.

Valentino (110-175) Mestre e poeta preeminente entre os **gnósticos**. Nascido no Egito, Valentino foi possivelmente um discípulo de **Basílides** e afirmava ter acesso aos ensinamentos esotéricos de São Paulo por meio de Theodas, um dos seguidores de Paulo. De acordo com Valentino, a Divindade abrangia trinta **éons**, incluindo quatro agrupamentos principais: o Abismo e o Silêncio, a Mente e a Verdade, a Palavra e a Vida, o Homem e a Igreja. O trigésimo éon, **Sophia**, surgiu na matéria e também produziu seu descendente **Ialdaboath** (uma **divindade** que os judeus confundem com o criador **Yaveh**). De acordo com Valentino, o papel de Jesus era restaurar Sophia (Sabedoria) de forma que ela voltasse a fazer parte do **pleroma**, ou Divindade.

O Gnosticismo valentiniano não deixava de ter pontos controversos. Segundo seu fundador, os pares de éons eram extremamente sexuais e os membros da seita deviam imitar esse aspecto. As celebrações sexuais valentinianas eram realizadas um pouco antes das **Lupercais** romanas e foram alvo de críticas ferozes por parte de Clemente de Alexandria, Irineu e outros críticos das seitas gnósticas.

Valhala Também Walhalla. Na **mitologia** escandinava, o castelo de **Odin**, morada dos guerreiros e heróis mortos em combate. Ali Odin e seus companheiros fartavam-se de bebida e comida, enquanto esperavam o **Ragnarok** – o encontro final com os **gigantes** e as forças do **mal**.

Valiente, Doreen (1922-1999) Uma das principais figuras da comunidade **wiccana** internacional, às vezes chamada de a "mãe do paganismo moderno". Nascida em Londres, em 1922, seu nome de batismo era Doreen Dominy. Embora tenha sido criada no seio de uma família cristã, Doreen fugiu do colégio de freiras em que estudava e nunca mais voltou. Ela trabalhava como secretária, mas também dava consultas como clarividente. Em 1944, casou-se com Casimiro Valiente, um refugiado da Guerra Civil Espanhola. Ela foi iniciada na bruxaria em 1953 por **Gerald Gardner** e tornou-se Suma Sacerdotisa do **coven** desse bruxo. Em 1957, no entanto, ela rompeu com Gardner, quando este ignorou os votos de segredo do coven, em sua busca por publicidade. Além de realizar rituais de forma magistral, Valiente também era uma escritora talentosa e seu texto "The Charge of the Goddess" é agora o componente central das cerimônias wiccanianas contemporâneas de todo o mundo. Ela também produziu várias obras influentes, entre elas *Witchcraft for Tomorrow* e *The Rebirth of Witchcraft*, que se tornaram obras de referência básicas dos praticantes neopagãos.

Valquírias Na **mitologia** escandinava, virgens de **Odin** que ajudavam nas batalhas e moravam com esse deus em **Valhala**. Sob as ordens de Odin, as Valquírias invadiam o campo de batalha e recolhiam os heróis mortos, levando-os para o paraíso de Valhala, onde eram recebidos com refeições compostas de carne de porco e hidromel.

Vamana Ver **Bali**.

Vampiro Demônio sugador de sangue que, segundo a crença, trata-se de um cadáver que voltou à vida. Os vampiros costumam ter uma tez pálida e fria ao toque. Eles têm olhos brilhantes, orelhas pontudas e unhas compridas, além da capacidade para se transformar em animais. O mais famoso vampiro das lendas folclóricas é o conde **Drácula**. Ver também **Licantropia; Lobisomem; Zumbi**.

Van Pelt, dr. S. J. (1908-) Psiquiatra e hipnoterapeuta britânico, dr. Van Pelt é presidente da British Society of Medical Hipnotists e editor do *British Journal of Medical Hypnotism*. Ele ajudou a estudar o uso da **hipnose** no tratamento de problemas como insônia, enxaqueca, asma e alcoolismo; e colaborou para que a hipnose se elevasse a um patamar científico, afastando-a do **mesmerismo** pseudo-oculto. O livro mais conhecido de Van Pelt é *Hipnotism and the Power Within*.

Vanir Na **mitologia** escandinava, **deuses** benfazejos que protegiam as colheitas e a Natureza, além de todas as coisas vivas. As divindades Vanir rivalizavam com os deuses **Aesir**, liderados por **Odin**, até que foram admitidos em sua fortaleza, localizada no céu e conhecida como **Asgard**.

Varengan Na **mitologia** persa, pássaro mágico cujas penas eram consideradas uma proteção contra **maldições** e **feitiços**. Capaz de voar tão rápido como uma flecha, o *varengan* era o mais rápido dos pássaros.

Varinha Ver **Bastão**.

Varinha de Divinação Ver **Rabdomancia**.

Varuna Deus celeste védico considerado um senhor onisciente da sabedoria e posteriormente associado à Lua e aos mortos. Acredita-se que a divindade persa **Zurvan** e a divindade gnóstica **Abraxas** derivem, ao menos em parte, de Varuna.

Vasilyev, professor Leonid Leonidovich Fisiologista russo que trabalhou no Instituto do Cérebro Bekhterev em Leningrado, entre 1921 e 1938, e foi nomeado professor de fisiologia da Universidade de Leningrado em 1943. Vasilyev passou a se interessar pela **parapsicologia** e, depois de vários experimentos em **hipnose** e **telepatia mental**, ele chegou à conclusão de que a comunicação telepática não era "**eletromagnética**", mas baseava-se numa forma natural de comunicação não muito diferente da encontrada entre as espécies de animais migratórios. De acordo com o professor Vasilyev, o homem conserva seu "dom de telepatia" como herança de seus "ancestrais zoológicos". Ver também **Psi; Telepatia**.

Vassoura de Bruxa De acordo com a tradição, as **bruxas** voavam para o **sabá das bruxas** cavalgando uma vassoura. Atualmente acredita-se que o vôo das bruxas era, na verdade, um efeito de dissociação alucinógena causado por **ungüentos voa-**

dores psicotrópicos como o **meimendro negro** e a beladona, ervas que eram friccionadas na pele. A vassoura de bruxa também é considerada hoje um eufemismo para o pênis masculino, assim como o **Mastro de Maio** é um símbolo de fertilidade.

Vasuki Na **cosmologia** indiana, um dos regentes das **nagas** que desempenham um papel importante no esotérico **Budismo Mahayana**. Vasuki, uma serpente gigantesca, era usada pelos **deuses** como uma corda para agitar o oceano.

Vaughan, Thomas (1622-1665) Renomado hermeticista, alquimista e **místico** galês que escreveu sob o pseudônimo de Eugenius Philalethes. Vaughan acreditava no princípio cabalístico segundo o qual "o espírito do homem é, ele próprio, o espírito do Deus Vivo" – aceitando o conceito de **macrocosmo e microcosmo**. As principais obras de Vaughan incluem *Anthroposophia Theomagica*, um discurso sobre a natureza do homem e do seu estado depois da **morte**; *Magia Adamica*, um tratado sobre a antiguidade da **magia**; *Coelum Terrae*, uma obra sobre o **céu** e o **caos**; *Lumen de Lumine*, um tratado sobre **teurgia**; e *Euphrates*, um trabalho sobre **alquimia**. Seus escritos foram organizados por **A. E. Waite** e publicados sob o título *The Works of Thomas Vaughan* (Londres, 1919; republicado em Nova York em 1968). Ver também **Hermética**.

Vayu No **Hinduísmo**, um dos **Tattvas**, ou **elementos**. Vayu é o símbolo do Ar e é representado por um hexágono azul. Esse tattva é associado ao **chakra Anahata**, localizado próximo ao timo. Ver também **Kundalini Yoga**.

Vazio, O A Realidade suprema e **transcendente** que está além da forma e da **manifestação**. Geralmente considerado como a **Causa Primeira** e muitas vezes identificado com a **Divindade**, o Vazio também se caracteriza, em algumas **cosmologias**, como o **caos** e a informidade. **Ain Soph Aur** é a "Luz ilimitada" da **Cabala**; e **sunyata** é o Vazio supremo no **Budismo Mahayana**.

Vedanta Tradição e filosofia espirituais hindus baseadas principalmente nos quatro *Vedas*. De acordo com a proposição central do Vedanta, **Brahman** – a Realidade Suprema – é imutável e representa a existência e a bem-aventurança absolutas. Brahman é também a fonte da consciência humana. De acordo com o Vedanta, podemos descobrir os aspectos **imanentes** de Brahman dentro do nosso próprio ser. Decorre daí a idéia de que o nosso verdadeiro propósito pode ser definido como a busca pelo autoconhecimento. Os vedantistas acreditam que o ***Bhagavad-Gita*** (publicado pela Editora Pensamento), os *Sutras* de **Patanjali**; a *Jóia Suprema do Discernimento* (publicado pela Editora Pensamento), de Shankara; e o *Evangelho de Sri Ramakrishna* são contribuições importantes para o conhecimento espiritual; e defendem a idéia de que as técnicas de **yoga** são instrumentos que ajudam na união com a **Divindade**. É por meio da união com Brahman que os vedantistas se libertam do **renascimento**.

Vedantista Devoto ou praticante do **Vedanta**.

Vedas Textos sagrados hindus, que datam de cerca de 1200-1800 a.C. e foram escritos na língua védica (uma forma de sânscrito). Os textos principais consistem nas quatro obras conhecidas como Samhitas: o ***Rig-Veda***, uma coletânea de 1.028 **hinos**; o *Sama-Veda*, um conjunto de cânticos e mantras; o *Yajur-Veda*, que consiste em **rituais** de sacrifício e **orações**; e o *Atharva-Veda*, uma coletânea de fórmulas místicas, mantras e **feitiços** mágicos. A palavra *veda* significa "conhecimento".

Veículo da Vitalidade Termo oculto para **corpo etérico**, que canaliza vitalidade e consciência para o corpo físico durante a vida, mas passa para os "planos interiores" depois da **morte**. De acordo com a crença oculta, o corpo etérico só tem uma existência transitória e pode surgir, depois da morte, na forma de **aparição** ou **fantasma**.

Velada Entre os índios mazatecas do México, cerimônia de cura que envolve o uso do cogumelo *psilocybe*. Tanto o paciente quanto a **xamã**, neste caso do sexo feminino, tomam a bebida com o cogumelo psicodélico de modo que ambos possam ouvir as palavras de cura reveladas pelo mundo espiritual. A xamã, enquanto isso, empreende uma **jornada espiritual** para descobrir a causa da doença e receber dos **deuses** o poder de cura. Entre os mazatecas, as crenças populares e o Cristianismo se fundiram de tal forma que as curas são atribuídas tanto ao cogumelo sagrado quanto ao "Deus Pai e ao Deus Filho". Ver também **Psilocibina**.

Vênus[1] Na **astrologia**, **planeta** associado ao amor sexual e aos relacionamentos em geral. Os astrólogos consideram Vênus como um planeta benéfico, que atrai harmonia, afeição e amor. Sua localização no **mapa astrológico** indica simpatia e amizade e geralmente um certo sentimentalismo. De acordo com alguns astrólogos, um homem com o Sol e Vênus aspectados em geral é afeminado, enquanto Vênus em conjunção com **Saturno** ou **Mercúrio** pode indicar dominação por parte de uma mulher.

Vênus[2] Na **mitologia** romana, contraparte da **deusa** grega do amor, **Afrodite**. Vênus personificava a sexualidade, a fertilidade, a prosperidade e a sorte. Os romanos prestavam homenagens a essa deusa no fim de abril e no começo de maio – época de promiscuidade.

Verbena *Verbena officinalis*, planta sagrada entre os antigos romanos, que acreditavam que a verbena era capaz de afastar inimigos de guerra. Por isso, a verbena era associada à **Marte** e usada por embaixadores e arautos em suas missões internacionais. A verbena era sagrada também entre os **druidas**, que a usavam em **feitiços** e **encantamentos**.

Vésper Também Véspero. Nome dado ao planeta **Vênus** quando aparece à tarde. Vésper também é conhecida como Estrela Vespertina.

Véspera de Novembro Na **bruxaria**, outro nome da Véspera do Dia de Todos os Santos, ou **Halloween**.

Véspera do Dia de Todos os Santos Ver **Halloween**.

Vestais Na antiga Roma, **sacerdotisas** que serviam Vesta, a deusa do fogo doméstico. As vestais tinham de 6 a 10 anos de idade quando começavam seu treinamento – um processo que levava dez anos. Elas então continuavam em serviço por mais dez anos: velavam o fogo sagrado no altar de Vesta, de modo que ele nunca se extinguisse; carregavam água da fonte conhecida como Egéria e serviam como guardiãs do Paladino de Tróia. As Vestais depois passavam mais dez anos instruindo as noviças e ficavam então livres para renunciar ao voto de celibato, casando-se se quisessem. As Vestais eram muito respeitadas em Roma e dizia-se que a tradição era tão antiga quanto Enéias, que supostamente selecionou as primeiras vestais. Réia Sílvia, a mãe dos lendários fundadores de Roma, Remo e Rômulo, era ela própria uma Vestal.

Vestes Traje cerimonial usada pelos **sacerdotes** de dominações religiosas e também por **magos rituais**. As vestes geralmente têm significado simbólico e suas cores e desenho indicam uma estação, um **deus** ou temas de importância cosmológica.

Vevé No **vodu**, diagramas simbólicos que lembram os sigilos mágicos. Os vevés são desenhados no chão para invocar um **loá**, ou **deus**, nas cerimônias rituais.

Viagem Expressão coloquial para a experiência **psicodélica**. A "jornada" alucinógena é às vezes caracterizada como uma "viagem boa" (benéfica, prazerosa e iluminadora) ou por uma "viagem ruim" (aterrorizante, paranóica, maléfica ou alarmante). Ver também **Ungüentos Voadores**; **Alucinação**.

Viagem Astral Às vezes conhecida como **experiência fora do corpo**. A viagem astral é a separação consciente entre o **corpo astral** e o corpo físico, que resulta num **estado alterado de consciência** e às vezes em tipos diferentes de percepção. A viagem astral pode ser provocada por meio de uma variedade de técnicas de **imaginação** dirigida ou de métodos de indução de **transe**. Muitas pessoas que passam pela experiência da viagem astral, assim como **Robert Monroe**, autor de *Journeys Out of the Body*, relatam uma percepção consciente de um ponto de vista diferente (por exemplo, no alto do céu, capaz de olhar para a rua a partir de um plano mais elevado ou dentro de cômodos de outra casa a certa distância). O professor **Charles Tart**, da University of California, em Davis, conduziu um experimento em laboratório no qual que se pediu a um sujeito (a "senhorita Z") para projetar a consciência para fora do corpo enquanto era monitorado por um eletroencefalograma. Depois de quatro tentativas, a senhorita Z conseguiu ter êxito na leitura de um número aleatório de cinco dígitos localizado numa prateleira alta, fora do seu ângulo de visão e voltado para o teto. Segundo Tart, foi a capacidade do sujeito de fazer viagens astrais, e não o dom da **telepatia** ou da **clarividência**, que tornou possível a identificação do número.

A viagem astral tem feito parte de relatos de sujeitos que passam pela **experiência de quase-morte** (pessoas, por exemplo, que foram declaradas clinicamente mortas em decorrência de um acidente ou cirurgia, mas que voltaram à vida). Essas pessoas em geral podem testemunhar detalhes da cirurgia ou dos procedimentos de ressuscitação, como se estivessem vários metros acima do próprio corpo. Elas são capazes de relatar detalhes de conversas entre médicos e enfermeiras e outras atividades posteriormente verificadas.

Às vezes, a viagem astral também tem uma dimensão mítica em que os sujeitos relatam imagens do "**céu** ou do **inferno**" durante a experiência fora do corpo. Isso pode indicar que esses sujeitos têm encontros dissociativos com imagens **arquetípicas** positivas e negativas da mente inconsciente. Ver também **Bardo**.

Via Mystica Termo latino que designa o "caminho místico" – uma referência ao caminho espiritual que leva à união com **Deus**. Ver também **União Mística**.

Vibrações Em várias tradições ocultas e místicas, matriz energética subjacente ao universo e "causa" principal dos fenômenos ocultos. Em muitas **cosmologias**, o universo foi supostamente criado por meio da palavra de **Deus**, o poder do som que trouxe vários mundos à existência. Nos tempos modernos, a **telepatia mental** e outras comunicações psíquicas são comparadas a ondas de rádio e a outras formas de vibração, e a pseudociência da **radiônica** baseia-se na premissa de que as doenças ressoam em diferentes "freqüências". Ver também **Rádio Mental**.

Vida, Árvore da Ver **Árvore da Vida**.

Vidar Na **mitologia** escandinava, filho de **Odin** que matou o lobo **Fenris** e sobreviveu ao **Ragnarok**, tornando-se a **divindade** que anunciou a **Era Dourada**.

Vidência Na **parapsicologia**, visão ou percepção paranormal; capacidade **psi**. Ver também **Clarividência; Psicometria**.

Vidente Aquele que profetiza o futuro ou que é dotado de **segunda visão**. Ver também **Clarividência; Divinação; Oráculo**.

Vidoeiro Na **mitologia** escandinava, árvore consagrada a **Thor** e símbolo da primavera. Segundo a tradição, a **vassoura de bruxa** é feita com galhos de vidoeiro.

Vidya Do sânscrito *vid*, "saber ou entender", conhecimento espiritual ou místico. Ver também **Vedas**..

Vihara No **Budismo**, mosteiro, convento ou qualquer lugar habitado por **ascetas** ou **sacerdotes**. As moradas de *Gautama Buda* também eram chamadas *viharas*. Esse termo é às vezes usado genericamente para designar um local de repouso.

Viracocha Entre os incas, personificação da Vida e criador do universo. Viracocha era o senhor do trovão e quem criou o **Sol**, a **Lua** e as estrelas. O povo inca acreditava que Viracocha habitasse as profundezas do lago Titicaca e sacrificava crianças e animais em homenagem a ele. Ver também **Mamacocha**.

Virgem Na **astrologia**, **signo** do **zodíaco** dos nascidos entre 23 de agosto e 22 de setembro. Signo da **Terra**, regido por **Mercúrio**, Virgem é representado pela figura de uma donzela. Os nativos de Virgem em geral são pessoas analíticas e metódicas no dia-a-dia e podem parecer reservadas e frias. Eles têm um talento especial para observar detalhes e geralmente optam por carreiras na área de negócios. Em seus relacionamentos pessoais, os virginianos costumam ser extremamente leais, embora muitas vezes pareçam nervosos e pouco confiantes. Eles também tendem a se preocupar muito consigo mesmos e a criticar os outros. Os nativos desse signo são, por tradição, considerados pessoas com gosto pela comida e com certa fraqueza para o uso das drogas. Muitos seguem carreiras ligadas à nutrição, à química ou ao ramo farmacêutico.

Virgindade No **misticismo** e na **magia**, condição que simboliza pureza, inocência e espiritualidade. Nas lendas populares medievais, só uma virgem poderia amansar um unicórnio, ele próprio um símbolo da polaridade entre as forças masculina e feminina; no **tarô**, os arquétipos supremos dessas forças são o varão virgem (*O Mago*) e a donzela (*A Grã-Sacerdotisa*). Nas grandes religiões, existe a crença de que tanto Jesus quanto **Gautama Buda** nasceram de uma virgem – simbolizando a "pureza" da vida espiritual de ambos.

Virgula Furcata Expressão latina cuja tradição é "vara bifurcada", uma referência à varinha de divinação usada pelos **rabdomantes**. O escritor do século XVI Agrícola usava essa expressão para se referir à vara bifurcada de aveleira, mas os rabdomantes contemporâneos às vezes usam varinhas de aço inoxidável.

Virtudes Cardeais Qualidades pessoais consideradas importantes por uma determinada nação ou sociedade. Por exemplo, os antigos gregos consideravam virtudes cardeais "a sabedoria, a coragem, a temperança e a justiça", enquanto, para os cristãos, essas virtudes eram "a fé, a esperança e o espírito de caridade".

Visão No **misticismo**, estado alterado de **consciência** ou **experiência de pico** em que imagens sagradas dominam a percepção da pessoa e são acompanhadas de sentimentos de assombro, mistério e **transcendência**. Num dos níveis menos profundos, as imagens e visões mentais podem aparecer durante um estado delirante, durante a **escriação** ou numa sessão de **visualização orientada**. As visões místicas em geral têm um conteúdo arquetípico e surgem de áreas espirituais da **psique**. Ver também **Arquétipo; Inconsciente Coletivo; Consciência Cósmica; Alucinação; Clarividência; Segunda Visão**.

Visão Beatífica No misticismo oriental e ocidental, a União com Deus ou a autorealização como **Brahman** – a realização mística suprema. É às vezes chamada pelos hindus de *Sat Chit Ananda*: "Existência — Consciência — Bem-Aventurança."

Visão Clarividente Ver **Clarividência; Segunda Visão**.

Visão de Raio X Suposta capacidade que alguns **agentes de cura psíquicos** têm de "ver" o interior do corpo e diagnosticar doenças. Esse termo também é usado no **espiritualismo** para descrever a faculdade que certos psíquicos têm de ler mensagens dentro de envelopes fechados.

Visão Paróptica Capacidade de ver sem usar os olhos, aparentemente por intermédio da pele. Ver também **Visão Sem Olhos**.

Visão Sem Olhos Capacidade psíquica de ver sem os olhos, geralmente por meio da pele. Os pesquisadores de fenômenos psíquicos acreditam que cada cor irradie uma temperatura diferente, o que permite que pessoas extremamente sensíveis percebam essas diferenças com a ponta dos dedos, diferenciando uma cor da outra. O caso de Frederick Marion foi investigado por **Harry Price** e pelo **professor R. H. Thouless**, entre outros; e testes têm sido realizados pelo dr. Abram Novomeisky, do Instituto Pedagógico Nizhniy Tagil, na Rússia. A percepção por meio da pele é às vezes conhecida como visão paróptica ou percepção dermo-óptica.

Visgo Também Visco. Planta com associações mágicas. Os sacerdotes **druidas** costumavam distribuir visgo entre os devotos depois que um touro branco era sacrificado em honra de **espíritos** benfazejos. Esse visgo era levado para casa e pendurado no teto, para afugentar forças **maléficas**. Entre os romanos, o visgo também era usado como proteção contra o **Diabo**, além de conferir a faculdade de falar com **fantasmas**. Contudo, na **mitologia** escandinava, essa planta tinha associações míticas negativas, pois o deus solar **Balder** foi morto por um ramo de visgo trazido pelo invejoso **Loki**. Nos tempos de hoje, os casais se beijam sob um visgo, no Natal, para garantir a fertilidade. Dentro da igreja, no entanto, essa planta não é permitida por causa de suas associações **pagãs**.

Vishnu No **Hinduísmo**, um dos três **deuses** principais da **Trimúrti**, sendo os outros dois **Brahma** e **Shiva**. Vishnu era originalmente um deus védico que ganhou preeminência como um pacífico deus celeste, protetor do universo. Como guia e amigo da humanidade, Vishnu supostamente encarnou em várias ocasiões (o número de suas encarnações varia de dez a 31), para salvar o mundo em épocas de crise. Entre as encarnações mais famosas de Vishnu estão aquelas em que ele foi **Rama** (descrito no *Ramayana*) e **Krishna** (descrito no *Bhagavad-Gita*). Muitos devotos também consideram **Gautama Buda** como uma encarnação de Vishnu. O último surgimento desse deus como **Kalki**, no final dos tempos, ainda está para acontecer.

Visionário Aquele que tem a capacidade de ver além. Embora para muitas pessoas essa palavra designe uma pessoa idealista e pouco prática, ela também pode ser usada para descrever alguém dotado de visão **paranormal** ou que tenha uma visão profunda e universal da condição humana. Ver também **Adepto; Avatar; Guru; Mestre**.

Visualização Criativa Técnica de visualização que utiliza a capacidade humana de formar imagens mentais para atingir objetivos específicos. A visualização criativa é um aspecto central da magia prática, em que são realizados rituais e cerimônias com o intuito de se conseguir um determinado resultado.

Visualização Orientada Técnica empregada em psicoterapia e também nos **pathworkings** mágicos, em que um sujeito é levado a visualizar imagens específicas numa certa seqüência. No procedimento mágico, o sujeito é guiado pelos caminhos da **Árvore da Vida**, que levam às áreas arquetípicas da consciência. Os **Arcanos Maiores** do **tarô** proporcionam uma estrutura ideal para o trabalho de visualização orientada. Exemplos de visualizações orientadas com o uso do tarô podem ser encontrados em *Everyday Magic* (2002) e *Sacred Encounters* (1998), de Nevill Drury, *More Simplified Magic* (1998), de Ted Andrews, e *The Shining Paths* (1983), de Dolores Ashcroft-Nowicki.

Visualização Xamânica Aplicação contemporânea da prática xamânica tradicional em que uma pessoa empreende uma "jornada espiritual" com o olho da mente, geralmente com o acompanhamento da batida monótona e regular de um tambor. Durante essa jornada espiritual, o mediador pode entrar em contato com **animais de poder, espíritos amparadores** ou **guias interiores**, que podem ajudar no processo de cura ou de auto-renovação, ou em alguma forma de atividade mágica. Ver **Xamã**.

Visuddha Na **Kundalini Yoga, chakra** associado ao **Tattva Akasha** (um **ovo** negro oval), representando o **Espírito**, um dos elementos. O chakra Visuddha está localizado na região da glândula tireóide.

Vitalismo Crença de que os organismos vivos podem ser diferenciados da matéria inorgânica graças à presença da força vital. Essa força, uma substância conhecida como *élan vital*, é capaz de existir independentemente da forma física. Ver também **Força Vital; Nous**.

Viviane Nas lendas do rei Artur, feiticeira que finalmente enganou o **feiticeiro Merlin**, fazendo-o cair numa cilada com seu próprio **feitiço** mágico.

Voadores, Ungüentos Ver **Ungüentos Voadores**.

Vodu Práticas mágicas do Haiti que envolvem cânticos, a batida de tambores, músicas e danças e que levam a estados de **dissociação, transe** e **possessão** espiritual. A palavra vodu deriva do termo africano *vodun*, que significa "deus" ou "espírito"; e os ritos do vodu passaram a ser praticados no Haiti e em outras partes do Caribe durante o período do tráfico de escravos, quando os africanos eram levados para trabalhar nas plantações dessas regiões. Esses ritos incluem a crença nas almas e nos espíritos que animam a natureza; o politeísmo; a crença nos antepassados e o **vitalismo**. Em algumas cerimônias vodus, os praticantes são possuídos pelos **loá**, ou deuses. O vodu se constitui de três cultos principais – rada, congo e petra – e os diagramas **vevé** são um dos seus simbolismos mais importantes.

Volátil Na **alquimia**, qualidade atribuída ao **mercúrio**, uma substância suprema e andrógina personificada pelo **deus Mercúrio**.

Vontade Na **magia** ocidental, fator importante na obtenção de conhecimento espiritual. Diferentemente das escolas orientais de misticismo devocional, que defendem a rendição do **ego** a uma realidade espiritual mais elevada, a magia ocidental enfatiza a vontade do **mago** como um meio de manter o controle sobre os acontecimentos psíquicos e espirituais. Os atos de **invocação** e **evocação** são realizados de forma a assegurar ao mago o controle sobre as forças **sobrenaturais** evocadas.

Voz Direta No **espiritualismo**, fenômeno em que um "**espírito**" ou entidade **desencarnada** aparece, numa **sessão**, para falar por meio de um **médium**. Geralmente a voz (o tom e o estilo) é extremamente semelhante ao da pessoa desencarnada e essas ocorrências são consideradas pelos espiritualistas como exemplos de **possessão** temporária por um espírito.

Vozes dos Mortos Termo usado na **parapsicologia** para descrever as vozes misteriosas – que, segundo crêem alguns, são de seres **desencarnados** – ouvidas nas gravações eletrônicas do **dr. Konstantin Raudive**. Essa expressão é usada também por espiritualistas para descrever a **Transcomunicação Instrumental**, em que o **médium psíquico** fala com todos os maneirismos vocálicos de uma pessoa já falecida. Ver também **Fenômeno das Vozes Eletrônicas**.

Vyantaras No **Jainismo**, **espíritos** dos bosques temidos pelas suas diabruras.

W

Waite, Arthur Edward (1857-1942) Destacado historiador e místico nascido no Brooklyn, em Nova York. Waite foi para a Inglaterra com a mãe quando era criança e passou ali a maior parte da vida. Influenciado pelas obras de **madame Helena Blavatsky** e do ocultista francês **Éliphas Lévi**, Waite começou a explorar a tradição oculta ocidental e logo se tornou uma autoridade no assunto. Ele não aceitava a noção de **Mahatma** e deixou a **Teosofia** para se filiar à **Ordem Hermética da Aurora Dourada**, onde posteriormente (por volta de 1916) tornou-se líder de um grupo dissidente.

Waite foi criado entre católicos e acreditava que a tradição oculta ocidental proporcionasse uma tradição esotérica de mistério que a Igreja ortodoxa havia esquecido ou nunca tivera. Ele atraiu para a Aurora Dourada personalidades cristãs como **Evelyn Underhill** e o escritor Charles Williams e foi, decididamente, mais um místico do que um ocultista. No entanto, com a artista Pamela Colman-Smith, ele criou o mais popular baralho de **tarô** – o chamado Baralho Rider – e escreveu vários livros sobre **magia** ocidental, incluindo *Devil Worship in France* e *The Book of Ceremonial Magic*. Entre seus outros livros figuram *The Brotherhood of the Rosy Cross*, *The Real History of the Rosicrucians*, *The Holy Kabbalah*, *The Holy Grail*, *The Secret Tradition in Freemasonry* e talvez seu trabalho mais eloqüente sobre o misticismo, *Azoth*. Waite também organizou e traduziu muitas das obras **esotéricas** de **Paracelso** e de Éliphas Lévi, assim como fez uma antologia das importantes obras do alquimista **Thomas Vaughan**.

Wakan Também Wakanda. Entre os tradicionais índios sioux da América do Norte, **força vital** universal que permeia todos os aspectos da Natureza e é uma fonte de poder espiritual.

Wallace, Alfred Russel (1823-1913) Naturalista galês que, com Charles Darwin, propôs a teoria evolucionária da "seleção natural". Russel passou a se interessar por **hipnotismo** e pelas pesquisas psíquicas e a ser membro honorário da **Sociedade para a Pesquisa Psíquica** a partir de 1882. Ele também foi membro fundador da **London Spiritualist Alliance**. Entre seus livros metafísicos figuram *On Miracles and Modern Spiritualism* (1875) e *A Defence of Modern Spiritualism* (1894).

Walpurgisnacht Ver **Noite de Santa Valpurga**.

Warlock Palavra inglesa que designa a versão masculina da **bruxa**. Esse termo também é usado para descrever um **feiticeiro** versado na evocação de forças demoníacas **sobrenaturais** e na prática de **magia negra**. Ver também **Satanismo**.

Wasson, R. Gordon (1898-1986) Pesquisador independente e etnomicologista norte-americano que, com sua mulher Valentina, começou no início da década de 50 a estudar o impacto dos cogumelos psicoativos em diferentes culturas da Sibéria, Índia, Europa e América do Sul e do Norte. Wasson acreditava que as experiências visionárias associadas ao uso dos cogumelos **alucinógenos** desempenhavam um papel importante na formação das crenças religiosas. Wasson é mais conhecido pela sua sugestão – agora vista com seriedade pelos cientistas – de que a lendária planta **soma** da **mitologia** indiana fosse, na verdade, o cogumelo *Amanita muscaria*. Em seu livro *The Road to Eleusis* (1978), Wasson investiga a iniciação na Grécia clássica e apresenta uma análise dos *Hinos a Deméter*, atribuídos a Homero. Wasson levantou a hipótese de que as visões dos neófitos nos **Mistérios de Elêusis** eram causadas pela presença do **ergot** na bebida cerimonial sagrada. O ergot é um fungo parasita a partir do qual o LSD foi mais tarde sintetizado. Entre os outros livros de Wasson figuram *Soma: The Divine Mushroom of Immortality* (1969), *Maria Sabina and her Mazatec Mushroom Velada* (1974) e *The Wondrous Mushroom* (1980).

Watts, Alan (1915-1973) Filósofo britânico que também fez conferências sobre **Zen-budismo** e tornou-se uma figura de destaque na contracultura norte-americana. Watts imigrou para os Estados Unidos em 1936, aderiu ao Cristianismo e ordenou-se padre anglicano em 1944. Ele serviu como capelão anglicano na Northwestern University por seis anos, mas então deixou a Igreja para seguir um estilo de vida alternativo. Sempre interessado no Zen-budismo e no **Taoísmo**, Watts procurou reconciliar essas perspectivas orientais dentro de um contexto ocidental, enquanto também experimentava psicodélicos como o **LSD**. Travou amizade com vultos como **Timothy Leary**, Allen Ginsberg e Jack Kerouac e passou a ser uma figura conhecida no circuito de conferências do campus. Watts acreditava que "todas as doutrinas de Deus são basicamente falsas e idólatras, pois as doutrinas são formas de palavras que nunca podem ser mais do que indicadores da visão mística". Ele foi, contudo, um autor prolífico e escreveu, entre outros livros, *The Way of Zen*, *The Wisdow of Insecurity*, *The Joyous Cosmology*, *Two Hands of God*, *O Espírito do Zen*, *O Zen e a Experiência Mística* (ambos publicados pela Editora Cultrix), *O Significado da Felicidade* e *Tao – o Curso do Rio* (ambos publicados pela Editora Pensamento).

Weishaupt, Adam (1748-1830) Fundador bávaro da Ordem dos Illuminati. Ver também **Illuminati**.

Westcott, dr. William Wynn (1848-1925) Influente **ocultista** e **franco-maçom** inglês, Westcott conseguiu uma série de textos maçônicos e pediu para que **MacGregor Mathers** os usasse para desenvolver vários rituais mágicos de nível avançado. Com o tempo, esses rituais tornaram-se a base das práticas cerimoniais da **Ordem Hermética da Aurora Dourada**, e tanto Westcott quanto Mathers foram promovidos aos graus mais elevados da nova ordem. Westcott produziu várias obras ocultas como *An Introduction to the Qabalah* (1910) e *Os Números – Seu Poder Oculto e suas Virtudes Místicas* (publicado pela Editora Pensamento), além das traduções do *Sepher Yetzirah* (1911) e da obra de **Éliphas Lévi** *The Magical Ritual of the Sactum Regnum* (1896). Ele também foi o editor de uma série de importantes monografias conhecidas como *Collectanea Hermetica*, publicadas em Londres, na década de 1890. Ver também **Franco-maçonaria**.

Wheatley, Dennis (1897-1977) Escritor inglês que escreveu vários romances relacionados com o **satanismo** e a **magia negra**. Wheatley insistia em dizer que nunca tomara parte de cerimônias mágicas, embora conhecesse muitas autoridades do mundo oculto. Entre seus livros mais conhecidos figuram *The Devil and All His Works* (um estudo de magia e do oculto), *The Devil Rides Out, The Gates of Hell, To the Devil – a Daugther, They Used Dark Powers* e *The Haunting of Toby Jugg*.

Wicca Nome alternativo para bruxaria. Os praticantes da **bruxaria moderna** ainda não chegaram a uma conclusão definitiva acerca da origem da palavra *wicca*, que pode derivar da raiz do inglês antigo *wit*, "sabedoria", ou da raiz do indo-europeu *wic*, "torcer". De acordo com a bruxa contemporânea Margot Adler, essa última definição caracteriza o wiccano como uma pessoa "versada na arte de moldar, 'torcer' e alterar a realidade".

Wiccano ou Wiccana Praticante da **bruxaria moderna**. Ver também **Wicca**.

Widdershins Na **bruxaria**, direção cerimonial associada à magia negativa; oposto exato de **deosil**. Se o praticante fica de frente para o **círculo** e se move para a esquerda, a direção que ele toma é considerada negativa (a palavra latina para esquerda é **sinistra**). Widdershins é, portanto, o sentido anti-horário, embora em muitos livros que descrevem as tradições ocultas essa informação não seja realmente correta. Se olharmos para o mostrador do relógio e considerarmos o meio-dia como o Norte, podemos ver que os ponteiros se movem do Oeste para o Leste – o contrário do movimento do **Sol**. O termo *widdershins* deriva do anglo-saxão *wither sith*, que significa "falar contra", e na bruxaria refere-se à direção "contrária ao Sol".

Wier, Johannes (1515-1588) Também chamado Wierius, demonologista do século XVI que descreveu a hierarquia do **inferno** em sua extraordinária obra *Pseudomonarchia Daemonum*. Entre os demônios mais proeminentes na compilação de Wier estão **Belzebu**, **Satã**, Eurônimo, Moloch, **Plutão** e **Baalberith**. Wier também classificou **Prosérpina** e **Astaroth** como arquidemônios. Wier era aluno e amigo do lendário ocultista **Cornelius Agrippa** e, como ele, tinha profunda consideração pela **cosmologia** mágica.

Wierius Ver **Wier, Johannes**.

Wilber, Ken (1949-) Praticante de **meditação** budista, escritor e filósofo norte-americano, Ken Wilber é uma autoridade na teoria transpessoal e aclamado por muitos como o "tão esperado Einstein da pesquisa da consciência". Autor prolífico e ex-editor-chefe da *ReVision*, Wilber procurou desenvolver uma teoria do campo unificado da consciência, que abrangesse as grandes tradições psicológicas, filosóficas e espirituais. Entre seus vários livros figuram *Um Deus Social, O Espectro da Consciência; Paradigma Holográfico e Outros Paradoxos; Transformações da Consciência; O Projeto Atman; O Olho do Espírito; A União da Alma e dos Sentidos; Psicologia Integral e Uma Teoria de Tudo* (todos publicados pela Editora Cultrix), além de *Up form Eden; Sex, Ecology and Spirituality; Boomerits* e *A Brief History of Everything*.

Wilby, Basil Ver **Knight, Gareth**.

Wilson, Colin (1931-) Escritor inglês muito aclamado em 1956 pelo seu livro de estréia, *The Outsider*, que fala da "solidão" existencial dos visionários, artistas e criadores. Wilson passou a se interessar pelos aspectos **transcendentais** da **psique** como uma fonte de energia positiva, e em alguns de seus textos ele faz um contraste entre esse tipo de percepção e a energia negativa irradiada por homicidas e criminosos. Em seus trabalhos subseqüentes, Wilson analisa com mais detalhes a idéia de que as pessoas têm uma faculdade **paranormal** inata – que ele chama de **Faculdade X** –, um potencial humano subjacente à **percepção extra-sensorial** e a muitas outras agrupadas sob o título de fenômenos "ocultos". Wilson acredita que as pessoas precisem despertar a Faculdade X para que possam chegar à fase seguinte de evolução. Autor fecundo, Wilson tem várias obras no campo da metafísica, da psicologia e do ocultismo, assim como obras populares de ficção. Entre seus livros mais importantes sobre ocultismo figuram *The Philosopher's Stone, The Mind Parasites, The Occult* e *Mysteries*.

Wilson, Jack Ver **Dança dos Fantasmas, A Grande**.

Wireenun Entre os **aborígines** da Nova Gales do Sul, **curandeiro** ou **xamã** que adquire poderes mágicos por meio do contato com o grande deus **Baiame**.

Wiringin Entre os **aborígines** weilwan e kamilaroi, **xamã** ou **curandeiro** às vezes chamado simplesmente de "clever man", literalmente homem inteligente ou sagaz. Ver também **Homens de Grau Elevado**.

Withershins Ver **Widdershins**.

Wizard Do inglês antigo *wis*, "sábio", **adepto**, homem sábio ou **mago** versado na evocação de forças **sobrenaturais**. O mais famoso *wizard* da tradição oculta é o lendário **Merlin**. Ver também **Feiticeiro; Warlock**.

Woodman, dr. William Robert (1828-1891) Franco-maçom e rosa-cruz inglês que, com o **dr. Wynn Westcott** e **MacGregor Mathers**, fundou o influente grupo mágico **A Ordem Hermética da Aurora Dourada**. Woodman era aparentemente um grande estudioso da língua hebraica e consumado cabalista, e supunha-se que muitas das suas obras estivessem no arquivo secreto da Segunda Ordem. Nenhum de seus trabalhos, no entanto, jamais foi publicado e Woodman continua sendo uma personagem enigmática da história do ocultismo. Ver também **Franco-maçonaria; Rosa-cruzes**.

Woodroffe, *sir* John George (1865-1936) Advogado inglês e autoridade em **Tantra** que escreveu sob o pseudônimo de Arthur Avalon. Woodroffe foi para Calcutá em 1890 e depois trabalhou em Bengali. No entanto, assim como **W. Y. Evans-Wentz**, ele era fascinado por textos

WIZARD: *Na tradição oculta, o wizard ou mago é uma figura de veneração. O mago é um mestre dos Elementos, representados aqui pelo Gládio (Fogo), pelo Bastão (Ar), pela Taça (Água) e pelo Disco ou Pentáculo (Terra). Esboço desenhado por Nevill Drury (1973).*

esotéricos obscuros e passou grande parte do seu tempo pesquisando e traduzindo textos sobre a **Kundalini Yoga**. Entre seus livros figuram *The Serpent Power*, *Shakti and Shakta* e *Tantra of the Great Libertation*.

Worms, Jehudah de (m. 1217) **Místico** alemão cujos ensinamentos influenciaram o **hassidismo** medieval. Jehudah acreditava na "dupla glória". A glória inspiradora interior vinha do Espírito Santo, mas havia também a glória visível, presente na vida e nas visões dos profetas.

Wotan Contraparte teutônica do deus escandinavo **Odin**, também conhecido como Woden, pelos anglo-saxões. O quarto dia da semana, *Wednesday* em inglês, recebeu esse nome em homenagem a esse deus.

Wovoka Ver **Dança dos Fantasmas, A Grande**.

Wu No **Taoísmo**, "não-ser eterno", a essência do Tao. A realização do Wu confere **iluminação**. Nesse sentido, o termo *Wu* é usado como equivalente chinês ao **satori** japonês.

Wu Wei No **Taoísmo**, caminho da não-ação. Aqueles que seguem o Wu Wei reconhecem a necessidade de fluir com as energias do universo, aceitando os vórtices sempre em mudanças do **yin** e **yang**, que representam a essência da vida.

Wyvern Também Wivern. Nas lendas populares e na heráldica, serpente alada que lembra um **dragão**, tem pernas de **águia** e um rabo farpado e atado com nós.

X

Xamã Feiticeiro, curandeiro ou **agente de cura espiritual** capaz de entrar em estado de **transe** de acordo com a própria vontade e servir como intermediário entre as pessoas e o reino dos **deuses** e **espíritos**. Os xamãs fazem uso de tambores, objetos rituais e cerimônias para se identificar com os deuses; e eles geralmente entram em estado de transe para empreender a **jornada da alma**. O propósito dessa jornada espiritual é recuperar espíritos roubados ou buscar informações das **divindades** relacionadas ao suprimento de comida e ao provável resultado de uma caça. Associados às sociedades de caça e coleta, os xamãs diferenciam-se dos **médiuns espirituais**, que entram em transe, mas não têm controle sobre essa experiência; e também dos **sacerdotes**, que realizam rituais, mas não entram necessariamente em estado de transe.

Xamanismo Técnica pré-literária usada para provocar o estado e a consciência de **transe**. Nessa técnica, o **curandeiro**, agente de cura ou **feiticeiro** empreende uma **jornada da alma** para encontrar **deuses** ou **espíritos**. O **xamã** pode usar o som monótono da batida de um tambor para entrar no estado de transe e geralmente realiza essas cerimônias no escuro. Substâncias **alucinógenas** são às vezes usadas para intensificar os estados de consciência visionária. O xamanismo, praticado hoje na Sibéria, na América do Norte, na América do Sul e na Indonésia, caracteriza-se pelos estados de transe em que o xamã detém o controle sobre a experiência – ao contrário do que acontece nos estados de possessão espiritual, em que os deuses ou espíritos têm o controle sobre o processo.

Xangô Nos **Cultos Afro-brasileiros**, poderoso orixá, **deus** do raio e do trovão. No

XAMÃ: *Esta ilustração de um xamã siberiano com seu tambor foi cedida por Noord en Oost Tartatye e data de 1705.*

Brasil, muitos praticantes desses cultos identificam Xangô com São Jerônimo e ele também guarda semelhança com **Thor** e com **Júpiter**. Os devotos de Xangô prestam homenagem a esse orixá nas quartas-feiras e lhe fazem oferendas com pratos feitos com carne de tartaruga, cabra e frango.

Xenoglossia Na **parapsicologia** e no **espiritualismo**, ato de falar outras línguas sem ter conhecimento consciente delas. Esse fenômeno às vezes se manifesta em **sessões** espiritualistas, quando o **médium psíquico** entra em estado de **transe**. É também característico do Cristianismo Pentecostal. Do ponto de vista da psicologia, a xenoglossia origina-se da memória subconsciente e se compõe de frases e palavras com as quais a pessoa tenha entrado em contato numa época anterior. De acordo com estudos acadêmicos, a xenoglossia pentecostal não apresenta nenhuma coerência lingüística e tem sido descrita por alguns pesquisadores de forma pouco lisonjeira como "um palavreado sem sentido".

Xenologia Estudo das áreas fronteiriças entre a **parapsicologia** e a **pesquisa psíquica**, que ainda permanece inconclusivo e requer mais investigações. Ver também **Paranormal; Psi.**

Xeper Pronuncia-se *Khefer*. No **Templo de Set**, palavra mágica do **Novo Éon** cuja tradução é "venho a ser" e os símbolos associados eram o besouro e o Sol nascente. Num recente comentário acerca do significado da palavra *xeper*, o Temple Magus Don Webb escreveu que esse termo "gera o Éon de Set e é a forma corrente da Palavra Eterna do Príncipe das Trevas". Webb descreve *xeper* como "a experiência de uma psique individual tomando consciência de sua própria existência e decidindo expandir e desenvolver essa existência por meio das próprias ações".

Xeque Também Shaikl No **Sufismo**, mestre espiritual cujo papel é guiar os devotos no caminho da fé verdadeira e livrá-los da ilusão e da ignorância. O xeque é o equivalente sufi do **guru** indiano.

X, Faculdade Ver **Faculdade X**.

Xibalba Entre os índios quíchua da América Central, o **Mundo Subterrâneo** e a contraparte de **Hades**.

Xilomancia Forma de **divinação** praticada pelos eslavos. A posição e o formato de pedaços de madeira secos encontrados ao longo de um caminho são interpretados como **presságios**.

Xintoísmo Religião japonesa também conhecida como Kami-no-Michi, o "Caminho dos Deuses". O Xintoísmo era originalmente uma forma de **culto à natureza**, mas se fundiu posteriormente com o **Budismo**. Durante o período Tokugawa, o Xintoísmo assumiu novos contornos ao se aliar ao Confucionismo; passou-se a considerar o Imperador o líder divino da nação e descendente da deusa solar Amaterasu Omikami. A partir de 1868, o Imperador foi declarado líder religioso e político absoluto e cultuado como tal; e o Xintoísmo, por sua vez, tornou-se a religião oficial do Japão. O Imperador Hirohito, no entanto, abriu mão de sua "divindade" em 1946. O local mais sagrado do Xintoísmo é Ise, onde conserva-se num templo da deusa solar um espelho que ela teria dado a Jimmu, o primeiro Imperador (século VII a.C.).

Xiuhtecutli Deus asteca do **fogo** e regente do **Sol**. Nos rituais astecas, vítimas de sacrifícios eram lançadas vivas nas chamas em homenagem a esse deus.

Xolotl No **panteão** asteca, irmão gêmeo de **Quetzalcoatl** e **deus** patrono dos magos. Xolotl personificava o planeta Vênus como a Estrela Vespertina e Quetzalcoatl personificava Vênus como a Estrela da Manhã.

Xudam Deus etrusco, posteriormente identificado como a **divindade** romana **Mercúrio**.

Y

Yajur-Veda Ver **Vedas**.

Yaksha No **Hinduísmo**, **espírito** da natureza que, segundo a crença, mora numa árvore. O *yaksha* é cultuado numa gruta sagrada e geralmente considerado um espírito do sexo feminino.

Yama[1] Na **cosmologia** védica, deus solar imortal que preferiu ser mortal e se tornou assim o primeiro ancestral, junto com sua consorte, Yami. Depois da morte do casal, Yama e Yami tornaram-se Rei e Rainha do **Mundo Subterrâneo**. Yama assumiu o papel de juiz dos mortos, determinando-lhes o destino. Seu palácio era guardado por cães de quatro olhos e ele era capaz de inspirar grande temor entre os mortos. Para os justos, no entanto, Yama oferecia a bem-aventurança e o **paraíso** no outro mundo.

Yama[2] Na **Raja Yoga** de **Patanjali**, um dos chamados "oito membros" da realização espiritual. Yama pode ser traduzido como "restrições éticas" e inclui fatores como veracidade, honestidade, renúncia às paixões e desejos e pureza de pensamentos, palavras e ações.

Yami Ver **Yama**.

Yang No **Taoísmo**, aspecto da força vital universal – o **ch'i** – que é ativo, positivo e "masculino". Ele enfatiza a aparência externa e irradia luz em todas as direções. Como tal, é o oposto dinâmico do **yin**. Yang inclui o **céu**, **o fogo** e o verão.

Yantra No **Hinduísmo**, diagrama místico que retrata visualmente o que um mantra indica com o som. Usado na **meditação**, o yantra tem um ponto focal e múltiplo, encerrando triângulos que simbolizam diferentes níveis de forma e energia divina. Os praticantes do **Tantra** consideram o corpo humano como "o melhor dos yantras".

Yasna No **Zoroastrismo**, uma das três divisões do texto sagrado conhecido como **Avesta**. Ele é composto de 72 capítulos e inclui os hinos e cânticos conhecidos coletivamente como **Gathas**.

Yaveh Deus de Israel cujo nome, **YHVH,** era considerado sagrado demais para ser pronunciado. Yaveh guiou Moisés, e os judeus acreditavam que ele tinha feito uma aliança especial com eles, elevando-os à condição de povo eleito. Yaveh era considerado o Criador do Mundo e passou a ser identificado pelos Cristãos com o Pai Divino, que enviou seu único filho, Jesus Cristo, como redentor deste mundo.

Yeats, William Butler (1865-1939) Famoso poeta irlandês que, aos vinte e poucos anos de idade, sentiu-se atraído pela **Teosofia** e pelo pensamento **esotérico**. Yeats era amigo do escritor místico George Russell (mais conhecido como "A.E."), tornou-se membro da Dublin Hermetic Society, e mais tarde fez contato com **madame Helena Blavatsky, G. R. S. Mead** e **MacGregor Mathers**, em Londres. Yeats tornou-se membro da Loja Ísis-Urânia da **Ordem Hermética da Aurora Dourada** em 1890, adotando o nome mágico de *Daemon est Deus Inversus* – "o Demônio é Deus ao Contrário". Quando Mathers foi a Paris traduzir manuscritos ocultos, Yeats tornou-se líder da ordem e logo depois teve de enfrentar **Aleister Crowley**, que desafiou sua autoridade, ansioso para conquistar uma posição mais elevada na ordem.

Em 1905, Yeats afastou-se da Ordem, junto com seu amigo **Arthur Machen** e o membro fundador **Wynn Westcott**. A experiência que adquirira com magia cerimonial e os símbolos visionários do **tarô** continuaram, no entanto, a influenciar seus textos literários e ele passou a usar as imagens do tarô em seus poemas. Como escreveram Kenneth e Steffi Grant em Carfax Monographs, "Foi a Aurora Dourada que ensinou Yeats a consolidar suas visões e a criar um veículo mágico para a ambição que tinha de conquistar fama e renome". A reputação internacional de Yeats como poeta se consolidou quando ele foi agraciado com o Prêmio Nobel de Literatura em 1923.

Yesod Nona emanação ou **sephirah** da **Árvore da Vida** cabalística. Na **magia** ocidental, Yesod é associado à **Lua** e ao elemento **Água**. Considerada uma esfera feminina, ele é a sede do instinto sexual e corresponde ao **chakra** genital no homem arquetípico, **Adão Kadmon**. Na Árvore da Vida, Yesod tem a função de canalizar as energias dos planos superiores para a Terra, mais abaixo (**Malkuth**). Os ocultistas associam Yesod ao **plano astral**, pois, se considerássemos as sephiroth acima de Malkuth como um mapa da **psique** inconsciente, Yesod seria a área mais acessível da mente. Não há dúvida de que essa área foi o primeiro aspecto da psique que os psicanalistas estudaram e continua sendo a chave energia-nexo no pensamento freudiano. Pelo fato de ser a esfera da fertilidade e da imagem lunar, Yesod é identificada com a **bruxaria** e com o culto à **deusa**. Ela é também a sede da chamada "alma animal", conhecida pelos cabalistas como **Nephesch**. Ver também **Cabala**.

Yeti Ver **Abominável Homem das Neves**.

Yetzirah Na **Cabala**, o terceiro dos quatro mundos – o mundo da formação. Yetzirah é identificado com a esfera **Yesod** da **Árvore da Vida**. Na **cosmologia** cabalística, Yetzirah é também o domínio das dez divisões dos **anjos**, que são regidos pelo arcanjo **Metatron**. As ordens angélicas são as seguintes: Malachim, Arelim, Chajoth, Ophanim, Chashmalim, Elim, Elohim, Benei, Ishim e **Serafim**. Ver também **Assiah; Atziluth; Briah; Quatro Mundos**.

Yfrit No **Islamismo**, **anjo** caído ou um dos **djins**. Ver **Ifrite**.

Yggdrasil Na **mitologia** escandinava, freixo sagrado que cobre com sua sombra todo o universo; suas raízes, galhos e tronco unem o céu, a Terra e as regiões inferiores. As raízes da Yggdrasil se firmam no **Hel**, enquanto o tronco atravessa **Midgard** – a Terra. Subindo pela montanha conhecida como **Asgard**, seus ramos se estendem para o alto – suas folhas são as nuvens do céu e seus frutos, as estrelas.

YHVH Uma das grafias de **Yaveh** no Judaísmo. Esse nome sagrado não era pronunciado; era geralmente substituído por **nomes de Deus** menos importantes como **Adonai** ou **Shaddai**. YHVH é uma forma de Tetragrama. Também se escreve **JHVH** e **IHVH**.

Yi King Ver *I Ching*.

Yin No **Taoísmo**, aspecto da força vital universal – o **ch'i** – que é passivo, negativo e "feminino". Sua ênfase recai no movimento para o interior e é mais escuro do que brilhante. Como tal é o oposto dinâmico de **Yang**. Yin inclui a **Terra**, a **Lua**, a **água** e o **inverno**.

Ymir Na **mitologia** escandinava, gigante cujo corpo formou-se das brumas de **Niflheim**, quando o universo foi criado, e que depois veio a ser o ancestral de outros gigantes. A terra, o céu e o mar originaram-se do corpo de Ymir; e depois que foi derrotado por **Odin**, a árvore do mundo **Yggdrasil** emergiu de seu corpo.

Yoga Do sânscrito *yuj*, "unir", ensinamentos e técnicas espirituais hindus relacionadas à busca da **auto-realização** e à união com **Brahman**, a Realidade Suprema. Os quatro conceitos principais subjacentes à tradição espiritual hindu são o **karma**, a lei da causalidade, que liga as pessoas ao universo; **maya**, a ilusão do mundo manifesto; **nirvana**, a realidade absoluta além da ilusão; e a yoga, como meio de conquistar a libertação dos sentidos. Como as pessoas tendem a confundir sentimentos e pensamentos com "espírito", foi preciso encontrar um meio de superar essas limitações sensoriais. A yoga é, portanto, um treinamento para se ver as coisas como elas *são*, e não apenas a aparência que elas têm. Uma das técnicas básicas da yoga é a **meditação**, pois ela volta a consciência para a realidade interior e finalmente para a transcendência no **samadhi**.

Para aquietar a mente, é preciso superar um certo número de tensões ou obstáculos (**klesas**). Basicamente, esses obstáculos são a ignorância, o ego e a identificação com o corpo físico, a atenção ao prazer, a rejeição à dor e o desejo pela vida. Do ponto de vista da yoga, as pessoas estão presas num mundo anuviado pelas percepções impuras e por idéias preconcebidas. É essa falsa realidade que tem de ser transcendida. De acordo com o importante filósofo yogue **Patanjali**, existem quatro processos básicos: (1) desviar a atenção do mundo externo (pratyahara); (2) a concentração de energia numa direção definida (**dharana**); (3) o fluxo espontâneo subseqüente de consciência (**dhyana**); (4) a unidade de consciência (**samadhi**).

Na **Kundalini Yoga**, desperta-se a energia psíquica fazendo-se com que ela se eleve pelo canal **sushumna**, que corresponde à coluna vertebral; e por **ida** e **pingala**, que serpenteiam por dentro desse canal e correspondem aos nervos simpáticos que ladeiam a coluna. A energia **Kundalini** sobe da base da coluna e passa pelos sete **chakras**: (1) **Muladhara**, localizado perto do cóccix; (2) **Svadhisthana**, abaixo do umbigo, na região do sacro; (3) **Manipura**, acima do umbigo, na região lombar; (4) **Anahata**, localizado próximo ao coração; (5) **Visuddha**, associado à região cervical e à garganta; (6) **Ajna**, localizado entre as sobrancelhas e um pouco acima delas; (7) **Sahasrara**, localizado no topo da cabeça e associado à conquista da **consciência cósmica**.

Quando um praticante **yogi** (do sexo masculino) ou **yogin** (do sexo feminino) consegue estabelecer a unidade da mente e do corpo, ele ou ela se funde com o objeto das percepções e perde todo o senso de dualidade, finalmente atingindo a Realidade Suprema que está além das limitações dos sentidos.

Yogi Praticante da **yoga** do sexo masculino.

Yogin Praticante de **yoga** do sexo feminino.

Yoni Nome hindu da vulva. No **Tantra**, o **lingam** e a yoni simbolizam os poderes divinos criativos e gerativos e a fusão das polaridades masculino e feminino no universo. A yoni é geralmente retratada na arte e na escultura como um círculo de pedra, às vezes com o lingam elevando-se dela.

Yuga No **Hinduísmo**, medida de tempo que corresponde à milésima parte de um **kalpa** ou **Dia de Brahma**. Ver também **Kali Yuga**.

Z

Zain, C. C. (1882-1951) Pseudônimo de Elbert Benjamin, que fundou o First Temple of Astrology nos Estados Unidos. Esse templo tornou-se posteriormente a Church of Light, uma organização que oferece cursos sobre diferentes aspectos da tradição oculta. Zain afirmava que mantivera contato com "A Fraternidade da Luz" em 1909 e fora instruído por **adeptos** secretos para preparar um sistema oculto completo que viabilizasse o ensinamento da religião da **astrologia**. Zain também escreveu um extenso livro sobre o **tarô**, que associava o simbolismo da **Cabala** com o do antigo Egito (*The Sacred Tarot*, reeditado em Los Angeles em 1969).

Zaratustra (c. 600 a.C.) Em grego, **Zoroastro**. Profeta persa que, aos 15 anos de idade, retirou-se para uma montanha e teve uma visão de **Ahura Mazda** – o **Ser Supremo**. Depois disso, ele passou a pregar o evangelho do deus único que superou o mal. Depois de passar um período vagando pela Pérsia e pelo Afeganistão, quando teve várias visões místicas, Zaratustra conseguiu converter uma única pessoa, seu primo. Ele conseguiu, no entanto, uma audiência com o rei Vishtaspa, que lhe pediu um milagre como prova do valor de seus ensinamentos espirituais. Zaratustra produziu um fogo celestial que não podia ser extinto, mas que nunca queimava aqueles que se aproximavam dele. O rei então permitiu que o profeta ficasse na corte. Zaratustra acabou ganhando reputação e passou a exercer grande influência sobre a família real. O rei começou a disseminar a fé e a construir **templos** de fogo para cultuar Ahura Mazda.

Zaratustra dividiu o mundo entre os Seguidores da Fé (Asha) e os Seguidores da Mentira (Druj). Embora Ahura Mazda transcendesse essa divisão, foram lançadas as sementes para o pensamento dualista que mais tarde caracterizou o **Zoroastrismo**. Diferentemente dos **gnósticos**, para os quais o mundo era mau, Zaratustra acreditava que o mundo era intrinsecamente bom, pois tinha sido criado por Ahura Mazda (**Ohrmazd**), mas fora corrompido pelo Diabo (**Ahriman**). As pessoas tinham, basicamente, a escolha de servir a um dos dois mestres; o destino no outro mundo dependia dessa escolha.

Zaratustra é considerado o autor dos **Gathas** – ensinamentos que constituem parte do Avesta. A religião do Zoroastrismo ainda sobrevive entre os **parses**.

Zazen Postura de meditação usada pelos praticantes do **Zen-budismo**. De acordo com Dogen, um mestre zen japonês do século XIII, existem duas formas de zazen: uma delas com o pé direito sobre a coxa esquerda e o pé esquerdo sobre a coxa direita e a outra com o pé esquerdo sobre a coxa direita e o pé direito por baixo da coxa. A mão direita descansa sobre o pé esquerdo enquanto as costas da mão esquerda descansam na palma da mão direita. Os polegares ficam justapostos. Enquanto isso o corpo fica na vertical; a boca, fechada e os olhos, abertos. O praticante então mantém a respiração regular e procura superar os apegos sensoriais.

Zelator Na **Ordem Hermética da Aurora Dourada**, grau iniciatório da magia cerimonial associada com a esfera de **Malkuth**, da **Árvore da Vida** cabalística.

Zen-budismo Escola do **Budismo Mahayana** introduzida na China por volta do ano 520, pelo monge indiano **Bodhidharma**. O Zen japonês, por sua vez, deriva do **Budismo Ch'an** e foi introduzido por **Eisai** (1141-1215). O Zen constitui-se de duas técnicas principais. A primeira origina-se da escola Soto e faz uso da meditação zazen. A segunda deriva da escola Rinzai e emprega **koans**, ou diálogos paradoxos compostos de perguntas e respostas. Os koans podem levar a uma **iluminação** repentina e intuitiva, que ocorre quando a lacuna entre o racional e o irracional é transcendida e o "Buda interior", descoberto. Algumas perguntas do diálogo zen são respondidas com o silêncio, outras com a repetição da pergunta. Seja qual for a técnica usada, o Zen leva o praticante a atingir repentina e instantaneamente a auto-realização ou **satori**.

Pode-se ter uma idéia dos paradoxos do Zen com o poema a seguir: *Quando se olha para ele, não se pode vê-lo. Quando se procura ouvi-lo, não se pode escutá-lo. No entanto, quando ele é usado, não acaba jamais.*

Zend-Avesta Textos sagrados dos **zoroastrianos**. Num sentido mais restrito, o **Avesta** é a coleção dos textos propriamente ditos e o Zend, sua tradução e interpretação em pálavi.

Zener, Cartas Cartas usadas nos testes experimentais da **percepção extra-sensorial**. Desenvolvidas pelo **dr. J. B. Rhine** com a colaboração do psicólogo Karl Zener, elas eram usadas nas pesquisas pioneiras da Duke University e continuam a ser populares entre os parapsicólogos. As cartas Zener incluem cinco símbolos, cada um dos quais representado por um desenho claro: uma estrela, um círculo, uma cruz, um quadrado e três linhas onduladas. O baralho Zener consiste em 25 cartas, cinco de cada símbolo. Num teste PES, o sujeito tem de adivinhar a seqüência dos símbolos de cada uma das cartas de forma que o número de acertos possa ser considerado maior do que um mero "acaso". Um sujeito que tenha feito mais de cinco acertos por rodada é considerado dotado da capacidade psi. Ver também **Telepatia Mental**.

Zênite Na **astrologia**, o "pólo da horizontal", ou o ponto que fica exatamente sobre a cabeça. Quanto mais perto um **planeta** está do zênite de uma dada posição, mais forte é a sua influência.

Zeus Na **mitologia** grega, o mais poderosos dos **deuses** e regente do céu e da Terra. Filho de **Cronos** e **Réia**, Zeus tinha sete esposas e viveu vários romances. Capaz de assumir diferentes formas – um sátiro, um touro branco, um cisne, uma chuva de ouro –, ele ficou conhecido como "o Pai dos Deuses e dos Homens". Zeus era quem arremessava os raios que causavam tempestades e a **morte**; e era por isso chamado de "o Acumulador de Nuvens". O **carvalho** e a **águia** lhe eram consagrados. Ver também **Jove; Júpiter**.

Zoantropia Do grego *zoion*, "animal", crença de que um ser humano pode se transformar num animal, adquirindo suas características. Ver também **Licantropia; Mudança de Forma; Lobisomem**.

Zodiacal, Homem Na **astrologia**, conceito segundo o qual os doze **signos** do **zodíaco** regem diferentes partes do corpo. Ver **Astrologia Médica**.

Zodíaco Na **astrologia**, divisão do céu em doze **signos**. Zodíaco significa "círculo de animais" e se refere aos símbolos das doze constelações. Os chamados signos "setentrionais" são os primeiros seis signos do zodíaco: **Áries, Touro, Gêmeos, Câncer, Leão** e **Virgem**; os signos "meridionais" são os outros seis: **Libra, Escorpião, Sagitário, Capricórnio, Aquário** e **Peixes**. A posição de cada um dos planetas na data do aniversário é localizada no mapa dos céus ou no **mapa astrológico** e **aspectos** significativos, avaliados. O signo do zodíaco sob o qual a pessoa nasceu é conhecido como **signo solar** e é considerado o fator dominante que determina seu caráter e constituição física e psicológica.

Zohar Mais exatamente, *Sepher ha-Zohar*, "O Livro do Esplendor" – a principal obra da **Cabala**. Atribui-se o *Zohar* ao místico espanhol **Moisés de León**, que promoveu pela primeira vez a circulação dessa obra entre 1280 e 1290, em Guadalajara, onde morava. O *Zohar* inclui comentários sobre o **Torá**; um trabalho intitulado *O Livro do Ocultamento*; um relato acerca dos sete Vestíbulos Celestes do trono-carruagem de Deus (**Merkabah**); e um comentário sobre o Cântico dos Cânticos.

Zohar, Danah Escritora norte-americana que estudou **parapsicologia** e a relação da física quântica com o desenvolvimento e a identidade pessoais. Zohar formou-se em física e filosofia no Massachusetts Institute of Technology, no ano de 1966, e fez pesquisas adicionais em filosofia e religião na Harvard. Ela agora mora na Grã-Bretanha e é autora de vários livros influentes, entre eles *Através da Barreira do Tempo* (publicado pela Editora Pensamento) e *The Quantum Self*.

Zoroastrianos Seguidores do profeta **Zaratustra (Zoroastro)**. Quando a Pérsia foi conquistada pelos árabes em 650, a maioria dos zoroastrianos fugiu para a Índia e seus descendentes agora encontram-se, em sua maior parte, no estado de Bombaim, onde chegam a cem mil. Os zoroastrianos são conhecidos hoje como parses e continuam sua prática de orar para o **Sol**, que consideram o símbolo da vida, e de começar o dia com a cerimônia de adoração do fogo.

Zoroastro Nome grego do profeta e professor persa **Zaratustra**.

Zumbi Entre os praticantes do **vodu**, especialmente do Haiti, cadáver que supostamente voltou à vida por meio de **encantamentos** mágicos. O zumbi agiria como um robô e pode ser incumbido pelo seu mestre de muitas tarefas, mesmo sendo dotado de pouca inteligência e nenhuma vontade própria. De acordo com a crença popular, se os zumbis comerem sal, eles despertam da condição de "mortos-vivos" e voltam para o cemitério, enterrando a si mesmos na terra. A crença nos zumbis também é comum no Caribe e em algumas partes da África ocidental.

Zurvan Também Zervan. Deus persa do tempo, pai de **Ahura Mazda** e também de **Angra Mainyu** – personificações do bem e do mal, respectivamente. Na **cosmologia** persa, o tempo era medido pela trajetória do Sol e este era simbolizado, nas estatuetas de Zurvan, por uma cobra enrolada em seu corpo. Zurvan pode derivar do deus celeste indiano **Varuna**; ele, por sua vez, contribuiu para o simbolismo de **Abraxas**, o deus superior do panteão de Basílides, que tinha anéis serpentinos no lugar das pernas. Zurvan era conhecido pelos **neoplatonistas** como Aion. Ver também **Basílides; Gnósticos**.

LEITURAS ADICIONAIS

Abraham, L., A Dictionary of Alchemical Imagery, Cambridge University Press, Cambridge 1998

Achterberg, J. Imagery in Healing, Shambhala Publications, Boston 1985

Adler, M., Drawing Down the Moon, Beacon Press, Boston 1988

Alvarado, L., Psychology, Astrology and Western Magic: Image and Myth in Self-Discovery, Llewellyn, St. Paul, Minnesota 1991

Anderson, W.T., The Upstart Spring: Esalen and the American Awakening, Addison Wesley, Reading, Mass. 1983

Anthony, D., Ecker, B., e Wilber, K., Spiritual Choices, Paragon House, Nova York 1987

Argüelles, J. e M., Mandala, Shambhala Publications, Berkeley 1972

Ashcroft-Nowicki, D., First Steps in Ritual, Aquarian Press, Wellingborough 1982

──────. Highways of the Mind: The Art and History of Pathworking, Aquarian Press, Wellingborough 1987

──────. The Shining Paths: An Experiential Journey Through the Tree of Life, Aquarian Press, Wellingborough 1983

Barbour, I.G., Myths, Models and Paradigms, Harper & Row, Nova York 1976

Bardon, F., The Practice of Magical Evocation, Rudolph Pravica, Graz-Puntigam, Áustria 1967

Bayless, R., Apparitions and Survival of Death, University Books, Nova York 1973

Bharati, A., Light at the Center, Ross-Erikson, Santa Barbara 1976

Blackmore, S., Dying to Live: Science and the Near-Death Experience, Grafton, Londres 1993

Bliss, S. (org.), The New Holistic Health Workbook, Viking Penguin, Nova York 1985

Bolen, J.S., Goddesses in Everywoman, Harper & Row, Nova York 1985

Budapest, Z., The Holy Book of Women's Mysteries, Wingbow Press, Oakland, Califórnia 1989

Budge, E.A. Wallis, The Egyptian Heaven and Hell, Hopkinson, Londres 1925

Burckhardt, T., Alchemy, Penguin Books, Baltimore 1971

Campbell. J., The Hero with a Thousand Faces, Pantheon, Nova York 1949 [O Herói de Mil Faces, publicado pela Editora Pensamento, SP, 1989.]

──────. The Inner Reaches of Outer Space: Metaphor as Myth and as Religion, Harper & Row, Nova York 1988

──────. Myths to Live By, Viking Press, Nova York 1972; Souvenir Press, Londres 1973 [Para Viver os Mitos, publicado pela Editora Cultrix, SP, 1997.]

Capra, F., The Tao of Physics, Shambhala Publications, Boulder, Colorado 1975 [O Tao da Física, publicado pela Editora Cultrix, SP, 1995.]

──────. The Turning Point, Wildwood House, Londres 1982 [O Ponto de Mutação, publicado pela Editora Cultrix, SP, 1986.]

———. *Uncommon Wisdom*, Simon & Schuster, Nova York 1988 [*Sabedoria Incomum*, publicado pela Editora Cultrix, SP, 1990.]

Castañeda, C., *The Teachings of Don Juan*, University of California Press, Berkeley 1968

Cavendish, R., *The Tarot*, Michael Joseph, Londres 1973

Christie-Murray, David, *Reincarnation: Ancient Beliefs and Modern Evidence*, Prism Press, Dorset 1985

Cranston, Sylvia, *Reincarnation: The Phoenix Fire Mystery*, Theosophical University Press, Pasadena, Califórnia 1994

Crowley, A., *Magick in Theory and Practice*, publicação independente, Paris 1929 (republicado por Dover and Castle Books, Nova York, várias edições)

Crowley, V., *Wicca: the Old Religion in the New Millennium*, Thorsons, Londres 1996

Dalai Lama, H. H., *My Land and My People*, Warner Books, Nova York 1997

Dalai Lama, H.H., com Jean-Claude Carrière, *Violence and Compassion*, Doubleday, Nova York 2001

Doore, G. (org), *What Survives? Contemporary Explorations of Life After Death*, Tarcher, Los Angeles 1990 [*Explorações Contemporâneas da Vida Depois da Morte*, publicado pela Editora Cultrix, SP, 1992.]

Drury, N., *The Elements of Shamanism*, Element Books, Dorset 1989

———. *Exploring the Labyrinth: Making Sense of the New Spirituality*, Continuum, Nova York 1990

———. *The Healing Power*, Muller, Londres 1981

———. *The History of Magic in the Modern Age*, Constable, Londres 2000

———. *Sacred Encounters*, Watkins Publishing, Londres 2002

———. *The Visionary Human*, Element Books, Dorset 1991

Edinger, E., *Ego and Archetype*, Penguin, Londres 1973

Eliade, M., *Cosmos and History*, Harper & Row, Nova York 1959

———. *The Sacred and The Profane*, Harper & Row, Nova York 1961

———. *Shamanism*, Princeton University Press, New Jersey 1972

———. *Yoga, Immortality and Freedom*, Princeton University Press, New Jersey 1969

Ellison, A., *The Reality of the Paranormal*, Harrap, Londres 1988

Evans-Wentz, W.Y. (org), *The Tibetan Book of the Dead*, Oxford University Press, Nova York 1960 [*O Livro Tibetano dos Mortos*, publicado pela Editora Pensamento, SP, 1985.]

Farrar, J. e S., *Eight Sabbats for Witches*, Hale, Londres 1981

———. *The Witches' Bible*, Magickal Childe, Nova York 1985

———. *The Witches' Goddess*, Hale, Londres 1987

———. *The Witches' Way*, Hale, Londres 1984

Feinstein, D., e Krippner, S., *Personal Mythology*, Tarcher, Los Angeles 1988 [*Mitologia Pessoal*, publicado pela Editora Cultrix, SP, 1992.]

Ferguson, D.S. (org), *New Age Spirituality*, Westminster/John Knox Press, Louisville, Kentucky 1993

Fortune, D., *The Mystical Qabalah*, Ernest Benn, Londres 1957 [*A Cabala Mística*, publicado pela Editora Pensamento, SP, 1984.]

Furst, P.T. (org.), *Flesh of Gods Allen & Unwin*, London 1972

Gettings, F., *Dictionary of Astrology*, Routledge & Kegan Paul, Londres 1985

Goldwag, E. (org.), *Inner Balance*, Prentice-Hall, Englewood Cliffs, New Jersey 1979

Goleman, D. (org.), *Consciousness: Brain, States of Awareness and Mysticism*, Harper & Row, Nova York 1979

———. *The Meditative Mind*, Tarcher, Los Angeles 1988

Gottlieb, R.S., *A New Creation: America's Contemporary Spiritual Voices*, Crossroad, Nova York 1990

Green, C., *Out-of-the-Body Experiences*, Ballantine, Nova York 1973

Greer, M. K., *Women of the Golden Dawn*, Park Street Press, Rochester, Vermont 1995

Grey, M., *Return from Death: An Exploration of the Near-Death Experience*, Arkana, Londres 1985

Grof, S. (org.), *The Adventure of Self-Discovery*, Stare University of New York Press, Albany 1988

——————. *Ancient Wisdom, Modern Science*, State University of New York Press, Albany 1984

——————. *Beyond the Brain*, State University of New York Press, Albany 1985

Grof S., e Halifax J., *The Human Encounter with Death*, Dutton, Nova York 1979

Guiley, R.E., *Encyclopedia of Mystical and Paranormal Experience*, HarperCollins, Nova York 1991

Guirdham, Arthur, *The Cathars and Reincarnation*, Spearman, Londres 1970 [*Os Cátaros e a Reencarnação*, publicado pela Editora Pensamento, SP, 1992.]

Hagon, Z., *Channeling*, Prism Press, Dorset 1989

Halifax, J. (org), *Shamanic Voices*, Arkana, Nova York 1991

Harner, M., *The Jivaro*, University of California Press, Berkeley 1984

——————. *The Way of the Shaman*, Harper & Row, San Francisco 1980 [*O Caminho do Xamã*, publicado pela Editora Cultrix, SP, 1989.]

Heelas, P., *The New Age Movement*, Blackwell, Oxford 1996

Houston, P., *The Hero and the Goddess*, Ballantine, Nova York 1992

Howe, E., *The Magicians of the Golden Dawn*, Routledge & Kegan Paul, Londres 1972

Huxley, A., *The Doors of Perception/Heaven and Hell*, Penguin, Londres, 1963

——————. *Moksha: Writings on Psychedelics and the Visionary Experience*, Stonehill, Nova York 1977

——————. *The Perennial Philosophy*, Chatto & Windus, Londres 1946 [*A Filosofia Perene*, publicado pela Editora Cultrix, SP, 1991.]

Inglis, Brian, *Natural and Supernatural*, Prism Press, Dorset 1992

——————. *The Paranormal*, Granada, London 1985

Jordan, M., *Witches: An Encyclopedia of Paganism and Magic*, Kyle Cathie, Londres 1996

Jung, C.G., *Man and His Symbols*, Dell, Nova York 1968

——————. *Memories, Dreams, Reflections*, Random House, Nova York 1961

——————. *Symbols of Transformation*, Bollingen Foundation, New Jersey 1956

Kalweit, H., *Dreamtime and Inner Space*, Shambhala Publications, Boston 1988

Kaplan, A., *Meditation and Kabbalah*, Samuel Weiser Inc., New York 1982

Kaufmann, W., *Religions in Four Dimensions*, Readers Digest Press/ T.Y. Crowell, Nova York 1976

Kelly, A., *Crafting the Art of Magic*, Llewellyn, St. Paul, Minnesota 1991

King, F. (org.), *Astral Projection, Magic and Alchemy*, Spearman, Londres 1971

——————. *Tantra: The Way of Action*, Destiny Books, Rochester, Vermont 1990

King, F., e Skinner, S., *Techniques of High Magic: A Manual of Self-Initiation*, C. W. Daniel, Londres 1976

Krishna, G., *Kundalini*, Robinson & Watkins, Londres 1971

Küber-Ross, E., *Death: The Final Stage of Growth*, Prentice-Hall, Englewood Cliffs, New Jersey, 1975

——————. *On Life after Death*, Celestial Arts, Berkeley, Califórnia 1991

Kuhn, T., *The Structure of Scientific Revolutions*, segunda edição, University of Chicago Press, Chicago 1970

Lehrman, F. (org.), *The Sacred Landscape*, Celestial Arts, Berkeley, Califórnia 1988

Lewis, J. R. (org.), *Magical Religion and Modern Witchcraft*, State University of New York Press, Albany, 1996

Lewis, J. R., e Melton, J. G., *Perspectives on the New Age*, State University Press of New York, Albany 1992

Lilly, J., *The Center of the Cyclone*, Calder & Boyars, Londres 1973

──────. *Simulations of God*, Simon & Schuster, Nova York 1975

Lings, M., *Muhammad*, Allen & Unwin, Londres 1983

Lovelock, J., *Gaia: A New Look at Life on Earth*, Oxford University Press, Londres e Nova York 1979

Mackenzie, A., *Hautings and Apparitions*, Paladin, Londres 1983

Mann, A. T. (org.), *The Future of Astrology*, Unwit Hyman, Londres 1988

Maslow, A., *The Farther Reaches of Human Nature*, Viking, Nova York 1971

Masters, R., e Houston J., *The Varieties of Psychedelic Experience*, Holt Rinehart & Winston, Nova York 1966

Matt, D. C., *The Essential Kabbalah*, HarperCollins, Nova York 1995

Matthews, C. e J., *The Western Way*, Arkana, Londres 1994

May, R., *Cosmic Consciousness Revisited*, Element Books, Dorset 1993

──────. *Physicians of the Soul*, Amity Press, Warwick, Nova York 1988

McDermot, V., *The Cult of the Seer in the Ancient Middle East*, University of California Press, Berkeley 1971

McKenna, T., *The Archaic Revival*, HarperCollins, San Francisco 1991

Metzner, R., *Maps of Consciousness*, Collier Macmillan, Nova York 1971

──────. *The Unfolding Self: Varieties of Transformative Experience*, Origin Press, Novato, Califórnia 1998

Miller, S., *After Death: Mapping the Journey*, Simon & Schuster, Nova York 1997

Moody, R. *Life After Life*, Bantam Books, Nova York 1978

Mumford, J., *Ecstasy Through Tantra*, Llewellyn, St. Paul, Minnesota 1988

Murti, T. R. V., *The Central Philosophy of Buddhism*, Allen & Unwin, Londres 1972

Neihardt, J. G., *Black Elk Speaks*, Pocket Books, Nova York 1972

Oesterreich, T. K., *Possession: Demoniacal and Other*, University Books, Nova York 1966

Ornstein, R., *The Psychology of Consciousness*, Cape, Londres 1975

Radha, S., *Kundalini Yoga for the West*, Shambhala Publications, Boulder, Colorado 1981

Redgrove, H. S., *Alchemy: Ancient and Modern*, Rider, Londres 1922

Regardie, I. (org), *The Golden Dawn*, volumes 1–4, Aries Press, Chicago 1937–40

──────. *The Middle Pillar*, Aries Press, Chicago 1945

──────. *The Philosopher's Stone*, Llewellyn, St. Paul, Minnesota 1970

──────. *The Tree of Life: A Study in Magic*, Rider, Londres 1932

Rice, E., *Eastern Definitions*, Doubleday, Nova York 1978

Ring, K., *Heading Towards Omega*, Morrow, Nova York 1984

Life at Death: A Scientific Investigation of the Near-Death Experience, Coward McCann & Geoghegan, Nova York 1980

Rogo, D.S., *The Return from Silence: A Study of the Near-Death Experience*, Aquarian Press, Wellingborough 1989

──────. *The Search for Yesterday*, Prentice-Hall, Englewood Cliffs, New Jersey 1985

Roszak, T., *Unfinished Animal*, Harper & Row, Nova York 1975

──────. *The Voice of the Earth*, Simon & Schuster, Nova York 1992

Russell, P., *The Awakening Earth*, Routledge & Kegan Paul, Londres 1982 [*O Despertar da Terra*, publicado pela Editora Cultrix, SP, 1991.]

Scholem, G., *Major Trends in Jewish Mysticism*, Schocken, Nova York 1961

——————. *On the Mystical Shape of the Godhead*, Schocken, Nova York 1997

——————. *Origins of Kabbalah*, Princeton University Press, New Jersey 1990

Schultes, R. E., Hofmann, A., e Ratsch, C., *Plants of the Gods* (edição revisada), Inner Traditions International, Rochester, Vermont 2001

Seligmann, K., *Magic, Supernaturalism and Religion*, Pantheon, Nova York 1971

Shapiro, M., e Hendricks, R. A., *A Dictionary of Mythologies*, Granada, Londres 1981

Singer, J., *Seeing Through the Visible World*, HarperCollins, San Francisco 1990

Spangler, D., *Emergence: Rebirth of the Sacred*, Dell, Nova York 1984

Spence, L., *An Encyclopedia of Occultism*, Routledge, Londres 1920

Starhawk, *The Spiral Dance*, Harper & Row, Nova York 1979

——————. *Dreaming the Dark*, Beacon Press, Boston 1982

Stevenson, I., *Twenty Cases Suggestive of Reincarnation*, University of Virginia Press, Charlottesville, Virginia 1995

Sutherland, C., *Transformed by the Light: Life After Near-Death Experiences*, Bantam Books, Sydney e Nova York 1992

Tart, C. (org.), *Altered States of Consciousness*, Wiley, Nova York 1969

——————. (org), *Transpersonal Psychologies*, Harper & Row, Nova York 1975

Valiente, D., *An ABC of Witchcraft, Past and Present*, Hale, Londres 1973

——————. *Witchcraft for Tomorrow*, Hale, Londres 1978

Valle, R.S., e von Eckartsberg, R. (orgs.), *The Metaphors of Consciousness*, Plenum Press, Nova York 1981

Voigt, A., e Drury, N., *Wisdom from the Earth: The Living Legacy of the Aboriginal Dreamtime*, Shambhala Publications, Boston 1998

Waite, A. E., *The Holy Kabbalah*, University Books, Nova York, 1960

——————. *The Pictorial Key to the Tarot*, Samuel Weiser Inc., Nova York 1980

Walsh, R. N., e Vaughan, F. (orgs.), *Beyond Ego*, Tarcher, Los Angeles 1980 [*Caminhos Além do Ego*, publicado pela Editora Cultrix, SP, 1997.]

Wasson, R. G., *The Wondrous Mushroom*, McGraw-Hill, Nova York 1980

Watts, A., *The Joyous Cosmology*, Vintage Books, Nova York 1962

——————. *This is It and Other Essays on Zen and Spiritual Experience*, Pantheon, Nova York 1960

Webb, J., *The Occult Establishment*, Richard Drew Publishing, Glasgow 1981

White, J. (org.), *The Highest State of Consciousness*, Doubleday Anchor, Nova York, 1972 [*O Mais Elevado Estado da Consciência*, publicado pela Editora Pensamento, SP, 1993.]

Wilber, K., *A Brief History of Everything*, Gill & Macmillan, Dublin 1996

——————. *The Spectrum of Consciousness*, Quest Books, Wheaton, Illinois 1977 [*O Espectro da Consciência*, publicado pela Editora Cultrix, SP, 1990]

——————. *Up form Eden*, Doubleday Anchor, Nova York 1981

Woods, R. (org.), *Understanding Mysticism*, Image Books/ Doubleday, Nova York 1980

Zaleski, C., *Otherworld Journeys*, Oxford University Press, Nova York 1987.

Zimmer, H., *Myths and Symbols of Indian Art and Civilization*, Harper & Row, Nova York 1962

Zohar, D., *The Quantum Self*, Flamingo/HarperCollins, Londres 1991

Zukav, G., *The Dancing Wu Li Masters: An Overview of the New Physics*, Morrow, Nova York 1979.